초보자를 위한 2판

Java 200제

조효은 지음

정보문화사
Information Publishing Group

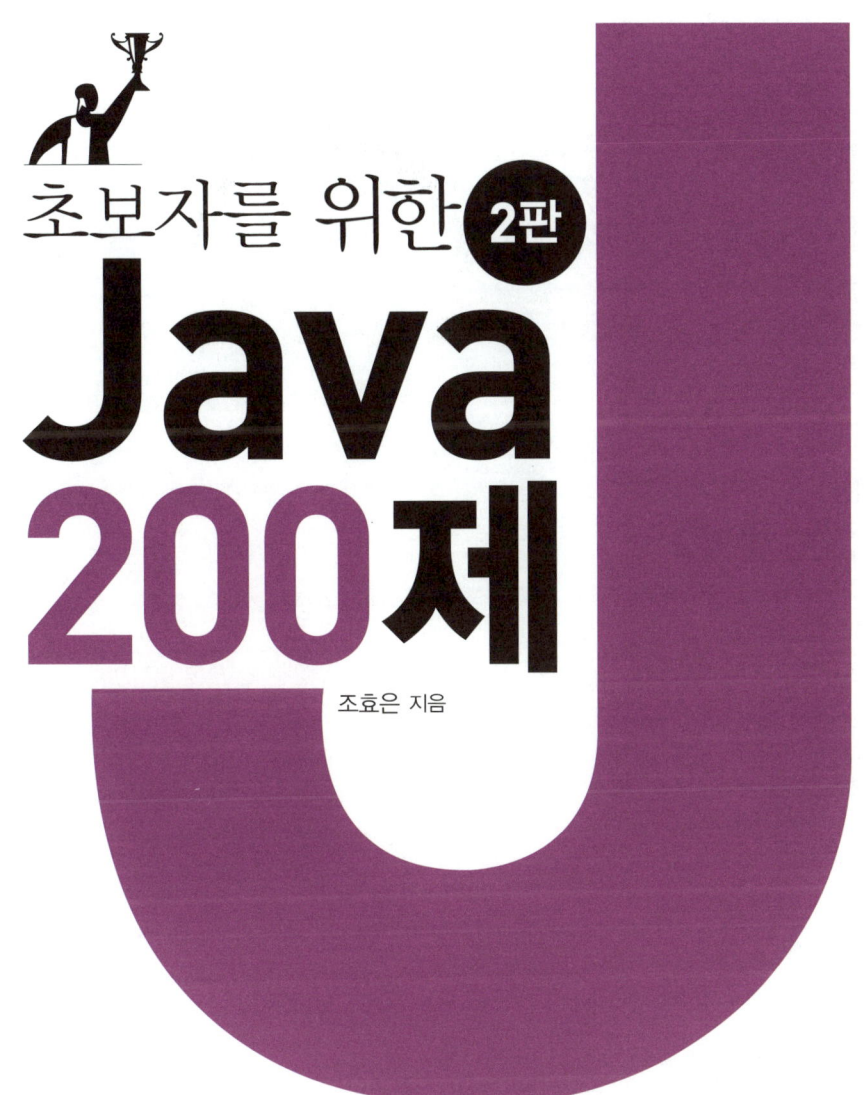

초보자를 위한

Java 200제 2판

2판 1쇄 발행 | 2018년 7월 5일
2판 2쇄 발행 | 2020년 7월 30일

지 은 이 | 조효은
발 행 인 | 이상만
발 행 처 | 정보문화사

편집진행 | 노미라

주 소 | 서울시 종로구 동숭길 113
전 화 | (02)3673-0037(편집부) / (02)3673-0114(代)
팩 스 | (02)3673-0260
등 록 | 1990년 2월 14일 제1-1013호
홈페이지 | www.infopub.co.kr

I S B N | 978-89-5674-785-9

머리말

프로그래밍 언어 자바가 세상에 나온 지 20년이 넘은 지금, 자바는 웹 개발에 있어 필수불가결한 언어가 되었고 버전은 Java Standard Edition 10까지 발표되었다. 자바라고 하면 웹 개발을 가장 먼저 떠올리지만, 버전이 향상되면서 기능이 강력해졌고 더 많은 기술이 연계되어 훨씬 다양하게 사용할 수 있게 되었다.

필자는 이 점에 주목해 이 책에서 자바 설치 환경과 자바 기초 문법을 다룰 뿐만 아니라 실제로 사용되는 예제와 소스코드를 단계별, 과정별로 설명해 실제로 개발에 사용되는 기술을 익히도록 구성했다. 또한 많이 사용되는 알고리즘을 구성하는 주요 원리를 지하철 최단 거리 구하기, 마방진, 개미 수열 퀴즈 등 다양한 예제로 풀어 냈다. 내용 이해에 도움이 될 수 있도록 수록한 표와 그림에는 20년 강의 경력의 노하우를 담았다.

여기에 깊이를 더해 "PART 5–응용, PART 6–실무"에는 대학교 혹은 학원 등에서 프로젝트로 활용할 수 있는 내용을 수록했다. 예를 들어 PART 6에 포함된 인사 관리(HRM–Human Resource Management) 서비스 Java Application은 실무에서 개발했던 것으로, JDBC, Thread, IO, JavaFX를 이용해 2tier, TCP/IP 3tier, RESTful 서비스의 3종류로 구현했다. 그리고 JavaFX, RESTful 서비스, 서비스 API 공개용 Swagger, Spring Boot를 이용해 실무에서 사용할 수 있는 기술을 익혀서 응용할 수 있게 했다.

PART 1~2장에서 설치와 기본 문법을 마치고 나면 예제가 본격적으로 시작되므로 반드시 기본 문법을 익힌 다음 예제 소스코드를 실행해 보기를 권한다. 먼저 실행해 보고 코딩을 따라해 보면 이해하는 데 도움이 된다.

독자 여러분이 이 책을 통해 자바의 기초를 잘 다지고 고급 기술도 원활하게 습득할 수 있기를 바란다.

조효은

차례

PART 3 중급 Java 프로그래밍 기초 다지기

차례

PART 4 활용 Java 프로그래밍 실력 다지기

차례

PART 5 응용 Java 프로그래밍 응용 다지기

PART 6 실무 Java 세상을 만드는 실전 프로그래밍하기

이 책의 구성

❶ 예제 제목

해당 예제의 번호와 제목을 가장 핵심적인 내용으로 나타냅니다.

❷ 학습 내용

해당 예제에서 배울 내용을 핵심적으로 나타냅니다.

❸ 힌트 내용

예제에 대한 힌트나 시간을 절약할 수 있는 방법, 앞에서 설명한 내용과 관련된 또 다른 과정, 일반적으로 알려진 기본 방법 이외에 숨겨진 기능을 설명해 줍니다.

❹ 소스

예제의 파일명을 나타냅니다. 예제 파일은 정보문화사 홈페이지(www.infopub.co.kr)의 자료실에서 다운로드 받을 수 있습니다.

❺ 예제 소스

해당 단락에서 배울 내용의 전체 예제(소스)를 나타냅니다.

초급 024

❶ 메서드 선언하고 호출하기

❷ • **학습 내용 :** 메서드를 선언하고 호출하는 방법을 익혀보자.

❸ • **힌트 내용 :** 메서드는 호출될 때 실행된다.

❹ 소스 : kr.co.infopub.chapter.s024.Hello.java

❺
```
package kr.co.infopub.chapter.s024;
// 메서드
public class Hello {
    // 메서드 선언
    public static void showHelp( ) {
        System.out.println("*************************************************");
        System.out.println("*   이 프로그래밍은 Java200이 만들었습니다.   *");
        System.out.println("*************************************************");
    }
    // 메서드 호출
    public static void main(String[ ] args) {
        showHello( );      // '메서드 이름( )'
    }
}
```

참조 타입(객체)은 중요한 데이터를 저장하거나 전송할 때 사용한다. 메서드는 이런 데이터를 가공하거나 변환하기 위해 사용한다. 또한 반복되거나 복잡한 부분도 메서드로 만들 수 있으며, 다음과 같은 형태로 사용한다.

예 public int coffee(int money){ }

```
public 반환타입 메서드이름( 아규먼트타입 아규먼트이름){ }
```

5 ◆ 반환하지 않은 메서드는 리턴 타입이 void이다. 메서드 이름은 showHelp, 반환하지 않는 void 메서드이다.

116

이 책은 여러분이 자바를 배우는 데 집중할 수 있도록
다음과 같은 몇 가지 특징으로 구성되어 있습니다.

예제 14 소스의 main 메서드에서 실행한 내용을 메서드로 선언한다. ◆ 6~8 ❻

5라인에서 선언한 메서드를 호출하여 실행시킨다. 메인 메서드가 static이므로 객체 생성 없이 static 메서드 showHello( )를 바로 호출할 수 있다. ◆ 12

결과

```
****************************************************
* 이 프로그래밍은 Java200이 만들었습니다.  *
****************************************************
```

NOTE ❼

메서드는 반환 타입이 있는 메서드와 없는 메서드, static 메서드와 static이 아닌 메서드(멤버 메서드)로 분류할 수 있다. 객체를 생성하지 않아도 static 메서드를 호출할 수 있다.

알고 갑시다!

❶ **코멘트(comment):** 프로그래밍에 영향이 없는 표시(노트, 주석)이다. ❽

❷ **코멘트 종류:**

```
a. // 한 줄 코멘트
b. /* 여러 줄 코멘트*/
c. /**
   자바 문서(doc) 코멘트
   */
```

NOTE

- Math.random( )은 0과 1 사이의 실수(0은 포함, 1은 비포함, 0<= Math.random( ) < 1)를 만든다. 한 예로, 10을 곱하면 0~9.9999_ 사이의 실수(0<= 10*Math.random( ) < 10)를 반환한다. double이 int보다 큰 타입이므로 작은 타입으로 변환할 때 (int)로 캐스팅해서 사용한다.
- 문자열을 실수 타입으로 변환하려면 문자열의 값이 실수 타입이어야 한다. "13.5"는 13.5로 변환할 수 있지만, "hello"를 실수로 변환하려고 하면 "NumberFormatException"이 발생한다.

117

❻ 줄 번호

예제 소스에서 해당 줄에 대한 설명을 명쾌하게 보여 줍니다.

❼ NOTE

예제를 학습해 보면서 현재 내용과 관련된 추가 정보나 주의할 점, 초보자가 종종 놓칠 수 있는 내용들을 알려 줍니다.

❽ 알고 갑시다

해당 예제에서 설명한 내용에 대한 부가적인 정보를 알려 줍니다. 좀 더 많은 기술이나 기능들에 대해 알고 싶다면 여기에 쓰여진 내용들을 참조하는 것이 좋습니다.

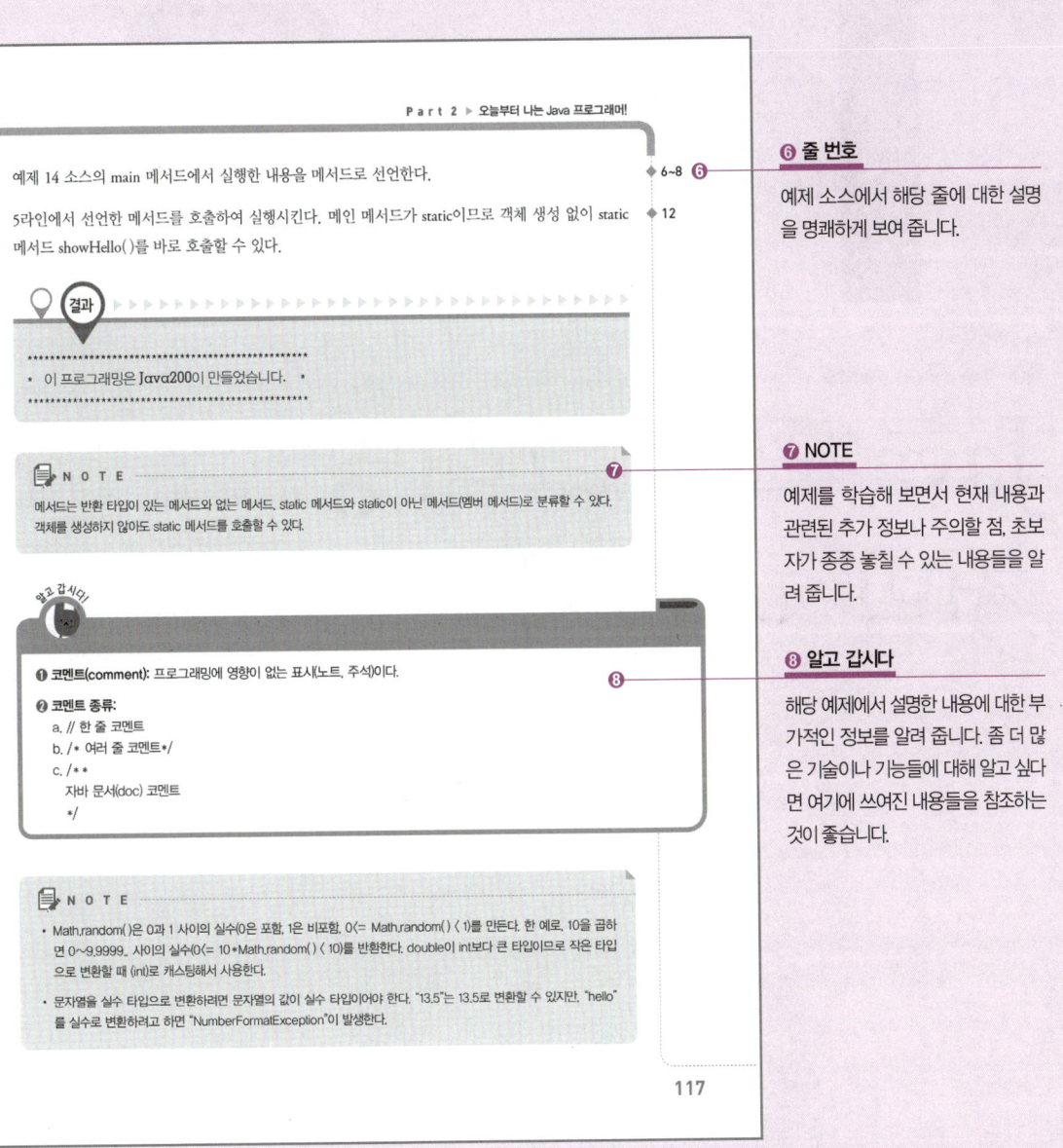

1 PART 입문

Java 프로그래밍 첫발 내딛기

초보자를 위한

JAVA 200제

입문 001

자바 설치하기

- **학습 내용 :** 자바 개발을 위한 소프트웨어를 설치해 보자.
- **힌트 내용 :** JDK 설치 환경을 설정한다.

1. JDK 설치하기

1) JDK 다운로드

http://www.oracle.com에 접속하여 Java SE 다운로드 경로를 찾거나 아래 경로에서 JDK를 다운로드한다.

http://www.oracle.com/technetwork/java/javase/downloads/index.html

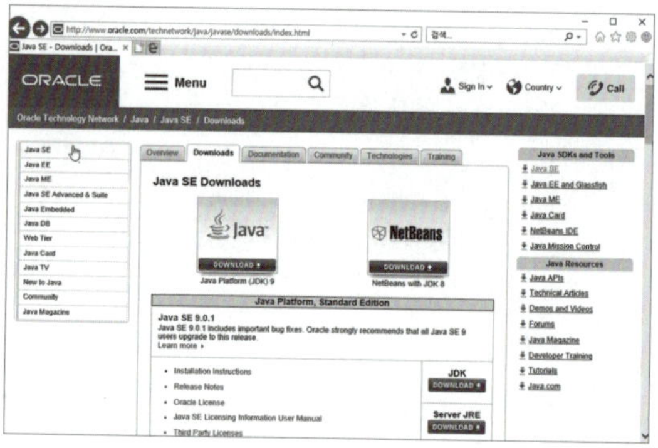

다운로드 경로

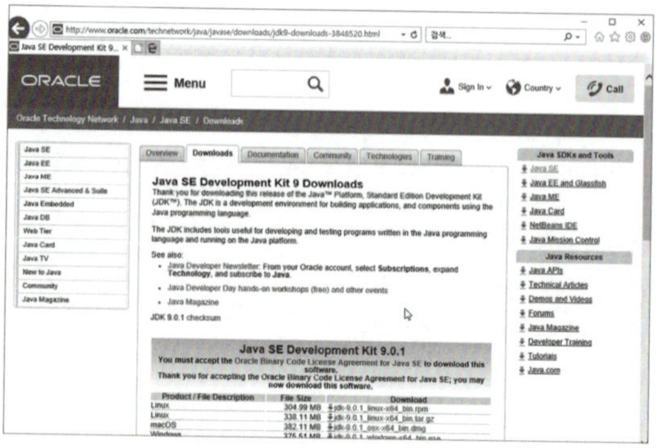

JDK 9 다운로드하기

JDK는 사용하는 컴퓨터의 OS(운영체제와 프로세스)에 맞춰 다운로드해야 한다. 필자는 윈도우 기반 X64 프로세서를 사용하므로 jdk-9.0.1_windows-x64_bin.exe를 다운로드했다.

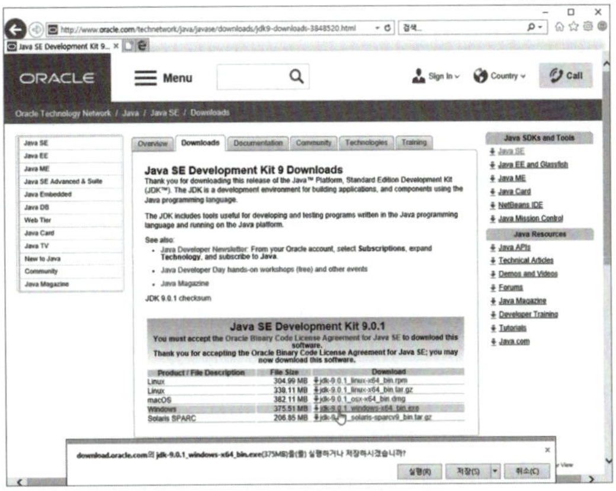

▲ OS(운영체제와 프로세스)에 맞춰 다운로드하기

NOTE

버전이나 화면 구성은 사이트 정책에 따라 달라질 수 있다.

2) JDK 설치하기

❶ jdk-9.0.1_windows-x64_bin.exe를 더블클릭해 설치를 시작한다.

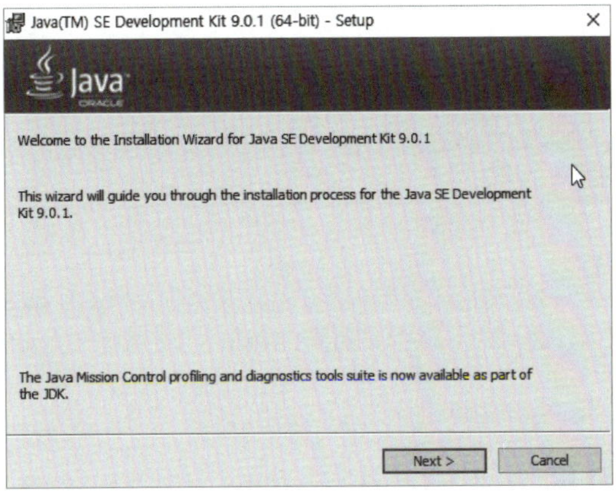

❷ [Change] 버튼을 클릭하여 JDK의 설치 위치를 수정한다. 특수문자나 공백, 한글이 있으면 오작동할 수 있으니 주의하자.

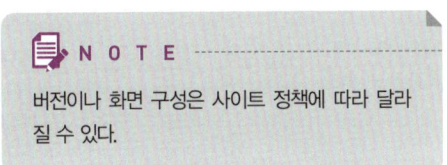

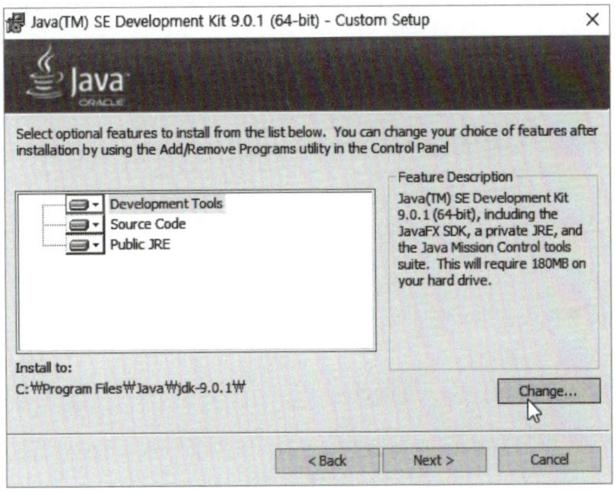

❸ 필자는 C:₩Java₩jdk-9.0.1₩에 설치했다.

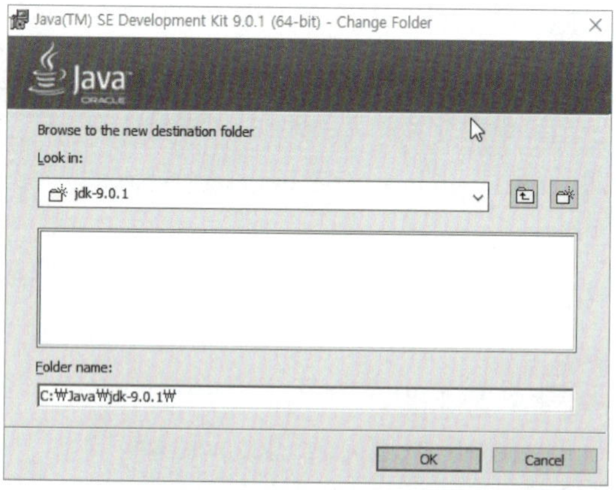

❹ JDK 저장 위치를 수정한 다음, [Next] 버튼을 클릭하여 다음 단계로 이동한다.

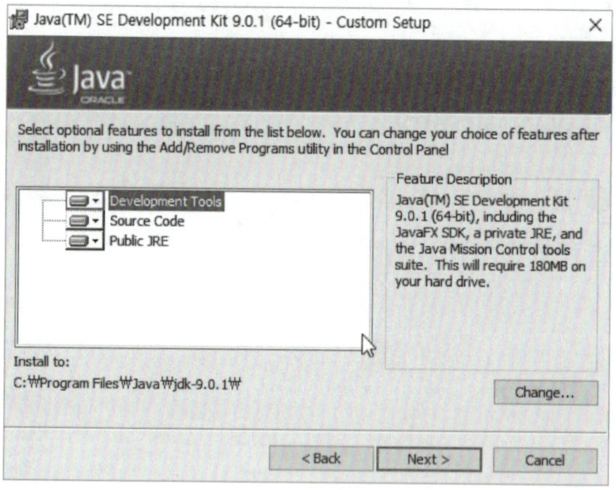

❺ JRE는 변경하지 않아도 된다.

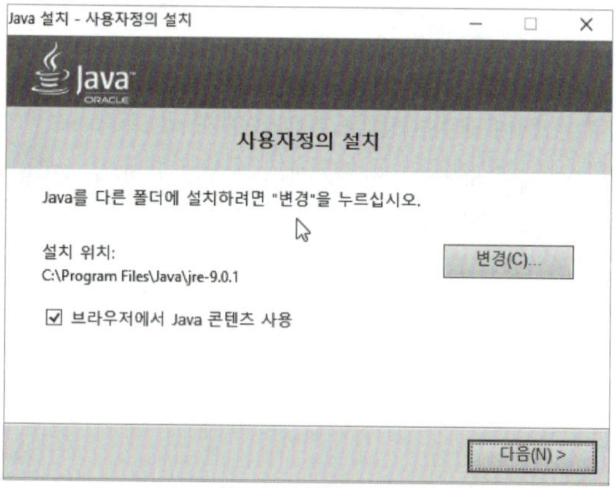

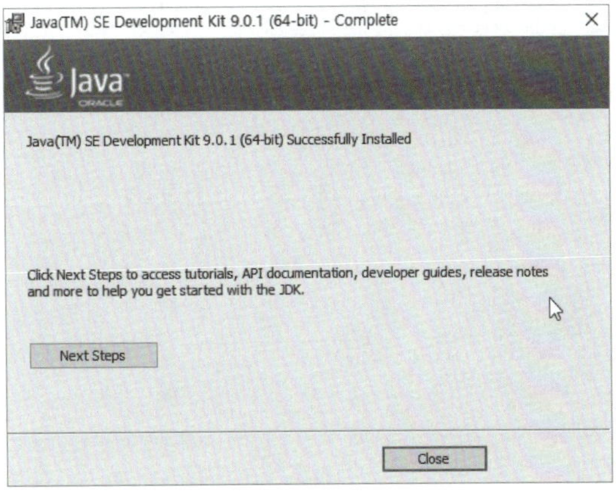

3) 자바 환경설정

❶ 내 PC에서 마우스 오른쪽 버튼을 클릭하고 [속성]을 선택한다.

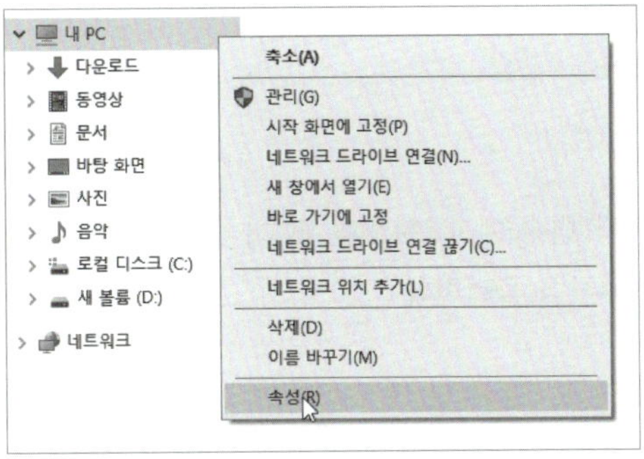

❷ [속성]에서 [고급 시스템 설정]을 선택한다.

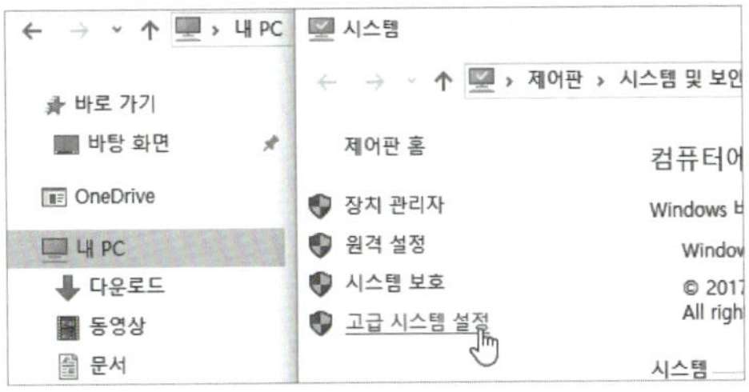

❸ [시스템 속성]의 [고급] 탭에서 [환경 변수] 버튼을 클릭한다.

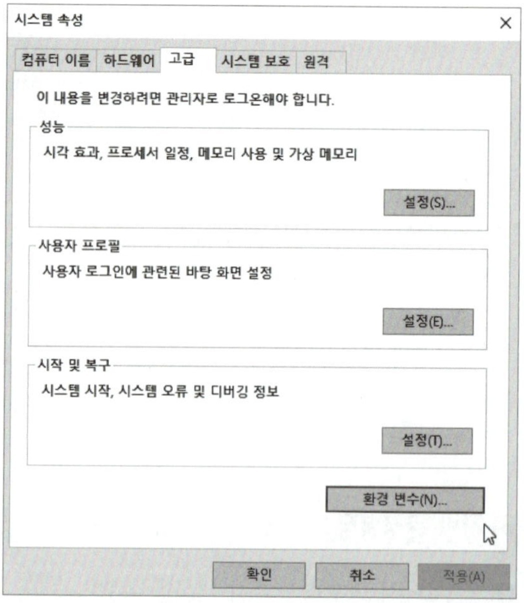

❹ [환경 변수]에서 [시스템 변수]-[새로 만들기] 버튼을 클릭한다.

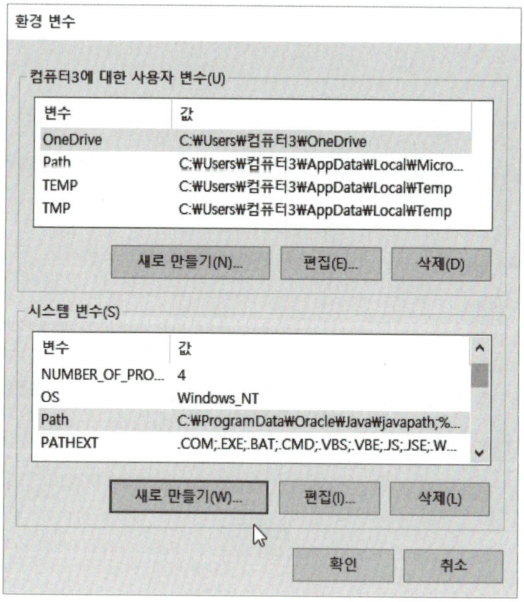

❺ 시스템 변수 편집에서 변수 이름에 JAVA_HOME, 변수 값에는 설치하기에서 입력했던 JDK 설치 경로(필자는 C:₩Java₩jdk-9.0.1)를 입력한다.

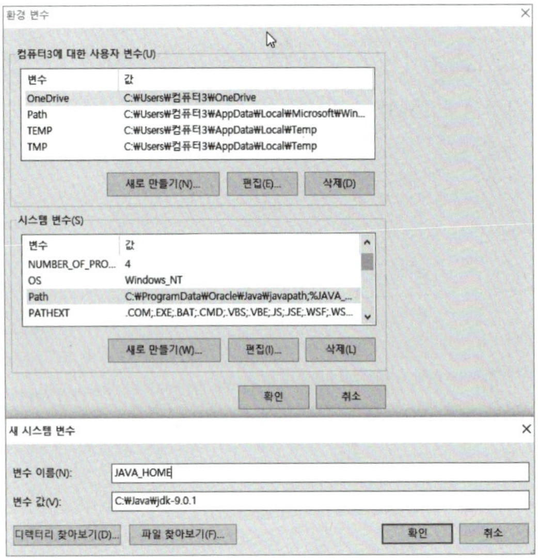

NOTE

설치 버전이 다른 경우 설치한 버전의 경로를 지정한다.

❻ Path를 입력하자. 패스는 JDK에 있는 실행 툴(java, javac, javadoc, javap, ……)을 어디서든지 사용할 수 있게 한다. [시스템 변수]에서 [Path]를 찾는다.

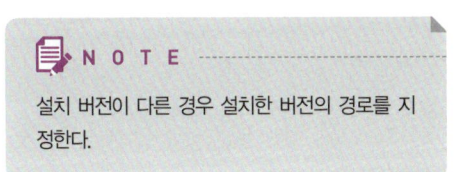

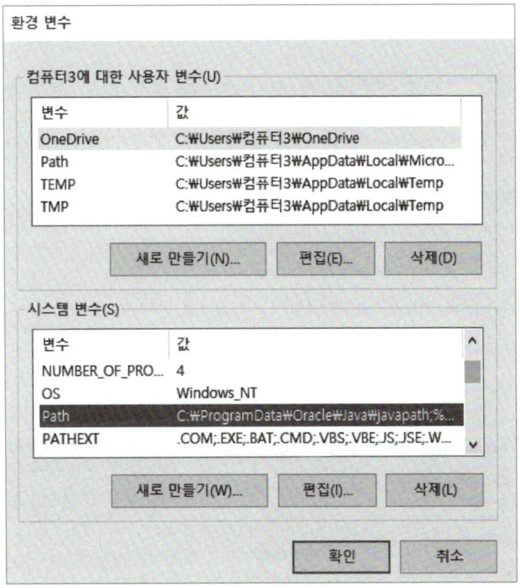

❼ [Path]를 더블클릭하면 [환경 변수 편집]이 나온다. [새로 만들기] 버튼을 클릭하여 %JAVA_HOME%₩bin을 입력한다.

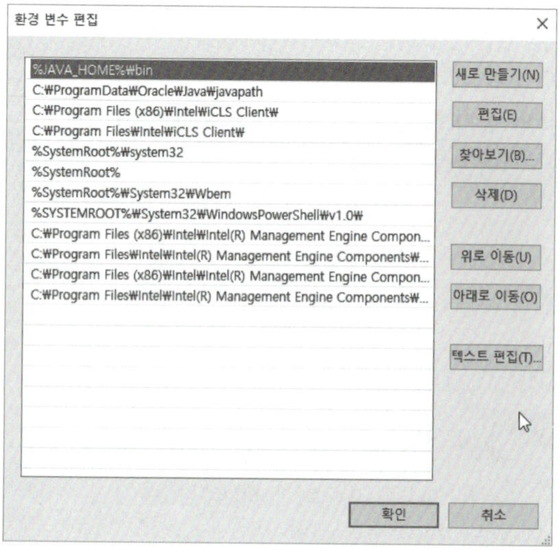

4) 정상 실행 확인하기

명령 프롬프트 창에 다음 명령어를 하나씩 입력하고 Enter를 누른다.

javac Enter
java Enter
javap java.lang.Object Enter

"실행할 수 있는 명령어가 아니다" 또는 "이런 명령어는 없다"라는 문구가 나오지 않는다면 정상적으로 설치된 것이다.

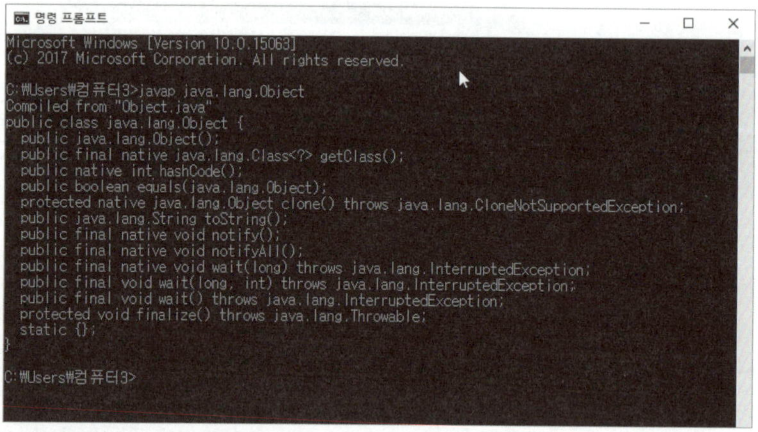

이클립스 설치하기

입문 002

• **학습 내용 :** 자바 개발을 위한 툴을 설치해 보자.
• **힌트 내용 :** 자바 개발을 위한 IDE로 이클립스를 설치한다.

1) 이클립스 다운로드

❶ https://www.eclipse.org/downloads/에서 이클립스 다운로드를 선택한다.

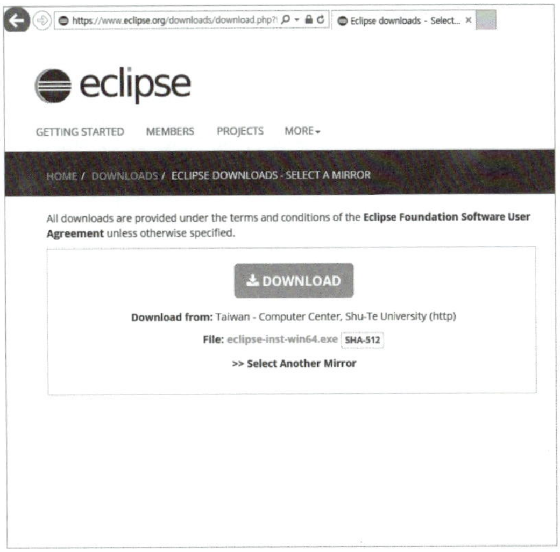

❷ 설치 파일을 실행하고 [eclipse installer]에서 [Eclipse IDE for Java Developers]를 선택한다.

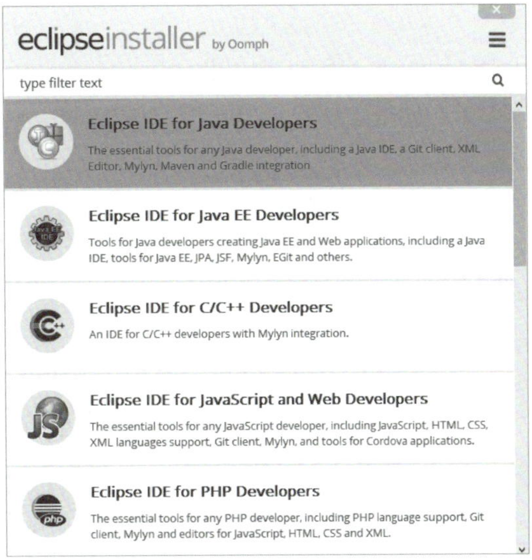

2) 이클립스 설치하기

❶ 설치 경로를 선택한다.

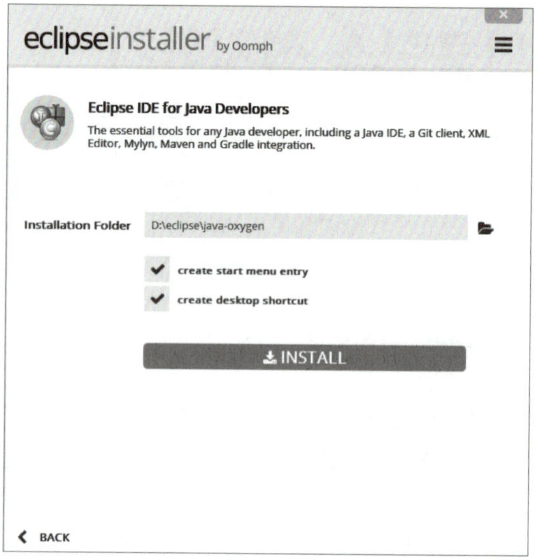

❷ 이클립스를 쉽게 찾도록 [시작 메뉴]에 추가하기 위해 [create start menu entry]에 체크 표시하고 설치를 진행한다.

❸ 처음으로 이클립스를 실행하면 이클립스에서 작성할 소스의 위치(Workspace)를 입력해야 한다. 디렉토리 이름에 공백, 특수문자, 한글이 포함되지 않게 주의하면서 입력하고, 뒤에 ₩workspace를 붙인다.

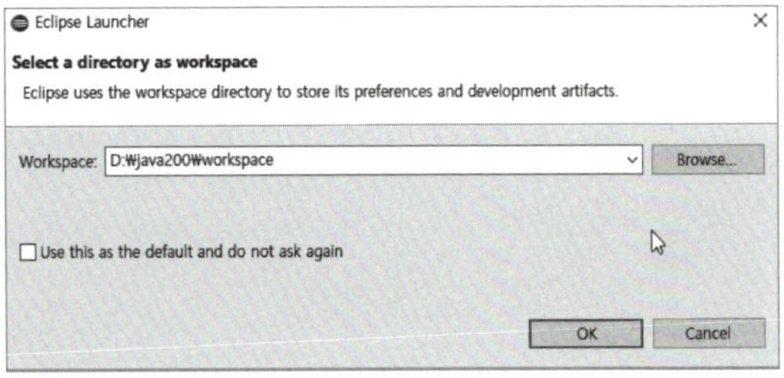

❹ 처음으로 열리면 기본 화면이 [Welcome]으로 되어 있다. [Welcome]의 ×표시를 클릭한다.

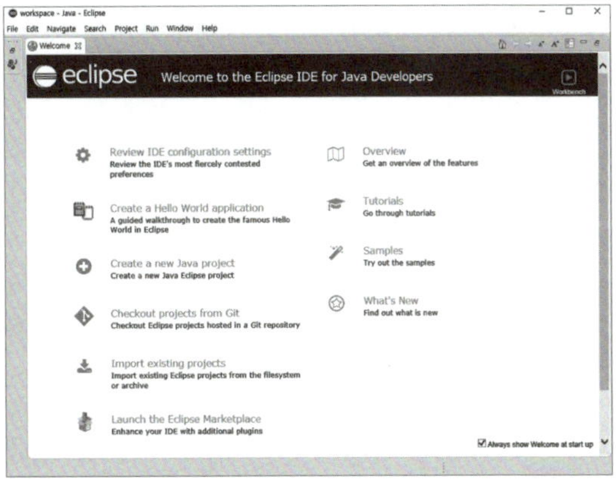

3) 이클립스를 이용한 프로그래밍

● **클래스 만들기**

❶ 오른쪽 윗부분의 Open Perspective 아이콘을 클릭한 후 Java를 선택하고 [OK] 버튼 또는 [Open] 버튼을 클릭한다.

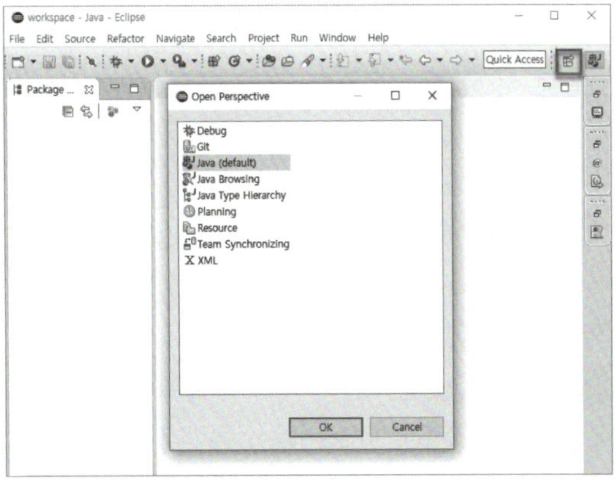

❷ [File]−[New]−[Java Project]를 선택한다.

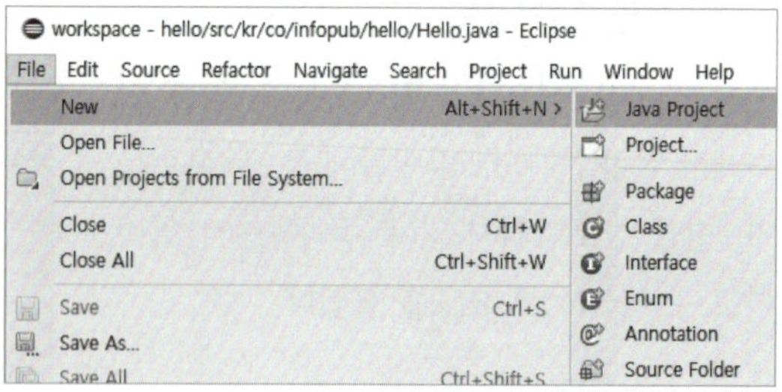

❸ [Project name]에 프로젝트 이름(hello)을 입력하고 [Finish] 버튼을 클릭한다.

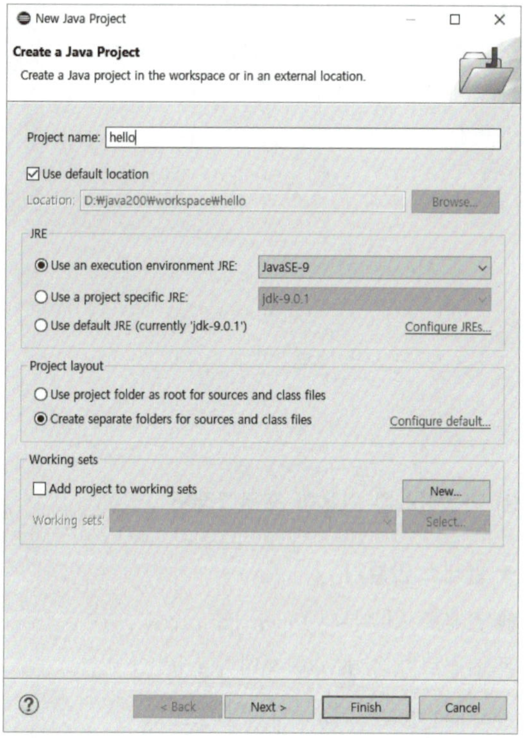

❹ 프로젝트(hello)에서 마우스 오른쪽 버튼을 클릭하고 [New]−[Class]를 선택한다.

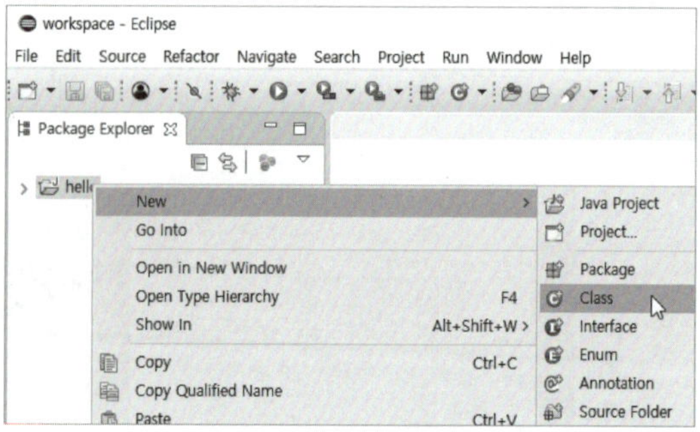

❺ [Package]에 "kr.co.infopub.hello", [Name]에 "Hello"를 입력하고 메인 메서드 추가([public static void main(String[ ] args)])를 선택한다. [Finish] 버튼을 클릭한다.

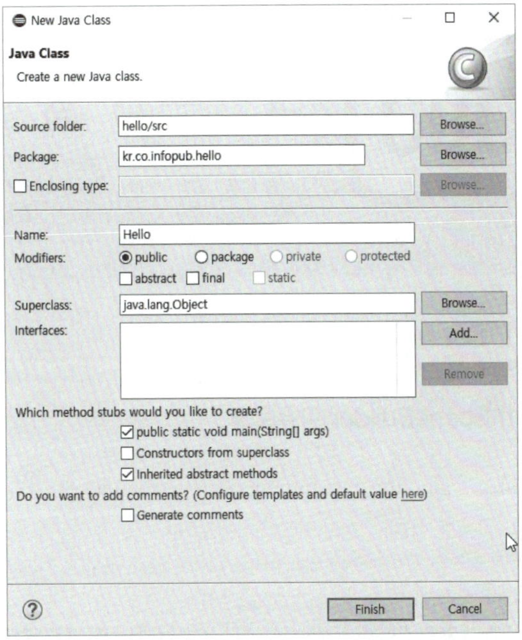

❻ 메인 메서드에 System.out.println("Hello Java200");을 입력한다.

[Hello.java]

```
package kr.co.infopub.hello;
public class Hello {
        public static void main(String[ ] args) {
                System.out.println("Hello Java200");
        }
}
```

4) 자바 프로그래밍 실행

Hello.java를 선택하고 마우스 오른쪽 버튼을 클릭한 다음 [Run As]-[Java Application]을 선택하여 실행한다. 오른쪽 윗부분은 소스를, [Console]에서는 결과를 보여 준다.

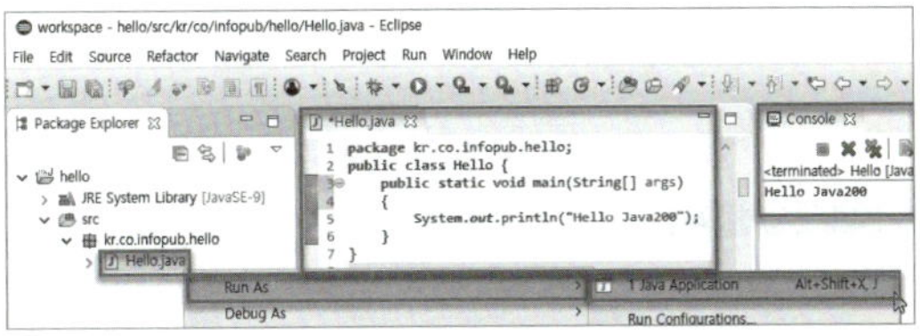

입문

003

SceneBuilder 및 이클립스 플러그인 설치하기

• **학습 내용 :** 화면 개발과 UML을 위한 툴을 설치해 보자.
• **힌트 내용 :** 화면 개발을 위해서는 SceneBuilder, UML을 위해서는 ObjectAid 플러그인을 설치한다.

1. SceneBuilder 설치하기

1) SceneBuilder 다운로드

http://gluonhq.com/products/scene-builder에 접속하고 사용하는 운영체제에 맞는 SceneBuilder를 다운로드한다.

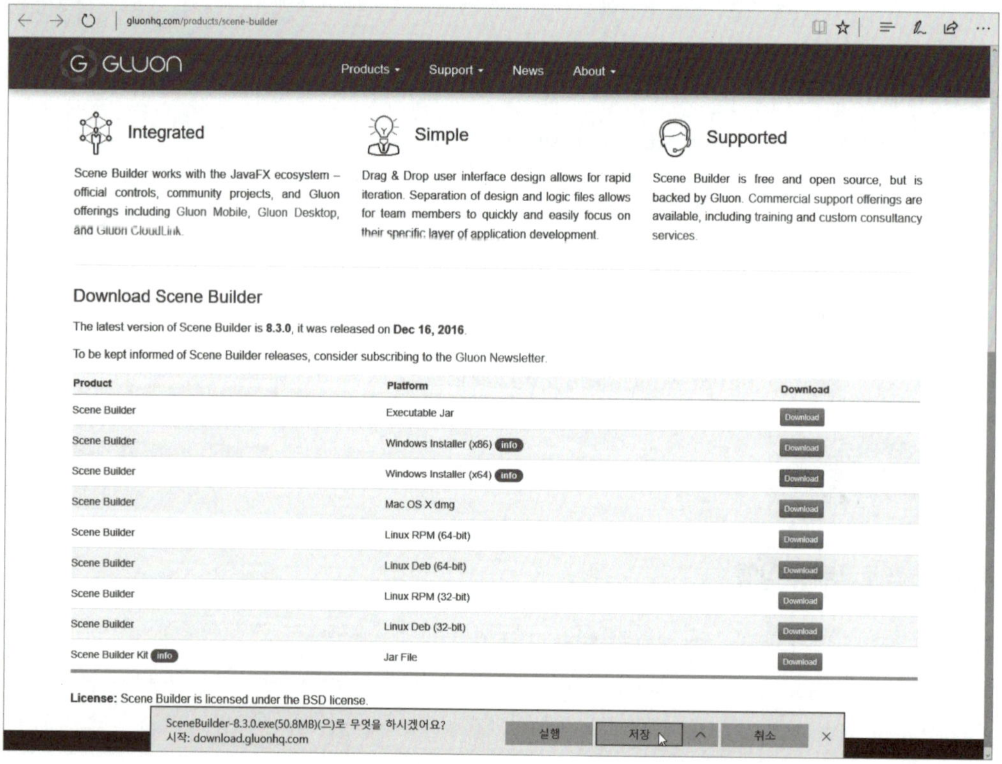

2) SceneBuilder 설치하기

라이선스에 동의하고 설치 경로를 선택한 후 [Next] 버튼을 눌러 설치를 시작한다.

scenebuilder.exe를 실행하면 이클립스와 별도로 사용할 수 있다.

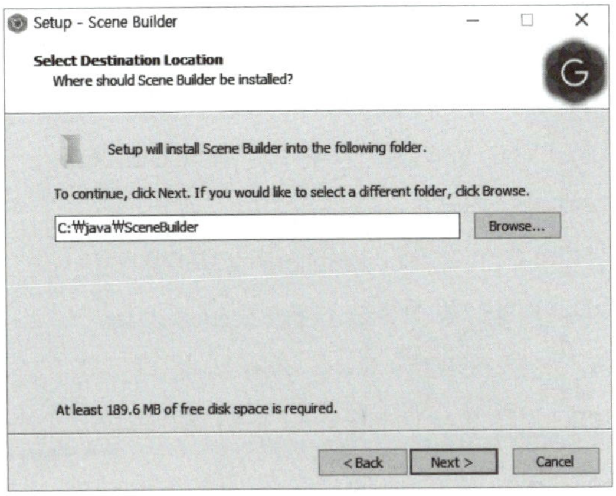

2. e(fx)clipse 플러그인 설치하기

이클립스에서 JavaFX의 소스를 쉽게 작성할 수 있는 e(fx)clipse 플러그인이 필요하다. 다만 이클립스 4.7 버전 이상은 Scenebuilder를 직접 사용해야 한다.

1) e(fx)clipse 플러그인 설치하기

이클립스에서 [Help]−[Eclipse MarketPlace]를 선택한다. [Find]에 javafx를 입력한 후 e(fx)clipse를 찾고 [Install] 버튼을 선택한다. 사용에 동의하고 다운로드한다. 설치가 끝나면 이클립스를 자동으로 끝낸 후 다시 실행한다.

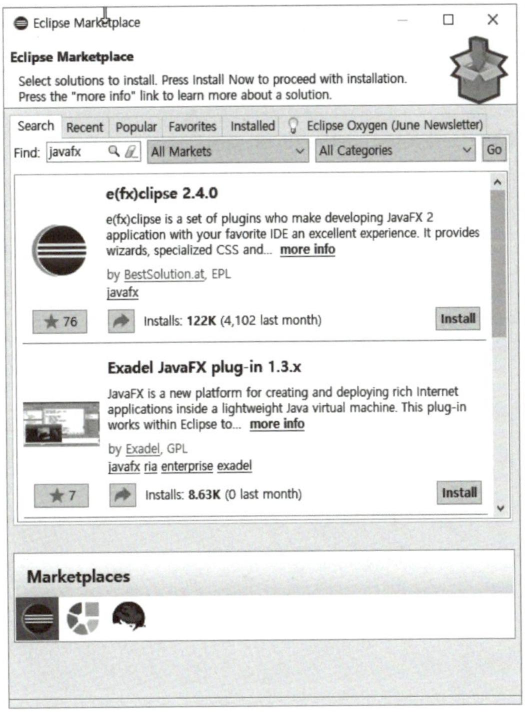

> **NOTE**
> 버전이나 화면 구성은 사이트 정책에 따라 달라질 수 있다.

2) SceneBuilder와 연동

이클립스-[Window]-[Preferences]에서 [JavaFX]를 선택한다. 화면 오른쪽의 JavaFX 실행 파일 경로를 입력하자. [Browse] 버튼을 클릭하고 29쪽 **[SceneBuilder 설치하기]**에서 지정한 경로로 이동한 다음 "SceneBuilder.exe" 응용 프로그램 파일을 찾아 선택한다. [OK] 버튼 또는 [Apply and Close] 버튼을 클릭한다.

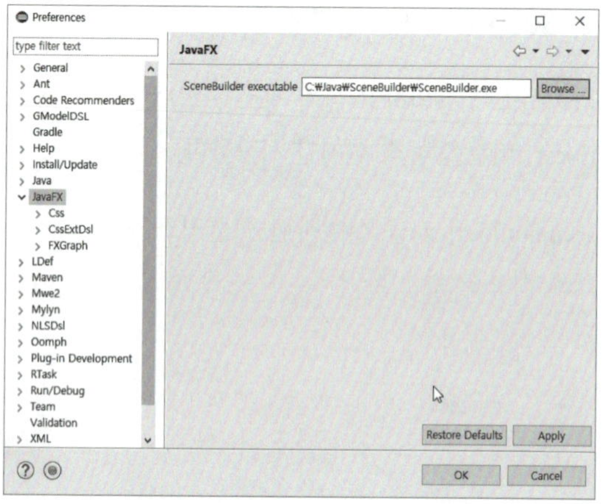

3. e(fx)clipse를 이용하여 JavaFX 프로젝트 만들기

1) JavaFx 프로젝트 만들기

❶ 이클립스-[File]-[New]-[Other]를 선택한다.

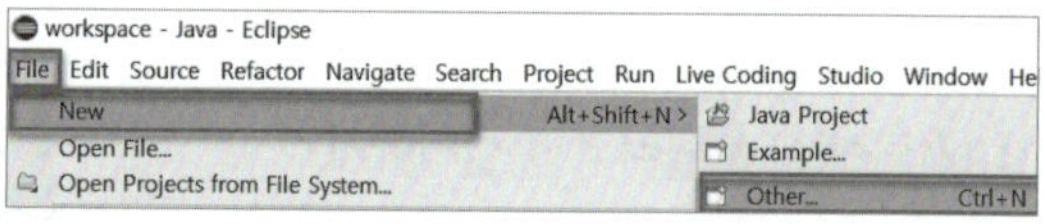

❷ [JavaFX]-[JavaFx Project]를 선택한 후 [Next] 버튼을 클릭한다.

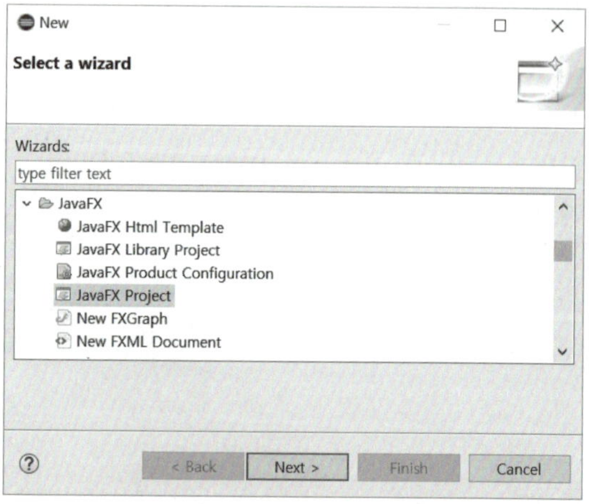

❸ JavaFx Project명을 입력하고 [Next] 버튼을 클릭한다.

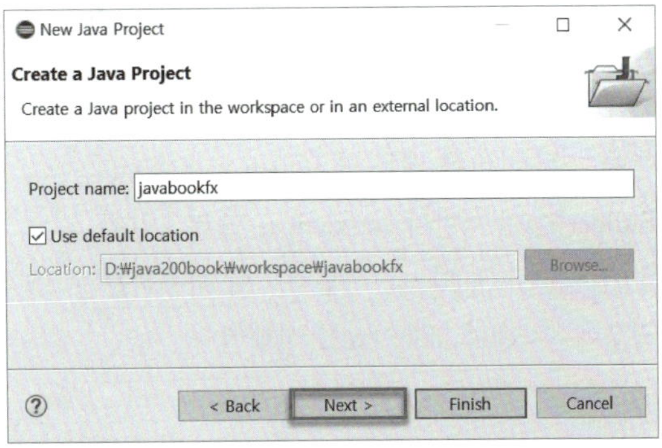

NOTE

대화상자는 버전에 따라 다르게 표시될 수 있다.

❹ [Next] 버튼을 클릭한다.

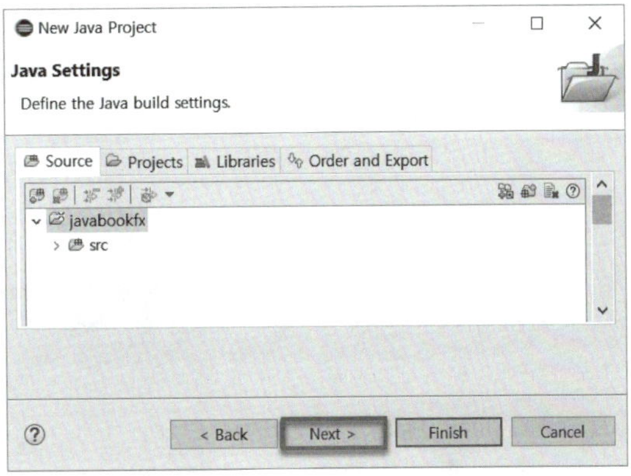

❺ 프로젝트에 필요한 내용을 입력하고 [Finish] 버튼을 클릭한다.

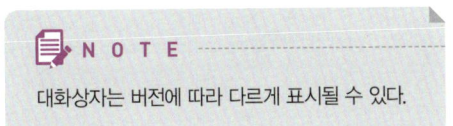

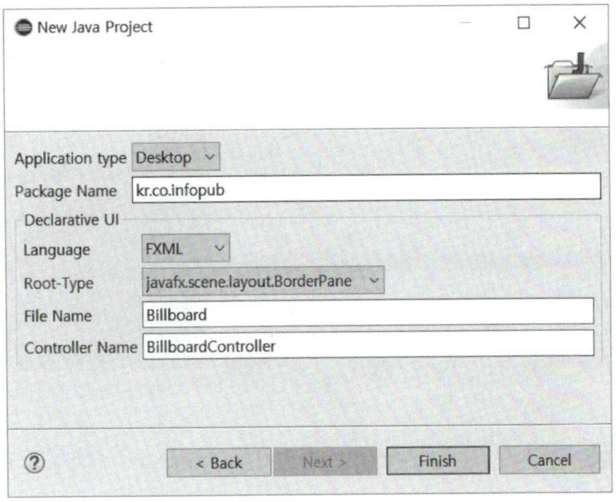

- **Application type(어플리케이션 타입):** Desktop을 선택한다.
- **Package Name:** 패키지 명을 입력한다.
- **Language:** fxml을 이용하려면 FXML을 선택한다.
- **Root-Type:** 기본으로 BorderPane을 선택한다. 나중에 변경할 수 있다.
- **File Name:** fxml의 이름을 입력한다.
- **Controller Name:** 화면과 이벤트 및 로직을 연결할 클래스 이름을 입력한다.

2) SceneBuilder를 이용하여 화면 그리기

❶ fxml 파일을 선택하고 마우스 오른쪽 버튼을 눌러서 나온 메뉴 중 [Open with Scene Builder]를 선택한다. e(fx)clipse 플러그인이 없어서 Scenebuilder를 독립적으로 사용하는 경우에는 scenebuilder.exe를 실행한다.

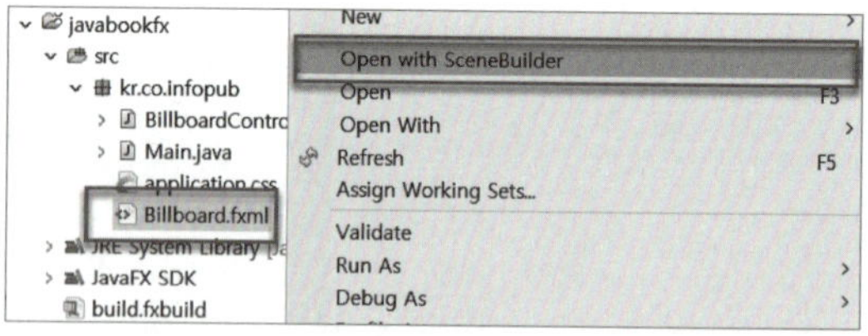

❷ 화면 왼쪽 [Controls]에서 [TableView]를 선택하고 끌어서(drag) [Hierarchy]−[BorderPane]−[insert CENTER]에 놓는다(drop). 그러면 화면 중앙에 테이블뷰가 표시된다. 화면 중앙 테이블뷰를 선택하고 화면 오른쪽에서 [Layout]−[Pref Width]를 300으로 설정하면 화면 중앙 테이블뷰의 넓이가 증가한다. 이와 동일한 방법으로 화면을 구성한다.

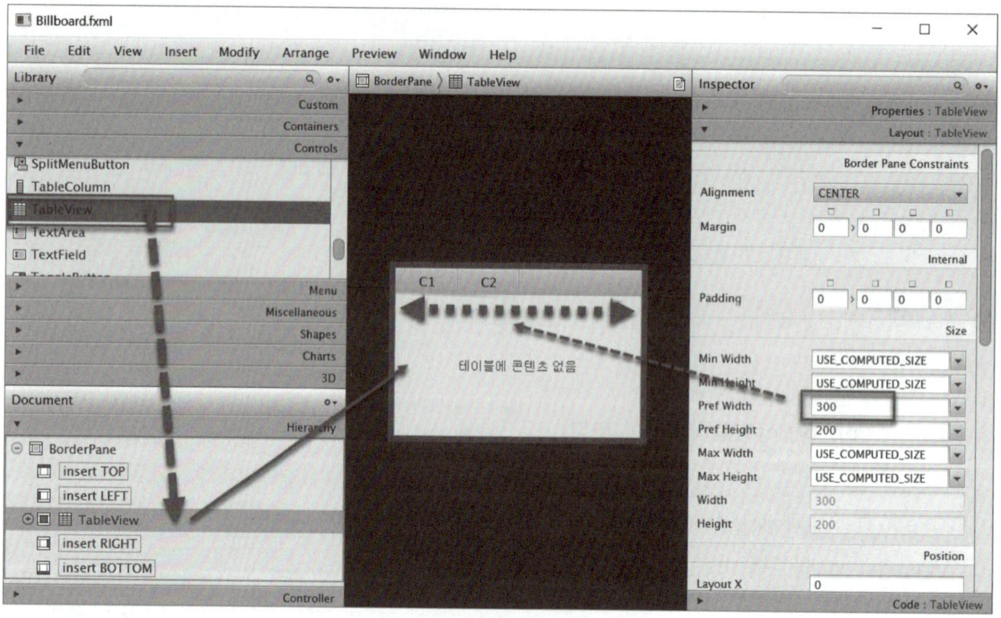

❸ 화면 왼쪽 [Controls]에서 [Button]을 선택하고 끌어서(drag) [Hierarchy]−[BorderPane]−[insert TOP]에 놓는다(drop). 그러면 화면 중앙에 버튼이 표시된다. 화면 중앙 버튼을 선택하고 화면 오른쪽 [Code]−[fx:id]에 버튼의 고유 이름 btnHello를 입력한다. [On Action]에 onBtnHelloAction을 입력하면 화면 왼쪽 아랫부분에 [Controller]−[Assigned fx:id]가 보인다. 또한 화면, 이벤트, 로직을 연결할 [Controller class]도 표시된다. 이와 동일한 방법으로 화면을 만들고 이벤트를 등록할 수 있다. [File]−[Save]를 클릭해 fxml 파일을 저장한다.

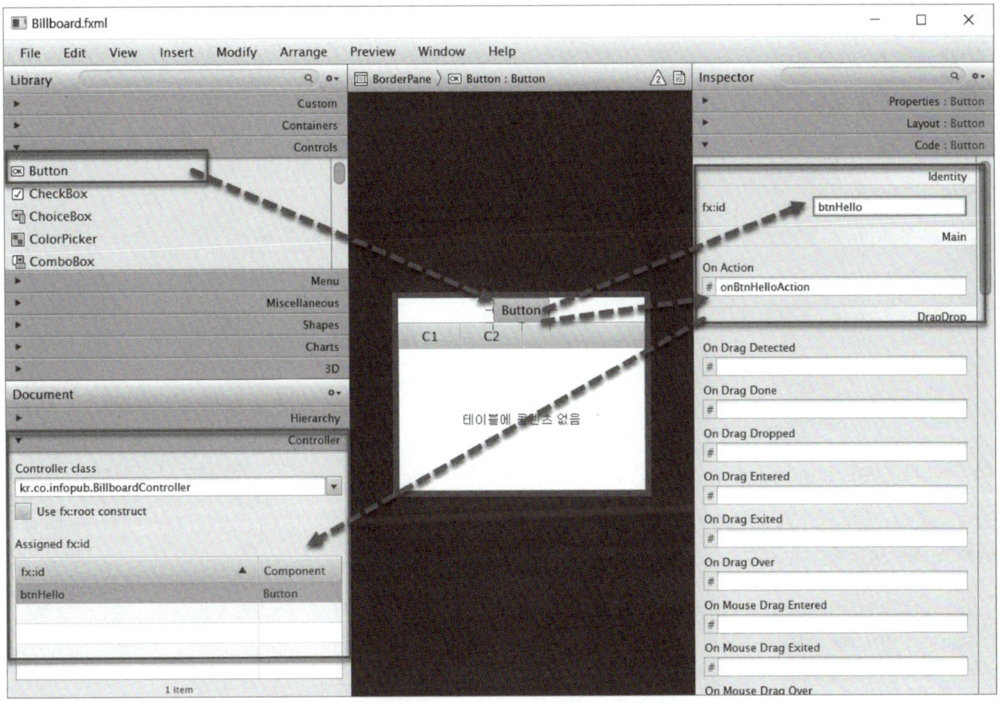

❹ SceneBuilder-[View]-[Show Sample Controller Skeleton]을 선택한다.

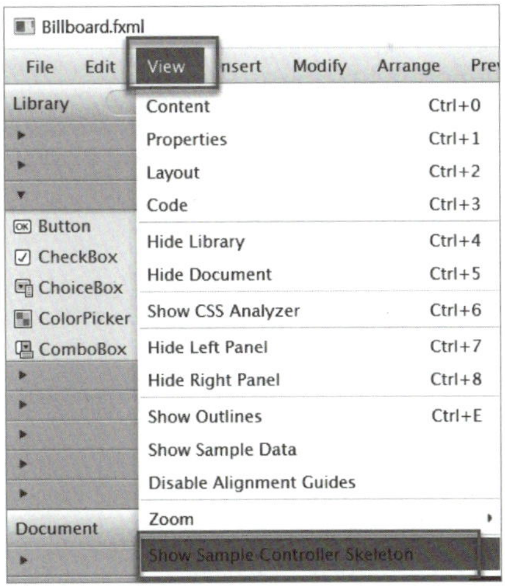

❺ [Show Sample Controller Skeleton] 화면은 현재까지 등록한 [Controls]와 이벤트를 보여 준다. 이 소스를 복사하여 JavaFX 프로젝트에서 만든 BillboardController에 내용으로 붙여 넣는다.

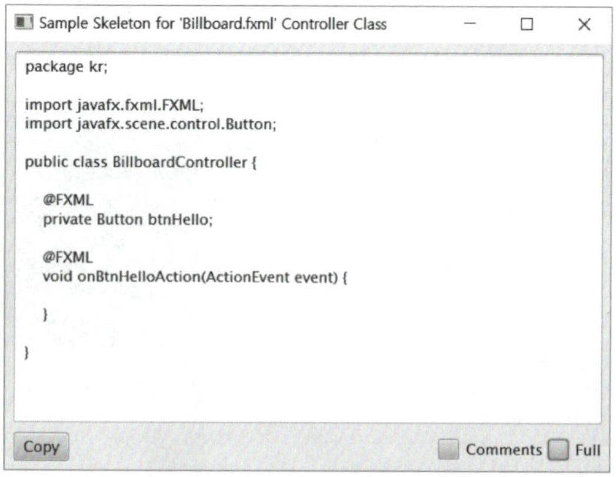

❻ 다음과 같이 "import javafx.event.ActionEvent;"를 추가하면 BillboardController가 완성된다.

```
package kr.co.infopub;

import javafx.event.ActionEvent;
import javafx.fxml.FXML;
import javafx.scene.control.Button;

public class BillboardController {

  @FXML
  private Button btnHello;
  @FXML
  void onBtnHelloAction(ActionEvent event) {

  }
}
```

❼ [src]−[kr.co.infopub]−[Main.java]를 실행(Ctrl+F11)한다. e(fx)clipse 플러그인은 메인을 자동으로 만들어 준다.

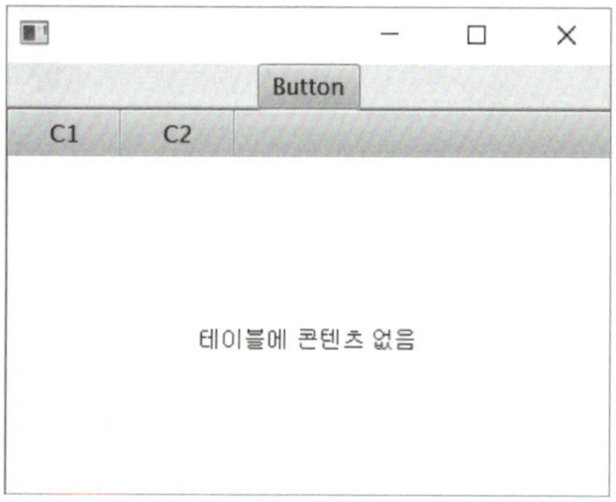

4. Object Aid 플러그인

Object Aid 플러그인으로 클래스 다이어그램을 그릴 수 있다. 클래스 다이어그램을 사용하면 여러 클래스가 있을 때 클래스 사이의 관계를 쉽게 파악할 수 있다.

1) Object Aid 플러그인 설치하기

❶ 이클립스에서 [Help]-[Install New Software]를 선택한다.

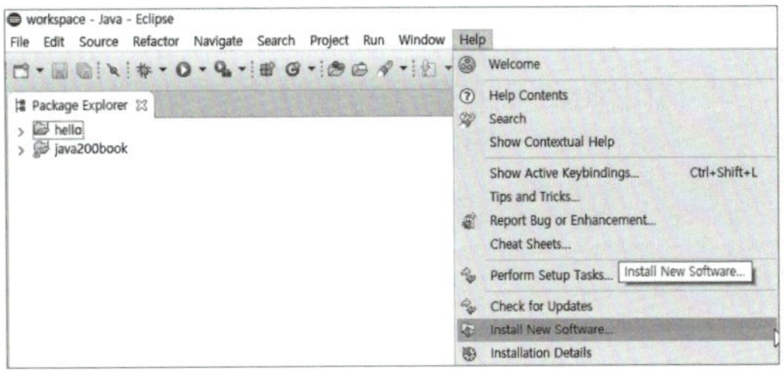

❷ [Add] 버튼을 클릭한다.

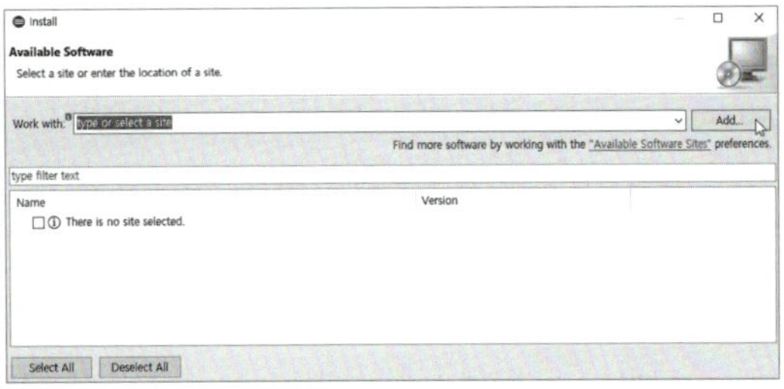

❸ 저장 장소 이름과 경로를 입력한 후 [OK] 버튼을 선택한다. 만들어진 [ObjectAid UML Explorer]에 체크 표시하고 [Next] 버튼을 클릭한다. 다시 [Next] 버튼을 클릭하고 라이선스에 동의한 다음 [Finish] 버튼을 클릭한다.

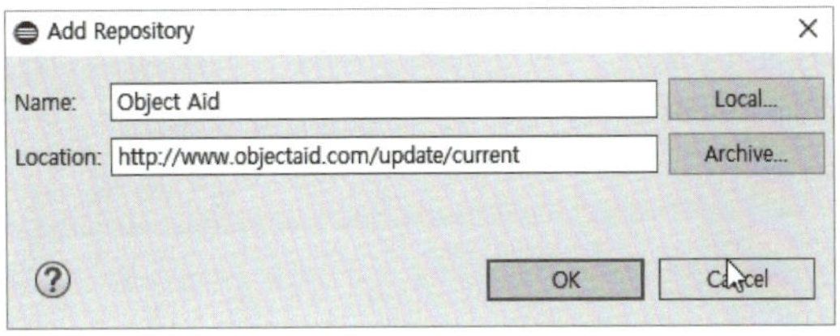

소프트웨어를 설치할지 묻는 경고 메시지가 표시되면 [Install anyway] 버튼을 클릭한다.
재시작할지 묻는 대화상자가 표시되면 [Restart Now] 버튼을 클릭하여 이클립스를 재시작한다.

- **저장 장소 이름:** Object Aid
- **저장 장소 경로:** http://www.objectaid.com/update/current

2) Object Aid 사용하기

❶ Object Aid를 적용하고자 하는 프로젝트–[New]–[Other]를 선택한다.

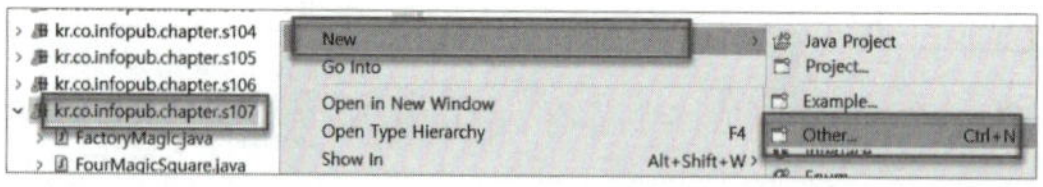

❷ [ObjectAid UML Diagram]–[Class Diagram] 또는 [ObjectAid Class Diagram]을 선택하고 [Next] 버튼을 클릭한다.

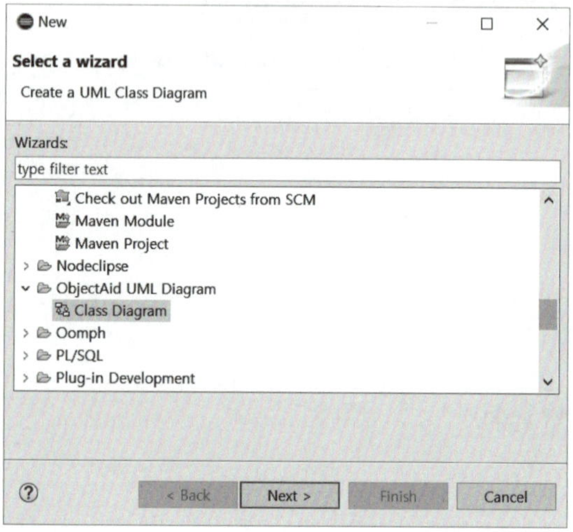

❸ 다이어그램 저장 파일 이름을 입력한다. 이미지로 저장하고 싶다면 [Save Image with Diagram as]를 이미지 종류와 함께 선택한다. 관계(Relationships)에서 [Add Dependencies]를 선택한다. [Finish] 버튼을 클릭한다.

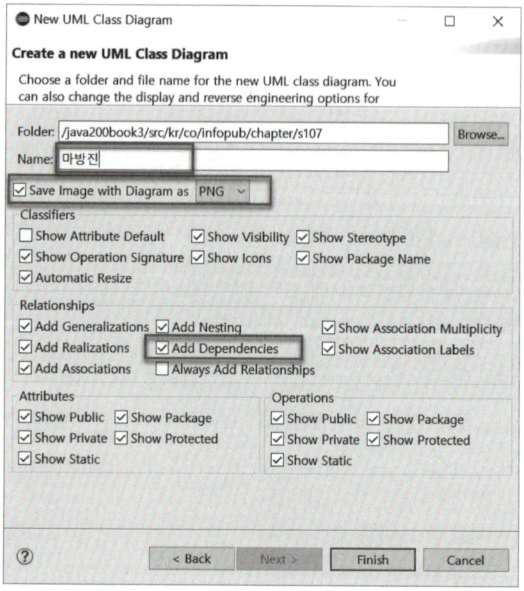

❹ ucls 화면에 클래스를 드래그 앤 드롭으로 가져다 놓는다. 상속(extends), 인터페이스 구현(implements)은 위·아래로 그린다. 의존, 소유 등은 옆으로 그린다. 다음 다이어그램은 예제 120 마방진의 관계를 보여 준다.

```
public interface IMagicSquare
public abstract class MagicSquare implements IMagicSquare
public class OddMagicSquare extends MagicSquare
public class FourMagicSquare extends MagicSquare
public class SixMagicSquare extends MagicSquare
싱글톤 패턴, 팩토리 패턴 FactoryMagic
```

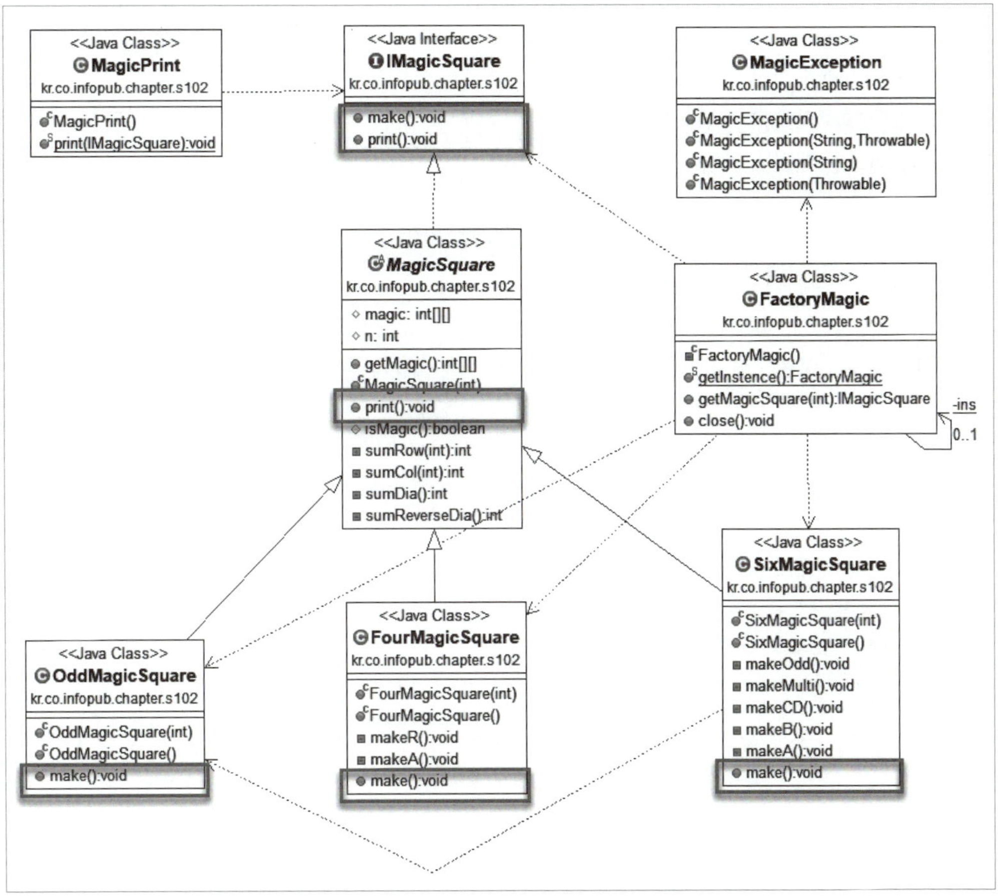

마방진의 관계도

입문

004

자바 필수 문법

- **학습 내용 :** 데이터 저장 방법을 익혀 보자.
- **힌트 내용 :** 정수, 실수, 문자, 불린 등의 기본 타입을 이용한다.

자바를 사용하기 위해 반드시 익혀야 할 필수 문법을 살펴보자. 가장 먼저 알아 두어야 할 자바의 특징은 다음과 같다.

❶ 자바는 사용하려는 데이터의 특징에 맞추어 데이터 타입을 선택하고 저장해서 사용한다.

❷ 자바 코드는 왼쪽에서 오른쪽, 위에서 아래로 실행된다.

❸ 이런 실행 흐름을 나누거나(분기) 합치거나 반복해서 적은 양의 코드로 원하는 데이터를 가공해 정보를 의도한 대로 도출하는 프로그래밍이다.

따라서 타입 파악, 조건문(if, switch case, 삼항연산자), 반복문(for, while, do~while)을 정확히 알아 두자. 이론 이해를 위해 소스를 눈으로 살펴보자.

1. 타입

1) 기본 타입

❶ 정의

기본 타입은 산수 및 수학에서 사용하는 데이터이자 값 그 자체이다.

❷ 선언 방법

저장할 때 용도를 구분하고 표시하기 위해 타입(type, 형)을 앞에 선언한다. 선언 형식은 다음과 같다.

```
타입 변수=값;
int year=2017;
```

❸ 기본 타입 종류 및 용도

- **boolean 타입:** 참이나 거짓 저장

- **char 타입:** 문자(한 글자) 저장
- **int 타입:** 정수(소수점이 없는 수) 저장
- **double 타입:** 실수(소수점이 있는 수) 저장
- **String 타입:** 문자열(여러 문자) 저장(참조 타입)

다음은 위의 다섯 가지 기본 타입의 예이다.

```
boolean isL=false;
char sult='H';
int year=2017;
int month=6;

double latitude=37.52127220511242;
double longitude=127.0074462890625;

String card="H8";   // 문자열(참조 타입)
```

2) 변수

❶ 정의

변수는 데이터를 임시로 저장하는 공간이다.

다음 코드는 서울의 위도와 경도를 실수형 변수로 표시한 것이다. 위치를 나타내는 위도와 경도는 소수점이 있는 실수이므로 double 타입을 사용했다. double 뒤의 "latitude"와 "longitude"는 변수로, =기호 다음에 입력된 값을 변경하면 다른 도시의 위치를 나타낼 수 있다.

```
double latitude=37.52127220511242;
double longitude=127.0074462890625;
```

이를 커피에 비유해서 살펴보면 위도·경도값은 커피, 위도·경도라는 "변수"는 커피컵이라고 볼 수 있다. 커피는 컵에 담겨야 마실 수 있는 것처럼, 정수·실수(기본 타입 데이터)는 반드시 변수에 저장되어야 프로그래밍에 사용될 수 있다.

❷ 특징

기본 타입은 2017, 6, 37.5처럼 데이터 자체이다. 데이터를 저장하거나 옮기려면 반드시 도구가 있어야 한다. 앞에서도 말했듯이 데이터 자체는 물이나 커피로 볼 수 있는데, 이를 마시거나 사용하려

면 반드시 "변수"인 컵이 있어야 하며, 크기에 따른 컵의 구분은 "타입"이라고 할 수 있다.

변수는 크기와 종류에 따라 각각 다른 타입(다른 크기의 컵)을 사용하게 된다. 내가 마실 커피의 양에 따라 컵의 크기가 달라지듯, 데이터 성격에 따라 타입을 선택해서 사용한다.

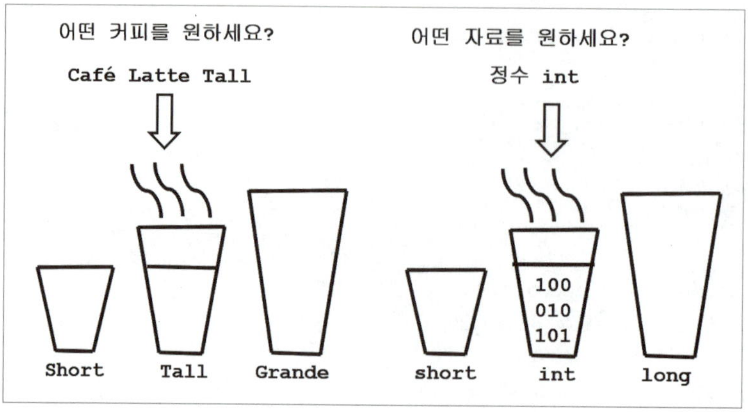

변수의 크기와 특징을 설명하는 타입

한 예로, int는 "−2,147,483,648 ~ 2,147,483,647"까지의 정수를 저장할 수 있다.

❸ 기본 타입의 크기

정수는 int, 실수는 double을 주로 사용한다. 다음 표는 기본 타입의 종류에 따른 선언 방법과 데이터의 저장 범위를 보여 준다.

구분	타입 종류	선언 방법	저장 범위
정수	byte	byte b=100;	−128 ~ 127
	short	short s=100;	−32,768 ~ 32,767
	int	int i=100;	−2,147,483,648 ~ 2,147,483,647 (최대 2,000,000,000 정도로 암기하면 편하다.)
	long	long l1=100L; long l2=100l;	−9,223,372,036,854,775,808 ~ 9,223,372,036,854,775,807 (long은 = 기호 다음에 오는 값 뒤에 L을 반드시 붙여야 하며, 대·소문자를 모두 쓸 수 있으나 대문자를 권장한다.)
실수	float	float f1=10.234F; float f2=10.234f;	• 소수점이 없는 경우 최대 크기는 총 39자릿수로 표시된다. 예) 34028235……000000 • 소수점만 있는 경우 최소 크기는 소수점 아래에 45자릿수까지 표시할 수 있다. 예) 0.0000000000……00014 (float는 = 기호 다음에 오는 값 뒤에 F와 f를 모두 쓸 수 있다.)

구분	타입 종류	선언 방법	저장 범위
실수	double	double d=10.234;	• 소수점이 없는 경우 최대 크기는 총 309자릿수로 표시된다. 예) 17976931348623157……000000 • 소수점만 있는 경우 최소 크기는 소수점 아래로 총 325자릿수까지 표시할 수 있다. 예) 0.0000000000000000000000000……00049
참/거짓	boolean	boolean isS=true;	참이면 true, 거짓이면 false
문자	char	char c='A';	0~65,571에 해당하는 문자 참고로 각 문자의 아스키코드 값은 다음과 같다. 'A' 64, 'B' 65, ……, 'a' 97, 'b' 98 '0' 48, '1' 49, ……

3) 데이터 타입(형)

데이터 타입은 "기본 타입"과 기본 타입을 묶어서(Group) 사용하는 "참조 타입"이 있다.

❶ 기본 타입

산수, 수학에서 사용하는 데이터이자 값 자체이다. 정수, 실수, 문자, 불린(boolean)이 있다.

❷ 참조 타입

여러 기본 타입을 묶어서 사용한다. 참조 타입은 new 키워드를 이용하여 객체를 생성해서 사용한다.

기본 타입과 참조 타입의 관계는 기본 타입을 연필이나 책으로, 참조 타입을 필통으로 보면 쉽게 이해할 수 있다. 참조 타입(필통)은 기본 타입(연필)을 여러 개 담을 수 있고, 더 큰 참조 타입(가방)에는 여러 기본 타입이 포함된 참조 타입(필통)과 다른 기본 타입(책) 등 여러 참조 타입과 기본 타입을 저장할 수 있다.

주의 문자열(String)은 참조 타입이지만, 기본 타입처럼 사용한다.

❸ 기본 타입과 참조 타입의 차이점

기본 타입은 타입을 선언하고 값을 바로 저장할 수 있다. 다음 예시에서 year는 정수를 저장하는 int 타입으로 선언되었다.

```
int year=2017;
```

참조 타입을 사용하려면 new를 이용하여 객체를 생성한 후 사용한다. 참조 타입을 주고받으면 해당 참조 타입에 포함된 기본 타입 여러 개를 한 번에 전달할 수 있다. 다음 예는 Geo 객체를 생성하고 latitude와 longitude의 값을 대입한다. 따라서 Geo 객체는 두 개의 기본 타입 정보를 갖고 있다.

```
Geo geo1=new Geo( );
geo1.latitude=37.5;
geo1.longitude=127.0;
```

4) 기본 타입의 연산과 타입 변환

❶ 연산

실수와 정수는 기본적으로 5칙연산을 사용한다. 정수끼리 연산하면 결과도 정수다. 실수와 정수를 연산하면 결과는 실수가 된다는 점에 주의하자. 먼저 5칙연산(+, −, *, /, %)을 익히자. 정수의 나눗셈(/)은 몫이고, 정수의 %(모듈러스)는 나머지다.

기본 연산자	의미	연산 예	연산 결과
+	더하기	5+6	11
−	빼기	5−6	−1
*	곱하기	5*6	30
/	몫	5/6	0
%	나머지	5%6	5

❷ 비교 연산

정수(byte, short, int, long), 실수(float, double), boolean, char 타입과 같은 모든 기본 타입의 값을 비교할 때는 비교 연산을 사용한다.

비교 연산자	의미	연산 예	연산 결과 (맞으면 true, 아니면 false)
>	크다	6>5	true
<	작다	6<5	false
>=	크거나 같다	7>=6	true
<=	작거나 같다	7<=6	false
==	같다	7==6	false
!=	다르다	7!=6	true

주의 "= ="나 "! ="처럼 중간에 공백이 들어가면 안된다.

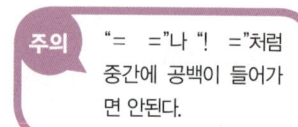

❸ 타입 변환(형 변환)

기본 타입의 크기는 종류별로 이미 정해져 있으며, int 〈 long 〈 float 〈 double순이다. 따라서 작은 타입은 큰 타입에 바로 대입할 수 있지만, 큰 타입을 작은 타입에 대입하려면 데이터가 넘치는 문제가 발생할 수 있으므로 대입할 수 있는 양만 붓는 방법인 "캐스팅(Casting)"을 사용한다.

예를 들어, 다음 그림에서 톨(int)은 그란데(long)에 부을 수 있지만, 그란데(long)를 톨(int)에 부을 때는 "넘칠 수 있으니까 넘치지 않는 범위에서만 붓겠다"라고 선언(캐스팅)한다.

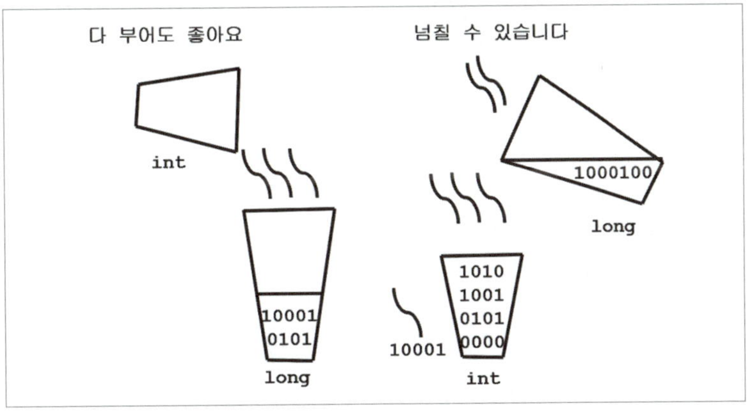

타입 변환

작은 타입은 큰 타입으로 자동 변환되지만, 큰 타입을 작은 타입으로 변환할 때는 "(변환하려는 타입)" 형식으로 타입 변환해서 사용한다. 다음 예제는 double을 (int)로 캐스팅한 것이다.

```
double yourLatitude=37.5;
int myLatitude=(int) latitude;
```

타입 변환이 일어나는 대표적인 예를 살펴보자.

- 정수는 실수보다 작기 때문에 정수는 실수로 자동 변환된다. 다음의 예에서 "6371"은 정수이고, double은 이를 담을 수 있으므로 자동 변환되는 것이다.

```
double earthR = 6371; // km, 6371 → 6371.0으로 자동 변환
```

• 실수는 정수로 변경하기 위해 타입 변환한다. 다음 예제는 0 ~ 44 사이의 정수를 반환한다.

```
int makeOne=(int)(Math.random( )*45);
```

Math.random은 double 타입을 반환한다. double은 int보다 커서 바로 받을 수 없으므로 (int)로 타입 변환하는 것이다. double Math.random( )은 자주 사용하는 메서드이다.

메서드	설명(API)
double Math.random( )	0.0<= 실수값 < 1.0 0.0을 포함, 1.0을 포함하지 않은 임의의 실수를 반환한다.

• 숫자형 문자를 정수로 변환할 때 다음과 같은 방법을 사용한다.

```
int num= '9'-'0';                            // 57-48 = 9, '0'은 48, '9'는 57이다.
int a=Character.getNumericValue('9');  // 9
int b=Character.digit('9', 10);           // 9
```

• ASCII에 해당하는 문자를 숫자로 변환한다.

```
int alpha = 'A' ;                 // 65
char cAlpha - (char)97;    // 'a' → (int)'a'=97
```

• 다음은 정수 연산으로, 결과도 정수이다. 최종 연산 기호 "/"은 몫을 구한다.

```
int a=90
int b=95
int c=98
int average=(a+b+c)/3;
```

a, b, c, 3이 모두 정수이므로 결과도 정수가 된다. 90, 95, 98의 평균은 94.33……인데 정수 연산은 정수만 반환하므로 평균은 94이다.

• 화씨를 섭씨로 변환해 보자.
변환 공식은 5/9*(fahrenheit−32)이다. 5/9는 5를 9로 나눈 몫을 구하므로 결과는 정수 0이 된다. 이 상태에서 어떤 수를 곱해도 0이 되므로 최종 목표인 double로 표시하려면 실수인 5.0/9로 변경해야 한다. 결과가 실수일 때는 실수를 앞쪽에 붙인다.

```
public static double toCelsius(double fahrenheit) {
        return 5.0/9 *(fahrenheit-32);
}
```

- 작은 타입으로 변환할 때 캐스팅한다. System.currentTimeMillis( )는 1970년 1월 1일부터 현재까지의 경과 시간을 long 타입으로 제공하게 되어 있으므로, int 타입으로 받으려면 타입 변환을 해야 한다.

```
long days=System.currentTimeMillis( );
int day=(int)(days/1000/24/60/60);
```

- 점의 이동이나 회전 과정은 double 타입을 사용하지만 두 지점 사이의 직선을 그릴 때는 정수를 사용한다. double을 int 타입으로 받으려면 타입 변환을 해야 한다.

```
Point p=ro.rotate(p1, 360-6*sec);
double dx=p.p.getX( );
double dy=p.p.getY( );
drawLine(g,Color.BLUE,0,0,(int)dx,(int)dy);
```

❹ 상수

상수는 값이 한 번 결정되면 변경할 수 없다. 자바에서는 static final로 키워드를 사용해 선언하고, 변수와 구분하기 위해 대문자를 사용한다. 다음 예를 참고하자.

```
public class SwitchMain {
        public static final int PHYSICAL = 23;
        public static final int EMOTIONAL = 28;
        public static final int INTELLECTUAL = 33;
}
```

참고 API로 제공되는 파이값(Math.PI=3.14)과 자연 지수(Math.E=2.718)는 상수로 선언되어 있다.

입문

005 자바 프로그래밍의 기본

- **학습 내용 :** 프로그래밍 흐름을 이해해 보자.
- **힌트 내용 :** 분기를 위한 조건문, 반복을 위한 반복문을 이용한다.

1. 프로그램 실행 순서

- 프로그램은 위에서 아래로 순차적(Sequence)으로 실행된다.
- 프로그램의 순서를 제어하기 위한 조건문에는 if, switch, 삼항연산자(?:)가 있다.
- 프로그램의 특정 부분을 반복시키는 반복문에는 for, while, do~while이 있다.

특징

순차적	흐름 제어(조건, 분기)	흐름 제어(조건, 분기)	흐름 제어(반복)
위에서 아래로	원하는 조건으로	원하는 값에 따라	조건을 만족시키면 반복
	if, 삼항연산자	switch~case	for, while, do~while
		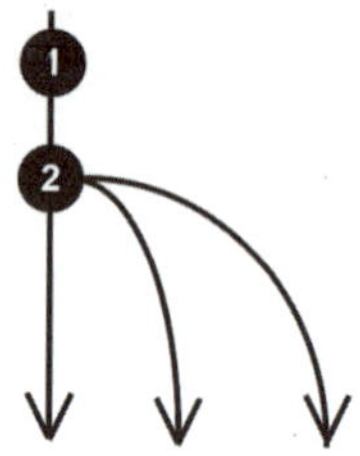	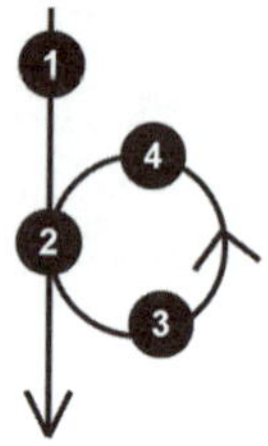

순차, 제어, 반복문

프로그램은 기본적으로 위에서 아래로, 순차적으로 실행된다. 상황에 따라 조건을 선택하기도 하고, 조건을 만족시키는 동안 반복되면서 실행 순서가 복잡해진다. 이렇게 조건문과 반복문을 이용해 여러 문제를 해결하는 것을 "알고리즘"이라고 한다.

2. 주석

주석은 프로그래밍에 영향을 미치지 않으면서 설명 등을 알려 주거나 표시하는 방법이다. //는 한 줄 주석, /* */는 여러 줄 주석에 사용한다.

- 예) 한 줄 주석

```
int makeOne=(int)(Math.random( )*10);  // 0~9 사이의 임의의 정수
```

- 예) 여러 줄 주석

```
/*
0.0<= 실수값 <10.0을 (int)하면 정수만 반환한다.
그래서 0~9 사이의 임의의 정수를 반환한다.
*/
```

3. 조건문

참, 거짓 여부에 따라 다른 문장을 실행하는 if~else, 정수값에 따라 다양한 문장을 실행하는 switch~case가 있다.

❶ if(조건식){ }

조건식에서 동일 여부나 대소 비교를 한 후 조건식을 만족시키면 true, 만족시키지 않으면 false 구문이 실행된다.

조건문

if를 이용한 예를 살펴보자.

- v를 2로 나눈 나머지가 0인지 판단한다. 0이면 if 구문이 실행되어 짝수를 출력하고, 0이 아니면 홀수를 반환한다.

```
int v=100;
if(v%2==0) {                          // 2로 나누었을 때 나머지가 0이면 짝수이다.
        System.out.println("짝수");
}else{                                // 짝수가 아니면 홀수이다.
        System.out.println("홀수");
}
```

- else 구문에 if~else를 붙일 수 있다.

```
if (magnitude >= 8.0)   {
} else if (magnitude >= 7.0) {
} else if (magnitude >= 6.0) {
} else {
}
```

- 간단한 if~else는 삼항연산으로도 표현할 수 있다. 바로 다음 소스는 if~else, 그 다음은 동일한 내용을 삼항연산으로 표현한 것이다.

```
int temp=99;
if(temp%2==1) {      // 99 -> 홀수
        temp=temp*3+1;
} else {
        temp=temp/2;
}
```

- ? 바로 앞의 조건식 (temp%2==1)을 실행해서 조건식을 만족하면 앞 temp*3+1을 temp에 대입하고, 조건식을 만족시키지 않으면 temp/2를 temp에 대입한다.

```
int temp=99;
temp = (temp%2==1) ? temp*3+1 : temp/2;
```

❷ switch~case

주어진 값에 따라 분기할 때는 switch~case를 사용한다.

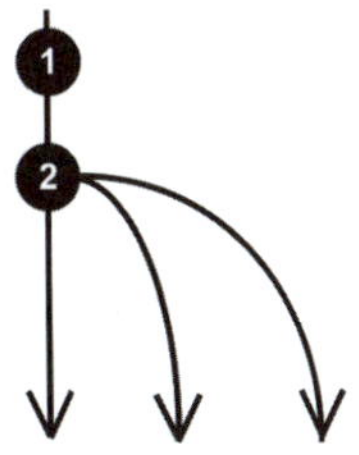

switch~case

정확히 정수(int), 문자(char), 문자열(String)에 해당되는 case 부분을 실행한다. if와 달리 대소 비교를 할 수 없다.

```
public static int toNum(char c) {
        int tot=0;
        switch(c) {
        case  'A': tot=1;break;
        case 'T': tot=10;break;
        case 'J': tot=11;break;
        case 'Q': tot=12;break;
        case 'K': tot=13;break;
        default : tot=c-'0'; break;     // '9'-'0'
        }
        return tot;
}
```

만약 c='A'라면 tot에 1이 저장된다. 'T'라면 10, 'J'라면 11, 'Q'라면 12, 'K'라면 13이 저장된다. 이외의 문자는 숫자형 문자이므로 '0'을 빼서 나온 정수를 tot에 저장한다.

> 참고 tot='1'−'0'=1, tot='2'−'0'=2, ……, tot='9'−'0'=9이다.

• 입력받은 주기에 따라 지수 종류와 바이오리듬 값을 반환할 때도 switch~case를 사용한다.

```
public static String generateTextInformation(int index, double value) {
        String result = "";
        switch( index ) {
        case 23 : result = "신체지수: "; break;
        case 28 : result = "감정지수: "; break;
        case 33 : result = "지성지수: "; break;
        }
        return result + (value*100);
}
```

4. 반복문

반복문은 조건을 만족하는 한 계속 반복되고, 조건을 만족하지 않으면 종료된다.

❶ for문

"for(초기 ; 조건 ; 스텝){ 반복 }" 형태로 사용하며, 초기1 (조건2 반복3 스텝4) (조건2 반복3 스텝4) …… 조건2 end(5) 순서로 실행한다. 조건을 만족시키면 (조건2 반복3 스텝4)가 반복된다.

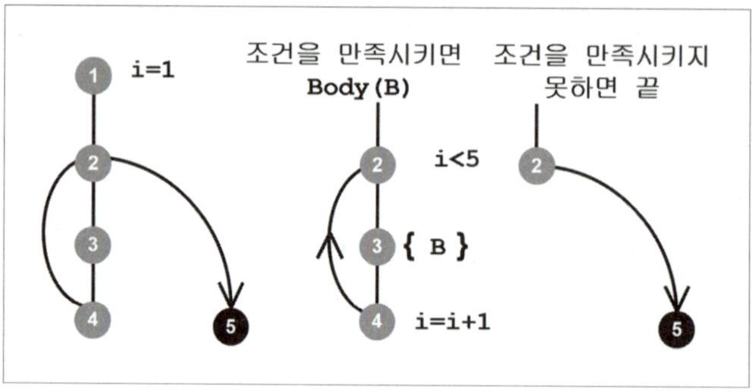

반복문의 실행 과정

```
int s=0;
for (int i = 1; i <= 100; i++) {
        s=s+i;
}
System.out.println(s);
```

i++은 i=i+1로 1씩 증가시킨다는 의미이다. "반복 한 번에 1 증가"를 스텝이라고 한다. 위 소스에서 for문이 실행되는 과정을 추적해 보면 다음과 같다.

초기	i값과 조건	s
i=1	1 1<100 조건 만족	s=0+1
	2 2<100 조건 만족	s=0+1+2
	3 3<100 조건 만족	s=0+1+2+3
	......	
	100 100<=100 조건 만족	s=0+1+2+3+……+100
	101 101<100 불만족 끝	

경우에 따라, 끝나는 조건이 명확하지만 초기값이나 스텝이 없을 수도 있다. 이를 확인하기 위해서 2345의 각 자리의 합을 구해 보자. 2345는 2+3+4+5로 각 자리의 합이 14이다. for문을 사용해 다음과 같이 작성할 수 있다.

```
int n=2345;
int tot=0;
for( ; n>0 ; ) {
        tot=tot+n%10;
        n=n/10;
}
System.out.println(tot);
```

for문을 보면 n>0이라는 조건만 있을 뿐, 앞쪽 ; 앞의 초기값과 뒤쪽 ; 뒤의 스텝은 없다. 따라서 조건과 { }안의 연산만 실행되어 출력된다.

과정을 추적해 보면 다음과 같다.

n	n%10 (나머지)	tot	n/10 (몫)
초기값 없음, 2345>0 조건 만족	5	tot=0+5	234
234>0 조건 만족	4	tot=5+4	23
23>0 조건 만족	3	tot=5+4+3	2
2>0 조건 만족	2	tot=5+4+3+2	0
0>0 불만족 끝			

❷ while문

조건이 명확할 때는 while( )을 사용하는 편이 좋다. while( )은 for( )와 동일하지만 조건만 갖고, 초기와 스텝은 없을 수도 있다. 결국 스텝이 명확하면 for( )가 좋고, 조건이 명확하면 while( )이 편할 뿐, 결과는 동일하다. 다음 예제는 앞에 나온 for문을 while문으로 변경한 것이다.

```
int n=2345;
int tot=0;
while(n>0) {
        tot=tot+n%10;
        n=n/10;
}
System.out.println(tot);
```

> **참고** while과 동일하지만 적어도 한 번 실행할 때는 do~while을 사용한다.

5. 연산관용어구

조건문과 반복문을 함께 쓸 때 습관적으로 쓰는 코드가 있다. 필자는 이를 "연산관용어구"라고 부르며, 익혀 두면 매우 편리하다. 다음 표는 자주 사용하는 연산자와 비교 연산의 예이다.

연산관용어구	연산자	연산 예	의미
나누어 떨어진다	%(나머지)	A%3==0	A는 3으로 나누어 떨어진다. 나머지가 0이다.
배수			A는 3의 배수다. 3%3==0, 6%3==0, 9%3==0
약수			3은 A의 약수다. 3%3==0, 6%3==0, 9%3==0
짝수		A%2==0	짝수는 0으로 나누어 떨어진다. 모든 짝수는 2의 배수이다.
홀수		A%2!=0, A%2==1	짝수가 아니면 홀수이다.
일의 자리		A%10	10으로 나눈 나머지. 156%10의 일의 자리는 6이다.
자릿수를 줄인다	/(몫)	A/10	123/10은 12(몫)이다. 3자리에서 2자리로 줄인다.

• 10의 약수를 구하면서 다시 한 번 살펴보자.

```
System.out.print("[1,");
for (int i = 2; i < n; i++) {
        if(n%i==0){
                System.out.printf("%d,",i);
        }
}
System.out.println(n+"]");
```

과정은 다음과 같다.

i와 조건값	n%i
2 초기 2<10 조건 만족	10%2==0 2는 10의 약수
3 3<10 조건 만족	10%3
4 4<10 조건 만족	10%4
5 5<10 조건 만족	10%5==0 5는 10의 약수
……	……
9 9<10 조건 만족	10%9
10 10<10 불만족 끝	

결과는 [1, 2, 5, 10]이다.

6. 메서드

프로그래밍은 기본적으로 순차적(위에서 아래로)으로 진행된다. 같은 소스가 반복되거나 너무 복잡하면 이런 부분을 잘라서 하나의 덩어리로 만들고 이름을 붙여 준다. 이렇게 이름이 붙은 소스 덩어리를 "메서드"라고 한다. 메서드를 호출하면서 값을 대입(10, 20)하면, ❶ 연산(10+20)을 하고 ❷ 결과(30)를 반환하고 ❸ 원래 위치로 돌아와서 진행을 마치고 끝낸다.

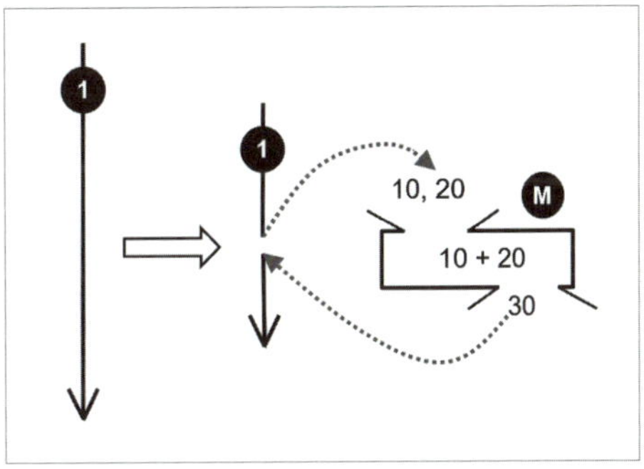

메서드

❶ 선언과 호출

메서드는 "선언"과 "호출"로 나눌 수 있다.

- **선언**: 인자(파라미터)의 타입과 개수, 메서드 이름, 결과 반환 타입을 선언한다. 구체적인 로직이 있는 곳이다.
- **호출**: 인자 타입과 개수에 맞는 값을 넣고 결과를 받는 것이다.

```
double phyval = getBioRhythmValue(16649, 23, 100);
public static double getBioRhythmValue(long days, int index, int max) {
        return max * Math.sin((days  % index) * 2 * 3.14 / index);
}
```

다음 그림과 같이 인자의 위치에 맞게 값들이 대입되고 계산된 후 결과로 반환된다.

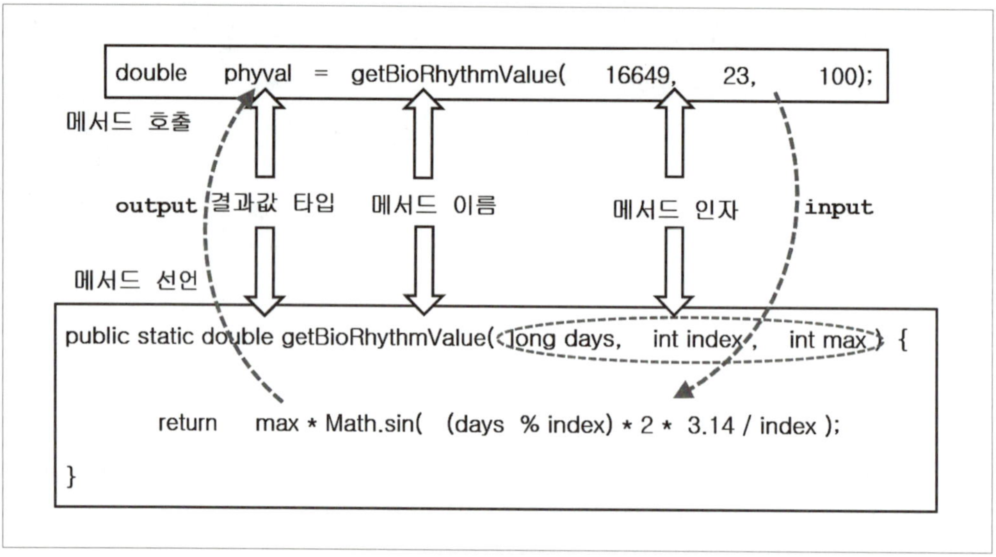

메서드 선언과 호출

❷ 특징

메서드는 흐름을 쉽게 만든다. 순차, 분기, 반복 흐름과 같이 사용되면서 더 많은 효과(반복 및 복잡성 감소)를 낼 수 있다.

순차적	흐름 제어(분기)	흐름 제어(분기)	반복
위에서 아래로	원하는 조건으로	원하는 값에 따라	조건을 만족시키면 반복
	if, 삼항연산자	switch~case	for, while, do~while

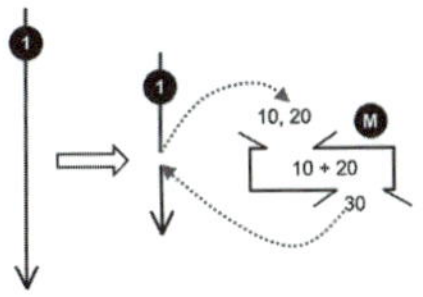

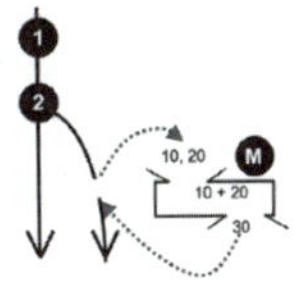

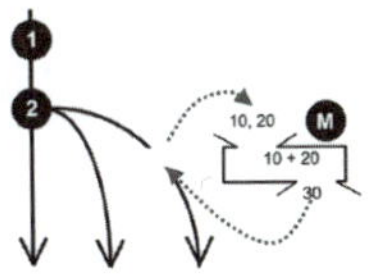

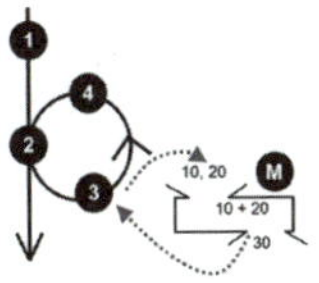

여러 종류의 흐름과 메서드

- 순차 흐름과 메서드

```
int days=1664;
int index=23;
int max=100;
double phyval = getBioRhythmValue(days, index, max);
```

- 조건 흐름과 메서드

```
if(index == 23) {
        phyval = getBioRhythmValue(days, index, max);
} else if(index==28) {
        emotion = getBioRhythmValue(days, index, max);
}
```

- 반복 흐름과 메서드

```
for(int iday= days-10 ; iday < days+10 ; iday++) {
        double phyval = getBioRhythmValue(iday, index, max);
}
```

입문

006 문자열과 배열

- **학습 내용 :** 문자열을 저장하고 사용하는 방법을 익혀 보자.
- **힌트 내용 :** String API는 문자열을 저장하고 처리하는 메서드를 제공한다.

1. 문자열(String)

char(문자)는 한 글자이다. 한 개 이상의 문자를 붙여서 한 단어, 한 문장과 같은 문자의 묶음을 만들 수 있다. String(문자열)은 new 키워드를 사용하지 않고 생성할 수 있는 참조 타입(객체, 개체)으로, 기본 타입처럼 대입연산자를 사용한다. 단, 기본 타입처럼 사용하지만 참조 타입이기 때문에 메서드를 갖고 있다는 점에 주의하자.

```
String city1="Asia";                                    // ❶ 문자열
String city2="Europe";
city2=city1;                                            // ❷ 값이 복사되므로 city2="Asia"
System.out.println(city1.length( ));                    // ❸ 문자열의 길이를 구한다.
String city4=String.format("%s-%s", city1,city2);       // ❹ 원하는 포맷 만들기
```

2. 배열

같은 타입의 나열을 "배열"이라고 한다. 예를 들어, 무궁화반 학생들은 이름이 있지만 출석부 상에서 무궁화반 1번, 2번, 3번으로 호칭되듯이 로또 6개 번호는 lotto[0], lotto [1], lotto [2]식으로 호칭해서 사용한다.

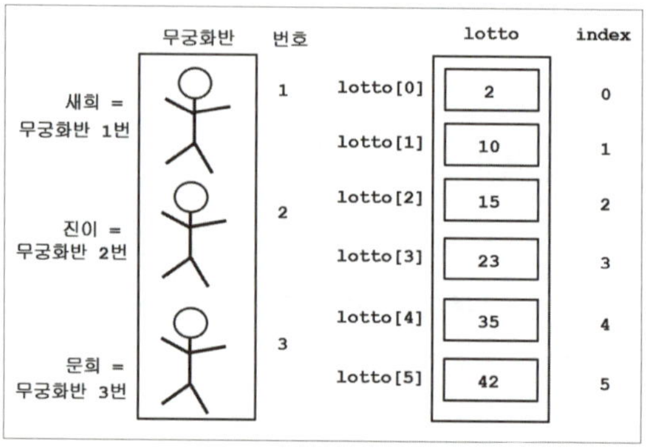

배열

배열을 만드는 방법은 두 가지이다. new를 사용하지 않는 배열(결정된)은 다시 생성, 다시 초기화가 불가능하다.

```
int[ ] nums2={1,2,3};     // 크기가 결정된 배열
//nums2={1,2};            // 다시 초기화 불가능 [중요]
```

new로 생성한 배열(동적)은 언제든지 길이도 변경할 수 있고, 다시 생성, 다시 초기화가 가능하다.

```
int[ ] lotto=new int[6];      // {0,0,0,0,0,0} 0으로 초기화
lotto [0]=-1;                 // set 넣기 -1
int a=lotto[0];               // get 가져오기 a=-1
lotto =new int[ ]{2,3,4,5};   // 다시 초기화 가능
```

타입은 모두 배열할 수 있다. 기본 타입은 물론, 참조 타입(객체)도 배열할 수 있다.

```
String[ ] myNum = new String[ ]{"2016-08-17", "2016-09-17", "2016-03-17"};
String[ ] myNum2 = {"2016-08-17", "2016-09-17", "2016-03-17"};
```

참고 new로 생성한 기본 타입의 배열은 "멤버변수의 자동 초기화"처럼 초기화가 발생되어 0에 관련된 값(0, 0L, 0.0F, 0.0, '₩u0000', false)으로 초기화된다.

3. 문자열 처리 중요 메서드

자바에서는 문자열을 많이 사용하므로 이와 관련해 주로 사용하는 중요 메서드를 쉽게 참고할 수 있도록 표로 정리했다. 잘 파악해 두자.

주의 배열과 String의 기본 위치(index)는 0부터 시작한다.

메서드	사용 예	값, 설명
char String.charAt(int index)	String text=" Hello Java4Android"; char c=text.charAt(2);	index번째 한 개의 문자(char) c='e'
String String.concat(String s);	String t=text.concat("s");	+와 동일. 문자열을 가장 뒤에 붙인다. t =" Hello Java4Androids"
boolean String.contains(String s);	boolean b=text.contains("And");	"And" 문자열을 포함하고 있는가? b=true 포함하고 있다.
boolean String.equals(String s)	String text=" Hello Java4Android"; String com=" HEllo Java4Android"; boolean b=text.equals(com);	두 문자열이 같은가? b=false 다르다.
boolean String.equalsIgnoreCase(String s)	boolean b= text.equalsIgnoreCase(com);	대소문자 구별하지 않고 두 문자열이 같은가? b=true 같다.
int String.indexOf(Stirng s) int String.indexOf(char s)	int index=text.indexOf("a");	문자열(또는 문자)이 처음 발견된 위치(없으면 –1) index=8
int String.lastIndexOf(Stirng s) int String.lastIndexOf(char s)	int index=text.lastIndexOf("a");	문자열(또는 문자)이 가장 뒤쪽에서 발견된 위치(없으면 –1) index=10
void String.trim( )	String s=text.trim( );	가장 앞쪽과 뒤쪽의 공백을 제거 s="Hello Java4Android"
int String.length( )	int t=text.length( );	문자열의 길이, 공백의 개수도 포함 t=19
String String.substring(int index1)	String s=text.substring(7);	index1번째 이후의 문자열들을 잘라서 반환(index1번째 이전의 문자열들을 버린다) s="Java4Android"
String String.substring(int index1, int index2)	String s=text.substring(7,11);	index1부터 (index2– index1)자를 잘라서 반환(7번째부터 (11–7)자) s="Java"
String String.replace(String old, String new) String String.replaceAll(String old, String new)	String s=text.replace(" ","–");	old 문자열(또는 char)을 new 문자열로 변경 s="–Hello–Java4Android"
String String.toUpperCase( )	String s=text.toUpperCase( );	모두 대문자로 변경 s=" HELLO JAVA4ANDROID"
String String.toLowerCase( )	String s=text.toLowerCase( );	모두 소문자로 변경 s=" hello java4android"
String[ ] String.split(String del)	String[ ] sp=text.split(" "); for(int i=0; i<sp.length; i++) System.out.println(sp[i]);	del 문자열을 기준으로 잘라서 배열로 만든다. sp={"","Hello","Java4Android"}

4. 수학 메서드

java.lang.Math 클래스는 산수나 수학에서 많이 사용하는 static 메서드를 제공한다.

메서드	설명(java.util.Math에 제공된 메서드)
double Math.sin(double)	−1<= 실수값 <= 1.0, 수학의 싸인(sine) 함수, 인자(아규먼트)는 라디안이다.
double Math.cos(double)	−1<= 실수값 <= 1.0, 수학의 코싸인(cosine) 함수, 인자(아규먼트)는 라디안이다.
double Math.toRadians(double)	표기는 도(degree)를 사용하지만 사용할 때는 라디안(radian)으로 환산해야 한다. 360도(degree)는 2phi(파이 3.14) 라디안이다. (1라디안=약 57도). 90도=1/4 phi 라디안
double Math.sqrt(double)	제곱근. 두 번 곱했을 때 a가 되는 수를 a의 제곱근이라고 한다. b*b=a일 때 b는 a의 제곱근이다.
double Math.random( )	0<= Math.random( ) <1, 0과 1 사이의 실수(0 포함)
double Math.abs(double) int Math.abs(int)	Math.abs(−123.45) 절대값=123.45
double Math.ceil(34.3)	Math.ceil(34.3) 올림(34.3보다 큰 수 중 가장 작은 정수)=35
double Math.floor(double)	Math.floor(34.6) 버림(34.6보다 작은 수 중 가장 큰 정수)=34
double Math.pow(double, double)	Math.pow(2,3) 2의 3승 =8
double Math.max(double, double)	Math.max(5, 7) 두 수 중 최대값 7
double Math.min(double, double)	Math.min(5, 7) 두 수 중 최소값 5

입문

007 객체지향 프로그래밍

- **학습 내용 :** 객체지향의 기본을 익혀 보자.
- **힌트 내용 :** 설계도에 해당하는 클래스, 객체 생성, 은닉성, 생성자, 멤버를 이해한다.

각 도시의 위치와 시간 등의 자료는 자바에서 상당히 많이 활용된다. 위치는 경도와 위도 두 가지, 시간은 연, 월, 일, 시, 분, 초라는 여섯 가지 정보를 가져와야 하는데 이런 데이터를 한 번에 저장하고 활용하는 방법이 바로 "객체"이다. 관련 소스를 살펴보면서 객체지향 프로그래밍에 대해 자세히 알아보자.

1. 객체의 특징

1) 클래스

클래스는 참조 타입(객체 타입)을 만들고 사용하기 위한 "설계도"이다. 참조 타입은 반드시 클래스가 있어야 한다. 클래스 선언은 "public class 클래스명{ }"으로 시작한다.

```
public class Geo {
}
```

2) 패키지

패키지는 클래스의 목적과 역할을 구분하기 위해 만든다. 위에서 "Geo"라는 클래스를 선언했는데, 프로그래밍을 하다 보면 같은 이름의 클래스를 여러 개 만들 수도 있다. 이런 클래스들을 다른 클래스와 구별하기 위해 패키지는 소문자로 만든다.

예를 들어, "홍길동"이란 사람은 많지만, 한양 홍판서네 아들 홍길동과 울산 홍부네 홍길동은 다른 홍길동이다.

다음 소스의 패키지 "kr.co.infopub.chapt018"을 보면, infopub.co.kr에서 chapt018을 위해 만든 클래스라는 점을 알 수 있다.

```
package kr.co.infopub.chapt018;
public class Geo {
}
```

참고 자주 쓰이는 패키지

- java.lang 자바 언어의 가장 중요한 클래스
- java.util java.lang을 도와 주거나 편리하게 해 주는 클래스
- java.io IO에 관련된 클래스

3) 멤버(멤버필드, 멤버변수)

```
package kr.co.infopub.chapt018;
public class Geo {                    // ❶ Geo 클래스를 선언한다. 설계도
    public double latitude;           // ❷ 위도 멤버 → 중요한 데이터
    public double longitude;          // ❷ 경도 멤버 → 중요한 데이터
}
```

Geo는 위도·경도값을 저장하기 위해 위도와 경도를 멤버변수로 선언한다.

❶ Geo 클래스를 선언한다. 참조 타입은 public class로 시작한다. 클래스는 "설계도"이다.

❷ 위도·경도값은 소수점(.)이 있으므로 double 타입을 사용하여 저장한다. "멤버변수"라고 부른다.

4) 멤버변수의 자동 초기화

클래스에 멤버변수를 선언하면, 초기화 작업을 따로 하지 않아도 앞에서 선언한 코드는 다음 예시처럼 0에 관련된 값으로 자동 초기화된다.

```
package kr.co.infopub.chapt018;
public class Geo {
    public double latitude=0.0;
    public double longitude=0.0;
}
```

참고 기본 타입은 모두 0에 관련된 값으로 자동 초기화된다.

기본 타입	초기값	기본 타입	초기값
byte	0	float	0.0F, 0.0f
short	0	double	0.0
int	0	char	'₩u0000' (보이지 않는 문자)
long	0L, 0l(소문자L)	boolean	false

주의 멤버변수인 참조 타입은 모두 null로 초기화된다.

```
String hello;
```

멤버변수인 String hello는 null로 자동 초기화된다. "null"은 사용할 수 없다는 의미이다.

```
String hello=null;
```

null은 사용할 수 없으므로 String hello=""; 와 같이 공백 문자열("")로 선언하기도 한다. 공백 문자열은 null이 아니다.

5) 객체 생성

아파트에서 살려면 설계도대로 만들어진 아파트가 필요하다. 클래스는 설계도, 생성된 객체(인스턴스, instance)는 아파트에 해당한다.

앞에서 만든 Geo 클래스를 메모리에 올려서 사용하려면 new 키워드를 이용한다.

```
package kr.co.infopub.chapt018;
public class GeoMain {
   public static void main(String[ ] args) {   // ❸ 프로그래밍 시작

      Geo geo1=new Geo( );                     // ❹ 객체 생성
      geo1.latitude=37.52127220511242;         // ❺ 위도값을 객체의 멤버에 대입(setter)
      geo1.longitude=127.0074462890625;        // ❺ 경도값을 객체의 멤버에 대입
      System.out.printf("위도:%f, 경도:%f\n",geo1.latitude, geo1.longitude);
```

```
                                    // ❻ 객체의 멤버값 가져오기(getter)
      Geo geo2=geo1;                // ❼ 객체 주소 넘기기
      System.out.printf("위도:%f, 경도:%f\n",geo2.latitude, geo2.longitude);  // ❽ 멤버값 가져오기
   }
}
```

❸ 프로그램을 시작한다.

❹ Geo 객체를 생성한다. "new" 키워드를 이용한다. Geo 클래스(아파트 설계도)대로 객체(아파트)를 짓는다.

❺ 위도·경도값을 객체의 멤버에 대입(저장)한다.

❻ 저장된 위도·경도값을 가져와서 출력한다.

❼ 위도·경도값을 한 번에 전달할 수 있다. 이렇게 하면 멤버가 많아도 한 번에 전달할 수 있다. 박카스D 10병 낱개(기본 타입)보다 한 박스(객체 타입)가 들고 가기에 편한 것과 마찬가지다.

❽ 전달받은 위도·경도값을 가져와서 출력한다.

6) 은닉화와 접근제한자

가장 중요한 데이터를 멤버변수로 선언했지만, 위와 같은 방식이라면 위도·경도값이 외부에 너무 쉽게 노출된다. 멤버필드를 감추기 위해 노출이 가장 심한 public에서 노출이 전혀 없는 private으로 변경한다. 이때 private과 public을 "접근제한자(Access Modifier)"라고 한다.

```
package kr.co.infopub.chapt018;
public class Geo {                    // ❶ Geo 클래스를 선언한다.
      private double latitude;        // ❷ 외부에 노출되지 않는다.
      private double longitude;       // ❷ 외부에 노출되지 않는다.
}
```

접근제한자를 사용하면, 이 Geo 클래스로 객체를 생성해도 멤버변수(위도, 경도)에 전혀 접근할 수 없다. 그래서 메서드를 사용하여 멤버변수에 값을 넣거나(setter), 멤버변수의 값을 가져오는(getter) 메서드를 public으로 만든다. get/set 메서드는 236쪽 Note를 참고하여 만들자.

```
package kr.co.infopub.chapt018;
public class Geo {                          // ❶ Geo 클래스를 선언한다.
   private double latitude;                 // ❷ 외부에 노출되지 않는다.
   private double longitude;                // ❷ 외부에 노출되지 않는다.

   public double getLatitude( ) {           // ❸ 멤버변수를 외부에 노출시킬 때 getter
        return latitude;
   }
   public void setLatitude(double latitude) {    // ❹ 멤버변수에 값을 넣을 때 setter
        this.latitude = latitude;
   }
   public double getLongitude( ) {
        return longitude;
   }
   public void setLongitude(double longitude) {
        this.longitude = longitude;
   }
}
```

멤버변수를 보호하기 위한 private 멤버변수 선언과 public 메서드를 만들어 사용하는 방법을 은닉화(중요한 멤버변수 숨기기)라고 한다. 이런 은닉화를 통해서 public 메서드만 사용하게 만들 수 있다.

```
package kr.co.infopub.chapt018;
public class GeoMain {
   public static void main(String[ ] args) {
        Geo geo1=new Geo( ) ;
        geo1.setLatitude(37.52127220511242);
        geo1.setLongitude(127.0074462890625);
        System.out.printf("위도:%f, 경도:%f\n",geo1.getLatitude( ), geo1.getLongitude( ));
        Geo geo2=geo1;       // 주소 가져오기
        System.out.printf("위도:%f, 경도:%f\n",geo2.getLatitude( ), geo2.getLongitude( )); }
}
```

7) 레퍼런스 this

"this"는 생성된 객체 자신의 주소를 참조하는 레퍼런스(Reference)이다. "this."은 멤버(멤버변수, 멤버메서드)를 의미한다. 메서드 인자와 멤버이름이 같은 경우에는 메서드 인자가 우선이다. 따라서

다음 소스에서 메서드 인자 latitude와 멤버이름을 구분하기 위해 멤버는 "this.latitude"로 사용한다. 인자가 없을 때는 구분이 되기 때문에 getLatitude( )처럼 latitude에 "this."을 붙이지 않아도 된다.

```
public double getLatitude( ) {     // ❶ 멤버변수는 latitude뿐이므로 this가 필요하지 않다.
            return latitude;
   }
public void setLatitude(double latitude) {
                                   // ❷ 인자가 latitude이다. 멤버변수는 this.latitude이다.
            this.latitude = latitude;     // 인자값을 멤버변수값에 대입한다.
}
```

주의 객체 내부에서 사용할 때만 "this"를 사용한다. 예를 들어, "가나다 아파트"는 외부에서 보면 "가나다 아파트"이지만, 이 아파트 거주민들은 "우리 아파트"라고 부르는 것과 마찬가지다.

8) 생성자

객체를 생성하면서 멤버변수에 값을 넣고 싶을 때 생성자를 사용한다. 생성자는 new 키워드에 의해서만 호출되는 메서드이다. 지금까지는 set 메서드를 통해서만 위도·경도값을 멤버변수에 대입할 수 있었다. Geo 객체를 생성하는 동시에 위도·경도값을 대입할 수 있게 하려면 생성자를 이용한다. 예를 들어, 아파트가 완공되어도 최소한의 준비(기본 설비, 가구, 청소)가 되어야 입주를 할 수 있듯이, 생성자는 가장 먼저 호출되어 객체를 사용하기 위한 기본 준비(자동 초기화)를 하는 "리턴없는(void) 메서드"이다.

주의 생성자와 클래스는 이름이 같아야 한다. 개발자가 생성자를 선언하지 않으면 생성자 1개가 자동(디폴트, 기본)으로 만들어지며, 이를 기본(디폴트, default) 생성자라고 한다.

- **기본 생성자:** "new Geo( )"처럼 ( )에 인자가 없는 생성자

```
package kr.co.infopub.chapt018;
public class Geo {
   private double latitude;
   private double longitude;
   public Geo(double latitude, double longitude) { // 생성자 선언 → 기본 생성자가 만들어지지 않는다.
      this.latitude = latitude;     // 생성되면서 위도와 경도가 멤버변수값으로 대입된다.
```

```
        this.longitude = longitude;
    }
    public double getLatitude( ) {  // getter
        return latitude;
    }
    public void setLatitude(double latitude) {    // setter
        this.latitude = latitude;
    }
    public double getLongitude( ) {
        return longitude;
    }
    public void setLongitude(double longitude) {
        this.longitude = longitude;
    }
}
```

인자가 2개인 생성자만 있기 때문에 기본 생성자를 호출(new Geo( ))할 수 없다.

```
package kr.co.infopub.chapt018;
public class GeoMain {
    public static void main(String[ ] args) {
    // Geo geo1=new Geo( ) ;          // 예외 – 기본 생성자가 없다.
        Geo geo1=new Geo(37.52127220511242, 127.0074462890625) ;   // 인자가 2개인 생성자

        System.out.printf("위도:%f, 경도:%f\n",geo1.getLatitude( ), geo1.getLongitude( ));
        Geo geo2=geo1;                  // 주소 가져오기
        System.out.printf("위도:%f, 경도:%f\n",geo2.getLatitude( ), geo2.getLongitude( )); }
}
```

9) 생성자 오버로딩(중복 정의)

인자가 없는 생성자로 객체를 생성할 수 있게 하려면 기본 생성자를 개발자가 만들어야 한다. 이름이 같고 인자의 개수나 타입이 다른 것을 오버로딩(중복 정의)이라고 한다. “생성자가 있는데 더 만들겠다”라는 선언이다.

```
package kr.co.infopub.chapt018;
public class Geo {
  private double latitude;
  private double longitude;
  public Geo(double latitude, double longitude) {
       this.latitude = latitude;
       this.longitude = longitude;
  }
  public Geo( ) {   // 기본 생성자
  }
  public double getLatitude( ) {   // getter
       return latitude;
  }
  public void setLatitude(double latitude) {   // setter
       this.latitude = latitude;
  }
  public double getLongitude( ) {
       return longitude;
  }
  public void setLongitude(double longitude) {
       this.longitude = longitude;
  }
}
```

기본 생성자를 호출했기 때문에 double 타입의 초기값인 0.0으로 초기화된다. 출력해 보면 위도와 경도 모두 0.0이다.

```
package kr.co.infopub.chapt018;
public class GeoMain {
  public static void main(String[ ] args) {
       Geo geo1=new Geo( ) ;
       System.out.printf("위도:%f, 경도:%f\n",geo1.getLatitude( ), geo1.getLongitude( ));
       Geo geo2=geo1;  // 주소 가져오기
       System.out.printf("위도:%f, 경도:%f\n",geo2.getLatitude( ), geo2.getLongitude( )); }
}
```

10) this 생성자

기본 생성자를 호출했을 때 멤버변수값을 서울의 위도와 경도로 하고 싶다면 기본 생성자에서 this( ) 생성자를 이용한다. this(37.5, 127.0)는 오버로딩된 생성자 중에 인자가 2개이면서 모두 double인 생성자를 호출한다.

```
package kr.co.infopub.chapt018;
public class Geo {
  private double latitude;
  private double longitude;
  public Geo(double latitude, double longitude) {
      this.latitude = latitude;
      this.longitude = longitude;
  }
  public Geo( ) {              // 기본 생성자 -> Geo(37.5, 127.0) 호출
  this(37.5, 127.0);
  }
}
```

이제 출력하면 서울의 위도와 경도가 출력된다.

```
package kr.co.infopub.j4android;
public class GeoMain {
  public static void main(String[ ] args) {
      Geo geo1=new Geo( ) ;
      System.out.printf("위도:%f, 경도:%f\n",geo1.getLatitude( ), geo1.getLongitude( ));
      Geo geo2=geo1; // 주소 가져오기
      System.out.printf("위도:%f, 경도:%f\n",geo2.getLatitude( ), geo2.getLongitude( )); }
}
```

2. 데이터 저장과 처리

1) 전달 객체(VO, DTO)

지금까지 만든 Geo 객체는 데이터를 저장하거나 전달하기 위한 목적으로 만들어졌다. 이런 용도의 객체를 VO(Value Object: 값 객체) 또는 DTO(Data Transfer Object: 전달 객체)라고 한다. Geo 객체

하나에 한 도시의 위도와 경도 등 2개의 정보를 저장하고 전달할 수 있다. 이런 전달 객체에 멤버변수가 여러 개 있다면 더 많은 데이터를 한 번에 전달할 수 있다.

2) 유동성 인자(..., variable arguments, Var args)

6개 도시를 1도시, 2도시, ……, 6도시의 인자로 받는 메서드를 만들려면 6개의 오버로딩 메서드가 필요하다. 복잡한 오버로딩의 수를 줄일 수 있는 방법이 바로 Var args(...)이다. Var args(...)는 배열처럼 동작한다. 인자 개수에 관계없이 메서드 하나만 있으면 모든 경우에 대해 실행된다. 심지어 인자가 하나만 있어도 되고, 배열이어도 가능하다.

```
public static void main(String[ ] args) {

Geo seoul = new Geo(37.5670, 126.9807);              // 서울 위도·경도 설정
Geo austria = new Geo(47.01, 10.2);                  // 오스트리아 위도·경도 설정
Geo newyork = new Geo(40.714086, -74.228697);        // 미국 뉴욕 위도·경도 설정
Geo mexico = new Geo(19.42847,-99.12766);            // 멕시코 멕시코시티 위도·경도 설정
Geo china = new Geo(39.9075,116.39723);              // 중국 상하이 위도·경도 설정
Geo rusia = new Geo(55.75222,37.61556);              // 러시아 모스크바 위도·경도 설정

 showGeo(seoul,seoul,newyork);     // 3개 인자
 showGeo(seoul,seoul,newyork,mexico,china,rusia);     // 6개 인자
}
public static void showGeo(Geo ...goose) {   // 인자가 여러 개 와도 된다.
   for(Geo gg: goose) {
       System.out.printf("위도:%f, 경도:%f\n",gg.getLatitude( ), gg.getLongitude( ));
   }
}
```

3) 객체 배열

객체도 배열로 표현해서 사용할 수 있다.

3개 도시의 정보를 표시하려면, 가장 먼저 3개 도시 이름이 필요하다. 이들은 타입이 동일하기 때문에 배열로 바꾸면 하나의 이름으로 사용할 수 있다. 하나의 이름에 인덱스를 사용하면 3개 이름을 일일이 사용하는 것보다 편하다. 기본 타입 배열과 달리, 반드시 new를 사용해 객체를 생성해야 한다는 점에 유의하자.

```
Geo[ ] geo=new Geo[ ] {
new Geo(37.5670, 126.9807), new Geo(47.01, 10.2),
new Geo(40.714086, -74.228697) };

Geo[ ] geo1=new Geo[3];  // 3개의 객체가 생성되지는 않는다.
geo1[0] = new Geo(37.5670, 126.9807);    // 드디어 생성, 인덱스는 0부터 시작
geo1[1] = new Geo(47.01, 10.2);
geo1[2] = new Geo(40.714086, -74.228697);

System.out.printf("위도:%f, 경도:%f\n",geo[0].getLatitude( ), geo[0].getLongitude( ));
System.out.printf("위도:%f, 경도:%f\n",geo1[0].getLatitude( ), geo1[0].getLongitude( ));
```

주의 배열, 문자열, List 계열의 인덱스는 0부터 시작한다.

4) 향상된 for

스스로 인덱스를 만들어서 실행되기 때문에 개발자가 인덱스를 붙이지 않아도 되는 편리한 for문이다. 출력 전용이므로 값을 변경하려면 예외가 발생한다. 향상된 for는 배열과 List 자료 구조에서 사용된다.

```
for(int i=0; i<geo.length ; i++) {
      System.out.printf("위도:%f, 경도:%f\n",geo[i].getLatitude( ), geo[i].getLongitude( ));
}

for(Geo gg: geo) {
      System.out.printf("위도:%f, 경도:%f\n",gg.getLatitude( ), gg.getLongitude( ));
}
```

자료 구조

입문
008

- **학습 내용 :** 여러 데이터를 저장하는 방법을 익혀 보자.
- **힌트 내용 :** 리스트는 순서대로, 맵은 키와 밸류를 이용하여 저장한다.

1. List 자료 구조(java.util.ArrayList)

배열을 기본으로 하지만 더욱 쉽고 강력하게 사용할 수 있는 방법이 List 자료 구조이다. 배열 구조를 이용한 리스트 순서대로 인덱스가 생성된다. 메서드 몇 개만 알아도 List 자료 구조를 편리하게 사용할 수 있다. 객체(필통)를 ArrayList(가방)에 저장해서 전달하면, 한 번에 많은 자료를 전달할 수 있다.

메서드	설명
void clear( )	리스트의 모든 내용을 제거(청소)한다.
int size( )	리스트에 저장된 객체의 수
void add(T)	객체를 리스트에 넣는다.
T get(index)	리스트에 index번째의 객체를 반환한다.

ArrayList인 geolist에 add(T)하면 위에서 아래로 0, 1, ……, 5와 같이 자동으로 인덱스가 붙으면서 저장된다. geolist.get(1)은 index 1의 Geo를 반환한다.

```
ArrayList<Geo> geolist=new ArrayList<Geo>( );
geolist.clear( );                                  // 내용 지우기
geolist.add(new Geo(37.5670, 126.9807));           // 저장하기
geolist.add(new Geo(47.01,  10.2));
geolist.add(new Geo(40.714086, -74.228697));
geolist.add(new Geo(19.42847, -99.12766));
geolist.add(new Geo(39.9075,116.39723));
geolist.add(new Geo(55.75222, 37.61556));
System.out.println(geolist.size( ));               // 리스트에 저장된 개수 6개
Geo gt=geolist.get(1);                             // index 1의 객체를 가져온다. 47.01, 10.2
System.out.printf("위도:%f, 경도:%f\n",gt.getLatitude( ), gt.getLongitude( ));
```

2. Map 자료 구조(java.util.HashMap)

자료를 구조적으로 저장하는 방법 중 하나이다. 리스트 자료 구조와 비슷하지만 입력한 순서대로 인덱스가 생성되는 것이 아니라, 맵에 저장할 때 ("key","value")와 같이 한 쌍으로 저장한다. 저장된 Map에서 "키"를 이용하여 "value"를 찾는다. 다음 표는 Map이 제공하는 메서드이다.

메서드	설명
void clear( )	맵의 모든 내용을 제거(청소)한다.
int size( )	맵에 저장된 객체의 수
void put(key, value)	(key,value) 한 쌍으로 맵에 저장한다. 같은 키값은 저장하지 않는다.
value get(key)	맵에서 키를 이용하여 밸류를 얻는다.
boolean containsKey(key)	맵에 키가 이미 있는지 확인한다. 같은 키가 있다면 true다.

다음은 Map의 메서드를 사용하는 예제 소스이다. 어떻게 사용되는지 잘 살펴보자.

```
HashMap<String, Geo > cities=new HashMap<String, Geo>( );
                                                // Map 생성, 키 타입은 String, 밸류 타입은 Geo
cities.clear( );                                // Map에 저장된 내용 제거
cities.put("Korea", new Geo(37.5670, 126.9807)); // Korea라는 키값에 Geo 객체를 밸류로 저장
cities.put("Austria", new Geo(47.01, 10.2));
cities.put("US", new Geo(40.714086, -74.228697));
cities.put("Mexico", new Geo(19.42847, -99.12766));
cities.put("China", new Geo(39.9075,116.39723));
cities.put("Rusia", new Geo(55.75222, 37.61556));

System.out.println(cities.size( ));             // Map에 저장된 개수
System.out.println(cities.containsKey("Austria"));    // 키값에 Austria가 있는가?
Geo geo=cities.get("Austria");                        // Austria에 해당되는 밸류
System.out.printf("%s : 위도:%f, 경도:%f\n","Austria",geo.getLatitude( ), geo.getLongitude( ));
```

객체지향의 주요 특징

입문
009

• **학습 내용 :** 효율적인 객체지향 프로그래밍 방법을 익혀 보자.
• **힌트 내용 :** 오버로딩, 오버라이딩, 날짜 변환, 메모리 구조를 익힌다.

1. 메서드 오버로딩(중복 정의)

메서드 오버로딩은 메서드 이름이 동일하지만 인자의 개수나 타입이 달라서 식별이 되는 메서드로, 이름은 같지만 실제로는 다른 메서드이다. 서로 로직(하는 일)이 비슷할 때 오버로딩을 많이 사용한다.

다음 소스는 showGeo( )가 두 개다. 둘의 인자는 각각 Geo …와 ArrayList〈Geo〉로 다르므로, 이름은 같지만 다른 메서드이다. 이것이 오버로딩이다.

```
public static void showGeo(Geo ...goose) {    // var args ...
   for(Geo gg: goose) {
   System.out.printf("위도:%f, 경도:%f\n",gg.getLatitude( ), gg.getLongitude( ));
   }
}
public static void showGeo(ArrayList<Geo> goose) {    // ArrayList
   for(Geo gg: goose) {
   System.out.printf("위도:%f, 경도:%f\n",gg.getLatitude( ), gg.getLongitude( ));
   }
}
```

2. 제네릭스(Generics)

저장하려는 타입을 〈 〉를 이용해 한정하는 것을 "제네릭스"라고 한다. ArrayList〈Geo〉처럼 〈 〉 사이의 타입만 저장하고 가져올 수 있다. 다음 소스의 ArrayList〈Geo〉는 Geo 타입만 ArrayList에 저장할 수 있다.

```
ArrayList<Geo> geolist=new ArrayList<Geo>( );  // Geo 타입만 저장
geolist.add(new Geo(47.01, 10.2));
Geo gt=geolist.get(0);  // index 0의 객체를 가져온다. 47.01, 10.2

System.out.printf("위도:%f, 경도:%f\n",gt.getLatitude( ), gt.getLongitude( ));
```

주의 자바 7 이상은 ArrayList〈Geo〉 geolist=new ArrayList〈 〉( ); 처럼 오른쪽 생성자의 〈 〉에서 타입을 명시하지 않아도(비워 둬도) 되지만, 6 이하는 반드시 표기해야 한다.

3. 날짜 관련 변환(Date Conversion)

자바는 날짜의 기준을 1970.1.1.0.0.0(연도, 월, 날짜, 시간, 분, 초)로 설정하고 상대적으로 얼마가 경과했는지를 이용한다. 예를 들어, 오늘이 1970.1.2.0.0.0이라면 1*24*60*60*1000(하루) 경과한 것이다.

java.lang.System.currentTimeMillis( )가 경과 시간을 long으로 반환하는 과정은 다음 그림과 같다. java.util.Date는 경과 시간 long을 이용하여 원하는 Date로 변환할 수 있다. java.util.Calendar의 getTimeMillis( )는 경과 시간을 long으로 반환하고, getTime( )은 Date를 준다. java.text.SimpleDateFormat은 Date와 String을 서로 변환할 수 있다.

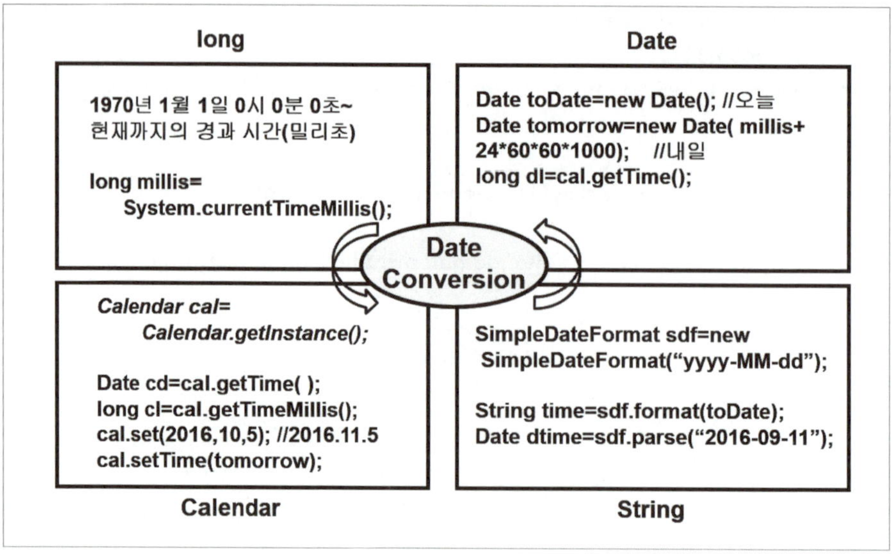

날짜 관련 변환 관계도

다음은 날짜를 계산하는 방법의 예를 든 것이다.

```
long millis=System.currentTimeMillis( );
int days=(int)(millis/1000/24/60/60);                    // 1970.1.1부터 며칠

Date d=new Date( );                                       // 오늘
Date dd=new Date(d.getTime( )+24*60*60*1000);             // 하루 후=내일

Calendar cal1970=Calendar.getInstance( );                 //오늘
cal1970.set(1970, 1-1 ,1);  // 자바에서는 1월 ~ 12월을 0월 ~ 11월로 사용. 따라서
                            (1970, 1-1, 1)은 1970.1.1이다.

Calendar today=Calendar.getInstance( );                   // 오늘
long minus=today.getTimeInMillis( )-cal1970.getTimeInMillis( );   // 현재-1970.1.1

// Date를 String으로
SimpleDateFormat sdf=new SimpleDateFormat("yyyy-MM-dd");  // 연도 4자리-월 2자리-일 2자리
String st=sdf.format(dd);
```

4. 예외 처리

문자열을 Date로 변환할 때 문자열이 잘못된 형태로 입력되면 예외가 발생한다. 다음 소스에서 문자열은 "2016-09-21"과 같이 "연도 4자리-월 2자리-일 2자리"를 대입해야 String을 Date로 변환한다. try{ }에는 예외가 발생할 수 있는 소스를, catch( ){ }에는 예외가 발생할 경우 어떻게 처리할 것인지를 작성한다.

```
SimpleDateFormat sdf=new SimpleDateFormat("yyyy-MM-dd");
Date d2=new Date( );
try {
      d2=sdf.parse(st);
} catch (ParseException e) {
      System.out.println(d2);
} catch(Exception e) {
      System.out.println(e);
}
```

다음은 인터넷의 자료를 사용하려는데 가져올 수 없는 상황이 발생하는 경우를 대비해 try{ } 구문을 사용했다. 예외 발생 시 연결 실패를 알리기 위해 catch( ){ }에 isConnection=false; 구문을 작성했다.

```java
InputStream inputStream=null;
URL url=null;
try {
	url= new URL(newUrls);
	HttpURLConnection urlConnection = (HttpURLConnection) url.openConnection( );
	inputStream = new BufferedInputStream(urlConnection.getInputStream( ));
	// 생략
	inputStream.close( );
	isConnection=true;
} catch (Exception e) {
	isConnection = false;
}
```

예외 발생 여부와 상관없이 반드시 실행하려면 finally{ }를 작성한다. 다음 소스에서는 예외가 발생하든 하지 않든 inputStream을 반드시 닫게 하려고 finally{ }를 작성했다.

```java
InputStream inputStream=null;
URL url=null;
try {
	url= new URL(newUrls);
	HttpURLConnection urlConnection = (HttpURLConnection) url.openConnection( );
	inputStream = new BufferedInputStream(urlConnection.getInputStream( ));
	// 생략
	isConnection=true;
} catch (Exception e) {
	isConnection = false;
}finally{
	try {
		inputStream.close( );
	} catch (Exception e) {
	}
}
```

IO는 직·간접적으로 AutoCloseable 인터페이스의 close( ) 메서드를 구현했다. 그래서 try( ){ }의 ( )에서 선언한 객체가 { }를 끝내는 순간 자동으로 close( ) 메서드가 실행된다. finally를 이용하여 close( )를 호출하지 않아도 되므로 편리해졌다. 개발자가 AutoCloseable 인터페이스를 implements하고 close( )를 구현한다면 try( ){ }를 사용할 수 있다.

```
public interface Closeable extends AutoCloseable {
        public void close( ) throws IOException;
}
public abstract class Reader implements Readable, Closeable { }
public abstract class Writer implements Appendable, Closeable, Flushable { }
```

다음과 같이 try(){ }의 ()안에 BufferedReader와 BufferedWriter를 생성했다. { }를 벗어나는 순간 자동으로 close()가 호출된다.

```
try (BufferedReader reader =
        new BufferedReader(new FileReader(file))) {
        ......
} catch (Exception ex) { }


try (BufferedWriter writer =
        new BufferedWriter(new FileWriter(file))) {
        writer.write(msg);
} catch (IOException ex) {
        System.out.println(ex);
}
```

5. static

static은 객체를 생성하지 않고 사용할 수 있는 키워드이다. static 메서드를 만들고 싶다면 메서드 앞에 static을 붙인다. 호출할 때는 "클래스이름.메서드" 같은 형식으로 사용한다.

다음 소스는 두 지점의 거리를 계산하는 Distance 메서드에 static 키워드를 붙였다. 외부에서 사용하고 싶을 때는 HaversineDistance.distance()를 이용한다.

```
package kr.co.infopub.chapt018;
public class HaversineDistance {
   public static double distance(double lat1, double lng1, double lat2, double lng2) {
                double earthR = 6371; // km
// 생략
        return d;
   }
}
```

static 메서드를 사용하려면 "클래스이름.메서드" 형식으로 호출한다. 다음 소스에서는 HaversineDistance.distance()로 서울과 오스트리아 빈 사이의 거리를 구한다. HaversineDistance.distance() 메서드는 static 메서드이므로 객체 생성없이 호출했다.

```
package kr.co.infopub.chapt018;
public class GeoDistance {
  public static void main(String[ ] args) {
      Geo seoul = new Geo(37.5670, 126.9807);          // 서울 위도·경도 설정
      Geo austria = new Geo(47.01, 10.2);               // 오스트리아 빈 위도·경도 설정
      double distance=HaversineDistance.distance (
      seoul.getLatitude( ), seoul.getLongitude( ),
      austria.getLatitude( ), austria.getLongitude( ));
      System.out.println(distance);                     // 서울과 빈 사이의 거리
  }
}
```

다음은 모두 static 메서드로, 객체 생성없이 사용한 예이다.

```
long millis=System.currentTimeMillis( );

Calendar cal1970=Calendar.getInstance( );

String newToday = String.format("오늘은 %2d년 %2d월 %2d일이다.",y,m,d);

BufferedImage image = ImageIO.read(url);

TimeZone tz1 = TimeZone.getTimeZone("Asia/Seoul");

double c = 2 * Math.asin(Math.sqrt(a));
```

6. 계층 구조

1) 상속

부모의 멤버를 물려받는 것을 "상속"이라고 한다. 프로그래밍에서 상속을 하게 되면 "부모의 것은 내 것"이 된다. 자바에서 최상위 클래스는 java.lang.Object이고, Object 클래스는 JVM의 메서드(네이티브 메서드)를 이용하여 메모리와 주소를 관리한다. 그러므로 반드시 Object를 상속해야 한다.

Object를 상속하면 Object의 멤버와 메서드를 물려받아 사용할 수 있다. [inherit002]는 MagicSquare가 Object를 상속해 Object의 메서드를 사용할 수 있다는 점을 보여 준다. 특히 Object의 4대 메서드(getClass(), hashCode(), equals(), toString())는 자주 사용된다. 깊은 복사(clone())와 쓰레드 동기화 관련 메서드(notify(), notifyAll(), wait()) 역시 많이 사용한다.

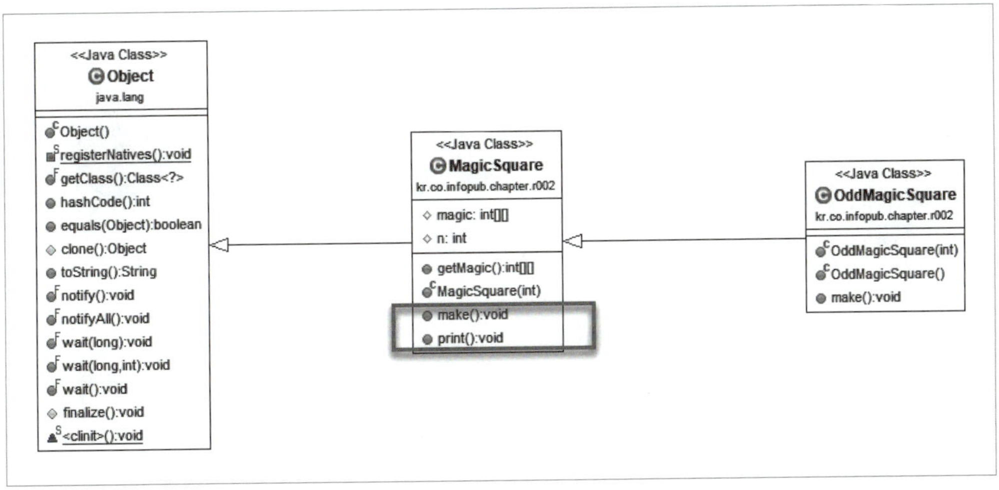

MagicSquare가 Object를 상속하고, OddMagicSquare가 MagicSquare를 상속한다.

OddMagicSquare와 MagicSquare는 다음과 같이 정리할 수 있다.

- **부모 클래스(super class, base class):** MagicSquare
- **자식 클래스(sub class, derived class):** OddMagicSquare
- **상속:** 자식 클래스는 부모 클래스의 멤버(메서드와 멤버변수)를 모두 물려받는다.
- **프로그래밍 상의 표현:** OddMagicSquare extends MagicSquare

주의 부모의 생성자는 물려받지 못한다. 상속 그림(UML)은 위에서 아래로 그린다.

2) 자바의 상속

자바의 상속은 단일 상속이나 다중 상속을 흉내내기 위해 인터페이스를 여러 개 구현(implements)할 수 있다.

아래 그림에서 마방진(Magic)은 Object를 상속하고, 홀수 마방진(OddMagic)은 마방진을 상속한다. 마방진이 생성되면 부모인 Object도 같이 생성된다.

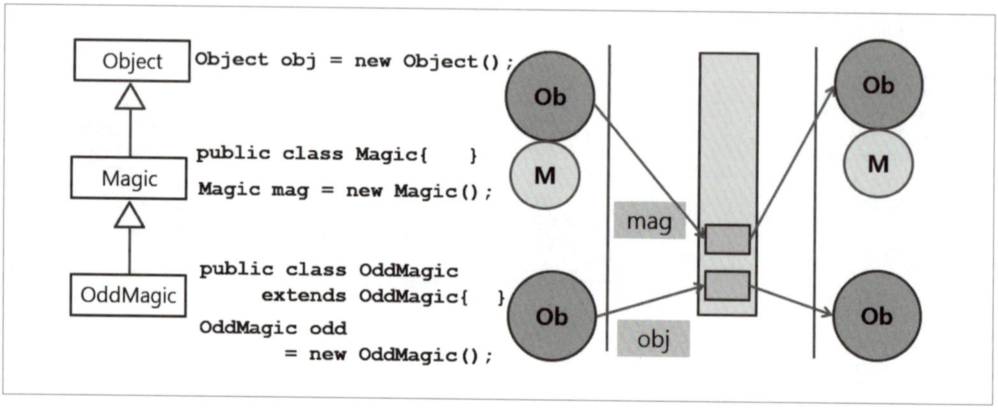

계층 구조의 상속 1

다음 그림에서 홀수 마방진(OddMagic)은 마방진을 상속한다. 마방진이 생성되면 부모인 Object도 같이 생성된다. 그림의 왼쪽은 생성된 객체에 따라 사용할 수 있는 메서드이다. Object가 생성되면 Object의 메서드만 사용할 수 있다. 마방진이 생성되면 마방진의 메서드와 마방진의 부모인 Object의 메서드를 사용할 수 있고, 홀수 마방진을 생성하면 홀수 마방진, 마방진, Object의 메서드를 모두 사용할 수 있다. 상속하면 부모 것은 내 것이 되므로 자식이 생성되면 부모의 메서드도 사용할 수 있다.

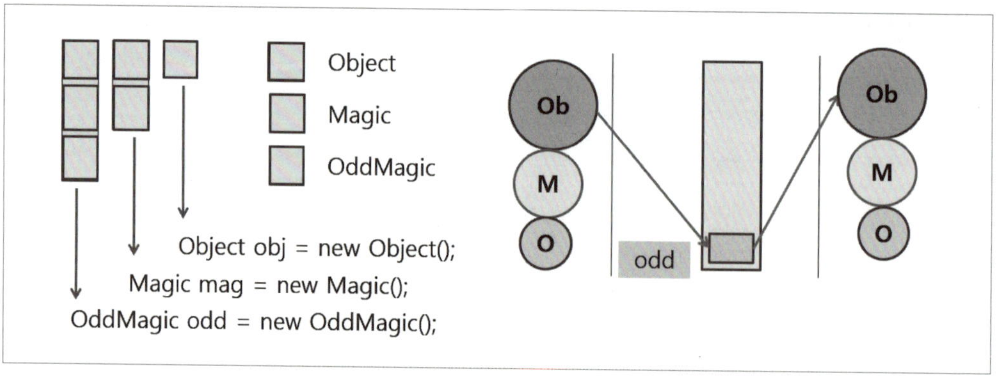

계층 구조의 상속 2

3) super 생성자, super 레퍼런스

자식의 생성자에서 부모의 생성자를 호출할 때는 super( ) 생성자를 사용한다. 부모의 멤버에 접근할 때는 super 레퍼런스인 "super."를 사용한다. 단, private인 부모의 멤버에 자식이 접근할 수 없다. 접근할 수 있게 하려면 부모의 멤버 접근제한자를 protected나 public으로 수정해야 한다.

```
package kr.co.infopub.chapter.r002;
public class MagicSquare {
        protected int [ ][ ] magic;
        protected int n;
        public MagicSquare(int n) {
                magic=new int[n][n];
                this.n=n;
        }
        public void make( ){ }
        public void print( ){ …… }
}
```

Object를 상속할 때는 "extends Object"처럼 명시적으로 사용할 필요가 없다. 그러나 OddMagicSquare가 MagicSquare를 상속할 때는 "extends" 키워드를 사용해야 한다. OddMagicSquare가 MagicSquare를 상속하기 때문에 OddMagicSquare가 Object의 멤버도 물려받아 Object의 메서드를 사용할 수 있다. OddMagicSquare(int n)의 super(n)은 부모인 MagicSquare의 MagicSquare(int n) 생성자를 호출한다. OddMagicSquare( )의 this(3)은 자신의 MagicSquare(int n) 생성자를 호출한다. 생성은 자식부터 시작되지만 초기화는 부모부터 시작한다. super.n, super.magic은 부모인 MagicSquare의 protected 멤버인 n, magic을 의미한다. 나의 멤버는 this.으로 사용한다.

```
package kr.co.infopub.chapter.r002;
public class OddMagicSquare extends MagicSquare {
        public OddMagicSquare(int n) {
                super(n);
        }
        public OddMagicSquare( ) {
                this(3);
        }
        @Override
        public void make( ) {   // 오버라이딩
```

```
            int x=0;
            int y=super.n/2;          // n protected -> 자식은 public처럼 사용
            super.magic[x][y]=1;      // protected -> 자식은 public처럼 사용
            .......
      }
} // class
```

4) 메모리와 계층 구조의 특징

앞에서 본 Object, 마방진, 홀수 마방진은 상속을 통해 부모와 자식 관계를 갖는다. 이런 상속 관계를 "계층 구조"라고 한다. 계층 구조에서 자식이 부모보다 더 구체적으로 구현한다.
객체지향과 메모리의 구조는 매우 밀접한 관계를 갖는다. 자바에서 중요한 메모리는 크게 3종류이다.

- Static: 메서드 영역, static 영역, 클래스 영역, 설계도
- Stack: 기본 타입의 연산이나 레퍼런스를 저장
- Heap: 생성된 객체를 저장

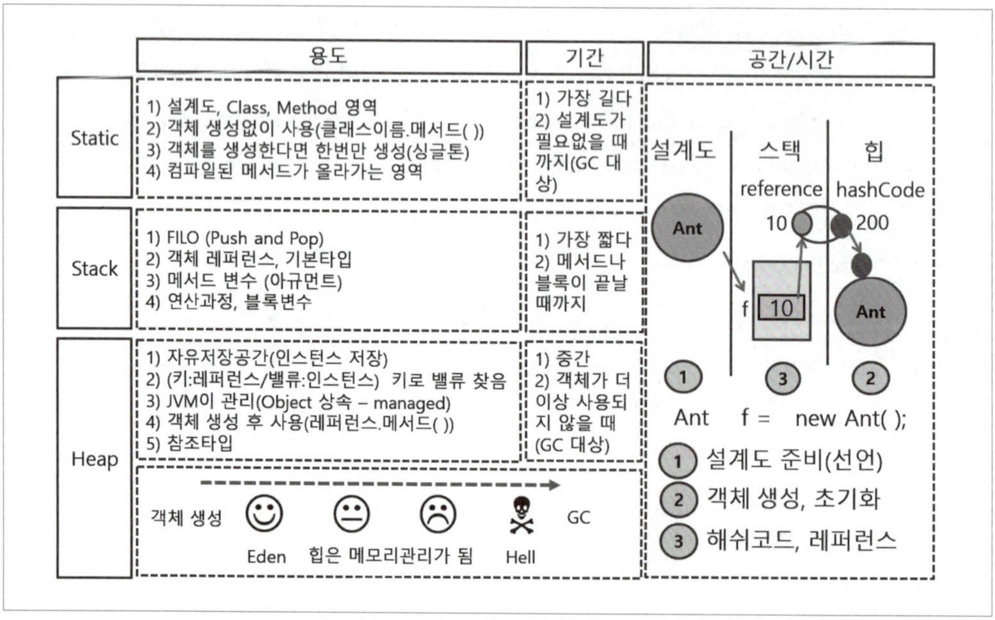

메모리 구조와 특징

메모리 4대 특징

❶ **자생부생:** 자식이 생성되면 부모도 생성된다.

❷ **자설부설:** 자식의 설계도가 올라가면 부모의 설계도도 올라간다.

❸ **생주부주:** 생성된 주소는 부모의 주소이다.

❹ **설공메사:** 설계도에 공개된 메서드만 사용할 수 있다.

그림(메모리 구조와 특징 1)의 오른쪽 힙(Heap) 영역을 보자. Object obj=new Object()에서 "설계도 레퍼런스= new 객체()" 형식으로 객체를 생성한다. 따라서 Object의 객체가 힙에 생성되고 Obj는 Stack에 올라간다. 그리고 설계도 Object는 Static에 올라간다.

❶ **자생부생:** 힙에서 발생하는 원리다. Ant ant1=new Ant()에서 Ant가 생성되면 부모인 Object도 생성된다. Termite t1=new Termite()에서 Termite가 생성되면 부모인 Ant, 조부모인 Object도 생성된다.

❷ **자설부설:** 설계도(Static, 메서드 영역, Class)에서 발생하는 원리다. Ant 타입으로 Ant를 생성하면 Ant 설계도와 부모 타입인 Object 타입도 같이 설계도에 올라간다. Termite 타입으로 Termite를 생성하면 Termite 설계도, 부모 타입인 Ant, 조부모 타입인 Object도 같이 올라간다.

❸ **생주부주:** 힙에서 발생하는 원리다. 주소관리는 Object가 한다.

❹ **설공메사:** 설계도(Static, 메서드 영역, Class)에서 발생하는 원리다. 힙은 숨겨진 메모리로, 실제로 볼 수 없기 때문에 설계도의 타입에 선언된 메서드만 사용할 수 있다.

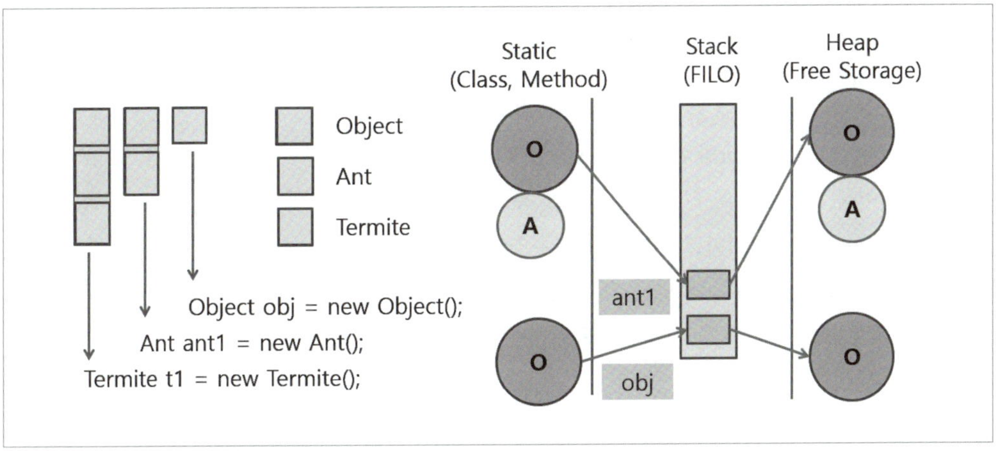

메모리 구조와 특징 1

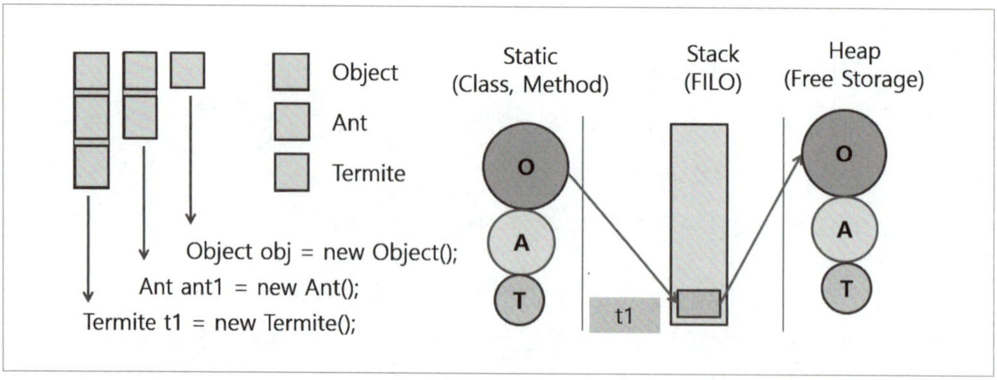

메모리 구조와 특징 2

계층 구조가 되면 부모의 타입으로 자식의 객체를 생성할 수 있다. 이때 설계도는 Object 타입이므로 Object의 메서드만 사용할 수 있다. 그래서 힙에 있는 타입으로 설계도를 변경하기 위해 캐스팅((Magic))을 사용한다.

```
Object mgs = new Magic( );
Object ogs = new OddMagicSquare( );
Magic mg2=(Magic)mgs;      // 설계도 변경
```

5) 오버라이딩(재정의)

자식 클래스에서 부모 클래스의 메서드(메서드 이름, 타입, 리턴 타입)와 동일한 메서드를 정의하는 것을 "오버라이딩(재정의)"이라고 한다. 보통 오버라이딩을 하면 부모 클래스의 메서드 내용을 추가, 변경, 수정한다.

다음 그림에서 AsiaElephant와 AfricaElephant는 Elephant를 상속한다. 그리고 eat()를 오버라이딩한다. 메서드 이름, 인자 개수, 타입, 리턴 타입 등 모두 부모의 메서드와 동일하다. 코끼리의 eat()이 "풀을 먹다."뿐이라면 아시아코끼리의 eat()은 "코로 풀을 왼쪽으로 두 번 비벼서 먹다."이다. 또한 아프리카코끼리의 eat()은 "코로 풀을 오른쪽으로 두 번 비벼서 먹다."이다. 이처럼 자식의 eat() 메서드가 부모의 eat() 메서드를 더 구체적으로 구현한다.

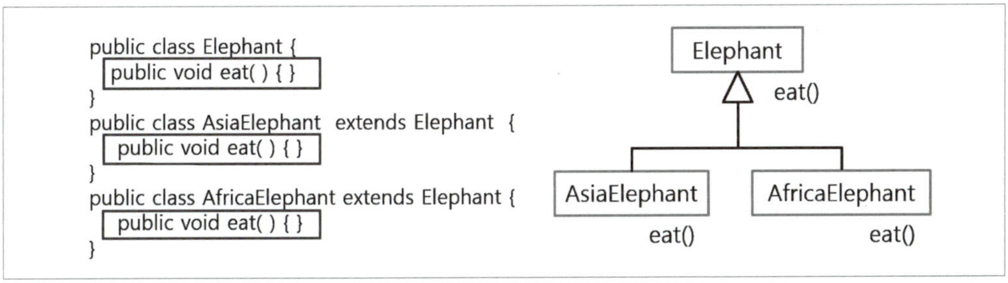

부모인 Elephant의 eat( ) 메서드를 오버라이딩하기

6) 다형성

부모의 메서드가 자식의 종류에 따라 다양한 형태로 나타날 수 있는 특징이다. 상속이나 구현(실현, implements)을 하면 부모와 자식 사이에 다형성이 발생한다.
다음의 그림에서 부모인 Vehicle(탈것 V)은 Airplane(비행기 A), Bus(버스 B), Cap(택시 C)의 세 자식을 갖는다. 탈것 V는 "문을 열다."라는 open( ) 메서드를 갖는다. 그리고 비행기, 버스, 택시는 탈것의 open( )을 오버라이딩한다. 상속과 오버라이딩을 하면 다형성이 발생한다.

다음과 같은 경우에 다형성이 발생한다.

❶ **부타자생:** 부모 이름으로 자식을 생성할 때

❷ **부타자참:** 부모의 이름으로 자식을 받을 때(참조할 때)

❸ **부메자호:** 부모의 메서드로 자식의 메서드를 부를 때(오버라이딩)

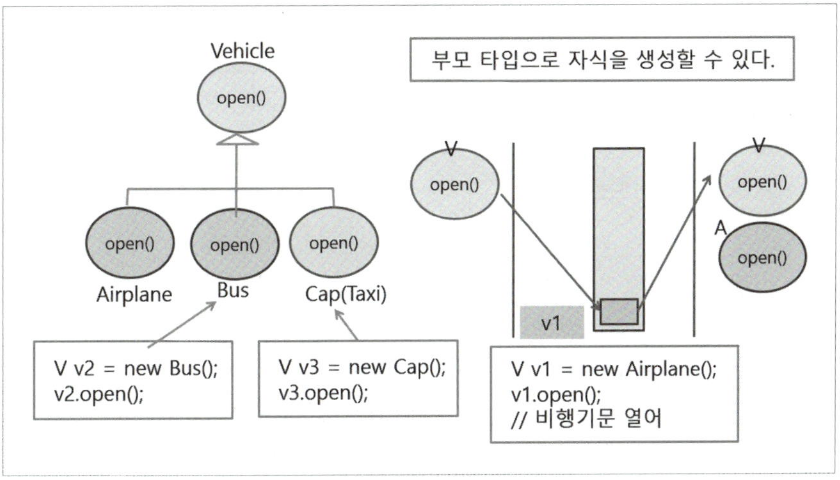

다형성의 발생 원리 1

다형성의 발생 원리를 자세히 살펴보자.

❶ 부모 타입으로 자식을 생성할 수 있다. 메모리 특징 때문에 부모에게 있는 메서드만 사용할 수 있다(설공메사).

```
Vehicle v1 = new Airplane( );
Vehicle v2 = new Bus( );
Vehicle v3 = new Cap( );
```

❷ 부모 타입으로 자식을 받을 수 있다. Airplane 타입으로 설계도를 변경하려면 캐스팅한다.

```
Airplane a1= new Airplane( );
Vehicle v4 = a1;              // Vehicle에 있는 메서드만 사용할 수 있다.
Airplane a2=(Airplane)v4 ;    // Airplane, Vehicle 모든 메서드 사용
```

❸ 부모의 메서드로 자식의 메서드를 호출할 수 있다. 탈것의 타입으로 자식을 생성하거나 참조한 후, 탈것의 open()을 호출하면 오버라이딩한 open()이 비행기, 버스, 택시에 따라 다양한 형태로 나타난다. 탈것의 타입으로 버스를 생성하고 open()을 호출하면 버스 문이 열린다. 탈것의 타입으로 택시를 생성하고 open()을 호출하면 택시 문이 열린다. 이처럼 부모의 메서드가 자식의 종류에 따라 다양한 형태로 나타나는 것을 다형성(Polymorphism)이라고 한다.

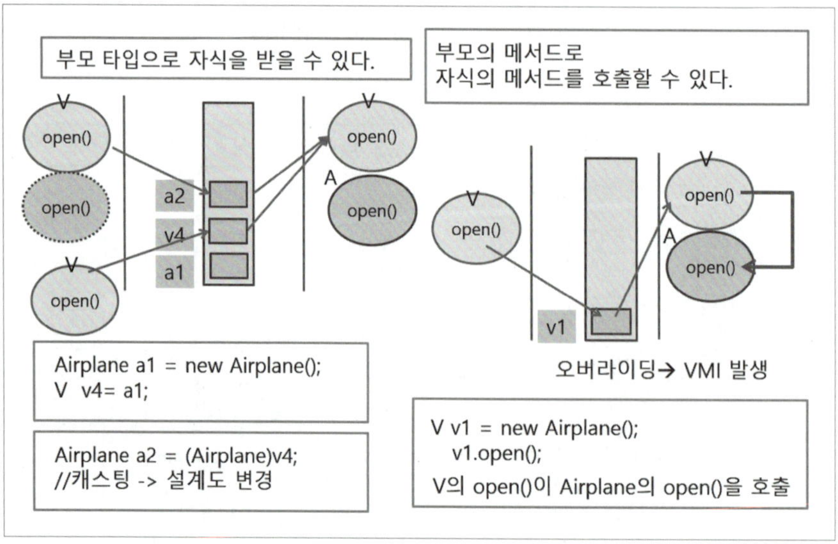

다형성의 발생 원리 2

7) instanceof 키워드

"부모 타입으로 자식을 받을 수 있다"라는 다형성의 원리 때문에 자식이 여러 개인 경우에는 생성된 객체의 인스턴스가 누구 것인지 확인해야 한다. 이때 인스턴스의 타입을 확인하는 키워드가 바로 instanceof이다.

```
if(v instanceof Airplane) {
        Airplane a=(Airplane)v;
        ......
} else if(v instanceof Bus
        Bus a=(Bus)v;
        ......
} else if(v instanceof Cap) {
        Cap a=(Cap)v;
        ......
}
```

8) 추상 클래스

바디({ })가 없는 메서드를 "추상 메서드"라고 하며, 이런 추상 메서드를 하나라도 갖는 클래스는 추상 클래스로, 소스에서는 class 앞에 abstract 키워드를 붙여야 한다. 자식 클래스는 상속해서 구현(오버라이딩)해야 한다.

```
package kr.co.infopub.chapter.s106;
public abstract class MagicSquare {
        protected int [ ][ ] magic;
        protected int n;

        // 반드시 int를 입력받아야 하는 생성자
        public MagicSquare(int n) {
                magic=new int[n][n];
                this.n=n;
        }
        public abstract void make( );   // { }가 없다.
        ......
}
```

9) 인터페이스(interface)

모든 메서드가 구현이 되지 않은 추상 클래스를 "interface"라고 한다.

```
package kr.co.infopub.chapter.s107;
// 100% 구현되지 않은 메서드를 갖는 클래스 → 인터페이스(추상 클래스임)
public interface IMagicSquare {
    void make( );      // 반드시 구현해야 할 메서드
    void print( );     // 반드시 구현해야 할 메서드
}
```

인터페이스를 구현할 때는 implements 키워드를 사용하고 인터페이스에 선언된 메서드를 구현해야 한다. 구현하지 않으면 추상 클래스가 된다.

```
package kr.co.infopub.chapter.s107;
public abstract class MagicSquare implements IMagicSquare {
    @Override
    public void print( ) {
        // 여기를 구현한다.
    }
    // make( )를 구현하지 않았다.
}
```

자바에서는 다중 상속이 불가능하지만, 인터페이스로 다중 상속을 흉내 낼 수 있다. 상속(extends)은 한 번만 가능하며, 위치는 implements 키워드 앞쪽이어야 한다. 인터페이스 구현(implements)은 ","를 이용하여 여러 번 나열할 수 있다.

```
package kr.co.infopub.chapter.r001;
import java.io.Serializable;
public class MyString extends Object implements Serializable, CharSequence, Comparable {
    @Override
    public int length( ) {
        return 0;
    }
    @Override
    public char charAt(int index) {
        return 0;
```

```
        }
        @Override
        public CharSequence subSequence(int start, int end) {
                return null;
        }
        @Override
        public int compareTo(Object o) {
                return 0;
        }
}
```

10) 자료 구조(Collection)와 파라미터화된 타입(Parameterized Type)

자바의 자료 구조(Collection)는 크게 Set, List, Map이 있다.

❶ Set은 순서에 관계없이 중복되지 않게 데이터를 저장하고 싶을 때 사용한다. Set에는 HashSet, TreeSet을 많이 사용한다.

❷ List는 순서대로 데이터를 저장하고 싶을 때 사용한다. List에는 ArrayList, LinkedList, Vector가 있다.

❸ Map은 (key, value)를 한 쌍으로 저장하고, 키를 이용하여 값을 빨리 찾고 싶을 때 사용한다. Hashtable, HashMap이 있다.

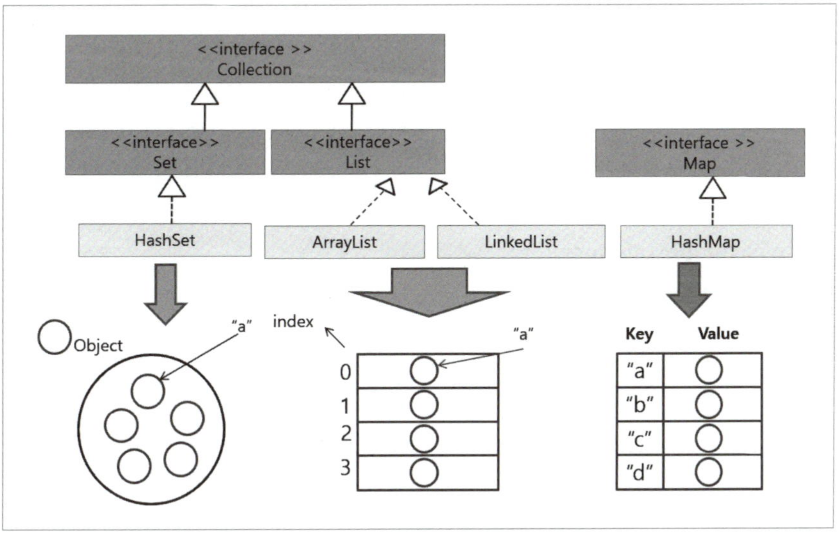

자료 구조의 종류

자료 구조(Collection)는 제네릭(〈〉)을 이용하여 저장할 타입을 저장한다. 다음 소스는 ArrayList에 Billboard 타입의 객체를 저장한다. 리스트에 저장할 때는 add(), 리스트에 저장된 객체의 개수는 size()를 이용한다. 또한 리스트에 저장된 객체를 순서대로 가져올 때 get(index)를 사용한다.

```
package kr.co.infopub.chapter.s072;
import java.util.ArrayList;
public class BillboardArrayMain {
  public static void main(String[ ] args) {
      ArrayList<Billbaord> bills=new ArrayList< >( );
      bills.add(new Billbaord(1,"Despacito",1,
            "q61808osztw.jpg","luis fonsi"));
      bills.add(new Billbaord(2,"That's What I Like",2,
            "q59725qvpol.jpg","bruno mars"));
      bills.add(new Billbaord(3,"I'm The One",3,
            "q64532p164x.jpg","dj khaled"));
      for(int i=0; i<bills.size( ); i++) {
         Billbaord bb =bills.get(i);
            System.out.println(bb);
      }
  }
}
```

그런데 Student뿐만 아니라 직렬화한 모든 객체를 저장하고 싶다면 파라미터화된 타입을 사용한다. ObjectStudentRWG〈T〉처럼 제네릭에 〈T〉로 선언하고 메서드에도 write(String fname, Vector〈T〉 v)로 선언한다. 그리고 ObjectStudentRWG〈Student〉 osw=new ObjectStudentRWG〈 〉 ()와 같이 객체를 생성하면 write(String fname, Vector〈Student〉 v)가 된다. 생성하고 호출할 때 타입을 결정할 수 있다.

```
package kr.co.infopub.chapter.s145;
import java.io.IOException;
import java.util.Vector;
public class ObjectStudentRWG<T> {
  public int write(String fname, Vector<T> v) throws IOException {
         .....
  }
}
```

람다(Lambda) 표현

입문 010

• **학습 내용 :** 메서드를 간략하게 사용하는 방법을 익혀 보자.
• **힌트 내용 :** 복잡한 메서드를 람다를 이용하여 간략하게 만든다.

해당 클래스가 메서드를 한 개만 가지고 있다면 함수 형식(클래스와 메서드 식별자 없이 사용)을 이용하여 간략화한 방식으로 클래스 없이 비교 기준을 제공하는 람다 표현 방법이 있다. 다음 단계를 거치면 람다 표현 방식을 이해할 수 있다.

❶ Comparator 인터페이스를 구현한 객체를 정렬 기준으로 사용한다.

```
public class CardComp implements Comparator<Card> {
    @Override
    public int compare(Card c1, Card c2) {
        // 문자열 compareTo( ) - 사전식 비교
        return c1.getCardVal( ).compareTo(c2.getCardVal( ));
    }
}
cards.sort( new CardComp ( ) );
```

❷ Comparator 인터페이스를 구현하면서 객체를 생성한다. new **Comparator<Card>( ) { compare (Card c1, Card c2)){ } }.** "new 인터페이스( ){ 메서드 구현( ) }"과 같이 인터페이스의 메서드를 구현하면서 생성하는 것은 가능하다.

```
Comparator<Card> cmp=new Comparator<Card>( ) {
    @Override
    public int compare (Card c1, Card c2) {
        return c1.getCardVal( ).compareTo(c2.getCardVal( ));
    }
};
cards.sort(cmp);
```

❸ new Comparator<Card>() { compare(Card c1, Card c2)){ } } 를 레퍼런스 대신 대입한다. 레퍼런스없는(이름없는) 익명 클래스를 만든다.

```
cards.sort( new Comparator<Card>( ) {
        @Override
        public int compare (Card c1, Card c2) {
                return c1.getCardVal( ).compareTo(c2.getCardVal( ));
        }
} );
```

❹ 해당 클래스가 메서드를 한 개만 갖고 있다면 함수 형식(클래스와 메서드, 식별자 없이 사용)을 이용하여 어떤 객체의 어떤 메서드가 호출되는지 알 수 있다. 이 방법을 이용하는 것이 람다 표현식이다. 클래스와 메서드를 삭제(식별자 삭제)하고 메서드의 () 이후 부분을 남기면 (){ }이 된다. ()와 { } 사이에 클래스, 메서드가 삭제된 것을 표시하기 위해서 −>을 넣으면 ()−>{ }가 완성된다.

```
cards.sort(
        (Card c1, Card c2) ->{return c1.getCardVal( ).compareTo(c2.getCardVal( )); }
);
```

❺ 람다 표현에서 타입이 없어도 알 수 있으므로 타입을 제거할 수 있다.

```
cards.sort( ( c1, c2) ->{return c1.getCardVal( ).compareTo(c2.getCardVal( ));} );
```

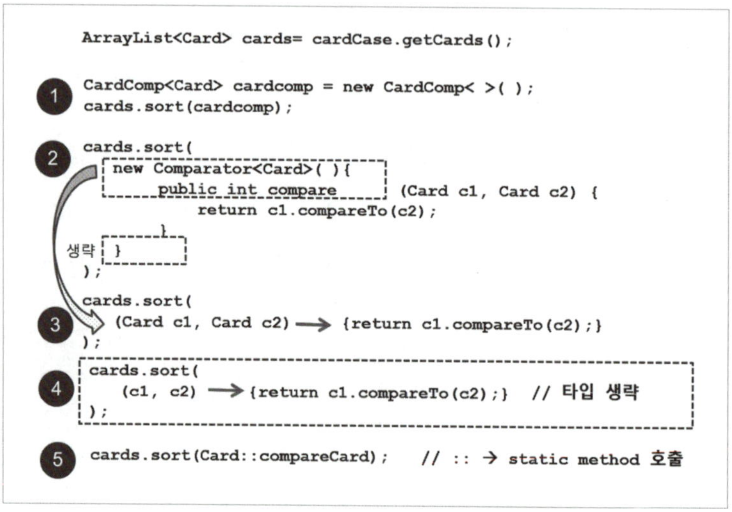
ArrayList<Card> cards= cardCase.getCards();
1
CardComp<Card> cardcomp = new CardComp< >( );
cards.sort(cardcomp);
2
cards.sort(
new Comparator<Card>( ){
public int compare
(Card c1, Card c2) {
return c1.compareTo(c2);
}
생략
}
);
3
cards.sort(
(Card c1, Card c2) → {return c1.compareTo(c2);}
);
4
cards.sort(
(c1, c2) →{return c1.compareTo(c2);} // 타입 생략
);
5
cards.sort(Card::compareCard); // :: → static method 호출

람다 표현이 완성되는 과정

쓰레드(Thread)와 IO

입문 011

• **학습 내용 :** 여러 작업을 동시에 처리하는 방법을 익혀 보자.
• **힌트 내용 :** 쓰레드를 이용하면 여러 작업을 동시에 처리할 수 있다.

1. 쓰레드

큰 단위의 작업을 작은 단위로 나눠서 동시에 작업하면 시간을 단축할 수 있다. 이때 작은 단위의 작업이 쓰레드이다. 예를 들어, 소형차, 중형차, 대형차를 한 라인에서 조립하는 것보다 3개의 라인에서 각각 조립하면 생산 시간이 단축되는 등 여러 면에서 장점이 많다. 이때 각 라인은 "작업장"으로, 쓰레드에 해당한다.

프로그래밍이 시작되면 하나의 스택 구조(Stack-FIFO)인 메인 쓰레드가 만들어진다. 만약 메인 쓰레드에서만 모든 작업을 순차적으로 해야 한다면 시간이 많이 걸린다. 작업에 따라 서브 쓰레드(Sub Thread)를 여러 개 만들면 동시에 효율적으로 처리할 수 있다.

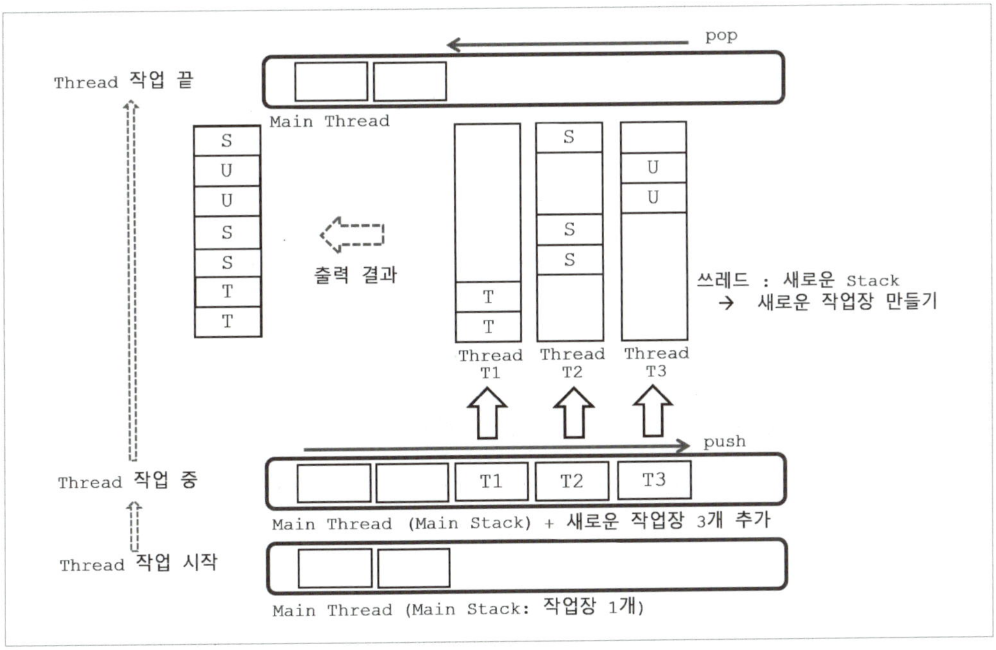

동시 작업을 흉내 내는 쓰레드

앞에서 살펴본 그림은 3개의 쓰레드(작업장)를 만들고 각 쓰레드에서 T, S, U 작업을 하고 마치는 과정을 보여 준다. 한 쓰레드가 작업되는 동안 다른 두 쓰레드는 기다리는 과정이 반복되나, 컴퓨터가 이를 매우 빨리 처리하기 때문에 동시 작업처럼 처리된다고 할 수 있다. 작업 과정이 끝나면 쓰레드(작업장)는 회수된다.

참고 동시 작업은 멀티프로세스이다. 쓰레드는 동시 작업을 흉내 낸다.

1) 쓰레드 계층 구조

작업장이 있으면 해야 할 작업도 있어야 한다. 쓰레드도 마찬가지로, 쓰레드에서 해야 할 작업이 필요하다. 이 작업이 바로 run() 메서드이다.

작업장인 쓰레드는 java.lang.Thread 클래스를 이용한다. 해야 할 작업은 java.lang.Runnable 인터페이스에 run() 추상 메서드로 선언된다. 작업을 구체적으로 구현하려면, Runnable 인터페이스를 구현한 클래스를 만들거나 Thread 클래스를 상속해서 run() 메서드를 오버라이딩하면 된다.

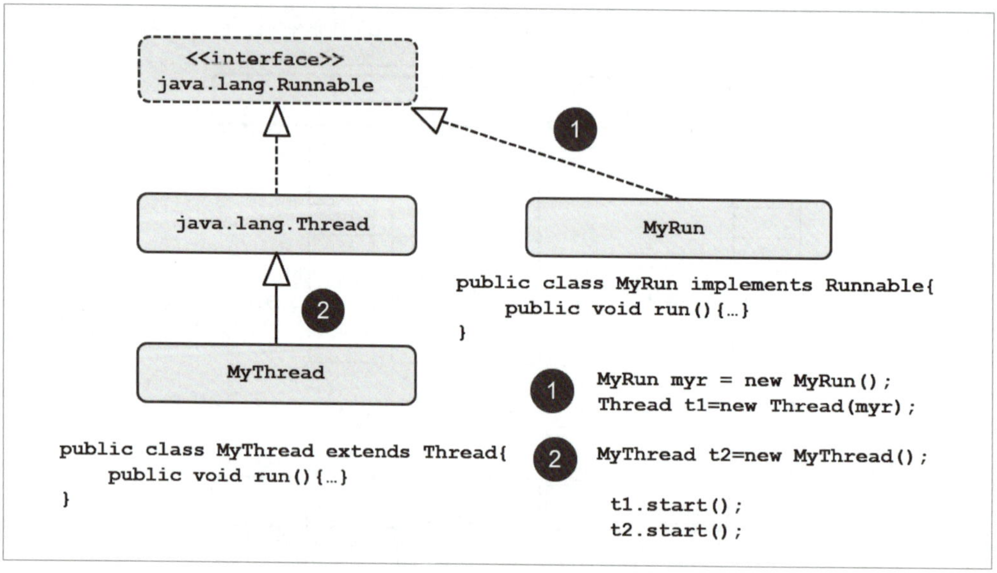

Thread 계층 구조

2) 쓰레드를 만들고 실행하는 방법

❶ Runnable을 구현하는 방법

- Runnable을 구현한 클래스(작업을 정의한 클래스)를 만들고 run() 메서드를 구현(오버라이딩)하고 객체를 생성한다.

```
MyRunnable myr  = new MyRunnable( );
```

- 쓰레드를 생성하면서 Runnable 객체의 주소를 쓰레드의 생성자에 대입한다.

```
Thread t1 = new Thread(myr);
```

- 쓰레드 작업을 시작한다. (쓰레드 관리자가 run()을 호출한다.)

```
t1.start( );
```

❷ 쓰레드를 상속하는 방법

- 쓰레드를 상속하고 run() 메서드를 오버라이딩한다. 객체를 생성한다.

```
MyThread t2= new MyThread( );
```

- 쓰레드 작업을 시작한다. (쓰레드 관리자가 run()을 호출한다.)

```
t2.start( );
```

참고 자바에서 MyRunnable myr의 myr처럼 이름 없이 Runnable을 구현하는 방법도 사용한다. 이를 익명 내부 클래스 방법(Anonymous Nested Class)이라고 한다.

```
new Thread( new Runnable( ) {
        @Override
        public void run( ) {
        .....
        }
} ).start( );
```

참고 구현할 메서드가 1개인 익명 내부 클래스 방법(Anonymous Nested Class)은 람다 표현으로 사용할 수 있다.

```
new Thread(
   ( ) →{ .....}
).start( );
```

2. IO

IO(Input/Output)는 스트림(Stream–연속적인 데이터의 흐름)을 이용하여 자원(파일, 이미지, 텍스트, ……)을 읽어들이거나 외부로 저장하는 행위이다. IO는 정해진 과정을 따른다.

다음 그림은 웹에서 제공하는 데이터를 읽어들이는 과정이다.

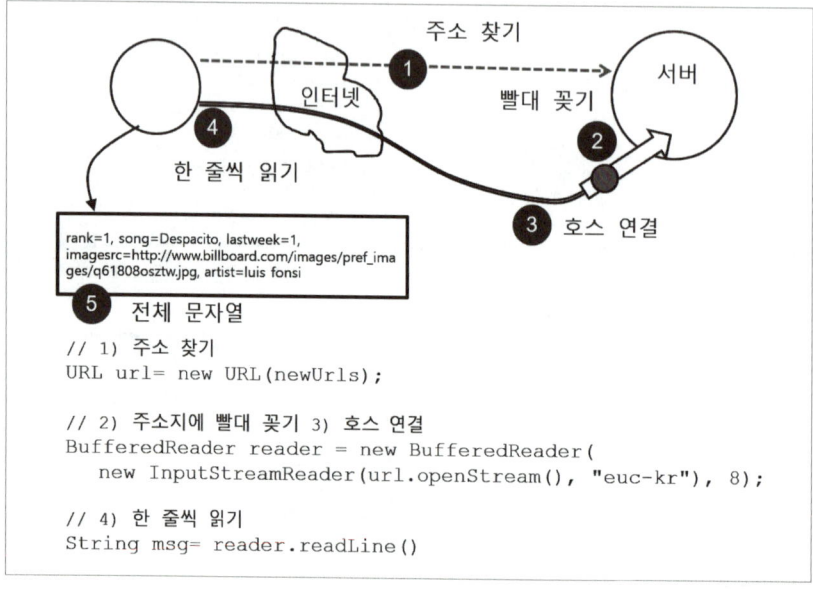

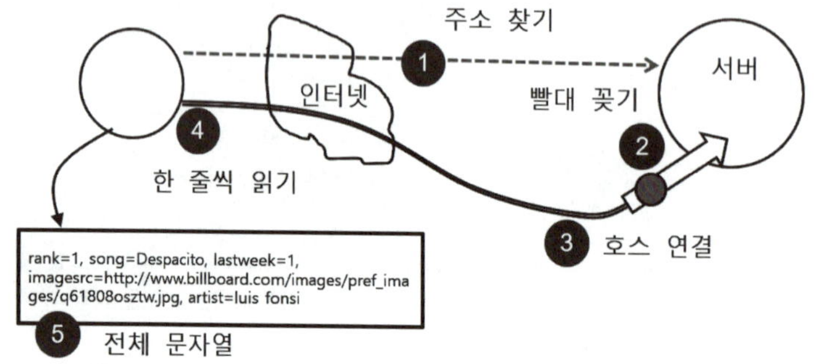


```
// 1) 주소 찾기
URL url= new URL(newUrls);

// 2) 주소지에 빨대 꽂기 3) 호스 연결
BufferedReader reader = new BufferedReader(
   new InputStreamReader(url.openStream(), "euc-kr"), 8);

// 4) 한 줄씩 읽기
String msg= reader.readLine()
```

IO 작업 과정

❶ 주소와 소스의 위치를 찾아서 연결한다.

❷ 연결한 주소나 소스에 빨대를 꽂는다.

❸ 빨대에 호스를 연결한다.

❹ 호스에서 소스를 빨아들인다.

- **빨대:** 노드(수도꼭지. 하나는 꼭 있어야 한다.)
- **호스:** 필터(있으면 노드의 기능을 향상시킨다.)

다음은 인터넷 주소에 빨대를 꽂아 문자열을 읽어들이는 과정이다.

```
URL url = new URL(newUrls);                          // ❶ 주소
HttpURLConnection urlConnection = (HttpURLConnection) url.openConnection( );
                                                     // ❶ 주소 찾고 연결
InputStream inputStream = new BufferedInputStream(urlConnection.getInputStream( ));
                                                     // ❷ 빨대 꽂기
BufferedReader reader = new BufferedReader(new InputStreamReader(inputStream,
"UTF-8"), 8);                                        // ❸ 호스 연결

StringBuilder sb = new StringBuilder( );
String line = "";
while ((line = reader.readLine( )) != null) {        // ❹ 한 줄씩 가져오기
        sb.append(line + "\n");                      // ❺ 문자열 붙이기
}

String jsonString = sb.toString( );
```

참고 소스를 내보낼 때는 호스를 통해서 연결된 주소로 내보낸다(Output).

입문

012

JDBC

- **학습 내용 :** 자바를 이용한 DB 처리 방법을 익혀 보자.
- **힌트 내용 :** JDBC 6단계를 이용하여 DB 프로그래밍을 할 수 있다.

JDBC(Java DataBase Connectivity)는 자바 프로그래밍을 이용하여 DB에 쿼리(Query–질의)를 실행시킬 수 있다. JDBC는 java.sql 패키지에 있으며 대부분 구현이 안 된 인터페이스나 일부분만 구현된 추상 클래스로 이루어져 있다. 구현된 클래스를 드라이버(Driver)라고 하며 오라클을 위한 드라이버는 ojdbc6.jar(ojdbc7.jar, ojdbc8.jar)이다. 개발자는 인터페이스를 사용하여 구현된 드라이버를 호출하고 사용한다.

JDBC는 6단계로 실행된다.

❶ 구현된 드라이버를 사용하기 위해 드라이버를 로딩한다.

❷ DB 주소, 사용자 아이디, 패스워드를 입력하여 DB에 연결한다.

❸ 연결된 DB에 SQL 문을 입력하고 쿼리를 준비한다.

❹ 쿼리를 실행한다. Select(R)는 executeQuery()를 사용하여 결과를 ResultSet으로 받는다. Select 이외(CUD=insert, update, delete)는 executeUpdate()를 사용한다. CUD(insert, update, delete)에 성공한 개수를 반환하기 때문에 int로 받는다.

❺ Select의 결과는 DB에 있고, 이 결과를 가리키는 ResultSet을 이용한다. ResultSet은 정확한 개수를 모를 때 사용하는 것으로 next()를 이용하여 행을 이동시키고, getXXX(column)을 이용하여 칼럼 위치의 값을 타입에 맞춰 가져온다.

❻ 사용이 끝나면 닫는다. 먼저 연결한 것(Connection, PreparedStatement, ResultSet)을 나중에 닫는다(ResultSet, PreparedStatement, Connection).

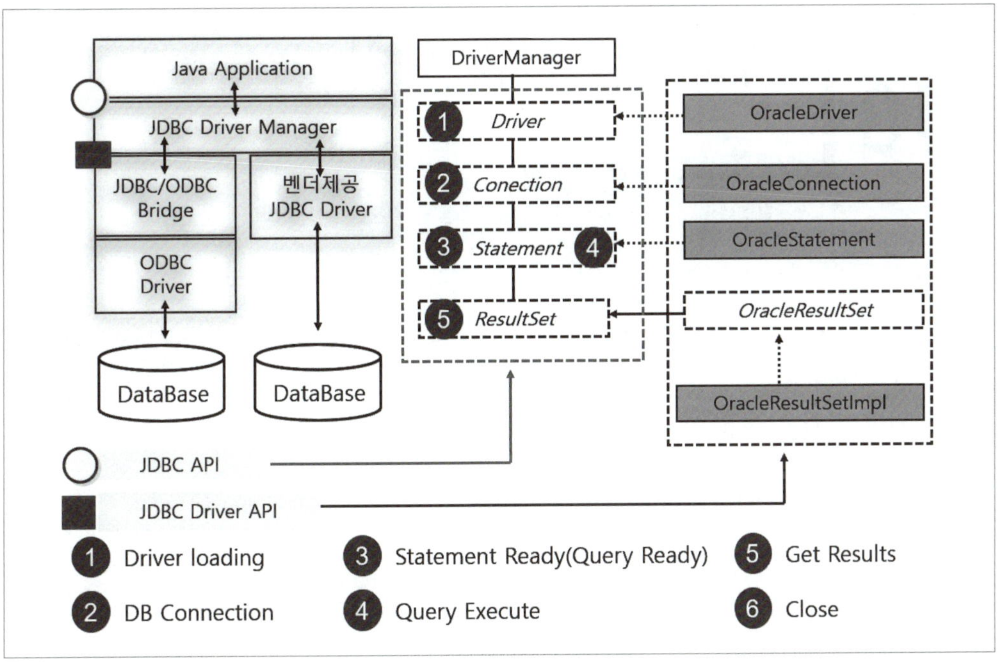

JDBC 구조와 실행 순서

```
Class.forName("oracle.jdbc.driver.OracleDriver");     // ❶ 드라이버 로딩
Connection conn=DriverManager.getConnection("jdbc:oracle:thin:@127.0.0.1:1521:xe","
hr","hr");     // ❷ DB 연결
PreparedStatement psmt=conn.prepareStatement(" SELECT  * FROM DEPARTMENTS");
               // ❸ 쿼리 준비
ResultSet rs =psmt.executeQuery( );     // ❹ 쿼리 실행
// ❺ 쿼리 실행 결과를 가져와서 저장
List<DepartmentDto> empList = new ArrayList< >( );
while (rs.next( )) {
      DepartmentDto emp = new DepartmentDto( );
      emp.setDepartment_id(rs.getInt("DEPARTMENT_id"));
      emp.setDepartment_name(rs.getString("DEPARTMENT_name"));
   empList.add(emp);
}
// ❻ 실행 후 연결 순서의 반대로 닫기
if(rs!=null) rs.close( );
if(psmt!=null) psmt.close( );
if(conn!=null) conn.close( );
```

입문 013

객체지향 종합 정리

- **학습 내용 :** 객체지향의 특징을 이해하고 효과적인 사용 방법을 익혀 보자.
- **힌트 내용 :** 객체지향에서 주로 사용되는 특징을 이해한다.

다음 표는 지금까지 공부한 객체지향의 모든 특성을 종합적으로 정리한 표이다. 자주 보면서 참고하자.

1. 객체지향의 기본 특징

1) 객체의 기본 특징과 성질 변형 방법

객체의 기본 특징	성질과 해결 방법
데이터를 갖는다.	객체의 가장 중요한 성질, 데이터를 멤버필드로 만든다. → 중요한 데이터이므로 숨긴다(은닉성).
초기화가 필요하다(생성자).	생성자: 객체를 만들면서 초기화할 수 있고 객체를 만든 후 초기화할 수 있다. → 멤버필드가 없거나 초기화가 필요 없음: 기본 생성자(default)가 자동으로 만들어진다. → 생성자가 여러 개 필요(생성자 오버로딩): 기본 생성자를 개발자가 만들면 예외를 방지할 수 있다.
메서드를 갖는다.	멤버를 가공하고, 데이터를 처리 → 로직용 메서드
	멤버를 보호하고 저장, 전송 → DTO, VO용으로 사용
객체를 생성한다.	멤버 메서드(non-static): 메서드가 서로 호출하여 멤버필드를 사용하거나, 변경시킨다. → new 키워드로 객체를 생성해서 "레퍼런스"로 호출한다.
	static 메서드: 입력받은 데이터(인자, 아규먼트)를 자신의 메서드에서만 사용한다. → 객체 생성없이 "클래스이름."으로 호출한다.
같은 객체는 없다.	new로 생성한 객체는 equals( )하면 false다. → equals( )로 같은 객체로 만들기 위해 equals( ), hashCode( )를 오버라이딩해야 한다.
	String, 랩퍼클래스(Integer, Double)는 내용(멤버필드)이 같으면 같은 객체가 되도록 오버라이딩 되어 있다. 참조 타입이지만 기본 타입처럼 사용하도록 equals( ), hashCode( )를 오버라이딩 했다.
얕은 복사	객체 타입은 주소 복사(CBR, Shallow Copy-String, 랩퍼 제외)다. → 객체의 내부(멤버필드값들) 값들이 같은 두 객체가 서로 다른 객체로 만들고 싶다면 깊은 복사(Deep Copy)를 한다. → 깊은 복사는 복사 생성자, clone( ) 오버라이딩, 일대일 복사(System.arraycopy( ))가 있다.
객체는 대소를 비교할 수 없다.	두 객체의 대소를 비교할 수 없다. → 비교하려면 비교 기준을 제공하는 Comparator의 compare( ) 메서드를 구현한다. → 두 객체를 비교할 수 있다면 배열이나 리스트를 정렬할 수 있다.
연산자 오버로딩은 없다.	"객체+객체"와 같이 연산자(+, -, /, %, *)를 오버라이딩할 수 없다. → 자바에서는 "static A add(A a, A b)"와 같이 static 메서드를 이용한다.

객체의 기본 특징	성질과 해결 방법
객체를 다른 컴퓨터로 전송할 수 없다.	객체는 자신의 JVM이 메모리를 관리한다. → 멤버필드를 직렬화시켜서 데이터만 보낸 후 비어 있는 객체의 멤버필드에 전송된 값을 대입한다. 결국 직렬화를 이용하여 객체 전달을 흉내낸다.
상속(extends)나 인터페이스 구현(implements)은 계층구조를 만든다.	A extends P, B implements IP, C extends CP implements IFather, IMother에서 P, IP, CP, IFather, IMother는 부모, A, B, C를 자식이라 한다. [별명] C++은 다중 상속, 다이아몬드 상속 또는 키메라 상속이라 한다(Kimera : Lion, Eagle, Snake). Java는 단일 상속, 펭귄 상속(Penguin extends Bird implements IFish)이라고도 한다.

2) 객체지향의 특징

객체지향(OOP)–APIE	간략 설명
추상성(Abstraction)	객체를 간단하게 설명, 구체적인 구현을 숨김
다형성(Polymorphism)	한 부모의 타입으로 여러 종류의 자식의 생성, 부모의 메서드가 자식에 따라 다양한 자식의 메서드가 호출됨
상속성(Inheritance)	상속 → 부모 것은 내 것, 부모의 멤버(필드, 메서드)는 자식 것이다. 단, 생성자와 private 멤버는 제외
은닉성(Encapsulation)	중요한 멤버필드를 숨긴다. 방법: 멤버필드의 private 멤버메서드의 public 확장: private 멤버필드는 자식이 사용할 수 없다. protected 멤버를 사용하면 자식이 사용할 수 있다.

3) 메모리 특징

특징	설명
자생부생	자식을 생성하면 부모도 생성된다(힙).
자설부설	자식의 설계도를 선언하면 부모의 설계도도 선언된다(스태틱).
생주부주	생성된 주소는 부모의 주소다(Object의 주소).
설공메사	설계도에 공개된 메서드만 사용할 수 있다.

4) 다형성의 발생 원리

특징	설명
부타자생	부모의 타입으로 자식을 생성할 수 있다.
부타자참	부모의 타입으로 자식을 받을 수 있다.
부메자호	부모의 메서드로 자식의 메서드를 호출할 수 있다(오버라이딩되어 있다면).

2 PART 초급

오늘부터 나는 Java 프로그래머!

초보자를 위한

JAVA 200제

초급

014 자바 프로그래밍 실행하기

- **학습 내용 :** "이 프로그래밍은 Java200이 만들었습니다."를 콘솔에 출력해 보자.
- **힌트 내용 :** System.out.println( )을 이용한다.

참고 입력된 소스를 가져오려면 이클립스에서 [File]–[Import]를 실행하고 [General]–[Existing Projects into Workspace]를 선택한 다음 [Next] 버튼을 클릭한다. [Browse] 버튼을 클릭하고 예제 폴더를 선택한 다음 [Finish] 버튼을 클릭하면 선택한 폴더 안에 있는 프로젝트와 소스들을 가져올 수 있다.
다음 예제 소스는 "Java200booknew1" 폴더 안에서 확인할 수 있다.

소스 : kr.co.infopub.chapter.s014.Hello.java

```
1: package kr.co.infopub.chapter.s014;
3: public class Hello {
4:     public static void main(String[ ] args) {
5:         System.out.println("****************************************************");
6:         System.out.println("*   이 프로그래밍은 Java200이 만들었습니다.   *");
7:         System.out.println("****************************************************");
8:     }
9: }
```

1 ◆ 패키지(package)는 클래스가 어디에 포함되어 있는지 알려 준다. 성과 본관을 예로 들면, "한양홍 부사공파 홍길동"에서 "홍길동"은 클래스 이름이고, "한양홍 부사공파"는 패키지이다.

3 ◆ Hello 클래스를 선언한다.

4 ◆ 프로그래밍을 실행시키는 메서드로, 실행 시작 위치(Entry Point)이다.

5~7 ◆ 콘솔에 " " 사이의 내용을 표시한다. println()은 출력 후 다음 줄로 이동한다.

결과

```
****************************************************
*   이 프로그래밍은 Java200이 만들었습니다.   *
****************************************************
```

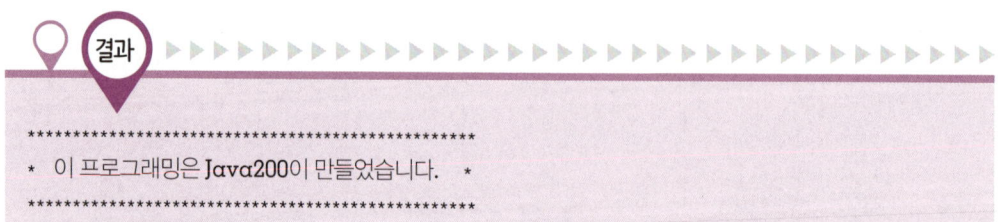

기본 타입 선언하기

초급

015

- **학습 내용 :** 기본 타입을 선언하고 출력하는 방법을 익혀 보자.
- **힌트 내용 :** 기본 타입은 데이터 자체로, 정수, 실수, 문자, 불린의 4종류가 있다.

소스 : kr.co.infopub.chapter.s015.JavaPrimaryType.java

```
 1: package kr.co.infopub.chapter.s015;
 2: // 기본 타입의 종류
 3: public class JavaPrimaryType {
 4:     public static void main(String[ ] args) {
 5:         boolean isL=false;
 6:         char suit='H';
 7:         int year=2016;
 8:         double latitude=37.52127220511242;
 9:         double longitude=127.0074462890625;
10:         System.out.println(latitude+"\t"+longitude);
11:     }
12: }
```

참/거짓을 나타내는 타입인 boolean을 선언하고 false(거짓)를 변수(isL)에 임시 저장한다. ◆ 5

문자는 ' ' 사이에 한 개의 문자를 넣어서 사용한다. 'H' 문자를 문자 타입 변수 suit에 저장한다. ◆ 6

소수점 없는 정수를 year에 저장한다. ◆ 7

소수점(.)이 있는 실수를 latitude와 longitude에 각각 저장한다. ◆ 8~9

latitude와 longitude에 저장된 값을 출력한다. "\t"는 이스케이프 문자로 탭(7자 띄우기)을 의미한다. ◆ 10

결과

```
37.52127220511242    127.0074462890625
```

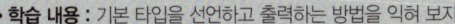

초급

016

API에서 제공하는 참조 타입 사용하기

- **학습 내용 :** API에서 제공하는 참조 타입에 대해 알아보자.
- **힌트 내용 :** 참조 타입은 자바에서 제공하는 API 참조 타입과 API 참조 타입을 이용하여 사용자가 만드는 사용자 정의 참조 타입이 있다.

소스 : kr.co.infopub.chapter.s016.JavaObjectType.java

```
 1: package kr.co.infopub.chapter.s016;
 2: import java.util.Calendar;              // Calendar는 java.util에 있다.
 3: import java.util.Date;                  // Date는 java.util에 있다.
 4: // 참조 타입
 5: public class JavaObjectType {
 6:     public static void main(String[ ] args) {
 7:         // 기본 타입의 배열은 참조 타입
 8:         int [ ] m={1,2,3};              // 배열
 9:         int [ ] n=new int[ ] {1,2,3} ;  // 배열
10:         // 참조 타입 - 객체 타입
11:         String card="H8";               // 문자열
12:         Date d=new Date( );             // 오늘
13:         Calendar cal=Calendar.getInstance( );  //오늘
14:         //자동으로 toString( )이 붙음
15:         System.out.println(card);       // card.toString( )
16:         System.out.println(d);          // d.toString( )
17:         System.out.println(cal);        // cal.toString( )
18:     }
19: }
```

8 ◆ 기본 타입의 묶음인 배열도 참조 타입이다. 배열은 같은 타입의 나열이다.

9 ◆ 배열도 String과 같이 new로 생성할 수도 있고 new 없이도 생성할 수 있다.

11 ◆ 문자열은 여러 문자(char)를 이용하여 만든 참조 타입이다. 문자열은 기본 타입만큼 많이 사용하기 때문에 잘 익혀 두어야 한다.

12 ◆ 1970.1.1부터 현재까지 경과 시간을 long 타입으로 표현하는 참조 타입이다.

연월일을 정수로 입력할 수 있는 참조 타입이다. 내부적으로 Calendar cal=new Gregorian Calendar();처럼 생성된다. ◆ 13

참조 타입의 레퍼런스를 출력할 때 자동으로 .toString()이 붙어서 내부 정보(데이터)를 살펴볼 수 있다. 한 예로 cal은 자동으로 cal.toString()이 된다. ◆ 15~17

결과

```
H8
Tue Oct 24 15:38:06 KST 2017
java.util.GregorianCalendar[time=1508827086902,areFieldsSet=true,areAllFieldsSet=t
rue,lenient=true,zone=sun.util.calendar.ZoneInfo[id="Asia/Seoul",offset=32400000,dstS
avings=0,useDaylight=false,transitions=22,lastRule=null],firstDayOfWeek=1,minimal
DaysInFirstWeek=1,ERA=1,YEAR=2017,MONTH=9,WEEK_OF_YEAR=43,WEEK_OF_
MONTH=4,DAY_OF_MONTH=24,DAY_OF_YEAR=297,DAY_OF_WEEK=3,DAY_OF_
WEEK_IN_MONTH=4,AM_PM=1,HOUR=3,HOUR_OF_DAY=15,MINUTE=38,SECOND=6
,MILLISECOND=902,ZONE_OFFSET=32400000,DST_OFFSET=0]
```

알고 갑시다!

- **참조 타입(Reference Type):** 객체(개체, Object) 타입이라고도 한다. **여러 개의 기본 타입을 저장하고 변환(가공), 이동(전송, Transfer)할 수 있는 행위(메서드)를 갖는다.** 예를 들어 Calendar는 연, 월, 일을 저장하고 있으며 이를 이용해서 해당 연월일을 표현할 수 있는 long(정수) 또는 Date로도 변환시킬 수 있다.

  실행 결과를 보면 연(YEAR), 월(MONTH), 일(DAY_OF_MONTH), 1970.1.1부터 경과 시간(time : long) 등을 저장하고 있는 것을 알 수 있다.

- **참조 타입의 종류:** 크게 이미 정의되어 있는 API(자바가 개발자를 위하여 제공 – Object, Class, String, Math, StringBuffer, Date, Calendar, System, ……)와 개발자(독자)가 만들어서 사용하는 타입으로 나눌 수 있다. API는 사용법을 익히는 것이고 이것을 이용하여 필요한 것을 개발한다.

- **선언 방법:** "타입 레퍼런스= new 객체( );"로 사용한다(String은 new 없이 생성해서 사용하고, Calendar는 getInstance( )로 생성한다).

초급

017

사용자 정의 참조 타입 사용하기

• **학습 내용 :** 사용자 정의 참조 타입을 선언하고 생성하는 방법을 익혀 보자.
• **힌트 내용 :** 참조 타입은 "public class 클래스 이름{ }" 형식으로 표시한다.

소스 : kr.co.infopub.chapter.s017.JavaUserDefinedType.java

```
package kr.co.infopub.chapter.s017;
// 사용자 정의 클래스
class JLocation {
    public double lat;
    public double lng;
}
public class JavaUserDefinedType {
    public static void main(String[ ] args) {
        // 두 개의 기본 타입
        double latitude=37.52127220511242;
        double longitude=127.0074462890625;
        // 사용지 정의 객체를 생성
        JLocation jloc=new JLocation( );
        jloc.lat=latitude;          // 값을 대입
        jloc.lng=longitude;         // 값을 대입

        JLocation newLoc=jloc;              // 객체를 대입
        System.out.println(newLoc.lat);     // 출력
    }
}
```

• **사용자 정의 참조 타입:** 사용자(독자)가 선언한 클래스

• **선언 방법 :** public class 클래스 이름{}

파일 이름과 클래스 이름이 다르기 때문에 public을 붙일 수 없다. ◆ 3

사용자 정의 클래스를 선언한다. 위·경도(lat,lng)값을 double 타입으로 저장한다. 클래스 바로 아래에 선언한 변수(멤버변수)는 자동으로 초기화된다. 예를 들면, lat=0.0, lng=0.0으로 각각 자동 초기화된다. ◆ 4~6

double 타입의 변수에 각각 위·경도 값을 저장한다. ◆ 10~11

사용자가 정의한 클래스를 생성한다. new 예약어를 사용한다. JLocation 타입의 JLocation을 생성하고 jloc으로 참조(호출)할 수 있다. ◆ 13

latitude와 longitude 값을 jloc 객체에 저장한다. ◆ 14~15

다른 객체에 레퍼런스(주소)를 알려서 사용할 수 있게 한다. ◆ 17

객체에 저장된 위도(lat)의 값을 출력한다. 참조 타입은 "레퍼런스."으로 사용한다. ◆ 18

결과

```
37.52127220511242
```

NOTE

기본적으로 한 클래스는 한 파일에 저장하며, 클래스와 파일의 이름이 동일해야 한다. 만약 한 파일에 클래스를 두 개 이상 선언할 때는 파일 이름과 동일한 클래스에만 public을 붙일 수 있다(예제 소스의 파일 이름과 다른 JLocation은 public을 붙일 수 없다).

초급

018

문자열을 실수로 변환하기

- **학습 내용 :** 문자열로 입력된 위도를 실수로 변환하는 방법을 익혀 보자.
- **힌트 내용 :** 문자열을 실수나 정수로 변환할 때는 랩퍼 클래스를 사용한다.

소스 : kr.co.infopub.chapter.s018.JavaTypeConversion.java

```
 1: package kr.co.infopub.chapter.s018;
 2: // 타입 변환의 필요성
 3: public class JavaTypeConversion {
 4:     public static void main(String[ ] args) {
 5:         String slat=" 37.52127220511242     ";
 6:         // String slat="hello";
 7:         // 공백 제거 후 double로 타입 변환
 8:         double latitude=Double.parseDouble(slat.trim( ));
 9:         System.out.println(latitude);
10:     }
11: }
```

5 ◆ 위도의 값이 공백(" ")과 함께 대입된다.

8 ◆ trim()은 양쪽 공백을 제거하여 "37.52127220511242"로 만든다. Double 랩퍼 클래스를 이용하여 37.52127220511242로 타입 변환한다.

결과

```
37.52127220511242
```

코멘트(주석) 달기

초급
019

• **학습 내용 :** 프로그래밍에 영향이 없는 코멘트 사용법을 익혀 보자.
• **힌트 내용 :** 한 줄, 여러 줄 코멘트가 있다.

소스 : kr.co.infopub.chapter.s019.JavaComment.java

```
 1: package kr.co.infopub.chapter.s019;
 2: // 코멘트 - 프로그래밍에 영향이 없으며 설명을 위한 표시
 3: public class JavaComment {
 4:     public static void main(String[ ] args) {
 5:         /*
 6:         0.0<= 실수값 <10.0을 (int)하면 정수만 반환한다.
 7:         그래서 0~9 사이의 임의의 정수를 반환한다.
 8:         */
 9:         int makeOne=(int)(Math.random( )*10);
10:         // 0~9 사이의 임의의 정수
11:         System.out.println(makeOne);     // 실행할 때마다 변한다.
12:     }
13: }
```

한 줄 코멘트로 프로그래밍에 영향을 미치지 않으며 설명을 위한 표시이다. ◆ 2

여러 줄 코멘트로 프로그래밍에 영향을 미치지 않으며 설명을 위한 표시이다. ◆ 5~8

한 줄 코멘트로 프로그래밍에 영향을 미치지 않으며 설명을 위한 표시이다. ◆ 10

결과

```
3
```

참고 0과 9 사이의 임의의 정수를 반환하므로 결과값은 다를 수 있다.

초급

020

정수 연산하기

• **학습 내용 :** 정수에 대한 5칙연산을 익혀 보자.
• **힌트 내용 :** 정수끼리 연산하면 결과도 정수이다.

소스 : kr.co.infopub.chapter.s020.Grad.java

```
1:  package kr.co.infopub.chapter.s020;
2:  // 정수 변수, 연산
3:  public class Grad {
4:      public static void main(String[ ] args) {
5:          int kor=90;
6:          int eng=80;
7:          int math=89;
8:          int tot=kor+eng+math;       // 259
9:          int average=tot/3;          // 정수 연산은 정수 86.3333 -> 86
10:         System.out.printf("국어 %d점, 영어 %d점, 수학 %d점 =>\t",kor,eng,math);
11:         System.out.printf("총점 %d점, 평균 %d점\n",tot,average);
12:     }
13: }
```

정수끼리 연산(+, −, *, /, %)하면 결과도 정수이다. (90+80+89)는 259이고 259/3은 86이다. "/"는 몫을 구한다. 259/3은 86.333이지만, 정수 연산은 결과도 정수이므로 86이 된다. 실수로 변환시키려면 259.0/3, 259/3.0, 259.0/3.0처럼 적어도 하나를 실수로 만든다.

5~7 ◆ 국어, 영어, 수학 점수를 정수 타입 변수에 각각 저장(대입)한다.

8 ◆ 국어, 영어, 수학 점수를 합한다.

9 ◆ 세 과목의 평균을 정수로 만든다.

결과

```
국어 90점, 영어 80점, 수학 89점 =>    총점 259점, 평균 86점
```

정수 타입의 배열 사용하기

초급 **021**

- **학습 내용 :** 세 과목의 점수를 배열로 만들어 총점과 평균을 구해 보자.
- **힌트 내용 :** 배열은 같은 타입의 나열로, [ ]를 사용한다.

소스 : kr.co.infopub.chapter.s021.Grad.java

```
 1: package kr.co.infopub.chapter.s021;
 2: // 정수 배열
 3: public class Grad {
 4:     public static void main(String[ ] args) {
 5:         int [ ] grade={90, 80, 89};
 6:         int tot=grade[0]+grade[1]+grade[2];
 7:         int average=tot/3;          // 정수 연산은 정수
 8:         System.out.printf("국어 %d점, 영어 %d점, 수학 %d점 =>\t",
 9:                 grade[0],grade[1],grade[2]);
10:         System.out.printf("총점 %d점, 평균 %d점\n",tot,average);
11:     }
12: }
```

국어, 영어, 수학 점수를 정수 타입 배열에 저장하면서 초기화한다. 첫 번째로 값을 대입하는 것을 ◆ 5
초기화라고 한다. 90, 80, 89가 자동으로 grade[0], grade[1], grade[2]에 저장된다.

국어, 영어, 수학 점수를 합한다. ◆ 6

세 과목의 평균을 정수로 만든다. ◆ 7

국어, 영어, 수학의 점수를 각각 출력한다. ◆ 8~9

%d는 정수값의 대입 위치를 표시한다. 순서대로 %d에 정수 타입인 tot를 대입하고, %d에 정수 타 ◆ 10
입인 average를 대입한다.

결과

앞 예제와 동일

초급

022

실수 타입의 변수 사용하기

- **학습 내용 :** 하이힐의 높이에 영향을 주는 여러 요인들의 값을 실수로 입력받아 적절한 힐의 높이를 구해 보자.
- **힌트 내용 :** 연산은 왼쪽에서 오른쪽으로 실행되며 *, /, %를 -, +보다 먼저 연산한다.

소스 : kr.co.infopub.chapter.s022.HighHill.java

```
 1: package kr.co.infopub.chapter.s022;
 2: // 실수 변수, 연산
 3: public class HighHill {
 4:     public static void main(String[ ] args) {
 5:         double S=6;         // 6 영국 신발 사이즈 -> 255mm
 6:         double P=0.75;      // 75% 히트할 확률
 7:         double L=200;       // 200파운드 -> 1,787원/1파운드
 8:         double T=0;         // 0년(올해 유행) 1년 전 유행
 9:         double A=1;         // 음주량  0잔 -> 8.83cm  1잔 -> 4.42cm
10:         double Y=2;         // 착용년도
11:         double ups1=P*L*(Y+9);
12:         double downs=(T+1)*(A+1)*(Y+10)*(L+20);
13:         double ups2=12+3*S/8.0;
14:         double high = ups1 / downs * ups2;    // 밝혀낸 식
15:         System.out.printf("적당한 하이힐 높이는 %1$.2fcm입니다.",high);
16:     }
17: }
```

11 ◆ P*L을 실행한다. (Y+9)의 합을 구하고 P*L에 (Y+9)를 곱한다.

14 ◆ ups1 / downs를 우선 연산하고 ups2를 곱한다.

15 ◆ %1$는 첫 번째 변수 high를 1$ 위치에 대입하라는 의미이다. %f는 실수, %.2f는 소수점(.) 두 자리까지만 표시한다는 의미이다.

결과

적당한 하이힐 높이는 4.45cm입니다.

문자와 문자열의 관계 살펴보기

초급 023

• **학습 내용 :** 애국가에서 '닭'이 몇 번째에 있는지 구해 보자.
• **힌트 내용 :** 문자열의 위치를 찾는 메서드를 사용한다.

소스 : kr.co.infopub.chapter.s023.Letters.java

```
 1: package kr.co.infopub.chapter.s023;
 2: // char, escape
 3: public class Letters {
 4:     public static void main(String[ ] args) {
 5:         char a='닭';
 6:         String letter="동해 물과 백두산이 마르고 닭도록 하느님이 보우하사 우리나라 만세";
 7:         int letterNumber=letter.length( );
 8:         int loc=letter.indexOf(a);
 9:         System.out.printf("\"%s\"=> %d자이며, '%c'은 %d번째 있다.\n",
10:                 letter,letterNumber,a,loc);
11:         char b=letter.charAt(loc) ;
12:         System.out.printf("\"%s\"의 %d번째 문자는 '%c'이다.",letter,loc,b );
13:     }
14: }
```

한 개의 문자를 ' '로 감싼다. 문자열은 " "로 감싼다. 문자열은 한 개 이상의 문자로 구성된다. ◆ 5~6

문자열의 길이를 구하고, '닭'의 위치를 구한다. ◆ 7~8

%s는 문자열, %c는 문자, %d는 정수를 의미한다. ◆ 9

8라인에서 구한 "닭"의 위치는 15이다. charAt(15)는 "닭"을 반환한다. ◆ 11

결과

```
"동해 물과 백두산이 마르고 닭도록 하느님이 보우하사 우리나라 만세"=> 36자이며, '닭'은 15번째 있다.
"동해 물과 백두산이 마르고 닭도록 하느님이 보우하사 우리나라 만세"의 15번째 문자는 '닭'이다.
```

초급

024 메서드 선언하고 호출하기

- **학습 내용 :** 메서드를 선언하고 호출하는 방법을 익혀 보자.
- **힌트 내용 :** 메서드는 호출될 때 실행된다.

소스 : kr.co.infopub.chapter.s024.Hello.java

```
1:  package kr.co.infopub.chapter.s024;
2:  // 메서드
3:  public class Hello {
4:      // 메서드 선언
5:      public static void showHello( ) {
6:          System.out.println("*****************************************************");
7:          System.out.println("*    이 프로그래밍은 Java200이 만들었습니다.    *");
8:          System.out.println("*****************************************************");
9:      }
10:     // 메서드 호출
11:     public static void main(String[ ] args) {
12:         showHello( );     // '메서드 이름( )'
13:     }
14: }
```

참조 타입(객체)은 중요한 데이터를 저장하거나 전송할 때 사용한다. 메서드는 이런 데이터를 가공하거나 변환하기 위해 사용한다. 또한 반복되거나 복잡한 부분도 메서드로 만들 수 있으며, 다음과 같은 형태로 사용한다.

예) public int coffee(int money){ }

```
public 반환타입 메서드이름(아규먼트타입 아규먼트이름){ }
```

5 ◆ 반환하지 않은 메서드는 리턴 타입이 void이다. 메서드 이름은 showHelp, 반환하지 않는 void 메서드이다.

예제 014 소스의 main 메서드에서 실행한 내용을 메서드로 선언한다. ◆ 6~8

5라인에서 선언한 메서드를 호출하여 실행시킨다. 메인 메서드가 static이므로 객체 생성 없이 static 메서드 showHello()를 바로 호출할 수 있다. ◆ 12

결과

```
*****************************************************
*  이 프로그래밍은 Java200이 만들었습니다.  *
*****************************************************
```

알고 갑시다!

❶ **코멘트(Comment):** 프로그래밍에 영향이 없는 표시(노트, 주석)이다.

❷ **코멘트 종류:**

a. // 한 줄 코멘트

b. /* 여러 줄 코멘트*/

c. /**
   자바 문서(doc) 코멘트
   */

NOTE

- Math.random()은 0과 1 사이의 실수(0은 포함, 1은 비포함, 0<= Math.random() < 1)를 만든다. 한 예로, 10을 곱하면 0~9.9999…… 사이의 실수(0<= 10*Math.random() < 10)를 반환한다. double이 int보다 큰 타입이므로 작은 타입으로 변환할 때 (int)로 캐스팅해서 사용한다.
- 문자열을 실수 타입으로 변환하려면 문자열의 값이 실수 타입이어야 한다. "13.5"는 13.5로 변환할 수 있지만, "hello"를 실수로 변환하려고 하면 "NumberFormatException"이 발생한다.
- 메서드는 반환 타입이 있는 메서드와 없는 메서드, static 메서드와 static이 아닌 메서드(멤버 메서드)로 분류할 수 있다. 객체를 생성하지 않아도 static 메서드를 호출할 수 있다.

초급

025 키보드로 입력받아 콘솔에 출력하기

• **학습 내용 :** 키보드로 입력받아서 콘솔에 출력하는 방법을 익혀 보자.
• **힌트 내용 :** 키보드 입력은 Scanner의 next() 메서드를 사용하고, 출력은 System.out의 println()을 사용한다.

소스 : kr.co.infopub.chapter.s025.InOutMethod.java

```
 1: package kr.co.infopub.chapter.s025;
 2: import java.util.Scanner;
 3: // 입력, 출력
 4: public class InOutMethod {
 5:     public static void main(String[ ] args) {
 6:         Scanner scann=new Scanner(System.in);    // 키보드
 7: 
 8:         System.out.println("정수를 입력하세요.");
 9:         int choice=scann.nextInt( );     // 키보드로 정수 입력
10:         System.out.println(choice);
11: 
12:         System.out.println("실수를 입력하세요.");
13:         double rchoice=scann.nextDouble( );
14:         System.out.println(rchoice);
15: 
16:         System.out.println("문자열을 입력하세요.");
17:         String schoice=scann.next( );
18:         System.out.println(schoice);
19:     }
20: }
```

간단한 데이터를 키보드로 입력받을 때 Scanner를 사용한다. Scanner의 기본 메서드는 nextXXX() 형태를 취한다. 대량의 데이터를 다룰 때는 java.io(IO)를 사용한다.

2 ◆ Scanner는 java.util 패키지에 있는 클래스이다.

6 ◆ 키보드를 통해서 입력받기 위해 Scanner 객체를 생성한다.

nextInt( )로 정수를 입력받는다. [콘솔]에 정수를 입력하고 Enter를 누른다. 9

nextDouble( )로 실수를 입력받는다. [콘솔]에 실수를 입력하고 Enter를 누른다. 13

next( )로 문자열을 입력받는다. [콘솔]에 문자열을 입력하고 Enter를 누른다. 17

결과

```
정수를 입력하세요.
23
실수를 입력하세요.
12.4
문자열을 입력하세요.
안녕하세요
```

NOTE

- next( ) 메서드는 문자열을 입력받을 때 사용하고, nextInt( )는 정수, nextDouble( )은 실수를 입력받을 때 사용한다. 입력받으려는 타입과 next 타입( )이 맞지 않으면 "NumberFormatException"이 발생한다.
- 연산은 기본적으로 왼쪽에서 오른쪽으로 실행되며, −9와 같은 부호 연산자가 가장 먼저 연산된다. 명확하지 않은 경우에는 ( )을 이용해 우선순위를 명확하게 한다. 3+8*2는 3+16이므로 19가 된다. (3+8)*2는 (11)*2이므로 22가 된다.

알고 갑시다!

연산순위

❶ 문자는 ' '로, 문자열은 " "로 표현한다. 문자의 배열을 이용하여 문자열을 만들기 때문에 문자와 문자열의 변환 관계는 매우 중요하다.

❷ **중요 내용**
- length( ): 문자열의 길이를 반환한다.
- indexOf( ): 해당 문자나 문자열이 있는 위치(index)를 반환한다.
- charAt(index): index 위치의 문자를 반환한다.

❸ **우선순위**
- *, /, %는 연산순위가 동일하다.
- −, +는 연산순위가 동일하다.
- *, /, %는 −, +보다 먼저 연산한다(=연산순위가 높다).

초급 026

상수 사용하기

- **학습 내용 :** 상수를 선언하고 사용하는 방법을 익혀 보자.
- **힌트 내용 :** 상수는 값을 변경할 수 없는 것으로, 변수에 final 예약어를 붙인다.

소스 : kr.co.infopub.chapter.s026.BioCalendar.java

```
 1: package kr.co.infopub.chapter.s026;
 2: // 상수
 3: public class BioCalendar {
 4:     // 상수, 상수값은 변경할 수 없다.
 5:     public static final int PHYSICAL = 23;     // 상수(개발자 정의)
 6:     public static void main(String[ ] args) {
 7:         System.out.println(PHYSICAL);
 8:         int index=PHYSICAL;                    // 상수값을 변수에 대입
 9:         // Math.PI 3.14에서 정의되어 있는 상수
10:         double vals=2 * Math.PI / index ;
11:         System.out.println(vals +"라디안");
12:     }
13: }
```

변수는 저장된 값을 변경할 수 있지만, 상수는 변경할 수 없다. 변수에 static final을 붙이면 상수가 된다. 상수는 대문자를 사용한다.

5 ◆ public static final 예약어를 붙여 상수를 선언한다. 상수는 대문자를 쓴다.

8 ◆ 상수를 변수에 대입할 수 있다. index에 23이 저장된다.

9 ◆ Math.PI는 Math 클래스에 public static final double PI=3.14; 형식으로 선언되어 있다.

10 ◆ 수학 공식으로 변경하면 $2 \times \pi / index$이다.

결과

```
23
0.2731819698773733라디안
```

연산자를 이용하여 바이오리듬 값 구하기

초급

027

- **학습 내용 :** 연산자와 연산순위를 확인해 보고, 변수와 상수의 차이점을 이해해 보자.
- **힌트 내용 :** *, /, %를 −, +보다 먼저 연산한다. 연산순위를 명확하게 결정하려면 ()을 사용한다.

소스 : kr.co.infopub.chapter.s027.BioCalendar.java

```
 1: package kr.co.infopub.chapter.s027;
 2: // 연산 % * /
 3: public class BioCalendar {
 4:     public static final int PHYSICAL = 23;      // 상수(개발자 정의), 상수값은 변경 불가
 5:     public static void main(String[ ] args) {
 6:         int index=PHYSICAL;                      // 상수값을 변수에 대입
 7:         int days=1200;
 8:         // Math.PI 3.14에서 정의되어 있는 상수
 9:         double vals=(days % index) * 2 * Math.PI / index ;
10:         System.out.println( Math.toDegrees(vals) +"도");
11:     }
12: }
```

연산할 때 double과 int 타입이 같이 있으면 결과값은 자동으로 double이 된다. 정수/정수는 몫을, 정수%정수는 나머지를 구한다. 1200/23은 52이고, 1200%23은 4이다.

public static final 예약어를 붙여 상수를 선언한다. 상수는 대문자를 쓴다. ◆ 4

상수를 변수에 대입할 수 있다. index에 23이 저장된다. ◆ 6

(days%index)는 (1200%23)이 되고, 결과는 4가 된다. 결국 4×2×π/23=1.092(라디안)다. ◆ 9

2π라디안은 360도이다. Math 클래스를 이용해 라디안을 각도로 환산한다. ◆ 10

결과

```
62.608695652173914도
```

3 PART 중급

Java 프로그래밍 기초 다지기

초보자를 위한

JAVA

200제

중급

028 Math 클래스를 사용하여 신체 지수 구하기

• **학습 내용 :** Math 클래스가 제공하는 메서드의 사용법을 익혀 보자.
• **힌트 내용 :** Math 클래스의 메서드는 대부분 static으로 객체를 생성하지 않고 Math.메서드() 형식으로 사용한다.

소스 : kr.co.infopub.chapter.s028.BioCalendar.java

```
1:  package kr.co.infopub.chapter.s028;
2:  // s027의 Math.sin( ), Math.toDegrees( )
3:  public class BioCalendar {
4:      // 상수, 상수값은 변경할 수 없다.
5:      public static final int PHYSICAL = 23;    // 상수(개발자 정의)
6:      public static void main(String[ ] args) {
7:          int index=PHYSICAL;                    // 상수값을 변수에 대입
8:          int days=1200;
9:          double phyval=100*Math.sin( (days % index) * 2 * Math.PI / index );
10:         System.out.printf("나의 신체 지수 %1$.2f입니다.\n",phyval);
11:     }
12: }
```

Math 클래스는 java.util 패키지에 있고, 이 클래스의 메서드는 대부분 static으로 객체 생성 없이 Math.메서드() 형식으로 사용한다. 대표적인 상수로 Math.PI(파이, 3.14), Math.E(지연지수, 2.718)가 있다. 예제 027에서 라디안을 각도도 변경하는 toDegrees(), 예제 019에서 0과 1 사이의 임의의 실수(0포함, 1미포함)를 만드는 random()도 Math 클래스에 속한다.

2 ◆ 삼각함수 sin(), 각도 변환 toDegrees(), 0과 1 사이 임의의 값 random() 외에도 많은 수학함수가 있다. 필요에 따라 사용하면 된다.

9 ◆ sin(4×2×π/23)은 sin(1.092)로 0.8879이다. 100×0.8879는 88.79로 신체 지수가 된다.

결과

```
나의 신체 지수 88.79입니다.
```

static 메서드로 신체 지수 구하기

중급 029

- **학습 내용 :** 사용자가 정의한 static 메서드를 이용하여 신체 지수 구하는 방법을 익혀 보자.
- **힌트 내용 :** static 메서드는 객체 생성 없이 호출할 수 있다.

소스 : kr.co.infopub.chapter.s029.BioCalendar.java

```
 1: package kr.co.infopub.chapter.s029;
 2: // static 메서드
 3: public class BioCalendar {
 4:     // 상수, 상수값은 변경할 수 없다.
 5:     public static final int PHYSICAL = 23;     // 상수(개발자 정의)
 6:     // static 메서드 선언
 7:     public static double getBioRhythm(long days, int index ,int max) {
 8:         return max*Math.sin( (days % index) * 2 * Math.PI / index );
 9:     }
10:     public static void main(String[ ] args) {
11:         int days=1200;
12:         // 메서드 호출
13:         double phyval=getBioRhythm( days,  PHYSICAL, 100);
14:         System.out.printf("나의 신체 지수 %1$.2f입니다.\n",phyval);
15:     }
16: }
```

static 메서드는 메서드에 static 예약어가 붙은 메서드로, 객체 생성 없이 호출할 수 있다. "public static 반환 타입 메서드이름(아규먼트){ }" 형태로 사용한다.

사용자 정의 static 메서드를 선언한다. 반환 타입은 double, 메서드 이름은 getBioRhythm, 아규먼트(인자)는 long 타입 days, int 타입 index, int 타입 max이다. ◆ 7

신체 지수를 계산하여 반환한다. ◆ 8

getBioRhythm( ) 메서드를 호출한다. −100~100 사이의 신체 지수값을 구한다. ◆ 13

결과

앞 예제와 동일

중급

030 멤버 메서드를 이용하여 신체 지수 구하기

- **학습 내용 :** 사용자가 정의한 멤버 메서드(non-static)를 이용하여 신체 지수 구하는 방법을 익혀 보자.
- **힌트 내용 :** 멤버 메서드는 new 예약어를 이용하여 객체를 생성해야 사용할 수 있다.

소스 : kr.co.infopub.chapter.s030.BioCalendar.java

```
1:  package kr.co.infopub.chapter.s030;
2:  // non static 메서드(멤버)
3:  public class BioCalendar {
4:      // 상수, 상수값은 변경할 수 없다.
5:      public static final int PHYSICAL = 23;          // static 변수 생성 없이 사용
6:      // 멤버 메서드(non static) 선언
7:      public  double getBioRhythm(long days, int index ,int max) {
8:          return max*Math.sin( (days % index) * 2 * Math.PI / index );
9:      }
10:     public static void main(String[ ] args) {
11:         int days=1200;
12:         BioCalendar bio=new BioCalendar( );    // 객체를 생성
13:         // 멤버 메서드 호출
14:         double phyval=bio.getBioRhythm( days,  PHYSICAL, 100);
15:         System.out.printf("나의 신체 지수 %1$.2f입니다.\n",phyval);
16:     }
17: }
```

메서드 앞에 static이 붙으면 static 메서드(또는 클래스 메서드)라고 하고, static이 붙지 않으면 멤버 메서드(non-static)라고 한다. 멤버 메서드는 new 예약어를 이용해 객체를 생성해야 한다.

7 ◆ 사용자 정의 멤버 메서드를 선언한다. 반환 타입은 double, 메서드 이름은 getBioRhythm, 아규먼트(인자)는 long 타입 days, int 타입 index, int 타입 max이다.

12~14 ◆ static 메서드인 메인 메서드에서 getBioRhythm( )은 객체를 생성한 후에 호출할 수 있다.

결과

앞 예제와 동일

상수의 묶음 클래스 enum 사용하기

중급 031

- **학습 내용 :** 상수의 묶음 클래스인 enum을 학습해 보자.
- **힌트 내용 :** class 키워드 대신 enum 키워드를 사용한다.

소스 : kr.co.infopub.chapter.s031.FruitMain.java

```
1:  package kr.co.infopub.chapter.s031;
2:  // 상수의 묶음
3:  public class FruitMain {
4:      public static void main(String[ ] args) {
5:          FRUIT pear=FRUIT.APPLE;
6:          FRUIT pear2=FRUIT.MANGO;
7:          System.out.println(pear);
8:          System.out.println(pear.name( ));
9:          System.out.println(pear.ordinal( ));   // 선언될 때 순서 0
10:         System.out.println(pear2.ordinal( )); // 선언될 때 순서 2
11:         FRUIT [ ] fruits=FRUIT.values( );
12:         System.out.println(fruits[0]);
13:     }
14: }
```

class 키워드 대신 enum 키워드를 사용한다. enum 상수는 static final을 사용하지 않고 대문자로 선언한다. 선언한 순서(ordinal)대로 0, 1, 2처럼 값이 자동으로 대입된다.

int a=10;과 같이 FRUIT 타입 pear 변수에 enum 값을 대입한다. pear는 APPLE이 된다. ◆ 5

pear2는 MANGO가 된다. ◆ 6

소스 : kr.co.infopub.chapter.s031.FRUIT.java

```
1:  package kr.co.infopub.chapter.s031;
2:  public enum FRUIT{
3:      APPLE, BANANA, MANGO
4:  }
```

7 APPLE을 출력한다.

8 name도 APPLE이다.

9 순서(ordinal)대로 APPLE, BANANA, MANGO의 ordinal은 0, 1, 2다.

11 모든 enum 상수를 반환한다.

결과

```
APPLE
APPLE
0
2
APPLE
```

NOTE

enum을 int로 변환하거나 대입할 수 없다. int a=FRUIT.APPLE; 형식은 예외가 발생한다. 꼭 변환해서 사용하고 싶다면 순서를 나타내는 ordinal( )을 이용한다. 메서드가 없는 기본 enum은 연산에 적합하지 않으며 if, switch와 같은 분기문에 사용한다.

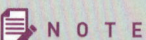

1, 2차원 배열로 위도, 경도 표현하기

중급

032

- **학습 내용 :** 배열을 이용하여 위도, 경도를 한 쌍으로 표현하는 방법을 익혀 보자.
- **힌트 내용 :** {위도, 경도} 형식으로 선언한다.

소스 : kr.co.infopub.chapter.s032.GeoPoint.java

```
 1: package kr.co.infopub.chapter.s032;
 2: // 1차원 배열, 2차원 배열
 3: public class GeoPoint {
 4:     public static void main(String[ ] args) {
 5:         // 실수 변수
 6:         double latitude1=37.52127220511242;
 7:         double longitude1=127.0074462890625;    // 서울
 8:         double latitude2=35.137879119634185;
 9:         double longitude2=129.04541015625;      // 부산
10:         System.out.println(latitude1+"\t"+longitude1 );
11:         // 실수 1차원 배열
12:         double [ ] latlng1={latitude1, longitude1};
13:         double [ ] latlng2={latitude2, longitude2};
14:         System.out.println( latlng1[0]+"\t"+latlng1[1] );
15:         // 실수 2차원 배열
16:         double [ ][ ] latlng={ {latitude1, longitude1},
17:                                {latitude2, longitude2} };
18:         System.out.println( latlng[0][0]+"\t"+latlng[0][1] );
19:     }
20: }
```

배열은 같은 타입을 나열한 것이다. 배열은 [ ]를 사용하며, [ ]가 1개이면 1차원, [ ][ ]처럼 2개이면 2차원 배열이다. 위도와 경도는 double이므로 double [ ] latlng={위도, 경도}; 형식으로 선언할 수 있다.

{위도, 경도}를 배열로 선언한다. ◆ 12~13

latlng1(서울)의 위도, 경도를 출력한다. latlng1의 0번째는 latlng1[0]이고 위도값이다. ◆ 14

16 두 도시의 (위도, 경도)를 저장하기 위해 2차원 배열을 사용한다. {서울, 부산}으로 표시하고 {{서울의 위도, 경도}, {부산의 위도, 경도}} 형태로 선언한다.

결과

```
37.52127220511242    127.0074462890625
37.52127220511242    127.0074462890625
37.52127220511242    127.0074462890625
```

NOTE

배열은 참조 타입이다. 배열은 new로 생성하는 동적 할당 배열과, new를 사용하지 않는 정적 할당 배열이 있다. 이번 예제에서는 정적 할당 배열을 사용한다. 정적 할당 배열은 두 번째 대입을 할 수 없다.

```
double [] latlng1={37.5, 127.0};  // 선언, 초기화
// latlng1={36.4, 128.4};         // 두 번째 대입 불가능
```

객체를 이용하여 위도, 경도 표현하기

중급 033

- **학습 내용 :** 객체를 이용하여 위도, 경도를 한 쌍으로 표현하는 방법을 익혀 보자.
- **힌트 내용 :** 위도, 경도를 객체의 멤버(해당 객체에서 가장 중요한 데이터)로 선언한다.

소스 : kr.co.infopub.chapter.s033.Geo.java

```
1: package kr.co.infopub.chapter.s033;
2: // (위도,경도)를 저장하는 클래스
3: public class Geo {
4:      public double latitude;
5:      public double longitude;
6: }
```

Geo 클래스를 선언한다. ◆ 3

위도와 경도를 저장할 수 있는 double 타입 latitude, longitude를 선언한다. 기본 타입 멤버는 0에 관련된 값으로 자동 초기화된다. 여기서 latitude와 longitude는 모두 0.0으로 초기화된다. ◆ 4~5

소스 : kr.co.infopub.chapter.s033.GeoPoint.java

```
1: package kr.co.infopub.chapter.s033;
2: // 위도, 경도를 한 묶음으로 객체에 저장
3: public class GeoPoint {
4:      public static void main(String[ ] args) {
5:           // 실수 변수
6:           double latitude1=37.52127220511242;
7:           double longitude1=127.0074462890625;    // 서울
8:           double latitude2=35.137879119634185;
9:           double longitude2=129.04541015625;      // 부산
10:          // (위도, 경도) 객체
11:          Geo geo1=new Geo( );
12:          geo1.latitude=latitude1;
13:          geo1.longitude=longitude1;
14:          System.out.println(geo1.latitude+"\t"+geo1.longitude);
15:
```

```
16:         Geo geo2=new Geo( );
17:         geo2.latitude=latitude2;
18:         geo2.longitude=longitude2;
19:         // 객체 전달
20:         Geo geo=geo1;
21:         System.out.println(geo.latitude+"\t"+geo.longitude);
22:     }
23: }
```

객체의 멤버는 해당 객체에서 가장 중요한 데이터이다. 이 멤버를 보면 어떤 객체인지 짐작할 수 있다. 위도와 경도를 갖는 객체는 "위치를 표현하려고 한다."라는 성격(Character)이 보인다. 그래서 멤버를 객체의 속성(Attribute)이라고도 한다. 객체로 사용하려면 객체의 설계도인 클래스를 만들어야 한다. 클래스는 다음과 같은 형식을 취한다. 기본 타입 멤버는 0에 관련된 값으로 자동 초기화된다.

```
public class 클래스이름 {
  타입 멤버;
}
```

"클래스이름 레퍼런스=new 클래스이름( );" 형식으로 객체를 생성한다.

11 ◆ Geo 객체를 생성한다. new 예약어는 클래스에서 선언한 대로(설계도대로) 힙(Heap) 메모리에 올려 사용할 수 있는 객체를 생성한다. 설계도대로 아파트를 짓는 원리와 같다. 클래스는 설계도, 객체는 아파트이다.

12~13 ◆ 생성된 객체(인스턴스)에 위도와 경도를 대입한다.

14 ◆ 해당 객체(서울)의 위도와 경도를 출력한다.

20 ◆ 객체의 주소값을 알려 준다(대입한다).

21 ◆ 알려 준 주소에 있는 객체의 위도와 경도를 출력한다. 서울의 위치를 저장한 객체의 주소를 알려 주므로 서울 위치가 출력된다.

결과

```
37.52127220511242    127.0074462890625
37.52127220511242    127.0074462890625
```

중급

034

if 조건문을 이용하여 짝·홀수 판별하기

- **학습 내용 :** 입력받은 수가 짝수인지 홀수인지 판별해 보자.
- **힌트 내용 :** if 조건문으로 참과 거짓을 판별할 수 있다.

소스 : kr.co.infopub.chapter.s034.EvenOddIfCondition.java

```
 1: package kr.co.infopub.chapter.s034;
 2: // if condition
 3: public class EvenOddIfCondition {
 4:     public static void main(String[ ] args) {
 5:         int temp=99;
 6:         if(temp%2==1){   // 홀수
 7:             temp=temp*3+1;
 8:         }else{
 9:             temp=temp/2;
10:         }
11:         System.out.printf("계산 후=%d\n",temp);
12:     }
13: }
```

if 절은 (연산)결과의 true/false에 따라 다른 구문({ })이 실행된다.

```
if( 연산 ) {  // 연산 결과가 참(true)이면 실행
} else {      // 연산 결과가 거짓(false)이면 실행 }
```

2로 나누었을 때 나머지는 0 또는 1이다. 나머지가 0이면 짝수, 1이면 홀수이다. ◆ 6

입력된 정수가 홀수이면 3배한 값에 1을 더한다. temp가 9라면 3×9+1=28이 된다. ◆ 7

짝수라면 2로 나눠 몫을 구한다. ◆ 8~9

결과

```
계산 후=298
```

중급

035

삼항연산자를 이용하여 짝·홀수 판별하기

- **학습 내용 :** 입력받은 수가 짝수인지 홀수인지 판별해 보자.
- **힌트 내용 :** 간단한 if 연산자는 삼항연산자를 사용한다.

소스 : kr.co.infopub.chapter.s035.EvenOddTriCondition.java

```
1: package kr.co.infopub.chapter.s035;
2: // 삼항(?:)연산자
3: public class EvenOddTriCondition {
4:     public static void main(String[ ] args) {
5:         int temp=99;
6:         temp = (temp%2==1) ? temp*3+1 : temp/2;
7:         System.out.printf("계산 후=%d\n",temp);
8:     }
9: }
```

6 ◆ temp가 6일 때 (temp%2)는 0으로 짝수이다. 홀수가 아니므로 temp/2인 3을 temp에 대입한다. temp가 5일 때 (temp%2)는 1로 홀수이다. 홀수이므로 temp×3+1인 16을 temp에 대입한다.

결과

```
계산 후=298
```

NOTE

❶ if를 간단하게 삼항연산자로 변경할 수 있다.
if(A) { D=B
} else {D=C}는
D=A ? B : C;와
같다.

❷ B, C, D의 타입이 동일해야 하고, 연산 결과는 D에 대입한다.

입력받은 정수값에 따라 신체, 감정, 지성값 출력하기

중급

036

- **학습 내용 :** 입력받은 정수값에 따라 신체, 감정, 지성값을 출력해 보자.
- **힌트 내용 :** switch에 입력된 정수값에 따라 case문이 실행된다.

소스 : kr.co.infopub.chapter.s036.BioSwitch.java

```
1: package kr.co.infopub.chapter.s036;
2: // case
3: public class BioSwitch {
4:     // 조건에 따라 신체, 감정, 지성값을 출력
5:     public static String textInfor(int index, double value) {
6:         String result = "";
7:         switch( index ) {
8:             case 23 : result = "신체 지수: "; break;
9:             case 28 : result = "감정 지수: "; break;
10:            case 33 : result = "지성 지수: "; break;
11:        }
12:        return result + (value*100);
13:    }
14:    public static void main(String[ ] args) {
15:        int index=23;      // 신체 지수
16:        double value=0.86;
17:        String st=textInfor( index,  value);     // 메서드 호출
18:        System.out.println(st);
19:    }
20: }
```

switch에 입력된 정수값에 따라 case문이 실행된다. ◆ 7

입력된 정수(index)가 23이면 신체 지수를 result에 대입하고, break를 만나면서 switch문을 끝낸다. 같은 원리로 28을 만나면 감정 지수를 result에 대입하고, 33을 만나면 지성 지수를 result에 대입한다. ◆ 8~10

12 ◆ case에서 분기한 결과 문자열에 각 지수값을 붙여서 문자열을 반환한다. 문자열+기본 타입은 문자열이 된다. 예를 들어 "hello"+1+2는 "hello12"가 되고 1+2+"hello"는 "3hello"가 된다.

17 ◆ textInfor static 메서드를 호출하여 문자열에 지수값을 붙인 지수값 문자열을 반환한다.

결과

```
신체 지수: 86.0
```

NOTE

- switch( )는 if( )와 비슷하지만 if는 true/false에 따라 다른 구문이 실행되고, switch는 정수값에 따라 case문이 실행된다.
- switch는 정수(byte, short, int), char, String값에 따라 case문이 실행된다.
- switch에서 case에 대한 break가 없다면 다음 case의 break를 만날 때까지 다음 case문이 실행된다.

상수값에 따라 신체, 감정, 지성값 출력하기

중급 037

- **학습 내용 :** 상수값에 따라 신체, 감정, 지성값을 출력해 보자.
- **힌트 내용 :** switch는 정수 타입 상수값에 따라 case문이 실행된다.

소스 : kr.co.infopub.chapter.s037.BioSwitch.java

```
package kr.co.infopub.chapter.s037;
// 상수, switch case
public class BioSwitch {
    // 상수
    public static final int PHYSICAL = 23;
    public static final int EMOTIONAL = 28;
    public static final int INTELLECTUAL = 33;
    // 메서드 선언
    public static String textInfor(int index, double value) {
        String result = "";
        switch( index ) {
            case PHYSICAL : result = "신체 지수: " ; break;
            case EMOTIONAL : result = "감정 지수: "; break;
            case INTELLECTUAL : result = "지성 지수: "; break;
            default : result = "미결정: "; break;
        }
        return result + (value*100);
    }
    public static void main(String[ ] args) {
        int index=PHYSICAL;
        double value=0.86;
        String st=textInfor( index,  value) ;
        System.out.println(st);
    }
}
```

5~7 ◆ 상수를 선언한다.

9 ◆ static textInfor 메서드를 선언한다.

11 ◆ 입력된 정수값에 따라 case로 분기한다.

12~14 ◆ 입력된 정수가 해당 case의 상수값과 같을 때 result에 문자열을 대입하고 break를 만나 switch를 끝낸다.

15 ◆ 입력된 정수가 case의 상수값과 모두 일치하지 않으면 실행된다.

22 ◆ textInfor static 메서드를 호출하여 문자열을 반환한다.

결과

```
신체 지수: 86.0
```

enum 값에 따라 신체, 감정, 지성값 출력하기

중급 038

- **학습 내용 :** enum 값에 따라 신체, 감정, 지성값을 출력해 보자.
- **힌트 내용 :** switch는 enum 값에 따라 case문이 실행된다.

소스 : kr.co.infopub.chapter.s038.PEI.java

```
 1: package kr.co.infopub.chapter.s038;
 2: // 상수 묶음 클래스- enum
 3: public enum PEI {
 4:     PHYSICAL(23), EMOTIONAL(28), INTELLECTUAL(33);
 5:     private final int peiValue;
 6:     PEI(int pie){
 7:         this.peiValue=pie;
 8:     }
 9:     public int getPei( ) {
10:         return peiValue;
11:     }
12: }
13: enum FRUIT {
14:     APPLE, BANANA, MANGO
15: }
```

23, 28, 33을 생성자를 통해 enum 값으로 초기화한다. 더 이상 값을 변경할 수 없다. ◆ 4

PEI에 있는 모든 상수값을 이 enum 변수를 통해 저장할 수 있다. ◆ 5

enum 값을 초기화할 수 있는 생성자다. ◆ 6

enum이 정수로 변환될 수 없다. 대신 해당 값을 반환하는 메서드를 선언해서 사용한다. ◆ 9~10

생성자와 사용자 정의 메서드가 없는 enum의 예이다. ◆ 13

소스 : kr.co.infopub.chapter.s038.BioSwitch.java

```
package kr.co.infopub.chapter.s038;
// enum, switch case
public class BioSwitch {
    // 메서드 선언
    public static String textInfor(PEI index, double value) {
        String result = "";
        switch( index ) {
            case PHYSICAL : result = "신체 지수: " ; break;
            case EMOTIONAL : result = "감정 지수: "; break;
            case INTELLECTUAL : result = "지성 지수: "; break;
            default : result = "미결정: "; break;
        }
        return result + (value*100);
    }
    public static void main(String[ ] args) {
        PEI index=PEI.PHYSICAL;
        double value=0.86;
        System.out.println("신체 지수 주기값: "+index.getPei( )); // enum을 int로 변환
        String st=textInfor( index,  value) ;
        System.out.println(st);
        System.out.println(index.ordinal( ));
        System.out.println(index.name( ));
        System.out.println(index);
        System.out.println(index.getPei( ));
    }

}
```

enum은 정수값으로 변환될 수 없다. 만약 대응되는 정수값으로 변경하려면 생성자와 get 메서드를 만든다. enum은 상수를 묶은 클래스이다. 상수값에 따라 case로 분기하기 때문에 enum도 가능하다.

switch는 정수(byte, short, int), char, String, enum 값에 따라 case문이 실행된다. enum 생성자를 통한 초기화는 final static 값을 static 생성자에서 단 한 번 초기화할 수 있는 것과 동일하다. 다음 예를 참고하자.

```
public static final int COMPOSIT;   // 값을 입력하면 안됨
static{ COMPOSIT=35 ;}              // static{ } --> static 생성자
```

해당 enum 값을 출력한다. 18

순서(ordinal)를 출력한다. PHYSICAL은 0번째이다. 21

enum 값의 이름을 출력한다. 22

name이 자동으로 붙어서 이름이 출력된다. 23

textInfor static 메서드를 호출하여 문자열을 반환한다. 24

결과

```
신체 지수 주기값: 23
신체 지수: 86.0
0
PHYSICAL
PHYSICAL
23
```

중급

039 switch~case로 카드값 구하기

- **학습 내용 :** switch를 이용하여 입력된 문자에 대한 카드값을 구해 보자.
- **힌트 내용 :** switch는 정수(byte, short, int), char, String 값에 따라 case문이 실행된다.

소스 : kr.co.infopub.chapter.s039.SwitchCondition.java

```
package kr.co.infopub.chapter.s039;
// char switch
public class SwitchCondition {
    public static int toNum(char c) {
        int tot=0;
        switch(c) {
            case 'A': tot=1;break;
            case 'T': tot=10;break;
            case 'J': tot=11;break;
            case 'Q': tot=12;break;
            case 'K': tot=13;break;
            default : tot=c-'0'; break;     // '9'-'0'
        }
        return tot;
    }
    public static void main(String[ ] args) {
        char c='J';
        int result=toNum(c);
        System.out.printf("%c=>%d\n",c,result);
    }
}
```

키보드로 입력받은 0은 '0'이며 int로는 48이다. 'A'는 65, 'a'는 97이다. '9'를 9로 변환하는 방법은 '9'−'0'으로, 57−48=9가 된다.

switch에서 case에 대한 break가 없다면 다음 case의 break를 만날 때까지 다음 case문이 실행된다. 이를 fall through(쭉 내려감)이라고 한다.

입력된 문자(char)에 따라 해당 case로 분기한다. 6

'A'일 때 1을 tot에 대입한다. 7

해당 문자가 없을 때는 '0'을 뺀다. 카드 게임에서 A, T, J, Q, K 이외에 2~9까지는 숫자이고, 12
default는 숫자 타입 문자이므로 '0'을 빼면 0~9의 int가 된다. 정리하면 '9'–'0'처럼 처리해서 9를 얻을 수 있다.

%c는 char 타입을 대입하라는 의미이다. 19

결과

```
J=>11
```

중급

040 switch~case로 환율 구하기

• **학습 내용 :** 입력받은 문자열에 따라 달러, 엔, 위안을 한화로 환전해 보자.
• **힌트 내용 :** switch는 정수(byte, short, int), char, String, enum 값에 따라 case문이 실행된다.

소스 : kr.co.infopub.chapter.s040.SwitchStringCondition.java

```
 1: package kr.co.infopub.chapter.s040;
 2: // String switch
 3: public class SwitchStringCondition {
 4:     public static double toMoney(String c) {
 5:         double tot=0.0;
 6:         switch(c) {
 7:             case "USD": tot=1126.5;break;
 8:             case "JPY": tot=110.6;break;
 9:             case "CNY": tot=10.5;break;
10:             default : tot=1; break;
11:         }
12:         return tot;
13:     }
14:     public static void main(String[ ] args) {
15:         String money="USD";
16:         double result=toMoney(money);
17:         System.out.printf("%s => %f\n",money,result);
18:     }
19: }
```

switch는 정수(byte, short, int), char, String, enum 값에 따라 case문이 실행된다.

6~9 ◆ 입력된 문자열(String)에 따라 해당 case로 분기한다.

17 ◆ %s는 문자열을, %f는 실수를 대입한다.

결과

```
USD => 1126.500000
```

논리 연산자(&&, ||)로 윤년 판별하기

중급 041

- **학습 내용 :** 입력받은 연도가 윤년인지 판별해 보자.
- **힌트 내용 :** &&와 || 논리 연산자를 사용한다.

소스 : kr.co.infopub.chapter.s041.JCalendar.java

```
 1: package kr.co.infopub.chapter.s041;
 2: // if && ||
 3: public class JCalendar {
 4:     public boolean isLeapYear(int year) {
 5:         boolean isS=false;
 6:         if( ((year%4==0)&&(year%100!=0)) || (year%400==0)) {
 7:             isS=true;
 8:         }
 9:         return isS;
10:     }
11:     public static void main(String[ ] args) {
12:         JCalendar hc=new JCalendar( );
13:         System.out.println( hc.isLeapYear(2017));
14:     }
15: }
```

입력된 연도가 4의 배수이지만 100의 배수는 아니며 400의 배수이다. 윤년이면 isS에 true를 대입한다. ◆ 6~8

JCalendar 객체를 생성한다. ◆ 12

isLeapYear( ) 메서드는 static 메서드가 아닌 멤버 메서드이므로 객체를 생성한 후 레퍼런스(hc)로 호출한다. ◆ 13

결과

```
false
```

중급

042 정수-실수 변환으로 섭씨를 화씨로 바꾸기

- **학습 내용 :** for(반복문)를 이용하여 섭씨 0도~100도를 화씨로 출력해 보자.
- **힌트 내용 :** 실수 연산은 정수에 1.0을 곱한다.

소스 : kr.co.infopub.chapter.s042.Temperature.java

```
 1: package kr.co.infopub.chapter.s042;
 2: // 반복문
 3: public class Temperature {
 4:     public static void main(String[ ] args) {
 5:         for (int i = 0; i < 101; i++) {
 6:             double fahrenheit=9.0/5*i+32;      // for 블록 변수
 7:             System.out.printf("섭씨 %d도= 화씨 %.2f도\n",i,fahrenheit);
 8:         }
 9:     }
10: }
```

5~8 ◆ 초기값은 0이고, 101보다 작은 정수까지(조건) i를 1씩 증가시킨다.

6 ◆ 섭씨를 화씨로 환산한다.

7 ◆ 섭씨 0도부터 100도까지 화씨로 환산하여 소수점 둘째 자리까지 출력한다.

결과

```
섭씨 0도= 화씨 32.00도
......
섭씨 100도= 화씨 212.00도
```

NOTE

- 정수 연산의 결과는 정수이다. 실수로 바꾸려면 1.0을 곱하거나 숫자 하나를 실수로 바꾼다.
- 5/9=0이다. 정수를 실수로 바꿀 때 5.0/9처럼 가장 왼쪽의 수를 실수로 바꿔 주는 것이 좋다.

while을 이용하여 1이 될 때까지 나누고 곱하기

중급

043

- **학습 내용 :** 입력된 수가 1이 될 때까지 홀수는 3배+1, 짝수는 2로 나눠 보자.
- **힌트 내용 :** 반복문에서 끝나는 조건이 명확할 때는 while을 사용한다.

소스 : kr.co.infopub.chapter.s043.EvenOdd.java

```
package kr.co.infopub.chapter.s043;
// while
public class EvenOdd {
    public static void showOddnEvenw(int n) {
        int temp=n;
        while(temp!=1) {
            if(temp%2==1) {        // 홀수
                temp=temp*3+1;
            } else {               // 짝수
                temp/=2;
            }
            System.out.print("["+temp+"] ");
        }
        System.out.println("\n---------------------");
    }
    public static void main(String[ ] args) {
        showOddnEvenw(122);
    }
}
```

"1씩 증가"처럼 증감값이 명확할 때는 for를, 끝나는 조건이 명확할 때는 while을 사용한다.

for와 while은 동일한 역할을 할 수 있는 반복문이다. 증감이 명확할 때는 for, 끝나는 조건이 명확할 때는 while을 사용하는 것이 좋다. while(A)의 조건 구문 A가 true이면 while 구문({ })을 실행하고, false면 while을 끝낸다. 예를 들어 while(temp!=1)은 "temp가 1이 아니면 실행하고 1이면 끝낸다"와 "temp가 1이 될 때까지 반복한다"는 의미가 된다.

6 ◆ 입력받은 temp가 1이 될 때까지 while 구문을 반복한다.

7~8 ◆ temp가 홀수이면 3배한 값에 1을 더한다. temp가 9라면 3×9+1=28이 된다.

9~10 ◆ temp가 짝수이면 2로 나눈다. temp가 122라면 122/2=61이 된다.

17 ◆ 입력받은 정수가 1이 될 때까지 홀수이면 3배한 값에 1을 더하고, 짝수는 2로 나누는 과정을 반복한다.

결과

```
[61] [184] [92] [46] [23] [70] [35] [106] [53] [160] [80] [40] [20] [10] [5] [16] [8] [4] [2] [1]
---------------------
```

do~while을 이용하여 1이 될 때까지 나누고 곱하기

중급 044

• **학습 내용 :** 입력된 수가 1이 될 때까지 홀수는 3배+1, 짝수는 2로 나눠 보자.
• **힌트 내용 :** 적어도 한 번 실행하는 반복문은 do~while을 사용한다.

소스 : kr.co.infopub.chapter.s044.EvenOdd.java

```
 1: package kr.co.infopub.chapter.s044;
 2: // do~while
 3: public class EvenOdd {
 4:     public static void showOddnEven(int n) {
 5:         int temp=n;
 6:         do {
 7:             if(temp%2==1) {
 8:                 temp=temp*3+1;      // 홀수
 9:             } else {
10:                 temp/=2;            // 짝수
11:             }
12:             System.out.print("["+temp+"] ");
13:         } while(temp!=1);
14:         System.out.println("\n--------------------");
15:     }
16:     public static void main(String[ ] args) {
17:         showOddnEven(122);
18:     }
19: }
```

while은 조건이 명확할 때 사용한다. while은 조건절이 먼저 실행되기 때문에 한 번도 실행되지 않을 수도 있다. do~while은 먼저 실행된 다음 조건절이 실행되기 때문에 적어도 한 번은 실행된다. 입력받은 정수가 1일 때 while은 바로 끝나지만, do~while은 4, 2, 1을 출력한다.

temp가 홀수, 짝수에 대한 각 연산을 먼저 실행한다. ◆ 6

temp가 홀수이면 3배한 값에 1을 더한다. temp가 9라면 3×9+1=28이 된다. ◆ 7~8

입력받은 정수가 1이 될 때까지 홀수면 3배한 값에 1을 더하고, 짝수는 2로 나누는 과정을 반복한다. 결과는 예제 043과 동일하다. ◆ 17

중급

045 for를 이용하여 1이 될 때까지 나누고 곱하기

- **학습 내용 :** 입력된 수가 1이 될 때까지 홀수는 3배+1, 짝수는 2로 나눠 보자.
- **힌트 내용 :** for, while, do~while과 같은 반복문은 동일한 기능을 실행한다.

소스 : kr.co.infopub.chapter.s045.EvenOdd.java

```
1:  package kr.co.infopub.chapter.s045;
2:  // while로 사용하는 for
3:  public class EvenOdd {
4:      public static void showOddnEvenf(int n) {
5:          int temp=n;
6:          for( ; temp!=1 ; ) {
7:              if(temp%2==1) {         // 홀수
8:                  temp=temp*3+1;
9:              } else {                // 짝수
10:                 temp/=2;
11:             }
12:             System.out.print("["+temp+"] ");
13:         }
14:         System.out.println("\n--------------------");
15:     }
16:     public static void main(String[ ] args) {
17:         showOddnEvenf(122);
18:     }
19: }
```

for는 for(초기값 ; 조건 ; 스텝){ 바디 }로 구성된다. 이때 초기값, 조건, 스텝을 모두 제거하고 for(; ;){}로 사용할 수 있다. 조건을 명시하지 않으면 for(; true ;){}가 되어 while(true)이 된다.

6 ◆ 초기값, 스텝이 없다면 while(조건)과 동일하다. while(temp!=1){}과 같으므로, 1이 될 때까지 홀수면 3배한 값에 1을 더하고 짝수는 2로 나누는 과정을 반복한다.

7~8 ◆ temp가 홀수이면 3배한 값에 1을 더한다. temp가 9라면 3×9+1=28이 된다.

17 ◆ 입력받은 정수가 1이 될 때까지 홀수이면 3배한 값에 1을 더하고 짝수는 2로 나누는 과정을 반복한다.

while을 이용하여 서로 다른 세 정수 만들기

중급 **046**

- **학습 내용 :** 서로 다른 세 정수를 만들어 보자.
- **힌트 내용 :** 임의의 정수는 Math.random()을 이용한다.

소스 : kr.co.infopub.chapter.s046.BioRandom.java

```
 1: package kr.co.infopub.chapter.s046;
 2: // break
 3: public class BioRandom {
 4:     public static void main(String[ ] args) {
 5:         int range=10;
 6:         int start=1;
 7:         int a=0, b=0, c=0;
 8:         while(true){
 9:             a=(int)(range*Math.random( )+start);
10:             b=(int)(range*Math.random( )+start);
11:             c=(int)(range*Math.random( )+start);
12:             if(a!=b && b!=c && c!=a) break;
13:         }
14:         System.out.printf("%d\t%d\t%d",a,b,c);
15:     }
16: }
```

서로 다른 정수가 될 때까지 반복해서 정수를 만들려면 while을 사용하는 것이 좋다. (int)(10× Math.random() +1)은 1과 10 사이 임의의 정수를 반환한다.

while(true) 구문은 무한 반복(무한 루프)이므로 반드시 끝내는 조건문을 갖춰야 한다. ◆ 8

1~10 사이 임의의 정수를 만든다. 실행할 때마다 다른 숫자가 나온다. 세 수가 서로 다르기 위해 && 논리 연산자를 사용한다. 세 수가 모두 다르면 while을 끝낸다. ◆ 9~12

결과

```
4 3 8
```

중급

047 while과 조건을 이용하여 서로 다른 세 정수 만들기

- **학습 내용 :** !의 사용법을 익혀 보자.
- **힌트 내용 :** !true는 false, !false는 true가 된다.

소스 : kr.co.infopub.chapter.s047.BioRandom.java

```
 1: package kr.co.infopub.chapter.s047;
 2: // random
 3: public class BioRandom {
 4:     public static void main(String[ ] args) {
 5:         int range=10;
 6:         int start=1;
 7:         int a=0, b=0, c=0;
 8:         while(a==b || b==c || c==a) {
 9:             a=(int)(range*Math.random( )+start);
10:             b=(int)(range*Math.random( )+start);
11:             c=(int)(range*Math.random( )+start);
12:         }
13:     System.out.printf("%d\t%d\t%d",a,b,c);
14:     }
15: }
```

!(not)은 true를 false로, false를 true로 만든다. 또한 논리 연산자가 있다면 논리 연산자도 반대로 만든다. !(A && B)는 (!A || !B)와 동일하다. !(A || B)는 (!A && !B)와 동일하다.

8 ◆ "서로 다른 수가 될 때까지 반복한다."는 "서로 다른 세 수가 되면 끝난다.", "서로 다른 세 수가 되지 않으면 반복한다." 등이 될 수 있다. 이는 while(!(a!=b && b!=c && c!=a)) {}와 같고 while(a==b || b==c || c==a) {}와 동일하다.

결과

```
4 3 8
```

while과 단축 연산자를 이용하여 각 자릿수의 합 구하기

중급 048

- **학습 내용 :** 축약 연산자를 익혀 보자.
- **힌트 내용 :** 대입 연산자(=) 앞에 있는 연산 기호는 축약 연산자이다.

소스 : kr.co.infopub.chapter.s048.Contraction.java

```
1: package kr.co.infopub.chapter.s048;
2: // 축약 연산자
3: public class Contraction {
4:     public static int sumEach(int n) {
5:         int tot=0;
6:         while(n!=0) {
7:             tot+=n%10;    // 3 -> 2-> 1
8:             n/=10;    // 123-> 12-> 1->0
9:         }
10:         return tot;
11:     }
12:     public static void main(String[ ] args) {
13:         int number=1234567;
14:         int value=sumEach(number);
15:         System.out.printf("%d에 대한 각 자리의 숫자 합: %d",number,value);
16:     }
17: }
```

n=n/10을 축약하기 위해서 = 앞에 / 연산자를 옮겨 n/=10으로 사용한다. +, −, *, /, %와 비트(&, |), 쉬프트 연산자도 대입 연산자와 함께 축약할 수 있다.

n이 0이 아니면 반복한다. n이 0이 될 때까지 반복한다. ◆ 6

tot=tot+n%10. n의 일의 자릿수를 구하여 tot에 더한다. ◆ 7

n=n/10. n을 10으로 나누었을 때 몫을 구한다. ◆ 8

6~9 n=123을 입력받았다면 일의 자릿수 3을 구하고 n을 10으로 나눠 n=12가 된다. 다시 일의 자릿수 2를 얻고 n을 10으로 나눠 n=1이 된다. 다시 일의 자릿수 1을 얻고 n은 0이 되어 while문을 끝낸다.

14 각 자릿수의 합(7+6+5+4+3+2+1)은 28이다.

결과

```
1234567에 대한 각 자리의 숫자 합: 28
```

제곱근을 이용하여 소수 판별하기

중급 049

- **학습 내용 :** 입력받은 수가 소수인지 판별해 보자.
- **힌트 내용 :** 제곱근을 구하는 Math.sqrt( )를 이용하면 반복 횟수를 줄일 수 있다.

소스 : kr.co.infopub.chapter.s049.PrimMath.java

```
package kr.co.infopub.chapter.s049;
// Math 클래스 메서드
public class PrimMath {
    public static boolean isPrime(int n) {
        boolean isS=true;
        for (int i = 2; i <=(int)Math.sqrt(n); i++) {
            if(n%i==0) {
                isS=false;
                break;
            }
        }
        return isS;
    }
    public static void main(String[ ] args) {
        int number=1234567;
        boolean ifPrime=isPrime(number);    // 소수인가를 확인한다.
        if(ifPrime) {
            System.out.printf("%는 1과 자신으로만 나눠떨어지는 소수다.",number);
        } else {
            System.out.printf("%d은 소수가 아니다.",number);
        }
    }
}
```

소수(Prime)란 1과 자신으로만 나누어 떨어지는 수이다. 다시 말해 1과 자신을 제외한 다른 수로는 나누어 떨어지지 않는다. 여러 소수 계산법 중 반복 횟수를 최소화한 방법이 제곱근(에라토스테네스)을 이용하는 것이다. 예를 들어 101이 소수인지 판별하고 싶다면 101의 제곱근인 10을 얻고, 2~10으로 101을 나누어 떨어지는지 본다. 101은 2~10 사이의 수로 나누어 떨어지지 않기 때문에 소수이다.

6 ◆ n이 2와 3이라면 for문이 실행되지 않고, isS가 true이므로 소수이다. n이 4라면 4의 제곱근 2로 나누어 떨어지기 때문에 소수가 아니다.

7~9 ◆ 예를 들어 10을 2로 나누면 나누어 떨어져서 더 나누어 볼 필요가 없으므로 break를 사용해 반복문 for를 끝낸다.

16 ◆ 1234567이 소수인지 판별한다. 소수면 true가 ifPrime에 저장된다.

17 ◆ ifPrime이 true이면 소수라고 출력하고 false이면 소수가 아니라고 출력한다.

결과

```
1234567은 소수가 아니다.
```

shift 연산자를 이용하여 2진수 문자열로 바꾸기

중급

050

- **학습 내용 :** shift 연산자를 이용하여 10진수 정수를 2진수 문자열로 변환해 보자.
- **힌트 내용 :** 2에 대한 나머지를 이용한다. a>>=1은 a/=2와 같은 효과를 낸다.

소스 : kr.co.infopub.chapter.s050.BitNShiftMain.java

```java
package kr.co.infopub.chapter.s050;
// >> shift ? 삼항연산자
public class BitNShiftMain {
    // 10진수 정수를 2진수 문자열(스트링)로 변환
    public static String shifts(int a){
        String s="";
        for(int i=0;i<=31;i++){
            int aa=a%2;
            s=(aa>=0)? aa+s : (-aa)+s;
            a>>=1;          // a/=2;
        }
        return s;
    }
    public static void main(String[ ] args) {
        int intNums1=123;
        int intNums2=-123;
        System.out.printf("%d : %s%n",intNums1,shifts(intNums1));
        System.out.printf("%d : %s%n",intNums2,shifts(intNums2));
    }
}
```

10을 2로 나누면 나머지 0, 몫 5를 얻는다("0"). 5를 2로 나누면 나머지 1, 몫 2를 얻는다("10"). 2를 2로 나누면 나머지 0, 몫 1을 얻는다("010"). 1을 2로 나누면 나머지 1, 몫 0을 얻고 반복을 끝낸다 ("1010"). 그리고 먼저 얻은 나머지를 오른쪽에, 나중에 얻은 나머지를 왼쪽에 붙이면 2진수가 된다 ("1010").

2에 대한 나머지를 구한다. ◆ 8

9 ◆ 양수를 만들기 위해서 음수이면 -1을 곱해 양수를 만든다. 삼항연산자를 사용한다.

10 ◆ a=a>>1은 축약이다. a=a/2와 동일하며 2로 나눈 몫을 구한다. a가 9라면 aa=9%2=1, aa가 양수이므로 1+""로 s="1"이고, a는 a=9/2=4가 된다. 같은 방법으로 a가 4, aa=4%2=0, aa가 양수 s=0+"1"="01"이 된다.

정리하면 다음과 같다.

a의 값	나머지	몫	문자열 붙이기
a=9	a%2 =1	a/2=4	s=1+""="1"
a=4	a%2 =0	a/2=2	s=0+"1"="01"
a=2	a%2 =0	a/2=1	s=0+"01"="001"
a=1	a%2 =1	a/2=0	s=1+"001"="1001"

16 ◆ 음수에 대한 2진수 문자열을 구한다.

결과

```
123 : 00000000000000000000000001111011
-123 : 11111111111111111111111110000101
```

&(비트) 연산자를 이용하여 2진수 문자열로 바꾸기

중급

051

- **학습 내용 :** &(비트) 연산자를 이용하여 10진수 정수를 2진수 문자열로 변환해 보자.
- **힌트 내용 :** &(비트) 연산자는 부호에 관계 없이 2에 대한 나머지를 구하는 효과를 낸다.

소스 : kr.co.infopub.chapter.s051.BitNShiftMain.java

```
 1: package kr.co.infopub.chapter.s051;
 2: // & 연산자
 3: public class BitNShiftMain {
 4:     public static int BITMASK=1;
 5:     // 10진수를 2진수 문자열(스트링)로 변환
 6:     public static String shifts(int a) {
 7:         int BITMASK=1;
 8:         String s="";
 9:         for(int i=0;i<=31;i++) {
10:             s=(a & BITMASK)+s;
11:             a>>=1;          // a/=2;
12:         }
13:         return s;
14:     }
15:     public static void main(String[ ] args) {
16:         int intNums1=123;
17:         int intNums2=-123;
18:         System.out.printf("%d  : %s%n",intNums1,shifts(intNums1));
19:         System.out.printf("%d : %s%n",intNums2,shifts(intNums2));
20:     }
21: }
```

비트 연산자는 부호에 관계 없이 양수가 된다. &(비트) 연산자는 1&1일 때만 1이고, | 연산자는 0|0일 때만 0이다. ^는 1과 0 또는 0과 1일 때만 1이다.

2에 비트마스크를 1로 설정한다. ◆7

1과 & 연산을 하면 0 또는 1만 얻는다. ◆10

11 ◆ a=a>>1은 축약이다. a=a/2와 동일하며 2로 나눈 몫을 구한다. a가 9라면 aa=9&1=1, s=1+“”로 s=“1”이고, 같은 원리로 2진수를 구할 수 있다. 정리하면 다음과 같다.

a의 값	a & BITMASK	>> shift	문자열 붙이기
a=9	a & 1 =1	a>>1=4	s=1+“”=“1”
a=4	a & 1 =0	a>>1=2	s=0+“1”=“01”
a=2	a & 1 =0	a>>1=1	s=0+“01”=“001”
a=1	a & 1 =1	a>>1=0	s=1+“001”=“1001”

17 ◆ 음수에 대한 2진수 문자열을 구한다.

결과

```
123 : 00000000000000000000000001111011
-123 : 11111111111111111111111110000101
```

NOTE

- 비트 연산자

p	q	p & q	p | q	p ^ q
1	1	1	1	0
1	0	0	1	1
0	1	0	1	1
0	0	0	0	0

- 논리 연산자

p	q	p & q, p&&q	p | q, p||q	p ^ q
true	true	true	true	false
true	false	false	true	true
false	true	false	true	true
false	false	false	false	false

문자열 자르기를 이용하여 2진수 문자열로 바꾸기

중급

052

- **학습 내용 :** 10진수 정수를 2진수 문자열로 변환해 보자.
- **힌트 내용 :** 문자열 메서드를 이용하여 필요 없는 0을 제거한다.

소스 : kr.co.infopub.chapter.s052.BitNShiftMain.java

```
package kr.co.infopub.chapter.s052;
// String method
public class BitNShiftMain {
    public static int BITMASK=1;
    // 10진법수를 2진수 스트링으로 변환
    public static String shifts(int a) {
        int BITMASK=1;
        String s="";
        for(int i=0;i<=31;i++) {
            s=(a & BITMASK)+s;
            a>>=1;          // a/=2;
        }
        return s.substring(s.indexOf('1'));
    }
    public static void main(String[ ] args) {
        int intNums1=123;
        int intNums2=-123;
        System.out.printf("%d  : %s%n",intNums1,shifts(intNums1));
        System.out.printf("%d : %s%n",intNums2,shifts(intNums2));
    }

}
```

"00000000000000000000000000001001"과 같은 양의 정수를 2진수로 만들면 0이 남게 된다. 이 0을 제거하려면 왼쪽에서 오른쪽 첫 번째 1을 찾고, 그 1 앞에 있는 0을 모두 제거하면 "1001"을 얻는다.

13 ◆ "00000000000000000000000000001001"에서 indexOf('1')은 28이다. substring(28)은 0부터 27번째 까지의 0을 제거하고 28번째 이후인 "1001"을 반환한다.

결과

```
123  : 1111011
-123 : 11111111111111111111111110000101
```

for와 if를 이용하여 홀수의 합 구하기

중급

053

- **학습 내용 :** 1부터 100 사이의 홀수의 합을 구해 보자.
- **힌트 내용 :** for를 이용하여 1부터 100까지 1씩 증가시키면서 홀수 여부를 판별한다.

소스 : kr.co.infopub.chapter.s053.ForCondition.java

```
package kr.co.infopub.chapter.s053;
// s=s+α
public class ForCondition {
    public static void main(String[ ] args) {
        int s=0;
        for (int i = 1; i <= 100; i++) {
            s+=i;
        }
        System.out.println("1~100의 합: "+s);
        s=0;        // 0으로 초기화
        for (int i = 1; i <= 100; i++) {
            if(i%2==1) {
                s+=i;
            }
        }
        System.out.println("1~100 사이의 홀수의 합: "+s);
    }
}
```

증가 스텝이 명확할 때는 for문을 사용한다. for문 안에서 홀수인지 판별해서 홀수일 때만 더할 수도 있지만, 1에서 시작하여 스텝을 2씩 증가시키면 1, 3, 5, ……처럼 홀수가 되므로 조건문을 제거할 수도 있다.

7 s=s+i를 축약했다. 1부터 100까지의 모든 정수의 합을 구한다.

10 다시 초기화할 때는 타입을 쓰지 않는다.

11~15 1부터 100까지 홀수들의 합을 구한다.

결과

```
1~100의 합: 5050
1~100 사이 홀수의 합: 2500
```

향상된 for(foreach)로 배열 출력하기

중급 054

- **학습 내용 :** 향상된 for를 이용하여 배열을 출력해 보자.
- **힌트 내용 :** 향상된 for는 index 없이도 순서대로 배열값을 사용할 수 있다.

소스 : kr.co.infopub.chapter.s054.ForeachLotto.java

```
 1: package kr.co.infopub.chapter.s054;
 2: // 향상된 for와 배열
 3: public class ForeachLotto {
 4:     public static void main(String[ ] args) {
 5:         int[ ]mm={1,6,16,22,23,33};
 6:         for (int m : mm) {
 7:             System.out.printf(m+"\t");
 8:         }
 9:         System.out.println( );
10:     }
11: }
```

향상된 for는 배열이나 리스트를 index로 굳이 지정하지 않아도 되므로 출력할 때 매우 편리하다. 배열의 값을 변경하지 않고 출력 위주로 사용된다. :(in) 뒤에는 배열이나 리스트가 오고, :(in) 앞에는 타입을 사용한다.

1차원 배열을 선언과 함께 초기화한다. ◆ 5

아래 소스와 동일하다. 위치(index)가 자동으로 붙으므로 편리하게 사용할 수 있다. ◆ 6~8

```
for(int i=0; i<mm.length;i++){
int m=mm[i];
System.out.printf(m+"\t");
}
```

결과

```
1  6  16  22  23  33
```

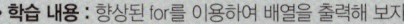

중급

055 varargs(variable arguments)를 이용하여 배열 출력하기

- **학습 내용 :** varargs(가변인자-임의의 개수로 사용할 수 있는 아규먼트)를 이용해 배열을 출력해 보자.
- **힌트 내용 :** varargs는 아규먼트의 개수가 1개, 2개 이상, 심지어 배열로도 사용할 수 있다.

소스 : kr.co.infopub.chapter.s055.ForeachLotto.java

```
 1: package kr.co.infopub.chapter.s055;
 2: public class ForeachLotto {
 3:     // var args variable arguments
 4:     public static void print(int ... mm) {
 5:         for (int m : mm) {
 6:             System.out.printf(m+"\t");
 7:         }
 8:         System.out.println( );
 9:     }
10:     public static void main(String[ ] args) {
11:         int[ ]mm={1,6,16,22,23,33};
12:         print(mm);          // 배열도 되고
13:         int a=1,b=6,c=16;
14:         print(a);           // 1개짜리도 되고
15:         print(a,b);         // 2개짜리도 되고
16:         print(a,b,c);       // 3개짜리도 되고
17:     }
18: }
```

가변인자(varargs, variable arguments)는 아규먼트의 개수가 몇 개라도 배열처럼 사용할 수 있다. 아규먼트의 개수가 한 개일 때, 여러 개일 때, 배열일 때는 여러 메서드가 필요한데 가변인자를 사용하면 한 개의 메서드로 처리할 수 있다. 따라서 오버로딩 메서드 개수가 줄어드는 효과를 갖는다.

4 ◆ 가변인자(varargs, ...)는 변수의 타입이 같을 경우, 한 개 이상의 변수를 배열처럼 받아서 사용할 수 있다.

5 ◆ 배열을 편리하게 출력하기 위해 "향상된 for(또는 foreach)"를 이용하여 입력받은 아규먼트를 출력한다. 가변인자를 배열처럼 사용한다.

가변인자는 같은 타입의 배열도 받을 수 있다. 12

1개의 int 타입 아규먼트(인자)를 받을 수 있다. 14

2개의 int 타입 아규먼트(인자)를 받을 수 있다. 15

3개의 int 타입 아규먼트(인자)를 받을 수 있다. 16

결과

```
1 6 16 22 23 33
1
1 6
1 6 16
```

중급

056 배열보다 편리한 List 사용하기

- **학습 내용 :** List의 사용법을 익혀 보자.
- **힌트 내용 :** add는 List에 입력하고, get은 List에서 가져온다.

소스 : kr.co.infopub.chapter.s056.LottoList.java

```
package kr.co.infopub.chapter.s056;
import java.util.ArrayList;
import java.util.List;
// 배열보다 편한 List
public class LottoList {
    public static void main(String[ ] args) {
        List<Integer> ilist=new ArrayList<>( );
        // 넣기
        for (int i = 1; i <= 10; i++) {
            ilist.add(i);
        }
        // 가져오기
        for(int i=0; i< ilist.size( ) ;i++) {
            int m=ilist.get(i);
            System.out.printf("%d\t",m);
        }
        System.out.println( );
    }
}
```

List는 배열과 같은 역할을 하면서 더 편리하고 강력한 기능(메서드)을 제공한다. 배열은 저장하는 데이터 수가 제한되어 있으므로 정해진 개수만큼 입력되면 더 이상 저장할 수 없다. 반면 List는 저장 공간을 스스로 확보하면서 데이터를 저장한다. List에 입력할 때는 add를, List에서 가져올 때는 get을 사용한다.

List 계열의 ArrayList를 생성한다. List에 저장할 타입은 int 타입이지만 List는 기본 타입 대신 랩퍼 클래스를 사용한다. int 타입을 List에 저장하기 위해 List〈Integer〉를 사용한다. ◆ 7

1부터 10까지의 int를 List에 저장한다. ◆ 9~11

배열 m[i]처럼 index i를 이용하지만, get(i) 메서드를 사용한다. ◆ 14

List에 저장되었던 정수를 출력한다. ◆ 15

결과

```
1 2 3 4 5 6 7 8 9 10
```

중급 057

foreach와 Lambda 형식을 이용하여 List 출력하기

- **학습 내용 :** List에 저장된 데이터를 foreach와 Lambda 형식을 이용하여 List를 출력해 보자.
- **힌트 내용 :** 향상된 for와 비슷한 형태로, 인덱스 없이 순서대로 출력하는 방법을 이용한다.

소스 : kr.co.infopub.chapter.s057.ForeachLambdaLotto.java

```
1:  package kr.co.infopub.chapter.s057;
2:  import java.util.Arrays;
3:  import java.util.List;
4:  import java.util.function.Consumer;
5:  public class ForeachLambdaLotto {
6:      public static void main(String[ ] args) {
7:          List<Integer> mmlists=Arrays.asList(1,6,16,22,23,33);
8:          mmlists.forEach(
9:                  m -> { System.out.printf(m+"\t"); }
10:         );
11:         System.out.println( );
12:         Consumer<Integer> consume = (Integer m) -> {System.out.printf(m+"\t");};
13:         mmlists.forEach(consume);
14:     }
15: }
```

향상된 for와 비슷한 형태로 인덱스 없이 순서대로 수를 가져온 다음, -〉 {} (람다) 형식을 이용해서 그 수를 처리한다. 향상된 for에서 순서대로 수를 가져와 출력하려면 forEach(m-〉{ m 출력 }) 형식을 이용한다. List〈Integer〉로 선언했다면 m은 int(Integer)이다.

7 ◆ 여러 수를 List에 저장한다. List에 저장할 수가 int 타입일 때 랩퍼 클래스 Integer를 사용한다.

8 ◆ List에 저장된 정수를 한 개씩 출력하기 위해 List의 forEach 메서드를 이용한다. List의 forEach는 향상된 for처럼 index 없이 순서대로 한 개씩 작업할 수 있다.

7~10 ◆ List〈Integer〉로 선언했으므로 mmlists에 저장되어 있는 정수(int)를 한 개씩 가져와 출력한다(m-〉{ m출력 }).

8~10라인과 같고, 작동 원리를 보여 준다. 12~13

결과

```
1  6  16  22  23  33
1  6  16  22  23  33
```

중급

058

for와 if를 이용하여 홀수에 대한 제곱의 합 구하기

- **학습 내용 :** 1부터 10 사이의 홀수에 대한 제곱의 합을 구해 보자.
- **힌트 내용 :** 홀수를 판별하고 홀수에 대한 제곱의 합을 구한다.

소스 : kr.co.infopub.chapter.s058.ForCondition2.java

```
 1: package kr.co.infopub.chapter.s058;
 2: import java.util.ArrayList;
 3: import java.util.List;
 4: // List
 5: public class ForCondition2 {
 6:     public static void main(String[ ] args) {
 7:         List<Integer> ilist=new ArrayList<>( );
 8:         int s=0;
 9:         for (int i = 1; i <= 10; i++) {
10:             ilist.add(i);
11:         }
12:         for(int m: ilist) {
13:             if(m%2==1) {
14:                 s+= m*m;
15:                 System.out.printf("%d\t", m*m);
16:             }
17:         }
18:         System.out.println( );
19:         System.out.println("1~10 사이의 홀수에 대한 제곱합: "+s);
20:     }
21: }
```

배열보다 편리하고 강력한 List에 정수를 저장한다. 저장한 정수 중에서 홀수를 찾아 이에 대한 제곱의 합을 구한다. List〈〉의 〈〉에는 int가 아닌 Integer를 사용해야 한다.

7 ◆ 정수를 List에 저장한다. 〈Integer〉를 이용해서 정수로 한정한다. List에 저장할 수가 int 타입이므로 랩퍼 클래스 Integer를 사용하여 List〈Integer〉로 선언하고 생성한다.

1과 10 사이의 정수를 List에 저장한다. 9~11

List에 저장된 정수를 한 개씩 가져와서 12

홀수인지 판별한다. 13

홀수이면 제곱의 합을 구한다. 이렇게 하면 1부터 10 사이의 홀수에 대한 제곱의 합을 구할 수 있다. 14

결과

```
1  9  25  49  81
1~10 사이의 홀수에 대한 제곱합: 165
```

중급

059 Stream을 이용하여 홀수의 합 구하기

- **학습 내용 :** Stream을 이용하여 1부터 100 사이 홀수의 합을 구해 보자.
- **힌트 내용 :** 홀수인지 판별하고 홀수에 대한 합을 구한다.

소스 : kr.co.infopub.chapter.s059.ForCondition3.java

```
package kr.co.infopub.chapter.s059;
import java.util.ArrayList;
import java.util.List;
import java.util.function.BinaryOperator;
// stream
public class ForCondition3 {
    public static void main(String[ ] args) {
        List<Integer> ilist=new ArrayList<>( );
        int s=0;
        for (int i = 1; i <= 100; i++) {
            ilist.add(i);          // 리스트에 저장
        }
        // 초기값 0,
        s=ilist.stream( ).reduce(0, Integer::sum);
        System.out.println("1~100의 합: "+s);
        s=0;
        // 1~100 사이 홀수의 합
        s=ilist.stream( ).filter(i-> i%2==1).reduce(0, Integer::sum);
        System.out.println("1~100 사이 홀수의 합: "+s);
        // 1~100 사이 홀수의 합
        s=ilist.stream( ).filter(i-> i%2==1).reduce(0, (x,y)->x+y );
        System.out.println("1~100 사이 홀수의 합: "+s);
        // 1~100 사이 홀수의 합
        s=ilist.stream( ).filter(i-> i%2==1).reduce(0,
                new BinaryOperator<Integer>( ) {
            @Override
            public Integer apply(Integer t, Integer u) {
                return t+u;
            }
```

```
30:            });
31:            System.out.println("1~100 사이의 홀수의 합: "+s);
32:      }
33: }
```

Stream은 "순차적으로 나열된 데이터"이다. Stream은 Stream에 저장된 데이터를 쉽고 편하게 연산(filter, map, reduce)할 수 있는 기능을 제공한다.

List에 저장한 정수 중에서 홀수를 찾아 이들의 합을 다음과 같은 순서로 구해 보자.

❶ List에 저장된 데이터 중 조건에 맞는 것을 찾을 때(filter 조건에 맞는 수를 골라낸다)는 filter를 사용한다.

❷ 합을 구할 때는 reduce를 이용하여 간편하게 연산한다.

❸ 리스트에 저장된 수 중에서 홀수를 찾으려면 list.stream().filter(i ->i%2==1)를 사용하고, filter를 이용하여 찾은 수의 합을 reduce(초기값, Integer:sum)로 산출한다. 초기값이 0이면 0+1+3+5+7+……+99의 총합을 구한다.

1과 100 사이의 정수를 List에 저장한다. ◆ 10~12

초기값을 0으로 하여 1과 100 사이 정수의 합을 구한다. ◆ 14

리스트에 저장된 정수에 대하여 홀수 여부를 판별할 때는 리스트.stream().filter(i->i%2==1)를 사용한다. filter(수 → 홀수) 형태이다. reduce(0, Integer:sum)은 초기값 0에 정수들의 합을 더한다는 의미이다. 모두 붙인 filter(수 → 홀수).reduce(0, Integer:sum)는 "리스트에 있는 홀수를 모두 더한다."가 된다. ◆ 18

두 수를 더하는 식으로 해당 정수들을 더한다. ◆ 21

이 소스도 두 수를 더하는 식으로 해당 정수들을 더한다는 의미이다. 축약을 하면 21라인과 같고, 다시 축약하면 18라인과 같다. ◆ 24~30

결과

```
1~100의 합: 5050
1~100 사이 홀수의 합: 2500
1~100 사이 홀수의 합: 2500
1~100 사이 홀수의 합: 2500
```

중급 060

Stream과 map을 이용하여 홀수에 대한 제곱의 합 구하기

- **학습 내용 :** stream과 map을 이용하여 1부터 10 사이의 홀수에 대한 제곱의 합을 구해 보자.
- **힌트 내용 :** 리스트의 filter는 조건을 판별하고, 조건에 해당되는 수를 "이렇게 처리"하려면 map을 사용한다.

소스 : kr.co.infopub.chapter.s060.ForLambdaCondition.java

```
package kr.co.infopub.chapter.s060;
import java.util.ArrayList;
import java.util.List;
import java.util.stream.Collectors;
// stream list filter map reduce
public class ForLambdaCondition {
    public static void main(String[ ] args) {
        List<Integer> ilist=new ArrayList<>( );
        int s=0;
        for (int i = 1; i <= 10; i++) {
            ilist.add(i);
        }
        // stream filter map collect
        ilist=ilist.stream( )
                    .filter(i-> i%2==1)
                    .map(i -> i*i)
                    .collect(Collectors.toList( ));
        ilist.forEach(i->{System.out.printf(i+"\t");});
        System.out.println( );
        // stream reduce
        s=ilist.stream( ).reduce(0, Integer::sum);
        System.out.println("1~10 사이의 홀수에 대한 제곱합: "+s);
    }
}
```

리스트에 저장된 데이터에 대해 조건에 맞는 수를 찾을 때는 filter를 이용한다. filter에서 찾은 수에 대하여 "제곱을 하라"처럼 "이렇게 처리하라"는 map을 이용한다. collect는 해당 수의 값을 새로운 리스트에 저장한다. filter(수 → 홀수).map(수 → 수*수).collect()는 홀수에 대하여 제곱한 수를 새로운 리스트에 저장한다는 의미이다.

1과 10 사이의 정수를 List에 저장한다. ◆ 10~12

홀수를 구한다. ◆ 15

홀수에 대하여 제곱을 한다. ◆ 16

홀수를 제곱한 수는 모두 ilist에 저장된다. ◆ 17

홀수에 대한 제곱수를 출력한다. ◆ 18

홀수 제곱수의 합을 구한다. s=0+1*1+3*3+5*5+7*7+9*9 ◆ 21

결과

```
1  9  25  49  81
1~10 사이의 홀수에 대한 제곱합: 165
```

중급

061

String과 char를 이용하여 10진수를 2진수로 변환하기

- **학습 내용 :** String과 char를 이용하여 10진수를 2진수로 변환해 보자.
- **힌트 내용 :** 문자열.charAt(index)는 index 위치의 문자(char)를 반환한다. new String(char[ ])은 char[ ]를 문자열로 변환한다.

소스 : kr.co.infopub.chapter.s061.BitShifting.java

```
package kr.co.infopub.chapter.s061;
public class BitShifting {
    public static final int BITMASK=1;
    public  String makeBit(int value) {
        // char 배열을 String으로 만들기 위해
        char[ ] val=new char[32];
        for(int i=31;i>=0;i--) {
            if((value & BITMASK) ==1) {
                val[i]='1';       // 1&1일 때만 1 그 외 0
            } else {
                val[i]='0';       // 1&1일 때만 1 그 외 0
            }
            value >>>=1;      // value=value>>>1; 부호 무시하고 오른쪽 이동
        }
        return new String(val);       // char 배열을 String으로
    }
    public static void main(String[ ] args) {
        int ival=2345;
        int eval=-2345;
        BitShifting bitsh=new  BitShifting( );
        String vals=bitsh.makeBit(ival);
        System.out.println(vals);
        vals=bitsh.makeBit(eval);
        System.out.println(vals);
        char[ ] vs=vals.toCharArray( );
        System.out.println(vs[0]);
    }
}
```

문자열(String)은 내부적으로 char[]를 이용하여 만든 클래스이다. 그래서 문자열과 문자 사이의 변환 관계를 알고 있어야 한다.

❶ 문자열.charAt(index)는 index 위치의 문자(char)를 반환한다.

❷ 문자열.length()는 문자열의 길이(문자 개수)를 반환한다.

❸ new String(char[])은 char[]를 문자열로 변환한다.

❹ 문자열.toCharArray()는 문자열 내부에 저장된 문자들을 char[]로 반환한다.

문자를 저장할 문자 배열(char[])을 준비한다. int 타입이 32비트이므로 크기가 32인 배열을 만든다. ◆ 6

첫 번째로 얻은 나머지를 가장 오른쪽에 저장하고 다음에 얻은 나머지를 오른쪽에서 두 번째에 저장한다. 나중에 얻은 나머지일수록 더 왼쪽에 저장한다. 배열의 오른쪽에서 왼쪽으로 이동하기 위해 인덱스(위치)는 감소한다. ◆ 7~14

일의 자리만 자르면 나머지가 되므로 비트 연산(&)한다. 나머지가 1이면 배열에 문자 '1'을 저장하고, 0이면 '0'을 저장한다. ◆ 8~12

>>는 부호를 유지하면서 쉬프트 연산하지만 >>>부호도 오른쪽으로 쉬프트(이동)한다. 여기서 >>와 >>>는 같다. 9를 2진수로 변환하는 과정을 살펴보자. ◆ 13

value의 값	value & BITMASK	>>> shift	char[] val
value=9	value & 1 =1	value >>1=4	val[31]='1'
value=4	value & 1 =0	value >>1=2	val[30]='0'
value=2	value & 1 =0	value >>1=1	val[29]='0'
value=1	value & 1 =1	value >>1=0	val[28]='1'

char[]를 문자열로 변환한다. ◆ 15

char[] val=

{'0','0','0','0','0','0','0','0','0','0','0','0','0','0','0','0','0','0','0','0','0','0','0','0','0','0','0','0','1','0','0','1',};

new String(val)은 "00000000000000000000000000001001"이 된다.

결과

```
00000000000000000000000100100101001
11111111111111111111011011010111
1
```

중급

062 정수를 입력받을 때 발생할 수 있는 예외 처리하기

• **학습 내용 :** 정수 타입 문자열을 입력받아 정수로 변환할 때 발생할 수 있는 예외를 처리해 보자.
• **힌트 내용 :** try{}catch(){}를 이용하여 예외를 처리한다.

소스 : kr.co.infopub.chapter.s062.FormatTryCatch.java

```
1: package kr.co.infopub.chapter.s062;
2: public class FormatTryCatch {
3:     public static void main(String[ ] args) {
4:         String sNum="123";
5:         String nNum="h";
6:         try {
7:             int a=Integer.parseInt(sNum);
8:             System.out.println(a);
9:         } catch(NumberFormatException ee) {
10:            System.out.println("int인지 확인해 봐!!!!");
11:            System.err.println(ee.getMessage( ));
12:        } catch(Exception ee) {
13:            System.out.println("야 잘 좀 넣어");
14:        } finally {
15:            System.out.println("난 수행되어야만 해!!!");
16:        }
17:    }
18: }
```

문자열을 기본 타입으로 변환할 때는 랩퍼(Wrapper) 클래스를 사용한다. “34”와 같은 정수형 문자열을 정수로 변환하려면 Integer.parseInt()를, “34.5”와 같은 실수형 문자열을 실수로 변환하려면 Double.parseDouble()을 사용한다. 이때 잘못된 변환을 사용하면 NumberFormatException이 발생한다. 예외가 발생할 수 있는 문장을 try{ }에 넣고, 예외가 발생하면 catch(){ }에서 처리하게 한다. 예외 처리는 예외를 안전하게 끝내는 것이 목적이므로 catch를 되도록 간단하게 작성한다.

6~9 ◆ 7라인의 Integer.parseInt()는 정수 타입 문자열을 정수로 변환할 때 사용한다. 잘못된 타입을 변환하려고 하면 NumberFormatException이 발생한다. 이를 대비해 try로 감싼다.

잘못된 타입을 변환하려고 하면 NumberFormatException을 발생한다. 이 예외가 발생하면 예외를 처리한다. 9

예외에 대한 내용을 출력한다. 10~11

NumberFormatException 이외의 예외가 발생하면 예외를 처리한다. NumberFormatException이 아닌 다른 예외(처리하지 못한 예외)라면 Exception이 처리한다. 따라서 NumberFormatException과 Exception의 순서가 바뀌면 Exception이 모두 처리하기 때문에 NumberFormatException까지 도달할 수 없으므로 Unreachable Catch Block Error가 발생한다. 12

예외가 발생하거나 발생하지 않아도 반드시 실행된다. 14

결과

```
123
난 수행되어야만 해!!!
```

중급

063 수학 연산에서 발생하는 예외 처리하기

- **학습 내용 :** 수학 연산에서 발생하는 예외를 처리해 보자.
- **힌트 내용 :** 수학 관련 예외 처리는 ArithmeticException을 사용한다.

소스 : kr.co.infopub.chapter.s063.FinallyTryCatch.java

```
package kr.co.infopub.chapter.s063;
public class FinallyTryCatch {
    public static void main(String[ ] args) {
        try {
            // Divide by zero.
            int x = 5;
            int y = 20 / (5 - x);      // 여기에서 예외를 던진다.
            System.out.println(y);
        } catch (ArithmeticException e) {        //run time
            System.out.println("==> 0으로 나눴나 확인해 봐!!!");
            //e.printStackTrace( );
        } finally {
            System.out.println("난 수행되어야만 해!!!");
        }
    }
}
```

Exception을 사용하면 프로그래밍에서 발생하는 문제를 유연하게 처리할 수 있다. Exception은 RuntimeException과 그 외의 예외(CompiletimeException)로 나눠진다. RuntimeException은 실행 시에 발생하는 예외로 잘못된 대입, 범위를 벗어난 배열, 잘못된 입력 형식, 수학 관련(0으로 나누는 등) 사항으로 인해 프로그램이 정확하게 작동되지 않는 경우에 발생한다.

finally는 정상 처리나 예외에 상관 없이 반드시 실행되는 블록이다. catch는 여러 개 있을 수 있지만 finally는 하나만 있어야 한다. catch와 finally 중 적어도 하나는 사용해야 하지만, 자바7 이상에서 try( )가 추가되어 finally 기능을 사용하지 않는 방법도 있다. 이를 AutoClosable이라고 한다. java.io, java.sql 등 예외 처리를 필수적으로 사용하는 클래스에 AutoClosable이 추가되었다.

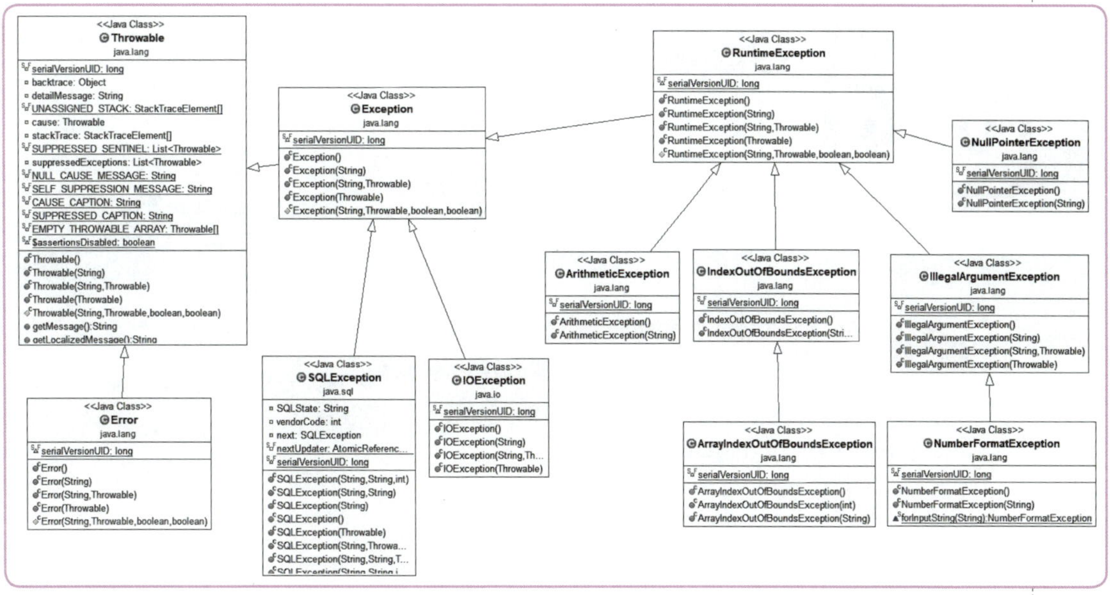

예외 처리 계층 구조(ArithmeticException은 RuntimeException의 자식, RuntimeException 계열은 실행할 때 발생한다.)

예외가 발생할 수 있는 연산이 있으므로 try로 감싼다. ◆ 4~9

x에 5가 대입되면 분모가 0이 되어 ArithmeticException이 발생한다. ◆ 7

ArithmeticException이 발생하는 예외를 출력한다. ArithmeticException은 RuntimeException의 자식 클래스로, 실행할 때 발생한다. ◆ 9

예외가 발생하거나 발생하지 않아도 반드시 실행된다. ◆ 12

결과

```
==> 0으로 나눴나 확인해 봐!!!
난 수행되어야만 해!!!
```

중급

064 Object 이해하고 사용하기

- **학습 내용 :** Object의 특징과 메서드를 이해하고 사용해 보자.
- **힌트 내용 :** Object는 자바의 최상위 클래스로 중요 메서드 네 가지를 제공한다.

소스 : kr.co.infopub.chapter.s064.UsingObject.java

```
package kr.co.infopub.chapter.s064;
public class UsingObject {
    public static void main(String[ ] args) {
        Object obj1=new Object( );
        Object obj2=new Object( );

        System.out.println(obj1.hashCode( )); // native 10진수
        System.out.println(Integer.toHexString(obj1.hashCode( )));    // 16진수
        System.out.println(obj1==obj2);                // 객체는 고유하다.
        System.out.println(obj1.equals(obj2));      // 객체는 고유하다.
        System.out.println(obj1);
        System.out.println(obj2.toString( )); // Class@hashCode( )

        System.out.println(obj1.getClass( ).getName( ));      // 클래스 이름
        String str=obj1.getClass( ).getName( ) + "@"
            + Integer.toHexString(obj1.hashCode( ));          // 16진수
        System.out.println(str);      // 클래스 이름@16진수 해시코드

        Object objstr=new String("Good");          // 다형성
        System.out.println(objstr.toString( ));
        System.out.println(objstr instanceof Object);
        System.out.println(objstr instanceof String);

        String hello="hello";
        System.out.println(hello.getClass( ));      // 클래스 이름
    }
}
```

자바에서 최상위 클래스는 Object이다. Object는 JVM의 메서드(C/C++로 구현된 native 메서드)를 이용하여 메모리를 관리한다. C/C++와 달리 개발자가 메모리를 관리할 필요가 없다. 그래서 자바의 모든 객체는 Object를 상속받아 메모리를 자동으로 관리한다. Object의 native hashCode(), native getClass()는 JVM의 메서드(C/C++로 구현된 native 메서드)를 호출하여 각각 객체의 고유 주소와 객체 타입을 반환한다.

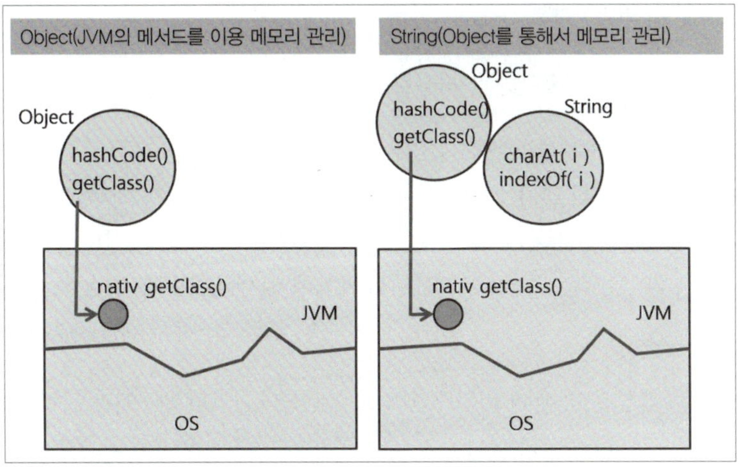

| 그림 64-1 | JVM의 메서드로 메모리를 관리하는 Object

Object 클래스에 대한 객체를 생성한다. [그림 64-1]은 Object에 대한 객체 생성법을 간단하게 보여준다. Object에 대한 객체가 생성되면 JVM이 구별하는 해시코드와 사용자가 구별할 수 있는 레퍼런스도 준비된다. Object 클래스가 스태틱 영역에 올라가고, 객체는 힙 영역에 생성되며, 레퍼런스는 스택 영역에 있게 된다. 객체를 두 개 생성하면 클래스 하나와 객체 두 개, 각 객체에 대한 고유 레퍼런스와 해시코드가 생성된다. ◆ 4~5

JVM이 구별하려는 객체의 해시코드를 리턴한다. Object의 hashCode 메서드는 플랫폼에 종속적이며, C/C++로 구현된 네이티브(native) 메서드를 호출한다. ◆ 7

랩퍼 클래스를 이용하여 객체의 고유 주소 해시코드를 16진수 문자열로 변환한다. ◆ 8

== 비교는 스택 영역의 레퍼런스를 비교한다. new 키워드로 생성하는 참조 타입의 레퍼런스는 객체마다 고유하므로 항상 false이다. ◆ 9

10 equals 비교는 1차 주소(해시코드)를 비교한다. 해시코드에 대한 오버라이딩과 equals 오버라이딩을 이용하면 equals로 비교할 수 있다.

11 참조 타입의 레퍼런스를 출력하면 자동으로 레퍼런스.toString() 메서드가 된다.

12 레퍼런스.toString() 메서드는 기본적으로 "타입@16진수 해시코드"를 리턴한다.

14 클래스에 대한 이름을 리턴한다.

17 레퍼런스.toString() 메서드가 출력하는 "타입@16진수 해시코드" 형식을 만든다.

19 Object 타입으로 String의 객체를 생성한다. "부모 이름으로 자식을 생성할 수 있다"는 레퍼런스의 다형성(Polymorphism)을 보여 준다. [그림 64-1]의 왼쪽은 String 타입의 객체 생성을 보여 준다. 이 때 Object도 같이 생성된다. Object는 모든 참조 타입의 부모로, 객체를 생성할 때 항상 같이 생성된다. String의 객체를 생성할 때도 "부모인 Object의 객체에 해시코드와 레퍼런스가 존재한다"는 점에 주의하자.

21~22 키워드 instanceof는 생성된 객체 타입(인스턴스)을 확인한다. [그림 64-1]과 같이 String의 객체에 Object 객체도 있으므로 true를 리턴한다.

결과

```
366712642
15db9742
false
false
java.lang.Object@15db9742
java.lang.Object@6d06d69c
java.lang.Object
java.lang.Object@15db9742
Good
true
true
class java.lang.String
```

Class를 이용하여 메서드와 생성자 살펴보기

중급
065

- **학습 내용 :** Class를 이용하여 클래스에 선언된 메서드와 생성자를 확인해 보자.
- **힌트 내용 :** Class에는 모든 생성자와 모든 메서드를 반환하는 메서드가 있다.

소스 : kr.co.infopub.chapter.s065.UsingClass.java

```
package kr.co.infopub.chapter.s065;
import java.lang.reflect.Constructor;
import java.lang.reflect.Method;
public class UsingClass {
    public static void main(String[ ] args) {
        Object obj1=new Object( );
        Class classes=obj1.getClass( );
        System.out.println(classes.getName( ));  // 클래스 이름
        System.out.println("--------constructor-------");
        Constructor [ ] constructor = classes.getDeclaredConstructors( );
        for(Constructor con: constructor) {
            System.out.println(con.getName( ));
        }
        System.out.println("--------Method-------");
        Method [ ] method = classes.getMethods( );
        for(Method me: method) {
            System.out.println(me.getName( ));
        }
    }
}
```

Object의 getClass( ) 메서드는 Class를 반환한다. Class는 해당 클래스의 선언된 메서드와 생성자들을 반환하는 메서드를 제공한다. getDeclaredConstructors( )는 선언한 생성자, getMethods( )는 선언된 메서드를 제공한다. Class는 모든 객체에 대한 객체 자신의 정보(생성자 관련, 메서드 관련) 등을 제공한다. 이를 Reflection이라고 한다.

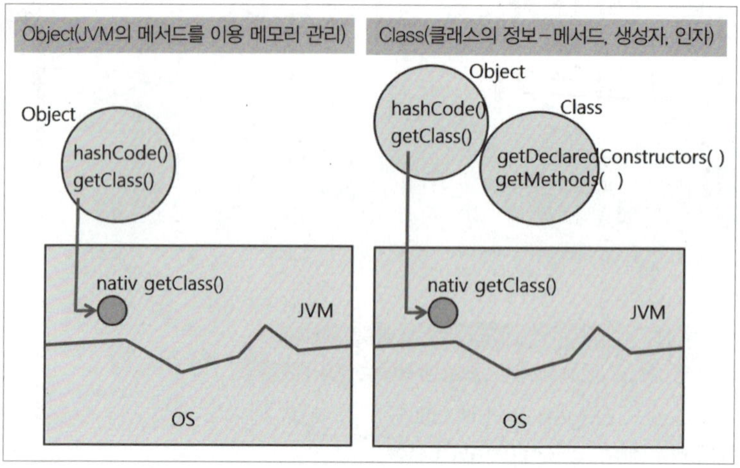

해당 클래스에 선언된 메서드와 생성자의 정보를 제공하는 Class

7 ◆ 클래스에 대한 모든 정보는 java.lang.Class를 이용한다.

8 ◆ 클래스 이름을 리턴한다.

10 ◆ 클래스의 모든 생성자를 리턴한다. 생성자에 대한 모든 정보는 java.lang.reflect.Constructor를 이용하여 얻는다. 모든 생성자를 리턴하므로 배열로 받는다.

11~13 ◆ 향상된 for(foreach)를 이용하여 생성자의 이름을 출력한다.

15 ◆ 클래스의 모든 메서드를 리턴한다. 모든 메서드를 리턴하므로 배열로 받는다.

16~18 ◆ 향상된 for(foreach)를 이용하여 메서드의 이름을 출력한다.

결과

```
java.lang.Object
--------constructor-------
java.lang.Object
--------Method-------
......
```

String(문자열)을 이용해 도시 이름 비교하기

중급 066

- **학습 내용 :** String(문자열)이 동일한지 판별해 보자.
- **힌트 내용 :** String(문자열)은 new로 생성한 문자열과 new 없이 생성한 문자열이 있다.

소스 : kr.co.infopub.chapter.s066.StringMain.java

```java
package kr.co.infopub.chapter.s066;
public class StringMain {
    public static void main(String[ ] args) {
        String city1="Asia";
        String city2="Europe";
        String city3=new String("Asia");
        String city7="Asia";
        System.out.println(city1);
        System.out.println(city1.length( ));
        System.out.println(city1==city2);
        System.out.println(city1.equals(city2));
        System.out.println(city1==city3);
        System.out.println(city1==city7);
        System.out.println(city1.equals(city3));
        System.out.println(city1.equals(city7));

        String city4=String.format("%s-%s", city1,city2);
        System.out.println(city4);
        String city5=city1+"-"+city2+1+2;
        System.out.println(city5);
        String city6=1+2+city1+"-"+city2;
        System.out.println(city6);
    }
}
```

원래 new 키워드로 생성한 객체의 Stack의 레퍼런스는 같을 수 없다. 또한 Heap의 해시코드도 같을 수 없다. 그러나 String은 Heap의 풀(Pool)을 이용하므로, 같은 문자열에 대하여 new로 생성한 문자열의 Stack 레퍼런스는 다르지만 Heap의 해시코드는 동일하다. 같은 문자열에 대하여 new로 생성하지 않은 문자열은 Stack의 레퍼런스와 Heap의 해시코드가 동일하다. String의 생성 방법에 따라 Stack의 레퍼런스는 다를 수 있지만, Heap의 해시코드는 동일하다.

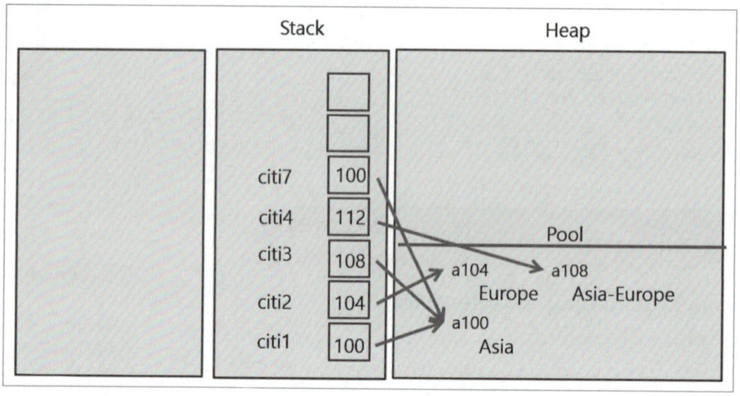

같은 문자열에 대해 new로 생성한 문자열의 Stack 레퍼런스는 다르지만, Heap 해시코드는 동일하다.

4 String은 참조 타입이지만 new 키워드를 사용하지 않고 생성할 수 있다. 기본 타입처럼 쉽게 사용할 수 있도록 대입(=) 연산자를 사용한다.

8 문자열(String)을 출력한다.

9 문자열의 길이를 구한다. 문자열은 참조 타입이므로 메서드를 갖는다. "레퍼런스.메서드()" 형태로 메서드를 호출해서 사용한다.

10 다른 문자열에 대하여 ==는 false이다. ==는 Stack의 레퍼런스를 비교한다.

11 다른 문자열에 대하여 equals()는 false이다. equals()는 해시코드를 비교한다.

12 같은 문자열인지 비교한다. "new" 키워드로 생성하지 않은 문자열에 대해 같은 문자열이면 .equals()나 == 모두 참이다. "new" 키워드로 생성한 문자열에 대해 같은 문자열이면 .equals()는 참이지만 레퍼런스는 다르므로 ==은 거짓이다. 문자열은 .equals()를 권장한다.

17 원하는 포맷으로 문자열을 만든다. String.format("%s-%s", city1,city2)에서 %s는 문자열을 의미한다. 첫 번째, 두 번째 %s에 각각 city1과 city2가 대입되면서 "Asia-Europe"이 만들어진다.

19 city1+city2에서 +는 concat으로, city1.concat(city2)와 동일하다. "문자열을 붙여서" 하나의 문자열을 만든다.

String과 기본 타입을 붙이면 문자열이 된다. 기본 타입과 String의 위치에 따라 결과가 달라지므로 주의해야 한다. 예를 들어, 1+2+"hello"="3hello", "hello"+1+2= "hello12"이다. 다시 말해 String을 만나는 순간 String이 된다(58쪽 문자열 처리 중요 메서드 중 String.concat 참조).

결과

```
Asia
4
false
false
false
true
true
true
Asia-Europe
Asia-Europe12
3Asia-Europe
```

중급

067 String(문자열) 가공하기

- **학습 내용 :** 문자열의 길이, 위치 등 문자열 관련 메서드를 익혀 보자.
- **힌트 내용 :** 문자열의 길이는 length( ), 특정 문자의 위치는 indexOf(문자)를 사용한다.

소스 : kr.co.infopub.chapter.s067.StringTest.java

```
package kr.co.infopub.chapter.s067;
public class StringTest {
    public static void main(String[ ] args) {
        String text=" Hello Java4Android";
        String com=" HEllo Java4Android";

        System.out.println(text.charAt(2));
        System.out.println(text.concat("s"));
        System.out.println(text.contains("And"));
        System.out.println(text.equals(com));
        System.out.println(text.equalsIgnoreCase(com));
        System.out.println(text.indexOf("a"));          // 'a'
        System.out.println(text.lastIndexOf("a"));      // 'a'
        System.out.println(text.trim( ));
        System.out.println(text.length( ));
        System.out.println(text.substring(7));
        System.out.println(text.substring(7,11));
        System.out.println(text.replace(" ","-"));      // replaceAll
        System.out.println(text.replaceAll(" ","-"));
        System.out.println(text.toUpperCase( ));
        System.out.println(text.toLowerCase( ));

        String[ ] sp=text.split(" ");
        for(int i=0; i<sp.length; i++) {
            System.out.println(i+"\t\t"+sp[i]+"\t\t"+sp[i].length( ));
        }
    }
}
```

String은 문자열 가공을 위한 메서드를 많이 제공한다. 58쪽 문자열 처리 중요 메서드를 참고하자.

자바에서 위치(index)는 0부터 시작한다. ' ', 'H', 'e', 'l', ……순으로 선언되어 있으므로 2번째 index 문자는 'e'이다. c='e' ◆7

concat()는 +와 같다. 문자열 "s"를 오른쪽에 붙인다. t=" Hello Java4Androids" ◆8

"And" 문자열을 포함하고 있는지 판별한다. b=true ◆9

두 문자열이 같은지 판별한다. b=false ◆10

대소문자를 구별하지 않고 두 문자열이 같은지 판별한다. b=true ◆11

문자열(또는 문자)이 처음 발견된 위치를 반환한다. 없다면 -1을 반환한다. index=8 ◆12

문자열(또는 문자)이 가장 뒤쪽에서 발견된 위치를 반환한다. 없다면 -1을 반환한다. index=10 ◆13

양쪽의 공백을 제거한다. s="Hello Java4Android" ◆14

문자열의 길이를 반환한다. 공백도 포함된다. t=19 ◆15

입력된 위치의 문자열 앞쪽을 자른 다음, 그 위치부터 뒤쪽을 반환한다. substring(7)이면 0~6번째를 잘라 버리고 7번째 이후를 반환한다. s="Java4Android" ◆16

substring(index1, index2)는 index1부터 (index2−index1)자를 반환한다. s="Java" ◆17

replace(oldc, newc)는 oldc를 newc로 변환한다. s="−Hello−Java4Android" ◆18

모두 대문자로 변경한다. s=" HELLO JAVA4ANDROID" ◆20

모두 소문자로 변경한다. s=" hello java4android" ◆21

split(del)은 del 문자를 기준으로 문자열을 잘라 배열로 반환한다. " "을 기준으로 분할하기 때문에 ∨로 표시하면 s="∨hello∨java4android"와 같아서 sp={"","Hello","Java4Android"}로 분할된다. ◆23

결과

```
e
 Hello Java4Androids
true
false
true
8
10
Hello Java4Android
19
Java4Android
Java
-Hello-Java4Android
-Hello-Java4Android
 HELLO JAVA4ANDROID
 hello java4android
0                    0
1     Hello          5
2     Java4Android            12
```

리플렉션(Reflection)을 이용하여 클래스 정보 출력하기

중급 068

- **학습 내용 :** Class로 한 클래스에 대한 정보를 출력해 보자.
- **힌트 내용 :** Class의 리플렉션을 이용한다.

소스 : kr.co.infopub.chapter.s068.UsingReflection.java

```java
package kr.co.infopub.chapter.s068;
import java.lang.reflect.Constructor;
import java.lang.reflect.Method;
public class UsingReflection {
 public static String toModi(int n) {
     String s="";
     switch(n) {
          case 0 : s=" ";break;
          case 1 : s="public ";break;
          case 2 : s="private ";break;
          case 4 : s="protected ";break;
          case 8 : s="static ";break;
          case 10 : s="private static ";break;
          case 9 :
          case 137 : s="public static ";break;
          case 17 : s="public final ";break;
          case 257 : s="public  native ";break;
          case 260 : s="protected native ";break;
          case 273 : s="public final native ";break;
          default : s="xxxx"; break;
     }
     return s;
 }
 public static String toRe(String msg) {
     String s="";
     if(msg.indexOf("[")!=-1) {
          if(msg.contains("[C")) {
               s=msg.substring(msg.indexOf(" ")+1).trim( );
               s=s.replace("[C", "char[ ]");
```

```java
            } else if(msg.contains("[L")) {
                s=msg.substring(msg.indexOf(" ")+1).trim( );
                s=s.replace("[L", "").replace(";", "");
                s=s.concat("[ ]");
            } else if(msg.contains("[B")) {
                s=msg.substring(msg.indexOf(" ")+1).trim( );
                s=s.replace("[B", "byte[ ] ");
            }
        } else if(msg.indexOf(" ")!=-1) {
            s=msg.substring(msg.indexOf(" ")+1).trim( );
        } else {
            s=msg.trim( );
        }
        return s;
    }
    public static void main(String[ ] args) {
        Object obj1=new Object( );
        try {
            // Class classes=obj1.getClass( );
            Class classes=Class.forName("java.lang.String");
            // ClassNotFoundException
            System.out.println("--------------Method 찾기----------------");
            Method[ ] mes =classes.getDeclaredMethods( );
            for(Method me:mes) {
                if(me.getModifiers( )>4000){continue; }    //  4000 초과면 다음 스텝
                System.out.printf("%s\t\t",toModi(me.getModifiers( )));       // 제한자 종류
                System.out.printf("%-30s\t\t",toRe(me.getReturnType( ).toString( )));
                System.out.printf("%s",me.getName( ));  // 클래스 이름
                System.out.printf("(","");      // 2개 이상일 때 ,로 표시
                Class [ ] aa=me.getParameterTypes( );    // 아규먼트(인자, 파라미터)
                for(int j=0; j<aa.length ; j++) {
                    System.out.printf("%s",toRe(aa[j].getName( )));  // 아규먼트 이름
                    if(j!=aa.length-1) {          // 2개 이상이면
                        System.out.print(",");
                    }
                }
                System.out.printf(")", "");
                System.out.println( );
            }
            System.out.println("--------------생성자 찾기----------------");
```

```
70:             Constructor [ ] constructor = classes.getDeclaredConstructors( );
71:             for(Constructor con: constructor) {
72:                 System.out.print(con.getName( ));
73:                 System.out.printf("(","");
74:                 Class [ ] aa=con.getParameterTypes( );
75:                 for(int j=0; j<aa.length ; j++) {
76:                     System.out.printf("%s",toRe(aa[j].getName( )));
77:                     if(j!=aa.length-1) {
78:                         System.out.print(",");
79:                     }
80:                 }
81:                 System.out.printf(")","");
82:                 System.out.println( );
83:             }
84:         } catch (ClassNotFoundException e) {
85:             System.out.println(e);
86:         }
87:     }
88: }
```

리플렉션을 이용하면 클래스에 대한 생성자와 메서드 등에 대한 정보를 얻을 수 있다.

- 생성자는 new 예약어로 객체를 생성할 때 한 번 호출되는 초기화용 메서드이다. 생성자는 public String(char[ ])처럼 "제한자 클래스이름(인자)"의 형태로 사용된다.
- 메서드는 public int charAt(index)와 같이 "제한자 리턴타입 메서드이름(인자)"의 형태를 취한다.
- "제한자(modifier)"는 int 타입이므로 문자열로 변환해야 보기에 편리하다. 예를 들어 1은 "public", 2는 "private"이다. 아규먼트나 리턴 타입에서 배열은 "["로 시작하고, 타입은 "[C"처럼 "[" 뒤에 대문자를 붙인다. "[B"는 byte, "[C"는 char[ ]이다.

Class에서 생성자와 메서드의 정보를 찾기 위해서 java.lang.reflect 패키지의 생성자와 메서드를 import한다. ◆ 2~3

제한자(modifier)가 정수이므로 switch~case를 이용하여 정수에 대한 문자열로 변환한다. ◆ 7

break를 만날 때까지 다음 case도 실행된다(fall through 현상). ◆ 14

0이면 default(" "), 1이면 public, 2이면 private로 변환한다. ◆ 8~20

26 ◆ 아규먼트나 리턴 타입에 "["가 있다면 배열이다.

27~29 ◆ "[C"는 char[ ]이다.

30~33 ◆ "[L"는 java.lang.String[ ]이다.

34~36 ◆ "[B"는 byte[ ]이다.

52 ◆ 모든 메서드를 얻는다.

53~68 ◆ 메서드의 정보를 5라인, 24라인의 메서드를 이용하여 출력한다.

70 ◆ 모든 생성자를 얻는다.

71~83 ◆ 생성자의 정보를 5라인, 24라인의 메서드를 이용하여 출력한다.

결과

```
--------------Method 찾기----------------
                  byte[ ]                value( )
                  byte                   coder( )
public            boolean                equals(java.lang.Object)
public            int                    length( )
public            java.lang.String       toString( )
public            int                    hashCode( )
public            void                   getChars(int,int,char[ ],int)
public            int                    compareTo(java.lang.String)
public            int                    indexOf(java.lang.String)
public            int                    indexOf(int)
public            int                    indexOf(int,int)
static            int                    indexOf(byte[ ],byte,int,java.lang.String,int)
public            int                    indexOf(java.lang.String,int)
static            void                   checkIndex(int,int)
public static     java.lang.String       valueOf(java.lang.Object)
public static     java.lang.String       valueOf(char)
public static     java.lang.String       valueOf(boolean)
……
```

StringBuffer로 문자열 수정, 변경, 추가하기

중급 **069**

- **학습 내용 :** String과 비슷하지만 다른 특징을 가진 StringBuffer를 익혀 보자.
- **힌트 내용 :** String은 + 또는 concat 연산으로 새로운 문자열을 얻으면 새로운 주소를 받지만 StringBuffer의 주소는 동일하다.

소스 : kr.co.infopub.chapter.s069.StringBufferMain.java

```java
package kr.co.infopub.chapter.s069;
public class StringBufferMain {
    public static void main(String[ ] args) {
        // StringBuffer 생성
        StringBuffer sb1=new StringBuffer( );
        // 1 계속 붙이는 함수 mutable
        sb1.append("안녕하세요.")
            .append("또 만나요.")
            .append("모두를 사랑해요. 기다려봐.");
        System.out.println(sb1.toString( )+sb1.hashCode( ));
        // 2 replace
        sb1.replace(0,2,"나 보기가 역겨워");
        System.out.println(sb1.toString( )+sb1.hashCode( ));
        // 3 reverse
        sb1.reverse( );
        System.out.println(sb1.toString( ));
        // 4 delete
        sb1.delete(10,15);
        System.out.println(sb1.toString( ));
        // 5 cal by reference, shallow copy
        replaces(sb1);
        System.out.println(sb1.toString( ));
    }
    public static void replaces(StringBuffer sb) {
        sb.reverse( );
        sb.replace(0,3,"GoGo");      // 0부터 2까지를 GoGo로
    }
}
```

문자열을 저장 또는 처리하는 String은 참조 타입이지만 성격을 변경해서(오버라이딩) 기본 타입과 동일한 CBV(값 복사)를 한다. 문자열을 연산한 후 대입 연산자로 저장해야 변경한다. 바꾼 문자열을 다시 대입하지 않으면 원래 문자열이 되는 특징이 이뮤터블이다. 내용이 변경되면 새로운 주소를 갖는다. StringBuffer는 저장하는 내용이 변경되어도 처음 주소가 변경되지 않는다. 바꾼 문자열을 다시 대입하지 않아도 원래 문자열이 변하는 것을 뮤터블이라고 한다. StringBuffer로 문자열을 연산한 다음, 최종으로 toString()을 통하여 String으로 변환해서 사용한다.

5 ◆ StringBuffer 객체를 생성한다.

7~9 ◆ append는 String의 스트링 컨케트네이션(+, concat) 역할을 한다. 그러나 StringBuffer는 뮤터블하므로 다시 대입하지 않아도 된다.

12 ◆ replace(0, 2, "나 보기가 역겨워")는 0번째부터 (2−1)번째까지의 문자열 "안녕"을 제거하고 "나 보기가 역겨워"로 바꾼다.

15 ◆ 뮤터블 문자열을 반대로 뒤집는다.

18 ◆ delete(10, 15)는 10번째부터 (15−1)까지의 문자열을 지운다. 자리는 0부터 시작한다.

21, 24 ◆ StringBuffer가 뮤터블하기 때문에 문자열을 변경한다.

결과

```
안녕하세요.또 만나요.모두를 사랑해요. 기다려봐.366712642
나 보기가 역겨워하세요.또 만나요.모두를 사랑해요. 기다려봐.366712642
.봐려다기 .요해랑사 를두모.요나만 또.요세하워거역 가기보 나
.봐려다기 .요해랑.요나만 또.요세하워거역 가기보 나
GoGo기가 역겨워하세요.또 만나요.랑해요. 기다려봐.
```

StringBuilder로 문자열 수정, 변경, 추가하기

중급 070

- **학습 내용 :** String과 비슷하지만 다른 특징을 가진 StringBuilder를 익혀 보자.
- **힌트 내용 :** StringBuilder는 동기화하지 않은 StringBuffer이다.

소스 : kr.co.infopub.chapter.s070.StringBuilderMain.java

```
package kr.co.infopub.chapter.s070;
public class StringBuilderMain {
    public static void main(String[ ] args) {
        //synchronized 안한 StringBuffer
        StringBuilder sbu=new StringBuilder( );
        sbu.append("I")
            .append(" go")
            .append(" to school.");
        System.out.println(sbu);
        sbu.replace(7,11,"");
        System.out.println(sbu);
        sbu.reverse( );
        System.out.println(sbu);
        sbu.deleteCharAt(3);
        System.out.println(sbu);
        sbu.delete(1,3);
        System.out.println(sbu);
        String ss=sbu.substring(0);
        System.out.println(ss);
        System.out.println(sbu);
        String st=sbu.substring(0,4);
        System.out.println(st);
        System.out.println(sbu);
    }
}
```

String은 문자열의 내용이 조금이라도 바뀌거나 스트링 컨케트네이션(+ 또는 concat 연산)되면 새로운 객체를 만든다. 레퍼런스를 잃어버린 객체는 가비지 컬렉션의 대상이 되며, 새로운 객체에게 새 주소를 주므로 해시코드도 변한다. 그러나 StringBuffer는 원래 있던 객체의 내용만 바뀌(주소는 변경하지 않음)는 뮤터블한 특성이 있기 때문에 StringBuffer를 쓰도록 권장한다. StringBuilder는 동기화하지 않은 StringBuffer이다. 여러 쓰레드에서 하나의 StringBuilder를 사용하는 것은 피한다.

5 ◆ StringBuilder 객체를 생성한다.

6~8 ◆ append는 String의 스트링 컨케트네이션(+, concat) 역할을 한다. 그러나 StringBuilder는 뮤터블하므로 다시 대입하지 않아도 된다. "I go to school."

9 ◆ 모든 참조 타입을 출력할 때는 자동으로 .toString()이 붙어 저장된 문자열을 출력한다.

10 ◆ replace(7, 11, "I go to school")은 7번째부터 (11−7)번째까지의 문자열 " sch"를 제거하고 "I go toool."로 바꾼다.

12 ◆ 뮤터블 문자열을 반대로 뒤집는다. ".looot og I"

14 ◆ 3번째 문자 "o"를 제거한다. ".loot og I"

16 ◆ delete(1, 3)는 1번째부터 (3−1)까지의 문자열 "lo"을 지운다. 자리는 0부터 시작한다. ".ot og I"

18 ◆ 0번째 이후 문자열을 잘라 새로운 문자열(String)을 반환한다. StringBuilder에 저장된 문자열은 변경되지 않는다. ss=".ot og I"

21 ◆ 0번째에서 (4−1)번째까지 잘라 새로운 문자열(String)을 반환한다. StringBuilder에 저장된 문자열은 변경되지 않는다. st=".ot"

결과

```
I go to school.
I go toool.
.looot og I
.loot og I
.ot og I
.ot og I
.ot og I
.ot
.ot og I
```

System으로 연산 소요 시간 구하기

중급 071

• **학습 내용 :** 0부터 100000까지의 합을 얻는 데 걸리는 시간을 구해 보자.
• **힌트 내용 :** System.currentTimeMills( )를 이용한다.

소스 : kr.co.infopub.chapter.s071.SystemTest.java

```
package kr.co.infopub.chapter.s071;
import java.util.Date;
import java.util.Enumeration;
import java.util.Properties;
public class SystemTest {
    public static void main(String[ ] args) {
        long ltime=System.currentTimeMillis( );
        System.out.println((ltime));     //1970.1.1부터
        for(int i=0;i<100000;i++) {
            System.out.print("");
        }
        long ltime2=System.currentTimeMillis( );     //milli 1/1000초
        System.out.println((ltime2-ltime));
        System.out.println(ltime2/1000/60/60/24/365+"년");
        Properties pro=System.getProperties( );
        // 원하는 System property
        System.out.println(pro.getProperty("java.vm.version"));
        System.out.println(pro.getProperty("file.separator"));

        System.out.println(new Date(System.currentTimeMillis( )));  //오늘
        //-----------------java.util.*에서 ----------------------//
        // 모든 System property
        Enumeration<Object> en=pro.keys( );
        int i=0;
        while(en.hasMoreElements( )) {
            String keys=(String)en.nextElement( );
            System.out.println((++i+" ")+keys+" : "+pro.getProperty(keys));
        }
    } // main
}
```

System.currentTimeMills()는 1970.1.1부터 현재까지 걸린 시간을 밀리세컨드 단위로 반환한다. 하루는 24*60*60*1000 = 86,400,000밀리세컨드이다. int 범위를 벗어날 수 있으므로 long 타입을 사용한다. System.getProperties()는 시스템 환경변수를 반환한다. 시스템 환경변수는 OS 관련 정보를 제공한다. 자바 VM 버전, 파일 분리자("\" or "/") 외에 많은 변수가 포함된다.

7 ◆ 1970.1.1부터 현재까지 걸린 시간을 밀리세컨드로 반환한다. 하루는 24*60*60*1000 = 86,400,000밀리세컨드이다.

9~11 ◆ 10만 번 출력을 반복한다.

12~13 ◆ 10만 번 반복한 후 시간을 밀리세컨드로 반환한다. 연산 후에서 연산 전을 빼면 연산에 걸린 시간이다.

14 ◆ 1970.1.1부터 현재까지 몇 년 지났는지 구한다.

15 ◆ 시스템 변수를 (key, value)로 저장한 맵 계열 Properties로 반환한다.

17 ◆ 키 "java.vm.version"에 대한 값을 반환한다.

18 ◆ 키 "file.separator"에 대한 값을 반환한다.

20 ◆ Date에 현재까지의 경과 시간을 입력하면 오늘에 대한 정보를 얻을 수 있다.

23 ◆ (key, value)로 저장한 맵 계열 Properties에서 모든 키만을 얻는다.

25~28 ◆ 키가 있다면 키값을 얻고, 키값에 대한 밸류를 얻는다.

결과

```
1508842056741
49
47년
25.121-b13
\
Tue Oct 24 19:47:36 KST 2017
1 java.runtime.name : Java(TM) SE Runtime Environment
2 sun.boot.library.path : C:\Java\jdk1.8.0_121\jre\bin
......
```

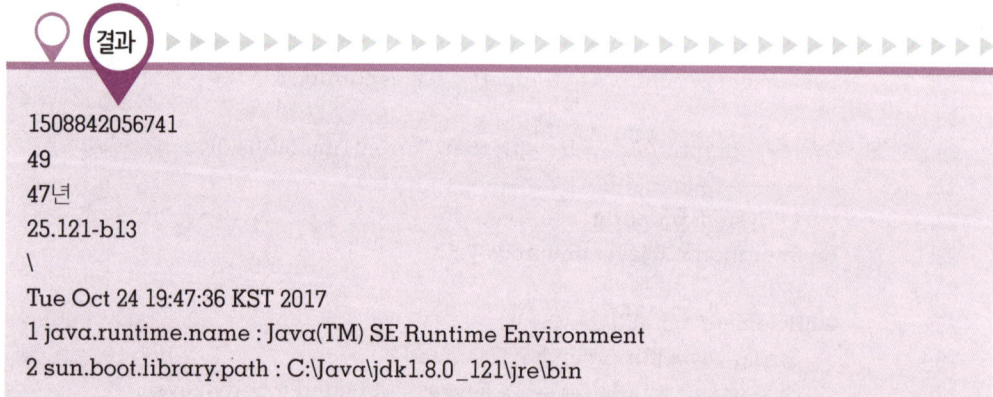

중급 072

System으로 환경변수 확인하기

- **학습 내용 :** 환경변수를 확인해 보자.
- **힌트 내용 :** System.getProperty( )는 시스템 변수를, System.getenv( )는 자바 환경변수를 반환한다.

소스 : kr.co.infopub.chapter.s072.SystemPropertyTest.java

```java
package kr.co.infopub.chapter.s072;
import java.util.Iterator;
import java.util.Map;
public class SystemPropertyTest {
    public static void main(String[ ] args) {
        long namotime=System.nanoTime( );
        for(int i=0;i<100000;i++) {
            System.out.print("");
        }
        long namotime2=System.nanoTime( );             // 10^-9 nano java5 추가
        System.out.println((namotime2-namotime));     // 1/1000000000초
        System.out.println(System.getenv("JAVA_HOME"));    // 환경변수
        // 모든 env 구하기
        Map<String, String> map=System.getenv( );          // 환경변수
        Iterator<String> iter= map.keySet( ).iterator( );    // Map에서 키 얻기
        int j=0;
        while(iter.hasNext( )) {
            String keys=iter.next( );
            System.out.println((++j+" ")+keys+" : "+map.get(keys));
        }
    }  // main
}
```

System.getProperty( )는 시스템 변수를, System.getenv( )는 프로그래밍 개발 환경변수를 반환한다. System.getProperty( )는 Properties를, System.getenv( )는 Map을 반환한다. Enumeration은 Iterator의 오래된 버전이다. 키를 얻어서 키에 대한 밸류를 얻을 수 있다.

6 ◆ 1970.1.1부터 현재까지 걸린 시간을 나노세컨드로 반환한다. 하루는 24*60*60*1000*1000 = 86,400,000,000나노세컨드다.

7~9 ◆ 10만 번 출력을 반복한다.

10 ◆ 10만 번 반복한 후 시간을 나노세컨드로 반환한다.

11 ◆ 연산 후에서 연산 전을 빼면 연산에 걸린 시간이다.

12 ◆ 키 "JAVA_HOME"에 대한 값을 반환한다.

14 ◆ 시스템 변수를 (key, value)로 저장한 맵을 반환한다.

15 ◆ (key, value)로 저장한 맵에서 모든 키만을 얻는다.

17 ◆ 키가 있다면

18 ◆ 키값을 얻고

19 ◆ 키값에 대한 밸류를 얻는다.

결과

```
17728853
C:\Java\jdk1.8.0_121
1 USERDOMAIN_ROAMINGPROFILE : DESKTOP-1TMOAVC
2 PROCESSOR_LEVEL : 6
3 SESSIONNAME : Console
......
```

수학 관련 메서드 사용하기

중급 073

• **학습 내용 :** 많이 사용하는 수학 메서드를 사용해 보자.
• **힌트 내용 :** Math 클래스는 수학에 관련된 메서드를 제공한다.

소스 : kr.co.infopub.chapter.s073.MathTestMain.java

```
package kr.co.infopub.chapter.s073;
public class MathTestMain {
    public static void main(String[ ] args) {
        // constant
        System.out.println("Math.E "+Math.E);
        System.out.println("Math.PI "+Math.PI);
        // method
        System.out.println("Math.abs(-5) 절대값:"+Math.abs(-5));
        System.out.println("Math.ceil(4.34) 올림:"+Math.ceil(4.34));
        System.out.println("Math.round(4.34) 반올림:"+Math.round(4.5));
        System.out.println("Math.floor(4.34) 버림:"+Math.floor(4.34));
        System.out.println("Math.rint(4.34) 반올림:"+Math.rint(4.51));
        System.out.println("Math.max(45,78) "+Math.max(45,78));
        System.out.println("Math.min(45,78) "+Math.min(45,78));
        System.out.println("Math.pow(2,4) "+Math.pow(2,4));
        System.out.println("Math.log(30) "+Math.log(30));
        System.out.println("Math.exp(3) "+Math.exp(3));
        System.out.println("Math.sqrt(10) "+Math.sqrt(10));
        // Random
        double dRan=Math.random( );          // 0<==dRan<1 실수
        System.out.println("Math.random( )=> "+dRan);
    }
}
```

Math 클래스는 수학 연산에 관련된 메서드를 제공한다. java.lang 패키지에서 Math 클래스의 메서드는 모두 static 메서드이다. static 메서드는 객체 생성 없이 "클래스 이름.메서드()" 형태로 사용한다.

5~6 상수 자연로그 E와 원주율 PI이다. java.lang 패키지는 자동으로 import되며, static 메서드이므로 "Math클래스.메서드이름()"으로 메서드를 호출한다.

8 절대값(Absolute)을 구한다.

9~12 올림(ceil), 반올림(round), 버림(floor), 반올림(rint)을 구한다. round의 리턴 타입은 int이며, rint는 double이다. round는 0.5부터 반올림이 되지만, rint는 0.51처럼 0.5가 넘어야 반올림이 된다.

13~14 최대값과 최소값을 구한다.

15 승수를 구한다. pow(2,4)는 2의 4승, 즉 2*2*2*2를 구한다.

16 밑수가 Math.E인 로그이다.

17 exp(num)는 pow(Math.E, num)로 자연 지수의 승수이다.

18 양의 제곱근을 구한다.

21 임의의 수(Random)를 구한다. 범위는 0〈=값〈1(0과 1 사이의 실수, 0은 포함, 1은 제외)이다.

결과

```
Math.E 2.718281828459045
Math.PI 3.141592653589793
Math.abs(-5) 절대값:5
Math.ceil(4.34) 올림:5.0
Math.round(4.34) 반올림:5
Math.floor(4.34) 버림:4.0
Math.rint(4.34) 반올림:5.0
Math.max(45,78) 78
Math.min(45,78) 45
Math.pow(2,4) 16.0
Math.log(30) 3.4011973816621555
Math.exp(3) 20.085536923187668
Math.sqrt(10) 3.1622776601683795
Math.sin(Math.toRadians(90)) 1.0
Math.cos(Math.toRadians(180)) -1.0
Math.random()=> 0.7323761651783733
(int)(Math.random()*100)=> 51
```

Calendar로 살아온 날 구하기

중급 074

- **학습 내용 :** 달력에 관련된 클래스의 사용법을 익혀 보자.
- **힌트 내용 :** System.currentTimeMills( ), Date, Calendar의 사용법을 익힌다.

소스 : kr.co.infopub.chapter.s074.CalendarTest.java

```
package kr.co.infopub.chapter.s074;
import java.util.Calendar;
import java.util.Date;
public class CalendarTest {
    public static void main(String[ ] args) {
        long millis=System.currentTimeMillis( );     // 1970.1.1부터 경과 시간 msec
        System.out.println(millis/1000/24/60/60);     // 며칠 경과

        Date d=new Date( );            // 오늘
        System.out.println(d);
        Date dd=new Date(d.getTime( )+24*60*60*1000);      // 하루 후
        System.out.println(dd);

        Calendar cal1970=Calendar.getInstance( );
        cal1970.set(1970, 1-1 ,1); // 0월~11월, 1970.1.1

        Calendar today=Calendar.getInstance( ); // 오늘
        printCalendar(today);
        long minus=today.getTimeInMillis( )-cal1970.getTimeInMillis( );
        System.out.println(minus);                         // 1970.1.1~오늘 msec
        System.out.println(minus/1000/24/60/60);      // 1970년부터 며칠 지났는가?
    }
    // 캘린더 정보
    public static void printCalendar(Calendar c) {
        System.out.println("------------------------------------");
        System.out.println(c.get(Calendar.YEAR));                        // 몇 년
        System.out.println(c.get(Calendar.MONTH)+1);                  // 몇 월
        System.out.println(c.get(Calendar.DAY_OF_MONTH));   // 며칠
        System.out.println(c.get(Calendar.AM_PM));                     // 1 PM, 0 AM
```

```
30:         System.out.println(c.get(Calendar.HOUR_OF_DAY)); // 몇 시 Calendar.HOUR
31:         System.out.println(c.get(Calendar.MINUTE));       // 몇 분
32:         System.out.println(c.get(Calendar.SECOND));       // 몇 초
33:     }
34: }
```

날짜와 관련해서 단순히 날짜를 출력할 때는 java.util.Date를 많이 사용했지만, Date는 long과 String 관련 메서드만 있어서 사용할 수 있는 메서드가 적다. 그래서 Date보다 java.util.Calendar를 많이 사용한다. Calendar는 연, 월, 일 등을 int, long, Date 등으로 대입 받거나 반환할 수 있고 제공하는 메서드도 다양하다. Calendar는 추상 클래스이기 때문에 new로 생성하지 못하고 getInstance() static 메서드로 생성해서 사용한다. 연도는 cal.get(Calendar.YEAR), 월은 cal.get(Calendar.MONTH)처럼 cal.get(Calendar.XXXX) 형태로 연, 월, 일, 시, 분, 초, 오후, 오전 등의 정보를 얻을 수 있다. 특이한 점은 1월~12월 대신 0월~11월을 사용하고 일요일이 1, 토요일이 7로 사용된다는 것이다.

6 ◆ 1970.1.1부터 현재까지 경과 시간을 밀리세컨드로 반환한다.

7 ◆ 1970.1.1부터 며칠(하루 24*60*60*1000) 경과했는지 구한다.

9~10 ◆ 오늘의 정보를 얻고 출력한다.

11~12 ◆ 내일에 대한 정보를 얻고 출력한다.

15 ◆ 1970.1.1로 정보를 수정한다. 달이 0월~11월로 되어 있으므로 1월은 1−1=0을 입력한다.

18 ◆ 24라인을 호출하여 오늘에 대한 정보를 출력한다. 몇 년, 몇 월, 며칠, 오전/오후, 몇 분 몇 시를 출력한다.

19~20 ◆ 1970.1.1부터 현재까지 경과 시간을 밀리세컨드로 반환한다.

21 ◆ 1970.1.1부터 며칠(하루 24*60*60*1000) 경과했는지 구한다.

26~32 ◆ cal.get(Calendar.XXXX) 형태로 정보를 얻고 몇 년, 몇 월, 며칠, 오전/오후, 몇 시, 몇 분, 몇 초를 출력한다.

결과

```
17463
Tue Oct 24 20:30:43 KST 2017
Wed Oct 25 20:30:43 KST 2017
------------------------------------
2017
10
24
1
20
30
43
1508803200017
17463
```

중급

075 Calendar와 String 사이 날짜 변환하기

- **학습 내용 :** 날짜 변환법을 익혀 보자.
- **힌트 내용 :** String과 Date, Date와 Calendar 사이의 변환을 익힌다.

소스 : kr.co.infopub.chapter.s075.RestDay.java

```
package kr.co.infopub.chapter.s075;
import java.text.ParseException;
import java.text.SimpleDateFormat;
import java.util.Calendar;
import java.util.Date;
import java.util.TimeZone;
public class RestDay {
 public static void main(String[ ] args) {
     String st="2017-06-13";
     Calendar d2=todate(st);
     System.out.println(toYMD(d2));
     String st2=goGo(st,-7);        // -7일
     System.out.println(st2);
     Calendar d3=todate(st2);
     System.out.println(toYMD(d3));

     TimeZone tz=TimeZone.getDefault( );            // Asia/Seoul 현재 컴퓨터의 시간존
     Calendar cal=Calendar.getInstance(tz);         // 타임존에 대한 오늘
     System.out.println(toYMD2(cal));

     // America/New_York,
     TimeZone tzNY = TimeZone.getTimeZone("America/New_York");
     Calendar calNY=Calendar.getInstance(tzNY);
     System.out.println(toYMD2(calNY));
 }
 public static Calendar todate(String ss) {
     SimpleDateFormat sdf=new SimpleDateFormat("yyyy-MM-dd");
     Date dd=new Date( );
     try {
```

```
            dd=sdf.parse(ss);
        } catch (ParseException e) {
        }
        Calendar cal=Calendar.getInstance( );
        cal.setTime(dd);
        return cal;
    }
    public static String toYMD(Calendar dd) {
        SimpleDateFormat sdf=new SimpleDateFormat("yyyy-MM-dd");
        return sdf.format(dd.getTime( ));
    }
    public static String toYMD2(Calendar dd) {
        SimpleDateFormat sdf=new SimpleDateFormat("yyyy-MM-dd HH:mm:ss");
        return sdf.format(dd.getTime( ));
    }
    public static String goGo(String ss,int day) {
        Calendar cal=todate(ss);
        // -7일을 더하면 일주전
        cal.add(Calendar.DAY_OF_YEAR, day);
        // 캘린더를 문자열로
        SimpleDateFormat sdf=new SimpleDateFormat("yyyy-MM-dd");
        return sdf.format(cal.getTime( ));
    }
}
```

String, long(경과 시간 밀리세컨드), Date, Calendar 사이의 변환은 많이 사용되므로 잘 익혀 놓자.

❶ String과 Date 변환: SimpleDateFormat 클래스를 이용한다. SimpleDateFormat("yyyy-MM-dd HH:mm:ss")에서 "yyyy" 년도, "MM" 월, "dd" 일, "HH" 24시간 단위 시간(hh 12시간 단위 시간), "mm" 분, "ss"초를 이용하여 원하는 변환 형태를 설정한다.

❷ long과 Date 변환: Date 생성자(Date(long)) 또는 메서드(setTime(long))를 사용해 경과 시간을 대입하여 원하는 날짜로 변경한다.

❸ Date와 Calendar 변환: setTime(java.util.Date)을 사용해 Date를 Calendar에 대입하여 원하는 날짜로 변경한다. getTime( )으로 Date를 얻는다.

9~10 "2017-06-13"은 "yyyy-MM-dd" 형식에 맞는 문자열이므로 SimpleDateFormat을 이용하여 Calendar로 변환할 수 있다.

11 Calendar "yyyy-MM-dd" 형식에 맞는 문자열로 변환한다.

12 7일 전날의 정보를 문자열로 변환한다.

14 12라인에서 얻은 날의 문자열을 Calendar로 변환한다.

15 Calendar를 "yyyy-MM-dd" 형식에 맞는 문자열로 변환한다.

17 현재 실행되고 있는 컴퓨터의 기본 타임존을 반환한다. 대한민국의 타임존은 "Asia/Seoul"이다.

18 타임존에 대한 Calendar를 생성한다.

19 해당일의 "연-월-일 시:분:초"를 문자열로 변환한다.

22 타임존을 미국 뉴욕(America/New_York)으로 설정한다.

23 뉴욕을 기준으로 하여 Calendar를 생성한다.

24 뉴욕의 현재 시간을 "연-월-일 시:분:초" 문자열로 변환한다.

26~36 todate("2017-06-13") 메서드는 SimpleDateFormat의 parse("2017-06-13")를 이용하여 "yyyy-MM-dd" 형식의 문자열을 "2017-06-13"이라는 정보를 가진 Calendar로 변환한다. 과정은 입력받은 문자열을 Date로 변환하고, Calendar에서 얻은 Date를 대입시켜 날짜와 시간을 변경한다. 잘못된 날짜 형식이 입력되면 예외가 발생할 수 있으므로 예외 처리한다.

37~40 Calendar를 "yyyy-MM-dd" 형식에 맞는 문자열로 변환한다.

41~44 Calendar를 "연-월-일 시:분:초" 문자열로 변환한다.

45~52 "yyyy-MM-dd" 형식에 맞는 문자열을 입력받아 Calendar로 변환한다. day가 양수(+)면 day일 후, 음수(-)면 day일 전의 날짜로 바꾸고, "yyyy-MM-dd" 형식에 맞는 문자열로 변환한다.

결과

```
2017-06-13
2017-06-06
2017-06-06
2017-10-24 21:54:22
2017-10-24 21:54:22
```

Character를 이용하여 숫자와 특수문자 가려내기

중급
076

- **학습 내용 :** 입력된 문자가 어떤 문자(숫자, 특수문자, 공백)인지 판별해 보자.
- **힌트 내용 :** char의 랩퍼 클래스 Character를 이용한다.

소스 : kr.co.infopub.chapter.s076.UsingCharacterMain.java

```
package kr.co.infopub.chapter.s076;
public class UsingCharacterMain {
    public static void main(String[ ] args) {
        Character chr1=new Character('W');
        Character chr2=new Character('9');                // 48+9

        if(Character.isLetter(chr1.charValue( ))) {
            System.out.print("1 : "+chr1.charValue( ));     // 'W'
        }
        System.out.print(" ");
        System.out.print('\u0057');System.out.print("\t");          // 16진수 유니코드
        System.out.println(Integer.toHexString((int)chr1));         // 'W'=87
        System.out.println((int)chr1);        // 87 -> 5*16+7
        if(Character.isDigit(chr2.charValue( ))) {
            System.out.println("2 : "+(int)chr2.charValue( ));      // '9'=48+9
        }

        System.out.println("3 : "+Character.getType('a'));         // 소문자 2
        System.out.println("4 : "+Character.getType('A'));         // 대문자 1
        System.out.println("5 : "+Character.getType('3'));         // 숫자 9
        System.out.println("6 : "+Character.getType('&'));         // 특수문자 24
        // OTHER_PUNCTUATION 24
        System.out.println("7 : "+Character.getType('\n'));        // white 15
        System.out.println("8 : "+(int)'\b');  // 8
        // 9~13, 28~31 white space
        System.out.println("9 : "+(int)'\t');  // 9      // white space
        System.out.println(""+(int)'\n');      // 10
        System.out.println(""+(int)'\f');      // 12
        System.out.println(""+(int)'\r');      // 13
```

```
30:
31:         System.out.println(""+Character.getNumericValue('9'));    // 숫자
32:         System.out.println(""+Character.isWhitespace(' '));
33:         System.out.println(""+Character.isWhitespace('\n'));
34:         System.out.println(""+Character.isWhitespace('\r'));
35:         System.out.println(""+Character.isWhitespace('\b'));      // false
36:         System.out.println(""+Character.isLetterOrDigit('9'));
37:         System.out.println(""+Character.isLowerCase('A'));
38:         System.out.println(""+Character.isUpperCase('A'));
39:         // radix 기수 0~9가 기본
40:         System.out.println(""+Character.digit('8',9));
41:         // SPACE_SEPARATOR 12 '\f'
42:         // LINE_SEPARATOR 13 '\r'
43:         // PARAGRAPH_SEPARATOR 14
44:         // SPACE  32
45:         System.out.println(""+(int)' '); // 32
46:         System.out.println(""+Character.isSpaceChar(' '));
47:         System.out.println(""+Character.isSpaceChar('\n'));
48:     }
49: }
```

랩퍼 클래스는 기본 타입을 참조 타입으로 변환하거나, 문자열을 기본 타입으로 변환하는 등 기본 타입 처리에 필요한 메서드를 제공한다. Character는 char에 대한 성격(숫자형인가, 알파벳인가, 공백 문자인가 등)을 확인하거나 숫자형 문자를 숫자로 변환하는 데 사용한다. char와 Character는 서로 자동 변환(박싱/언박싱)할 수 있다.

4 ◆ Character 클래스의 객체를 생성하자. Character chr1='W'와 동일하다.

5 ◆ Character chr2='9'와 동일하다.

7 ◆ Character 클래스의 static 메서드 isLetter를 호출한다. isLetter는 문자가 입력되면 해당 문자의 문자(letter, character) 여부를 boolean 타입으로 리턴한다. chr1.charValue()는 객체에 대입되었던 문자('W')를 리턴한다. 'W'가 문자이므로 isLetter('W')는 true이다.

11 ◆ "\u0057"은 유니코드(16진수 char)로 57(16)=87('W')이다.

12 ◆ 'W'는 int로 변환하면 87이다. Integer.toHexString(87)은 정수 87을 16진수 문자열로 변환하므로 "57"이다.

Character 클래스의 static 메서드 isDigit를 호출한다. isDigit는 문자가 입력되면 해당 문자의 숫자(Digit, number) 여부를 boolean 타입으로 리턴한다. 정수를 얻으려면 (int)로 캐스팅한다. ◆ 14

Character 클래스의 static 메서드 getType을 호출한다. getType은 문자가 입력되면 이 문자가 속한 분류를 int로 리턴한다. 소문자는 2, 대문자는 1, 숫자는 9, 공백 문자(White Space)는 15, 그리고 특수문자는 24이다. ◆ 18~21

Backspace(뒤로 한 칸)인 \b의 값을 알기 위해 (int) 캐스팅한다. ◆ 24

공백 문자(9~13, 28~31)의 값을 알기 위해 (int) 캐스팅한다. ◆ 26~29

chr2.charValue()는 9를 리턴한다. static 메서드 getNumericValue를 이용하면 문자(char)의 int 값을 쉽게 얻을 수 있다. getNumberValue('9') 또는 getNumericValue(chr2.charValue())는 '9'의 숫자인 9를 리턴한다. '9'−'0'을 이용해도 9를 얻을 수 있다. ◆ 31

공백 문자(9~13, 28~31)인지 확인하는 isWhitespace static 메서드를 호출한다. ◆ 32~35

숫자나 일반 문자인지 확인하는 isLetterOrDigit static 메서드를 호출한다. ◆ 36

소문자인지 확인하는 isLowerCase static 메서드를 호출한다. ◆ 37

대문자인지 확인하는 isUpperCase static 메서드를 호출한다. ◆ 38

digit(number, radix) static 메서드를 호출한다. radix보다 작은 number 숫자 타입 문자를 입력하면 int 타입 숫자로 리턴한다. digit('8',9)는 9보다 작은 정수 8을 반환한다. ◆ 40

결과

```
1 : W W57
87
2 : 57
3 : 2
......
19: false
20: true
21: 8
22: 32
23: true
24: false
```

중급

077 1차원 배열 이해하기

• **학습 내용 :** 1차원 배열의 선언과 사용법을 익혀 보자.
• **힌트 내용 :** 배열은 "배열 이름[인덱스]"와 같은 방법을 이용한다.

소스 : kr.co.infopub.chapter.s077.ArrayInit.java

```
package kr.co.infopub.chapter.s077;
import java.util.Arrays;
public class ArrayInit {
    public static void main(String[ ] args) {
        // 기본 타입의 배열 사용 방법 1 선언
        int [ ] a;          // 선언
        // a={1,2,3};    // 선언하면서 초기화할 때만 사용
        // 정의
        a=new int[5];
        // 초기화
        a[0]=2; a[1]=5; a[2]=3; a[3]=9; a[4]=8;
        // 방법 2 선언 정의 초기화
        int [ ] b=new int[ ]{2,5,3,9,8};
        // 방법 3 선언 (정의)초기화
        int [ ] c={2,5,3,9,8};
        // 다시 대입 불가 (다시 초기화 불가)
        // c={2,5,3,9};
        int [ ] e=new int[5];
        Arrays.fill(e, -1);
        System.arraycopy(c,0,e,0,c.length);    // Deep Copy
        Arrays.sort(e);
        print(e);
        e=new int[ ]{1,2,3,4,5,6};        // 동적 배열 다시 초기화 가능
        print(e);
        int index=Arrays.binarySearch(e, 5);
        System.out.println(index);
    } //
    public static void print(int[ ] a) {
        for(int i=0;i<a.length;i++) {
```

```
30:                 System.out.print(a[i]+"\t");
31:             }
32:             System.out.println( );
33:         }
34: }
```

배열은 같은 타입의 나열이다. 같은 타입인 a, b, c, d, e 변수 5개를 선언하여 사용하는 것보다 하나의 이름으로 인덱스를 사용하면 편리하다. 예를 들어 a, b, c, d, e 대신 num[0], num[1], num[2], num[3], num[4]로 사용하면 편리하다.

배열은 new로 생성하는 동적 배열과 new를 사용하지 않는 정적 배열로 나눌 수 있다. 동적 배열과 정적 배열의 사용 방법은 같으나 선언 방법이 다르다. 정적 배열은 int[ ] num={1, 2, 3};으로 선언한 후 다시 num={1, 2};처럼 초기화할 수 없다. 동적 배열은 필요할 때마다 다시 초기화할 수 있다.

동적 배열을 선언한다. 아직 생성이나 초기화를 하지 않아 사용할 수 없다. new로 생성하는 동적 배 ◆ 6
열은 선언, 정의(생성), 초기화를 한꺼번에 하거나 따로따로 할 수도 있다.

정적 배열(Array Constant)은 선언과 함께 초기화를 할 수 있다. 선언만 할 수 없다. ◆ 7

5개의 요소(엘리먼트)를 갖는 동적 배열을 정의(생성)한다. 자동으로 0에 관련된 수로 초기화된다. ◆ 9

배열값을 초기화한다. ◆ 11

선언, 정의(생성), 초기화를 한번에 한다. ◆ 13

new를 이용하지 않고 생성한 배열을 정적 배열이라고 한다. 정적 배열은 선언과 함께 초기화할 수 ◆ 15
있다. 크기(length)는 5이며 c[0]=1, c[1]=1, c[2]=2, c[3]=3, c[4]=4이다.

정적 배열은 다시 초기화할 수 없다. ◆ 17

int 타입 5개를 갖는 배열을 생성한다. 모두 0으로 초기화된다. ◆ 18

5개를 모두 －1로 초기화한다. ◆ 19

c배열 0번째부터 5개를, e배열 0번째부터 5개를 저장한다. ◆ 20

증가순(Ascending)으로 정렬한다. ◆ 21

22 ◆ 배열 e를 출력한다.

23 ◆ 동적 배열 e를 다시 초기화한다. 정적 배열은 초기화할 수 없다.

25 ◆ e배열에서 5가 있는 위치를 찾는다. e에서 5는 4(0부터 시작)에 있다.

29~31 ◆ for로 배열을 순서대로 출력한다.

결과

```
2   3    5    8    9
1   2    3    4    5    6
4
```

문자열 1차원 배열 이해하기

중급

078

• **학습 내용 :** 문자열의 배열을 사용해 보자.
• **힌트 내용 :** 일반 배열처럼 문자열 배열[index]을 사용한다.

소스 : kr.co.infopub.chapter.s078.StringArray.java

```
1: package kr.co.infopub.chapter.s078;
2: public class StringArray {
3:  public static void main(String[ ] args) {
4:      String[ ] myNum = new String[ ]{"2016-08-17", "2016-09-17", "2016-03-17"};
5:      String[ ] myNum2 = {"2016-08-17", "2016-09-17", "2016-03-17"};
6:      System.out.println(myNum2[0]);
7:      print(myNum);
8:      // myNum2={"2016-08-17", "2016-09-17", "2016-03-17","2016-04-17"};     // 다시 초기화 불가
9:      myNum = new String[ ]{"2016-08-17", "2016-09-17", "2016-03-17","2016-04-17"};
10:     String[ ] tos=new String[myNum.length];
11:     System.arraycopy(myNum, 0, tos, 0, myNum.length);
12:     print(tos);
13:  }
14:  public static void print(String [ ] tos) {
15:     for (String ss: tos) {
16:         System.out.printf(ss+"\t");
17:     }
18:     System.out.println( );
19:  }
20: }
```

나와 관련된 날짜 문자를 저장하려면 문자열 배열을 사용한다. 예제 077에서 살펴본 1차원 배열과 동일하게 사용한다. 모든 동적 배열은 다시 초기화가 가능하고, 정적 배열은 다시 초기화가 불가능하다. 배열에서 길이는 length, 복사는 System.arraycopy()를 사용한다.

동적 배열을 생성하고 초기화한다. ◆4

정적 배열을 생성하고 초기화한다. ◆5

6 ◆ myNum2의 0번째 문자열 “2016-08-17”을 출력한다.

7 ◆ 향상된 for를 이용하여 myNum의 모든 문자열을 출력한다.

8 ◆ 정적 배열은 다시 초기화할 수 없다.

9 ◆ 동적 배열은 다시 초기화할 수 있다. 새로운 문자열 배열을 생성하고 초기화한다.

10 ◆ myNum의 배열 크기와 같은 문자열 배열을 선언, 생성한다. 참조 타입의 배열은 자동 초기화가 되지 않아서 tos의 요소들은 모두 null이다. 한 예로 현재 tos[0]=null이다.

11 ◆ myNum의 문자열 배열 중에서 tos에 0번째부터 3번째까지 총 4개를 복사한다. myNum과 tos는 같은 배열값을 갖는 서로 다른 문자열 배열이 된다.

15~17 ◆ 향상된 for는 0부터 개수만큼 순서대로 호출하며, 인덱스(위치) 없이 사용할 수 있는 for이다.

결과

```
2016-08-17
2016-08-17   2016-09-17   2016-03-17
2016-08-17   2016-09-17   2016-03-17   2016-04-17
```

2차원 배열 이해하기

중급 079

- **학습 내용 :** 2차원 배열을 익혀 보자.
- **힌트 내용 :** 배열에 대한 배열로, 행과 열로 채워져 있는 교실의 책상을 연상한다.

소스 : kr.co.infopub.chapter.s079.ArrayTwoInit.java

```
package kr.co.infopub.chapter.s079;
public class ArrayTwoInit {
    public static void main(String[ ] args) {
        System.out.println(" // 2차원 배열 방법 1");
        int [ ][ ] a=new int[4][3];        // 4X3
        a[0][0]=1;        // 0부터 시작
        a[0][1]=2;
        println(a);

        System.out.println("// 2차원 배열 방법 2 (JigJagged도 가능)");
        int [ ][ ] b=new int[3][ ];        // 3X? 파스칼의 삼각형에 사용
        b[0]=new int[4];
        b[1]=new int[5];
        b[2]=new int[3];
        println(b);

        System.out.println("// 2차원 배열 방법 3");
        int [ ][ ]c=new int[ ][ ]{{1,2,3,4,5},{2,3,4,5,6},{6,7,8,9,0}};
        println(c);

        System.out.println("// 2차원 배열 방법 4");
        int [ ][ ]g={{1,2,3,4,5},{2,3,4,5,6},{6,7,8,9,0}};
        println(g);

        System.out.println("copy 1");
        int [ ][ ]d=new int[c.length][c[0].length];        // 3X5
        for(int i=0;i<c.length;i++){        // Deep Copy
            System.arraycopy(c[i],0,d[i],0,d[i].length);
        }
```

```
        println(d);
    }
    public static void println(int [ ][ ] p) {
        for(int i=0;i<p.length;i++) {
            for(int j=0;j<p[i].length;j++) {
                System.out.print("["+p[i][j]+"] ");
            }
            System.out.println( );
        }
    }
}
```

new int[4][3]은 4행 3열로 12개의 저장 장소를 확보한다. new int[3][ ]는 3행에 대한 열의 개수가 정해지지 않았다. 이런 형태의 배열을 지그재그(Jigjagged) 배열이라고 한다. 배열 a는 12개의 개수가 결정되지만, b와 같은 지그재그 배열은 b[0]=new int[4];처럼 행에 대한 열의 개수를 필요에 따라 결정할 수 있다.

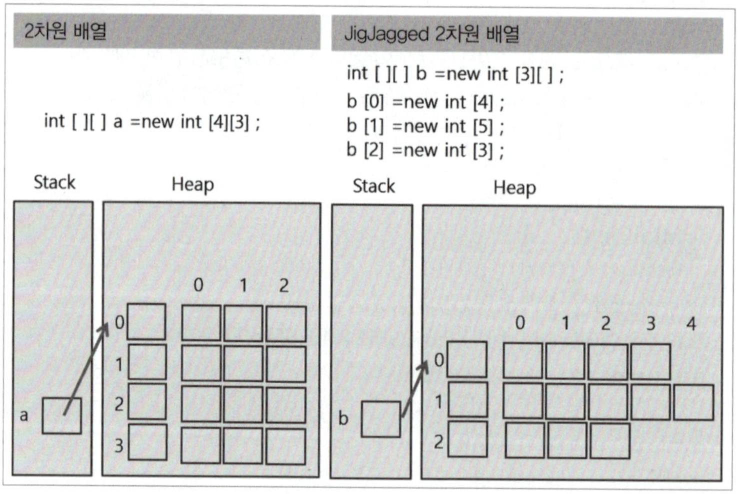

2차원 배열은 배열에 대한 배열

4행 3열 동적 배열을 선언한다. 0으로 모두 초기화된다. 5

0행 0열 위치에 1을 대입한다. 6

0행 1열 위치에 2를 대입한다. 7

2차원 배열을 출력한다. 8

3행 지그재그 2차원 배열을 선언한다. 열의 개수가 결정되지 않았기 때문에 열의 수를 결정하는 부분이 필요하다. 11

0행을 4열, 1행을 5열, 2행을 3열로 선언하면서 생성한다. 12~14

지그재그 배열을 출력한다. 15

2차원 동적 배열을 선언하면서 초기화한다. 18

배열에 대한 배열이므로 1차원 배열을 복사하는 System.arraycopy()를 이용하여 2차원 배열을 복사한다. 27~29

2차원 배열 이름.length는 행의 개수이고, 2차원 배열 이름[행의위치].length는 열의 개수이다. 33~34

결과

```
// 2차원 배열 방법 1
[1] [2] [0]
[0] [0] [0]
[0] [0] [0]
[0] [0] [0]
......
// 2차원 배열 방법 4
[1] [2] [3] [4] [5]
[2] [3] [4] [5] [6]
[6] [7] [8] [9] [0]
copy 1
[1] [2] [3] [4] [5]
[2] [3] [4] [5] [6]
[6] [7] [8] [9] [0]
```

중급

080 박싱, 언박싱으로 기본 타입을 참조 타입으로 변환하기

- **학습 내용 :** 기본 타입을 참조 타입으로 변환해 보자.
- **힌트 내용 :** 기본 타입과 랩퍼 클래스는 자동으로 서로 변환된다.

소스 : kr.co.infopub.chapter.s080.EasyBoxingMain.java

```
package kr.co.infopub.chapter.s080;
import java.util.ArrayList;
// Boxing/Unboxing
public class  EasyBoxingMain{
    public static void main(String[ ] args) {
        int intNm1=123;
        long longNum1=345L;
        double doubleNum=123.123;
        Integer intWrap1=intNm1;                    // new Integer(intNm1);
        Long    longWrap1=longNum1;                 // new Long(longNum1);
        Double  doubleWrap1=doubleNum;  // new Double(longNum1);
        double dd=doubleWrap1;
        // 기본 타입 <--> Wrapper는 캐스팅 없이 사용
        Integer intWrap2=intNm1;        // Boxing
        intNm1=intWrap2;                // UnBoxing
        System.out.println(intNm1);

        ArrayList<Integer> ilists=new ArrayList<>( );
        ilists.add(new Integer(3));
        ilists.add(5);
        int a=ilists.get(0);          // <Integer>
        System.out.println(a);

        int b=Integer.parseInt("123");
        System.out.println(b);
    }
}
```

기본 타입을 랩퍼 클래스로, 랩퍼 클래스를 기본 타입으로 자동 변환한다. int와 Integer는 서로 자동 변환한다. List〈〉의 제네릭은 "참조 타입만 사용할 수 있다"는 문법 때문에 List〈int〉대신 List〈Integer〉를 사용한다.

기본 타입에 값을 대입한다. ◆ 6~8

기본 타입에 저장된 값을 랩퍼 클래스 타입의 객체에 저장(박싱)한다. 랩퍼 클래스 객체를 생성하는 것과 같다. ◆ 9~11

랩퍼 클래스를 기본 타입으로 저장(박싱)한다. ◆ 12

기본 타입을 랩퍼 클래스에 저장(박싱)한다. ◆ 14

랩퍼 클래스에 기본 타입의 값을 저장(언박싱)한다. ◆ 15

향상된 배열(List)에 기본 타입을 저장할 때 랩퍼 클래스 타입으로 박싱해야 한다. ◆ 18

3을 저장하는 것과 같다. ◆ 19

new Integer(5)를 저장하는 것과 같다. ◆ 20

0번 값을 반환한다. ilist.get(0)은 3, ilist.get(1)은 5를 반환한다. ◆ 21

숫자 타입 문자열 "123"을 123으로 변환한다. ◆ 24

결과

```
123
3
123
```

4 PART 활용

Java 프로그래밍 실력 다지기

초보자를 위한

JAVA 200제

활용 081

자바의 기본(Raw) 데이터 종류

• **학습 내용 :** 자바에서 접하는 데이터의 종류를 살펴보자.
• **힌트 내용 :** HTML, CSV, JSON, XML을 객체로 변환해서 사용한다.

HTML은 기본 데이터로 데이터와 표시 태그가 함께 섞여 있기 때문에 데이터 자체로 사용할 수 없다. 따라서 구조적 데이터인 CSV(Comma Separate Value), JSON, XML로 변환(파싱)하는 과정이 필요하다. 파싱 과정에는 String의 메서드를 사용하는 기초 파싱과 라이브러리를 이용하는 중급 파싱 등이 있다. 기본 데이터(Raw data) → 가공 → 구조적 데이터 Data(txt, csv, json, xml)를 만들어 프로그래밍을 이용하여 정보를 얻는다. 이때 프로그래밍은 구조적 데이터를 객체로 표현하는 방법을 사용한다.

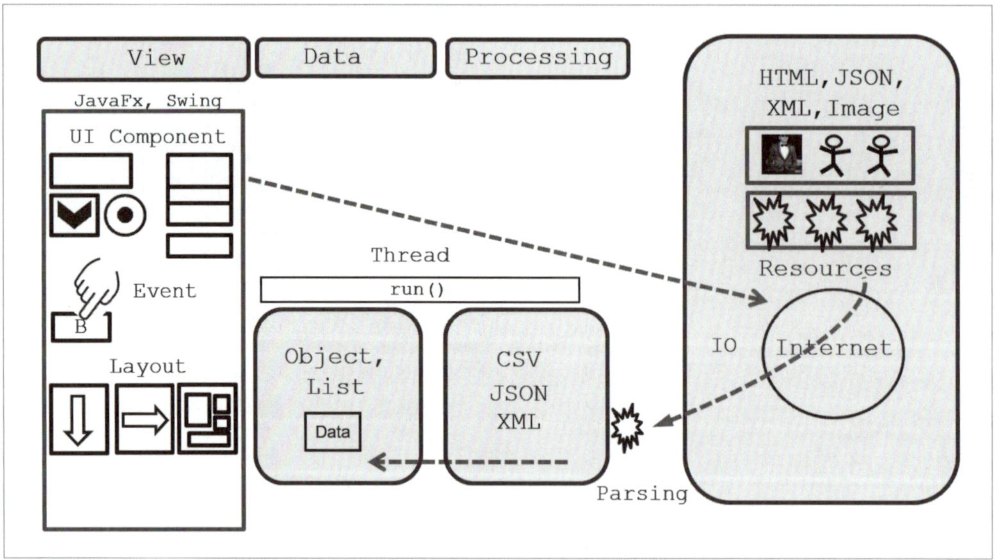

기본 데이터를 가져와서(스크래핑) 파싱하여 구조적 데이터 얻기

파싱은 데이터를 원하는 형태로 자르거나 골라내는 것으로, ","을 이용해 데이터를 나열하는 CSV, {"키":"값"}과 배열 []을 이용하여 표현하는 JSON, 데이터 설명 태그를 이용하는 XML 방법이 있다.

데이터 종류

데이터 종류	설명
HTML	<article class="chart-row chart-row--1 js-chart-row" data-hovertracklabel="Song Hover-Despacito" data-songtitle="Despacito"> <span class="chart-row__current-week">1</span> <span class="chart-row__last-week">Last Week: 1</span> <div class="chart-row__image" style="background-image: url(https://www.billboard.com/images/pref_images/q61808osztw.jpg)"> <h2 class="chart-row__song">Despacito</h2> <a class="chart-row__artist" href="https://www.billboard.com/artist/308529/luis-fonsi" data-tracklabel="Artist Name"> Luis Fonsi & Daddy Yankee Featuring Justin Bieber </a>
CSV	rank=1, song=Despacito, lastweek=1, imagesrc=https://www.billboard.com/images/pref_images/q61808osztw.jpg, artist=luis fonsi rank=2, song=That's What I Like, lastweek=2, imagesrc=https://www.billboard.com/images/pref_images/q59725qvpol.jpg, artist=bruno mars rank=3, song=I'm The One, lastweek=3, imagesrc=https://www.billboard.com/images/pref_images/q64532pl64x.jpg, artist=dj khaled
XML	<?xml version='1.0' encoding='utf-8'?> <billboards> <billboard> <rank>1</rank> <song>Despacito</song> <lastweek>1</lastweek> <imagesrc>https://www.billboard.com/images/pref_images/q61808osztw.jpg</imagesrc> <artist>luis fonsi</artist> </billboard> <billboard> <rank>2</rank> <song>That's What I Like</song> <lastweek>2</lastweek> <imagesrc>https://www.billboard.com/images/pref_images/q59725qvpol.jpg</imagesrc> <artist>bruno mars</artist> </billboard> <billboard> <rank>3</rank> <song>I'm The One</song> <lastweek>3</lastweek> <imagesrc>https://www.billboard.com/images/pref_images/q64532pl64x.jpg</imagesrc> <artist>dj khaled</artist> </billboard> </billboards>
JSON	{"billboard": [{"rank":"1","song":"Despacito","lastweek":"1","imagesrc":"https://www.billboard.com/images/pref_images/q61808osztw.jpg","artist":"luis fonsi"}, {"rank":"2","song":"That's What I Like","lastweek":"2","imagesrc":"https://www.billboard.com/images/pref_images/q59725qvpol.jpg","artist":"bruno mars"}, {"rank":"3","song":"I'm The One","lastweek":"3","imagesrc":"https://www.billboard.com/images/pref_images/q64532pl64x.jpg","artist":"dj khaled"}] }
객체 (최종 목표)	Billbaord b1 =new Billbaord(1,"Despacito",1 ,"https://www.billboard.com/images/pref_images/q61808osztw.jpg","luis fonsi"); Billbaord b2 =new Billbaord(2,"That's What I Like",2 ,"https://www.billboard.com/images/pref_images/q59725qvpol.jpg","bruno mars"); Billbaord b3 =new Billbaord(3,"I'm The One",3 ,"https://www.billboard.com/images/pref_images/q64532pl64x.jpg","dj khaled");

활용 **082**

빌보드 차트 정보에서 사용하는 정수와 문자열

- **학습 내용 :** 빌보드 차트에서 사용하는 정수와 문자열을 살펴보자.
- **힌트 내용 :** 정수는 소수점 없는 숫자이고, 문자열은 " " 사이의 여러 문자이다.

참고 271쪽 NOTE를 참고하여 예제에서 제공하는 라이브러리를 작업 폴더에 삽입하고 예제를 실습하세요.

소스 : kr.co.infopub.chapter.s082.BillboardMain1.java

```
 1: package kr.co.infopub.chapter.s082;
 3: public class BillboardMain1 {
 4:   public static void main(String[ ] args) {
 6:       int rank=1;          // 정수 저장
 7:       String song="Despacito";        // 문자열 저장
 8:       // Data를 그릇에 담는다.
 9:       int lastweek=1;
10:       String imagesrc="https://www.billboard.com/images/pref_images/q61808osztw.jpg";
11:       String artist="luis fonsi";
12:       String sf=String.format("%d, %s, %d, %s, %s",rank, song,lastweek,imagesrc,artist);
13:       System.out.println(sf);
14:   }
15: }
```

빌보드 차트에서 순위(rank)와 일주일 전 순위(lastweek)는 int 타입 정수이다. 곡명(song), 이미지 위치(imagesrc), 가수(artist)는 문자열을 사용한다.

6~11 ◆ 순위를 정수, 곡명을 문자열, 전 주 순위를 정수, 사진 위치를 문자열, 가수 이름을 문자열로 저장한다.

12~13 ◆ 빌보드 차트의 정보(순위, 곡명, 전 주 순위, 사진 정보, 가수명)를 붙여서 출력한다.

결과

```
1, Despacito, 1, https://www.billboard.com/images/pref_images/q61808osztw.jpg, luis fonsi
```

빌보드 차트 정보를 빌보드 저장 객체(DTO)에 저장하기

활용 083

• **학습 내용 :** 빌보드 차트 정보를 한 번에 저장하고 전송하는 방법을 익혀 보자.
• **힌트 내용 :** 빌보드 차트를 저장하는 DTO(Data Transfer Object)를 만든다.

소스 : kr.co.infopub.chapter.s083.Billboard.java

```
package kr.co.infopub.chapter.s083;
import java.io.Serializable;
public class Billboard implements Serializable {
    private int rank;                // 순위
    private String song;             // 곡명
    private int  lastweek;           // 전 주 순위
    private String imagesrc;         // 가수 사진
    private String artistsrc;        // 가수 정보
    private String artist;           // 가수 이름
    public Billboard( ) { }
    public Billboard(int rank, String song, int lastweek, String imagesrc,
            String artistsrc, String artist) {
        super( );
        this.rank = rank;
        this.song = song;
        this.lastweek = lastweek;
        this.imagesrc = imagesrc;
        this.artistsrc = artistsrc;
        this.artist = artist;
    }
    public Billboard(int rank, String song, int lastweek, String imagesrc, String artist) {
        super( );
        this.rank = rank;
        this.song = song;
        this.lastweek = lastweek;
        this.imagesrc = imagesrc;
        this.artist = artist;
    }
    @Override
    public String toString( ) {
```

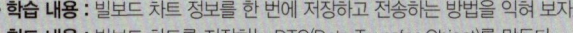

```
        return "[rank=" + rank + ", song=" + song + ", lastweek="
                + lastweek + ", imagesrc=" + imagesrc
                    + ", artist=" + artist+"]";
    }
    public int getRank( ) {
        return rank;
    }
    public void setRank(int rank) {
        this.rank = rank;
    }
    public String getSong( ) {
        return song;
    }
    public void setSong(String song) {
        this.song = song;
    }
    public int getLastweek( ) {
        return lastweek;
    }
    public void setLastweek(int lastweek) {
        this.lastweek = lastweek;
    }
    public String getImagesrc( ) {
        return imagesrc;
    }
    public void setImagesrc(String imagesrc) {
        this.imagesrc = imagesrc;
    }
    public String getArtistsrc( ) {
        return artistsrc;
    }
    public void setArtistsrc(String artistsrc) {
        this.artistsrc = artistsrc;
    }
    public String getArtist( ) {
        return artist;
    }
    public void setArtist(String artist) {
        this.artist = artist;
    }
}
```

5개의 데이터(멤버필드)를 5번 전달하는 것보다 빌보드 차트 순위에 따라 순위(rank)와 일주전 순위(lastweek), 곡명(song), 이미지 위치(imagesrc), 가수(artist)를 저장하는 전송 객체(DTO-Data Transfer Object)를 만들어 저장하고 한 번에 전송하면 편리하다.

데이터는 private으로 보호하고, 멤버필드를 가져오고 저장하기 위해 get/set 메서드를 만든다. 또한 필요한 생성자들을 오버로딩한다.

데이터를 보호하기 위해 private으로 선언한다. 순위, 곡명, 전 주 순위, 사진 정보, 가수명을 선언한다. ◆ 4~9

기본 생성자를 선언한다. ◆ 10

멤버 6개, 5개를 초기화할 생성자를 오버로딩한다. ◆ 11~28

멤버를 살펴볼 수 있도록 toString()을 오버라이딩한다. ◆ 30~34

멤버필드를 내보내고 대입하기 위해 getXXX/setXXX 메서드를 만든다. ◆ 35~70

소스 : kr.co.infopub.chapter.s083.BillboardMain2.java

```
package kr.co.infopub.chapter.s083;
public class BillboardMain2 {
    public static void main(String[ ] args) {
        // Data를 객체로 저장
        Billboard b1 =new Billboard(1,"Despacito",1,
        "https://www.billboard.com/images/pref_images/q61808osztw.jpg","luis fonsi");
        // 객체 출력
        showAbout(b1);
        // 객체로 전달
        Billboard b=b1;  // 주소 복사
        showAbout(b);    // 객체 내용을 출력
    }
    public static void showAbout(Billboard bb) {    // 객체를 전달하여 출력
        String sf=String.format("%d, %s, %d, %s, %s",
        bb.getRank( ), bb.getSong( ),bb.getLastweek( ),bb.getImagesrc( ),bb.getArtist( ));
        System.out.println(sf);
    }
}
```

5~6 빌보드 객체를 생성한다. 왼쪽 빌보드는 설계도이고 오른쪽 빌보드는 생성된 객체이다. 생성하면서 순위, 곡명, 전 주 순위, 사진 정보, 가수명을 대입하여 초기화한다.

8 빌보드 객체의 정보를 출력한다.

10~11 주소를 복사한 후, 주소의 객체 정보를 출력한다.

14~16 빌보드 차트의 정보(순위, 곡명, 전 주 순위, 사진 정보, 가수명)를 붙여서 출력한다.

결과

```
1, Despacito, 1, https://www.billboard.com/images/pref_images/q61808osztw.jpg, luis fonsi
1, Despacito, 1, https://www.billboard.com/images/pref_images/q61808osztw.jpg, luis fonsi
```

NOTE | DTO 쉽게 만들기 |

클래스 안에 멤버필드만 선언한다. 그리고 [Source]의 아랫부분부터 만든다.

- Generate Constructors from Superclass: 기본 생성자 만들기
- Generate Constructors using Fields: 생성자 오버로딩하기
- Generate toString( ): toString( ) 오버라이딩하기
- Generate Getters and Setters: get/set 메서드 만들기

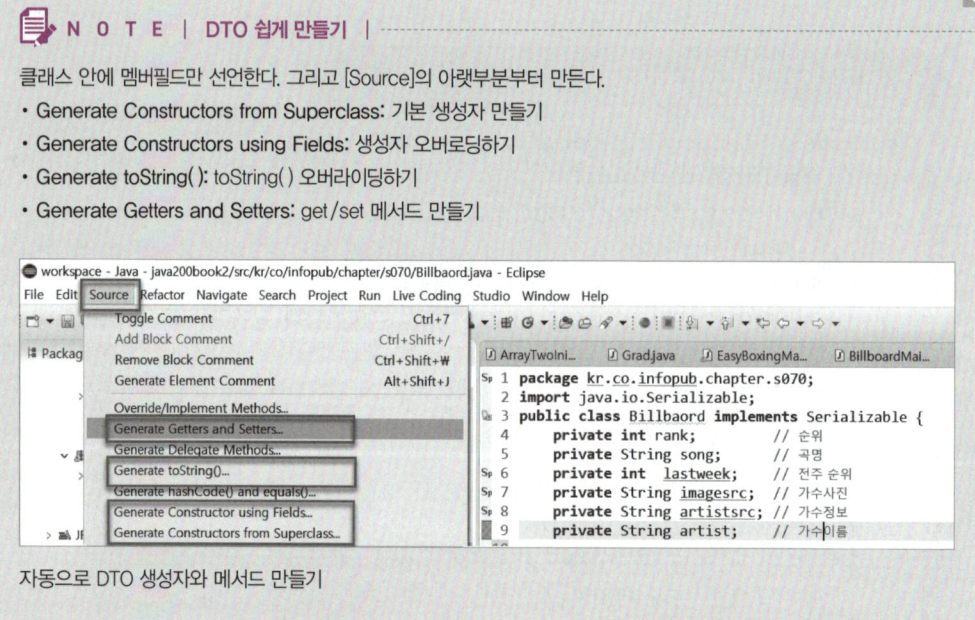

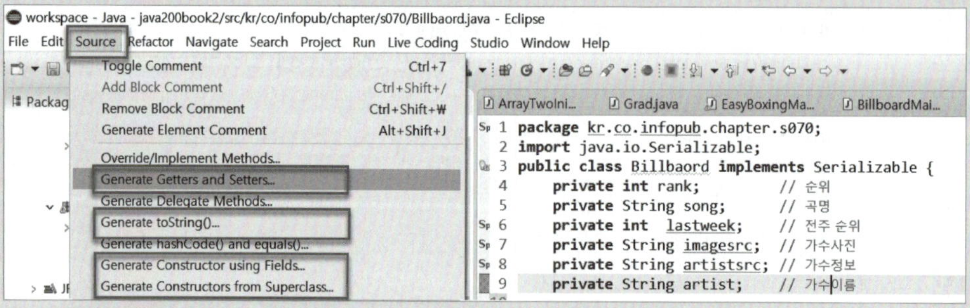

자동으로 DTO 생성자와 메서드 만들기

빌보드 차트를 객체에 저장하고 출력하기

활용 **084**

- **학습 내용 :** 빌보드 차트 정보를 객체에 저장하고 출력해 보자.
- **힌트 내용 :** varargs(...)는 한 개 이상의 객체를 출력할 수 있다.

소스 : kr.co.infopub.chapter.s084.BillboardMainObject.java

```
package kr.co.infopub.chapter.s084;
public class BillboardMainObject {
  public static void main(String[ ] args) {
    Billboard b1 =new Billboard(1,"Despacito",1,
    "https://www.billboard.com/images/pref_images/q61808osztw.jpg","luis fonsi");
    Billboard b2 =new Billboard(2,"That's What I Like",2,
    "https://www.billboard.com/images/pref_images/q59725qvpol.jpg","bruno mars");
    Billboard b3 =new Billboard(3,"I'm The One",3,
    "https://www.billboard.com/images/pref_images/q64532pl64x.jpg","dj khaled");
    showAbout(b1);          // 1개 객체
    showAbout(b2);          // 1개 객체
    showAbout(b1,b2);       // 2개 객체
    showAbout(b1,b2,b3);    // 3개 객체
    Billboard[ ] b=new Billboard[3];
    b[0]=new Billboard(1,"Despacito",1,
    "https://www.billboard.com/images/pref_images/q61808osztw.jpg","luis fonsi");
    b[1]=b2;        // 생성해도 좋고, 생성된 객체를 받아도 된다.
    b[2]=b3;
    showAbout(b[0],b[1]);   // 2개 객체
    showAbout(b);           // 배열 → 3개 객체
  }
  public static void showAbout(Billboard bb ) {      // 객체를 전달하여 출력
    System.out.println("1----------------------");
    String sf=String.format("%d, %s, %d, %s, %s",
    bb.getRank( ), bb.getSong( ),bb.getLastweek( ),bb.getImagesrc( ),bb.getArtist( ));
    System.out.println(sf);
  }
  public static void showAbout(Billboard ... b ) {      // 객체를 전달하여 출력
    System.out.println("2======================>");
```

```
30:        for(Billboard bill : b) {
31:            showAbout(bill); // 1
32:        }
33:        System.out.println("<======================2");
34:    }
35: }
```

빌보드 객체를 생성한다. 생성하면서 순위, 곡명, 전 주 순위, 사진 정보, 가수명을 대입하여 초기화한다. 빌보드 객체 배열을 생성하고 초기화한다. 1개의 객체, 2개의 객체, 3개의 객체 그리고 배열을 아규먼트로 모두 받을 수 있는 varargs(...)를 이용하여 객체의 개수에 관계 없이 출력한다.

4~9 ◆ 빌보드 객체 3개를 생성하고 빌보드 차트 1, 2, 3 등의 정보를 생성자를 통해서 저장한다.

10 ◆ 빌보드 객체 1개의 정보를 출력한다. 22라인의 showAbout()의 메서드를 호출한다.

11 ◆ 빌보드 객체 1개의 정보를 출력한다. 22라인의 showAbout()의 메서드를 호출한다.

12 ◆ 빌보드 객체 2개의 정보를 출력한다. 28라인에서 showAbout()의 메서드를 호출한다. varags(...)는 1개부터 여러 개까지 가능하지만 여기서는 22라인에 1개짜리 아규먼트 메서드가 있으므로 2개 이상이나 배열에 관해서 호출한다.

13 ◆ 빌보드 객체 3개의 정보를 출력한다. 28라인에서 showAbout()의 메서드를 호출한다.

15 ◆ 배열에 빌보드 객체를 생성하면서 대입한다.

17~18 ◆ 생성된 객체를 배열에 대입한다.

19 ◆ 빌보드 객체 2개의 정보를 출력한다. 28라인에서 showAbout()의 메서드를 호출한다.

20 ◆ 배열을 출력한다. 28라인에서 showAbout()의 메서드를 호출한다.

28 ◆ 1개 이상의 빌보드를 출력한다. 22라인에 1개에 대한 메서드가 있으므로 여기서는 2개 이상의 빌보드나 배열에 대하여 출력한다.

30 ◆ 향상된 for를 이용하여 인덱스 없이 순서대로 빌보드 객체의 정보를 출력한다.

결과

```
1----------------------
1, Despacito, 1, https://www.billboard.com/images/pref_images/q61808osztw.jpg, luis
fonsi
1----------------------
2, That's What I Like, 2, https://www.billboard.com/images/pref_images/q59725qvpol.
jpg, bruno mars
2=======================>
1----------------------
1, Despacito, 1, https://www.billboard.com/images/pref_images/q61808osztw.jpg, luis
fonsi
1----------------------
2, That's What I Like, 2, https://www.billboard.com/images/pref_images/q59725qvpol.
jpg, bruno mars
<=======================2
......
```

활용 085

빌보드 차트를 리스트에 저장하고 출력하기

- **학습 내용 :** 빌보드 차트 정보를 객체에 저장한 다음, 객체를 리스트에 저장하고 출력해 보자.
- **힌트 내용 :** 리스트는 향상된 배열로 저장할 때 add, 사용할 때 get을 이용한다.

소스 : kr.co.infopub.chapter.s085.BillboardArrayMain.java

```
package kr.co.infopub.chapter.s085;
import java.util.ArrayList;
public class BillboardArrayMain {
 public static void main(String[ ] args) {
    ArrayList<Billboard> bills=new ArrayList< >( );
    bills.add(new Billboard(1,"Despacito",1,
       "https://www.billboard.com/images/pref_images/q61808osztw.jpg","luis fonsi"));
    bills.add(new Billboard(2,"That's What I Like",2,
       "https://www.billboard.com/images/pref_images/q59725qvpol.jpg","bruno
           mars"));
    bills.add(new Billboard(3,"I'm The One",3,
       "https://www.billboard.com/images/pref_images/q64532pl64x.jpg","dj khaled"));
    System.out.println(bills.size( ));    // 3
    showAbout(bills.get(0));              // 0번째 Billboard 객체
    bills.remove(1);                      // 1번째 삭제
    System.out.println(bills.size( ));    // 2
    System.out.println("----------------------");
    for(Billboard bb : bills) {
       showAbout(bb);
    }
 }
 public static void showAbout(Billboard bb ) { // 객체를 전달하여 출력
    String sf=String.format("%d, %s, %d, %s, %s",
       bb.getRank( ), bb.getSong( ),bb.getLastweek( ),bb.getImagesrc( ),bb.getArtist( ));
    System.out.println(sf);
 }
}
```

순위, 곡명, 전 주 순위, 사진 정보, 가수명을 한 객체에 저장하고, 이 객체를 리스트에 저장한다. 이렇게 하면 빌보드 차트 1등부터 100등까지 100개의 객체를 리스트에 저장해서 100개의 객체 정보를 리스트에 저장할 수 있다. 리스트는 저장하기도 편리하고 제거, 찾기에도 편리하다.

ArrayList를 생성한다. ArrayList에 Billboard 객체만 저장하기 위해 〈Billboard〉(제네릭)로 제한한다. ◆ 5

ArrayList에 빌보드 차트 1등의 정보를 저장한 Billboard 객체를 저장한다. 이때 Billboard 객체에 순위, 곡명, 전 주 순위, 사진 정보, 가수명을 생성자에 대입하면서 생성한다. ◆ 6~7

ArrayList에 빌보드 차트 2등과 3등의 정보를 저장한 Billboard 객체를 저장한다. ◆ 8~12

ArrayList에 저장한 Billboard 객체의 개수를 출력한다. ◆ 13

ArrayList에 Billboard 객체를 저장할 때 자동으로 0번부터 순서가 정해진다. 3개의 객체를 저장했기 때문에 0, 1, 2번째 객체로 저장된다. get(0)은 0번째로 저장된 Billboard 객체(1등)를 반환한다. showAbout(Billboard객체)은 Billboard 객체의 정보를 출력한다. ◆ 14

1번째 Billboard 객체(2등)를 제거한다. ◆ 15

ArrayList에 2개의 Billboard 객체가 저장되어 있다. ◆ 16

ArrayList에 저장된 Billboard 객체를 향상된 for를 이용하여 출력한다. ◆ 18~20

결과

```
3
1, Despacito, 1, https://www.billboard.com/images/pref_images/q61808osztw.jpg, luis
fonsi
2
----------------------
1, Despacito, 1, https://www.billboard.com/images/pref_images/q61808osztw.jpg, luis
fonsi
3, I'm The One, 3, https://www.billboard.com/images/pref_images/q64532pl64x.jpg, dj
khaled
```

활용

086 빌보드 차트 정보를 파일로 저장하기

- **학습 내용 :** 빌보드 차트 정보를 파일로 저장해 보자.
- **힌트 내용 :** 문자열(텍스트)을 저장할 때는 PrintWriter를 사용한다.

소스 : kr.co.infopub.chapter.s086.BillFileWriter.java

```java
package kr.co.infopub.chapter.s086;
import java.io.File;
// 파일 저장
import java.io.FileWriter;
import java.io.IOException;
import java.io.PrintWriter;
import java.util.ArrayList;
public class BillFileWriter {
  public static void main(String[ ] args) {
      Billboard b1 =new Billboard(1,"Despacito",1,
            "https://www.billboard.com/images/pref_images/q61808osztw.jpg","luis fonsi");
      Billboard b2 =new Billboard(2,"That's What I Like",2,
            "https://www.billboard.com/images/pref_images/q59725qvpol.jpg","bruno mars");
      Billboard b3 =new Billboard(3,"I'm The One",3,
            "https://www.billboard.com/images/pref_images/q64532pl64x.jpg","dj khaled");
      ArrayList<Billboard> bblist=new ArrayList< >( );
      bblist.add(b1);
      bblist.add(b2);
      bblist.add(b3);
      File f=new File("billboard");
      if(!f.exists( )){ f.mkdirs( ); }
      try (PrintWriter pw=new PrintWriter(new FileWriter("billboard\\bill.txt",false),true)){
            for(Billboard bb : bblist) {
                  pw.println(bb);
            }
      } catch (IOException e) {
            System.out.println(e);
      }
  }
}
```

try(PrintWriter 생성){} 구문은 자바7에서 추가된 구문으로 finally를 사용하지 않고 {}을 끝내면 자동으로 PrintWriter를 close한다. PrintWriter(FileWriter)를 이용하여 파일을 저장한다. java.io는 Closable(AutoClosable) 인터페이스를 구현했기 때문에 try(IO 객체 생성)는 {}가 끝나면 자동으로 close()(autoclose())된다. finally 구문이 필요 없는 편리한 예외 처리이다.

NOTE

이번 프로그래밍을 실행하기 전에 javabook200new3 폴더에 billboard 디렉토리를 먼저 만들어 놓자.

Billboard 객체에 순위, 곡명, 전 주 순위, 사진 정보, 가수명을 생성자에 대입하면서 생성한다. 빌보드 차트 1, 2, 3등의 정보를 객체에 저장한다. ◆ 10~15

ArrayList를 생성한다. ArrayList에 Billboard 객체만 저장하기 위해 〈Billboard〉(제네릭)로 제한한다. ◆ 16

ArrayList에 빌보드 차트 정보를 저장한 Billboard 객체를 저장한다. ◆ 17~19

"billboard" 디렉토리가 존재하지 않으면(!exists()) "billboard" 디렉토리를 만든다(mkdirs()). ◆ 20~21

try(IO 객체 생성)는 {}가 끝나면 자동으로 close()(autoclose())된다. finally 구문이 필요없는 편리한 예외 처리이다. "billboard" 디렉토리에 "bill.txt" 파일 이름으로 저장한다. "bill.txt"가 이미 있다면 내용을 모두 지우고 새로(false) 저장한다. ◆ 22

리스트에 저장된 Billboard 객체들을 향상된 for를 이용하여 index 없이 0번째부터 순서대로 파일로 저장한다. 이때 한 줄 저장하고 자동으로 파일로 확실하게 저장하도록(22: flush true) 한다. ◆ 23~25

결과

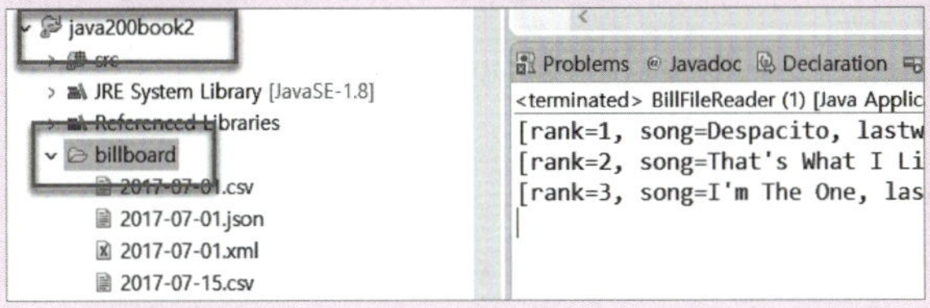

실행시키기 전에 프로젝트 아래에 billboard 디렉토리가 있는지 확인해야 한다.

활용

087 저장한 빌보드 차트 파일 정보를 읽어들이기

- **학습 내용 :** 파일로 저장한 빌보드 차트 정보를 읽어 보자.
- **힌트 내용 :** 문자열(텍스트)을 읽을 때는 BufferedReader를 사용한다.

소스 : kr.co.infopub.chapter.s087.BillFileReader.java

```
 1: package kr.co.infopub.chapter.s087;
 3: import java.io.BufferedReader;
 4: import java.io.FileReader;
 5: public class BillFileReader {
 6:     public static void main(String[ ] args) {
 7:         try(BufferedReader br=new BufferedReader(
 8:                     new FileReader("billboard\\bill.txt"))) {
 9:             String msg="";
10:             while((msg=br.readLine( ))!=null) {
11:                 System.out.println(msg);
12:             }
13:         } catch (Exception e) {
14:             System.out.println(e);
15:         }
16:     }
17: }
```

7~8 ◆ try(BufferedReader 생성) {} 구문은 자바7에서 추가된 구문으로 finally를 사용하지 않고 {}을 끝내면 자동으로 BufferedReader를 close한다. BufferedReader(FileReader)를 이용하여 저장된 파일을 읽는다. java.io가 Closable(AutoClosable) 인터페이스를 구현했기 때문에 try(IO 객체 생성)는 {}가 끝나면 자동으로 close( )(autoclose( ))되어 finally 구문이 필요 없다. "billboard" 디렉토리에 "bill.txt" 파일을 읽는다.

결과

```
[rank=1, song=Despacito, lastweek=1, imagesrc=http://www.billboard.com/images/
......
[rank=3, song=I'm The One, lastweek=3, imagesrc=http://www.billboard.com/images/
pref _images/q64532pl64x.jpg, artist=dj khaled]
```

빌보드 차트 파일을 저장한 디렉토리 찾기

활용 088

- **학습 내용 :** 빌보드 차트 파일이 저장된 디렉토리를 찾아보자.
- **힌트 내용 :** File 클래스를 이용하여 디렉토리를 찾고 디렉토리에 있는 파일을 찾는다.

소스 : kr.co.infopub.chapter.s088.BillFiles.java

```java
package kr.co.infopub.chapter.s088;
import java.io.BufferedReader;
import java.io.File;
import java.io.FileReader;
import java.util.Date;
// 파일
public class BillFiles {
    public static void main(String[ ] args) {
        File f=new File("billboard");   // billboard 디렉토리
        File[ ] fd=f.listFiles( );           // 바로 아래 파일들(자식 파일)
        for (File ff : fd) {
            String fname=ff.getName( );   // 파일명
            String post=fname.substring(fname.lastIndexOf(".")+1);
            System.out.println(fname+"  "+post);            // 이름, 확장자
            System.out.println(ff.getAbsolutePath( ));    // 전체 경로
            System.out.println(new Date(ff.lastModified( )));    //수정일
            try(BufferedReader br=new BufferedReader(
                        new FileReader(ff.getAbsolutePath( )))) {
                String msg="";
                while((msg=br.readLine( ))!=null) {
                    System.out.println(msg);
                }
            } catch (Exception e) {
                System.out.println(e);
            }
            System.out.println("------------------------------------");
        }
    }
}
```

java.io.File 클래스는 파일에 관련된 클래스와 정보를 제공한다. File 클래스에 입력된 이름이 디렉토리인지 확인하고, 디렉토리 안에 있는 파일을 찾을 수 있으며, 파일 이름, 파일 절대 경로 이름, 작성일 또는 수정일 등을 확인할 수 있다.

9 ◆ "billboard" 디렉토리에 대한 정보를 확인하기 위해 File 클래스를 생성한다.

10 ◆ "billboard" 디렉토리 내부에 포함된 모든 파일을 배열로 반환한다.

11~27 ◆ 향상된 for를 이용하여 "billboard" 디렉토리 내부에 포함된 모든 파일의 정보를 출력한다.

12 ◆ 파일명을 얻는다.

13 ◆ fname="bill.txt" 파일에 대하여 "." 뒤의 "txt"를 얻는다. fname.substring(fname.lastIndexOf(".") + 1)에서 fname.lastIndexOf(".")은 4번째, fname.substring(4 + 1)은 5번째 이후를 잘라서 문자열을 얻으므로 "csv"를 얻는다.

14 ◆ 파일 이름("bill.txt")과 확장자("txt")를 얻는다.

15 ◆ 전체 경로를 반환한다. 예로 "D:\java200book\workspace\java200book2\billboard\bill.txt"를 출력한다.

16 ◆ 수정된 시간(long)을 입력해 Date 수정 날짜 정보를 얻는다.

17 ◆ try() 구문에 전체 경로를 입력하여 해당 파일을 읽을 준비를 한다.

20~22 ◆ 파일에서 한 줄씩 빌보드 정보를 읽어서 출력한다.

결과

```
{"rank":"60","song":"Rubbin Off The Paint","lastweek":"59","imagesrc":"https://www.
billboard.com/images/pref_images/q__________.jpg","artist":"YBN Nahmir"},
......
[rank=3, song=I'm The One, lastweek=3, imagesrc=https://www.billboard.com/images/
pref_images/q64532pl64x.jpg, artist=dj khaled]
------------------------------------
```

위키피디아에서 국가별 국기 정보 읽어오기

활용 089

- **학습 내용 :** 위키피디아 웹사이트에서 국가별 국기 정보를 가져온다.
- **힌트 내용 :** 웹사이트 주소를 찾는 URL 클래스를 이용한다.

소스 : kr.co.infopub.chapter.s089.WikipediaMain.java

```java
package kr.co.infopub.chapter.s089;
import java.io.BufferedReader;
import java.io.InputStreamReader;
import java.net.URL;

public class WikipediaMain{
public static void main(String[] args) {
    String newUrls="https://ko.wikipedia.org/wiki/ISO_3166-1";
    URL url=null;
    try {
     url=new URL(newUrls);  // 주소 찾기
     // 주소지에 빨대 꽂기
     BufferedReader reader = new BufferedReader(
          new InputStreamReader(url.openStream(),"utf-8"),8);
     String line = null;
     while ((line = reader.readLine()) != null){  // 한 줄씩 읽어서
              if(!line.trim().equals("")){            // 공백이 아니면 출력한다.
                       System.out.println(line.trim());
              }
     }
   } catch (Exception e) {
     System.out.println("Wiki Flag Parsing error !!! ");
   }
 }
}
```

다음과 같은 순서로 위키피디아 웹사이트에서 국기 정보를 읽어온다.

❶ URL로 주소를 찾는다.

❷ 찾은 주소에 연결하여 빨대(url.openStream())를 꽂는다.

❸ 연결한 빨대에 호스를 연결(BufferedReader)한다.

❹ 연결된 호스에서 한 줄씩 문자열을 읽는다.

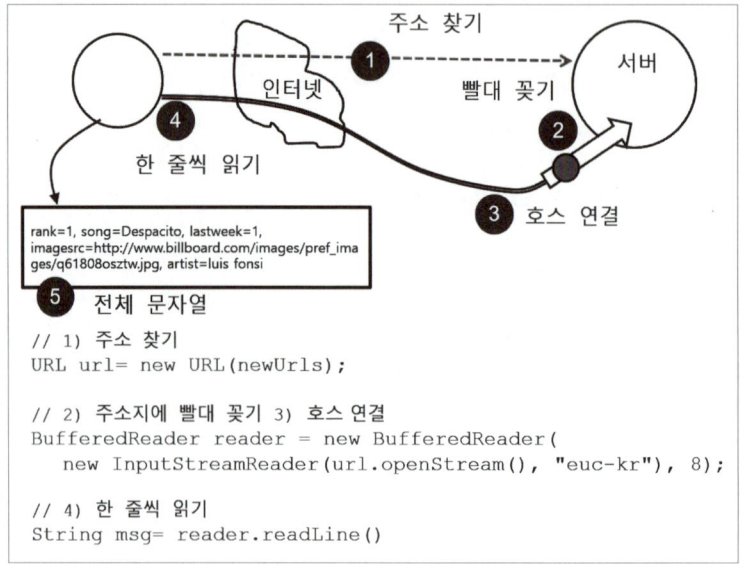

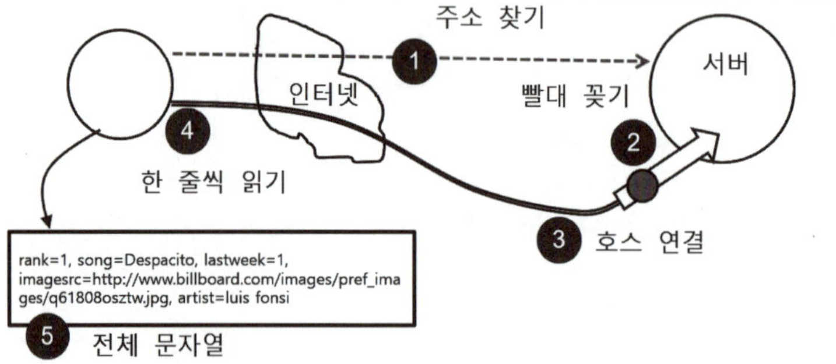


```
// 1) 주소 찾기
URL url= new URL(newUrls);

// 2) 주소지에 빨대 꽂기 3) 호스 연결
BufferedReader reader = new BufferedReader(
   new InputStreamReader(url.openStream(), "euc-kr"), 8);

// 4) 한 줄씩 읽기
String msg= reader.readLine()
```

주소지에 빨대를 꽂고 호스를 연결하여 한 줄씩 가져오기

8 ◆ 위키피디아 웹사이트 경로이다.

9 ◆ 웹사이트 경로를 찾는 URL 클래스를 선언한다.

10~23 ◆ 예외가 발생할 수 있으므로 try로 감싸고 catch로 예외를 처리한다.

11 ◆ 위키피디아 웹사이트의 경로를 입력하고 URL 객체를 생성해서 주소를 찾는다.

13 ◆ 주소에서 위키피디아 국기 정보를 읽기 위해 BufferedReader 객체를 생성한다.

14 ◆ 주소지에 연결하고 한글이 있어도 깨지지 않도록 “utf-8”(상황에 따라 euc-kr)로 설정하고 읽을 호스를 연결한다.

16 ◆ 웹사이트에서 더 이상 읽을 것이 없을 때까지 한 줄씩 읽는다.

읽은 문자열이 공백 문자열이 아니면 읽은 문자열을 출력한다.

결과

```
<td><span class="flagicon">
<a href="/wiki/%ED%8C%8C%EC%9D%BC:Flag_of_France.svg" class="image">
<img alt="프랑스의 기" src="//upload.wikimedia.org/wikipedia/
commons/thumb/c/c3/Flag_of_France.svg/22px-Flag_of_France.svg.png"
decoding="async" width="22" height="15"
class="thumbborder" srcset="//upload.wikimedia.org/wikipedia/commons
/thumb/c/c3/Flag_of_France.svg/33px-Flag_of_France.svg.png 1.5x,
//upload.wikimedia.org/wikipedia/commons/thumb/c/c3/
Flag_of_France.svg/44px-Flag_of_France.svg.png 2x"
data-file-width="900" data-file-height="600" /></a></span>
<a href="/wiki/%ED%94%84%EB%9E%91%EC%8A%A4" title="프랑스">프랑스</a></td>
<td>250</td>
<td>FR
```

활용 090

위키피디아에서 국기 정보를 읽어 리스트에 저장하기

- **학습 내용 :** 위키피디아 웹사이트에서 국기 정보를 읽어서 리스트에 저장한다.
- **힌트 내용 :** 웹사이트 주소에서 문자열을 한 줄씩 읽어서 리스트에 저장한다.

소스 : kr.co.infopub.chapter.s090.WikipediaMain2.java

```
package kr.co.infopub.chapter.s090;
import java.io.BufferedReader;
import java.io.InputStreamReader;
import java.net.URL;
import java.util.ArrayList;

public class WikipediaMain2 {
 public static void main(String[] args) {
     ArrayList<String> htmls=new ArrayList<String>();
     String newUrls="https://ko.wikipedia.org/wiki/ISO_3166-1";
     URL url=null;
     try {
     url=new URL(newUrls); // 주소 찾기
     // 주소지에 빨대 꽂기
         BufferedReader reader = new BufferedReader(
             new InputStreamReader(url.openStream(),"utf-8"),8);
         String line = null;
         while ((line = reader.readLine()) != null){ // 한줄씩 읽어서
             if(!line.trim().equals("")){        // 공백이 아니면 출력한다.
                 htmls.add(line.trim());     // ArrayList 한줄씩 저장
             }
         }
     } catch (Exception e) {
         System.out.println("Wiki Flag Parsing error !!! ");
     }
     // ArrayList에 저장된 문자열 출력
     for (String str : htmls) {
         System.out.println(str);
     }
 }
}
```

다음과 같은 순서로 위키피디아 웹사이트에서 국기 정보를 읽어서 리스트에 저장한다.

❶ URL로 주소를 찾는다.

❷ 찾은 주소에 연결하여 빨대(url.openStream())를 꽂는다.

❸ 연결한 빨대에 호스를 연결(BufferedReader)한다.

❹ 연결된 호스에서 한 줄씩 문자열을 읽는다.

❺ 읽은 문자열이 공백 문자열이 아니라면 리스트에 저장한다.

문자열(String)만 저장할 수 있는 ArrayList 객체를 생성한다. 이 리스트에 위키피디아 웹사이트에서 읽은 내용을 저장하려고 한다. ◆ 9

위키피디아 국기 정보 웹사이트 경로이다. ◆ 10

웹사이트 경로를 찾는 URL 클래스를 선언한다. ◆ 11

예외가 발생할 수 있으므로 try로 감싸고 catch로 예외를 처리한다. ◆ 12~25

위키피디아 국기 정보 웹사이트의 경로를 입력하고 URL 객체를 생성해서 주소를 찾는다.

주소에서 국기 정보를 읽기 위해 BufferedReader 객체를 생성한다. ◆ 15

주소지에 연결하고 한글이 있어도 깨지지 않도록 "utf-8"(상황에 따라 euc-kr)로 설정하고 읽을 호스를 연결한다. ◆ 16

웹사이트에서 더 이상 읽을 것이 없을 때까지 한 줄씩 읽는다. ◆ 18

읽은 문자열이 공백 문자열이 아니면 읽은 문자열을 리스트에 저장한다. ◆ 20

향상된 for를 이용하여 리스트에 저장된 내용을 한 줄씩 출력한다. ◆ 27~29

결과

```
...<td><span class="flagicon">
<a href="/wiki/%ED%8C%8C%EC%9D%BC:Flag_of_France.svg" class="image">
<img alt="프랑스의 기" src="//upload.wikimedia.org/wikipedia/
commons/thumb/c/c3/Flag_of_France.svg/22px-Flag_of_France.svg.png"
data-file-width="900" data-file-height="600" ... /></a></span>
<a href="/wiki/%ED%94%84%EB%9E%91%EC%8A%A4" title="프랑스">프랑스</a></td>
<td>250</td>
<td>FR ...
```

활용 091

이번 주 빌보드 차트 기준 날짜 찾기

- **학습 내용 :** 이번 주 빌보드 차트의 기준 날짜를 찾아보자.
- **힌트 내용 :** id라는 고유한 아이디를 이용하여 날짜를 찾는다.

소스 : kr.co.infopub.chapter.s091.BillboardTimeMain.java

```java
package kr.co.infopub.chapter.s091;
import java.io.IOException;

import org.apache.http.HttpEntity;
import org.apache.http.client.methods.CloseableHttpResponse;
import org.apache.http.client.methods.HttpGet;
import org.apache.http.impl.client.CloseableHttpClient;
import org.apache.http.impl.client.HttpClients;
import org.apache.http.util.EntityUtils;
import org.jsoup.Jsoup;
import org.jsoup.nodes.Document;
import org.jsoup.nodes.Element;
// Jsoup.parse : jsoup_1.13.1.jar
// org.apache.http  : httpclient, httpcore, commons
// https://mvnrepository.com에서 다운로드
public class BillboardTimeMain {
 public static void main(String[] args) {
    String newUrls = "https://www.billboard.com/charts/hot-100/";
    HttpGet request = new HttpGet(newUrls); // HttpClient를 이용하여
    CloseableHttpClient httpClient=null;
    CloseableHttpResponse response=null;
    Document doc = null;
    try {
      httpClient = HttpClients.createDefault(); // 웹에 연결
      response = httpClient.execute(request);  // 결과 얻기
      StringBuffer sb=new StringBuffer();      // 5000줄 정도 저장
       HttpEntity entity = response.getEntity();
       if (entity != null) { // 결과가 있다면 결과에서 한 줄씩
          String result = EntityUtils.toString(entity);
```

```
                sb.append(result); // 결과 저장
            }
            doc=Jsoup.parse(sb.toString()); // 전체 내용을 HTML 파싱
            String id="charts";
            // <div id="charts" data-chart-date="2020-07-11"
            Element eid=doc.getElementById(id);    // 고유한 charts를 찾음
            String sdate=eid.attr("data-chart-date"); // 속성값
            System.out.println("이번 빌보드 차트 날짜 : "+sdate.trim());
        } catch (IOException e) {
            System.out.println(e);
        }
    }
}
```

노트를 참고하여 필요한 라이브러리(jar)들을 임포트한 후 코딩하자. 빌보드 차트가 http에서 https로 변경되면서 java.net.URL로 읽지 못하므로 외부 라이브러리의 도움을 받는다. 다음과 같은 순서로 빌보드 차트 웹사이트에서 빌보드 기준 날짜를 찾는다. 예제 90의 ①~⑤와 비교해 보자.

❶ URL로 주소를 찾는다. → HTTPClient는 HttpGet을 이용한다.

❷ 찾은 주소에 연결하여 빨대(url.openStream( ))를 꽂는다. 연결한 빨대에 호스를 연결(BufferedReader)한다. → HTTPClient는 HttpClients를 이용한다.

❸ 연결된 호스에서 한 줄씩 문자열을 읽는다. → HTTPClient는 getEntity를 이용하여 결과를 가져온다.

❹ 특정 문자열("〈div id="charts" data-chart-date")이 포함되어 있는지 확인한다. → HTTPClient는 EntityUtils.toString(entity)를 이용하여 문자열로 변경한다.

❺ 특정 문자열("data-chart-date=")을 찾았다면 data-chart-date="년-월-일" 부분을 찾아 "년-월-일"을 얻는다. → 〈div id="charts" data-chart-date="2020-07-11"

Ⓐ 특정 위치를 찾는다. id는 고유한 아이디다. getElementById("charts")를 이용한다. 여기서 id가 "charts"다.
〈div id="charts" data-chart-date="2020-07-11"

Ⓑ id를 이용하여 찾은 엘리먼트 div에서 속성(attribute, attr)인 data-chart-date의 값을 얻는다.
data-chart-date="2020-07-11"

Ⓒ 속성 data-chart-date의 값이 "년-월-일"이다.
2020-07-11

23~40 ◆ 예외처리를 한다.

19 ◆ java.net.URL로 직접 읽을 수 없으므로 아파치의 HttpClient를 사용한다. HTTP 문서를 GET 방식(웹은 GET, POST, PUT, DELETE 등이 있다)으로 접근한다.

24 ◆ 빌보드 경로에 연결한다.

25 ◆ 연결된 경로에 GET 방식으로 요청하고 결과(response)를 받는다.

26 ◆ StringBuffer를 준비한다.

29 ◆ 결과가 있다면 결과를 문자열로 변환한다.

30 ◆ StringBuffer에 저장한다.

32 ◆ StringBuffer를 문자열로 변환 후(toString()) Jsoup을 이용하여 HTML 문서 객체로 만든다.

35 ◆ 특정 위치를 찾는다. id는 고유한 아이디다. getElementById("charts")를 이용한다. 여기서 id가 "charts"다.

36 ◆ id를 이용하여 찾은 엘리먼트 div에서 속성(attribute, attr)인 data-chart-date의 값을 얻는다. 속성 data-chart-date의 값이 "년-월-일"이다.

37 ◆ 이번 주 빌보드 차트 날짜를 출력한다.

```
<div id="charts"   data-chart-date="2020-07-11"
     data-page-title="THE HOT 100"
     data-chart-code="HSI"
     data-chart-logo="https://www.billboard.com/assets/1593527595/images/charts/the-hot-100-dark.svg?14b0a264d5df641a785a"
     data-chart-title="The Hot 100 Chart | Billboard"
     data-chart-title-suffix=" | Billboard The Hot 100 Chart"
     data-chart-name="The Hot 100"
```

getElementById("charts")로 〈div id="charts"   data-chart-date="2020-07-11" 〉 엘리먼트를 찾을 수 있다. 이 특정 엘리먼트의 속성(attribute) data-chart-date 값이 우리가 찾는 빌보드 차트 날짜다.

결과

이번 빌보드 차트 날짜 : 2020-07-18

찾으려는 날짜의 빌보드 차트를 리스트에 저장하기

활용 092

- **학습 내용 :** 찾으려는 날짜의 빌보드 차트 내용을 문자열로 저장한다.
- **힌트 내용 :** HttpGet을 이용해 GET 방식으로 요청해서 결과를 얻는다.

소스 : kr.co.infopub.chapter.s092.RequestFromBillboardHot.java

```
package kr.co.infopub.chapter.s092;
import java.io.IOException;
import org.apache.http.HttpEntity;
import org.apache.http.client.methods.CloseableHttpResponse;
import org.apache.http.client.methods.HttpGet;
import org.apache.http.impl.client.CloseableHttpClient;
import org.apache.http.impl.client.HttpClients;
import org.apache.http.util.EntityUtils;
import org.jsoup.Jsoup;
import org.jsoup.nodes.Document;
import org.jsoup.nodes.Element;
public class RequestFromBillboardHot {

 String result;
 public void getAllHtml(String newUrls){
   HttpGet request = new HttpGet(newUrls);  // HttpGet 생성
   // 자동 finally 처리용
   try (CloseableHttpClient httpClient = HttpClients.createDefault();
         CloseableHttpResponse response = httpClient.execute(request)){
      HttpEntity entity = response.getEntity();
      if (entity != null) {
        result = EntityUtils.toString(entity);
      }
   } catch (IOException e) {
        System.out.println("Billboard Parsing error !!! ");
   }
 }
 public void printHtml(){
      System.out.println(result);
```

```
}
public String getTimeDate(String aurl) {  // s091에서 설명
    String newUrls = "https://www.billboard.com/charts/hot-100/";
    HttpGet request = new HttpGet(newUrls); // HttpClient를 이용하여
    CloseableHttpClient httpClient=null;
    CloseableHttpResponse response=null;
    Document doc = null;
    String sdate="";
    try {
      httpClient = HttpClients.createDefault(); // 웹에 연결
      response = httpClient.execute(request);  // 결과 얻기
      StringBuffer sb=new StringBuffer();       // 5000줄 정도 저장
        HttpEntity entity = response.getEntity();
        if (entity != null) {  // 결과가 있다면 결과에서 한 줄씩
            String result = EntityUtils.toString(entity);
            sb.append(result); // 한 줄씩 저장
        }
        doc=Jsoup.parse(sb.toString()); // 전체 내용을 HTML 파싱
        String id="charts";
        // <div id="charts" data-chart-date="2020-07-11"
        Element eid=doc.getElementById(id);   // 고유한 charts를 찾음
        sdate=eid.attr("data-chart-date"); // 속성값
    } catch (IOException e) {
            System.out.println("Billboard Parsing error !!! ");
    }
    return sdate!=null?
                RestDay.saturday(sdate): RestDay.saturday();
}
public static void main(String[] args) {
    RequestFromBillboardHot rfw=new RequestFromBillboardHot();
    String a="https://www.billboard.com/charts/hot-100/";
    String rs=rfw.getTimeDate(a);
    System.out.println("이번 주 "+rs);
    //rs=RestDay.toWantedDay(rs, 1);  // 1주 전
    //System.out.println("일주일 주 "+rs);
    rfw.getAllHtml(a+rs);  // hot-100 html 읽어 문자열로 저장
    rfw.printHtml();       // 저장한 내용 출력
}
}
```

다음과 같은 순서로 빌보드 차트 웹사이트에서 빌보드 기준 날짜를 찾는다. 예제 90의 ❶~❺와 비교해 보자.

❶ URL로 주소를 찾는다. → HTTPClient는 HttpGet을 이용한다.

❷ 찾은 주소에 연결하여 빨대(url.openStream())를 꽂는다. 연결한 빨대에 호스를 연결(BufferedReader)한다. → HTTPClient는 HttpClients를 이용한다.

❸ 연결된 호스에서 한 줄씩 문자열을 읽는다. → HTTPClient는 getEntity를 이용하여 결과를 가져온다.

❹ 특정 문자열("〈div id="charts" data-chart-date")이 포함되어 있는지 확인한다. → HTTPClient는 EntityUtils.toString(entity)를 이용하여 문자열로 변경한다.

❺ 특정 문자열("data-chart-date=")을 찾았다면 data-chart-date="년-월-일" 부분을 찾아 "년-월-일"을 얻는다. → 〈div id="charts" data-chart-date="2020-07-11"

빌보드 웹에서 읽은 전체 내용을 문자열로 저장한다. ◆ 14

java.net.URL로 직접 읽을 수 없으므로 아파치의 HttpClient를 사용한다. HTTP 문서를 GET 방식(웹은 GET, POST, PUT, DELETE 등이 있다)으로 접근한다. ◆ 16

예외처리를 한다. 자동 finally 처리를 위하여 try()를 이용한다. ◆ 18~26

빌보드 경로에 연결한다. 자동 close()를 하기 위해 Closeable 객체를 사용한다. ◆ 18

연결된 경로에 GET 방식으로 요청하고 결과(response)를 받는다. ◆ 19

결과가 있다면 결과를 문자열로 변환하여 멤버(String result)로 저장한다. ◆ 22

빌보드 웹에서 읽은 문자열을 출력한다. ◆ 28

java.net.URL로 직접 읽을 수 없으므로 아파치의 HttpClient를 사용한다. HTTP 문서를 GET 방식(웹은 GET, POST, PUT, DELETE 등이 있다)으로 접근한다. ◆ 33

빌보드 경로에 연결한다. ◆ 39

연결된 경로에 GET 방식으로 요청하고 결과(response)를 받는다. ◆ 40

StringBuffer를 준비한다. ◆ 41

결과가 있다면 결과를 문자열로 변환한다. ◆ 44

StringBuffer에 저장한다. ◆ 45

47 ◆ StringBuffer를 문자열로 변환 후(toString()) Jsoup을 이용하여 HTML 문서 객체로 만든다.

50 ◆ 특정 위치를 찾는다. id는 고유한 아이디다. getElementById("charts")를 이용한다. 여기서 id가 "charts"다.

51 ◆ id를 이용하여 찾은 엘리먼트 div에서 속성(attribute, attr)인 data-chart-date의 값을 얻는다. 속성 data-chart-date의 값이 "년-월-일"이다.

55~56 ◆ 이번 주 빌보드 차트 날짜를 출력한다. 토요일이 아니면 토요일로 변환한다. RestDays는 예제 75에서 학습한 내용으로 문자열을 Calendar와 원하는 날짜로 변경한다.

61 ◆ 이번 주 빌보드 차트 날짜를 얻는다.

63 ◆ RestDay.toWantedDay(rs,1)로 1주 전 날짜를 얻을 수 있다(RestDays는 예제 75 참고).

65 ◆ 빌보드에서 읽어온다.

66 ◆ 읽어온 빌보드 정보를 출력한다.

결과

```
<li class="chart-list__element display--flex">
<button
 class="chart-element__wrapper display--flex flex--grow sort--default">
<span
 class="chart-element__rank flex--column flex--xy-center flex--no-shrink">
   <span class="chart-element__rank__number">1</span>
</span>
<span class="chart-element__information">
 <span
 class="chart-element__information__song text—truncate color—primary">
 Rockstar
 </span>
 <span
 class="chart-element__information__artist text—truncate color—secondary">
 DaBaby Featuring Roddy Ricch
 </span>
</span>
</button>
</li>
```

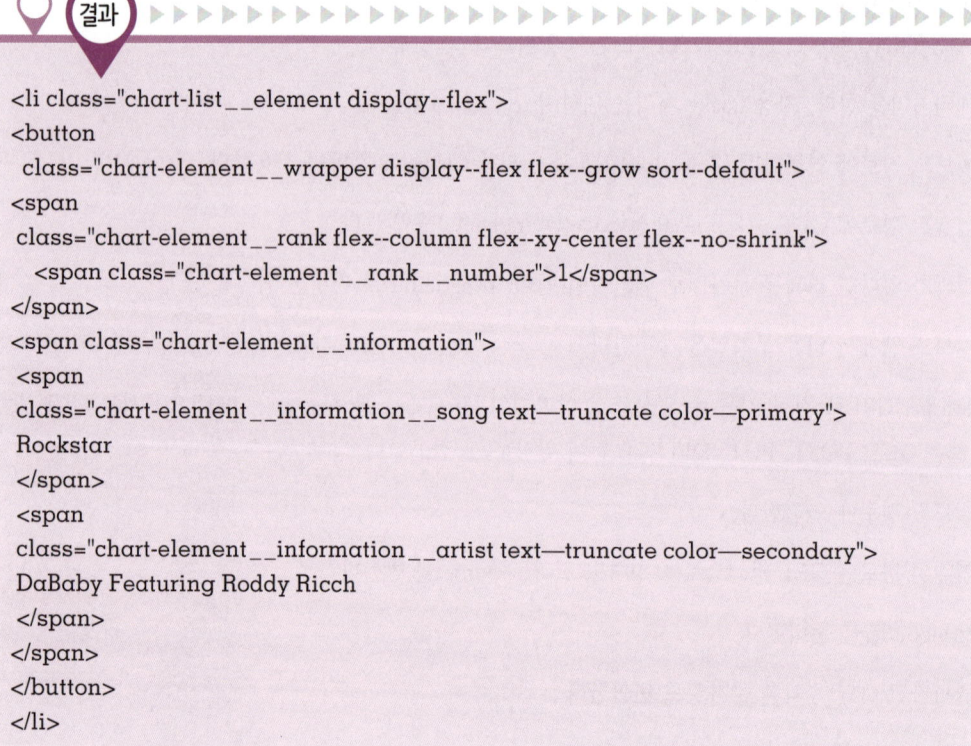

이번 주 빌보드 차트를 파싱하여 객체로 저장하기

활용 093

- **학습 내용 :** 이번 주 빌보드 차트를 파싱하여 객체로 저장해 보자.
- **힌트 내용 :** HttpClient를 이용하여 빌보드 내용을 가져오고 Jsoup으로 원하는 문자열을 얻는다.

소스 : kr.co.infopub.chapter.s093.RequestFromBillboardHot.java]

```
package kr.co.infopub.chapter.s093;
import java.io.IOException;
import java.util.ArrayList;
import org.apache.http.HttpEntity;
import org.apache.http.client.methods.CloseableHttpResponse;
import org.apache.http.client.methods.HttpGet;
import org.apache.http.impl.client.CloseableHttpClient;
import org.apache.http.impl.client.HttpClients;
import org.apache.http.util.EntityUtils;
import org.jsoup.Jsoup;
import org.jsoup.nodes.Document;
import org.jsoup.nodes.Element;
import org.jsoup.select.Elements;

public class RequestFromBillboardHot {
ArrayList<Billbaord> billboards=new ArrayList<Billbaord>();
public ArrayList<Billbaord> getBillboards() {
    return billboards;
}

public RequestFromBillboardHot(){
    billboards.clear();
}
public  void getBillboardData(String newUrls){
 billboards.clear();
 HttpGet request = new HttpGet(newUrls);  // HttpGet 생성
 Document doc = null;
 // 자동 finally 처리용
 try (CloseableHttpClient httpClient = HttpClients.createDefault();
```

```
    CloseableHttpResponse response = httpClient.execute(request)){
      StringBuffer sb=new StringBuffer();
     HttpEntity entity = response.getEntity();
     if (entity != null) {
       String result = EntityUtils.toString(entity);
       sb.append(result);              // 모든 내용을 읽어온다.
     }
     doc=Jsoup.parse(sb.toString());      // 읽은 내용을 Document로 만든다.
     String r1="flex--column.flex--xy-center.";
     String r2="flex--no-shrink > span.chart-element__rank__number";
     String o1="span.chart-element__information__song.";
     String o2="text--truncate.color--primary";
     String i1="span.chart-element__information__artist.";
     String i2="text--truncate.color--secondary";
     String rank="li > button > span.chart-element__rank."+r1+r2;
     String song="li > button > span.chart-element__information > "+o1+o2;
     String singer="li > button > span.chart-element__information > "+i1+i2;
     Elements ranks = doc.select(rank);    // 랭킹 : 모든 내용에서 랭킹 찾기
     Elements songs = doc.select(song);    // 노래 : 모든 내용에서 노래  찾기
     Elements singers = doc.select(singer); // 가수 : 모든 내용에서 가수 찾기
     for (int i = 0; i < ranks.size(); i++) {
      Billbaord board=new Billbaord();
      board.setRank(Integer.parseInt(ranks.get(i).text()));
      board.setSong(songs.get(i).text());
      board.setArtist(singers.get(i).text());
      billboards.add(board);  // 빌보드 객체를 리스트에 저장
      }
    } catch (IOException e) {
      System.out.println("Billboard Parsing error !!! ");
    }
   }
   public void printBillboard(){
      for (Billbaord ss : billboards) {
          System.out.println(ss);
      }
   }
   public String getTimeDate(String newUrls) {  // s091에서 설명
      HttpGet request = new HttpGet(newUrls); // HttpClient를 이용하여
      CloseableHttpClient httpClient=null;
      CloseableHttpResponse response=null;
```

```
        Document doc = null;
        String sdate="";
        try {
          httpClient = HttpClients.createDefault(); // 웹에 연결
          response = httpClient.execute(request);  // 결과 얻기
          StringBuffer sb=new StringBuffer();      // 5000줄 정도 저장
            HttpEntity entity = response.getEntity();
            if (entity != null) { // 결과가 있다면 결과에서 한 줄씩
                String result = EntityUtils.toString(entity);
                sb.append(result); // 한 줄씩 저장
            }
            doc=Jsoup.parse(sb.toString()); // 전체 내용을 HTML 파싱
            String id="charts";
            // <div id="charts" data-chart-date="2020-07-11"
            Element eid=doc.getElementById(id);   // 고유한 charts를 찾음
            sdate=eid.attr("data-chart-date"); // 속성값
        } catch (IOException e) {
                System.out.println("Billboard Parsing error !!! ");
        }
        return sdate!=null?
                RestDay.saturday(sdate): RestDay.saturday();
    }
    public static void main(String[] args) {
        RequestFromBillboardHot rfw=new RequestFromBillboardHot();
        String a="https://www.billboard.com/charts/hot-100/";
        String rs=rfw.getTimeDate(a);
        System.out.println("이번 주 "+rs);
        //rs=RestDay.toWantedDay(rs, 1); // 1주 전
        rfw.getBillboardData(a+rs); // 리스트에 빌보드 객체들을 저장
        rfw.printBillboard();     // 리스트에 저장한 빌보드 객체들 출력
    }
}
```

다음과 같은 순서로 빌보드 차트 웹사이트에서 빌보드 정보를 얻는 과정이다.

❶ HttpGet를 이용해 GET 방식으로 빌보드 차트에 연결한다.

❷ HttpClients로 빌보드 차트에 요청하고 요청 결과를 얻는다.

❸ HTTPClients의 getEntity를 이용하여 결과를 가져온다.

❹ EntityUtils.toString(entity)를 이용하여 문자열로 변경한다.

❺ 태그 사이의 관계식을 파악한다.

```
<li class="chart-list__element display--flex">
<button
 class="chart-element__wrapper display--flex flex--grow sort--default">
<span
 class="chart-element__rank flex--column flex--xy-center flex--no-shrink">
  <span class="chart-element__rank__number">1</span>
</span>
<span class="chart-element__information">
 <span
 class="chart-element__information__song text—truncate color—primary">
 Rockstar
 </span>
 <span
 class="chart-element__information__artist text—truncate color—secondary">
 DaBaby Featuring Roddy Ricch
 </span>
</span>
</button>
</li>
```

❻ 랭킹을 구하는 방법은 다음과 같다. HTML에서 태그의 관계를 CSS의 셀렉터(selector)로 표현하면 쉽다. HTML에서 class는 '.'으로 표현한다.

```
<li class="chart-list__element display--flex">
  <button
   class="chart-element__wrapper display--flex flex--grow sort--default">
  <span
   class="chart-element__rank flex--column flex--xy-center flex--no-shrink">
    <span class="chart-element__rank__number">1</span>
```

"chart-element__rank__number"는 li 태그 안의 button 태그 안의 span 태그 안의 span 태그라고 할 수 있다. 이것을 간단하게 표현하면 "li 〉 button 〉 span 〉 span"이라 표현한다. "A 〉 B"는 A 태그 안에 B 태그가 있다(또는 B가 A의 자식이다)라는 표현이다. span이 하나만 있다면 문제가 없는데 여러 개일 때는 구현이 어려우므로 자세하게 써주는 것이 좋다. 이때 class라는 표현으로 "."를 이용한다. 〈span class="a b c"는 span.a.b.c로 간단하게 표현할 수 있다. "a b c"는 클래스가 3개이므로 a.b.c로 표시했다. 한 줄로 붙이면 다음과 같다.

```
"li > button >
span.chart-element__rank.flex—column.flex--xy-center.flex--no-shrink >
span.chart-element__rank__number"
```

이와 같은 방법으로 원하는 정보를 쉽게 찾을 수 있다.

❼ 노래 제목을 얻는 방법은 다음과 같다. ❻과 같은 방법으로 태그관계식을 구한다.

```
<li class="chart-list__element display--flex">
 <button class="chart-element__wrapper display--flex flex--grow sort--default">
  <span class="chart-element__information">
    <span
     class="chart-element__information__song text—truncate color—primary">
    Rockstar
    </span>
```

"li 〉 button 〉 span 〉 span" 태그 관계식(셀렉터)을 얻을 수 있다. span이 하나만 있다면 문제가 없는데 여러 개일 때는 구현이 어려우므로 자세하게 써주는 것이 좋다.

```
"li > button > span.chart-element__information >
span.chart-element__information__song.text--truncate.color--primary"
```

❽ 가수 이름을 얻는 방법은 다음과 같다. ❻과 같은 방법으로 태그관계식을 구한다.

```
<li class="chart-list__element display--flex">
 <button class="chart-element__wrapper display--flex flex--grow sort--default">
  <span class="chart-element__information">
    <span
      class="chart-element__information__artist text—truncate color—secondary">
     DaBaby Featuring Roddy Ricch
    </span>
```

"li 〉 button 〉 span 〉 span" 태그 관계식(셀렉터)을 얻을 수 있다. span이 하나만 있다면 문제가 없는데 여러 개일 때는 구현이 어려우므로 자세하게 써주는 것이 좋다.

```
"li > button > span.chart-element__information >
span.chart-element__information__artist.text--truncate.color--secondary"
```

❾ 얻은 랭킹, 노래, 가수를 빌보드 객체에 저장한다.

❿ 빌보드 객체를 ArrayList에 저장한다.

16 ◆ 빌보드 객체를 저장한 ArrayList를 생성한다.

17 ◆ 빌보드 객체를 저장한 ArrayList를 반환하는 메서드다.

22 ◆ 생성자에서 ArrayList에 저장된 빌보드 객체를 삭제한다. ArrayList를 비운다.

25 ◆ ArrayList에 저장된 빌보드 객체를 삭제한다. ArrayList를 비운다.

26 ◆ java.net.URL로 직접 읽을 수 없으므로 아파치의 HttpClient를 사용한다. HTTP 문서를 GET 방식(웹은 GET, POST, PUT, DELETE 등이 있다)으로 접근한다.

29~59 ◆ 예외처리를 한다. 자동 finally 처리를 위하여 try()를 이용한다.

29 ◆ 빌보드 경로에 연결한다. 자동 close()를 하기 위해 Closeable 객체를 사용한다.

30 ◆ 연결된 경로에 GET 방식으로 요청하고 결과(response)를 받는다.

31 ◆ tringBuffer를 준비한다.

34 ◆ 결과가 있다면 결과를 문자열로 변환한다.

35 ◆ StringBuffer에 저장한다.

37 ◆ StringBuffer를 문자열로 변환 후(toString()) Jsoup을 이용하여 HTML 문서 객체로 만든다.

38~39 ◆ 랭킹을 구하기 위한 셀렉터의 일부분이다.

40~41 ◆ 노래 제목을 구하기 위한 셀렉터의 일부분이다.

42~43 ◆ 가수 이름을 구하기 위한 셀렉터의 일부분이다.

44 ◆ 랭킹을 구하기 위한 셀렉터다.

```
"li > button >
span.chart-element__rank.flex—column.flex--xy-center.flex--no-shrink >
span.chart-element__rank__number"
```

노래 제목을 구하기 위한 셀렉터다. 45

```
"li > button > span.chart-element__information >
span.chart-element__information__song.text--truncate.color--primary"
```

가수 이름을 구하기 위한 셀렉터다. 46

```
"li > button > span.chart-element__information >
span.chart-element__information__artist.text--truncate.color--secondary"
```

랭킹을 구하기 위한 셀렉터로 해당 엘리먼트를 구한다. 47

```
<span class="chart-element__rank__number">1</span>
```

노래 제목을 구하기 위한 셀렉터로 해당 엘리먼트를 구한다. 48

```
<span
   class="chart-element__information__song text—truncate color—primary">
  Rockstar
  </span>
```

가수 이름을 구하기 위한 셀렉터로 해당 엘리먼트를 구한다. 49

```
<span
   class="chart-element__information__artist text—truncate color—secondary">
  DaBaby Featuring Roddy Ricch
  </span>
```

랭킹 수만큼 반복한다. 빌보트 차트 200이면 200개의 랭킹을 구한다. 50

빌보드 객체를 생성한다. 생성된 빌보드 객체는 비어 있다. 51

엘리먼트(Elements) 안에는 여러 개의 엘리먼트(Element)가 있을 수 있다. 여기서는 엘리먼트 안에 엘리먼트가 하나뿐이므로 get(0)으로 첫 번째 엘리먼트를 얻는다. 〈span class="chart−element__rank__number"〉1〈/span〉 엘리먼트 내부에서 랭킹을 얻기 위해 text()를 이용한다. 얻은 랭킹 문자열을 정수로 형변환시킨다. 랭킹을 빌보드 객체에 저장한다. 52

53 ◆ 엘리먼트(Elements) 안에는 여러 개의 엘리먼트(Element)가 있을 수 있다. 여기서는 엘리먼트 안에 엘리먼트가 하나뿐이므로 get(0)으로 첫 번째 엘리먼트를 얻는다. <span class="chart-element__information__song text—truncate color—primary"> Rockstar </span> 엘리먼트 내부에서 노래 제목을 얻기 위해 text()를 이용한다. 노래 제목을 빌보드 객체에 저장한다.

54 ◆ span class="chart-element__information__artist text—truncate color—secondary"> DaBaby Featuring Roddy Ricch </span> 엘리먼트 내부에서 가수 이름을 얻기 위해 text()를 이용한다. 가수 이름을 빌보드 객체에 저장한다.

55 ◆ 빌보드 객체를 리스트에 저장한다.

61 ◆ 리스트에 저장된 빌보드 객체의 정보를 출력한다.

62 ◆ 향상된 for로, 자동으로 인덱스가 붙으므로 편리하게 사용할 수 있다. 단 출력용으로 사용한다.

67 ◆ java.net.URL로 직접 읽을 수 없으므로 아파치의 HttpClient를 사용한다. HTTP 문서를 GET 방식(웹은 GET, POST, PUT, DELETE 등이 있다)으로 접근한다.

72~88 ◆ 예외처리를 한다.

73 ◆ 빌보드 경로에 연결한다.

74 ◆ 연결된 경로에 GET 방식으로 요청하고 결과(response)를 받는다.

75 ◆ StringBuffer를 준비한다.

78 ◆ 결과가 있다면 결과를 문자열로 변환한다.

79 ◆ StringBuffer에 저장한다.

81 ◆ StringBuffer를 문자열로 변환 후(toString()) Jsoup을 이용하여 HTML 문서 객체로 만든다.

84 ◆ 특정 위치를 찾는다. id는 고유한 아이디다. getElementById("charts")를 이용한다. 여기서 id가 "charts"다.

85 ◆ id를 이용하여 찾은 엘리먼트 div에서 속성(attribute, attr)인 data-chart-date의 값을 얻는다. 속성 data-chart-date의 값이 "년-월-일"이다.

이번 주 빌보드 차트 날짜를 출력한다. 토요일이 아니면 토요일로 변환한다. RestDays는 예제 75에서 학습한 내용으로 문자열을 Calendar와 원하는 날짜로 변경하는 내용이 있다. ◆89~90

이번 주 빌보드 차트 날짜를 얻는다. ◆95

빌보드 차트에 연결하여 차트 정보를 읽는다. 셀렉터를 이용하여 원하는 정보를 얻고 빌보드 객체에 저장한다. 그리고 빌보드 객체를 리스트에 저장한다. ◆96

리스트에서 빌보드 객체를 하나씩 가져와서 출력한다. ◆97

결과

```
이번 주 2020-07-18
[rank=1, song=Rockstar, lastweek=0, imagesrc=null, artist=DaBaby Featuring Roddy Ricch]
[rank=2, song=Blinding Lights, lastweek=0, imagesrc=null, artist=The Weeknd]
[rank=3, song=Whats Poppin, lastweek=0, imagesrc=null, artist=Jack Harlow Featuring DaBaby, Tory Lanez & Lil Wayne]
[rank=4, song=Savage, lastweek=0, imagesrc=null, artist=Megan Thee Stallion Featuring Beyonce]
[rank=5, song=Roses, lastweek=0, imagesrc=null, artist=SAINt JHN]
```

활용 094

빌보드 차트 정보를 CSV로 저장하고 읽기

- **학습 내용 :** 빌보드 차트 정보를 CSV로 저장하고 읽는 방법을 익혀 보자.
- **힌트 내용 :** PrintWriter로 저장하고, BufferedReader로 읽는다.

소스 : kr.co.infopub.chapter.s094.BillboardPrint.java

```
1: package kr.co.infopub.chapter.s094;
2: import java.io.FileWriter;
3: import java.io.IOException;
4: import java.io.PrintWriter;
5: import java.util.List;
6: public class BillboardPrint {
15:     public static void printToCSV(List<Billboard> bblist, String fname) {
16:         try (PrintWriter pw=new PrintWriter(new FileWriter(fname,false),true)) {
17:             for(Billboard bb : bblist) {
18:                 pw.println(bb);
19:             }
20:         } catch (IOException e) {
21:         }
22:     }
23: }
```

ArrayList에 저장된 Billboard 객체들의 정보를 PrintWriter를 이용하여 CSV(Comma Separate Value)로 저장한다. CSV는 [rank=1, song=Despacito, lastweek=1, imagesrc=https://www.billboard.com/images/pref_images/q61808osztw.jpg, artist=luis fonsi]와 같이 ","를 이용하여 값 사이의 경계를 표시한다.

15 ◆ 빌보드 차트 객체를 저장한 리스트의 주소를 받아서 같이 입력받은 파일 이름으로 저장한다.

16 ◆ try()에서 객체 생성한 PrintWriter는 try의 {}을 벗어나면 자동으로 close()한다.

17~19 ◆ 리스트에 저장된 객체를 하나씩 파일로 저장한다. pw.println(bb.toString())처럼 toString()이 붙으면서 문자열로 바꾸어 파일로 저장한다.

📁 소스 : kr.co.infopub.chapter.s094.BillboardMain6.java

```
1:    package kr.co.infopub.chapter.s094;
2:    public class BillboardMain6 {
3:       public static void main(String[] args) {
4:          RequestFromBillboardHot rfw=new RequestFromBillboardHot();
5:          String a="https://www.billboard.com/charts/hot-100/";
6:          String rs=rfw.getTimeDate(a);
7:          rfw.getBillboardData(a+rs);
8:          rfw.printBillboard();
9:          BillboardPrint.printToCSV(rfw.getBillboards(), "billboard\\"+rs+".csv");
10:         //BillboardPrint.printToJSON(rfw.getBillboards(), "billboard\\"+rs+".json");
11:         //BillboardPrint.printToXML(rfw.getBillboards(), "billboard\\"+rs+".xml");
12:      }
13:   }
```

빌보드 차트 정보를 csv 파일로 변환하여 저장한다.

◆ 9

참고 javabook200new3 폴더에 billboard 디렉토리가 있는지 반드시 확인하자. F5를 누르면 즉시 반영된다.

📁 소스 : kr.co.infopub.chapter.s094.BillboardMain7.java

```
1:    package kr.co.infopub.chapter.s094;
2:
3:    import java.io.FileReader;
4:    import java.io.BufferedReader;
5:    // csv
6:    public class BillboardMain7 {
7:    // rank=1 -> 1
8:     public static String cut(String msg){
9:        String val=msg.substring(msg.indexOf("=")+1);
10:       return val;
11:    }
12: /*
```

```
13:   String[ ] msgs={"rank=1",
14:      "song=Despacito",
15:      "lastweek=1",
16:      "imagesrc=https://www.billboard.com/images/pref_images/q61808osztw.jpg",
17:      "artist=luis fonsi"}
18:  */
19:   public static void show(String msg) {
20:      System.out.println("------------------------------------");
21:      String[ ] msgs=msg.split(", ");
22:      String rank=cut(msgs[0]).trim( );
23:      String song=cut(msgs[1]).trim( );
24:      String lastweek=cut(msgs[2]).trim( );
25:      String imagesrc=cut(msgs[3]).trim( );
26:      String artist=cut(msgs[4]).trim( );
27:      String sf=String.format("%s, %s, %s, %s, %s",rank, song,lastweek,imagesrc,artist);
28:      System.out.println(sf);
29:   }
30:   public static void main(String[] args) {
31:      RequestFromBillboardHot rfw=new RequestFromBillboardHot();
32:      String a="https://www.billboard.com/charts/hot-100/";
33:      String rs=rfw.getTimeDate(a);
34:      BufferedReader br=null;
35:      try {
36:          br=new BufferedReader(new FileReader("billboard\\"+rs+".csv"));
37:          String msg="";
38:          while((msg=br.readLine())!=null){
39:              show(msg);
40:          }
41:      } catch (Exception e) {
42:          System.out.println(e);
43:      }
44:   }
45: }
```

9 ◆ rank=1, song=Despacito처럼 CSV는 key=value 형식으로 되어 있다. "=" 이후를 잘라서 반환한다. rank=1에서 "=" 이후는 1이다.

“,”를 기준으로 문자열을 잘라서 배열로 만든다. 문자열 배열이 다음과 같이 만들어진다. 21

```
String[ ] msgs= {
"rank=1",
"song=Despacito",
"lastweek=1",
"imagesrc=https://www.billboard.com/images/pref_images/q61808osztw.jpg",
"artist=luis fonsi"} ;
```

나눠진 문자열 배열을 붙여서 출력한다. 22~28

결과

7월 29일이 속한 주의 파일에 저장된 CSV 파일

```
[rank=1, song=Despacito, lastweek=1, imagesrc=https://www.billboard.com/images/
pref_images/q61808osztw.jpg, artist=luis fonsi
[rank=2, song=Wild Thoughts, lastweek=4, imagesrc=https://www.billboard.com/
images/pref_images/q64532pl64x.jpg, artist=dj khaled
......
```

NOTE

다음 그림을 참고해 필자의 소스 디렉토리([Java라이브러리]-[Java]-[lib])에서 라이브러리를 찾아 독자의 라이브러리 디렉토리(예: C:\Java\lib)로 복사하자. 이클립스의 Package Explorer 패널에서 java200booknew3을 마우스 오른쪽 버튼으로 클릭하고 [Properties]-[Java Build Path]-[Libraries]-[Add External JARs]를 선택한 다음 독자의 라이브러리 디렉토리(C:\Java\lib)에서 모든 jar를 선택하여 java200booknew3에 포함한다.

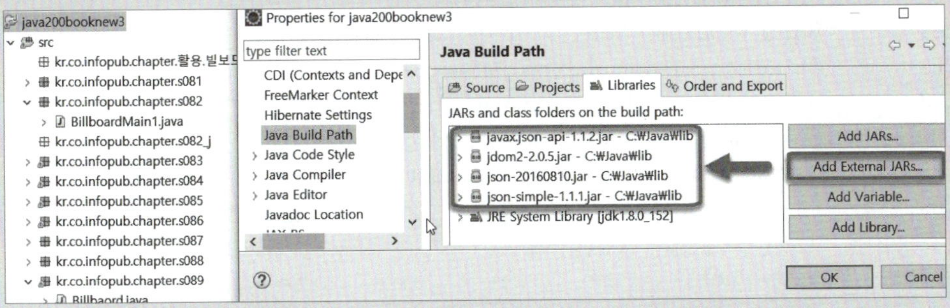

활용 **095**

빌보드 차트 정보를 JSON으로 저장하고 읽기

- **학습 내용 :** 빌보드 차트 정보를 JSON으로 저장하고 읽는 방법을 익혀 보자.
- **힌트 내용 :** JSON은 정보를 {"키":"값"} 형식으로 나타내고, 배열은 [ ]으로 표현한다.

소스 : kr.co.infopub.chapter.s095.BillboardPrint.java

```
package kr.co.infopub.chapter.s095;
import java.io.FileWriter;
import java.io.IOException;
import java.io.PrintWriter;
import java.util.List;
public class BillboardPrint {
    public static void printToJSON(List<Billboard> bblist, String fname) {
        try (PrintWriter pw=new PrintWriter(new FileWriter(fname,false),true)) {
            pw.println("{\"billboard\": [");
            for(int i=0; i<bblist.size( )-1 ;i++) {
                Billboard bb=bblist.get(i);
                pw.println(pair(bb)+",");
            }
            pw.println(pair(bblist.get(bblist.size( )-1 )));
            pw.println("]}");
        } catch (IOException e) {
        }
    }
    private static String pair(Billboard bb) {
        String rank=pair("rank",bb.getRank( )+"");
        String song=pair("song",bb.getSong( )+"");
        String lastweek=pair("lastweek",bb.getLastweek( )+"");
        String imagesrc=pair("imagesrc",bb.getImagesrc( )+"");
        String artist=pair("artist",bb.getArtist( )+"");
        return String.format("{%s,%s,%s,%s,%s}",rank, song,lastweek,imagesrc,artist);
    }
    // "key":"value"
    private static String pair(String key, String value) {
        String ss=String.format("\"%s\":\"%s\"", key,value);
```

```
91:         return ss;
92:     }
93:     // {"key":"value"}
94:     private static String pairs(String key, String value) {
95:         String ss=String.format("{\"%s\":\"%s\"}", key,value);
96:         return ss;
97:     }
98: }
```

ArrayList에 저장된 Billboard 객체 정보를 PrintWriter를 이용하여 JSON(Java Script Object Notation)으로 저장한다. JSON은 {“billboard”: [{“rank”:“1”, “song”:“Despacito”}, {“rank”:“2”,“song”:“Wild Thoughts”}]}처럼 {“키”:“값”}을 이용하여 정보를 표시하고, [ ]으로 배열을 표현한다. “billboard” 키 값은 [ ] 배열이며 [ ] 안에 {“rank”:“1”, “song”:“Despacito”}과 같이 빌보드 차트 정보를 넣는다.

빌보드 차트 객체를 저장한 리스트의 주소를 받아서 같이 입력받은 파일 이름으로 저장한다. ◆ 23

try( )에서 객체 생성한 PrintWriter는 try의 { }을 벗어나면 자동으로 close( )한다. ◆ 24

키 “billbord”에 대한 값으로 배열을 표현하기 위해 [로 시작한다. {“billboard”: [◆ 25

리스트에 저장된 객체를 하나씩 파일로 저장한다. pw.println(pair(bb))를 이용하여 “키”:“값” 형식의 문자열로 바꾸면서 파일로 저장한다. ◆ 26~29

pair( ) 메서드를 이용하여 “키”:“값” 형식으로 만든다. ◆ 81~85

{ }에 “키”:“값”을 넣어 {“키1”:“값1”, “키2”:“값2”} 형식의 문자열로 바꾼다. ◆ 86

“키”:“값” 형식의 문자열로 만든다. ◆ 90

{“키”:“값”} 형식으로 만든다. ◆ 94

소스 : kr.co.infopub.chapter.s095.BillboardMain6.java

```java
1:  package kr.co.infopub.chapter.s095;
2:  public class BillboardMain6 {
3:      public static void main(String[] args) {
4:          RequestFromBillboardHot rfw=new RequestFromBillboardHot();
5:          String a="https://www.billboard.com/charts/hot-100/";
6:          String rs=rfw.getTimeDate(a);
7:          rfw.getBillboardData(a+rs);
8:          rfw.printBillboard();
9:          //BillboardPrint.printToCSV(rfw.getBillboards(), "billboard\\"+rs+".csv");
10:         BillboardPrint.printToJSON(rfw.getBillboards(), "billboard\\"+rs+".json");
11:         //BillboardPrint.printToXML(rfw.getBillboards(), "billboard\\"+rs+".xml");
12:     }
13: }
```

10 ◆ 빌보드 차트 정보를 json 파일로 변환하여 저장한다.

> **참고** javabook200new3 폴더에 billboard 디렉토리가 있는지 반드시 확인하자. F5를 누르면 즉시 반영된다.

소스 : kr.co.infopub.chapter.s095.BillboardMain8.java

```java
package kr.co.infopub.chapter.s095;
import org.json.JSONArray;
import org.json.JSONObject;
import java.io.FileReader;
import java.io.BufferedReader;
// json
public class BillboardMain8 {
    public static void main(String[ ] args) {
        BufferedReader br=null;
        try {
            br=new BufferedReader(new FileReader("billboard\\2018-06-02.json"));
            StringBuffer sb=new StringBuffer( );
            String msg="";
```

```
14:             while((msg=br.readLine( ))!=null) {
15:                 sb.append(msg);
16:             }
17:             JSONObject billboards=new JSONObject(sb.toString( ));
18:             JSONArray bills=billboards.getJSONArray("billboard");
19:             for(int i=0; i< bills.length( ) ;i++) {
20:                 System.out.println("----------------------------");
21:                 JSONObject bill=bills.getJSONObject(i);
22:                 String rank=bill.getString("rank");
23:             String song=bill.getString("song");
24:             String lastweek=bill.getString("lastweek");
25:             String imagesrc=bill.getString("imagesrc");
26:             String artist=bill.getString("artist");
27:             String sf=String.format("%s, %s, %s, %s, %s",
28:                     rank, song,lastweek,imagesrc,artist);
29:             System.out.println(sf);
30:             }
31:         } catch (Exception e) {
32:             System.out.println(e);
33:         }
34:     }
35: }
```

BufferedReader를 이용하여 한 줄씩 JSON 파일을 읽어서 StringBuffer에 저장한다. ◆ 11~16

StringBuffer에 저장한 JSON 문자열을 JSONObject로 바꿔 생성한다. ◆ 17

"billboard" 키에 대한 값들은 여러 개이므로 JSON 배열 [ ]로 표현한다. "billboard" 키값의 배열 JSONArray를 얻는다. ◆ 21


```
{"billboard": [
{"rank":"1","song":"Despacito","lastweek":"1","imagesrc":"https://www.billboard.com/
images/pref_images/q61808osztw.jpg","artist":"luis fonsi"},
{"rank":"2","song":"Wild Thoughts","lastweek":"4","imagesrc":"https://www.billboard.
com/images/pref_images/q64532pl64x.jpg","artist":"dj khaled"}
]}
```

활용

096 빌보드 차트 정보를 XML로 저장하고 읽기

- **학습 내용 :** 빌보드 차트 정보를 XML로 저장하고 읽는 방법을 익혀 보자.
- **힌트 내용 :** XML은 〈tag〉내용〈\tag〉 형태로 데이터를 저장한다.

소스 : kr.co.infopub.chapter.s096.BillboardPrint.java

```java
package kr.co.infopub.chapter.s096;
import java.io.FileWriter;
import java.io.IOException;
import java.io.PrintWriter;
import java.util.List;
public class BillboardPrint {
    public static void printToXML(List<Billboard> bblist, String fname) {
    try (PrintWriter pw=new PrintWriter(new FileWriter(fname,false),true)) {
            pw.println("<?xml version='1.0' encoding='utf-8'?>");
            pw.println("<billboards>");
            for(Billboard bb : bblist) {
                pw.println(pairxs(bb));
            }
            pw.println("</billboards>");
        } catch (IOException e) {
        }
    }
    private static String rp(String msg) {
        String st=msg;
        st=st.replaceAll("&", "&amp;");
        st=st.replaceAll(">", "&gt;");
        st=st.replaceAll("<", "&lt;");
        st=st.replaceAll("\'", "&apos;");
        st=st.replaceAll("\"", "&quot;");
        return st;
    }
    // <key>value</key>
    private static String pairx(String key, String value) {
        String ss=String.format("<%s>%s</%s>", key,value,key);
```

```
69:         return ss;
70:     }
71:     private static String pairxs(Billboard bb) {
72:         String rank=pairx("rank",rp(bb.getRank( )+""));
73:         String song=pairx("song",rp(bb.getSong( )+""));
74:         String lastweek=pairx("lastweek",rp(bb.getLastweek( )+""));
75:         String imagesrc=pairx("imagesrc",rp(bb.getImagesrc( )+""));
76:         String artist=pairx("artist",rp(bb.getArtist( )+""));
77:         return String.format("<billboard>\n%s %s %s %s %s\n</billboard>",
78:             rank, song,lastweek,imagesrc,artist);
79:     }
98: }
```

ArrayList에 저장된 Billboard 객체들의 정보를 PrintWriter를 이용하여 XML(eXtensible Markup Language)로 저장한다. XML은 〈billboard〉 〈rank〉1〈/rank〉 〈song〉Despacito〈/song〉 〈/billboard〉와 같이 〈tag〉내용〈\tag〉 형태로 데이터를 저장한다.

빌보드 차트 객체를 저장한 리스트의 주소를 받아서 같이 입력받은 파일 이름으로 저장한다. ◆ 46

try( )에서 객체를 생성한 PrintWriter는 try의 { }을 벗어나면 자동으로 close( )한다. ◆ 47

XML은 〈?xml version='1.0' encoding='utf-8' ?〉로 시작한다. ◆ 48

루트(기본) 엘리먼트 〈billboards〉 태그로 시작하여 〈/billboards〉로 끝난다. ◆ 49~53

리스트에 저장된 객체를 하나씩 파일로 저장한다. pw.println(pairxs(bb))를 이용하여 〈key〉값〈\key〉 형식의 문자열로 바꾸면서 파일로 저장한다. ◆ 50~52

〈key〉값〈\key〉 사이의 값에는 &, 〉, 〈, ", '를 사용할 수 없으므로 바꿔야 한다. &, 〉, 〈, ", '를 각각 & >, <, ', "로 바꾼다. ◆ 59~63

〈key〉값〈\key〉 형식의 문자열을 반환한다. ◆ 68

〈rank〉이번 주 등수〈\rank〉 ◆ 72

〈song〉노래 제목〈\song〉 ◆ 73

〈lastweek〉전 주 등수〈\lastweek〉 ◆ 74

75 ◆ 〈imagesrc〉이미지 경로〈\imagesrc〉

76 ◆ 〈artist〉가수 이름〈\artist〉

77 ◆ 〈billboard〉 〈/billboard〉 내부에 72~76라인에서 얻은 값을 넣어서 XML 엘리먼트를 만든다.

```
<billboard>
<rank>1</rank> <song>Despacito</song> <lastweek>1</lastweek>
<imagesrc>https://www.billboard.com/images/pref_images/q61808osztw.jpg</
imagesrc> <artist>luis fonsi</artist>
</billboard>
```

결과

7월 29일이 속한 주의 파일에 저장된 XML 파일

```
<?xml version='1.0' encoding='utf-8'?>
<billboards>
<billboard>
<rank>1</rank> <song>Despacito</song> <lastweek>1</lastweek>
<imagesrc>https://www.billboard.com/images/pref_images/q61808osztw.jpg</
imagesrc> <artist>luis fonsi</artist>
</billboard>
<billboard>
<rank>2</rank> <song>Wild Thoughts</song> <lastweek>4</lastweek>
<imagesrc>https://www.billboard.com/images/pref_images/q64532p164x.jpg
</imagesrc> <artist>dj khaled</artist>
</billboard>
<billboard>
<rank>3</rank> <song>I&apos;m The One</song> <lastweek>2</lastweek>
<imagesrc>https://www.billboard.com/images/pref_images/q64532p164x.jpg
</imagesrc> <artist>dj khaled</artist>
</billboard>
<billboards>
……
```

빌보드 차트를 위한 화면 그리기

활용

097

- **학습 내용 :** 빌보드 차트를 위한 화면을 그려 보자.
- **힌트 내용 :** SceneBuilder를 사용하면 편리하다.

소스 : kr.co.infopub.chapter.s097.BillboardfxController.java

```java
package kr.co.infopub.chapter.s097;
import javafx.event.ActionEvent;
import javafx.fxml.FXML;
import javafx.scene.control.Button;
import javafx.scene.control.Label;
import javafx.scene.control.TableColumn;
import javafx.scene.control.TableView;
import javafx.scene.web.WebView;
public class BillboardfxController {
    @FXML
    private TableView<Billboard> billboardTable;
    @FXML
    private TableColumn<Billboard, String> song;
    @FXML
    private TableColumn<Billboard, String> artist;
    @FXML
    private TableColumn<Billboard, Integer> lastweek;
    @FXML
    private TableColumn<Billboard, Integer> rank;
    @FXML
    private TableColumn<Billboard, String> imagesrc;
    @FXML
    private WebView billwebview;
    @FXML
    private Button btnAf;
    @FXML
    private Button btnBf;
    @FXML
    private Label lbbill;

```

```
31:     @FXML
32:     void onClickBtnBf(ActionEvent event) { }
33:     @FXML
34:     void onClickBtnAf(ActionEvent event) { }
35:     @FXML
36:     void initialize( ) { }
37: }
```

SceneBuilder와 다음 그림을 참고하여 Billboardfx2.fxml를 만든다. 우선 BorderPane의 Center에 BorderPane을 붙이고 Right 부분에 WebView를 붙인다. 다시 Center의 BorderPane을 Top과 Center로 나누고 Top에 AnchorPane을 붙인 다음 버튼과 라벨을 붙인다. Top 아래 Center에는 TableView를 붙인다.

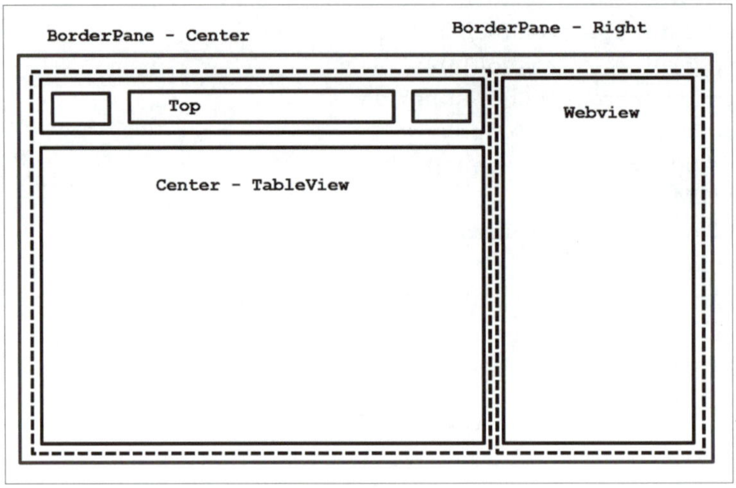

빌보드 차트를 위한 기본 프레임

10~11 ◆ TableView를 자동 생성한다. @FXML은 객체를 생성하게 하는 어노테이션이다.

12~21 ◆ TableView에 대한 컬럼을 자동 생성한다.

22~23 ◆ WebView를 자동 생성한다.

24~29 ◆ 버튼과 라벨을 자동 생성한다.

31~34 ◆ 버튼이 클릭되면 호출되는 이벤트 메서드를 선언한다.

35~36 ◆ 생성된 후 초기화하는 메서드를 선언한다. 아직 초기화하지 않았다.

소스 : kr.co.infopub.chapter.s097.Main.java

```
1: package kr.co.infopub.chapter.s084;
2: import javafx.application.Application;
3: import javafx.stage.Stage;
4: import javafx.scene.Scene;
5: import javafx.scene.image.Image;
6: import javafx.scene.layout.BorderPane;
7: import javafx.fxml.FXMLLoader;
8: public class Main extends Application {
9:   @Override
10:  public void start(Stage primaryStage) {
11:      try {
12:          primaryStage.setTitle("Billboard Chart 2017");
13:          BorderPane root = (BorderPane)FXMLLoader.load(getClass( ).
14:                  getResource("Billboardfx2.fxml"));
15:          Scene scene = new Scene(root,1400,800);
16:          scene.getStylesheets( ).add(getClass( ).
17:                  getResource("application.css").toExternalForm( ));
18:          primaryStage.setScene(scene);
19:          primaryStage.getIcons( ).add(
20:                  new Image(getClass( ).getResourceAsStream("logo.png")));
21:          primaryStage.setResizable(false);
22:          primaryStage.show( );
23:
24:      } catch(Exception e) {
25:          e.printStackTrace( );
26:      }
27:  }
28:  public static void main(String[ ] args) {
29:      launch(args);
30:  }
31: }
```

SceneBuilder를 이용하여 자동으로 만들어지는 소스이다. ◆ 8~31

제목을 입력한다. ◆ 12

Billboardfx2.xml의 기본(root)인 BorderPane을 얻는다. ◆ 13~14

15 Scene에 기본(root)을 대입하고 가로를 1400, 세로를 800으로 설정한다.

16~17 css를 읽어서 Scene에 대입한다.

18 Stage에 Scene을 대입한다.

19~20 로고 이미지를 입력한다.

21 크기 변경을 못하게 한다.

22 Stage를 보이게 한다.

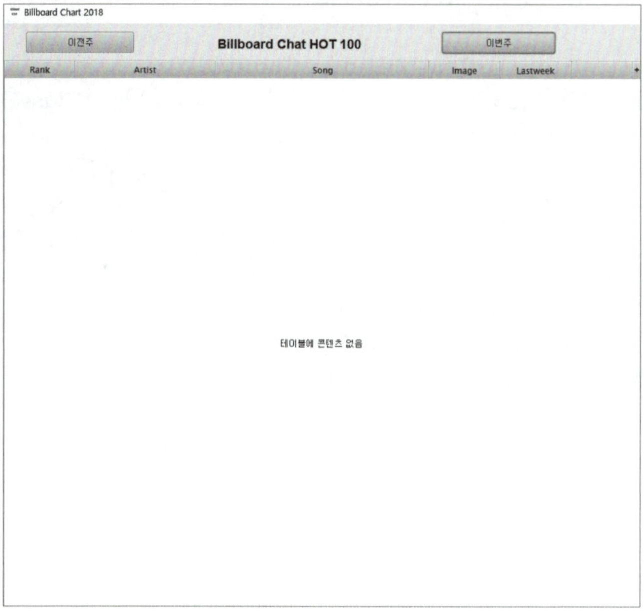

| **결과화면** | Main 실행 화면

국가별 국기 이미지 경로 저장하기

활용 098

- **학습 내용 :** 국가별 이미지 경로를 저장해 보자.
- **힌트 내용 :** 〈키, 값〉을 한 쌍으로 저장하는 맵을 이용하여 이미지에 대한 경로를 입력해서 이미지를 저장한다.

소스 : kr.co.infopub.chapter.s098.ImageFXListRequest.java

```java
package kr.co.infopub.chapter.s098;
import java.util.ArrayList;
import java.util.Collections;
import java.util.Iterator;
import java.util.LinkedHashMap;
import java.util.List;
import java.util.Map;
import javafx.scene.image.Image;

public class ImageFXListRequest {
private Map<String, Image> images;
 public ImageFXListRequest() {
    images= Collections
     .synchronizedMap(new LinkedHashMap<String, Image>(10, 1.53f, true));
 }
 public synchronized Image loadImage(String imagesrc) {
    Image mimage=null;
    if (images.containsKey(imagesrc)) {
        mimage= images.get(imagesrc);
    } else {
        if(imagesrc!=null && !imagesrc.contains("q_____")){
            try{
                mimage= new Image(imagesrc,50,55,true,true);
            }catch (Exception e) {
                mimage=null;;
            }
        }
    }
    return mimage==null ? new Image(getClass()
                .getResourceAsStream("wikijpg")):mimage;
```

```
}
public synchronized void getAllImages(ArrayList<SovereignFlag> bills){
    images.clear();
    List<SovereignFlag> newbills=Collections.synchronizedList(bills);
    for(SovereignFlag bb: newbills){
        new Thread(() ->{
            if(!images.containsKey(bb.getFlag())){
                images.put(bb.getFlag(),loadImage(bb.getFlag()));
                System.out.println(bb.getFlag()+
                  "\t\t\t---Map에 Image저장----->>>>>>");
            }
        }).start();
    }
}
public synchronized void printImage(){
    System.out.println(images.size());
    Iterator<String> imagekeys=images.keySet().iterator();
    while(imagekeys.hasNext()){
        String key=imagekeys.next();
        //Image val=images.get(key);
        System.out.printf("key=%s\n",key); // 키만 출력
    }
}
public static void main(String[] args) {
        ImageFXListRequest  request=new ImageFXListRequest();
        RequestFromWikipedai rfw=new RequestFromWikipedai();
          String a="https://ko.wikipedia.org/wiki/ISO_3166-1";
          String msg="srcset=\"//upload.wikimedia.org/wikipedia";
          rfw.getAllHtml(a);
          //rfw.printHtml();
          rfw.getSevereign(msg);
          //rfw.printFlags();

          request.getAllImages(rfw.getFlags());  //image를 맵에 저장
          request.printImage();
}
}
```

〈이미지 경로, 이미지〉를 한 쌍으로 저장하는 맵을 이용하여 이미지에 대한 경로를 입력해서 이미지를 저장한다. 리스트에 저장한 국기 객체를 한 개씩 가져와서 객체에 저장된 이미지 경로를 얻는다. 그리고 이 경로를 이용하여 이미지를 얻고 〈이미지 경로, 이미지〉를 한 쌍으로 저장하는 맵에 저장한다. 이미지 경로가 같으면 같은 이미지를 얻는다.

〈이미지 경로, 이미지〉를 한 쌍으로 저장하는 Map을 선언한다. ◆ 11

〈이미지 경로, 이미지〉를 한 쌍으로 저장하는 Map을 생성한다. 동시에 100개의 이미지를 찾아서 저장하려고 쓰레드를 사용한다. 이런 동시 작업을 하기 위해 동기화된 맵을 생성한다. ◆ 13~14

이미지 경로에 있는 이미지를 읽어 저장하는 것을 보장하기 위해 동기화(synchronized) 키워드를 사용한다. ◆ 16

이미지 경로에 해당하는 이미지가 이미 저장되어 있는지 확인하여 해당 이미지가 있다면 그 이미지를 반환한다. ◆ 18~19

이미지 경로에 해당하는 이미지가 저장되어 있지 않다면 100px×100px 이미지를 생성한다. ◆ 20~27

해당 이미지가 존재하지 않거나 생성하지 못하면 "wiki.jpg"를 저장한 이미지 객체를 생성한다. ◆ 29~30

모든 국기 객체를 저장한 리스트를 동기화된 리스트로 변경한다. ◆ 34

리스트에 저장된 객체를 하나씩 찾는다. ◆ 35

100개에 해당하는 이미지를 순서대로 찾으면 오래 걸리므로 동시에 찾기 위해 쓰레드를 이용하여 동시에 이미지를 찾아 저장한다. ◆ 36~42

해당 경로에 해당하는 이미지가 맵에 저장되어 있는지 확인하고 저장되어 있지 않다면 이미지를 맵에 저장한다. ◆ 37~38

맵에서 키만 얻기 위해서 keySet()을 사용하고 순서가 없는 키를 하나씩 가져오기 위해서 iterator()를 호출한다. ◆ 47

키가 있다면 ◆ 48

키값(이미지 경로)을 가져와서 출력한다. ◆ 49

55 이미지 경로를 이용하여 이미지를 맵에 저장하는 객체를 생성한다.

56 국기 이미지 경로를 읽어서 리스트에 저장하는 객체를 생성한다.

59 국기 정보를 읽어서 한 줄씩 리스트에 저장한다.

59 국기 정보를 저장한 리스트를 읽고 파싱하여 국기 객체를 만든다. 여러 국기 객체들을 리스트에 저장한다.

64 국기 이미지 경로를 이용하여 이미지를 맵에 저장한다.

65 맵에 저장된 이미지들의 경로를 출력한다.

결과

```
https://upload.wikimedia.org/wikipedia/commons/thumb/0/04/Flag_of_Gabon.svg/44px-Flag_of_Gabon.svg.png            ---Map에 Image 저장----->>>>>>
https://upload.wikimedia.org/wikipedia/commons/thumb/3/32/Flag_of_Pakistan.svg/44px-Flag_of_Pakistan.svg.png            ---Map에 Image 저장----->>>>>>
https://upload.wikimedia.org/wikipedia/commons/thumb/1/1b/Flag_of_Turkmenistan.svg/44px-Flag_of_Turkmenistan.svg.png            ---Map에 Image 저장----->>>>>>
https://upload.wikimedia.org/wikipedia/commons/thumb/c/c7/Flag_of_Kyrgyzstan.svg/44px-Flag_of_Kyrgyzstan.svg.png            ---Map에 Image 저장----->>>>>>
https://upload.wikimedia.org/wikipedia/commons/thumb/0/0f/Flag_of_Georgia.svg/44px-Flag_of_Georgia.svg.png            ---Map에 Image 저장----->>>>>>
```

국가별 국기 이미지 보기

활용 099

- **학습 내용 :** 국가별 국기 이미지를 표시한다.
- **힌트 내용 :** 25열 10행으로 보여주기 위해 VBox에 HBox를 사용한다.

소스 : kr.co.infopub.chapter.s099.WikipediaTest.java

```java
package kr.co.infopub.chapter.s099;
import java.util.ArrayList;
import javafx.application.Application;
import javafx.geometry.Insets;
import javafx.geometry.Pos;
import javafx.scene.Scene;
import javafx.scene.image.ImageView;
import javafx.scene.layout.HBox;
import javafx.scene.layout.VBox;
import javafx.stage.Stage;
public class WikipediaTest extends Application {
 public static void main(String[] args) {
   launch(args);
 }
 ImageFXListRequest  request=new ImageFXListRequest();
 RequestFromWikipedai rfw=new RequestFromWikipedai();

 @Override
 public void start(Stage primaryStage) {
     String a="https://ko.wikipedia.org/wiki/ISO_3166-1";
     String msg="srcset=\"//upload.wikimedia.org/wikipedia";
     rfw.getAllHtml(a);
     //rfw.printHtml();
     rfw.getSevereign(msg);
     //rfw.printFlags();
     ArrayList<SovereignFlag> flags=rfw.getFlags();
     request.getAllImages(flags);          // image List
     int col=25;
     VBox root = new VBox(col);          // 25열
```

```
30:     int row=flags.size()/col;
31:     for(int i=0; i<row; i++){
32:         HBox hbox = new HBox(10);          // 10행
33:       hbox.setPadding(new Insets(5));
34:       hbox.setAlignment(Pos.CENTER);
35:         for (int j = 0; j < col; j++) {
36:             SovereignFlag b=flags.get(i*col+j);
37:             ImageView imageView =
38:               new ImageView(request.loadImage(b.getFlag()));
39:             imageView.setFitWidth(50);
40:             imageView.setFitHeight(50);
41:             imageView.setOnMouseClicked(ee->{
42:                 System.out.println(b.getFlag());
43:             });
44:             hbox.getChildren().add(imageView);
45:         }
46:         root.getChildren().add(hbox);
47:     }
48:     primaryStage.setScene(new Scene(root, 65*col, 75*row));
49:     primaryStage.setTitle("Flag Images");
50:     primaryStage.show();
51: }
52: }
```

한 행에 25개의 이미지를 저장해서 10행을 반복하면 250개의 이미지를 저장할 수 있다. 이처럼 HBox에 25개의 이미지를 왼쪽에서 오른쪽으로 저장하고, HBox 10개를 VBox에 위에서 아래로 붙이면 250개의 이미지를 표시할 수 있다.

15 ◆ 위키피디아 웹사이트에서 제공하는 이미지를 맵에 저장하는 객체를 생성한다.

16 ◆ 위키피디아 웹사이트에서 국기 정보를 읽어와 리스트에 저장하는 객체를 생성한다.

26 ◆ 위키피디아를 파싱하여 국기 객체를 저장하는 리스트를 얻는다.

27 ◆ 이미지 경로를 갖고 있는 리스트를 입력하여 〈이미지 경로, 이미지〉를 한 쌍으로 저장하는 Map을 얻는다.

29 ◆ 열(column)이 25개인 VBox를 생성한다.

250개를 25개 열(col)로 나누면 10행(row)이 된다 ◆ 30

행(row)이 10개인 HBox를 생성한다. ◆ 32

한 개의 국기 객체를 얻는다. ◆ 36

국기 객체의 이미지 경로에서 이미지를 얻어 이미지뷰에 저장한다. ◆ 37~38

50×50 크기의 이미지뷰를 설정한다. ◆ 39~40

각 이미지뷰에 이벤트를 등록한다. 이미지를 클릭하면 이미지 이름이 출력된다. ◆ 41~43

HBox에 이미지뷰를 저장한다. 한 개의 HBox에 25개의 이미지뷰를 저장한다. ◆ 44

이미지뷰가 저장된 HBox를 VBox에 저장한다. ◆ 46

Scene에 VBox를 붙이고, Scene을 Stage에 붙인다. 이미지의 크기가 50이므로 국기를 보여주고 옆으로 15(65−50) 밑으로 25(75−50)를 띈다. ◆ 48

제목을 붙인다. ◆ 49

250개의 국기 이미지를 표시한다. ◆ 50

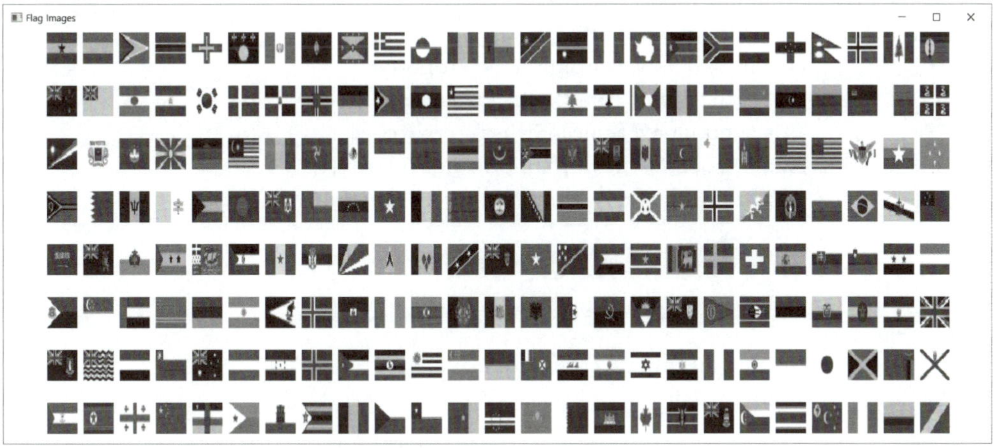

| 결과화면 | WikipediaTest 실행 화면

활용 100

Billboard 객체를 BillboardProperty 객체로 변환하기

- **학습 내용 :** Billboard 객체를 BillboardProperty 객체로 변환해 보자.
- **힌트 내용 :** 변환 클래스를 만들어 사용한다.

소스 : kr.co.infopub.chapter.s100.BillboardProperty.java

```java
package kr.co.infopub.chapter.s100;
import java.io.Serializable;
import javafx.beans.property.IntegerProperty;
import javafx.beans.property.SimpleIntegerProperty;
import javafx.beans.property.SimpleStringProperty;
import javafx.beans.property.StringProperty;
// (key, value)
public class BillboardProperty implements Serializable {
    private IntegerProperty rank;
    private StringProperty artist;
    private StringProperty song;
    private StringProperty imagesrc;
    private IntegerProperty lastweek;
        public BillboardProperty( ) {
            this.rank = new SimpleIntegerProperty( );
            this.artist = new SimpleStringProperty( );
            this.song = new SimpleStringProperty( );
            this.imagesrc = new SimpleStringProperty( );
            this.lastweek = new SimpleIntegerProperty( );
        }
        public IntegerProperty rankProperty( ) {
            return rank;
        }
        public StringProperty artistProperty( ) {
            return artist;
        }
        public StringProperty songProperty( ) {
            return song;
        }
        public StringProperty imagesrcProperty( ) {
```

```
        return imagesrc;
    }
    public IntegerProperty lastweekProperty( ) {
        return lastweek;
    }
    public int getRank( ) {
        return rank.getValue( );
    }
    public void setRank(int v) {
        this.rank.setValue(v);
    }
    public String getArtist( ) {
        return artist.getValue( );
    }
    public void setArtist(String v) {
        this.artist.setValue(v);
    }
    public String getSong( ) {
        return song.getValue( );
    }
    public void setSong(String song) {
        this.song.setValue(song);
    }
    public String getImagesrc( ) {
        return imagesrc.getValue( );
    }
    public void setImagesrc(String imagesrc) {
        this.imagesrc.setValue(imagesrc);
    }
    public int getLastweek( ) {
        return lastweek.getValue( );
    }
    public void setLastweek(int lastweek) {
        this.lastweek.setValue(lastweek);
    }
    @Override
    public String toString( ) {
    return "[rank=" + rank.getValue( ) + ", artist=" + artist.getValue( ) + ", "
        + "song=" + song.getValue( ) + ", imagesrc=" + imagesrc.getValue( )
        + ", lastweek=" + lastweek.getValue( ) + "]";
    }
}
```

9 ◆ 정수로 (키=값)을 저장하기 위해 IntegerProperty를 사용한다. (이번 주 순위=값)을 저장한다.

10 ◆ 문자열로 (키=값)을 저장하기 위해 StringProperty를 사용한다. (가수=값)을 저장한다.

11 ◆ (노래 제목=값)을 저장한다.

12 ◆ (이미지 경로=값)을 저장한다.

13 ◆ (전 주 순위=값)을 저장한다.

14~20 ◆ Property 객체들을 생성하고 초기화한다.

21~23 ◆ 이번 주 순위 Property를 반환한다.

27~29 ◆ 노래 제목 Property를 반환한다.

67~71 ◆ 모든 Property의 값들을 볼 수 있도록 toString()을 오버라이딩한다.

소스 : kr.co.infopub.chapter.s100.BillboardConvert.java

```
1:  package kr.co.infopub.chapter.s100;
2:  import java.util.ArrayList;
3:  import javafx.collections.FXCollections;
4:  import javafx.collections.ObservableList;
5:  public class BillboardConvert {
6:   public static BillbaordProperty toBill(Billbaord b){
7:       BillbaordProperty bp=new BillbaordProperty();
8:       bp.setRank(b.getRank());
9:       bp.setSong(b.getSong());
10:      bp.setArtist(b.getArtist());
11:      bp.setImagesrc(b.getImagesrc());
12:      bp.setLastweek(b.getLastweek());
13:      return bp;
14:  }
15:  public static ArrayList<BillbaordProperty>toBill(ArrayList<Billbaord> blist){
16:      ArrayList<BillbaordProperty> bplists=new ArrayList<>();
17:      for(Billbaord b:blist){
18:          bplists.add(toBill(b));
19:      }
20:      return bplists;
```

```
}
public static ObservableList<BillbaordProperty>
      toBillboard(ArrayList<BillbaordProperty> alists){
   ObservableList<BillbaordProperty> bList =
            FXCollections.observableArrayList(alists);
   return bList;
}
public static ObservableList<BillbaordProperty>
      toObservBill(ArrayList<Billbaord> alists){
   return toBillboard(toBill(alists));
}
public static void main(String[] args) {
   RequestFromBillboardHot rfw=new RequestFromBillboardHot();
   // ImageFXListRequest  request=new ImageFXListRequest();
   String a="https://www.billboard.com/charts/hot-100/";
   String rs=rfw.getTimeDate(a);
   // rs=RestDay.toWantedDay(rs, 1); // count 1 : 1주 후
   rfw.getBillboardData(a+rs);
   // rfw.printBillboard();

   // 빌보드의 이미지를 가져올 수 없도록 개편됨 2018-09-05
   ArrayList<Billbaord> bills=rfw.getBillboards();
   // 빌보드에서 이미지를 가져올 수 없어서 이미지 관련 주석 처리했다.
   // request.getAllImages(bills);  // image
   ObservableList<BillbaordProperty> obsbills=
                  BillboardConvert.toObservBill(bills);
   for(BillbaordProperty bp: obsbills){
      System.out.println(bp);
   }
}
}
```

필요에 따라 한 객체를 다른 객체로 변환해야 할 때도 있다. JavaFX의 TableView를 사용할 때 키값을 저장해서 사용하는 Property(프로퍼티, 키=값)를 사용한다. 예를 들어 문자열로 (키=값)을 저장하기 위해 StringProperty를 사용하고, StringProperty extends ReadOnlyStringProperty implements Property〈String〉과 같이 Property〈 〉를 구현한다. Billboard를 BillboardProperty로 변환하고 List〈Billboard〉를 ObservableList〈BillboardProperty〉로 변환하는 클래스를 만든다.

6 BillboardProperty 객체로 변환시키기 위해 Billboard 객체를 받는다.

7 BillboardProperty 객체를 생성한다.

8 입력받은 Billboard에서 얻은 이번 순위를 Rank 프로퍼티 이번 순위에 저장한다.

9 입력받은 Billboard에서 얻은 노래 제목을 Song 프로퍼티 노래 제목에 저장한다.

10 입력받은 Billboard에서 얻은 가수 이름을 Artist 프로퍼티 가수 이름에 저장한다.

15~21 6라인에서 하나의 Billboard 객체를 BillboardProperty 객체로 변환했다. 이 방법을 이용하여 ArrayList〈Billboard〉를 ArrayList〈BillboardProperty〉로 변환한다.

22~27 ArrayList〈BillboardProperty〉를 ObservableList〈BillboardProperty〉로 변환한다.

28~31 최종적으로 만들려고 하는 메서드로, ArrayList〈Billboard〉를 ObservableList〈BillboardProperty〉로 변환한다.

33 빌보드 차트 웹사이트에서 빌보드 정보를 읽어와 리스트에 저장하는 객체를 생성한다.

34 빌보드 차트 웹사이트에서 제공하는 이미지를 맵에 저장하는 객체를 생성한다. 빌보드에서 이미지를 직접 가져오는 경로는 막혀 있으므로 이미지 관련 부분은 주석으로 처리했다.

36 빌보드 차트 날짜를 얻는다.

42 빌보드 차트를 파싱하여 빌보드 객체를 저장하는 리스트를 얻는다.

44 이미지 경로를 갖고 있는 리스트를 입력하여 〈이미지 경로, 이미지〉를 한 쌍으로 저장하는 Map을 얻는다. 이미지를 확인하고 싶다면 예제 98, 99 국기 보이기를 실행시키자.

45 ArrayList〈Billboard〉를 ObservableList〈BillboardProperty〉로 변환한다.

47~49 변환이 잘 되었는지 출력해서 확인한다.

이벤트를 이용하여 빌보드 차트의 곡 듣기 ①

활용 101

- **학습 내용 :** 빌보드 차트 1등부터 100등까지의 순위, 가수, 제목, 이미지, 전 주 순위를 TableView에 나타내 보자.
- **힌트 내용 :** 듣고 싶은 곡을 선택하기 위해 이벤트 처리가 필요하다.

소스 : kr.co.infopub.chapter.s101.BillboardfxController.java

```
package kr.co.infopub.chapter.s101;
import java.util.ArrayList;
import javafx.collections.ObservableList;
import javafx.event.ActionEvent;
import javafx.fxml.FXML;
import javafx.scene.control.Button;
import javafx.scene.control.Label;
import javafx.scene.control.TableCell;
import javafx.scene.control.TableColumn;
import javafx.scene.control.TableView;
import javafx.scene.image.ImageView;
import javafx.scene.web.WebEngine;
import javafx.scene.web.WebView;
import javafx.util.Callback;
public class BillboardfxController {
 @FXML
 private TableView<BillbaordProperty> billobardTable;
 @FXML
 private TableColumn<BillbaordProperty, String> song;
 @FXML
 private TableColumn<BillbaordProperty, String> artist;
 @FXML
 private TableColumn<BillbaordProperty, Integer> lastweek;
 @FXML
 private TableColumn<BillbaordProperty, Integer> rank;
 @FXML
 private TableColumn<BillbaordProperty, String> imagesrc;
 @FXML
 private WebView billwebview;
```

```
@FXML
private Button btnAf;
@FXML
private Button btnBf;
@FXML
private Label lbbill;
// ImageFXListRequest  request=new ImageFXListRequest();
int count=0;
@FXML
void onClickBtnBf(ActionEvent event) {
    count++;
    getAllBillboard();
}
@FXML
void onClickBtnAf(ActionEvent event) {
    count=0;
    getAllBillboard();
}
@FXML
void initialize() {
 rank.setCellValueFactory(cellData->cellData.getValue().rankProperty().asObject());
 artist.setCellValueFactory(cellData->cellData.getValue().artistProperty());
 song.setCellValueFactory(cellData->cellData.getValue().songProperty());
 imagesrc.setCellValueFactory(cellData->cellData.getValue().imagesrcProperty());
 lastweek.setCellValueFactory(cellData->
                    cellData.getValue().lastweekProperty().asObject());
    rank.setStyle("-fx-alignment: CENTER");
    lastweek.setStyle("-fx-alignment: CENTER");
    imagesrc.setCellFactory(new Callback<TableColumn<
             BillbaordProperty, String>,TableCell<BillbaordProperty, String>>(){
         @Override
         public TableCell<BillbaordProperty, String>
                  call(TableColumn<BillbaordProperty, String> param) {
          TableCell<BillbaordProperty, String> cell =
                new TableCell<BillbaordProperty, String>(){
            final ImageView imageview = new ImageView();
            @Override
            public void updateItem(String item, boolean empty) {
             if(item!=null){
               mageview.setFitHeight(100);
               //imageview.setImage(request.loadImage(item));
```

```
                    setGraphic(imageview);
                }
              }// 67:
            }; // 64:
          return cell;
        }// 62:
    }); // 59:
    final WebEngine webEngine = billwebview.getEngine();
    billobardTable.setOnMouseClicked(e ->{
     if(billobardTable.getSelectionModel().getSelectedItem()!=null ){
       BillbaordProperty billboard =
        (BillbaordProperty)billobardTable.getSelectionModel().getSelectedItem();
          webEngine.load(
          https://www.youtube.com/results?search_query="
            +toP(billboard.getArtist())+toP(billboard.getSong()));
     } // 80:
    } // 79: { }
   ); // 79: ( )
    getAllBillboard();
 } // 49:
 public String toP(String msg){
   String ss=msg;
   ss=ss.replaceAll(" ", "+");
   return ss.trim();
 }
 public void getAllBillboard(){
    RequestFromBillboard200 rfw=new RequestFromBillboard200();
    String a="https://www.billboard.com/charts/billboard-200/";
    String rs=rfw.getTimeDate(a);
    rs=RestDay.toWantedDay(rs, count); //count 1 : 1주 후
    // RequestFromBillboardHot rfw=new RequestFromBillboardHot();
    // String a="https://www.billboard.com/charts/hot-100/";
    // String rs=rfw.getTimeDate(a);
    rfw.getBillboardData(a+rs);
    ArrayList<Billbaord> bills=rfw.getBillboards();

    // request.getAllImages(bills); // image
    ObservableList<BillbaordProperty> obsbills=
                      BillboardConvert.toObservBill(bills);
    populateEmployees(obsbills);
    lbbill.setText("Billboard Chat 200 "+rs);
```

```
112: }
113: public void populateEmployees(ObservableList<BillbaordProperty> bills) {
114:     billobardTable.setItems(bills);
115: }
116: }
```

예제 097에서 SceneBuilder를 이용하여 Billboardfx2.fxml를 만들었다. 빌보드 차트 1등부터 200등까지 순위, 가수, 제목, 이미지, 전 주 순위를 TableView에 보여준다. 그리고 듣고 싶은 곡을 선택하면 유튜브 화면에서 선택된 곡을 WebView에 보여준다. 유튜브 화면을 선택하면 곡도 들을 수 있다. 한 곡을 선택했을 때 유튜브 화면을 보여주려면 이벤트 처리가 필요하다.

16~17 TableView를 자동생성한다. @FXML은 객체를 생성하게 하는 어노테이션이다.

18~27 TableView에 대한 컬럼들을 자동 생성한다.

28~29 WebView를 자동 생성한다.

30~35 버튼과 라벨을 자동 생성한다.

36 빌보드 이미지를 저장하는 객체를 생성한다. 주석으로 처리했다.

37 0이면 이번 주, 1이면 1주일 전, 2이면 2주일 전이다.

38~42 count가 1이면 1주일 전, 2이면 2주일 전의 빌보드 차트 1등부터 200등까지의 정보를 파싱하여 저장한다.

43~47 이번 주 빌보드 차트 1등부터 200등까지의 정보를 파싱하여 저장한다.

50~55 TableView에 대한 각 칼럼의 값에 매핑하여 대입할 타입과 프로퍼티를 설정한다.

56~57 JavaFX CSS를 이용하여 순위 칼럼과 전 주 순위 칼럼의 값을 중앙에 위치시킨다.

58~59 이미지 칼럼에 이미지 정보를 설정하기 위한 것이다.

63~64 이미지 칼럼에 이미지 셀(공간)을 만든다.

65 이미지 셀에 이미지를 붙이기 위해 이미지뷰를 준비한다.

67~73 이미지의 높이를 100px로 설정한다. 그리고 이미지뷰 순위에 맞는 빌보드 이미지를 붙인다. 이미지 셀에 준비한 이미지뷰를 붙인다. 그러면 이미지 칼럼에서 이미지를 볼 수 있다.

웹뷰에 웹을 보여 주려면 엔진이 필요하다. 78

테이블뷰의 한 행(원하는 곡)을 선택한다. 79

선택된 곡의 정보를 저장한 빌보드 프로퍼티 객체를 얻는다. 81~82

곡의 제목을 유튜브 곡 찾기 경로에 붙여 웹엔진에서 찾는다. 웹엔진은 찾는 곡을 웹뷰에 보여 준다. 83~84

해당 주의 1등부터 200등까지의 빌보드 차트 정보를 찾아서 리스트에 저장한다. 89

빌보드 차트 웹사이트에서 빌보드 정보를 읽어와서 리스트에 저장하는 객체를 생성한다. 97

빌보드 차트 날짜를 얻는다. 99

빌보드 차트를 파싱하여 빌보드 객체를 저장하는 리스트를 얻는다. 105

이미지 경로를 갖고 있는 리스트를 입력하여 〈이미지 경로, 이미지〉를 한 쌍으로 맵에 저장한다. 107

ArrayList〈Billboard〉를 ObservableList〈BillboardProperty〉로 변환한다. 108

ObservableList〈BillboardProperty〉에 정보를 테이블뷰에 보이게 한다. 110

소스 : kr.co.infopub.chapter.s101.Main.java

```
package kr.co.infopub.chapter.s101;
import javafx.application.Application;
import javafx.stage.Stage;
import javafx.scene.Scene;
import javafx.scene.image.Image;
import javafx.scene.layout.BorderPane;
import javafx.fxml.FXMLLoader;
public class Main extends Application {
 @Override
 public void start(Stage primaryStage) {
 try {
    primaryStage.setTitle("Billboard Chart 2017");
```

```
13:         BorderPane root = (BorderPane)FXMLLoader.load(getClass( ).getResource
14:                 ("Billboardfx2.fxml"));
15:         Scene scene = new Scene(root,1400,800);
16:         scene.getStylesheets( ).add(getClass( ).getResource("application.css").
17:                 toExternalForm( ));
18:         primaryStage.setScene(scene);
19:         //primaryStage.setIconified(true);
20:         // 아이콘은 이런 경로로
21:         primaryStage.getIcons( ).add(new Image(getClass( ).getResourceAsStream
22:                 ("logo.png")));
23:         primaryStage.setResizable(false);
24:         primaryStage.show( );
25:     } catch(Exception e) {
26:         e.printStackTrace( );
27:     }
28:   }
29:   public static void main(String[ ] args) {
30:       launch(args);
31:   }
32: }
```

8~32 ◆ SceneBuilder를 이용하여 자동으로 만들어지는 소스이다.

12 ◆ 제목을 입력한다.

13~14 ◆ Billboardfx2.xml의 기본(root)인 BorderPane을 얻는다.

15 ◆ Scene에 기본(root)을 대입하고 가로를 1400, 세로를 800으로 설정한다.

16 ◆ css를 읽어서 Scene에 대입한다.

18 ◆ Stage에 Scene을 대입한다.

21 ◆ 로고 이미지를 입력한다.

23 ◆ 크기 변경을 못하게 한다.

24 ◆ Stage를 보여 주게 한다.

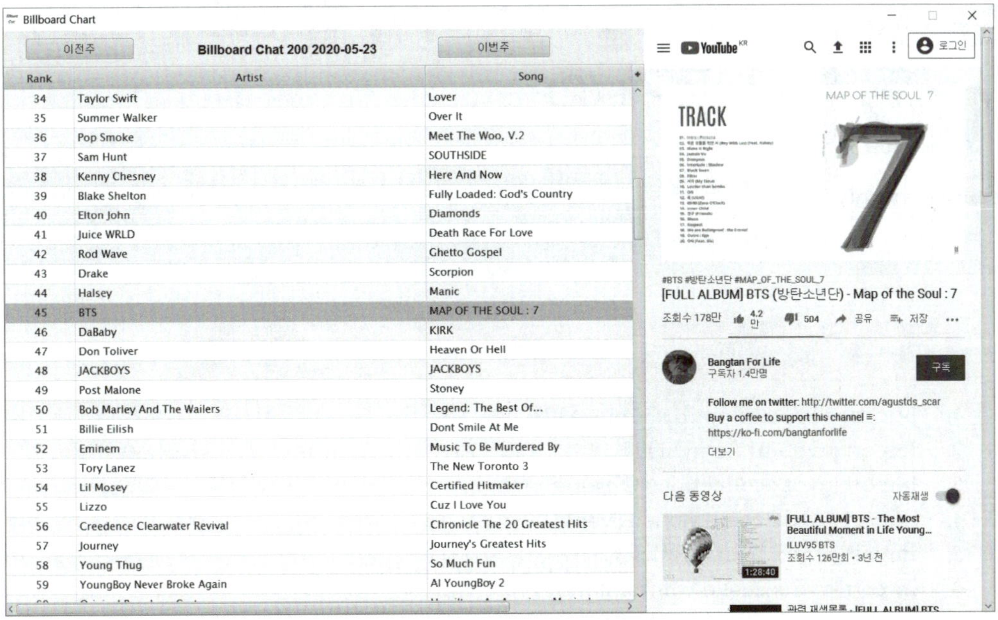

| 결과화면 | BillboardfxController 실행화면

활용 102

이벤트를 이용하여 빌보드 차트의 곡 듣기 ②

- **학습 내용 :** 빌보드 차트 1등부터 100등까지의 순위, 가수, 제목, 이미지, 전 주 순위를 Accordian으로 표현해 보자.
- **힌트 내용 :** 듣고 싶은 곡을 선택하기 위해 이벤트 처리가 필요하다.

소스 : kr.co.infopub.chapter.s102.BillboardAccordionFxController.java

```
package kr.co.infopub.chapter.s102;
import java.util.ArrayList;
import javafx.collections.ObservableList;
import javafx.event.ActionEvent;
import javafx.fxml.FXML;
import javafx.scene.control.Button;
import javafx.scene.control.Accordion;
import javafx.scene.control.Label;
import javafx.scene.control.TitledPane;
import javafx.scene.control.TreeItem;
import javafx.scene.control.TreeView;
import javafx.scene.web.WebEngine;
import javafx.scene.web.WebView;
public class BillboardAccordionFxController {
 @FXML
 private Accordion baccordina;
 @FXML
 private TreeView<String> youtrv;
 @FXML
 private WebView webview;
 ObservableList<BillbaordProperty> obsbills;
 @FXML
 private Button btnAf;
 @FXML
 private Button btnBf;
 @FXML
 private Label lbbill;
 TreeItem<String> root = new TreeItem<String>("Singer ");
 int count=0;
```

```
@FXML
void onClickBtnBf(ActionEvent event) {
    count++;
    baccordina.getPanes().clear(); // 페인에 붙은 것들 제거 후
    getAllBillboard(); // 다시 불러서
    showAllBillboard(); // 붙임
}
@FXML
void onClickBtnAf(ActionEvent event) {
    count=0;
    baccordina.getPanes().clear();// 페인에 붙은 것들 제거 후
    getAllBillboard(); // 다시 불러서
    showAllBillboard(); // 붙임
}
@FXML
void initialize() {
    getAllBillboard();
    showAllBillboard();
    youtrv.getSelectionModel().selectedItemProperty().addListener(
     (observable, oldValue, newValue) -> {
       if(newValue!=null){
           final WebEngine webEngine = webview.getEngine();
         String url="https://www.youtube.com/results?search_query=%s";
         String ttt=String.format(url,
                ((TreeItem<String>)newValue).getValue());
         webEngine.load(ttt);
       }
     });
    youtrv.setRoot(root);
}
public void loadTreeItems(String key){
    root.getChildren().clear();
    TreeItem<String> abs = new TreeItem<String>(key);
    root.getChildren().add(abs);
    root.setExpanded(true);
}
public void getAllBillboard(){
    RequestFromBillboardHot rfw=new RequestFromBillboardHot();
    //RequestFromBillboard200 rfw=new RequestFromBillboard200();
    //String a="https://www.billboard.com/charts/billboard-200/";
```

```
            String a="https://www.billboard.com/charts/hot-100/";
            String rs=rfw.getTimeDate(a);
            rs=RestDay.toWantedDay(rs, count); // count 주 이전
            rfw.getBillboardData(a+rs);
            ArrayList<Billbaord> bills=rfw.getBillboards();
        obsbills= BillboardConvert.toObservBill(bills);
        lbbill.setText("Billboard Chat HOT 100 "+rs);
    }
    public String toP(String msg){
        String ss=msg;
        ss=ss.replaceAll(" ", "+");
        return ss.trim();
    }
    public void showAllBillboard(){
      if(obsbills!=null){
        for(BillbaordProperty bp: obsbills){
          TitledPane mytitle = new TitledPane();
          mytitle.setText(bp.getSong());
          mytitle.setOnMouseClicked(event -> {
              if(mytitle.getText()!=null || mytitle.getText().indexOf(".")!=-1){
              System.out.println(mytitle.getText()+"------------>>>");//ok
              loadTreeItems(toP(mytitle.getText()));
              }
          });
          baccordina.getPanes().add(mytitle);
        }
      }
    }
}
```

SceneBuilder와 307쪽 그림을 참고하여 BillboardAccordionFx.fxml을 만든다. 우선 BorderPane의 Left에 BorderPane을 붙이고 Center 부분에 Accordion을 붙인다. 다시 Center의 BorderPane을 Left와 Center로 나누고 Left에 TreeView를 붙인다. 남은 Center에 WebView를 붙인다. Accordion은 악기 아코디언처럼 한 곳이 선택되면 늘어났다가 다른 것이 선택되면 앞에서 선택된 부분이 줄어든다. 선택된 아코디언은 해당 가수의 노래와 관련된 유튜브 주소를 트리뷰에 나열한다. 트리뷰를 선택하면 웹뷰에서 해당 음악의 유튜브를 보여준다.

아코디언을 자동 생성한다. @FXML은 객체를 생성하게 하는 어노테이션이다. ◆ 15~16

TreeView를 자동 생성한다. ◆ 17~18

WebView를 자동 생성한다. ◆ 19~20

아코디언에 빌보드 차트 1등부터 100등을 붙이기 위해 필요한 리스트를 선언한다. ◆ 21

이전 주, 다음 주 버튼과 빌보드 차트 날짜를 출력할 라벨을 자동 생성한다. ◆ 22~27

트리뷰에 붙이기 위한 루트(최상위)가 되는 트리 아이템을 생성하여 준비한다. ◆ 28

이전 주 버튼을 클릭하면 count 값이 증가한다. count가 1이면 1주 전, count가 2면 2주 전을 의미한다. ◆ 29

이번 주 버튼을 클릭하면 count 값이 증가한다. 아코디언 페인에 붙어 있는 것을 제거한다. ◆ 31~36

빌보드 정보를 읽어 1등부터 100등까지의 정보를 리스트에 저장한다. ◆ 34

리스트에 저장한 빌보드 정보를 아코디언에 반영한다. ◆ 35

이번 주 버튼을 클릭하면 count 값이 0이 된다. 아코디언 페인에 붙어 있는 것을 제거한다. ◆ 38~43

빌보드 정보를 읽어 1등부터 100등까지의 정보를 리스트에 저장한다. ◆ 41

리스트에 저장한 빌보드 정보를 아코디언에 반영한다. ◆ 42

트리뷰에서 한 곡(트리아이템)을 선택하면 트리뷰에서 선택한 곡(트리아이템)을 유튜브에서 찾을 수 있도록 준비한다. ◆ 48~57

트리뷰에서 선택한 곡을 웹뷰로 보여준다. 웹뷰에 웹엔진을 이용하면 웹브라우저와 같은 역할을 한다. 곡에 해당하는 여러 곡들을 유튜브 화면에 보여준다. ◆ 55

아코디언에서 선택한 곡과 관련된 주소를 나열하는 트리뷰를 완성한다. ◆ 58

트리뷰에 붙일 루트(기본) 트리 아이템을 생성한다. ◆ 62

트리뷰에 루트(기본) 트리 아이템을 붙인다. ◆ 63

67~76 빌보드 차트 웹에서 파싱하여 빌보드 객체를 저장한 리스트를 만든다. 파싱하여 원하는 주의 날짜를 구한다. 그리고 해당하는 날짜의 빌보드 객체를 리스트에 저장한다.

85~95 빌보드 정보를 저장한 리스트에서 빌보드 프로퍼티를 하나씩 가져와 타이틀 패널(TiledPane)에 해당 노래를 붙인다. 노래를 클릭하면 이벤트가 발생하여 해당 곡을 유튜브에서 찾아 아코디언의 오른쪽에 있는 Singer 트리아이템에 노래 이름을 보여준다.

88~93 타이틀 패널의 노래를 선택하면 해당하는 곡의 제목을 찾는다. 그리고 그 곡과 관련된 주소를 찾아 트리뷰로 보여준다.

소스 : kr.co.infopub.chapter.s102.Main.java

```java
package kr.co.infopub.chapter.s102;
import javafx.application.Application;
import javafx.stage.Stage;
import javafx.scene.Scene;
import javafx.scene.layout.BorderPane;
import javafx.fxml.FXMLLoader;
public class Main extends Application {
  @Override
  public void start(Stage primaryStage) {
     try {
          primaryStage.setTitle("Billboard Accordian");
          BorderPane root = (BorderPane)FXMLLoader.load(
                    getClass( ).getResource("BillboardAccordianFx.fxml"));
          Scene scene = new Scene(root,1200,800);
          scene.getStylesheets( ).add(
                    getClass( ).getResource("application.css").toExternalForm( ));
          primaryStage.setScene(scene);
          primaryStage.show( );
     } catch(Exception e) {
          e.printStackTrace( );
     }
  }
  public static void main(String[ ] args) {
     launch(args);
  }
}
```

SceneBuilder를 이용하여 자동으로 만들어지는 소스이다. ◆ 8~26

제목을 입력한다.. ◆ 11

Billboardfx2.xml의 기본(root)인 BorderPane을 얻는다. ◆ 12

Scene에 기본(root)을 대입하고 가로를 1200, 세로를 800으로 설정한다. ◆ 14

css를 읽어서 Scene에 대입한다. ◆ 215~16

Stage에 Scene을 대입한 후 보여 주게 한다. ◆ 7~18

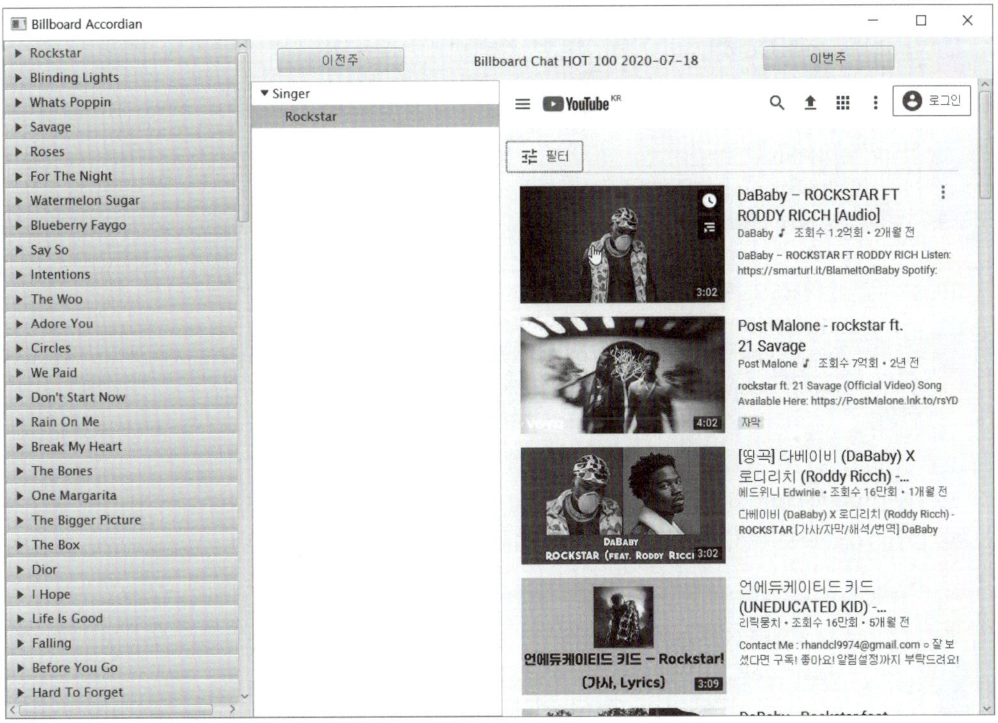

| 결과화면 | BillboardAccordionFxController 실행 화면

활용 103

객체와 은닉화(Encapsulation) 이해하기

- **학습 내용 :** 객체와 은닉화(Encapsulation)를 이해하자.
- **힌트 내용 :** 객체는 데이터를 저장하는 멤버필드와 데이터를 가공하기 위한 메서드를 갖는다. 데이터를 보호하기 위한 은닉화도 필요하다.

소스 : kr.co.infopub.chapter.s103.Card.java

```
package kr.co.infopub.chapter.s103;
// 객체 - 중요한 데이터를 저장
public class Card {
    // 데이터 보호- 은닉화 - 접근 제한자 private
    private String cardVal; // H8, H6, ……
    // 멤버 접근 메서드
    public String getCardVal( ) {
        return cardVal;
    }
    // 기본 생성자 - 멤버 초기화
    public Card( ) {
        this("H2");      // 아래와 동일
        //this.cardVal="H2";
    }
    // 테스트용
    public Card(String s) {
        this.cardVal=s;        // 문자열은 값 복사
    }
    // 복사 생성자
    public Card(Card c) {
        this(c.getCardVal( ));    // 문자열은 값 복사
        // this.cardVal=c.getCardVal( );    // 동일
    }
    // cardVal 내용 [H3
    @Override
    public String toString( ) {
        return "[" + cardVal + "]";
    }
} //
```

개발자가 만든 자바의 객체 타입은 다음과 같은 순서로 객체를 생성한다.

❶ 클래스를 만든다. public class 클래스이름{}

❷ 클래스 내부에 클래스의 중요 데이터를 타입과 함께 선언한다. 이때 선언한 데이터를 멤버필드라고 한다. 중요 데이터인 멤버필드를 보호하기 위하여 접근 제한자를 private로 선언한다.

❸ 멤버필드를 가공하는 메서드인 멤버 메서드를 만든다. 멤버 메서드를 직접 사용할 수 없게 private로 숨겨 놓았기 때문에 public 접근 제한자 메서드를 이용하여 데이터를 사용하거나 수정한다.

❹ 이처럼 멤버필드를 숨겨서 데이터를 보호하는 것을 은닉화라고 한다.

❺ new 키워드를 이용하여 객체를 생성한다.

클래스를 선언한다. 클래스는 설계도이다. ◆ 3

카드의 중요 데이터(멤버필드)로 카드값을 문자열 타입으로 선언한다. 접근 제한자를 private으로 선언하여 데이터를 보호한다. ◆ 5

카드값을 외부로 반환하는 메서드를 선언한다. ◆ 7~9

기본 생성자를 선언한다. ◆ 11

this("H2")는 16라인의 Card("H2")를 호출한다. 다른 생성자를 호출하면서 중요 데이터인 멤버필드를 "H2"로 초기화한다. ◆ 12

카드값을 입력받는 생성자를 선언한다. 이미 존재하는 생성자에 대해 아규먼트 개수나 타입이 다른 것을 생성자 오버로딩(Overloading)이라고 한다. ◆ 16

카드 생성자에 아규먼트로 카드 객체를 받는 것을 복사 생성자라고 한다. 입력받은 다른 카드의 값만 받아 카드값을 초기화한다. 값은 같지만 다른 객체를 만들 때 사용한다. ◆ 20~23

멤버필드의 값을 수정하지 않고 살펴볼 수 있는 toString( ) 메서드를 오버라이딩한다. ◆ 26~28

소스 : kr.co.infopub.chapter.s103.CardMain.java

```
package kr.co.infopub.chapter.s103;
public class CardMain {
    public static void main(String[ ] args) {
        String csuit1="H", cvalu1="6";      // suit+value
        String csuit2="H", cvalu2="3";      // suit+value
        // 객체 생성
        Card c1=new Card("H6");             // 생성자 (String 아규먼트) H6
```

```
 8:         Card c2=new Card(csuit1+cvalu1);   // 생성자 (String 아규먼트) H6
 9:         Card c3=new Card( );                // 기본 생성자  H2를 가짐
10:         Card c4=new Card(csuit2+cvalu2);   // 생성자 (String 아규먼트) H3
11:
12:         System.out.printf("%s,%s,%s.%s\n",c1,c2,c3,c4);
13:         System.out.println(c1.equals(c2));      // 해시코드는 다름
14:         System.out.println(c1.getCardVal( ).equals(c2.getCardVal( )));    //값 동일
15:         // 참조 타입은 equals( )로 비교하세요.
16:     }
17: }
```

4 ◆ 카드의 그림을 나타내는 suit("H")와 값을 나타내는 valu(6)를 선언한다.

5 ◆ 카드의 그림을 나타내는 suit("H")와 값을 나타내는 valu(3)를 선언한다.

7 ◆ 객체를 생성한다. "카드 레퍼런스=new 카드() ;" 형태로 객체를 생성한다. 앞의 카드는 클래스, 뒤의 카드는 힙 메모리에 생성된 객체, 카드()는 초기화하는 생성자이다. "카드 레퍼런스=new 카드() ;"는 카드 타입의 객체를 생성한다는 의미이다. 설계도는 붕어빵틀, 생성된 객체는 붕어빵, 레퍼런스는 붕어빵의 이름으로 보면 된다. "H6" 카드값을 갖는 카드를 생성한다.

8 ◆ "H6" 카드값을 갖는 카드를 생성한다. c1, c2, c3, c4는 각 카드를 사용할 때 사용하는 이름과 같은 역할을 하는 레퍼런스이다. 생성된 객체는 c1.과 같이 .을 이용하여 사용한다.

9 ◆ 기본(default) 생성자로 카드를 생성한다. 기본 생성자는 카드값을 "H2"로 초기화한다.

10 ◆ "H3" 카드값을 갖는 카드를 생성한다.

12 ◆ c1.toString()과 같이 .toString()이 붙으면서 네 카드의 값을 출력한다.

13 ◆ 모든 객체는 값이 같더라도 hashCode()가 다르기 때문에 false이다. new 키워드는 해시코드와 레퍼런스를 모두 다르게 만든다.

14 ◆ 카드값은 모두 "H6"이므로 true이다.

결과

```
[H6],[H6],[H2],[H3]
false
true
```

static 사용법 익히기

활용 104

• **학습 내용 :** static 사용법을 익혀 보자.
• **힌트 내용 :** static 메서드를 이용하여 카드값을 만들고 static 배열로 크기를 확인한다.

소스 : kr.co.infopub.chapter.s104.CardUtil.java

```
package kr.co.infopub.chapter.s104;
// static 변수, 메서드 - 객체 생성 없이 사용 가능하다.
public class CardUtil {
    public static final int SUTDA=2;
    public static final String[ ] SUIT={"H","C"};
    public static final String[ ] VALU={"A","2","3","4","5","6","7","8","9","T"};

    public static int toVal(Card c) {
        return toVal(c.getCardVal( ).charAt(1)); // "H6"에서 '6'
    }
    public static int toVal(Card c, int index) {
        return toVal(c.getCardVal( ).charAt(index));
    }
    public static int toVal(char cc) {
        int tot=0;
        switch (cc) {
            case 'A':tot=1;break;
            case 'T':tot=10;break;
            case 'J':tot=11;break;
            case 'Q':tot=12;break;
            case 'K':tot=13;break;
            default: tot=cc-'0';break;
        }
        return tot;
    }
}
```

static은 객체를 생성하지 않고 사용하기 위해 만든 키워드이다. static이 붙은 메서드나 변수는 "클래스 이름.메서드"나 "클래스 이름.변수"처럼 사용한다.

다음과 같이 카드값을 만들어 보자.

❶ "H"나 "C" 슈트(suit)를 갖도록 SUIT 배열로 선언한다. static SUIT이므로 객체를 생성하지 않고 사용할 수 있다. SUIT의 크기 SUIT.length는 2이다.

❷ "A"에서 "T" 사이의 밸류(valu)를 갖도록 VALU 배열로 선언한다. static VALU이므로 객체를 생성하지 않고 사용할 수 있다. VALU의 크기 VALU.length는 10이다.

❸ "H"나 "C" 슈트(suit)에 대해 "A"에서 "T" 사이의 밸류(valu)를 조합하여 20개의 카드값을 만들도록 한다. "CA", "C2",……, "CT", "HA", "H2", ……, "HT"

5 "H", "C"를 선언한 SUIT 배열을 선언한다.

6 "A"에서 "T"까지 선언한 VALU 배열을 선언한다.

8~10 카드값의 1번째 값을 정수값으로 반환한다. 카드값이 "H6"일 때 '6'을 6으로 변환하여 정수값을 얻는다.

11~13 카드값의 index번째 값을 얻는다. "H6"일 때 index가 0이면 'H'를, index가 1이면 '6'을 얻는다. 그리고 index가 1일 때 정수값으로 변환한다.

16~23 입력받은 밸류값은 char 타입이다. 'A'일 때 1, 'T'일 때 10, '2'에서 '9'는 '2'−'0'=2, '3'−'0'=3과 같이 2에서 9의 값을 반환한다.

소스 : kr.co.infopub.chapter.s104.Card.java

```
 1: package kr.co.infopub.chapter.s104;
 2: public class Card {
 3:     private String cardVal; // H8, H6, ……
 4:     public String getCardVal( ) {
 5:         return cardVal;
 6:     }
 7:     // 기본(디폴트) 생성자
 8:     public Card( ) {
 9:         // 0~3
10:         int suit=(int)(Math.random( )*CardUtil.SUIT.length);
11:         // 0~12
12:         int valu=(int)(Math.random( )*CardUtil.VALU.length);
13:         // 임의의 카드값을 갖는다. H8, H6, ……
```

```
14:          cardVal=CardUtil.SUIT[suit]+CardUtil.VALU[valu];
15:      }
16:      // 테스트용
17:      public Card(String s) {
18:          this.cardVal=s;   // 문자열은 값 복사
19:      }
20:      // 복사 생성자
21:      public Card(Card c) {         // 다른 카드의 카드값만 가져온다.
22:          this(c.getCardVal( ));     // 문자열은 값 복사
23:          // this.cardVal=c.getCardVal( );     // 동일
24:      }
25:      // cardVal 내용
26:      @Override
27:      public String toString( ) {
28:          return "[" + cardVal + "]";
29:      }
30: } //
```

클래스를 선언한다. ◆ 2

카드의 중요 데이터(멤버필드)로 카드값을 문자열 타입으로 선언한다. 접근 제한자를 private으로 선언하여 데이터를 보호한다. ◆ 3

카드값을 외부로 반환하는 메서드를 선언한다. ◆ 4~6

기본 생성자를 선언한다. ◆ 8

SUIT 배열은 static이므로 객체를 생성하지 않고 사용할 수 있다. CardUtil.SUIT.length는 2이므로 deck은 0~1 사이 임의의 정수를 반환한다. ◆ 10

VALU 배열은 static이므로 객체를 생성하지 않고 사용할 수 있다. CardUtil.VALU.length는 10이므로 valu는 0~9 사이 임의의 정수를 반환한다. ◆ 12

SUIT 배열에서 0 또는 1인 suit와 VALU 배열에서 0~9 사이의 값인 valu 값을 조합하여 카드값을 만든다. 예로 suit가 0이면 "H", valu가 5면 "6"을 얻고, 이들을 붙이면 "H6" 카드값을 갖는 카드가 만들어진다. ◆ 14

소스 : kr.co.infopub.chapter.s104.CardMain.java

```
 1: package kr.co.infopub.chapter.s104;
 2: public class CardMain {
 3:     public static void main(String[ ] args) {
 4:         Card c1=new Card("H4");                     // 생성자 (String 아규먼트)
 5:         Card c2=new Card("H4");                     // 생성자 (String 아규먼트)
 6:         Card c3=new Card(c1);                       // 복사 생성자- 값 동일
 7:         System.out.println(c1.hashCode( ));  // 값은 동일, 다른 해시
 8:         System.out.println(c2.hashCode( ));  // 값은 동일, 다른 해시
 9:         System.out.println(c1.getCardVal( )); // 값은 동일
10:         System.out.println(c2.getCardVal( )); // 값은 동일
11:         System.out.println(c1.equals(c2));      // hashCode 비교- 중요 - false
12:         System.out.println(c1.equals(c3));      // hashCode 비교- 중요 - false
13:         for(int i=0; i<CardUtil.SUIT.length ; i++) {            // SUIT 2
14:             for (int j = 0; j <CardUtil.VALU.length; j++) {  // VALU 10
15:                 // 값은 같을 수 있지만, 해시코드는 고유하다(같을 수 없다).
16:                 Card c=new Card( );                    // 임의로 카드 생성- 기본 생성자( )
17:                     System.out.printf("%s\t",c);  // c.toString( )
18:                 }
19:             System.out.println( );    // 10개 출력 후 한 칸 아래
20:         }
21:     }
22: }
```

4 ◆ "H4" 카드값을 갖는 카드를 생성한다.

5 ◆ "H4" 카드값을 갖는 카드를 생성한다.

6 ◆ "H4" 카드값을 가지면서 c1과 다른 카드를 생성한다.

7 ◆ c1의 해시코드를 출력한다. new로 생성한 객체는 해시코드가 같을 수 없다.

8 ◆ c2의 해시코드를 출력한다. new로 생성한 객체는 해시코드가 같을 수 없다.

9~10 ◆ 카드값 문자열 "H4"를 반환한다.

11 ◆ new로 생성한 객체는 해시코드가 같을 수 없다.

12 ◆ 복사 생성자는 카드값이 같지만 해시코드가 다른 객체를 생성한다.

2×10=20개의 카드 객체를 생성하여 카드값을 출력한다. new로 생성했으므로 모든 카드의 해시코드가 다르다. 다시 말해 서로 다른 객체 20개를 생성했다. 단, 카드값은 중복될 수 있다. 예를 들어 "H4"가 두 개 이상 발생할 수도 있다. 13~20

카드를 생성한다. 16

카드값을 출력한다. 17

결과

```
366712642
1829164700
H4
H4
false
false
[C6]   [C3]   [C4]   [H2]   [C6]   [C9]   [C9]   [H3]   [C9]   [H6]
[C8]   [HA]   [CT]   [C5]   [C9]   [H5]   [HT]   [HA]   [C7]   [H4]
```

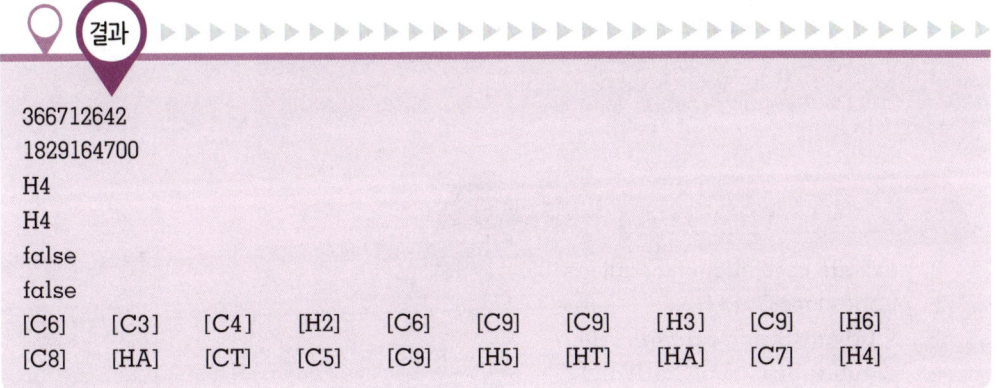

활용 105

equals overriding을 이용하여 카드값이 같으면 같은 객체로 만들기

- **학습 내용 :** 카드값이 같으면 같은 객체를 만들어 보자.
- **힌트 내용 :** 카드값이 같으면 같은 객체로 만들기 위해 equals( ) 오버라이딩을 한다.

소스 : kr.co.infopub.chapter.s105.CardUtil.java - s104와 동일

소스 : kr.co.infopub.chapter.s105.Card.java

```
package kr.co.infopub.chapter.s105;
public class Card {
    private String cardVal; //H8
    public String getCardVal( ) {
        return cardVal;
    }
    public Card( ) {
        int deck=(int)(Math.random( )*CardUtil.SUIT.length);  // 0~1
        int suit=(int)(Math.random( )*CardUtil.VALU.length);  // 0~9
        // 임의의 카드값을 갖는다. H6
        cardVal=CardUtil.SUIT[deck]+CardUtil.VALU[suit];
    }
    // 테스트용
    public Card(String s) {
        this.cardVal=s;  // 문자열은 값 복사
    }
    // 복사 생성자
    public Card(Card c) {
        this(c.getCardVal( ));   // 문자열은 값 복사
        // this.cardVal=c.getCardVal( );    // 동일
    }
    @Override
    public String toString( ) {
        return "[" + cardVal + "]";
```

```
    }
    // Eclipse-Source-Generate hashCode( ) and equals( )를 이용하여 자동으로 만들자
    @Override
    public int hashCode( ) {
        final int prime = 31;
        int result = 1;
        result = prime * result + ((cardVal == null) ? 0 : cardVal.hashCode( ));
        return result;
    }
    // 소스를 정리하면 카드값과 카드값을 일대일로 비교한다.
    @Override
    public boolean equals(Object obj) {
        Card cb=(Card)obj;
        if(cardVal.equals(cb.getCardVal( ))) {
            return true;
        } else {
            return false;
        }
    }
} //
```

new로 생성한 객체는 해시코드가 모두 다르기 때문에 같을 수 없다. 같은 값을 갖는 카드끼리도 "카드1.equals(카드2)"는 false가 된다. 그래서 같은 값을 가지면 같은 객체로 만들어야 할 때 equals() 오버라이딩을 한다. 한 예로 수학의 좌표에서 P1(1, 2)과 P2(1,2)는 같은 위치(1==1, 2==2)이지만 프로그래밍에서는 다른 객체가 된다. 이 두 점을 같은 객체로 만들기 위해서 (1==1, 2==2)처럼 좌표값이 같으면 같은 객체라고 equals() 오버라이딩해야 한다. 그리고 hashCode()도 오버라이딩해야 한다.

기본 생성자를 선언한다. ◆ 7

SUIT 배열은 static이므로 객체를 생성하지 않고 사용할 수 있다. CardUtil.SUIT.length는 2이므로 deck은 0~1 사이 임의의 정수를 반환한다. ◆ 8

VALU 배열은 static이므로 객체를 생성하지 않고 사용할 수 있다. CardUtil.VALU.length는 10이므로 valu는 0~9 사이 임의의 정수를 반환한다. ◆ 9

11 SUIT 배열에서 0 또는 1인 suit와 VALU 배열에서 0~9 사이의 값인 valu 값을 조합하여 카드값을 만든다. 예로 suit가 0이면 "H", valu가 5면 "6"을 얻고, 이들을 붙이면 "H6" 카드값을 갖는 카드가 만들어진다.

28~33 equals() 오버라이딩하면 hashCode()를 오버라이딩해야 한다. 형식적으로 2자리 이상의 소수(Prime Number)를 더한다.

36 참조 타입은 기본적으로 같은 카드값을 가져도 같은 객체가 아니다. 같은 값을 갖는 경우에 같은 객체로 만들려면 equals() 오버라이딩한다.

37 부모인 Object의 equals() 메서드가 equals(Object)처럼 아규먼트를 Object로 받는다. 그러므로 오버라이딩도 equals(Object)이나, 카드로 변환하기 위해 (Card)로 캐스팅하여 카드 타입으로 변환한다.

38~42 카드값과 비교할 카드값이 같으면 true를 반환하여 같은 객체라고 하고, 카드값이 다르면 false를 반환하여 다른 객체라고 한다. 이렇게 오버라이딩하면 두 카드의 카드값을 비교하여 같은 객체인지 아닌지 판단할 수 있다.

소스 : kr.co.infopub.chapter.s105.CardMain2.java

```
package kr.co.infopub.chapter.s105;
public class CardMain2 {
    public static void main(String[ ] args) {
        Card c1=new Card("H4");                    // 생성자 (String 아규먼트)
        Card c2=new Card("H4");                    // 생성자 (String 아규먼트)
        System.out.println(c1.hashCode( ));    // 값은 동일 같은 해시
        System.out.println(c2.hashCode( ));    // 값은 동일 같은 해시
        System.out.println(c1.getCardVal( )); // 값은 동일
        System.out.println(c2.getCardVal( )); // 값은 동일
        System.out.println(c1.equals(c2));       // hashCode 비교 - 오버라이딩 - 중요
        // 같은 값을 가질 때 같은 객체로 정의하고 싶다면
        // hashCode( ), equals( )를 오버라이딩하자.
    }
}
```

"H4" 카드값을 갖는 카드를 생성한다. 4

"H4" 카드값을 가지면서 c1과 다른 카드를 생성한다. 5

c1의 해시코드를 출력한다. 6

c2의 해시코드를 출력한다. 오버라이딩했으므로 c1의 해시코드와 같다. 7

카드값 문자열 "H4"를 반환한다. 8

원래 new로 생성한 객체는 해시코드가 같을 수 없지만 equals() 오버라이딩했기 때문에 내용이 같으면 equals()는 true이다. 10

결과

```
2315
2315
H4
H4
true
```

활용 106

리스트에 서로 다른 카드 20개 저장하기

- **학습 내용 :** List를 이용하여 서로 다른 카드 20개를 저장해 보자.
- **힌트 내용 :** List의 contains( ) 메서드를 이용하여 같은 카드가 List에 이미 존재하는지 확인한다.

소스 : kr.co.infopub.chapter.s106.Card.java- s105와 동일

소스 : kr.co.infopub.chapter.s106.CardUtil.java- s105와 동일

소스 : kr.co.infopub.chapter.s106.CardCase.java

```
package kr.co.infopub.chapter.s106;
import java.util.ArrayList;
import java.util.Collections;
import java.util.List;
public class CardCase {
    // aggregation : CardCase는 Card로 구성된다.
    private List<Card> cards=new ArrayList<Card>( );
    public CardCase( ) {
        cards.clear( );          // 내용 지우기
    }
    // List 반환
    public List<Card> getCards( ) {
        return cards;
    }
    // List에 저장된 Card의 개수
    public int count( ) {
        return cards.size( ); // 저장된 Card 개수
    }
    // List의 index번째 Card
```

```
    public Card getCard(int index) {
        return cards.get(index);       // index번째 Card
    }
    // 서로 다른 카드 20장 만들기
    public void make( ) {
        cards.clear( );                          // 내용 지우기
        int suit=CardUtil.SUIT.length;       // 2
        int valu=CardUtil.VALU.length;   // 10
        int count=0;
        // 서로 다른 20개의 카드를 만든다.
        while(count!=valu*suit) {    // 20장이 될 때까지
            Card c=new Card( );      // 임의의 카드를 만든다.
            if(!cards.contains(c)) {   // contains -> equals( )를 이용해 비교
                cards.add(c);           // 같은 객체가 아니라면 저장
                count++;
            }
        }
    }

    public void shuffle( ) {
        Collections.shuffle(cards); // 카드 섞기
    }

    public void print( ) {
        int valu=CardUtil.VALU.length;
        for (int i = 0; i < cards.size( ); i++) {
            Card c=cards.get(i);
            System.out.printf("%s ",c.toString( ));
            if((i+1)%valu==0) {
                System.out.println( );
            }
        }
    }
} //
```

ArrayList는 List를 Array(배열)로 구현한 클래스이다. add(객체) 메서드로 객체를 저장하면 입력받은 객체 순서대로 0부터 순서가 부여된다. 첫 번째로 add(카드)한 카드는 0, 두 번째로 add(카드)한 카드는 1의 순서를 갖게 된다. 그래서 리스트.get(index)은 리스트에서 index번째의 카드를 반환한다.

리스트.clear()는 리스트에 저장된 모든 객체를 제거한다. 리스트.contains(카드)는 입력받은 카드와 같은 카드가 있는지 확인한다. "같은 값을 갖는 카드가 있다면 같은 객체다"라고 equlas() 오버라이딩했으므로 리스트.contains(카드)는 입력받은 카드가 리스트에 있다면 true를 반환한다.

7 ◆ List 타입의 ArrayList를 생성한다. 리스트에 저장할 타입을 Card로 한정하기 위해서 〈Card〉 제네릭을 사용했다.

8~10 ◆ 생성자가 호출되면 리스트를 깨끗이 청소한다.

12~14 ◆ 카드를 저장하고 있는 리스트를 반환한다.

17 ◆ 리스트에 저장된 카드에 개수를 반환한다.

21 ◆ 리스트에 저장된 index번째 카드 한 장을 반환한다.

25 ◆ 리스트를 다시 청소한다.

26 ◆ SUIT 배열 크기는 2이다.

27 ◆ VALU 배열 크기는 10이다.

30 ◆ 카드 20장을 모두 만들 때까지 반복한다.

31 ◆ 임의의 카드를 생성한다.

32~33 ◆ 이 카드가 리스트에 있는 카드와 같은지 확인한다. 같은 카드가 없다면 이 카드를 리스트에 저장한다.

34 ◆ 저장된 카드가 몇 장인지 확인한다.

40 ◆ Collections를 이용하여 리스트의 카드를 섞는다.

43~52 ◆ 리스트에 저장된 카드를 10장씩 출력한다.

소스 : kr.co.infopub.chapter.s106.CardCaseMain.java

```
 1: package kr.co.infopub.chapter.s106;
 2: public class CardCaseMain {
 3:     public static void main(String[ ] args) {
 4:         CardCase cc=new CardCase( );
 5:         cc.make( );    // 서로 다른 카드 20장 만들기
 6:         cc.print( );
 7:         System.out.println("--------------------------");
 8:         cc.shuffle( ); // 카드 섞기
 9:         cc.print( );
10:         System.out.println("--------------------------");
11:         cc.shuffle( ); // 카드 섞기
12:         cc.print( );
13:     }
14: }
```

20개의 카드를 만들어서 저장할 케이스를 생성한다. ◆4

20개의 서로 다른 카드를 만든다. ◆5

카드를 10개씩 출력한다. ◆6

카드를 섞는다. ◆8

카드를 10개씩 출력한다. ◆9

결과

```
[H3] [H9] [HA] [C9] [C4] [H5] [C2] [H7] [H8] [C7]
[CT] [H4] [C3] [C5] [CA] [H6] [C8] [C6] [HT] [H2]
--------------------------------------
[C5] [H6] [C8] [H2] [H5] [H9] [H7] [C2] [C9] [H4]
[C3] [C4] [HT] [CA] [HA] [C7] [H8] [C6] [H3] [CT]
--------------------------------------
[H3] [C9] [H4] [H5] [C7] [H7] [CA] [C4] [C6] [H2]
[HA] [H6] [C3] [C5] [HT] [C2] [H8] [C8] [H9] [CT]
```

활용 107

객체 비교를 이용하여 카드 정렬하기

- **학습 내용 :** 카드를 순서대로 정렬하는 방법을 익혀 보자.
- **힌트 내용 :** 객체의 대소를 비교하기 위해 기준을 제공하는 클래스를 만든다.

소스 : kr.co.infopub.chapter.s107.CardComp.java

```
package kr.co.infopub.chapter.s107;
import java.util.Comparator;
public class CardComp implements Comparator<Card> {
 @Override
 public int compare(Card c1, Card c2) {
    // 문자열 compareTo( ) - 사전식 비교
    if(c1.getCardVal( ).charAt(0)>c2.getCardVal( ).charAt(0)) {
        return 1;
    } else if(c1.getCardVal( ).charAt(0)<c2.getCardVal( ).charAt(0)) {
        return -1;
    } else {
        if(CardUtil.toVal(c1.getCardVal( ).charAt(1)) >
                CardUtil.toVal(c2.getCardVal( ).charAt(1))) {
            return 1;
        } else if(CardUtil.toVal(c1.getCardVal( ).charAt(1)) <
                    CardUtil.toVal(c2.getCardVal( ).charAt(1))) {
            return -1;
        } else return 0;
    }
 }
}
```

기본 타입은 대소 비교를 할 수 있지만 객체는 원래 대소를 비교할 수 없다. 정수에 대해 3<4는 참이나, Card 객체1이 Card 객체2보다 작은지 큰지 판단할 수 없다. 그러나 java.util.Comparator 인터페이스를 구현한 객체는 비교할 수 있는데, Comparator 인터페이스의 compare() 메서드를 구현하면 객체의 대소 기준이 제공되므로 비교가 가능하다. 3, 2, 4가 있을 때 3과 2를 비교하여 큰 수 3을 얻고, 3과 4를 비교하여 가장 큰 수 4를 얻을 수 있는 것처럼 2개를 비교할 수 있다면 여러 개도 비교할 수 있으므로 정렬도 가능하다.

Card 객체의 대소를 비교하기 위한 기준이 필요하다. Comparator 인터페이스의 compare( ) 메서드를 구현하면 기준이 되는 클래스가 된다. Card에 한정하고 싶어서 제네릭 〈Card〉로 타입을 제한한다. ◆ 3

Comparator 인터페이스의 compare( ) 메서드가 대소 비교 기준을 제공한다. 두 Card에 대하여 대소를 비교하기 때문에 Card c1, c2를 받는다. ◆ 5

c1.getCardVal( )은 “H3”과 같은 카드값(카드의 문자열)을 반환한다. “H3”.charAt(0)은 0번째 문자 ‘H’를 반환한다. 같은 방법으로 c2.getCardVal( )은 카드값을 반환하고 charAt(0)은 0번째 문자를 반환한다. 예를 들어 c1이 “H3”을 갖는 카드이고 c2가 “CA”을 갖는 카드라면 c.getCardVal( ). charAt(0)으로 각각 ‘H’, ‘C’를 얻을 수 있다. ‘H’는 72, ‘C’ 67이므로 ‘H’는 72 〉 67이다. ◆ 7

‘H’, ‘C’의 값을 비교하여 ‘H’ 〉 ‘C’라면 1을 반환한다. 1은 “CA”, “H3”으로 순서를 바꾸라는 의미다. ◆ 8

“CA”과 “H3”을 카드값으로 갖는 카드에 대해 ‘C’ 〈 ‘H’이므로 −1을 반환한다. −1은 순서를 그대로 유지하라는 의미다. ◆ 9~10

같은 슈트(suit)일 때 ◆ 11

“H3”과 “HA”를 카드값으로 갖는 카드에 대해 같은 슈트(suit, ‘H’)이므로 값(value)을 비교한다. ‘3’은 3으로, ‘A’는 1로 변환시켜 비교한다. 3〉1이므로 1을 반환하고 카드의 순서를 바꿔 “HA”, “H3”으로 만든다. ◆ 12~14

“HA”와 “H3”을 카드값으로 갖는 카드에 대해 같은 슈트(suit, ‘H’)이므로 값(value)을 비교한다. ‘A’는 1, ‘3’은 3으로 변환시켜 비교한다. 1〈3이므로 −1을 반환하고 카드의 순서를 그대로 유지하여 “HA”, “H3”으로 만든다. ◆ 15~17

값이 같다. ◆ 18

소스 : kr.co.infopub.chapter.s107.CardRomp.java

```
1: package kr.co.infopub.chapter.s107;
2: import java.util.Comparator;
3: public class CardRomp implements Comparator<Card> {
4:  @Override
5:  public int compare(Card c1, Card c2) {
6:     // 문자열 compareTo( ) - 사전식 비교
7:     if(c1.getCardVal( ).charAt(0)>c2.getCardVal( ).charAt(0) ) {
```

```
            return -1;
        } else if(c1.getCardVal( ).charAt(0)<c2.getCardVal( ).charAt(0)) {
            return 1;
        } else {
            if(CardUtil.toVal(c1.getCardVal( ).charAt(1)) >
                    CardUtil.toVal(c2.getCardVal( ).charAt(1))) {
                return -1;
            } else if(CardUtil.toVal(c1.getCardVal( ).charAt(1)) <
                    CardUtil.toVal(c2.getCardVal( ).charAt(1))) {
                return 1;
            } else return 0;
        }
    }
}
```

CardRomp는 CardComp와 거의 동일하나 값을 CardComp의 역순으로 정렬한다.

소스 : kr.co.infopub.chapter.s107.CardCase.java

```
 1: package kr.co.infopub.chapter.s107;
 2: import java.util.ArrayList;
 3: import java.util.Collections;
 4: import java.util.List;
 5: public class CardCase {
        // s106 CardCase에 추가
53:     public void sort( ) {
54:         cards.sort(new CardComp( ));
55:         // Collections.sort(cards,new CardComp( ));
56:     }
57:     public void rsort( ) {
58:         cards.sort(new CardRomp( ));
59:         //Collections.sort(cards,new CardRomp( ));
60:     }
61: }
```

53 ◆ s106.CardCase에 추가된 메서드를 갖는다.

카드 리스트를 CardComp에서 정한 순서대로 정렬한다. 카드를 “CA”, “C2”, ……,“CT”, “HA”, “H2”, ……,“HT”로 정렬한다. 54

Collections를 이용할 수도 있다. 55

카드 리스트를 CardRomp에서 정한 순서대로 정렬한다. 카드를 “HT”, “H9”, ……, “HA”. “CT”, ……,“CA”로 정렬시킨다. 58

Collections를 이용할 수도 있다. 59

소스 : kr.co.infopub.chapter.s107.Card.java- s105와 동일

소스 : kr.co.infopub.chapter.s107.CardUtil.java- s105와 동일

소스 : kr.co.infopub.chapter.s107.CardCaseMain.java

```
package kr.co.infopub.chapter.s107;
public class CardCaseMain {
    public static void main(String[ ] args) {
        CardCase cc=new CardCase( );
        cc.make( );
        cc.print( );
        System.out.println("-------------------------");
        cc.shuffle( );  // 카드 섞기
        cc.print( );
        System.out.println("-------------------------");
        cc.shuffle( );  // 카드 섞기
        cc.print( );
        System.out.println("-------------------------");
        cc.sort( );
        cc.print( );
        System.out.println("-------------------------");
        cc.rsort( );
        cc.print( );
    }
}
```

4 ◆ 20개의 카드를 만들어서 저장할 케이스를 생성한다.

5 ◆ 20개의 서로 다른 카드를 만든다.

6 ◆ 카드를 10개씩 출력한다.

8 ◆ 카드를 섞는다.

9 ◆ 카드를 10개씩 출력한다.

14 ◆ 카드를 증가순으로 정렬한다.

17 ◆ 카드를 감소순으로 정렬한다.

결과

```
[C4]  [C8]  [HT]  [H8]  [H5]  [HA]  [C6]  [C2]  [H6]  [CA]
[C5]  [H7]  [H2]  [H3]  [C7]  [CT]  [C3]  [H4]  [C9]  [H9]
------------------------
[H9]  [C7]  [H8]  [C2]  [HT]  [CA]  [C6]  [C9]  [H4]  [H7]
[H2]  [H3]  [HA]  [CT]  [C4]  [H5]  [C8]  [H6]  [C3]  [C5]
------------------------
[CA]  [C2]  [C3]  [C4]  [C5]  [C6]  [C7]  [C8]  [C9]  [CT]
[HA]  [H2]  [H3]  [H4]  [H5]  [H6]  [H7]  [H8]  [H9]  [HT]
------------------------
[HT]  [H9]  [H8]  [H7]  [H6]  [H5]  [H4]  [H3]  [H2]  [HA]
[CT]  [C9]  [C8]  [C7]  [C6]  [C5]  [C4]  [C3]  [C2]  [CA]
```

람다를 이용하여 카드 정렬하기

활용 108

- **학습 내용 :** 람다를 이용하여 카드를 순서대로 정렬하는 방법을 익혀 보자.
- **힌트 내용 :** 비교 기준 클래스 없이 람다를 이용하여 기준을 만든다.

소스 : kr.co.infopub.chapter.s108.Card.java]-s105와 Card 동일

소스 : kr.co.infopub.chapter.s108.CardCase.java

```java
package kr.co.infopub.chapter.s095;
import java.util.ArrayList;
import java.util.Collections;
import java.util.Comparator;
import java.util.List;
public class CardCase {
  // s107.CardCase에 수정 및 추가
  // CardComp 클래스가 없다.
  public void sort( ) {
    Comparator<Card> cmp=new Comparator<Card>( ) {
        @Override
        public int compare (Card c1, Card c2) {
            return c1.getCardVal( ).compareTo(c2.getCardVal( ));
        }
    };
    cards.sort(cmp);
  }
  // CardRomp 클래스가 없다.
  public void rsort( ) {
    // 익명 -anonymous
    cards.sort(new Comparator<Card>( ) {
        @Override
        public int compare (Card c1, Card c2) {
            return - c1.getCardVal( ).compareTo(c2.getCardVal( ));
```

```
            }
        });
    }
    // sort를 Lambda로 구현
    public void lambdasort( ) {
        cards.sort((c1, c2) ->{return c1.getCardVal( ).compareTo(c2.getCardVal( ));});
    }
    // rsort를 Lambda로 구현
    public void lambdarsort( ) {
        cards.sort(
            ( c1, c2) ->{return – c1.getCardVal( ).compareTo(c2.getCardVal( ));} );
    }
}
```

java.util.Comparator 인터페이스를 구현한 객체는 비교를 할 수 있는데, Comparator 인터페이스의 compare( ) 메서드를 구현하면 객체의 대소 비교 기준이 제공되므로 비교가 가능하다. 그러나 Comparator 인터페이스를 구현한 클래스를 만들어야 하는 복잡한 일이 발생한다. 해당 클래스에 메서드가 한 개만 있다면 함수 형식(클래스와 메서드 없이 사용, 식별자 없이)을 이용하여 간략한 방식으로 클래스 없이 비교 기준을 제공하는 람다 표현 방법을 사용할 수 있다. 다음의 단계별 설명을 통해 람다 표현 방식을 이해하자.

❶ Comparator 인터페이스를 구현한 객체를 정렬 기준으로 사용한다.

```
public class CardComp implements Comparator<Card> {
  @Override
  public int compare(Card c1, Card c2) {
      // 문자열 compareTo( ) - 사전식 비교
      return c1.getCardVal( ).compareTo(c2.getCardVal( ));
  }
}
cards.sort( new CardComp ( ) );
```

❷ Comparator 인터페이스를 구현하면서 객체를 생성한다.

new **Comparator<Card>( ) { compare**(Card c1, Card c2)){ } }. "new 인터페이스( ){ 메서드 구현( ) }" 처럼 인터페이스의 메서드를 구현하면서 생성할 수 있다.

```
Comparator<Card> cmp=new Comparator<Card>( ) {
  @Override
  public int compare (Card c1, Card c2) {
      return c1.getCardVal( ).compareTo(c2.getCardVal( ));
  }
};
cards.sort(cmp);
```

❸ new Comparator〈Card〉( ) { compare(Card c1, Card c2)){ } }를 레퍼런스 대신 대입한다. 레퍼런스 없는(이름 없는) 익명 클래스를 만든다.

```
cards.sort( new Comparator<Card>( ) {
  @Override
  public int compare (Card c1, Card c2) {
      return c1.getCardVal( ).compareTo(c2.getCardVal( ));
  }
} );
```

❹ 해당 클래스에 메서드가 한 개라면 함수 형식(클래스와 메서드 없이 사용, 식별자 없이)을 이용하여 간략화해도 어떤 객체의 어떤 메서드가 호출되었는지 알 수 있다. 이 방법을 이용하는 것이 람다 표현식이다. 클래스와 메서드를 삭제(식별자 삭제)하고 메서드의 () 이후 부분을 남기면 (){ }이 된다. ()와 { } 사이에 클래스, 메서드가 삭제된 것을 표시하기 위해서 ->을 넣으면 ()->{ }가 완성된다.

```
cards.sort(
  (Card c1, Card c2) ->{return c1.getCardVal( ).compareTo(c2.getCardVal( ));}
);
```

❺ 람다 표현에서 타입이 없어도 알 수 있으므로 타입을 제거할 수 있다.

```
cards.sort( ( c1, c2) ->{return c1.getCardVal( ).compareTo(c2.getCardVal( ));} );
```

54~59 Card 객체의 대소를 비교하기 위해 기준이 필요하다. 원칙대로라면 Comparator 인터페이스를 구현한 클래스를 만든 다음 객체를 생성해서 사용해야 하지만, 클래스를 만들지 않고도 Comparator 인터페이스에 { }를 붙여서 Comparator 객체를 생성할 수 있다.

60 정렬 기준 객체를 넣어서 카드 리스트를 정렬한다.

65~70 이름(레퍼런스) 없는 익명 내부 클래스를 만든다. Comparator 인터페이스의 compare( ) 메서드를 구현하면서 객체를 생성한다. 여기서 레퍼런스 없이 객체를 생성하는 익명 내부 클래스 형태를 취한다.

74 리스트.sort( ) 메서드는 Comparator 인터페이스의 compare( ) 메서드를 구현한 클래스의 객체를 대입하면 대소 비교 기준이 생겨 정렬이 가능하다. 여기서 sort( ) 메서드는 Comparator 인터페이스의 compare( ) 메서드를 사용한다는 점을 알고 있다면 클래스와 메서드 이름을 명시적으로 사용하지 않고 간략하게 사용할 수 있다.

84~85 sort( ) 메서드 내부에 클래스 이름과 메서드 이름을 삭제하고 (아규먼트)−〉{메서드 바디}를 간략화해서 사용한다.

소스 : kr.co.infopub.chapter.s108.CardUtil.java- s105와 동일

소스 : kr.co.infopub.chapter.s108.CardCaseMain.java

```
package kr.co.infopub.chapter.s108;
public class CardCaseMain {
    public static void main(String[ ] args) {
        CardCase cc=new CardCase( );
        cc.make( );
        cc.print( );
        System.out.println("-------------------------");
        cc.shuffle( );  // 카드 섞기
        cc.print( );
        System.out.println("-------------------------");
        cc.shuffle( );  // 카드 섞기
        cc.print( );
        System.out.println("-------------------------");
```

```
14:         cc.sort( );
15:         cc.print( );
16:         System.out.println("-------------------------");
17:         cc.rsort( );
18:         cc.print( );
19:         System.out.println("-------------------------");
20:         cc.lambdasort( );
21:         cc.print( );
22:         System.out.println("-------------------------");
23:         cc.lambdarsort( );
24:         cc.print( );
25:     }
26: }
```

20개의 카드를 만들어서 저장할 케이스를 생성한다. ◆ 4

20개의 서로 다른 카드를 만든다. ◆ 5

카드를 10개씩 출력한다. ◆ 6

카드를 섞는다. ◆ 8

카드를 증가순으로 정렬한다. ◆ 14

카드를 감소순으로 정렬한다. ◆ 17

람다를 이용하여 카드를 증가순으로 정렬한다. ◆ 20

람다를 이용하여 카드를 감소순으로 정렬한다. ◆ 23

결과

```
[H9]  [C5]  [C2]  [C6]  [C9]  [H7]  [C7]  [HT]  [C4]  [C3]
[H3]  [H5]  [H2]  [CT]  [HA]  [CA]  [C8]  [H8]  [H6]  [H4]
-------------------------------------
[C2]  [H3]  [C4]  [C9]  [H6]  [H2]  [C3]  [HA]  [C5]  [H9]
[CA]  [H5]  [H7]  [C7]  [CT]  [HT]  [H4]  [H8]  [C6]  [C8]
-------------------------------------
[H5]  [HT]  [C5]  [C2]  [H6]  [CA]  [C3]  [H7]  [HA]  [C8]
[C9]  [C7]  [H2]  [H9]  [H3]  [C6]  [H8]  [CT]  [C4]  [H4]
……
```

활용 109

람다와 ::(Double Colon)을 이용하여 카드 정렬하기

- **학습 내용 :** 람다와 ::(Double Colon)을 이용하여 카드를 순서대로 정렬하는 방법을 익혀 보자.
- **힌트 내용 :** 비교 기준 클래스 없이 람다와 ::(Double Colon)을 이용하여 기준을 만든다.

소스 : kr.co.infopub.chapter.s109.Card.java

```java
package kr.co.infopub.chapter.s109;

import kr.co.infopub.chapter.s094.CardUtil;

public class Card {
  // s107.Card 추가
  // 추가된 static 비교 기준 메서드
  public static int compareCard(Card c1, Card c2) {
     return c1.getCardVal( ).compareTo(c2.getCardVal( ));
  }
  public static int compareRCard(Card c1, Card c2) {
     return -c1.getCardVal( ).compareTo(c2.getCardVal( ));
  }
}
```

인터페이스를 구현한 클래스가 메서드를 한 개만 가지고 있다면 함수 형식(클래스와 메서드 없이 사용, 식별자 없이)을 이용하여 간략화한 방식인 람다 표현 방식을 사용한다. 같은 원리로, 비교하거나 호출할 메서드의 이름이 같다면 일부러 두 메서드를 쓰지 않아도 된다. 예를 들어 c1.getCardVal()과 c2.getCardVal()을 비교한다면 같은 메서드를 두 번 사용하지 않고 Card::getCardVal처럼 "타입::메서드이름"을 이용하여 한 번만 호출할 수 있다. 다음의 4, 5번은 ::을 사용하여 비교 기준을 제공하는 방법이다.

❶ Comparator 인터페이스의 메서드 compare(c1, c2)를 구현해서 정렬한다.

```java
Comparator<Card> cmp=new Comparator<Card>( ) {
  @Override
  public int compare (Card c1, Card c2) {
```

```
        return c1.getCardVal( ).compareTo(c2.getCardVal( ));
    }
};

cards.sort(cmp);
```

❷ 익명 내부 클래스로 Comparator 인터페이스의 메서드 compare(c1, c2)를 구현해서 정렬한다.

```
cards.sort( new Comparator<Card>( ) {
    @Override
    public int compare (Card c1, Card c2) {
        return c1.getCardVal( ).compareTo(c2.getCardVal( ));
    }
} );
```

❸ 람다를 이용하여 Comparator와 compare 메서드 이름을 제거(식별자 제거)하여 정렬한다.

```
Comparator<Card> cmp=(c1, c2)->{return c1.getCardVal( ).compareTo(c2.
getCardVal( ));};
cards.sort(cmp);
// 또는
cards.sort((c1, c2) ->{return c1.getCardVal( ).compareTo(c2.getCardVal( ));});
```

❹ c1.getCardVal( ).compareTo(c2.getCardVal( ))처럼 같은 메서드를 두 번 이상 사용할 때는 Comparator.comparing(타입::메서드이름)을 이용할 수 있다.

```
Comparator<Card> cmp=Comparator.comparing(Card::getCardVal);
cards.sort(cmp);
// 또는
cards.sort(Comparator.comparing(Card::getCardVal));
```

❺ static 메서드로 비교 기준을 만들어 정렬할 수 있다. Card::compareCard는 Card 클래스의 static 메서드 compareCard( )를 호출한다.

```
Comparator<Card> cmp=Card::compareCard;
cards.sort(cmp);
// 또는
cards.sort(Card::compareCard);
```

48~50 ◆ static 비교 메서드. c.getCardVal()은 카드값(카드 문자열)을 반환한다. compareTo() 메서드는 두 카드값을 사전식으로 비교하여 양수이면 순서를 바꾸고, 음수이면 순서를 바꾸지 않는다. 예를 들어 "H3".compareTo("CA")는 사전에서 'H'−'C'>0이다. 이것은 "H3"이 "CA"보다 뒤에 있다는 의미다. "H3", "CA"의 순서를 바꿔 "CA", "H3"으로 정렬한다.

51~53 ◆ static 비교 메서드. c.getCardVal()은 카드값(카드 문자열)을 반환한다. compareTo() 메서드는 두 카드값을 사전식으로 비교하여 양수이면 순서를 바꾸고, 음수이면 순서를 바꾸지 않는다. 예로 "CA".compareTo("H3")는 사전에서 'C'−'H'〈0이다. 이것은 "CA"이 "H3"보다 앞에 있다는 의미다. "CA", "H3"의 순서를 그대로 유지하여 "CA", "H3"으로 정렬한다.

소스 : kr.co.infopub.chapter.s109.CardCase.java - s108.CardCase에 추가

```
package kr.co.infopub.chapter.s109;
import java.util.ArrayList;
import java.util.Collections;
import java.util.Comparator;
import java.util.List;
public class CardCase {
  // s108.CardCase에 추가
  // sort를 Lambda로 구현
  public void lambdasort( ) {
     cards.sort((c1, c2) ->{return c1.getCardVal( ).compareTo(c2.getCardVal( ));});
  }
  public void lambdasort2( ) {
     cards.sort(Comparator.comparing(Card::getCardVal));    // comparing
  }
  public void lambdasort3( ) {
     cards.sort(Card::compareCard); // static
  }
  // rsort를 Lambda로 구현
  public void lambdarsort( ) {
```

```
84:         cards.sort(
85:             (c1, c2) ->{return - c1.getCardVal( ).compareTo(c2.getCardVal( ));});
86:     }
87:     public void lambdarsort2( ) {
88:         Comparator<Card> mycard= (c1,c2)->{return c1.getCardVal( ).compareTo(c2.
89:                 getCardVal( ));};
90:         cards.sort( mycard.reversed( ) );
91:     }
92:     public void lambdarsort3( ) {
93:         cards.sort(Card::compareRCard);      // static
94:     }
95: }
```

두 카드의 멤버 메서드인 getCardVal( ) 메서드 값을 Comparator.comparing( )을 이용하여 비교한다. ◆ 76~78

카드의 static 메서드인 compareCard( ) 메서드를 이용하여 두 카드를 비교한다. 대소 비교 기준을 제공하여 정렬할 수 있다. ◆ 79~81

람다를 이용하여 Comparator와 Compare 메서드 이름(식별자)을 제거하여 정렬한다. 람다를 이용하여 얻은 결과는 다음과 동일하다. ◆ 88~89

```
Comparator<Card> mycard=new Comparator<Card>( ) {
  @Override
  public int compare (Card c1, Card c2) {
      return c1.getCardVal( ).compareTo(c2.getCardVal( ));
  }
};
```

카드의 static 메서드 compareRCard( ) 메서드를 이용하여 두 카드를 비교한다. 대소 비교 기준을 제공하여 정렬할 수 있다. ◆ 92~94

소스 : kr.co.infopub.chapter.s109.CardUtil.java- s105와 동일

소스 : kr.co.infopub.chapter.s109.CardCaseMain.java

```
1: package kr.co.infopub.chapter.s109;
2: public class CardCaseMain {
3:     public static void main(String[ ] args) {
4:         CardCase cc=new CardCase( );
5:         cc.make( );
6:         cc.print( );
7:         System.out.println("-------------------------");
8:         cc.shuffle( );  // 카드 섞기
9:         cc.print( );
10:        System.out.println("-------------------------");
11:        cc.shuffle( );  // 카드 섞기
12:        cc.print( );
13:        System.out.println("-------------------------");
14:        cc.sort( );
15:        cc.print( );
16:        System.out.println("-------------------------");
17:        cc.rsort( );
18:        cc.print( );
19:        System.out.println("-------------------------");
20:        cc.lambdasort2( );
21:        cc.print( );
22:        System.out.println("-------------------------");
23:        cc.lambdarsort3( );
24:        cc.print( );
25:    }
26: }
```

4 ◆ 20개의 카드를 만들어서 저장할 케이스를 생성한다.

5 ◆ 20개의 서로 다른 카드를 만든다.

6 ◆ 카드를 10개씩 출력한다.

8 ◆ 카드를 섞는다.

9 ◆ 카드를 10개씩 출력한다.

14 ◆ 카드를 증가순으로 정렬한다.

카드를 감소순으로 정렬한다. 17

::을 이용하여 카드를 증가순으로 정렬한다. 20

::을 이용하여 카드를 감소순으로 정렬한다. 23

결과

```
[H9]  [C5]  [C2]  [C6]  [C9]  [H7]  [C7]  [HT]  [C4]  [C3]
[H3]  [H5]  [H2]  [CT]  [HA]  [CA]  [C8]  [H8]  [H6]  [H4]
------------------------------------
[C2]  [H3]  [C4]  [C9]  [H6]  [H2]  [C3]  [HA]  [C5]  [H9]
[CA]  [H5]  [H7]  [C7]  [CT]  [HT]  [H4]  [H8]  [C6]  [C8]
------------------------------------
[H5]  [HT]  [C5]  [C2]  [H6]  [CA]  [C3]  [H7]  [HA]  [C8]
[C9]  [C7]  [H2]  [H9]  [H3]  [C6]  [H8]  [CT]  [C4]  [H4]
......
```

활용

110 카드 게임(섯다) 족보 만들기

- **학습 내용 :** 카드 게임을 위한 순위(족보)를 만들어 보자.
- **힌트 내용 :** 두 카드의 값이 같으면 한 카드에 100을 곱하고 카드값이 다르면 두 카드값의 합에 대한 일의 자리에 10을 곱한다.

소스 : kr.co.infopub.chapter.s110.CardRule.java

```
package kr.co.infopub.chapter.s110;
public class CardRule {
/*
  * C3C8     3000
  * C1C3 C1C8 2000
  * CTST x100 1000
  * CXSX x100 X00
  * C1S2 C2S1 99       알리
  * C1S4 S1C4 98       독사
  * C1S9 S9C1 97       삥
  * C1ST STC1 96       장삥
  * CTS4 STC4 95       장사
  * C4S6 S4C6 94       세륙
  * 끗 X 10
  */
  public  int toV(Card c) {
     int count=0;
     switch(c.getCardVal( ).charAt(1)) {
          case 'A': count=1; break;
          case 'T': count=10; break;
          default : count=c.getCardVal( ).charAt(1)-'0';break; //'7'-'0'
     }
     return count;
  } //
  // 광 SUIT C
  public  boolean isLight(Card c){       // 광 모든 SUIT가 C
     boolean isL=false;
     if(c.getCardVal( ).charAt(0)=='C') {
          isL=true;
```

```
    }
    return isL;
} //
// 광(C)이면서 밸류가 1,3,8 -> C1, C3, C8
private boolean is138(Card c) {
    boolean isC=false;
    if(isLight(c)) {
        if(c.getCardVal( ).charAt(1)=='1' ||
                c.getCardVal( ).charAt(1)=='3'||
                c.getCardVal( ).charAt(1)=='8') {
            isC= true;
        }
    }
    return isC;
}
// 이차원 방정식을 이용 : 더해서 11, 곱해서 24 -> 3,8
public  int rule(Card c1, Card c2) {
    int count=0;
    if(is138(c1) && is138(c2) ) {          // C1, C3, C8은 광
        // 광 처리 1, 3, 8
        if((toV(c1)*toV(c2)==24 ) && (toV(c1)+toV(c2)==11)) {        // 3 8
            count=3000;
        } else if((toV(c1)*toV(c2)==3 ) && (toV(c1)+toV(c2)==4)) { // 1 3
            count=2000;
        } else if((toV(c1)*toV(c2)==8 )&& (toV(c1)+toV(c2)==9)) {  // 1 8
            count=2000;
        }
    } else {
        // 땡 처리
        if((toV(c1)==toV(c2))) {    // 10, 10 -> 1000
            count=toV(c1)*100;
        } else {
            // 낫땡
            if((toV(c1)*toV(c2)==2 ) && (toV(c1)+toV(c2)==3)) {               // 1 2
                count=99;
            } else if((toV(c1)*toV(c2)==4 ) && (toV(c1)+toV(c2)==5)) {        // 1 4
                count=98;
            } else if((toV(c1)*toV(c2)==9 ) && (toV(c1)+toV(c2)==10)) {       // 1 9
                count=97;
            } else if((toV(c1)*toV(c2)==10 ) && (toV(c1)+toV(c2)==11)) {   // 1 10
```

```
                    count=96;
                } else if((toV(c1)*toV(c2)==40 ) && (toV(c1)+toV(c2)==14)) {   // 4 10
                    count=95;
                } else if((toV(c1)*toV(c2)==24 ) && (toV(c1)+toV(c2)==10)) {   // 4 6
                    count=94;
                } else {     // 끗
                    count=((toV(c1)+toV(c2))%10)*10;
                }
            }
        }
        return count;
    }
}
```

카드 게임은 족보(어떤 카드가 더 높고 낮은가를 정한 게임룰)를 갖는다. 섯다는 두 장의 카드를 이용하여 게임을 한다. 다음 그림은 섯다의 족보를 간단하게 정리한 것이다. C3, C8은 38광땡이라 하고 3000의 값을 갖는다. C1, C3은 13광땡으로 2000을 갖는다. 같은 방법으로 정해진 값을 갖는다.

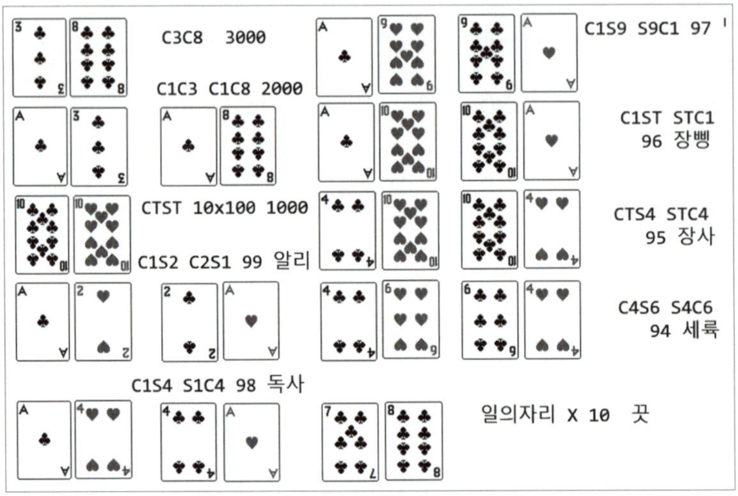

섯다 카드 족보

카드값의 문자열에서 값을 정수로 변환한다. 'A'는 1로, 'T'는 10으로, '2'~'9'는 2~9로 변환한다. ◆ 16~24

같은 슈트(suit) 'C'라면 광땡의 대상이 된다. ◆ 26~32

광땡의 대상이면서 ◆ 36

1, 3 또는 8이라면 광땡이다. ◆ 37~39

광땡일 때 광땡의 값을 구한다. ◆ 48

곱해서 24, 더해서 11은 3 또는 8뿐이므로 38 광땡이고 값은 3000이다. ◆ 50~51

곱해서 3, 더해서 4은 1 또는 3뿐이므로 13 광땡이고 값은 2000이다. ◆ 52~53

곱해서 8, 더해서 9은 1 또는 8뿐이므로 18 광땡이고 값은 2000이다. ◆ 54~55

광땡 대상이 아니면 ◆ 57

두 카드값이 같으면 땡, 한 카드값에 100을 곱한다. ◆ 59~60

곱해서 2, 더해서 3은 1 또는 2뿐이므로 12 알리이고 값은 99다. ◆ 63~64

곱해서 4, 더해서 5는 1 또는 5뿐이므로 14 독사이고 값은 98이다. ◆ 65~66

곱해서 9, 더해서 10은 1 또는 9뿐이므로 19 삥이고 값은 97이다. ◆ 67~68

모두 아니면 끗으로 두 카드값의 일의 자리에 10을 곱한다. 7, 8은 15이고 일의 자리 5×10은 50점이며 5끗이다. ◆ 75~76

소스 : kr.co.infopub.chapter.s110.CardRuleMain.java

```
1:  package kr.co.infopub.chapter.s110;
2:  public class CardRuleMain {
3:      public static void main(String[ ] args) {
4:          CardCase cc=new CardCase( );   // 카드 저장
5:          cc.make( );                    // 카드 만들고
6:          CardRule rule=new CardRule( ); // 족보
7:
8:          for(int i=0; i<5; i++) {
9:              System.out.println("-------------------------");
10:             cc.shuffle( );        // 카드 섞기
11:             cc.print( );
12:             int a=rule.rule(cc.getCard(0), cc.getCard(2));
13:             int b=rule.rule(cc.getCard(1), cc.getCard(3));
14:             System.out.println(cc.getCard(0) +"  "+ cc.getCard(2)+" "+a);
15:             System.out.println(cc.getCard(1) +"  "+ cc.getCard(3)+" "+b);
16:         }
17:         System.out.println("-------------------------");
18:     }
19: }
```

4 ◆ 서로 다른 카드 20장을 만들고 저장하는 객체를 생성한다.

5 ◆ 서로 다른 카드 20장을 만든다.

6 ◆ 족보 객체를 생성한다.

10 ◆ 카드를 섞는다.

11 ◆ 모든 카드를 출력한다.

12 ◆ 0, 2번째의 카드에 대한 족보값을 구한다.

13 ◆ 1, 3번째의 카드에 대한 족보값을 구한다.

결과

```
[H2]  [H9]  [C9]  [CT]  [H8]  [H7]  [C7]  [C8]  [HT]  [CA]
[C3]  [H6]  [H3]  [H4]  [C5]  [C6]  [HA]  [C2]  [H5]  [C4]
[H2]  [C9]  10
[H9]  [CT]  90
------------------------------------
[H6]  [C3]  [C5]  [H3]  [H8]  [HA]  [C8]  [CT]  [H4]  [C6]
[H2]  [C2]  [H5]  [HT]  [H7]  [CA]  [H9]  [C7]  [C9]  [C4]
[H6]  [C5]  10
[C3]  [H3]  300
......
```

활용 111

카드 게임(섯다) 만들기

- **학습 내용 :** 카드 게임을 만들어 보자.
- **힌트 내용 :** 족보를 이용하여 족보값을 비교한다.

소스 : kr.co.infopub.chapter.s111.Sutda.java

```
package kr.co.infopub.chapter.s111;
import java.util.Date;
import java.util.Scanner;
public class Sutda {
  CardCase cc=new CardCase( );      // 카드를 저장
  CardRule rule=new CardRule( );    // 2장의 카드를 받아서 계산
  Card[ ] cc1=new Card[CardUtil.SUTDA];
  Card[ ] cc2=new Card[CardUtil.SUTDA];

  public Sutda( ) {
     cc.make( ); // 카드 만들기
  }
  // 너 둘 나 둘
  private void divide( ) {
     for (int i = 0; i < CardUtil.SUTDA; i++) {
          cc1[i]=cc.getCard(i);                // 0, 1
          cc2[i]=cc.getCard(i+CardUtil.SUTDA); // 2, 3
     }
  }
  // 너 하나 나 하나
  public void divide2( ) {
     for (int i = 0,j=0; i < cc1.length; i++, j+=2) {
          cc1[i]=cc.getCard(j);          // 0, 2
          cc2[i]=cc.getCard(j+1);        // 1, 3
     }
  }
  public void play( ) {
     Scanner scan=new Scanner(System.in);
     System.out.println("!!WELCOME TO CARDGAME "+new Date( )+"!!");
```

```
    System.out.println("Start !");
    String ss="N";
    do {
        cc.shuffle( ); // 카드 섞기
        //divide( );    // 2장씩 주기 너 둘 나 둘
        divide2( );     // 2장씩 주기 너 하나 나 하나
        int v1=rule.rule(cc1[0], cc1[1]);      // 족보를 이용하여 값 구하기
        int v2=rule.rule(cc2[0], cc2[1]);      // 족보를 이용하여 값 구하기
        if(v1>v2) {
            System.out.println("YOU WIN! ");
        } else if(v1<v2) {
            System.out.println("YOU LOSE! ");
        } else {
            System.out.println("YOU SAME! ");
        }
        // 카드 종류와 값을 출력
        cc.print( );    // 테스트용 -훔쳐보기
        System.out.println("YOU  ");
        System.out.printf(cc1[0]+" "+cc1[1]);
        System.out.println(rule.rule(cc1[0],cc1[1]));
        System.out.println("COM ");
        System.out.printf(cc2[0]+" "+cc2[1]);
        System.out.println(rule.rule(cc2[0],cc2[1]));

        System.out.println("!!WELCOME TO CARDGAME "+new Date( )+"!!");
        System.out.println("Do you want to replay again(Y/N)!!");
        ss=scan.next( );
    } while((ss.toUpperCase( )).equalsIgnoreCase("Y"));     // 적어도 한 번 경기를 한다.
    System.out.println("Good Bye~~~~~");
  }
} //
```

카드 게임은 족보(어떤 카드가 더 높고 낮은가를 정한 게임룰)를 갖는다. 섯다는 두 장의 카드를 이용하여 게임을 한다. 각 게이머는 두 장의 카드를 이용하여 족보값을 얻은 다음, 두 족보값을 비교하여 큰 값을 갖는 게이머가 승리한다.

카드 분배 : (0, 2), (1, 3)

C3C8

38광땡 3000점

S6C7

3끗 30점

C3C8 > S6C7

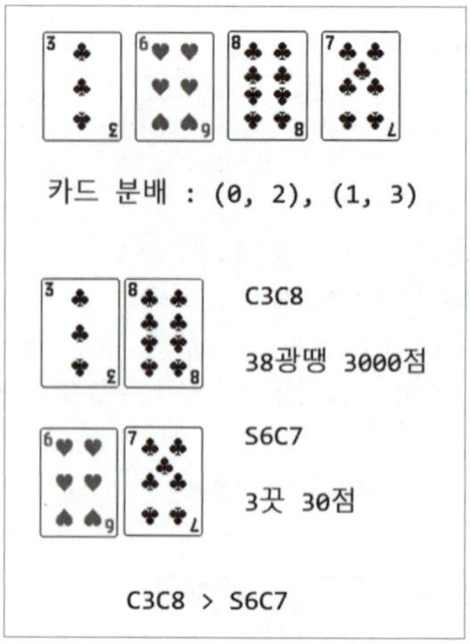

족보값 비교

5 ◆ 서로 다른 카드 20장을 만들고 저장하는 객체를 생성한다.

6 ◆ 족보 객체를 생성한다.

7~8 ◆ 두 게이머의 카드를 두 장씩 저장하기 위하여 배열을 생성한다.

11 ◆ 서로 다른 카드 20장을 만든다.

16~17 ◆ 4장의 카드를 받아서 0, 1번째와 2, 3번째 카드로 나눈다.

23~24 ◆ 4장의 카드를 받아서 0, 2번째와 1, 3번째 카드로 나눈다.

28 ◆ 키보드로 입력받을 준비를 한다.

33 ◆ 카드를 섞는다.

35 ◆ 4장의 카드를 받아서 0, 2번째와 1, 3번째 카드로 나눈다.

36~37 ◆ 각 두 장의 카드를 받아서 족보값을 구한다.

38~44 ◆ 족보값을 비교하여 누가 우승했는지 출력한다.

46~52 ◆ 모두 카드와 4장의 카드값을 출력한다.

56 ◆ 게임을 다시 할 것인지 입력받는다.

57 ◆ do~while( )로 적어도 한 번 게임을 실행한다.

소스 : kr.co.infopub.chapter.s111.SutdaMain.java

```
1: package kr.co.infopub.chapter.s111;
2: public class SutdaMain {
3:     public static void main(String[ ] args) {
4:         Sutda sutda=new Sutda( );
5:         sutda.play( );
6:     }
7: }
```

섯다 객체를 생성한다. ◆ 4

게임을 실행한다. ◆ 5

결과

```
!!WELCOME TO CARDGAME Wed Oct 25 19:32:10 KST 2017!!
Start !
YOU WIN!
[H4] [CT] [H6] [C5] [H7] [C8] [H5] [C6] [HA] [C2]
[H3] [H9] [H2] [CA] [H8] [C3] [C4] [HT] [C7] [C9]
YOU |
[H4] [H6]94
COM
[CT] [C5]50
!!WELCOME TO CARDGAME Wed Oct 25 19:32:10 KST 2017!!
Do you want to replay again(Y/N)!!
n
Good Bye~~~~~
```

활용 112

카드 게임(바카라) 족보 만들기

- **학습 내용 :** 카드 게임(바카라) 족보를 만들어 보자.
- **힌트 내용 :** 족보를 이용하여 족보값을 비교한다.

소스 : kr.co.infopub.chapter.s112.CardLaw.java

```
package kr.co.infopub.chapter.s112;
public class CardLaw {
    public boolean thirdCardPlayer(int x) {  // 플레이어의 세 번째 카드
        boolean isC = false;
        if (x < 6) { // 플레이어의 카드 두 장의 합이 0~5까지일 때
            isC = true;
        }
        return isC;
    }
    public boolean thirdCardDealer(int x, int y) {   // 뱅커의 세 번째 카드를 받는 조건
        boolean isC = false;
        if (x < 3) { // 뱅커 카드 두 장의 합이 0, 1, 2일 때
            isC = true;
        }else if (x == 3 && y != 8) {
            // 뱅커 카드 두 장의 합이 3이고 플레이어 세 번째 카드가 8이 아닐 때
            isC = true;
        }else if (x == 4 && (y > 1 && y < 8)) {
            // 뱅커 카드 두 장의 합이 4이고 플레이어 세 번째 카드가 2~7일 때
            isC = true;
        }else if (x == 5 && (y > 3 && y < 8)) {
            // 뱅커 카드 두 장의 합이 5이고 플레이어 세 번째 카드가 4~7일 때
            isC = true;
        }else if (x == 6 && (y > 5 && y < 8)) {
            // 뱅커 카드 두 장의 합이 6이고 플레이어 세 번째 카드가 6, 7일 때
            isC = true;
        }
        return isC;
    }
    public boolean stand(int x, int y) {     // 스탠드가 되는 조건
```

```
        boolean isC = false;

        if (x > 5 && x < 8) {   // 플레이어의 두 장의 카드합이 6, 7일 때
            if (x == y) {        // 뱅커의 두 장의 카드합이 플레이어의 두 장의 카드합과 같을 때
                isC = true;
            }
            isC = true;
        } else if (y == 7) {     // 뱅커의 두 장의 카드합이 7일 때
            isC = true;
        }
        return isC;
    }
    public boolean natural(int x, int y) {  // 예외 처리가 되는 조건
        boolean isE = false;
        if (x > 7 && x < 10) {
            isE = true;
        } else if (y > 7 && y < 10) {
            isE = true;
        }
        return isE;
    }
}
```

바카라는 섯다와 비슷하지만 다른 점이 몇 가지 있다.

❶ 두 장의 카드합에 따라 2장 또는 3장이 될 수 있다.

❷ 큰 카드값을 받은 선수가 이기는 것이 아니라, 선수(Player)가 이기는 곳에 또는 카드를 나누어 주는 사람(Banker) 혹은 선수와 뱅커가 비기는 곳에 돈을 건 쪽이 이긴다.

추가 규칙은 다음과 같다.

❶ Ace는 1이다.

❷ Ten, King, Queen, Jack, 10은 각각 0이다.

❸ 그 외의 카드 2에서 9까지는 2에서 9로 카드번호와 같다.

❹ 카드의 합이 10 이상일 경우는 일의 자리가 값이다.

카드 게임 규칙은 다음과 같다.

선수쪽

선수가 우선 받은 2장의 카드합에 대하여	경기 규칙
0, 1, 2, 3, 4, 5	카드 한 장을 더 받는다.
6, 7	선수는 카드를 받지 않는다(Stand).
8, 9	선수와 뱅커 모두 카드를 받지 않는다(Natural).

뱅커쪽

뱅커가 우선 받은 2장의 카드합에 대하여	선수쪽의 세 번째 카드가 아래와 같을 경우 뱅커는 추가 카드를 받는다	선수쪽의 세 번째 카드가 아래와 같을 경우 뱅커는 추가 카드를 받지 않는다
3	0, 1, 2, 3, 4, 5, 6, 7, 9	8
4	2, 3, 4, 5, 6, 7	0, 1, 8, 9
5	4, 5, 6, 7	0, 1, 2, 3, 8, 9
7	카드를 받지 않는다(Stand).	
8, 9	선수와 뱅커 모두 카드를 받지 않는다(Natural).	

예)

선수가 카드(5, 7)을 받으면 2이므로 카드 한 장을 더 받는다. 예로 10을 받는다.
뱅커가 카드(8, 9)를 받으면 7이므로 카드를 더 받지 않는다.
뱅커의 합이 더 크므로 뱅커에 돈을 건 쪽이 이긴다.

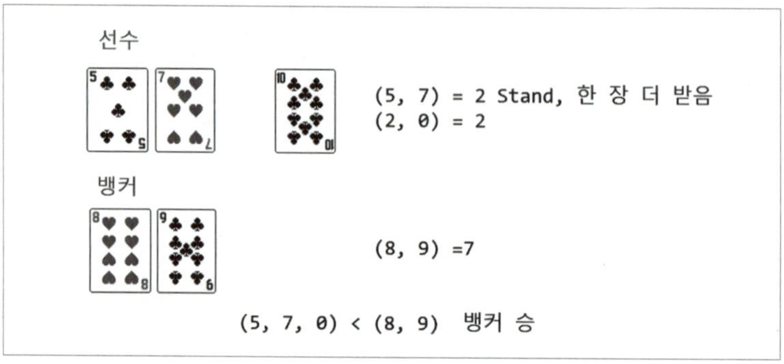

바카라 족보값 비교

선수 두 카드의 합이 0~5면 true이다.   ◆ 3~6

뱅커의 입장에서 x는 뱅커, y는 선수다.   ◆ 10

뱅커의 두 카드합이 0, 1, 2면 true이다.   ◆ 12

뱅커의 두 카드합이 3이면서 선수의 세 번째 카드가 8이 아니면 true이다.   ◆ 14

뱅커의 두 카드합이 4이면서 선수의 세 번째 카드가 2~7 사이이면 true이다.   ◆ 17

뱅커의 두 카드합이 5이면서 선수의 세 번째 카드가 4~7 사이이면 true이다.   ◆ 20

뱅커의 두 카드합이 6이면서 선수의 세 번째 카드가 6~7 사이이면 true이다.   ◆ 23

선수 두 카드의 합이 6, 7이거나 뱅커의 두 카드합이 7이면 스탠드다(선수는 카드를 더 받지 않는다).   ◆ 32

📁 **소스 : kr.co.infopub.chapter.s112.CardPrint.java**

```
 1: package kr.co.infopub.chapter.s112;
 2: public class CardPrint {
 3: CardCase cc = new CardCase();
 4: CardLaw rule = new CardLaw();
 5:
 6: private int TotalPlayer;
 7: private int TotalDealer;
 8:
 9: public CardPrint() { }
10:
11: public void make() {
12: cc.make();
13: }
14: public void shuffle() {
15: cc.shuffle(); // 카드 섞기
16: }
17: public void print() {
18:
19: System.out.println("<플레이어 카드>");
20: System.out.println("--------------------");
```

```
    System.out.print("1번째 카드 : ");
    System.out.println(cc.getCards( ).get(0));
    System.out.print("1번째 카드 수 : ");
    System.out.println(num(0));

    System.out.print("2번째 카드 : ");
    System.out.println(cc.getCards( ).get(1));
    System.out.print("2번째 카드 수 : ");
    System.out.println(num(1));

    System.out.print("플레이어의 2장의 카드합 : ");
    System.out.println(sumP( ));
    TotalPlayer = sumP( );

    System.out.println("--------------------");

    if (rule.natural(sumP( ), sumD( ))) {
        System.out.println("예외 처리로 바로 겨룹니다!");
        TotalPlayer = sumP( );
    } else if (rule.stand(sumP( ), sumD( ))) {
        standPrintPl( );
    } else if (rule.thirdCardPlayer(sumP( ))) {
        System.out.println("3번째 카드를 받습니다!");
        System.out.println("3번째 카드 : " + cc.getCards( ).get(4));
        System.out.println("3번째 카드 수 : " + num(4));
        System.out.println("--------------------");
        System.out.println("플레이어의 총 카드합 : " + total(sumP( ), num(4)));
        TotalPlayer = total(sumP( ), num(4));
    }
    System.out.println("--------------------");
    System.out.println( );

    System.out.println("<뱅커 카드>");
    System.out.println("--------------------");

    System.out.print("1번째 카드 : ");
    System.out.println(cc.getCards( ).get(2));
    System.out.print("1번째 카드 수 : ");
    System.out.println(num(2));

```

```
        System.out.print("2번째 카드 : ");
        System.out.println(cc.getCards( ).get(3));
        System.out.print("2번째 카드 수 : ");
        System.out.println(num(3));

        System.out.print("뱅커의 2장의 카드합 : ");
        System.out.println(sumD( ));
        TotalDealer = sumD( );

        System.out.println("---------------------");

        if (rule.natural(sumP( ), sumD( ))) {
            System.out.println("예외 처리로 바로 겨룹니다!");
            TotalDealer = sumD( );
        }
        else if (rule.stand(sumP( ), sumD( ))) {
            standPrintDl( );
        }
        else if (rule.thirdCardDealer(sumD( ), num(4))) {
            System.out.println("3번째 카드를 받습니다!");
            System.out.println("3번째 카드 : " + cc.getCards( ).get(5));
            System.out.println("3번째 카드 수 : " + num(5));
            System.out.println("---------------------");
            System.out.println("뱅커의 총 카드합 : " + total(sumD( ), num(5)));
            TotalDealer = total(sumD( ), num(5));
        }
        System.out.println("---------------------");
        System.out.println( );
    }
    public void standPrintPl( ) {
        System.out.println("스탠드입니다.");
        if (sumP( ) > 5 && sumP( ) < 8) {
            if (sumD( ) < 6 ) {
                System.out.println("뱅커는 3번째 카드를 받습니다.");
            } else {
                System.out.println("바로 겨룹니다!");
                TotalPlayer = sumP( );
            }
        }
        else if (sumD( ) == 7 ) {
```

```
            if (sumP( ) < 6) {
                System.out.println("3번째 카드를 받습니다!");
                System.out.println("3번째 카드 : " + cc.getCards( ).get(4));
                System.out.println("3번째 카드 수 : " + num(4));
                System.out.println("---------------------");
                System.out.println("플레이어의 총 카드합 : " + total(sumP( ), num(4)));
                TotalPlayer = total(sumP( ), num(4));
            } else {
                System.out.println("바로 겨룹니다.");
                TotalPlayer = sumP( );
            }
        }
    }
    public void standPrintDl( ) {
        System.out.println("스탠드입니다.");
        if (sumP( ) > 5 && sumP( ) < 8) {
            if (sumD( ) < 6 ) {
                System.out.println("3번째 카드를 받습니다!");
                System.out.println("3번째 카드 : " + cc.getCards( ).get(5));
                System.out.println("3번째 카드 수 : " + num(5));
                System.out.println("---------------------");
                System.out.println("뱅커의 총 카드합 : " + total(sumD( ), num(5)));
                TotalDealer = total(sumD( ), num(5));
            }
            else {
                System.out.println("바로 겨룹니다!");
                TotalDealer = sumD( );
            }
        }
        else if (sumD( ) == 7 ) {
            if (sumP( ) < 6) {
                System.out.println("플레이어는 3번째 카드를 받습니다.");
            }
            else {
                System.out.println("바로 겨룹니다.");
                TotalDealer = sumD( );
            }
        }
    }

```

```
public int num(int n) {
    int num;
    Card str = cc.getCards( ).get(n);
    char ch = str.getCardVal( ).charAt(1); // H3
    switch (ch) {
        case 'A' : num = 1;break;
        case 'T' :
        case 'J' :
        case 'Q' :
        case 'K' : num = 0; break;    // fall through
        default : num=ch-'0';break; // '9'-'0'
    }
    return num;
}
public int sumP( ) {
    int sumP = 0;
    for (int i = 0; i < 2; i++) {
        sumP += num(i);
        if (sumP > 9) {
            sumP -= 10; // 1의 자릿수
        }
    }
    return sumP;
}
public int sumD( ) {
    int sumD = 0;
    for (int i = 2; i < 4; i++) {
        sumD += num(i);
    }
    return sumD%10;
}
public int total(int x, int y) {
    return (x+y)%10;
}
public int returnPlayer( ) {
    return TotalPlayer;
}
public int returnDealer( ) {
    return TotalDealer;
}
}
```

3 서로 다른 카드 20장을 만들고 저장하는 객체를 생성한다.

4 족보 객체를 생성한다.

6 선수의 카드합

7 뱅커의 카드합

12 카드를 만든다.

15 카드를 섞는다.

23 선수의 첫 카드를 얻는다.

28 선수의 두 번째 카드를 얻는다.

34 선수의 두 카드합을 구한다.

38 선수 카드의 합과 뱅커 카드합이 natural(둘 다 카드를 받지 않는 조건)인가를 판단한다.

41 스탠드인지 판단하고

42 스탠드면 뱅커의 두 카드합을 확인하여 더 받을지 받지 않을지 결정한다.

43 선수가 세 번째 카드를 받을 조건인지 확인한다.

45 선수가 세 번째 카드를 받을 조건이면 세 번째 카드를 구한다.

49 선수의 카드합을 구한다.

73 뱅커에 대한 natural(둘 다 카드를 받지 않는 조건)인지 판단한다.

78 스탠드인지 판단하고 뱅커 카드를 더 받을지 확인한다.

80 뱅커의 세 번째 카드를 받을지 확인한다.

86 뱅커의 카드합을 구한다.

93 선수가 스탠드일 때

94 뱅커의 두 카드합이 0~5인지 확인한다.

뱅커의 두 카드합이 7일 때	101
선수의 두 카드합이 0~5이면 뱅커 세 번째 카드를 받는다.	102
선수가 스탠드이고	117
뱅커의 두 카드합이 0~5이면 뱅커의 세 번째 카드를 받는다.	118
뱅커의 두 카드합이 7일 때	131
선수의 두 카드합이 0~5이면 세 번째 카드를 받는다고 출력한다.	132~134
한 카드의 값을 구한다. A는 1, 2~9는 2~9, 그 이상은 모두 0으로 변환한다.	142~155
선수의 일의 자리값을 구한다.	156~165
뱅커의 일의 자리값을 구한다.	166~172

활용 113

카드 게임(바카라) 만들기

- **학습 내용 :** 카드 게임을 만들어 보자.
- **힌트 내용 :** 족보를 이용하여 족보값을 비교한다.

소스 : kr.co.infopub.chapter.s113.Bakara.java

```
package kr.co.infopub.chapter.s113;
public class Bakara {
    CardPrint cp = new CardPrint( );
    int whoWin=-1;
    public void start( ) {
        cp.make( );    // 카드 만들기
        cp.shuffle( ); // 카드 초기화
    }
    public void result( ) {    // 누가 이겼는가?
        whoWin=-1;
        cp.print( );
        System.out.println("결과 : ");
        System.out.println("--------------------");
        System.out.println("플레이어 : " + cp.returnPlayer( ));
        System.out.println("뱅커 : " + cp.returnDealer( ));
        if (cp.returnPlayer( ) < cp.returnDealer( )) {
            System.out.println("뱅커 승!");
            whoWin=2;
        }
        else if (cp.returnPlayer( ) > cp.returnDealer( )) {
            System.out.println("플레이어 승!");
            whoWin=1;
        }
        else {
            System.out.println("타이!");
            whoWin=3;
        }
    }
    public int getWhoWin( ) {
```

```
30:             return whoWin;
31:         }
32: }
```

바카라는 섯다와 비슷하지만 몇 가지 다른 점이 있다.

❶ 두 장의 카드합에 따라 2장 또는 3장이 될 수 있다.

❷ 큰 카드값을 받은 선수가 이기는 것이 아니라, 선수(Player)가 이기는 곳에 또는 카드를 나누어 주는 사람(Banker), 선수와 뱅커가 비기는 곳에 돈을 건 쪽이 이긴다.

서로 다른 카드 52장을 만든다. ◆ 6

52장의 카드를 섞는다. ◆ 7

바카라 게임 과정을 출력한다. ◆ 11

플레이어의 족보값을 출력한다. ◆ 14

뱅커의 족보값을 출력한다. ◆ 15

플레이어와 뱅커의 족보값을 비교한다. 만약 뱅커의 족보값이 크다면 whoWin에 "2"를 저장한다. ◆ 16~19

플레이어와 뱅커의 족보값을 비교한다. 만약 플레이어의 족보값이 크다면 whoWin에 "1"을 저장한다. ◆ 20~23

플레이어와 뱅커의 족보값을 비교한다. 둘의 족보값이 같다면 whoWin에 "3"을 저장한다. ◆ 24~27

누구의 족보값이 큰지 반환한다. ◆ 29~31

소스 : kr.co.infopub.chapter.s113.BakaraMain.java

```
package kr.co.infopub.chapter.s113;
import java.util.*;
public class BakaraMain {
  public static void main(String[ ] args) {
    System.out.println("자산을 입력하시오");
    Scanner in = new Scanner(System.in);
    int sum = in.nextInt( );
    int i = 0;
    Bakara bakara = new Bakara( );
    while (true) {
      bakara.start( );
      i++;
      System.out.println(i + "번째 대결입니다.");
      System.out.println("당신의 현재 자산은 총 " + sum + "원입니다.");
      System.out.println("당신이 배팅할 금액을 설정하세요.");

      int n = in.nextInt( );
      if (n > sum) {
        System.out.println("자산을 넘어설 수 없습니다. 다시 입력하세요.");
        i--;
      } else {
        sum = sum - n;
        System.out.println("당신은 " + n + "만큼의 금액을 배팅했습니다.");
        System.out.println("당신의 자산은 " + sum + "원입니다.");
        System.out.println("이 금액을 어디에 거시겠습니까");
        System.out.println("1 : Player");
        System.out.println("2 : Dealer");
        System.out.println("3 : Tie(무승부)");

        int nn = in.nextInt( );     // 승부를 걸 쪽
        switch(nn) {
          case 1 : System.out.println("당신은 Player에 걸었습니다.");
            break;
          case 2 : System.out.println("당신은 Dealer에 걸었습니다.");
            break;
          case 3 : System.out.println("당신은 Tie에 걸었습니다.");
            break;
        }
        System.out.println( );
```

```
                System.out.println("---------------------");
                System.out.println("----<Game Start!>----");
                System.out.println("---------------------");

                bakara.result( );

                System.out.println("---------------------");
                System.out.println("-----<배팅 결과!>-----");
                System.out.println("---------------------");

                if (nn == bakara.getWhoWin( )) {
                    System.out.println("당신이 이겼습니다!");
                    System.out.println("축하합니다!");
                    sum = sum + (n * 2);
                }
                else if (nn == bakara.getWhoWin( )) {
                    System.out.println("당신이 이겼습니다!");
                    System.out.println("축하합니다!");
                    sum = sum + (n * 2);
                }
                else if (nn == bakara.getWhoWin( )) {
                    System.out.println("당신이 이겼습니다!");
                    System.out.println("축하합니다!");
                    sum = sum + (n * 8);
                }
                else {
                    System.out.println("안됐군요.. 유감입니다.");
                }

                System.out.println("당신의 남은 자산은 " + sum + "원입니다!");
                System.out.println( );
                System.out.println("---------------------");

                if (sum <= 0) {
                    System.out.println("자산이 부족합니다. 수고하셨습니다!");
                    break;
                }
            }
        }
    }
}
```

11 ◆ 카드를 만들고 섞어 카드 게임을 시작한다.

17 ◆ 배팅액을 입력받는다.

30 ◆ 선수, 뱅커가 이길지 또는 비길지에 승부를 건다.

31~38 ◆ 누구에게 걸었는지 판별한다.

44 ◆ 누가 이겼는지 확인한다.

결과

```
자산을 입력하시오
10000
1번째 대결입니다.
당신의 현재 자산은 총 10000원입니다.
당신이 배팅할 금액을 설정하세요.
5000
당신은 5000만큼의 금액을 배팅했습니다.
당신의 자산은 5000원입니다.
이 금액을 어디에 거시겠습니까
1 : Player
2 : Dealer
3 : Tie(무승부)
2
당신은 Dealer에 걸었습니다.
......
```

홀수 마방진 만들기

활용 114

- **학습 내용 :** 홀수 마방진을 만들어 보자.
- **힌트 내용 :** 홀수 마방진을 만드는 방법을 따른다.

소스 : kr.co.infopub.chapter.s114.OddMagicSquare.java

```
package kr.co.infopub.chapter.s114;
public class OddMagicSquare {
    private int [ ][ ] magic; // 2차원 배열 선언
    private int n;       // 마방진 크기 n X n

    public int[ ][ ] getMagic( ) {
        return magic;
    }
    public OddMagicSquare(int n) {
        magic=new int[n][n]; // 2차원 배열 생성, 초기화
        this.n=n;        // 마방진 크기 결정
    }
    public OddMagicSquare( ) {
        this(3);         // 생성자 오버로딩 - OddMagicSquare(int n)를 이용
    }
    public void make( ) {    // 홀수 마방진 만들기
        int x=0;         // 가장 윗줄
        int y=n/2;       // 중앙
        for (int i = 1; i <= n*n ; i++) {
            int temX=x;   // 옮기기 전 위치 저장
            int temY=y;
            System.out.printf("(%d,%d)\t",x,y);
            magic[x][y]=i;    // 1~nxn 대입
            // 위로 이동
            if( x-1<0 ) {         // 윗벽
                x=n-1;
            } else {
                x--;              // 정상 x=x-1;
            }
```

```
            // 왼쪽으로 이동
            if( y-1<0 ) {     // 왼쪽 벽
                y=n-1;
            } else {
                y--;          // 정상 y=y-1;
            }
            if(magic[x][y]!=0){     // 이미 존재
                x=temX+1;           // x 원위치+1
                y=temY;             // y 원위치
            }
        }  // for
    }
    public void print( ) {
        System.out.println( );
        for (int i = 0; i < n; i++) {
            for (int j = 0; j < n; j++) {
                System.out.print(magic[i][j]+"\t");
            }
            System.out.println( );
        }
    }
}  // class
```

마방진은 열과 행, 대각선의 합이 모두 같다.

홀수 마방진은 다음과 같은 방법으로 만들 수 있다.

❶ 시작은 (0, n/2)에서 시작한다. n이 3일 때 (0, 1).

❷ 정상 흐름은 (x, y)에서 (x−1, y−1)로 이동한다.

❸ 윗벽을 넘으면(x−1〈0) 밑바닥(n−1)으로 이동한다. n=3일 때 밑바닥은 x=2이다.

❹ 왼쪽 벽을 넘으면(y−1) 가장 오른쪽(n−1)으로 이동한다. n=3일 때 가장 오른쪽은 y=2이다.

❺ 정상 흐름으로 (x, y)에서 (x−1, y−1)로 이동했지만 (x−1, y−1) 위치에 이미 값이 있다면 (x, y)로 돌아온 후 x만 한 칸 아래 (x+1, y)로 이동한다.

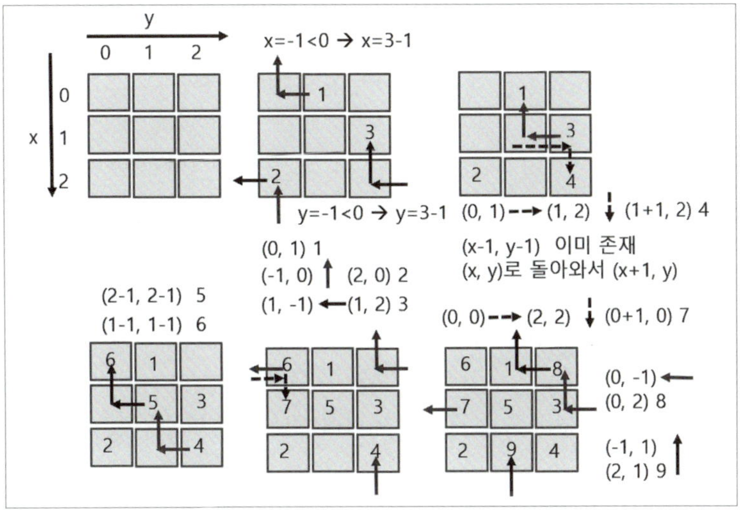

홀수 마방진 만드는 방법

2차원 배열을 선언한다. 3

마방진 크기를 저장한다. 4

2차원 배열을 클래스 외부에 반환한다. 6~8

마방진의 크기를 입력받으면서 생성하기 위한 생성자를 선언한다. 9

2차원 배열을 생성하고 0으로 초기화한다. 10

마방진의 크기를 입력받는다. 11

기본 생성자. 마방진의 크기는 3으로 자동 설정되도록 생성자 오버로딩한다. 13

this(3)는 이미 존재하는 다른 생성자로, 9라인의 OddMagicSquare(3) 생성자를 호출하여 마방진 크기가 3인 2차원 배열을 생성하고 초기화한다. 14

x=0, 가장 첫 줄에서 시작한다. 17

y=n/2, 중앙에서 시작한다. 18

n=3이면 1~9까지 수를 대입할 것이다. n=5이면 1~25까지 수를 대입할 것이다. 19

이동하기 전 위치를 저장한다. 20~21

22 위치를 추적하기 위해 (x,y)를 출력한다.

23 (x,y) 위치를 이동하며 1~n*n의 수를 대입하면 마방진이 완성된다.

25~26 가장 윗벽을 만나면 가장 아래(n−1)로 이동한다.

27~28 범위를 벗어나지 않으면 1을 뺀다.

31~32 가장 왼쪽 벽을 만나면 가장 오른쪽(n−1)으로 이동한다.

33~35 범위를 벗어나지 않으면 1을 뺀다.

36~39 값이 이미 존재하면 원래의 위치(x, y)로 돌아와서 아래로만 한 칸 이동(x+1, y)한다.

소스 : kr.co.infopub.chapter.s114.OddMagicSquareMain.java

```
 1: package kr.co.infopub.chapter.s114;
 2: import java.util.Scanner;
 3: public class OddMagicSquareMain {
 4:     public static void main(String[ ] args) {
 5:         Scanner scann=new Scanner(System.in);
 6:         int n=scann.nextInt( );
 7:         System.out.println("홀수 정수를 입력하세요.");
 8:         OddMagicSquare odd=new OddMagicSquare(n);
 9:         odd.make( );
10:         odd.print( );
11:     }
12: }
```

5 키보드로 입력받는다.

6 정수를 입력받는다.

8 홀수 정수 n을 대입하여 홀수 마방진을 생성하면서 초기화한다.

9 홀수 마방진을 생성한다.

10 홀수 마방진을 출력한다.

마방진 완성 확인 메서드 만들기

활용 115

• **학습 내용 :** 홀수 마방진을 확인해 보자.
• **힌트 내용 :** 마방진은 열과 행, 대각선의 합이 모두 같다.

소스 : kr.co.infopub.chapter.s115.OddMagicSquare.java

```
package kr.co.infopub.chapter.s115;
public class OddMagicSquare {
    private int [ ][ ] magic;   // 2차원 배열 선언
    private int n;              // 마방진 크기 n X n


    public void print( ) {
        System.out.println( );
        System.out.println(n+" is magic : "+isMagic( ));      // 마방진 완성?
        for (int i = 0; i < n; i++) {
            for (int j = 0; j < n; j++) {
                System.out.print(magic[i][j]+"\t");
            }
            System.out.println( );
        }
    }
    // row 행에 대한 열의 합
    private int sumRow(int row) {
        int tot=0;
        for (int i = 0; i < n; i++) {
            tot+=magic[row][i];
        }
        return tot;
    }
    // col 열에 대한 행의 합
    private int sumCol(int col) {
        int tot=0;
        for (int i = 0; i < n; i++) {
            tot+=magic[i][col];
```

```java
        }
        return tot;
    }
    // 역 대각선 (2,0)(1,1),(0,2)
    private int sumDia( ) {
        int tot=0;
        for (int i = 0; i < n ; i++) {
            tot+=magic[i][n-1-i];
        }
        return tot;
    }
    // 대각선 (0,0),(1,1),(2,2)
    private int sumReverseDia( ) {
        int tot=0;
        for (int i = 0; i < n ; i++) {
            tot+=magic[i][i];
        }
        return tot;
    }
    // 마방진이 잘 되었는가를 판단
    private  boolean isMagic( ) {
        boolean isM=true;
        int[ ]m=new int[2*n+2];        // 행수n+열수n+대각선1+역대각선1
        for (int i = 0; i < n; i++) {
            m[i]=sumRow(i);            // 0,1,2행의 합
            m[i+n]=sumCol(i);          // 3,4,5열의 합
        }
        m[2*n]=sumReverseDia( ); // 역대각선의 합
        m[2*n+1]=sumDia( );      // 대각선의 합
        for (int i = 1; i < m.length; i++) {
            if(m[0]==0 || m[0]!=m[i]) {     // 한 개라도 다르면 마방진이 아님
                isM=false;
                break;
            }
        }
        return isM;
    }
}   // class
```

마방진은 열과 행, 대각선의 합이 모두 같다. 행의 합은 행을 고정하고 열의 합을 구한 것이다. 열의 합은 열을 고정하고 행의 합을 구한 것이다. 대각선의 합은 (0,0), (1,1), (2,2) 위치의 합이다. 역대각선의 합은 (0,2), (1,1), (2,0) 위치의 합이다. 비교해야 할 개수는 n행, n열, 대각선 1, 역대각선 1 등 모두 2n+2개로, 한 개라도 다르면 마방진이 아닌 것으로 판단하는 방법을 사용한다.

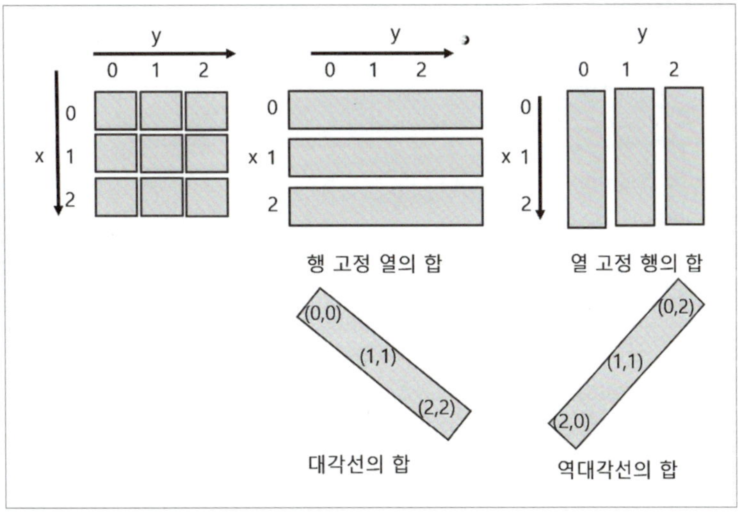

마방진 체크하기

마방진이 정상적으로 만들어졌는지 출력한다. 44

row 행을 고정하여 열의 합을 구한다. 56

col 열을 고정하여 행의 합을 구한다. 64

역대각선의 합을 구한다. 예를 들어 역대각선의 합은 (0,2), (1,1), (2,0) 위치의 합이다. 역대각선의 위치를 (i, j)로 본다면 i+j=2=3−1=n−1로 볼 수 있다. 그래서 j=n−1−i로 바꾸면 (i, n−1−i)가 된다. 72

대각선의 합을 구한다. 예를 들어 대각선의 합은 (0,0), (1,1), (2,2) 위치의 합이다. 대각선의 위치를 (i, j)로 본다면 i=j이므로 바꾸면 (i, i)가 된다. 80

n마방진에 대하여 행 n개, 열 n개, 대각선 1개, 역대각선 1개 등 모두 2n+2개를 비교해야 한다. 87

행을 고정하여 열의 합을 구한다. 89

90 ◆ 열을 고정하여 행의 합을 구한다.

92 ◆ 역대각선의 합을 구한다.

93 ◆ 대각선의 합을 구한다.

95~96 ◆ 2n+2개 중에서 한 개라도 다르면 마방진이 아니다.

소스 : kr.co.infopub.chapter.s115.OddMagicSquareMain.java

```
 1: package kr.co.infopub.chapter.s115;
 2: import java.util.Scanner;
 3: public class OddMagicSquareMain {
 4:     public static void main(String[ ] args) {
 5:         Scanner scann=new Scanner(System.in);
 6:         int n=scann.nextInt( );
 7:         System.out.println("홀수 정수를 입력하세요.");
 8:         OddMagicSquare odd=new OddMagicSquare(n);
 9:         odd.make( );
10:         odd.print( );
11:     }
12: }
```

5 ◆ 키보드로 입력받는다.

6 ◆ 정수를 입력받는다.

8 ◆ 홀수 정수 n을 대입하여 홀수 마방진을 생성하면서 초기화한다.

9 ◆ 홀수 마방진을 생성한다.

10 ◆ 홀수 마방진을 출력한다.

4배수 마방진 만들기

활용 116

- **학습 내용 :** 4배수 마방진을 만들어 보자.
- **힌트 내용 :** 4배수 마방진을 만드는 방법을 따른다.

소스 : kr.co.infopub.chapter.s116.FourMagicSquare.java

```
package kr.co.infopub.chapter.s116;
public class FourMagicSquare {
  private int[ ][ ] magic;
  private int n;

  public int[ ][ ] getMagic( ) {
      return magic;
  }
  public FourMagicSquare(int n) {
      magic=new int [n][ n ];
      this.n=n;
  }
  public FourMagicSquare( ) {
      this(4);
  }
  public void make( ) {
      makeA( );
      makeR( );
  }
  private void makeR( ) {
      for (int i = 0; i < n; i++) {
          for (int j = 0; j < n; j++) {
              if ((i >= 0 && i < n / 4) || (i >= n / 4 * 3 && i < n)) {
                  if (j >= n / 4 && j < n / 4 * 3) {
                      magic[i][j] = n * n - (i * n + j);
                  }
              } else { // i가 중앙
                  if ((j >= 0 && j < n / 4) || (j >= n / 4 * 3 && j < n)) {   // 양쪽
                      magic[i][j] = n * n - (i * n + j);
```

```
                }
            }
        }
    }
}
private void makeA( ) {
    for (int i = 0; i <n*n; i++) {
        magic[i/n][i%n]= i+1;
    }
}

}
```

마방진은 열과 행, 대각선의 합이 모두 같다.

4배수 마방진은 다음과 같은 방법으로 만들 수 있다.

❶ 행과 열을 n/4 단위로 나눈다.

❷ (S)구역을 완성한다. 행(x)의 가장 위 행(0〈=x〈n/4))과 가장 아래 행(n/4x3〈=x〈n))에 대하여 열(y)의 중앙 부분(n/4〈=y〈n/4x3)이 만나는 곳을 찾는다.

❸ (T)구역을 완성한다. 행(x)의 중앙 부분(n/4〈=x〈n/4x3)과 열(y)의 가장 왼쪽(0〈=y〈n/4))과 가장 오른쪽 열(n/4x3〈=y〈n))이 만나는 곳을 찾는다.

❹ 4배수 마방진을 1부터 n*n까지 숫자를 증가시키며, 모두 채운다.

❺ S, T 영역은 n*n부터 1까지 감소시키며, 해당 숫자를 채운다.

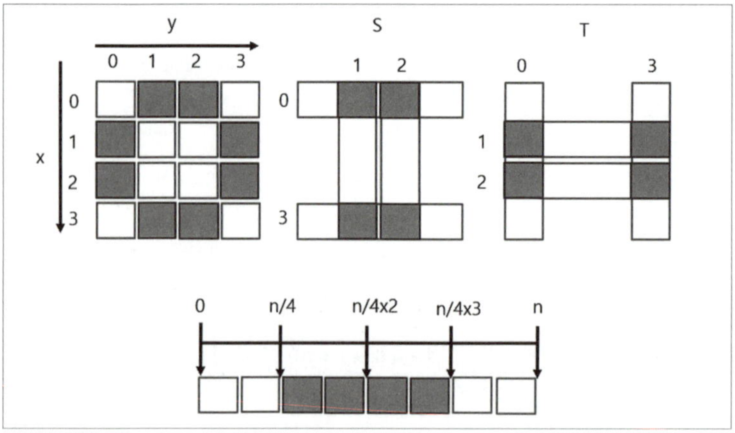

4배수 마방진 만드는 방법

2차원 배열을 선언한다. ◆ 3

마방진 크기를 저장한다. ◆ 4

2차원 배열을 클래스 외부에 반환한다. ◆ 6~8

크기를 입력받으면서 마방진을 생성하기 위한 생성자를 선언한다. ◆ 9

2차원 배열을 생성하고 0으로 초기화한다. ◆ 10

마방진의 크기를 입력받는다. ◆ 11

기본 생성자. 마방진 크기는 4로 자동 설정되도록 생성자 오버로딩한다. ◆ 13~15

this(4)는 이미 존재하는 다른 생성자로, 9라인의 FourMagicSquare(4) 생성자를 호출하여 마방진 크기가 4인 2차원 배열을 생성하고 초기화한다. ◆ 14

1부터 n*n까지의 숫자를 순서대로 입력한다. ◆ 17

S와 T 영역을 찾아 n*n부터 1까지의 해당 숫자를 입력한다. ◆ 18

S 영역으로 행(x)의 가장 위 행(0〈=x〈n/4))과 가장 아래 행(n/4×3〈=x〈n))에 대하여 열(y)의 중앙 부분(n/4〈=y〈n/4×3)이 만나는 곳을 찾는다. (i*n+j)은 0부터 n*n−1까지의 값을 만들 수 있다. 예로 n이 4일 때 (i*n+j)은 0에서 15를 만든다. n*n−(i*n+j)은 16−(0~15)이므로 16에서 1 사이의 수를 만든다. 해당 S 영역에 해당하는 값을 대입한다. ◆ 23~26

T 영역으로 행(x)의 중앙 부분(n/4〈=x〈n/4×3), 열(y)의 가장 왼쪽(0〈=y〈n/4)), 가장 오른쪽 열(n/4×3〈=y〈n))이 만나는 곳을 찾는다. n*n−(i*n+j)은 16−(0~15)이므로 16에서 1 사이의 수를 만든다. T 영역에 해당하는 값을 대입한다. ◆ 27~31

n이 4일 때 0~15 사이의 i를 2차원으로 변환할 수 있다. [i/n][i%n]은 [0/4][0%4], [1/4][1%4], [2/4][2%4], ……, [15/4][15%4]이 되고, [0][0], [0][1], [0][2], ……, [3][3]이 되어 2차원으로 변환할 수 있다. ◆ 35~39

소스 : kr.co.infopub.chapter.s116.FourMagicSquareMain.java

```
1: package kr.co.infopub.chapter.s116;
2: import java.util.Scanner;
3: public class FourMagicSquareMain {
4:     public static void main(String[ ] args) {
5:         Scanner scann=new Scanner(System.in);
6:         int n=scann.nextInt( );
7:         System.out.println("4의 배수 정수를 입력하세요.");
8:         FourMagicSquare fms=new FourMagicSquare(n);
9:         fms.make( );
10:        fms.print( );
11:    }
12: }
```

5 ◆ 키보드로 입력받는다.

6 ◆ 정수를 입력받는다.

8 ◆ 4의 배수 정수 n을 대입하여 4배수 마방진을 생성하면서 초기화한다.

9 ◆ 4배수 마방진을 생성한다.

10 ◆ 4배수 마방진을 출력한다.

결과

```
4의 배수 정수를 입력하세요.
4

4 is magic : true
1     15    14    4
12    6     7     9
8     10    11    5
13    3     2     16
```

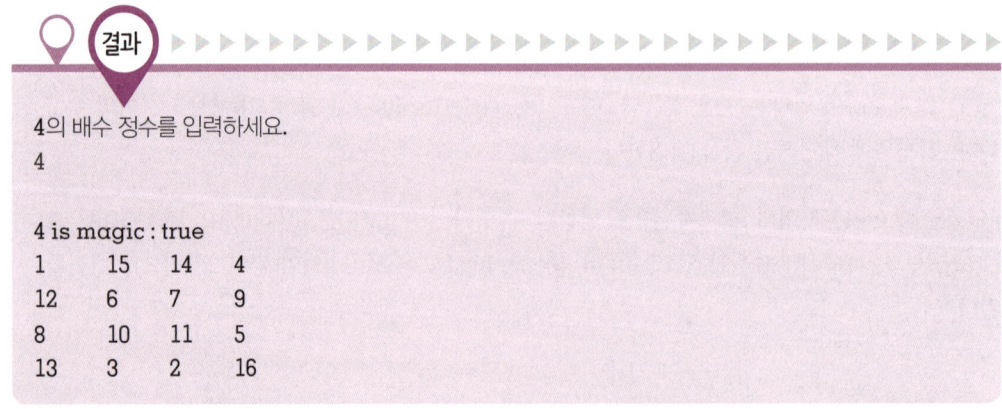

6 마방진 만들기

활용 117

• **학습 내용 :** 6 마방진을 만들어 보자.
• **힌트 내용 :** 6 마방진을 만드는 방법을 따른다.

소스 : kr.co.infopub.chapter.s117.SixMagicSquare.java

```
package kr.co.infopub.chapter.s117;
public class SixMagicSquare {
  private int[ ][ ] magic;
  private int n;

  public int[ ][ ] getMagic( ) {
     return magic;
  }
  public SixMagicSquare(int n) {
     magic=new int[n][n];
     this.n = n;
  }
  public SixMagicSquare( ) {
     this(6);
  }
  public void make( ) {
     makeA( );
     makeB( );
     makeCD( );
     makeMulti( );
     makeOdd( );
  } //
  private void makeA( ) {
     for (int i = 0; i <n/2 ; i++) {
        for (int j = 0; j <n/4 ; j++) {
           if(i==n/4) {
              magic[i][j+1]=3;
           } else {
              magic[i][j]=3;
```

```
                }
            }
        }
    }
    private void makeB( ) {
        for (int i = 0; i <n/2; i++) {
            for (int j = 0; j <n/2; j++) {
                magic[i][j+n/2]=1;
            }
        }
        for (int i = 0; i <n/2; i++) {
            for (int j = 0; j <n/2-(n/4-1); j++) {
                magic[i][j+n/2]=2;
            }
        }
    }
    private void makeCD( ) {
        for (int i = 0; i <n/2; i++) {
            for (int j = 0; j <n/2; j++) {
                if(magic[i][j]==0) {
                    magic[i+n/2][j]=3;
                } else {
                    magic[i+n/2][j]=0;
                }

                if(magic[i][j+n/2]==1) {
                    magic[i+n/2][j+n/2]=2;
                } else {
                    magic[i+n/2][j+n/2]=1;
                }
            }
        }
    }
    private void makeMulti( ) {
        for (int i = 0; i < n; i++) {
            for (int j = 0; j < n; j++) {
                magic[i][j] *= (n/2*n/2);
            }
        }
    }
```

```
private void makeOdd( ) {
    // Create dependency 생성 의존
    // 6 마방진은 3 마방진이 필요하다.
    OddMagicSquare odd=new OddMagicSquare(n/2);
    odd.make( );        // 3 마방진을 만든다.
    int[ ][ ] mm=odd.getMagic( );
    for (int i = 0; i < n/2; i++) {
        for (int j = 0; j <n/2 ; j++) {
            magic[i][j]+=mm[i][j];
            magic[i][j+n/2]+=mm[i][j];
            magic[i+n/2][j]+=mm[i][j];
            magic[i+n/2][j+n/2]+=mm[i][j];
        }
    }
}

}
```

마방진은 열과 행, 대각선의 합이 모두 같다.

6 마방진은 다음과 같은 방법으로 만들 수 있다.

❶ 행과 열을 4 영역(A, B, C, D)으로 나눈다.

❷ A 영역의 n/4 열을 3으로 채운다. 그리고 A 영역 행의 중앙(x=n/4)을 한 칸 오른쪽으로 이동시킨다. n=6이면 6/4, 1개의 열을 채운다. 그리고 중앙(6/4)번째 3을 한 칸 오른쪽으로 이동시킨다.

❸ B 영역을 2로 채운다. 그리고 뒤에서 (n/4−1)칸을 1로 채운다. n=6이면 뒤에서 (6/4−1)칸, 0칸을 1로 채운다.

❹ C 영역은 A 영역의 0과 3을 반대로 3과 0으로 바꾼다.

A			B		
3			2	2	2
	3		2	2	2
3			2	2	2
	3	3	1	1	1
3		3	1	1	1
	3	3	1	1	1
C			D		

❺ 모든 곳에 (n/2*n/2)를 곱한다.

A			B		
27			18	18	18
	27		18	18	18
27			18	18	18
	27	27	9	9	9
27		27	9	9	9
	27	27	9	9	9
C			D		

❻ A, B, C, D 영역에 (n/2) 마방진을 더한다. 예) A 영역+3 마방진

A			B		
33	1	8	24	19	26
7	32	3	25	23	21
29	9	4	20	27	22
6	28	35	15	10	17
34	5	30	16	14	12
2	36	31	11	18	13
C			D		

27		
	27	
27		

6	1	8
7	5	3
2	9	4

6 마방진 만드는 과정

3 ◆ 2차원 배열을 선언한다.

4 ◆ 마방진 크기를 저장한다.

6~8 ◆ 2차원 배열을 클래스 외부에 반환한다.

9 ◆ 마방진의 크기를 입력받으면서 생성하기 위한 생성자를 선언한다.

10 ◆ 2차원 배열을 생성하고 0으로 초기화한다.

11 ◆ 마방진의 크기를 입력받는다.

13~15 ◆ 기본 생성자. 마방진의 크기는 6으로 자동 설정되도록 생성자 오버로딩한다.

this(6)는 이미 존재하는 다른 생성자로, 9라인의 SixMagicSquare(6) 생성자를 호출하여 마방진 크기가 6인 2차원 배열을 생성하고 초기화한다. ◆ 14

6 마방진을 만든다. ◆ 16

A 영역을 0 또는 3으로 채운다. ◆ 17

B 영역을 1 또는 2로 채운다. ◆ 18

C 영역은 A 영역에 대해 0, 3을 3, 0으로 바꾼다. D 영역은 B 영역에 대해 1, 2를 2, 1로 바꾼다. ◆ 19

n/4 열을 3으로 채운다. ◆ 25~27

행의 중앙(n/4)을 오른쪽으로 한 칸 이동(j+1)시킨다. ◆ 26~27

B 영역을 1로 채운다. ◆ 35~39

뒤에서 (n/4−1)칸 1로 채우는 것은 앞에서 (n/2− (n/4−1))만큼 2로 채우는 것과 같다. ◆ 40~44

A 영역에 3은 C 영역에 0으로, A 영역에 0은 C 영역에 3으로 바꾼다. ◆ 49~50

B 영역에 2는 D 영역에 1로, B 영역에 1은 C 영역에 2로 바꾼다. ◆ 55~56

각 자리에 (n/2*n/2)를 곱한다. ◆ 66

n 마방진에 대하여 n/2 홀수 마방진을 만든다. 한 예로 6 마방진에 대하여 3 마방진을 만든다. 여기서 6 마방진은 3 마방진을 사용하는데 이를 의존(dependency)관계라고 한다. 6 마방진을 만들 때 3 마방진이 꼭 필요하다는 의미다. "6 마방---->3 마방"과 같이 점선 화살표를 이용하여 표시한다. ◆ 73~75

A 영역에 3 마방진을 더한다. ◆ 78

B 영역에 3 마방진을 더한다. ◆ 79

C 영역에 3 마방진을 더한다. ◆ 80

D 영역에 3 마방진을 더한다. ◆ 81

소스 : kr.co.infopub.chapter.s117.SixMagicSquareMain.java

```
1: package kr.co.infopub.chapter.s117;
2: import java.util.Scanner;
3: public class SixMagicSquareMain {
4:     public static void main(String[ ] args) {
5:         Scanner scann=new Scanner(System.in);
6:         int n=scann.nextInt( );
7:         System.out.println("6, 10, 14 정수(4n+2)를 입력하세요.");
8:         SixMagicSquare sms=new SixMagicSquare(n);
9:         sms.make( );
10:        sms.print( );
11:    }
12: }
```

5 ◆ 키보드로 입력받는다.

6 ◆ 정수를 입력받는다.

8 ◆ 6, 10, 14(4n+2) 정수 n을 대입하여 6 마방진을 생성하면서 초기화한다.

9 ◆ 6 마방진을 생성한다.

10 ◆ 6 마방진을 출력한다.

결과

```
6, 10, 14 정수(4n+2)를 입력하세요.
6

6 is magic : true
33   1    8    24   19   26
7    32   3    25   23   21
29   9    4    20   27   22
6    28   35   15   10   17
34   5    30   16   14   12
2    36   31   11   18   13
```

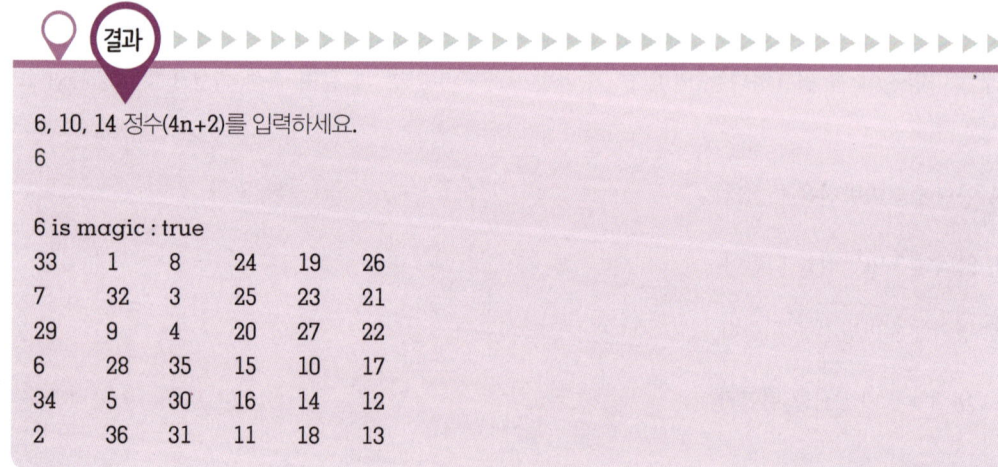

상속을 이용하여 마방진 만들기

활용 118

- **학습 내용 :** 상속을 이용하여 마방진을 만들어 보자.
- **힌트 내용 :** 자식은 부모의 멤버를 물려받는다.

소스 : kr.co.infopub.chapter.s118.MagicSquare.java

```
package kr.co.infopub.chapter.s118;
public class MagicSquare {
    protected int [ ][ ] magic;     // 자식이 public처럼 사용
    protected int n;                // 자식이 public처럼 사용

    public int[ ][ ] getMagic( ) {
        return magic;
    }
    // 반드시 int를 입력받아야 하는 생성자
    public MagicSquare(int n) {
        magic=new int[n][n];
        this.n=n;
    }
    // 기본 생성자 제거
    // public MagicSquare( ) { }

    public void make( ){ }    // make( ) 구현했으나 내용 없음

}
```

상속은 부모의 멤버를 물려받는 것으로 자식은 부모의 멤버를 자기 것처럼 사용할 수 있다. [그림 118-1]은 예제 117에서 구현한 세 마방진의 클래스 다이어그램이다. 세 마방진은 모두 make(), print(), getMagic()을 공통으로 갖는다.

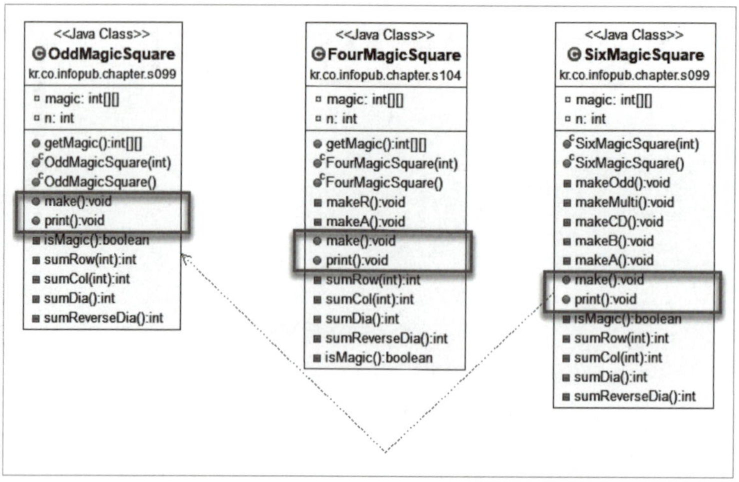

| **그림 118-1** | 공통 메서드(make( ), print( ))를 갖는 세 종류의 마방진

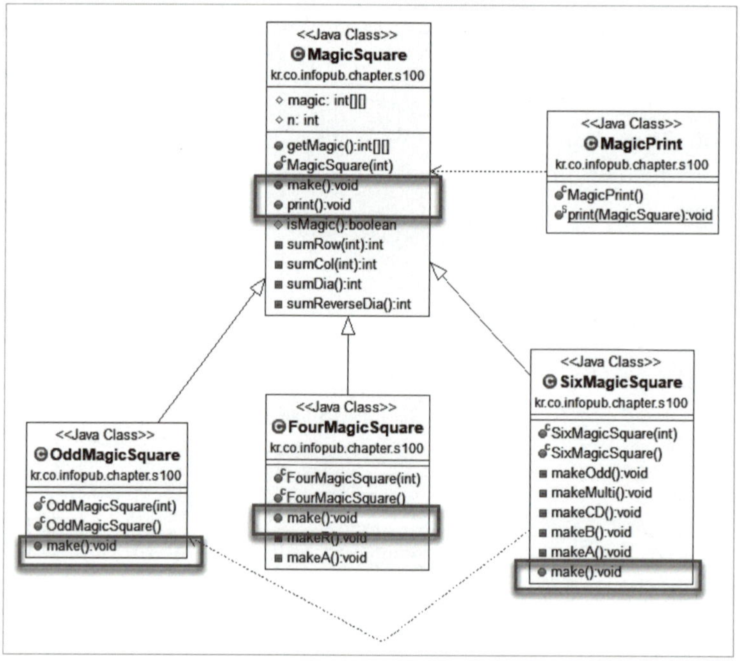

| **그림 118-2** | 부모(MagicSquare)로 옮긴 공통 메서드

[그림 118-2]는 모든 마방진의 공통 메서드 make(), print(), getMagic()을 부모인 MagicSquare가 갖고 있다. 그리고 자식인 OddMagicSquare, FourMagicSquare, SixMagicSquare 세 마방진은 MagicSquare를 상속해서 MagicSquare의 세 메서드 make(), print(), getMagic()을 사용한다. 특히 make()라는 메서드는 부모인 MagicSquare도 있는데 자식인 세 마방진에도 또 있다. 이는 부모의 make()를 오버라이딩(Overriding- 자식이 부모 것을 변경, 추가, 재정의)한 것이다. make()는 각 마방진에서 자신의 마방진에 알맞게 로직을 구현한다.

2차원 배열을 선언한다. private은 MagicSquare 내부에서만 사용할 수 있다. 그래서 자식 클래스(OddMagicSquare, FourMagicSquare, SixMagicSquare)에서 사용할 수 있도록 protected로 수정하였다. ◆3

마방진 크기를 저장한다. protected는 상속한 자식 클래스에서 public처럼 사용할 수 있다. ◆4

반드시 int를 입력받아야 하는 생성자를 선언한다. ◆10

2차원 배열을 생성하면서 0으로 초기화한다. ◆11

기본 생성자가 제거되어 이를 이용할 수 없다. ◆15

구현을 했으나 {} 안의 내용이 없어, MagicSquare의 make()는 마방진에 영향을 주지 않는다. 자식이 마방진에 알맞게 make()를 재정의해야 한다. ◆17

소스 : kr.co.infopub.chapter.s118.OddMagicSquare.java

```
package kr.co.infopub.chapter.s118;
// 상속
public class OddMagicSquare extends MagicSquare {    // 상속

    public OddMagicSquare(int n) {
        super(n);  // 중요 -> 부모로 넘긴다. MagicSquare(n)
    }
    public OddMagicSquare( ) {
        this(3);       // 중요-> 생성자 오버로딩. OddMagicSquare(3)
    }
    @Override
    public void make( ) {    // 오버라이딩

    }
}   // class
```

3 ◆ MagicSquare를 상속한다.

5 ◆ 마방진의 크기를 입력받는 OddMagicSquare 생성자를 선언한다.

6 ◆ super(n)는 부모 생성자 MagicSquare(n)를 호출하여 부모의 2차원 배열과 크기를 초기화한다.

8 ◆ OddMagicSquare의 기본 생성자를 선언한다.

9 ◆ this(3)는 자신의 다른 생성자 OddMagicSquare(3)를 호출한다.

12 ◆ 홀수 마방진을 만드는 make( ) 메서드를 선언한다. 부모 make( ) 메서드는 마방진을 만드는 로직이 없다. 홀수 마방진 make( ) 메서드는 부모의 make( )를 오버라이딩(Overriding– 자식이 부모 것을 변경, 추가, 재정의)한 것이다. make( )는 홀수 마방진의 로직을 구현한다.

소스 : kr.co.infopub.chapter.s118.FourMagicSquare.java

```
 1: package kr.co.infopub.chapter.s118;
 2: public class FourMagicSquare extends MagicSquare {
 3:
 4:     public FourMagicSquare(int n) {
 5:         super(n);
 6:     }
 7:     public FourMagicSquare( ) {
 8:         this(4);
 9:     }
10:     public void make( ) {
11:         makeA( );
12:         makeR( );
13:     }
14:     private void makeR( ) {

28:     }
29:     private void makeA( ) {

33:     }
34: }
```

2 ◆ MagicSquare를 상속한다. 상속 키워드는 extends를 사용한다.

마방진의 크기를 입력받는 FourMagicSquare 생성자를 선언한다. ◆ 4

super(n)는 부모 생성자 MagicSquare(n)를 호출하여 부모의 2차원 배열과 크기를 초기화한다. ◆ 5

FourMagicSquare의 기본 생성자를 선언한다. ◆ 7

this(4)는 자신의 다른 생성자 FourMagicSquare(4)를 호출한다. ◆ 8

4배수 마방진을 만드는 make( ) 메서드를 선언한다. 부모 make( ) 메서드는 마방진을 만드는 로직이 없다. 4배수 마방진 make( ) 메서드는 부모의 make( )를 오버라이딩(Overriding– 자식이 부모 것을 변경, 추가, 재정의)한 것이다. make( )는 4배수 마방진의 로직을 구현한다. ◆ 10

소스 : kr.co.infopub.chapter.s118.SixMagicSquare.java

```
 1: package kr.co.infopub.chapter.s118;
 2: public class SixMagicSquare extends MagicSquare {
 3:
 4:     public SixMagicSquare(int n) {
 5:         super(n);
 6:     }
 7:     public SixMagicSquare( ) {
 8:         this(6);
 9:     }
10:     public void make( ) {
11:         makeA( );
12:         makeB( );
13:         makeCD( );
14:         makeMulti( );
15:         makeOdd( );
16:     }   //
17:     private void makeOdd( ) {

31:     }
32:     private void makeMulti( ) {

38:     }
39:     private void makeCD( ) {

57:     }
```

```
58:     private void makeB( ) {

72:     }
73:     private void makeA( ) {

83:     }
84: }
```

2 ◆ MagicSquare를 상속한다.

4 ◆ 마방진의 크기를 입력받는 SixMagicSquare 생성자를 선언한다.

5 ◆ super(n)는 부모 생성자 MagicSquare(n)를 호출하여 부모의 2차원 배열과 크기를 초기화한다.

7 ◆ SixMagicSquare의 기본 생성자를 선언한다.

8 ◆ this(6)는 자신의 다른 생성자 SixMagicSquare(6)를 호출한다.

10 ◆ 6 마방진을 만드는 make( ) 메서드를 선언한다. 부모 make( ) 메서드는 마방진을 만드는 로직이 없다. 6 마방진 make( ) 메서드는 부모의 make( )를 오버라이딩(Overriding– 자식이 부모 것을 변경, 추가, 재정의)한 것이다. make( )는 6 마방진의 로직을 구현한다.

소스 : kr.co.infopub.chapter.s118.MagicPrint.java

```
1: package kr.co.infopub.chapter.s118;
2: public class MagicPrint {
3:     public static void print(MagicSquare magic) {
4:         magic.make( );
5:         magic.print( );
6:     }
7: }
```

3 ◆ static 메서드는 객체를 생성하지 않고 사용한다. 부모 타입으로 세 자식 마방진(홀수, 4, 6)을 받을 수 있다. 이때 부모 타입으로 자식을 받을 수 있는 다형성(Polymorphism)이 발생한다.

4 ◆ 홀수, 4, 6 마방진에 따라 해당 make( )를 호출하여 해당 마방진을 만든다.

5 ◆ 해당 마방진을 출력한다.

소스 : kr.co.infopub.chapter.s118.SquareMain.java

```
1:  package kr.co.infopub.chapter.s118;
2:  import java.util.Scanner;
3:  public class SquareMain {
4:    public static void main(String[ ] args) {
5:        System.out.println("3이상의 정수 마방진을 입력하세요.");
6:        Scanner scann=new Scanner(System.in);
7:        int n=scann.nextInt( );
8:        MagicSquare magic=null;
9:        if(n>2 && n%2==1) {        // 홀수
10:            magic=new OddMagicSquare(n);  // 다형성 - 부모 타입으로 자식을 생성할 수 있다.
11:        } else if(n>2 && n%4==0) {
12:            magic=new FourMagicSquare(n);  // 다형성 - 부모 타입으로 자식을 생성할 수 있다.
13:        } else if(n>2 && n%4==2) {
14:            magic=new SixMagicSquare(n);   // 다형성 - 부모 타입으로 자식을 생성할 수 있다.
15:        } else {
16:            System.out.println("만들 수 없는 마방진입니다.");
17:            return ;
18:        }
19:        MagicPrint.print(magic);    // 다형성- 부모 타입으로 자식을 받을 수 있다.
20:    }
21: }
```

키보드로 입력받는다. ◆ 6

정수를 입력받는다. ◆ 7

부모 타입의 자식 객체를 생성하기 위해 부모 타입을 선언한다. ◆ 8

3이상의 홀수를 입력받았다면 ◆ 9

홀수 마방진을 생성한다. ◆ 10

4의 배수를 입력받았다면 ◆ 11

4 마방진을 생성한다. ◆ 12

6, 10, 14처럼 4로 나누었을 때 나머지가 2로 남는 정수를 입력받았다면 ◆ 13

14 6 마방진을 생성한다.

15 2 이하는 마방진을 만들 수 없다.

19 static 메서드는 객체를 생성하지 않고 사용한다. static 메서드에 마방진 주소를 넘겨서 해당 마방진을 만들고 출력한다.

결과

```
3이상의 정수 마방진을 입력하세요.
6

6 is magic : true
33    1     8     24    19    26
7     32    3     25    23    21
29    9     4     20    27    22
6     28    35    15    10    17
34    5     30    16    14    12
2     36    31    11    18    13
```

추상 클래스, 인터페이스로 마방진 만들기

활용 119

• **학습 내용 :** 추상 클래스, 인터페이스를 이용하여 마방진을 만들어 보자.
• **힌트 내용 :** 추상 클래스, 인터페이스에 선언된 메서드를 오버라이딩(재정의)한다.

메서드 중에 구현이 되지 않은 추상 메서드가 한 개라도 있거나, 인터페이스의 메서드를 구현하지 않은 메서드가 한 개라도 있다면 추상 클래스가 된다. 예를 들어 MagicSquare는 IMagicSquare의 make(), print() 중에서 make()를 구현하지 않았기 때문에 추상 클래스가 된다. OddMagicSquare, FourMagicSquare, SixMagicSquare는 IMagicSquare의 make()를 구현(오버라이딩)한다.

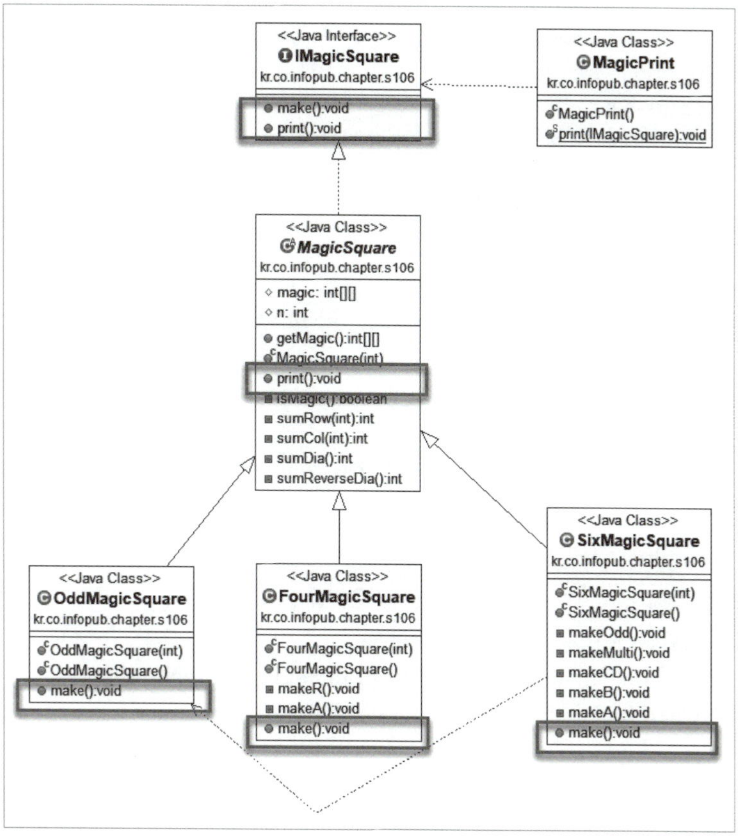

| **그림 119-1** | 인터페이스에 선언된 make( ) 메서드를 구현한 세 종류의 마방진

여기서 make()는 각 마방진에 알맞은 로직을 이용하여 각 마방진을 완성한다. 이때 make()를 재정의(오버라이딩)라고 한다. [그림 119-1]의 IMagicSquare는 인터페이스이며 인터페이스는 100% 구현이 되지 않은 추상(abstract) 클래스이다. 추상 클래스나 인터페이스의 메서드를 오버라이딩했다면, 부모의 메서드를 호출할 때 자식의 메서드가 실행된다.

부모의 타입으로 자식을 생성하면 다형성이 발생한다. 부모의 make() 메서드를 오버라이딩했을 때, odd.make()는 홀수 마방진을 만들고, four.make()는 4 마방진을, six.make()는 6 마방진을 만든다. 결국 부모의 메서드는 구현이 안된 추상 메서드(abstract)이지만 자식의 메서드가 호출되므로 자식의 메서드가 실행된다.

소스 : kr.co.infopub.chapter.s119.IMagicSquare.java

```
1:  package kr.co.infopub.chapter.s119;
2:  // 100% 구현되지 않은 메서드를 갖는 클래스 -> 인터페이스(추상 클래스임)
3:  public interface IMagicSquare {
4:      void make( );       // 반드시 구현해야 할 메서드
5:      void print( );      // 반드시 구현해야 할 메서드
6:  }
```

3 ◆ 인터페이스 IMagicSquare를 선언한다. 인터페이스의 메서드는 자식이 모두 구현(오버라이딩)하도록 강제성을 갖는다. 만약 자식이 한 개라고 구현하지 않으면 자식은 추상 클래스가 된다.

4 ◆ public abstract 키워드가 자동으로 붙어 public abstract void make();가 된다.

5 ◆ public abstract 키워드가 자동으로 붙어 public abstract void print();가 된다.

소스 : kr.co.infopub.chapter.s119.MagicSquare.java

```
1:  package kr.co.infopub.chapter.s119;
2:  public abstract class MagicSquare implements IMagicSquare {
3:      protected int [ ][ ] magic;    // 자식이 public처럼 사용
4:      protected int n;               // 자식이 public처럼 사용
5:
6:      public int[ ][ ] getMagic( ) {
7:          return magic;
```

```
 8:     }
 9:     // 반드시 int를 입력받아야 하는 생성자
10:     public MagicSquare(int n) {
11:         magic=new int[n][n];
12:         this.n=n;
13:     }

82: }
```

IMagicSquare의 make( ) 메서드를 구현(오버라이딩)하지 않아서 추상 클래스가 되었다. IMagicSquare을 구현(implements)하겠다고 선언한다. 인터페이스 구현 키워드는 implements이다. 인터페이스의 메서드는 자식이 모두 구현(오버라이딩)하도록 강제성을 갖는다. 만약 자식이 한 개라고 구현하지 않으면 자식은 추상 클래스가 된다. ◆ 2

소스 : kr.co.infopub.chapter.s119.MagicPrint.java

```
1: package kr.co.infopub.chapter.s119;
2: public class MagicPrint {
3:     public static void print(IMagicSquare magic) {
4:         magic.make( );
5:         magic.print( );
6:     }
7: }
```

static 메서드는 객체를 생성하지 않고 사용한다. 부모 타입으로 세 자식 마방진(홀수, 4, 6)을 받을 수 있다. 이때 부모 타입으로 자식을 받을 수 있는 다형성(Polymorphism)이 발생한다. ◆ 3

홀수, 4, 6 마방진에 따라 해당 make()를 호출하여 해당 마방진을 만든다. ◆ 4

해당 마방진을 출력한다. ◆ 5

소스 : kr.co.infopub.chapter.s119.SquareMain.java

```
1:  package kr.co.infopub.chapter.s119;
2:  import java.util.Scanner;
3:  public class SquareMain {
4:   public static void main(String[ ] args) {
5:      System.out.println("3 이상의 정수 마방진을 입력하세요.");
6:      Scanner scann=new Scanner(System.in);
7:      int n=scann.nextInt( );
8:      IMagicSquare magic=null;      // 인터페이스로 선언
9:      if(n>2 && n%2==1) {           // 홀수
10:         magic=new OddMagicSquare(n);    // 다형성 - 부모 타입으로 자식을 생성할 수 있다.
11:     } else if(n>2 && n%4==0) {
12:         magic=new FourMagicSquare(n);  // 다형성 - 부모 타입으로 자식을 생성할 수 있다.
13:     } else if(n>2 && n%4==2) {
14:         magic=new SixMagicSquare(n);  // 다형성 - 부모 타입으로 자식을 생성할 수 있다.
15:     } else {
16:         System.out.println("만들 수 없는 마방진입니다.");
17:         return ;
18:     }
19:     MagicPrint.print(magic);   // 다형성- 부모 타입으로 자식을 받을 수 있다.
20:  }
21: }
```

6 ◆ 키보드로 입력받는다.

7 ◆ 정수를 입력받는다.

8 ◆ 부모 타입의 자식 객체를 생성하기 위해 부모 타입을 선언한다.

9 ◆ 3 이상의 홀수를 입력받았다면

10 ◆ 홀수 마방진을 생성한다.

11 ◆ 4의 배수를 입력받았다면

12 ◆ 4 마방진을 생성한다.

13 ◆ 6, 10, 14처럼 4로 나누어 나머지가 2로 남는 정수를 입력받았다면

6 마방진을 생성한다. ◆ 14

2 이하는 마방진을 만들 수 없다. ◆ 15~18

static 메서드는 객체를 생성하지 않고 사용한다. static 메서드에 마방진 주소를 넘겨서 해당 마방진을 만들고 출력한다. ◆ 19

결과

```
3이상의 정수 마방진을 입력하세요.
6

6 is magic : true
33   1    8    24   19   26
7    32   3    25   23   21
29   9    4    20   27   22
6    28   35   15   10   17
34   5    30   16   14   12
2    36   31   11   18   13
```

활용 120

다형성을 이용하여 마방진 만들기

• **학습 내용 :** 다형성을 이용하여 마방진을 만들어 보자.
• **힌트 내용 :** 부모인 IMagicSquare로 3, 4, 6 마방진을 모두 생성할 수 있다.

소스 : kr.co.infopub.chapter.s120.MagicException.java

```
1:  package kr.co.infopub.chapter.s120;
2:  public class MagicException extends Exception {
3:      public MagicException( ) {
4:          this("이런 마방진 생성 불가");
5:      }
6:      public MagicException(String message, Throwable cause) {
7:          super(message, cause);
8:      }
9:      public MagicException(String message) {
10:         super(message+"형태의 마방진 생성 불가");
11:     }
12:     public MagicException(Throwable cause) {
13:         super(cause);
14:     }
15: }
```

2 ◆ Exception을 상속받아 사용자가 정의한 예외를 만든다. 로직은 없고 생성자면 오버로딩하면 된다.

3 ◆ 사용자가 정의한 예외는 생성자만 오버로딩(중복 정의)한다. 기본 생성자를 선언한다.

4 ◆ 9라인의 문자열을 입력받는 MagicException(String) 생성자를 호출한다.

6, 12 ◆ 여러 생성자를 오버로딩한다.

소스 : kr.co.infopub.chapter.s120.FactoryMagic.java

```
package kr.co.infopub.chapter.s120;
public class FactoryMagic implements AutoClosable {
  private static FactoryMagic ins;
  private FactoryMagic( ) { }

  public static FactoryMagic getInstance( ) {
     if(ins==null) {
          ins=new FactoryMagic( );
     }
     return ins;
  }
  public IMagicSquare getMagicSquare(int n) throws MagicException {
     IMagicSquare im=null;
     if(n<=2) { // 2보다 작거나 같은 수가 들어오면 throw를 발생시켜서 Exception을 발생시킨다.
          throw new MagicException("2보다 작은 수의 마장진은 ");
     }
     if(n%2!=0) {
          im=new OddMagicSquare(n);
     } else if(n%4==0) {
          im=new FourMagicSquare(n);
     } else {
          im=new SixMagicSquare(n);
     }
     return im;
  }
  // try( ) 구문을 위한 close( )
  @Override
  public void close( ) throws Exception {
     System.out.println("FactoryMagic End !!");
  }
}
```

인터페이스나 추상 클래스를 이용하면 다형성을 이용할 수 있다. 다음과 같을 때 다형성이 발생한다.

❶ 부타자생(부모의 타입으로 자식을 생성한다.)

❷ 부타자참(부모의 타입으로 자식을 참조할 수 있다.)

❸ 부메자호(부모의 메서드로 자식의 메서드를 호출할 수 있다.)

부모의 메서드가 자식의 종류에 따라 다양한 형태(다양한 메서드)로 될 수 있는 것이 다형성이다. 예로 IMagicSquare의 make( ) 메서드는 자식의 종류(OddMagicSquare, FourMagicSquare, SixMagicSquare)에 따라 3마방의 make( ), 4마방의 make( ), 6마방의 make( )가 될 수 있다.

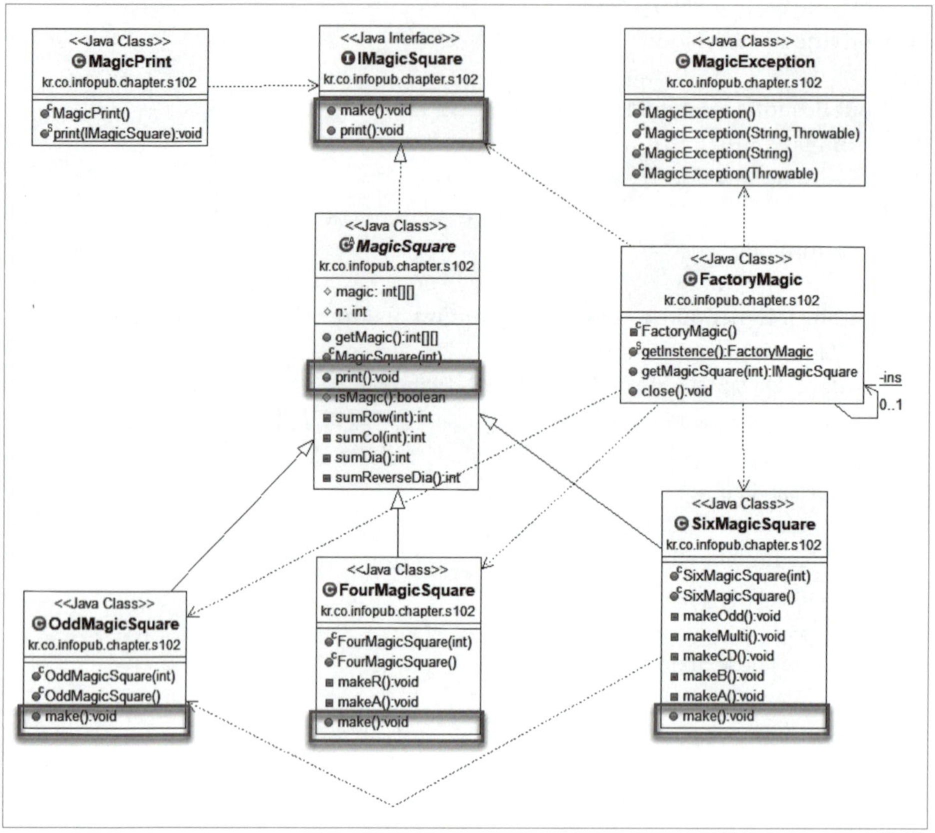

| **그림 120-1** | IMagicSquare 인터페이스로 생성할 수 있는 세 종류의 마방진

다음과 같이 부모 타입으로 자식을 만들 수 있다.

```
IMagicSquare odd=new OddMagicSquare();
IMagicSquare four=new FourMagicSquare();
IMagicSquare six=new SixMagicSquare();
```

그리고 odd.make(), four.make(), six.make()를 호출하면 IMagicSquare의 make()를 오버라이딩한 각 마방진의 make()가 호출되어 마방진이 만들어진다. [그림 120-1]에서 IMagicSquare odd=new OddMagicSquare(); odd.make()는 IMagicSquare의 make()를 오버라이딩한 OddMagicSquare의 make()가 실행되어 홀수 마방진이 완성되는 것을 보여 준다.

팩토리 패턴 클래스를 만든다. AutoClosable의 close() 메서드는 try()에서 생성한 객체가 try()의 {}를 벗어날 때 자동으로 호출되어 안전하게 끝나도록 한다. ◆ 2

싱글톤 디자인 패턴(Singletone Design Pattern)으로 객체를 한 번만 생성하기 위한 방법이다. ◆ 3~11

입력받은 정수에 따라 마방진을 생성하기 위한 팩토리 패턴을 만든다. throws는 예외를 바로 처리하지 않고 회피하여 getMagicSquare()를 호출할 때 예외를 처리하도록 한다. ◆ 12

마방진의 최상위 부모 IMagicSquare 타입으로 자식을 생성하기 위해 선언한다. ◆ 13

2 이하의 정수가 들어오면 throw로 예외를 발생시킨다. 2 이하의 정수가 들어오면 MagicException을 발생시킨다. ◆ 14~15

3 이상의 홀수를 입력받았다면 ◆ 17

홀수 마방진을 생성한다. ◆ 18

4의 배수를 입력받았다면 ◆ 19

4 마방진을 생성한다. ◆ 20

6, 10, 14처럼 4로 나누어 나머지가 2로 남는 정수를 입력받았다면 ◆ 21

6 마방진을 생성한다. ◆ 22

IMagicSquare의 타입으로 3, 4 또는 6 마방진을 객체 생성할 수 있다. 부모 타입으로 자식을 생성할 수 있는 다형성이다. ◆ 24

소스 : kr.co.infopub.chapter.s120.SquareMain.java

```
1: package kr.co.infopub.chapter.s120;
2: import java.util.Scanner;
3: public class SquareMain {
4:   public static void main(String[ ] args) {
5:       System.out.println("3 이상의 정수 마방진을 입력하세요.");
```

```
 6:         Scanner scann=new Scanner(System.in);
 7:         int n=scann.nextInt( );
 8:         try(FactoryMagic magicFactory=FactoryMagic.getInstance( )) { // autoclosable( )
 9:             IMagicSquare magic = magicFactory.getMagicSquare(n);
10:             // 3,4,6을 팩토리가 처리한다.
11:             MagicPrint.print(magic);   // 모든 마방진을 출력한다.
12:         } catch (MagicException e) {   // 사용자 정의 예외
13:             System.out.println(e);
14:         } catch (Exception e1) {        // 범위를 벗어나면 자동 close( )
15:         }
16:     }
17: }
```

6 ◆ 키보드로 입력받는다.

7 ◆ 정수를 입력받는다.

8 ◆ try() 안에서 생성된 FactoryMagic이 try()의 {}를 벗어나면 try(FactoryMagic)은 AutoClosable의 close()를 자동 호출해서 안전하게 끝낸다. FactoryMagic의 static 메서드 getInstance()를 호출하여 객체를 한 번 생성(싱글톤)한다.

9 ◆ 팩토리 패턴으로 입력받은 n에 따라 3, 4, 6 마방진이 생성될 수 있다. 부모 타입으로 자식의 마방진을 생성할 수 있는 다형성이 발생한다.

11 ◆ IMagicSquare의 타입으로 자식을 참조한다.

결과

```
3이상의 정수 마방진을 입력하세요.
6

6 is magic : true
33    1     8     24    19    26
7     32    3     25    23    21
29    9     4     20    27    22
6     28    35    15    10    17
34    5     30    16    14    12
2     36    31    11    18    13
FactoryMagic End !!
```

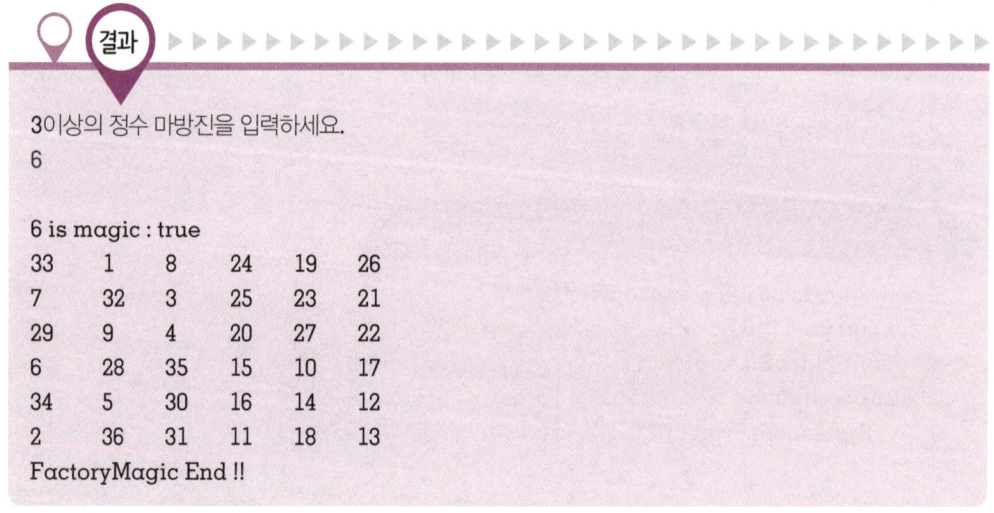

이중 for문으로 역삼각형 그리기

활용 121

- **학습 내용 :** *로 역삼각형을 그려 보자.
- **힌트 내용 :** 이중 for문을 이용한다.

소스 : kr.co.infopub.chapter.s121.StarPoint.java

```
1: package kr.co.infopub.chapter.s121;
2: public class StarPoint {
3:   public static void printStarDecrease(int n) {
4:       for(int i=0; i<n;i++) {
5:           for(int j=0; j<i;j++) {
6:               System.out.print(" ");
7:           }
8:           for(int k=1; k<2*(n-i);k++) {
9:               System.out.print("*");
10:          }
11:          System.out.println( );
12:      }
13:  }
14:  public static void main(String[ ] args) {
15:      printStarDecrease(5);
16:  }
36: }
```

for에 대한 for문에서는 바깥 for문의 스텝이 변경될 때마다 안쪽 for문이 실행된다.

층수(n줄) n을 입력받는다. ◆ 3

바깥 for문. n줄에 대하여 내부 for를 실행한다. "i"가 0일 때, 안쪽 for의 변수 "j"는 "j〈0"이 되므로 공백이 없다. 그리고 "k〈2*(5−0)"이 되어 1, 2, 3, 4, 5, 6, 7, 8, 9일 때를 만족하므로 *를 9번 출력한다. 같은 방법으로 다음 표처럼 반복하면 역삼각형이 완성된다. "i" 줄의 첫 번째 줄에서 가장 많은 *를 출력한다. ◆ 4

i	j(공백의 개수)	k(*의 개수)	과정
0		1 2 3 4 5 6 7 8 9	*********
1	0	1 2 3 4 5 6 7	*******
2	0 1	1 2 3 4 5	*****
3	0 1 2	1 2 3	***
4	0 1 2 3	1	*

5~7 ◆ 바깥 for에 대하여 안쪽 for를 실행한다. 공백을 출력한다.

8~10 ◆ 바깥 for에 대하여 안쪽 for를 실행한다. *를 출력한다.

결과

```
*********
 *******
  *****
   ***
    *
```

이중 for문으로 다이아몬드 그리기

활용 122

• **학습 내용 :** *로 다이아몬드를 그려 보자.
• **힌트 내용 :** 이중 for문과 절대값을 이용한다.

소스 : kr.co.infopub.chapter.s122.SilverStar.java

```
 1: package kr.co.infopub.chapter.s122;
 2: public class SilverStar {
 3:   public static void  stepDia(int n) {
 4:       for (int i = 0; i < n ; i++) {
 5:             for (int j = 0; j <Math.abs(i-n/2)  ; j++) {
 6:                   System.out.printf(" ");
 7:             }
 8:             for (int k= 0; k <n-2*Math.abs(i-n/2) ; k++) {
 9:                   System.out.printf("*");
10:             }
11:             System.out.println( );
12:       }
13:   }
14:   public static void main(String[ ] args) {
15:        SilverStar.stepDia(9);
16:   }
58: }
```

for에 대한 for문에서는 바깥 for문의 스텝이 변경될 때마다 안쪽 for문이 실행된다.

층수(n줄) n을 입력받는다. ◆ 3

바깥 for문. n줄에 대하여 내부 for를 실행한다. “i”가 0일 때, “j”는 “j〈Math.abs(0−9/2)”가 되어 0, 1, 2, 3이면 공백을 4번 출력한다. 그리고 “k〈9−2*(0−9/2)”가 되므로 0일 때 만족하여 *를 1번 출력한다. 같은 방법으로 다음 표처럼 반복하면 다이아몬드가 완성된다. “i” 줄의 중앙(n/2)에서 가장 많은 *를 출력한다. ◆ 4

i	j(공백의 개수)	k(*의 개수)	과정
0	0 1 2 3	0	*
1	0 1 2	0 1 2	***
2	0 1	0 1 2 3 4	*****
3	0	0 1 2 3 4 5 6	*******
4		0 1 2 3 4 5 6 7 8	*********
5	0	0 1 2 3 4 5 6	*******
6	0 1	0 1 2 3 4	*****
7	0 1 2	0 1 2	***
8	0 1 2 3	0	*

5~7 ◆ 바깥 for에 대하여 안쪽 for를 실행한다. 공백을 출력한다. Math.abs()는 양수로 만든다.

8~10 ◆ 바깥 for에 대하여 안쪽 for를 실행한다. *를 출력한다.

결과

```
    *
   ***
  *****
 *******
*********
 *******
  *****
   ***
    *
```

약수와 소인수 분해하기

활용 123

- **학습 내용 :** 약수를 구하고 정수를 소인수 분해해 보자.
- **힌트 내용 :** 약수는 나누어 떨어지는 수이고, 소수로 나누는 것을 소인수 분해라고 한다.

소스 : kr.co.infopub.chapter.s123.Java200Math.java

```java
package kr.co.infopub.chapter.s123;
public class Java200Math {
    public static void printDivide(int n) {
        if(n==1) {
            System.out.println("[1]");
        } else {
            System.out.printf("[1,");
            for (int i = 2; i <n; i++) {
                if(n%i==0) {
                    System.out.printf("%d,",i);
                }
            }
            System.out.println(n+"]");
        }
    }
    public static void printPrimeDivide(int n) {
        int a=2;
        while(n!=1) {
            if(n%a==0) {
                if(n/a==1) {
                    System.out.println(a);
                } else {
                    System.out.print(a+"x");
                }
                n/=a;
            } else {
                a++;
            }
        }
```

```
30:     }
31:     public static void main(String[ ] args) {
32:         printDivide(194560);
33:         printPrimeDivide(194560);
34:     }
144: }
```

약수는 나누어 떨어지는 수이다. 6은 1, 2, 3, 6으로 나누어 떨어지기 때문에 6의 약수는 1, 2, 3, 6이다. 소인수 분해는 소수의 곱으로 나타낼 수 있다. 예를 들어 6=2*3, 100=2*2*5*5이다.

n	a	n%a	n/a	소인수 분해
6	2	0	3	2 x
3	2	1		
3	3 (a++)	0	1	2 x 3
1				

3 약수를 출력한다. 약수란 정수로 나누어 떨어지는 수이다.

4~5 1의 약수는 1뿐이므로 [1]을 출력한다.

7 2 이상에 대해 반드시 1로 시작하기 때문에 "[1,"을 출력한다.

8 정수 n에 대하여 약수를 구하기 위해 2 ~ n−1로 나눈다.

9 정수 n을 2 ~ n−1로 나누어 떨어지면 약수이다.

13 정수 n 자신도 약수이다.

16 소인수 분해 과정을 보여 준다.

17 2부터 나누어 본다.

18 n이 1이 될 때까지 반복한다.

19 n이 a로 나누어 떨어지면 소수로 나누어 떨어지므로 소인수 분해 과정이 된다.

20 몫이 1이면 n과 a가 같다. 소인수 분해의 마지막 수가 된다. 한 예로 5에서 5는 몫이 1이다.

소수로 나눈다. 10을 2로 나누면 몫이 5가 된다. 다시 5를 5로 나누면 몫이 1이 되어 소인수 분해가 끝난다. ◆ 25

나누어 떨어지지 않으면 a의 값을 1 증가시킨다. 5는 2로 나누어 떨어지지 않으므로 3, 4, 5까지 1씩 증가시킨다. 5는 5로 나누어 떨어지므로 소인수 분해가 끝난다. ◆ 26~28

결과

```
[1,2,4,5,8,10,16,19,20,32,38,40,64,76,80,95,128,152,160,190,256,304,320,380,512,608,640,760,102
4,1216,1280,1520,2048,2432,2560,3040,4864,5120,6080,9728,10240,12160,19456,24320,38912,48
640,97280,194560]
2x2x2x2x2x2x2x2x2x2x2x2x5x19
```

활용 124

for를 이용하여 적금 구하기

- **학습 내용 :** 적금을 구해 보자.
- **힌트 내용 :** 원리합계를 이용한다.

소스 : kr.co.infopub.chapter.s124.MoneyDeposit.java

```
package kr.co.infopub.chapter.s124;
public class MoneyDeposit {
    // 적금
    public static double saveUs(int money, int month, double ratio) {
        double tot=0.0;
        double r=ratio/100/12;
        double a=money;
        for (int i = 0; i < month; i++) {
            a=a*(1+r);
            tot+=a;
        }
        return tot;
    }
    public static void main(String[ ] args) {
        double tot=MoneyDeposit.saveUs(800000, 36 , 1.5);
        System.out.printf("적금 :%.0f \n",tot);
    }
}
```

1월 1일에 a원을 적금하고 1년 후(1일이 모자라는 12월 31일)에 찾으면 $a(1+r)^{1}$, 2월 1일에 a원을 적금하고 11개월 후(12월 31일)에 찾으면 $a(1+r)^{11}$, 같은 방법으로 3월 1일, 4월 1일, 5월 1일,……, 12월 1일에 적금하고 12월 31일에 찾으면 적금의 총액이 된다.

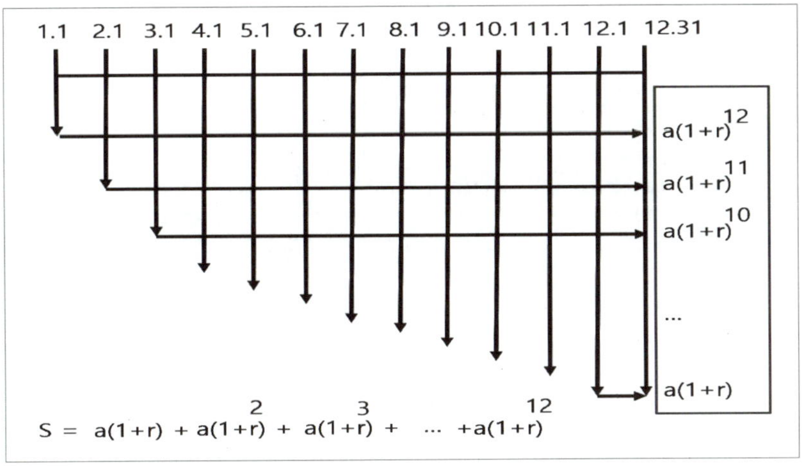

적금 원리

월 입금액 money, 개월 수 month, 연 복리 % ratio를 입력받는다. ◆4

월 복리를 만든다. 1.5%는 0.015이므로 %를 100으로 나누고, 연 복리를 월 복리로 변경시키기 위해 12로 나눈다. ◆6

원리합계를 구한다. ◆9

원리합계의 총합을 구한다. ◆10

월 800,000원을 입금한다. 36개월 연 복리 1.5로 적금을 입금한 총액을 구한다. ◆15

결과

```
적금 :29475817
```

활용

125 문자열 특징을 이용하여 개미 퀴즈 구하기

- **학습 내용 :** 개미 수열 퀴즈를 만들어 보자.
- **힌트 내용 :** "12"의 다음 수는 "1"이 1개, "2"가 1개이며, 문자열로 붙이면 "1121"이 된다.

개미 수열은 소설가 베르베르의 소설 개미에 나온 수열로, 1, 11, 12, 1121, 122111, ……로 나열되는 수열이다.

String의 문자열 붙이기(+, concat(String Concatenation))를 적용해 문자열과 문자열, 문자열과 기본 타입을 붙이면 문자열이 된다. 예로 ""+'1'+2는 "12"가 된다. 1+2+""는 "3", ""+1+2는 "12"가 되는 점에 주의하자.

만약 s="1121"을 입력받았다면 0번째 "1"이 연속으로 두 번이므로 ""+'1'+2="12"가 되고 다음 "2"는 1개, 마지막 "1"도 1개이므로 차례대로 "1221", "122111"이 된다.

s = "1121"						
t	c	count	for	t	c	count
""	'1'	1	i c==s.charAt(i)			
			i==1, '1' == '1'		'1'	2
			i==2, '1' != '2'	""+'1'+2 = "12"	'2'	1
			i==3, '2' != '1'	"12"+'2'+1 = "1221"	'1'	1
				"1221"+'1'+1 = "122111"		
s = "122111"						
""	'1'	1	i c==s.charAt(i)			
			i==1, '1' != '2'	""+'1'+1 = "11"	'2'	1
			i==2, '2' == '2'		'2'	2
			i==3, '2' != '1'	"11"+'2'+2 = "1122"	'1'	1
			i==4, '1' == '1'		'1'	2
			i==5, '1' == '1'		'1'	3
				"1122"+'1'+3 = "112213"		

소스 : kr.co.infopub.chapter.s125.AntQuiz.java

```
1: package kr.co.infopub.chapter.s125;
2: public class AntQuiz {
3:     // s="112111"
4:     public String  ant(String s) {
5:         String t="";
6:         char c=s.charAt(0); //'1'
7:         int count=1;
8:         for (int i = 1; i < s.length( ) ; i++) {
9:             if( c==s.charAt(i) ) {
10:                count++;
11:            } else {
12:                t=t+c+count;
13:                c=s.charAt(i);
14:                count=1;
15:            }
16:        }
17:        t=t+c+count;
18:        return t;
19:    }
20:    public void ant(int stage) {
21:        String s="11";
22:        for (int i = 0; i <stage; i++) {
23:            System.out.println(s);
24:            s=ant(s);
25:        }
26:    }
27:    public static void main(String[ ] args) {
28:        AntQuiz quiz=new AntQuiz( );
29:        quiz.ant(12);
30:    }
31: }
```

0번째 문자를 얻는다. c="1" ◆ 6

첫 번째 문자는 자체가 1개이므로 1로 초기화한다. count=1 ◆ 7

같은 문자열이 있다면 같은 문자의 개수를 1증가시킨다. count++ ◆ 9~10

11~15 ◆ 같은 문자가 없다면 지금까지의 문자와 개수로 문자열을 만든 다음, 다음 문자를 기본 문자로 만들고 개수를 1로 만든다. t=""+'1'+2="12". c='2', count=1, t="12"+'2'+1="1221", c='1', count=1

17 ◆ 마지막 문자를 포함하지 않기 때문에 마지막에 문자와 개수를 붙여 문자열을 만든다.

t="1221"+'1'+1="122111"

결과

```
11
12
1121
122111
112213
12221131
1123123111
12213111213113
11221131132111311231
12221231123121133112213111
1123112131122131112112321222113113
1221311221113112221131132112213121112312311231
```

Calendar를 이용하여 휴일(토요일, 일요일) 구하기

활용 126

• **학습 내용 :** 휴일(토요일, 일요일)을 구해 보자.
• **힌트 내용 :** Calendar를 이용한다.

이번 달의 토요일, 일요일(휴일)을 구한다. Calendar는 추상 클래스로, Calendar cal=Calendar.getInstance()를 이용해 생성한다. getInstance() 안에 new GregorianCalendar()가 있으므로 Calendar cal=new GregorianCalendar()가 된다. Calendar는 get/set 메서드를 이용하여 요일, 날짜, 연, 월, 일, 시, 분, 초 등을 구한다.

소스 : kr.co.infopub.chapter.s126.RestDay.java

```
package kr.co.infopub.chapter.s126;
import java.text.SimpleDateFormat;
import java.util.Calendar;
// s075 RestDay 추가
public class RestDay {
  // 토, 일요일인가?
  public static boolean isRest(Calendar tod) {
    boolean isRest=false;
    if(tod.get(Calendar.DAY_OF_WEEK)==Calendar.SATURDAY ||   // 토요일
         tod.get(Calendar.DAY_OF_WEEK)==Calendar.SUNDAY ) {   // 또는 일요일
              isRest=true;
    }
    return isRest;
  }
  // Calendar를 문자열로
  public static String toYMD(Calendar dd) {
    SimpleDateFormat sdf=new SimpleDateFormat("yyyy-MM-dd");
    return sdf.format(dd.getTime( ));
  }
  public static void main(String[ ] args) {
    Calendar cal=Calendar.getInstance( );
    int lastDay=cal.getActualMaximum(Calendar.DAY_OF_MONTH);
    for (int i= 1; i <=lastDay; i++) {
```

```
24:            cal.set(Calendar.DAY_OF_MONTH, i);  // 1일부터 마지막 날까지
25:            if(isRest(cal)) {                    // 휴일(토,일) 확인
26:                System.out.println(toYMD(cal)+" is Rest Day.");
27:            }
28:        }
29:    }
30: }
```

9 ◆ Calendar.DAY_OF_WEEK는 일요일~토요일(1~7)의 요일을 반환한다. 보통 0이 일요일인데 Calendar는 1이 일요일, 7이 토요일이다.

17~18 ◆ Calendar.getTime()은 java.util.Date를 반환한다. 그리고 SimpleDateFormat.format(Date)는 정해진 형식의 문자열을 반환한다. 여기서는 "연-월-일" 형식의 문자열로 반환한다.

21 ◆ 오늘의 정보를 저장한 Calendar를 생성한다.

22 ◆ 이번 달의 마지막 날을 구한다. 그냥 최대값을 구하면 31, 최소값은 28이다. Actual이 들어가면 실제 달의 마지막 날을 구한다.

24 ◆ 1일부터 마지막 날까지 변경하면서

25 ◆ 휴일(토요일, 일요일)인지 확인하고

26 ◆ 휴일 날짜를 출력한다.

결과

```
2017-10-01 is Rest Day.
2017-10-07 is Rest Day.
2017-10-08 is Rest Day.
2017-10-14 is Rest Day.
2017-10-15 is Rest Day.
2017-10-21 is Rest Day.
2017-10-22 is Rest Day.
2017-10-28 is Rest Day.
2017-10-29 is Rest Day.
```

스미스 수 구하기

활용 127

- **학습 내용 :** 스미스 수를 구해 보자.
- **힌트 내용 :** 소인수 분해를 하고 각 소수에 대한 각 자리의 합을 구한다.

소스 : kr.co.infopub.chapter.s127.Java200Math.java

```java
package kr.co.infopub.chapter.s127;
public class Java200Math {
 // 축약 s048
 public static int sumEach(int n) {
    int tot=0;
    while(n!=0) {
         tot+=n%10;   // 3 -> 2-> 1
         n/=10;       // 123-> 12-> 1->0
    }
    return tot;
 }
 // s049
 public static boolean isPrime(int n) {
    boolean isS=true;
    for (int i = 2; i <=(int)Math.sqrt(n); i++) {
         if(n%i==0) {
              isS=false;
              break;
         }
    }
    return isS;
 }
 public static int sumSmith(int n) {
    int tot=0;
    int a=2;
    while(n!=1) {
         if(n%a==0) {
              tot+=sumEach(a);
              n/=a;
```

```
 30:            } else {
 31:                α++;
 32:            }
 33:        }
 34:        return tot;
 35:    }
144: }
```

각 자리의 합을 구하는 과정은 다음과 같다.

n	n%10(나머지)	n/10(몫)	tot=tot+n%10
123	3	12	3
12	2	1	3+2
1	1	0	3+2+1
0			

소인수 분해를 하고 소수에 대한 각 자리의 합을 구한다. 예로 19818을 소인수 분해하면 19818 = 2×3×3×3×367이다. 19818의 각 자리합은 1+9+8+1+8=27이다. 소인수 분해한 수의 각 자리의 합은 2+3+3+3+(3+6+7)=27이다. 이처럼 원래 수에 대한 각 자리합과 소인수 분해한 수의 각 자리 합이 같은 경우를 "스미스 수"라고 한다.

4 ◆ 각 자리의 합을 구한다.

7 ◆ 일의 자리를 구하고 더한다.

8 ◆ 자릿수를 줄인다. 123/10은 12, 12/10은 1, 1/10은 0으로 자릿수를 줄일 수 있다.

15 ◆ "에라토스테네스의 체" 원리를 이용한다. 25가 소수인지 판단하려면 25의 제곱근 5를 구하고, 2~5로 25를 나누어 떨어지게 하는 수가 있다면 25는 소수가 아니다. 25는 5로 나누어 떨어지므로 소수가 아니다.

28 ◆ 소인수 분해를 하고 소수가 구해지면 소수에 대한 각 자리의 합을 구한다.

소스 : kr.co.infopub.chapter.s127.Smith.java

```
1: package kr.co.infopub.chapter.s127;
2: // && 논리 연산자
3: public class Smith {
4:   public static void printSmith(int t1, int t2) {
5:     for (int i = t1; i < t2; i++) {
6:       if(!Java200Math.isPrime(i) &&
7:             Java200Math.sumEach(i)==Java200Math.sumSmith(i)) {   // 스미스
8:         System.out.printf("%d는 스미스 수 ",i);
9:         Java200Math.printPrimeDivide(i);
10:      }
11:    }
12:  }
13:  public static void main(String[ ] args) {
14:    // 10000~20000 사이의 스미스 수
15:    printSmith(10000, 20000);
16:  }
17: }
```

소수는 소인수 분해가 되지 않기 때문에 소수는 스미스 수가 될 수 없다. ◆ 6

각 자리의 합과 소인수 분해를 한 소수의 각 자리합이 같으면 스미스 수이다. ◆ 7

예제 123에서 살펴본 PrimeDivid를 이용하여 소인수 분해 과정을 출력한다. ◆ 9

결과

```
10086는 스미스 수 2x3x41x41
10201는 스미스 수 101x101
10291는 스미스 수 41x251
......
19858는 스미스 수 2x9929
19880는 스미스 수 2x2x2x5x7x71
19941는 스미스 수 3x17x17x23
19943는 스미스 수 7x7x11x37
19952는 스미스 수 2x2x2x2x29x43
```

활용

128 13일의 금요일 구하기

- **학습 내용 :** 13일의 금요일을 구해 보자.
- **힌트 내용 :** Calendar를 이용한다.

소스 : kr.co.infopub.chapter.s128.ThirTeenFriday.java

```
1: package kr.co.infopub.chapter.s128;
2: import java.text.SimpleDateFormat;
3: import java.util.Calendar;
4: public class ThirTeenFriday {
5:   public static void main(String[ ] args) {
6:       SimpleDateFormat sdf=new SimpleDateFormat("yyyy-MM-dd");
7:       Calendar cal=Calendar.getInstance( );
8:       int currentyear=cal.get(Calendar.YEAR);      // 현재 연도
9:       int count=0;
10:      for (int year = 2000; year <= currentyear; year++) {  // 서기 2000년부터 현재까지
11:          for (int month= 0; month < 12; month++) {
12:              cal.set( year,month,13 );                     // 연도와 달 변경
13:              if(cal.get(Calendar.DAY_OF_WEEK)==Calendar.FRIDAY) {   // 금요일
14:                  System.out.println((++count)+"\t"+sdf.format(cal.getTime( )));
15:              }
16:          }
17:      }
18:  }
19: }
```

13일의 금요일은 예수가 십자가형에 처해진 날로 유럽 등지의 미신이 섞여 매우 불길한 날로 인식되고 있다. 13일의 금요일은 1년에 1~2번, 많으면 3~4번 발생한다.

6 ◆ Date를 문자열로, 문자열을 Date로 변환할 때 사용한다. 여기서는 Date를 "연-월-일" 형식의 문자열로 변환하는 데 사용된다.

7 ◆ 오늘을 기준으로 Calendar 객체를 생성한다.

오늘을 기준으로 현재 연도를 구한다. 8

서기 2000년부터 현재까지의 13일의 금요일 개수를 저장하기 위해 초기값을 0으로 설정한다. 9

연도와 월을 변경하면서 13일을 입력한다. 12

금요일인지 판단한다. 13

13일의 금요일에 대한 "연-월-일"을 출력한다. 14

결과

```
1       0001-05-13
2       0002-01-13
3       0002-10-13
......
3462    2017-10-13
3463    2018-04-13
3464    2018-07-13
```

활용 129

사용자 정의 만년 달력 만들기

- **학습 내용 :** 만년 달력을 만들어 보자.
- **힌트 내용 :** Calendar를 사용하지 않고, 서기 1년 1월 1일을 월요일(1)로 가정하고 만년 달력을 만든다.

소스 : kr.co.infopub.chapter.s129.JCalendar.java

```java
package kr.co.infopub.chapter.s129;
public class JCalendar {
  public int [ ]      LEAPY={31,29,31,30,31,30,31,31,30,31,30,31};
  public int [ ]      PLAIN={31,28,31,30,31,30,31,31,30,31,30,31};

  public boolean isLeapYear(int year) {
     boolean isS=false;
     if( ((year%4==0)&&(year%100!=0)) || (year%400==0)) {
        isS=true;
     }
     return isS;
  }
  public int total(int year) {  // total 오버로딩
     int tot=0;
     for (int i = 1; i < year; i++) {
        if(isLeapYear(i)) {
           tot+=366;
        } else {
           tot+=365;
        }
     }
     return tot;
  }
  // 2017 2 ->2016 1
  public int total(int year, int month) { // total 오버로딩
     int tot=total(year);
     for (int i = 1; i < month; i++) {
        if(isLeapYear(year)) {
           tot+=LEAPY[i-1];
        } else {
           tot+=PLAIN[i-1];
```

```
            }
        }
        return tot;
    } //
    public int total(int year, int month, int date) {  // total 오버로딩
        int tot=total(year, month);
        return tot+date;
    }
    public int lastDay(int year, int month) {          // 해당 달의 마지막 날
        int tot=0;
        if(isLeapYear(year)) {
            tot=LEAPY[month-1];
        } else {
            tot=PLAIN[month-1];
        }
        return tot;
    }
    public void showCal(int year, int month) {
        String s1=String.format("\t\t%d년\t%d월", year, month);
        String t1=String.format("일\t월\t화\t수\t목\t금\t토");
        System.out.println(s1);
        System.out.println(t1);
        int dateOfMonth=(1+total(year, month,1)-1)%7;  // 요일
        for (int i = 0; i < dateOfMonth; i++) {
            System.out.print("\t");
        }
        for (int i = 1; i <= lastDay(year, month); i++) {
            System.out.printf("%d\t", i);
            if((i+dateOfMonth)%7==0) {
                System.out.println( );
            }
        }
        System.out.println("\n-------------------");
    }
    public void showCal(int year) {
        String s1=String.format("\t\t\t%d년", year);
        System.out.println(s1);
        for (int i = 1; i < 13; i++) {
            showCal(year, i);
        }
    }
}
```

만년 달력은 다음과 같은 방법으로 만들 수 있다.

❶ 윤년과 평년에 대한 월별 일수를 배열로 선언한다.

❷ 입력받은 연도가 윤년인지 판단한다. 윤년은 4의 배수년도 집합 A, 100의 배수년도 집합 B, 400의 배수년도 집합 C에 대하여 (A−B+C)를 구한다. 4의 배수 중에서 100의 배수를 제거한 후 400의 배수를 다시 넣은 집합에 포함되면 윤년이다. {4, 8, 12, 16, ……}−{100, 200, 300, ……}+{400, 800, 1200, ……}에 해당되는 연도가 윤년이다.

❸ 2017년을 입력받았다면 1~2016년까지의 총 일수를 구한다.

❹ 2017년 10월을 입력받았다면 1~2016년까지의 총 일수+2017년 1월~9월까지 총 일수를 구한다.

❺ 2017년 10월 1일을 입력받았다면 1~2016년까지의 총 일수+2017년 1월~9월까지 총 일수+1일을 구한다.

❻ 요일+경과일로 요일을 구할 수 있다. 한 예로, 오늘은 화요일(2)인데 3일 후면 2+3=5(금요일)를 찾을 수 있다. 이 방법으로 서기 1년 1월 1일 월요일(1)부터 구하려는 날짜까지 경과일을 구한다.

❼ 토요일이면 한 칸 아래로 내린다.

3~4 ◆ 윤년과 평년에 대한 월별 일수를 배열로 선언한다.

8 ◆ 입력받은 연도가 윤년인지 판단한다. 윤년은 4의 배수년도 집합 A, 100의 배수년도 집합 B, 400의 배수년도 집합 C에 대하여 (A−B+C)를 구한다. 4의 배수 중에서 100의 배수를 제거한 후 400의 배수를 다시 넣은 집합에 포함되면 윤년이다. {4, 8, 12, 16, ……}−{100, 200, 300, ……}+{400, 800, 1200, ……}에 해당되는 연도가 윤년이다.

13~23 ◆ 입력받은 연도 year에 대하여 1부터 year−1년까지의 총 일수를 구한다. 1부터 year−1년까지의 연도에 대하여 윤년이면 366, 평년이면 365를 더한다.

25~35 ◆ 입력받는 연도 year, 월 month에 대하여 year년 1월 ~ month−1월까지의 총 일수를 구한다. 윤년이면 윤년에 해당하는 배열의 값을 더한다. 배열은 0부터 시작하므로 1월일 때 1−1, 2월일 때 2−1처럼 "배열[i−1]"로 해당 값을 구한다.

26 ◆ year년에 대하여 1년부터 year−1까지의 총 일수를 먼저 구한다.

40~48 ◆ 연도에 해당 달의 마지막 날을 구한다. 배열은 0부터 달은 1부터 시작하므로 배열[month−1]로 해당 배열값을 얻는다.

연월과 요일을 출력한다. ◆ 52~53

요일을 구한다. 1년 1월 1일 월요일(1)에서 경과일 total(year,month,1)−1을 더하여 요일을 구한다. 요일은 7의 배수이므로 7의 나머지를 구한다. 1년 1월 1일을 경과일수에서 빼기 위해 −1이 필요하다. ◆ 54

1일이 수요일(3)이라면 일, 월, 화를 공백으로 채운다. 요일과 공백 수가 동일하다. ◆ 55~57

1~마지막 날까지 출력한다. ◆ 59

토요일이라면 한 줄 아래로 이동한다. 공백 수 또는 요일과 날짜의 합이 7의 배수라면 토요일이다. ◆ 60

showCal(year, month)을 오버로딩한다. showCal(year)은 해당 연도의 1월부터 12월을 모두 출력한다. ◆ 66

소스 : kr.co.infopub.chapter.s129.JCalendarMain.java

```java
1:  package kr.co.infopub.chapter.s129;
2:  public class JCalendarMain {
3:      public static void main(String[ ] args) {
4:          JCalendar cal=new JCalendar( );
5:          // cal.showCal(2019, 2);
6:          cal.showCal(2019);
7:      }
8:  }
```

실행된다면 2019년 2월 달력을 출력한다. ◆ 5

2019년 1월부터 12월까지 달력을 출력한다. ◆ 6

결과

```
            2019년
         2019년 1월
일   월   화   수   목   금   토
          1    2    3    4    5
6    7    8    9    10   11   12
13   14   15   16   17   18   19
20   21   22   23   24   25   26
27   28   29   30   31
--------------------
         2019년 2월 ……
```

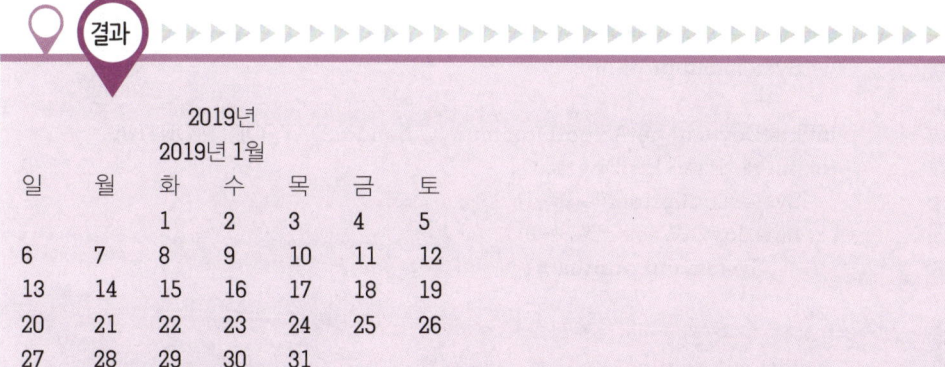

활용 130

Calendar를 이용하여 만년 달력 만들기

- **학습 내용 :** Calendar를 이용하여 만년 달력을 만들어 보자.
- **힌트 내용 :** Calendar를 사용한다.

소스 : kr.co.infopub.chapter.s130.JAPICalendar.java

```
package kr.co.infopub.chapter.s130;
import java.util.Calendar;
public class JAPICalendar {
    public void showCal(int year) {
        String s1=String.format("\t\t\t%d년", year);
        System.out.println(s1);
        for (int i = 1; i <= 12; i++) {
            showCal(year, i);
        }
    }
    public void showCal(int year, int month) {
        String s1=String.format("\t\t%d년\t%d월", year, month);
        String t1=String.format("일\t월\t화\t수\t목\t금\t토");
        System.out.println(s1);
        System.out.println(t1);
        Calendar cal=Calendar.getInstance( );
        cal.set(year, month-1, 1);    // 0~11
        int dayOfWeek=cal.get(Calendar.DAY_OF_WEEK);    // 요일 1~7
        for (int i = 1; i < dayOfWeek; i++) {
            System.out.print("\t");
        }
        int lastDay=cal.getActualMaximum(Calendar.DAY_OF_MONTH);
        for (int i = 1; i <=lastDay; i++) {
            System.out.printf("%d\t", i);
            if((i+dayOfWeek-1)%7==0) {
                System.out.println( );
            }
        }
        System.out.println("\n--------------------");
    }
}
```

Calendar의 요일 Calendar.get(Calendar.DAY_OF_WEEK))은 요일(1~7)을 반환한다. 일요일이 1, 토요일이 7이다.

Calendar.getActualMaximum(Calendar.DAY_OF_MONTH)은 월별로 마지막 날을 구한다.

showCal(year, month)을 오버로딩한다. showCal(year)은 해당 연도의 1월부터 12월을 모두 출력한다. ◆ 11

연월을 출력한다. ◆ 14

요일을 출력한다. ◆ 15

만년 달력은 해당 달에 대한 1일의 요일을 구하는 것이 가장 중요하다. ◆ 16~17

1일의 요일을 구한다. ◆ 18

1일이 수요일(3+1)이라면 일, 월, 화를 공백으로 채운다. 공백의 수가 1이 크기 때문에 i=1부터 시작한다. Calendar의 요일은 일요일(1), 토요일(7)이다. ◆ 19~21

해당 달의 실제 마지막 날을 구한다. 최대값은 31이고 최소값은 28이다. ◆ 22

1~마지막 날까지 출력한다. ◆ 24

토요일이라면 한 줄 아래로 이동한다. 공백 수 또는 요일과 날짜의 합이 7의 배수라면 토요일이다. 요일이 1부터 시작하므로 공백 수(요일이 공백 수보다 1이 크다)를 구하기 위해서 (i+요일－1)처럼 －1이 필요하다. ◆ 25

소스 : kr.co.infopub.chapter.s129.JAPICalendarMain.java

```
1: package kr.co.infopub.chapter.s129;
2: public class JAPICalendarMain {
3:     public static void main(String[ ] args) {
4:         JAPICalendar haecal=new JAPICalendar( );
5:         //haecal.showCal(2017, 2);
6:         haecal.showCal(2017);
7:     }
8: }
```

실행된다면 2017년 2월 달력을 출력한다. ◆ 5

2017년 1월부터 12월까지 달력을 출력한다. ◆ 6

활용 131

java.io.File로 파일 정보 출력하기

- **학습 내용 :** 파일 정보를 출력해 보자.
- **힌트 내용 :** 재귀(recursion–메서드가 자신을 호출)를 이용한다.

소스 : kr.co.infopub.chapter.s131.AboutFiles.java

```
package kr.co.infopub.chapter.s131;
import java.io.File;
import java.util.Date;
public class AboutFiles {
  public static void printTree(File ff) {
     if(ff.exists( )) {
          File[ ] fd=ff.listFiles( );
          if(fd==null || fd.length==0) {
               return ;
          } else {
               for (File f: fd) {
                    if(f.isDirectory( )) {
                         System.out.println(f.getAbsolutePath( ));
                    }
               }
          }
     }
  }
  public static void aboutFile(File f) {
     System.out.println("-------------------------------");
     System.out.println(f.getAbsolutePath( ));
     System.out.println(f.getName( ));
     System.out.println(RestDay.toStrDate(new Date(f.lastModified( ))));
     System.out.println("canRead:"+f.canRead( ));
     System.out.println(f.length( )+" bytes.");
  }
  // 재귀
  public static void printTree2(File ff) {
     if(ff.exists( )) {
```

```
            File[ ] fd=ff.listFiles( );
            if(fd==null || fd.length==0) {
                return ;
            } else {
                for (File f: fd) {
                    if(f.isDirectory( )) {
                        System.out.println("---------"+f.getAbsolutePath( ));
                        printTree2(f);
                    } else {
                        aboutFile(f);
                    }
                }
            }
        }
    }
    public static void main(String[ ] args) {
        File[ ] fs=File.listRoots( );
        for (File f: fs) {
            if(f.isDirectory( )) {
                printTree(new File(f.getAbsolutePath( )));
            }
        }
        File f=new File("D:\\java");
        printTree2(f);
        System.out.println("------------------------------------------");
        for (char c = 'A'; c <= 'Z'; c++) {
            String dirNames = c + ":/";        // +System.lineSeparator( );
            File allDirs = new File(dirNames);
                if(allDirs.exists( )) {
                    long total=(long)allDirs.getTotalSpace( );
                    long free=(long)allDirs.getFreeSpace( );
                    double used=(double)(1-free*1.0/total)*100;
                    String str=c+":\\디렉토리의 사용량 : "+used+"%";
                    System.out.println(str);
                }
        }
    }
}
```

File을 이용하면 파일 정보를 얻을 수 있다. 또한 재귀를 이용하여 File 안에 있는 다른 File들의 정보도 얻을 수 있다. File은 File의 경로, 이름, 수정일, 읽기 여부, 크기 등의 정보를 알려 준다. 재귀는 자신의 메서드가 자신을 호출하는 것으로, 끝나는 조건이 없으면 무한 반복이 되기 때문에 반드시 끝나는 조건이 필요하다.

6 ◆ 파일이 존재하는가?

7 ◆ 파일 내부에 존재하는 파일을 얻는다.

8 ◆ 파일이 없다면 작업을 끝낸다.

11 ◆ 파일 내부에 파일들이 존재하면

12 ◆ 디렉토리인지 확인하고 경로를 출력한다.

21 ◆ 파일의 절대 경로

22 ◆ 파일의 이름

23 ◆ 파일이 만들어진 정보(long)를 이용하여 날짜(Date)를 얻은 후 문자열로 변환한다.

24 ◆ 파일 읽기 여부를 확인한다.

25 ◆ 파일의 크기를 구한다.

29 ◆ 파일이 존재하는가?

30 ◆ 파일 내부에 있는 모든 파일을 얻는다.

35 ◆ 디렉토리인지 확인한다.

37 ◆ 디렉토리면 재귀를 이용하여 디렉토리 내부에 있는 모든 파일의 정보를 얻는다.

39 ◆ 디렉토리가 아니면 파일 정보를 출력한다.

46 ◆ 기본(루트)이 되는 기본 디렉토리를 구한다.

48~50 ◆ 디렉토리라면 디렉토리에 있는 파일에 정보를 출력한다.

"D:\\java" 디렉토리에 있는 모든 파일의 정보를 재귀를 이용하여 출력한다. 디렉토리가 있다면 디렉토리 내부의 모든 파일을 얻어서 모든 디렉토리와 파일 정보를 출력한다. ◆ 52~53

A 디렉토리부터 Z 디렉토리까지 모든 디렉토리를 찾는다. ◆ 55

A 디렉토리부터 Z 디렉토리를 하나씩 대입하면서 해당 디렉토리의 경로를 출력한다. ◆ 57

해당 디렉토리가 존재하는가? ◆ 58

해당 디렉토리의 저장 공간 크기를 구한다. ◆ 59

해당 디렉토리의 비어 있는 공간 크기를 구한다. ◆ 60

해당 디렉토리의 저장 공간에서 비어 있는 공간을 빼면 데이터가 저장된 공간 크기이다. 데이터가 저장된 공간의 비율(%)을 구한다. ◆ 61

결과

```
......
D:\java\SceneBuilder2\unins000.exe
unins000.exe
2016-12-26 05:42
canRead:true
1000949 bytes.
------------------------------------------
C:\디렉토리의 사용량 : 93.48290298493227%
D:\디렉토리의 사용량 : 16.096754794192393%
```

활용

132

java.nio.file.File로 파일 복사하기

• **학습 내용 :** 파일을 복사해 보자.
• **힌트 내용 :** java.nio.Files.copy( )를 이용한다.

소스 : kr.co.infopub.chapter.s132.FilesCopys.java

```
package kr.co.infopub.chapter.s132;
import java.io.File;
import java.io.IOException;
import java.nio.file.Files;
import java.text.SimpleDateFormat;
import java.util.Date;
public class FilesCopys {
  public static void copyUsingFiles(File source, File target) {
     try {
          Files.copy(source.toPath( ), target.toPath( ));
     } catch (IOException e) {
          System.out.println(e);
     }
  }
  public static void main(String[ ] args) {
     File ff=new File("upload");
     File[ ] ffs=ff.listFiles( );
     // 2017-05-03 01:23
     SimpleDateFormat sdf=new SimpleDateFormat("yyyy-MM-dd HH:mm");
     SimpleDateFormat fds=new SimpleDateFormat("yyyyMMdd");   // 20170503
     for (File fff: ffs) {
          String absfile=fff.getAbsolutePath( );
          if(fff.isFile( )) {
               // 파일 이름 23424123123.txt
               String f=(absfile).substring(absfile.lastIndexOf("\\")+1);
               String fre="";
               if(f.indexOf('.')>=0) {
                    fre=f.substring(0,f.indexOf('.'));
               }
```

```
30:             Date longDay=new Date(Long.parseLong(fre));      // long-> Date
31:             String fname=sdf.format(longDay);                // Date -> String
32:             String newFname=fds.format(longDay);             // 23424123123
33:             System.out.println(fname+"\t\t"+newFname);       // Date -> String
34:             // 23424123123.txt -> 20170503/23424123123.txt
35:             File newFile=new File("upload\\"+newFname);      // 옮기려고 하는 디렉토리
36:             File toFile=new File("upload\\"+newFname+"\\"+f);// 옮기려는 파일
37:             if(!newFile.exists( )){    // 디렉토리가 존재하지 않는가?
38:                 boolean iss=newFile.mkdirs( );    // 존재하지 않으면 만들자
39:                 if(iss) {
40:                     copyUsingFiles(fff, toFile);      // 파일 복사
41:                 }
42:             } else {
43:                  copyUsingFiles(fff, toFile);         // 파일 복사
44:             }
45:         }
46:     }
47:   }
48: }
```

23424123123.txt와 같이 long.txt로 저장된 파일을 20170503\23424123123.txt같은 "연월일\파일"로 복사한다. 우선 long 타입을 Date 타입으로 변환하고 SimpleDateFormat을 이용하여 "연월일" 형태의 문자열로 변환한다. 그리고 "연월일" 디렉토리로 해당 파일을 복사한다.

source 파일을 target 파일로 복사한다. java.nio.Files.copy( )는 예외 처리가 필요하기 때문에 try~catch로 예외를 처리하였다. ◆ 9~13

"upload" 디렉토리를 찾는다. ◆ 16

"upload" 디렉토리의 모든 파일을 찾는다. ◆ 17

"연-월-일 시:분" 형식의 문자열로 변환시키려고 한다. ◆ 19

"연월일" 형식의 문자열을 Date로, Date를 "연월일" 형식의 문자열로 변환시키려고 한다. ◆ 20

절대 경로를 얻는다. ◆ 22

절대 경로 중 마지막 "\" 뒤의 파일 이름을 얻는다. 예를 들어 upload\20170526\1495788293207.png에서 "1495788293207.png"를 얻는다. ◆ 25

"1495788293207.png"에서 .을 찾아 .앞의 경로 "1495788293207"을 얻는다. ◆ 27~29

30 Date(1495788293207)와 같이 long 타입을 Date로 변환한다.

31 Date를 "연-월-일 시:분" 형식의 문자열로 변환시킨다.

32 Date를 "연월일" 형식의 문자열로 변환시킨다.

35 옮기려고 하는 디렉토리를 만든다.

36 옮기려는 파일을 만든다.

37 디렉토리가 없다면

38 디렉토리를 만들고

40 파일을 복사한다.

43 디렉토리가 존재한다면 파일을 복사한다.

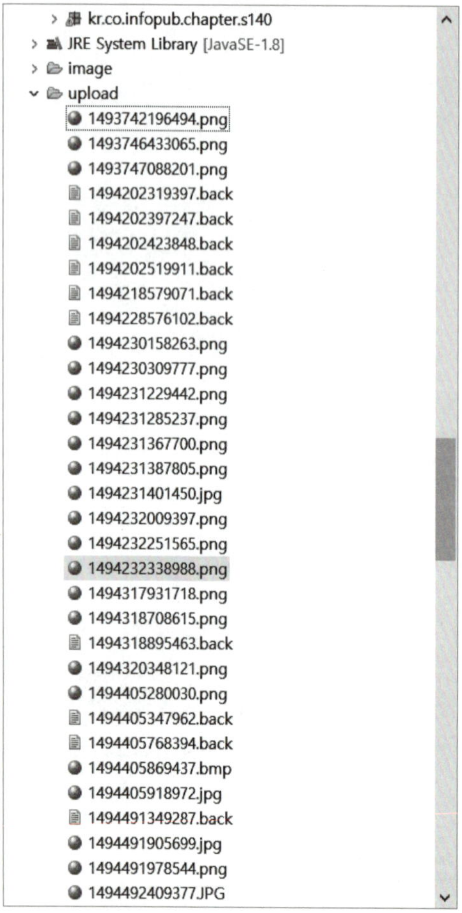

복사 전 화면

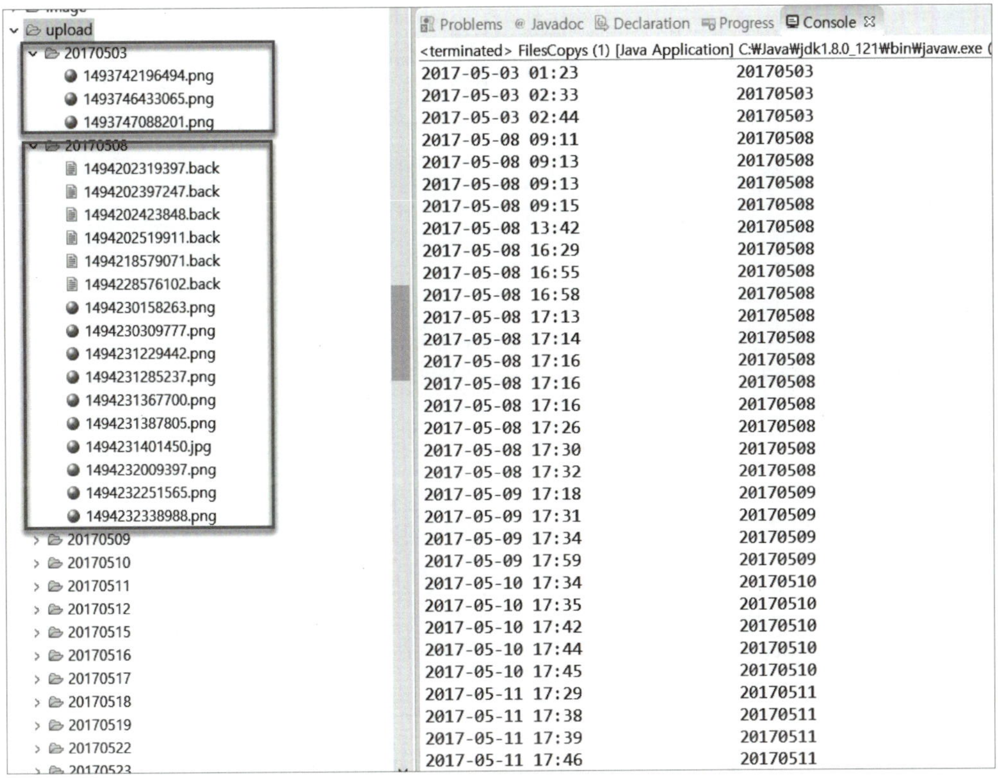

upload
20170503
1493742196494.png
1493746433065.png
1493747088201.png
20170508
1494202319397.back
1494202397247.back
1494202423848.back
1494202519911.back
1494218579071.back
1494228576102.back
1494230158263.png
1494230309777.png
1494231229442.png
1494231285237.png
1494231367700.png
1494231387805.png
1494231401450.jpg
1494232009397.png
1494232251565.png
1494232338988.png
20170509
20170510
20170511
20170512
20170515
20170516
20170517
20170518
20170519
20170522
Problems
Javadoc
Declaration
Progress
Console
<terminated> FilesCopys (1) [Java Application] C:₩Java₩jdk1.8.0_121₩bin₩javaw.exe
2017-05-03 01:23 20170503
2017-05-03 02:33 20170503
2017-05-03 02:44 20170503
2017-05-08 09:11 20170508
2017-05-08 09:13 20170508
2017-05-08 09:13 20170508
2017-05-08 09:15 20170508
2017-05-08 13:42 20170508
2017-05-08 16:29 20170508
2017-05-08 16:55 20170508
2017-05-08 16:58 20170508
2017-05-08 17:13 20170508
2017-05-08 17:14 20170508
2017-05-08 17:16 20170508
2017-05-08 17:16 20170508
2017-05-08 17:16 20170508
2017-05-08 17:26 20170508
2017-05-08 17:30 20170508
2017-05-08 17:32 20170508
2017-05-09 17:18 20170509
2017-05-09 17:31 20170509
2017-05-09 17:34 20170509
2017-05-09 17:59 20170509
2017-05-10 17:34 20170510
2017-05-10 17:35 20170510
2017-05-10 17:42 20170510
2017-05-10 17:44 20170510
2017-05-10 17:45 20170510
2017-05-11 17:29 20170511
2017-05-11 17:38 20170511
2017-05-11 17:39 20170511
2017-05-11 17:46 20170511

| 결과화면 |

활용 133

겹치는 수가 없는 로또 만들기

- **학습 내용 :** 로또를 만들어 보자.
- **힌트 내용 :** 같은 숫자를 배열에 저장하지 않는다.

소스 : kr.co.infopub.chapter.s133.Lotto6Num.java

```
package kr.co.infopub.chapter.s133;
import java.util.Arrays;
public class Lotto6Num {
  private int[ ] lots;
  private int base;          // 45
  private int ballNum;   // 6
  public Lotto6Num(int base,int ballNum) {
     this.ballNum=ballNum;
     this.base=base;
     // 배열 생성
     lots=new int[ballNum];
  }
  public Lotto6Num( ) {
     this(45,6);
  }
  public void print( ) {
     for (int i = 0; i < lots.length; i++) {
         if(i==lots.length-1) {
             System.out.printf("%d", lots[i]);
         } else {
             System.out.printf("%d,", lots[i]);
         }
     }
     System.out.println( );
  }
  private int rand( ) {
     return (int)(Math.random( )*base)+1;
  }
  public boolean contain(int n) {
     boolean isC=false;
     for (int i = 0; i < lots.length; i++) {
```

```
32:         if(lots[i]==n) {
33:             isC=true;
34:             break;
35:         }
36:     }
37:     return isC;
38: }
39: public void make( ) {
40:     Arrays.fill(lots, 0);
41:     int count=0;
42:     while(count!=ballNum) {
43:         int temp=rand( );       // 1~45
44:         if(! contain(temp)) {
45:             lots[count++]=temp;
46:         }
47:     }
48:     Arrays.sort(lots);
49: }
50: public int[ ] getLots( ) {
51:     return lots;
52: }
63: }
```

로또는 1~45 사이 정수에서 서로 다른 6개를 선택하는 것이다. 다음과 같은 방법으로 만들어 보자.

❶ 서로 다른 6개의 정수를 저장할 배열을 선언한다.

❷ 1~45 사이 임의의 정수를 만든다.

❸ 얻은 정수가 배열에 포함된 수인지 확인하고 포함되지 않은 정수만 배열에 저장한다.

❹ 같은 방법으로 서로 다른 6개의 수가 배열에 저장될 때까지 ❸을 반복한다.

❺ 배열을 증가순으로 정렬한다.

6개의 정수를 저장하기 위한 배열을 선언한다. ◆ 4

로또 공의 개수, 기본이 45이다. ◆ 5

배열에 저장할 로또 공의 개수, 기본이 6이다. ◆ 6

로또 공의 개수와 배열에 저장할 로또 공의 개수(배열의 크기)를 저장하고, 배열을 생성한다. ◆ 7~12

기본 생성자로 로또 공의 개수를 45, 배열 크기를 6으로 초기화한다. ◆ 13~15

16~25 일차원 배열을 출력한다. 5개까지는 ,를 붙이고 6번째는 ,를 붙이지 않는다. "1, 2, 3, 4, 5, 6"과 같이 출력한다.

27 1~45 사이 임의의 정수를 만든다.

32~35 입력받은 n이 배열에 포함되어 있는지 판단한다.

40 배열을 0으로 초기화한다.

42 배열에 6개의 서로 다른 정수가 채워질 때까지 반복한다.

43 임의의 정수를 만든다.

44 이 정수가 배열에 포함되어 있지 않으면 배열에 저장하고 저장된 개수를 증가시킨다.

48 Arrays.sort(배열)는 배열을 증가순으로 정렬한다.

50 배열을 반환한다.

소스 : kr.co.infopub.chapter.s133.Lotto6NumMain.java

```
1: package kr.co.infopub.chapter.s133;
2: public class Lotto6NumMain {
3:     public static void main(String[ ] args) {
4:         Lotto6Num lot=new Lotto6Num(45,6);
5:         lot.make( );
6:         lot.print( );
7:     }
8: }
```

4 로또 객체를 생성한다. 기본적으로 45개의 수에서 6개를 만든다.

5 로또를 완성한다.

6 로또를 출력한다.

결과

```
2,7,11,19,23,45
```

버블 정렬로 정렬하기

활용 134

- **학습 내용 :** 버블 정렬로 정렬해 보자.
- **힌트 내용 :** 두 수를 비교해서 큰 수를 오른쪽으로 옮기는 과정을 반복한다.

소스 : kr.co.infopub.chapter.s134.JSort.java

```
package kr.co.infopub.chapter.s134;
public class JSort {
    public static void BubbleSort(int[ ] n) {
        for(int i=0; i<n.length-1; i++) {
            for(int j=0; j<n.length-1-i; j++) {
                if(n[j]>n[j+1]) {
                    int temp=n[j];
                    n[j]=n[j+1];
                    n[j+1]=temp;
                }
            }
        }
    }  // 버블 정렬
    public static void print(int [ ]n) {
        for(int i=0;i<n.length;i++) {
            System.out.print(n[i]+" ");
        }
        System.out.println( );
    }
}
```

두 수를 비교해서 큰 수를 오른쪽으로 이동시키는 방법을 이용한다. 두 수를 비교하여 큰 수를 오른쪽으로 옮기고, 다시 가장 왼쪽으로 와서 두 수를 비교하여 큰 수를 오른쪽으로 옮긴다. 이 방법을 반복하면 작은 수에서 큰 수 순서로 정렬된다.

과정 번호	4	7	9	2	5	최대값
1	4	7	9	2	5	
2	4	7	9	2	5	
3	4	7	2	9	5	
4	4	7	2	5	9	9
5	4	7	2	5		
6	4	2	7	5		
7	4	2	5	7		7
8	2	4	5			
9	2	4	5			5
10	2	4				4
11	2					2

4 ◆ 두 수를 비교하기 때문에 배열의 크기에서 －1한다.

5 ◆ 첫 번째로 가장 큰 수를 가장 오른쪽으로 옮긴다. 그러면 정렬할 크기에서 한 개가 빠진다. 그리고 두 번째에서 다음으로 큰 수를 오른쪽으로 옮기면 정렬할 크기가 2개 빠진다. 같은 원리로 i번 정렬한 만큼 (length−1−i)번 두 수 비교를 반복하게 된다.

6~10 ◆ 두 수 중 앞의 수가 크다면 두 수를 서로 바꾼다. 예로 5>3일 때 temp=5; n[j]=3; n[j+1]=temp=5가 되므로 두 수가 서로 바뀐다.

소스 : kr.co.infopub.chapter.s134.JSortMain.java

```
1: package kr.co.infopub.chapter.s134;
2: public class JSortMain {
3:     public static void main(String[ ] args) {
4:         int [ ] m={67,700,735,287,830,360,753,332,899,616,990,890,933,975,275
5:             ,707,271,80,409,602,875,813,208,949,183,504,721,494,159,549,
6:             95,818,85,444,703,961,928,193,846,660,433,253,547,436,467,751,
7:             684,284,481,439,12,18,421,4,394,458,829,633,474,359,454,541,
8:             601,471,326,889,345,555,710,614,540,353,795,116,119,133,859,280,413,
9:             689,861,966,709,938,600,190,81,544,406,692,765,179,
10:            32,629,437,804,911,42,836,770};  // 100개
```

```
11:
12:         int [ ]n=new int[m.length];
13:         System.arraycopy(m, 0, n, 0, m.length);
14:         JSort.print(n);
15:         long a=System.nanoTime( );
16:         JSort.BubbleSort(n);
17:         // Sort.InsertSort(n);
18:         long b =System.nanoTime( );
19:         System.out.println((b-a)+"nano sec");  // 10의 -9승
20:         JSort.print(n);
21:     }
22: }
```

원소 개수가 100개인 배열을 선언하고 초기화한다. ◆ 4

크기가 100인 배열을 생성한다. ◆ 12

배열 m을 배열 n에 깊은 복사한다. m과 n은 같은 원소들을 갖지만 다른 배열이다. ◆ 13

일차원 배열을 출력하고 현재 시간을 나노세컨드(1초=1000000나노)로 구한다. ◆ 14~15

버블 정렬로 정렬하고 정렬 후 시간을 구한다. ◆ 16~18

정렬 후 시간에서 정렬 전 시간을 빼서 정렬에 걸린 시간을 구하고 정렬된 일차원 배열을 출력한다. ◆ 19~20

결과

```
67 700 735 287 830 360 753 332 899 616 990 890 933 975 275 707 271 80 409 602 875 813 208
949 183 504 721 494 159 549 95 818 85 444 703 961 928 193 846 660 433 253 547 436 467 751
684 284 481 439 12 18 421 4 394 458 829 633 474 359 454 541 601 471 326 889 345 555 710 614
540 353 795 116 119 133 859 280 413 689 861 966 709 938 600 190 81 544 406 692 765 179 32
629 437 804 911 42 836 770
256427nano sec
4 12 18 32 42 67 80 81 85 95 116 119 133 159 179 183 190 193 208 253 271 275 280 284 287 326
332 345 353 359 360 394 406 409 413 421 433 436 437 439 444 454 458 467 471 474 481 494 504
540 541 544 547 549 555 600 601 602 614 616 629 633 660 684 689 692 700 703 707 709 710 721
735 751 753 765 770 795 804 813 818 829 830 836 846 859 861 875 889 890 899 911 928 933 938
949 961 966 975 990
```

활용 135

친화수 구하기

- **학습 내용 :** 친화수를 구해 보자.
- **힌트 내용 :** 약수의 합을 구한다.

소스 : kr.co.infopub.chapter.s135.Java200Math.java

```
package kr.co.infopub.chapter.s135;
// 완전수,
public class Java200Math {
    public static void printAmicable(int t1, int t2) {
        for (int i = t1; i < t2; i++) {
            int a=i;
            int b=divide(a);        // 약수의 합
            int c=divide(b);        // 약수의 합
            // System.out.println(i);
            if(a<b && a==c){        //같은 수 반복 금지
                System.out.printf("(%d,%d)는 친화수: ",a,b);
                printDivide(a);   // 약수를 출력한다.
                printDivide(b);   // 약수를 출력한다.
            }
        }
    }
    public static void main(String[ ] args) {
        printAmicable(2,20000);      // 두 수 사이의 친화수
        // printPerfect(2,20000);        // 완전수
        // printSociable5(2,20000);   // 5개 사이의 친화수
    }
    public static void printDivide(int n) {
        if(n==1) {
            System.out.println("[1]");
        } else {
            System.out.printf("[1,");
            for (int i = 2; i <n; i++) {
                if(n%i==0) {
                    System.out.printf("%d,",i);
```

```
56:                 }
57:             }
58:             System.out.println(n+"]");
59:         }
60:     }
136:    public static int divide(int num) {
137:        int tot=1;
138:        for(int i=2; i<num ; i++) {
139:            if(num%i==0) {
140:                tot+=i;
141:            }
142:        }
143:        return tot;
144:    }
145: }
```

두 정수에 대하여 자신을 제외한 약수의 합이 서로 상대방의 수가 될 때, 이 두 수를 친화수라고 한다. a의 약수합(자신을 제외한) sum(a)가 b이고, b의 약수합(자신을 제외한) sum(b)가 c일 때 a==c라면 a, b 두 수는 친화수이다. 한 예로 220의 자신을 제외한 약수합은 284이고, 284의 자신을 제외한 약수합은 220이다.

t1과 t2 사이의 친화수를 구한다. ◆ 13

a 자신을 제외한 a의 약수의 합을 구한다. ◆ 15

b 자신을 제외한 b의 약수의 합을 구한다. ◆ 16

(220, 284)와 (284, 220)은 동일한 것이라 증가순(220〈284)으로만 친화수를 구한다. 220 자신을 제외한 약수의 총합은 284이고, 284 자신을 제외한 약수의 총합은 220이다. (220, 284)를 친화수라 한다. ◆ 18

약수를 출력한다. ◆ 20~21

약수를 출력한다. ◆ 48

약수의 총합을 구한다(약수의 총합을 구하는 메서드). ◆ 136~144

결과

```
(220,284)는 친화 수: [1,2,4,5,10,11,20,22,44,55,110,220]
[1,2,4,71,142,284]
(1184,1210)는 친화 수: [1,2,4,8,16,32,37,74,148,296,592,1184]
[1,2,5,10,11,22,55,110,121,242,605,1210]
(2620,2924)는 친화 수: [1,2,4,5,10,20,131,262,524,655,1310,2620]
[1,2,4,17,34,43,68,86,172,731,1462,2924]
(5020,5564)는 친화 수: [1,2,4,5,10,20,251,502,1004,1255,2510,5020]
[1,2,4,13,26,52,107,214,428,1391,2782,5564]
(6232,6368)는 친화 수: [1,2,4,8,19,38,41,76,82,152,164,328,779,1558,3116,6232]
[1,2,4,8,16,32,199,398,796,1592,3184,6368]
(10744,10856)는 친화 수: [1,2,4,8,17,34,68,79,136,158,316,632,1343,2686,5372,10744]
[1,2,4,8,23,46,59,92,118,184,236,472,1357,2714,5428,10856]
(12285,14595)는 친화 수: [1,3,5,7,9,13,15,21,27,35,39,45,63,65,91,105,117,135,189,195,273,315,35
1,455,585,819,945,1365,1755,2457,4095,12285]
[1,3,5,7,15,21,35,105,139,417,695,973,2085,2919,4865,14595]
(17296,18416)는 친화 수: [1,2,4,8,16,23,46,47,92,94,184,188,368,376,752,1081,2162,4324,8648,172
96]
[1,2,4,8,16,1151,2302,4604,9208,18416]
6는 완전 수: [1,2,3,6]
28는 완전 수: [1,2,4,7,14,28]
496는 완전 수: [1,2,4,8,16,31,62,124,248,496]
8128는 완전 수: [1,2,4,8,16,32,64,127,254,508,1016,2032,4064,8128]
(12496,14288, 15472,14536, 14264)는 Sociable수
14288
15472
14536
14264
12496
```

RSA 암호화하기

활용 136

• **학습 내용 :** RSA 암호화를 해 보자.
• **힌트 내용 :** 나머지 구하기, 최대공약수를 이용한다.

소스 : kr.co.infopub.chapter.s136.RSA.java

```
package kr.co.infopub.chapter.s136;
import java.util.ArrayList;
public class RSA {
  public static final int START=200;
  private int p=11;
  private int q=7;
  private int n;
  private int phiN;
  private int e;
  private int d;
  public void makePQ( ) {
      p=(int)(Math.random( )*START);
      q=(int)(Math.random( )*START);
      while((p==q)|| (p<100 || q<100) ||
       (!Java200Math.isPrime(p) || !Java200Math.isPrime(q))) {
          p=(int)(Math.random( )*START);
          q=(int)(Math.random( )*START);
      }
  }
  public void makeN( ) {
      n=p*q;
  }
  public int getN( ) {
      return n;
  }
  public void print( ) {
      System.out.printf("(p,q)=(%d, %d)\n"
      + "(n,phi)=(%d,%d)\n(e,d)=(%d,%d)\n",p,q,n,phiN,e,d);
  }
```

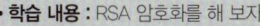

```java
public void makePHIN( ) {
    this.phiN=(p-1)*(q-1);
}
public int getPhiN( ) {
    return phiN;
}
public void makeE( ) {
    ArrayList<Integer>
    es=new ArrayList<Integer>( );
    for (int i = 2; i < phiN; i++) {
        if(Java200Math.gcd(phiN, i)==1) {
            es.add(i);
            // System.out.printf(i+",");
        }
    }
    e=es.get(es.size( )-1);     // 가장 큰 것(랜덤으로 만들면 좋다)
}
public void makeD( ) {
    int count=2;
    while(!(count*e%phiN==1 && count!=e)) {
        count++;
    }
    d=count;
}
public int toCiph(int m) {
    int tot=1;
    for (int i = 0; i < e; i++) {
        tot=(tot*m)%n;
    }
    return tot;
}
public int toUnCiph(int c) {
    int tot=1;
    for (int i = 0; i < d; i++) {
        tot=(tot*c)%n;
    }
    return tot;
}
public static void main(String[ ] args) {
    RSA aa=new RSA( );
```

```
        // aa.makePQ( );
        aa.makeN( );
        aa.makePHIN( );
        aa.makeE( );
        aa.makeD( );
        aa.print( );
        for(int i=65 ; i<200 ;i++) {
            int bbb=aa.toCiph(i);
            int ccc=aa.toUnCiph(bbb);
            System.out.println(String.format("%d, %d, %d", i,bbb,ccc));
        }
    }
}
```

RSA는 공개키 암호 시스템의 하나로 1978년 로널드 라이베스트(Ron Rivest), 아디 샤미르(Adi Shamir), 레너드 애들먼(Leonard Adleman)의 연구에 의해 체계화되었다. 이들 3명의 앞 글자를 따서 "RSA"라고 한다.

RSA 암호 체계의 안정성은 매우 큰 숫자를 소인수 분해하기가 어렵다는 점에 기반을 두고 있다. 암호화에 대한 복호화는 가능하나, 그 시간이 상당히 오래 걸리므로 인터넷 암호용으로 사용하기에 유용하다. 만약 이렇게 큰 수의 소인수 분해를 획기적으로 빠르게 할 수 있는 알고리즘이 발견된다면 이 암호 체계의 유효성과 사용성은 감소하게 될 것이다.

RSA는 두 개의 키를 사용한다. 한 개의 키는 공개키(Public Key)로 누구나 암호화할 수 있다. 다른 하나는 개인키(Private Key)로 소유한 사람만 암호를 해독(복호화)할 수 있다. 수가 크면 클수록 복호화하기가 어렵고 시간이 많이 걸린다. 이 책에서는 간단하게 정수 범위 안에서 구현했다. 다음과 같은 방법으로 암호화해 보자.

❶ 서로 다른 두 소수 p, q를 구한다.

❷ n = p×q, n보다 큰 문자는 암호화한 후 복호화할 수 없다. n이 작으면 복호화할 수 없으므로 충분히 커야 한다.

❸ phiN=(p−1)×(q−1)

❹ 2<= e< phiN, gcd(phiN, e)==1이 되는 공개키 e를 찾는다. phiN과 e의 관계를 "서로소"라고 한다.

❺ d*e%phiN==1를 만족시키는 개인키 d를 찾는다.

❻ 암호화할 문자 m을 e번 곱한 후 n의 나머지를 구한다. pow(m, e)%n

❼ 복호화할 문자 c를 d번 곱한 후 n의 나머지를 구한다. pow(c, d)%n

위의 설명을 참고하여 숫자를 입력해서 암호화/복호화를 하면 다음과 같다.

❶ p=11, q=7

❷ n=77, 77보다 작은 문자(숫자)만을 복호화할 수 있다. n이 클수록 많은 문자를 복호화할 수 있다.

❸ phiN=60

❹ 2〈= e 〈 60, gcd(phiN, e)==1, e=7,11,13,17,19,23,29,31,37,41,43,47,49,53,59

❺ e=59일 때, d*59%60==1, d=119

❻ 65를 암호화한다면 pow(65, 59)%77=32
pow(65, 1)%77, pow(65, 2)%77, pow(65, 3)%77, pow(65, 4)%77, pow(65, 5)%77, ……은 65,67,43,23,32,1,65,67,43,23,32,1이 계속 반복된다. 12개 단위로 반복하므로 59번째는 32가 된다.

❼ 32를 복호화한다면 pow(32, 119)%77=65, ❻과 같은 방법으로 32,23,43,67,65,1,32,23,43,67,65,1이 계속 반복된다. 12개 단위로 반복하므로 119번째는 65이다.

11~19 ◆ 임의의 서로 다른 두 소수를 구한다. 두 소수 모두 100보다 커야 하며 서로 값이 다르다.

20~22 ◆ 두 소수의 곱 n을 구한다.

30~32 ◆ 각 소수에서 1을 뺀 수를 곱한 phiN을 구한다.

40~44 ◆ 2〈= e〈 phiN의 공개키를 구한다. 공개키 e와 phiN의 최대공약수는 1이다. 이런 관계를 서로소라고 한다. 공개키 후보는 여러 개 일 수 있다. 그래서 리스트에 저장한다.

45 ◆ 공개키 후보 중 하나를 선택하는 로직을 만들면 좋겠지만 이 책에서는 공개키 후보 중 가장 큰 것을 선택하였다.

49 ◆ d*e%phiN==1을 만족하는 개인키 d를 찾는다.

57 ◆ 암호화할 문자 m을 e번 곱한 후 n의 나머지를 구한다. pow(m, e)%n

64 ◆ 복호화할 문자 c를 d번 곱한 후 n의 나머지를 구한다. pow(c, d)%n

70 ◆ 서로 다른 두 소수를 구한다.

71 ◆ n = p×q , 두 소수를 곱한 n을 구한다.

각 소수에서 1을 뺀 수를 곱한 phiN을 구한다. ◆ 72

공개키를 구한다. ◆ 73

개인키를 구한다. ◆ 74

공개키를 이용하여 문자(숫자)를 입력하여 암호화한다. ◆ 77

개인키를 이용하여 복호화한다. ◆ 78

결과

```
(p,q)=(101,173)
(n,phi)=(17473,17200)
(e,d)=(17199,34399)
65,  10215, 65
66,  9266,  66
67,  6259,  67
68,  5910,  68
69,  14181, 69
70,  3245,  70
......
```

활용 137

하노이 타워 만들기

- **학습 내용 :** 하노이 타워를 만들어 보자.
- **힌트 내용 :** 재귀를 이용한다.

소스 : kr.co.infopub.chapter.s137.Hanoi.java

```
package kr.co.infopub.chapter.s137;
public class Hanoi {
  int  tray=3;
  int bar=3;
  int [ ][ ] rings;
  public Hanoi(int tray) {
     this.tray=tray;
     rings=new int[tray][bar];
     for(int i=0;i<rings.length;i++) {
          int x=2*i+1;
          rings[i][0]=x;
     }
  }
  public int[ ][ ] getRings( ) {
     return rings;
  }
  public  void moveHanoi(int num, char ringA,char ringB,char ringC) {
     if(num==1) {
          System.out.println(ringA+" bar쪽에 있던 링이 "+ringB+" bar쪽으로 이동");
     } else {
          moveHanoi(num-1,ringA,ringC,ringB);
          System.out.println(ringA+" bar쪽에 있던 링이 "+ringB+" bar쪽으로 이동");
          moveHanoi(num-1,ringC,ringB,ringA);
     }
  }
}
```

다음 그림인 [막대기 3개에 접시 3장인 하노이 타워]를 참고하자. A 막대에서 B 막대로 접시의 크기를 유지하도록 옮기려고 한다. 큰 접시 위에 작은 접시만 올리게 하여 가장 적게 이동하는 방법을 찾아야 한다. 첫 번째 그림과 마지막 그림 그리고 중앙의 그림만 보면 다음과 같이 요약할 수 있다. "2장을 C에 옮기고 가장 큰 접시를 B로 옮긴 후, 다시 C에 있는 2장의 접시를 B로 이동시킨다."

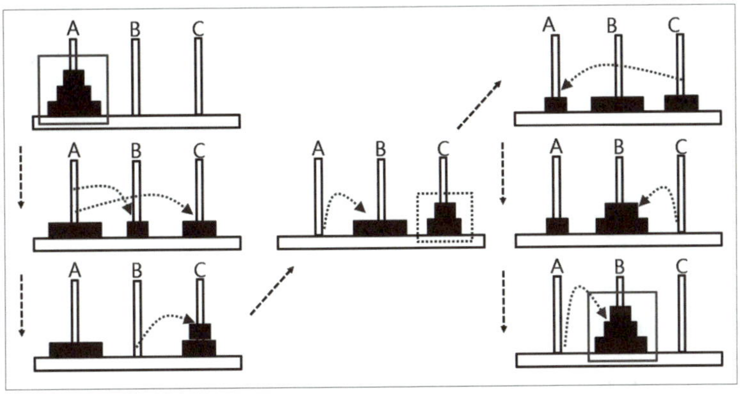

막대기 3개에 접시 3장인 하노이 타워

접시가 3장일 때, "2장을 C에 옮기고 가장 큰 접시를 B로 옮긴 후, 다시 C에 있는 2장의 접시를 B로 이동시킨다."라고 요약할 수 있다. 이동 횟수(3장 이동)는 = 2장 이동(A→C) + 큰 접시 이동(A→B)+ 2장 이동(C→B)이다. 여기서 이동 횟수(2장 이동)는 = 1장 이동(A→C) + 큰 접시 이동(A→B)+ 1장 이동(C→B) = 3. 결국 이동 횟수(3장 이동)는 = 3 + 1 + 3 =7이다.

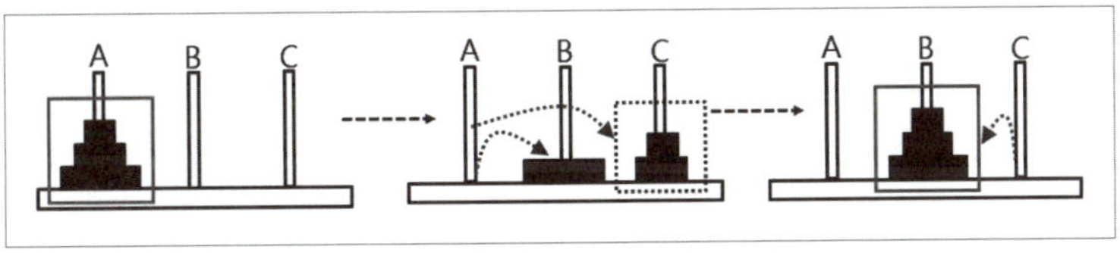

접시 2장을 한 묶음처럼 이동

접시가 4장일 때는, "3장을 C에 옮기고 가장 큰 접시를 B로 옮긴 후, 다시 C에 있는 3장의 접시를 B로 이동시킨다."라고 요약할 수 있다. 이동 횟수(4장 이동)는 = 3장 이동(A→C) + 큰 접시 이동(A→B) + 3장 이동(C→B)이다. 결국 이동 횟수(4장 이동)는 = 7 + 1 + 7 =15이다.

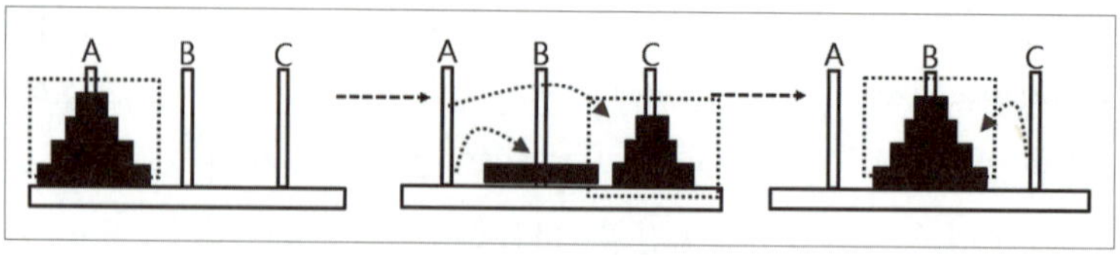

접시 3장을 한 묶음처럼 이동

이처럼 접시를 1장씩 줄여서 1장이 될 때까지 반복하면 된다. 같은 행위이면서 개수만 달라질 때는 재귀를 많이 사용한다.

3 접시 수

4 막대 수

6~13 접시 수를 변경하고 접시의 크기를 표현하기 위해 2차원 배열에 1, 3, 5, ……를 대입하는 생성자. 접시가 3장이면 1, 3, 5, 접시가 4장일 때는 1, 3, 5, 7이 대입된다.

14~16 외부에 접시의 크기를 표현하는 배열을 반환한다.

17 접시수 num, 막대 이름 3개를 입력받는다.

18 접시가 1장일 때는 A 막대에서 B 막대로 가장 큰 접시를 옮기는 경우가 한 번 발생한다. 그러므로 재귀가 끝나는 조건은 접시가 1장일 때이다.

19 A 막대에서 B 막대로 접시를 이동하는 것을 출력하고 재귀를 끝낸다.

21 접시가 2장 이상일 때는 접시를 1장 줄여서 생각해야 한다. 그러므로 n−1이 된다. 그리고 C 막대로 접시를 옮기는 과정이 있어야 하므로 moveHanoi(A 막대에서 C 막대로, B 막대를 사용해서)를 다시 호출한다.

22 A 막대에서 B 막대로 옮기는 것이 목표이므로 현재 막대와 옮길 막대를 출력한다.

23 다른 재귀도 필요한데 C 막대에서 B 막대로 이동해야 한다. moveHanoi(C 막대에서 B 막대로, A 막대를 사용해서)를 다시 호출한다.

소스 : kr.co.infopub.chapter.s137.HanoiMain.java

```
1: package kr.co.infopub.chapter.s137;
2: public class HanoiMain {
3:     public static void main(String[ ] args) {
4:         int tray=4;
5:         Hanoi ha=new Hanoi(tray);
6:         ha.moveHanoi(tray,'a','b','c');
7:     }
8: }
```

막대 3개에 접시 4장을 이동하는 하노이 타워 이동을 만들고 출력한다. ◆ 3~7

결과

```
a bar쪽에 있던 링이 c bar쪽으로 이동
a bar쪽에 있던 링이 b bar쪽으로 이동
c bar쪽에 있던 링이 b bar쪽으로 이동
a bar쪽에 있던 링이 c bar쪽으로 이동
b bar쪽에 있던 링이 a bar쪽으로 이동
b bar쪽에 있던 링이 c bar쪽으로 이동
a bar쪽에 있던 링이 c bar쪽으로 이동
a bar쪽에 있던 링이 b bar쪽으로 이동
c bar쪽에 있던 링이 b bar쪽으로 이동
c bar쪽에 있던 링이 a bar쪽으로 이동
b bar쪽에 있던 링이 a bar쪽으로 이동
c bar쪽에 있던 링이 b bar쪽으로 이동
a bar쪽에 있던 링이 c bar쪽으로 이동
a bar쪽에 있던 링이 b bar쪽으로 이동
c bar쪽에 있던 링이 b bar쪽으로 이동
```

활용 138

하노이 타워 이동 경로 보여 주기

- **학습 내용 :** 하노이 타워 이동 경로를 배열로 보여 주자.
- **힌트 내용 :** 2차원 배열과 재귀를 이용한다.

소스 : kr.co.infopub.chapter.s138.HanoisUtil.java

```java
package kr.co.infopub.chapter.s138;
public class HanoisUtil {
  public  static void moveHanoi(int [ ][ ] a,int num, char ringA,char ringB,char ringC) {
     if(num==1) {
          showHanoi(a,ringA,ringB);
     } else {
          moveHanoi(a,num-1,ringA,ringC,ringB);
          showHanoi(a,ringA,ringB);
          moveHanoi(a,num-1,ringC,ringB,ringA);
     }
  }
  public static void  showHanoi(int [ ][ ] a, char ringA,char ringB) {
     int aa=0;
     int ab=1;
     switch(ringA) {
          case 'a': aa=0;break;
          case 'b': aa=1;break;
          case 'c': aa=2;break;
     }
     switch(ringB) {
          case 'a': ab=0;break;
          case 'b': ab=1;break;
          case 'c': ab=2;break;
     }
     System.out.println(ringA+" bar쪽에 있던 링이 "+ringB+" bar쪽으로 이동");
     puts(a,aa,ab);
     showHanoi(a);
  }
  public static void  showHanoi(int [ ][ ] a) {
```

```
        for(int i=0;i<a.length;i++) {
            System.out.print("[\t");
            for(int j=0;j<a[0].length;j++) {
                System.out.print(a[i][j]+"\t");
            }
            System.out.println("]");
        }
        System.out.println("========================================");
    }
    public  static int   hasTray(int [ ][ ] a,int bar) {
        int no=-1;
        for(int i=0;i<a.length;i++) {
            if(a[i][bar]!=0) {
                no=i;
                break;
            }
        }
        return no;
    }
    // change(a,2,2,0,0);==> 2,2의 값을 0,0으로 이동 , 2,2의 값을 0으로
    private  static void change(int [ ][ ] a,int aa,int ab,int ba,int bb) {
        System.out.println("("+aa+","+ab+")==>"+"("+ba+","+bb+")  :");
        a[ba][bb]=a[aa][ab];
        a[aa][ab]=0;
    }
    public static void puts(int [ ][ ]a,int barA, int barB) {
        if(hasTray(a,barA)!=-1) {
            if(hasTray(a,barB)!=-1) {
                change(a,hasTray(a,barA),barA,hasTray(a,barB)-1,barB);
            } else {
                change(a,hasTray(a,barA),barA,a.length-1,barB);
            }
        }
    }
}
```

s124.Hanoi의 moveHanoi( ) 메서드에 접시의 이동을 배열로 표현하기 위해 배열을 대입 받는다. ◆ 3

접시가 1장일 때는 A 막대에서 B 막대로 가장 큰 접시를 옮기는 경우가 한 번 발생한다. 그러므로 재귀가 끝나는 조건은 접시가 1장일 때이다. ◆ 4

5 A 막대에서 B 막대로 접시를 이동하는 것을 배열로 출력하고 재귀를 끝낸다.

7 접시가 2장 이상일 때는 접시를 1장 줄여서 생각해야 한다. 그러므로 n−1이 된다. 그리고 C 막대로 접시를 옮기는 과정이 있어야 하므로 moveHanoi(A 막대에서 C 막대로, B 막대를 사용해서)를 다시 호출한다.

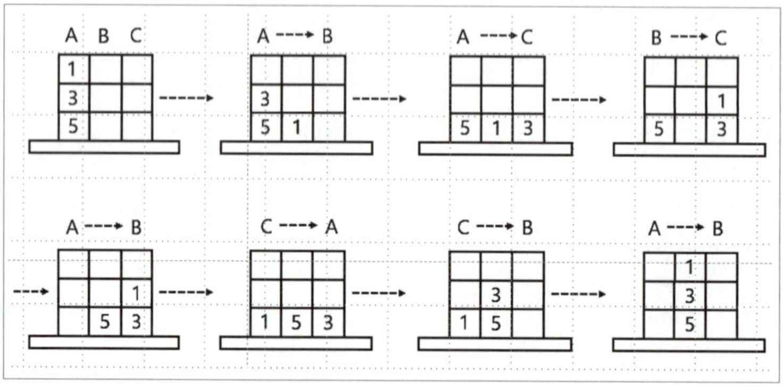

| 그림 138−1 | 하노이 타워 이동 과정

8 A 막대에서 B 막대로 옮기는 것이 목표이므로 현재 막대와 옮길 막대를 배열로 출력한다.

9 다른 재귀도 필요한데 C 막대에서 B 막대로 이동해야 한다. moveHanoi(C 막대에서 B 막대로, A막대를 사용해서)를 다시 호출한다.

12 ringA 막대에서 ringB 막대로 접시를 이동하는 과정을 표현한다.

13 접시를 어떤 막대에서 옮기려고 하는지 찾는다. ringA가 어떤 막대

14 접시를 어떤 막대로 옮기려고 하는지 찾는다. ringB가 어떤 막대

25 접시를 어느 막대에서 어느 막대로 이동했는지 출력한다.

26 13~14라인에서 찾은 막대를 이용해서 값을 옮기고 원래 위치를 0으로 만든다. [그림 138−2]를 참고하자. C 막대의 3을 B 막대로 옮기려고 한다면 C 막대에 3보다 큰 값이 있는지 판단하고 값이 없거나 3보다 큰 값이 있다면 3을 B 막대로 옮기고, 3이 있던 C 막대의 값을 0으로 변경한다.

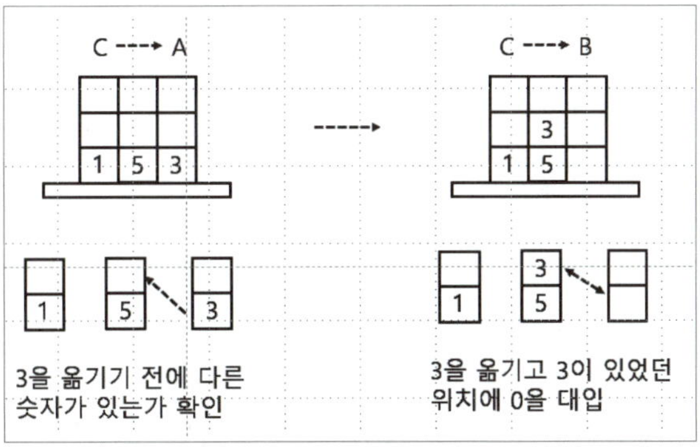

| **그림 138-2** | 접시를 옮기는 과정

접시의 이동을 배열로 표현했으므로 2차원 배열을 출력한다. 접시의 이동 모습이 출력된다. ◆ 27

[그림 138-2]와 같이 숫자를 옮길 때 이미 숫자가 있다면 위로 올리는 과정이 필요하다. 이때 이미 숫자가 있는지 판별한다. ◆ 39~48

[그림 138-2]와 같이 숫자를 옮길 때 이미 숫자가 있다면 위로 올리는 과정이 필요하다. 배열에 숫자를 옮기고 이동된 수의 원래 위치값을 0으로 변경한다. ◆ 50~54

[그림 138-2]와 같이 숫자를 옮길 때 이미 숫자가 있다면 위로 올리는 과정이 필요하다. 앞에서 했던 작업(옮기려고 하는 위치에 이미 숫자가 있는지 판별하고, 숫자를 옮긴 다음 원래 위치의 값을 0으로 변경한다)을 실행한다. ◆ 55~63

소스 : kr.co.infopub.chapter.s138.HanoisMain.java

```
package kr.co.infopub.chapter.s138;
import kr.co.infopub.chapter.s137.Hanoi;
public class HanoisMain {
    public static void main(String[ ] args) {
        int tray=4;
        Hanoi ha=new Hanoi(tray);
        int [ ][ ] a=ha.getRings( );
        HanoisUtil.showHanoi(a);
        HanoisUtil.moveHanoi(a,tray,'a','b','c');
    }
}
```

5 ◆ 4장의 접시를 준비한다.

5~7 ◆ 접시 4장에 대한 배열을 만든다.

8 ◆ 접시 4장에 대한 배열을 출력한다.

9 ◆ 접시 이동 과정을 배열로 출력한다.

결과

```
......
a bar쪽에 있던 링이 c bar쪽으로 이동
(2,0)==>(3,2) :
[        0        0        0        ]
[        0        0        0        ]
[        0        5        0        ]
[        3        7        1        ]
===================================
a bar쪽에 있던 링이 b bar쪽으로 이동
(3,0)==>(1,1) :
[        0        0        0        ]
[        0        3        0        ]
[        0        5        0        ]
[        0        7        1        ]
===================================
c bar쪽에 있던 링이 b bar쪽으로 이동
(3,2)==>(0,1) :
[        0        1        0        ]
[        0        3        0        ]
[        0        5        0        ]
[        0        7        0        ]
```

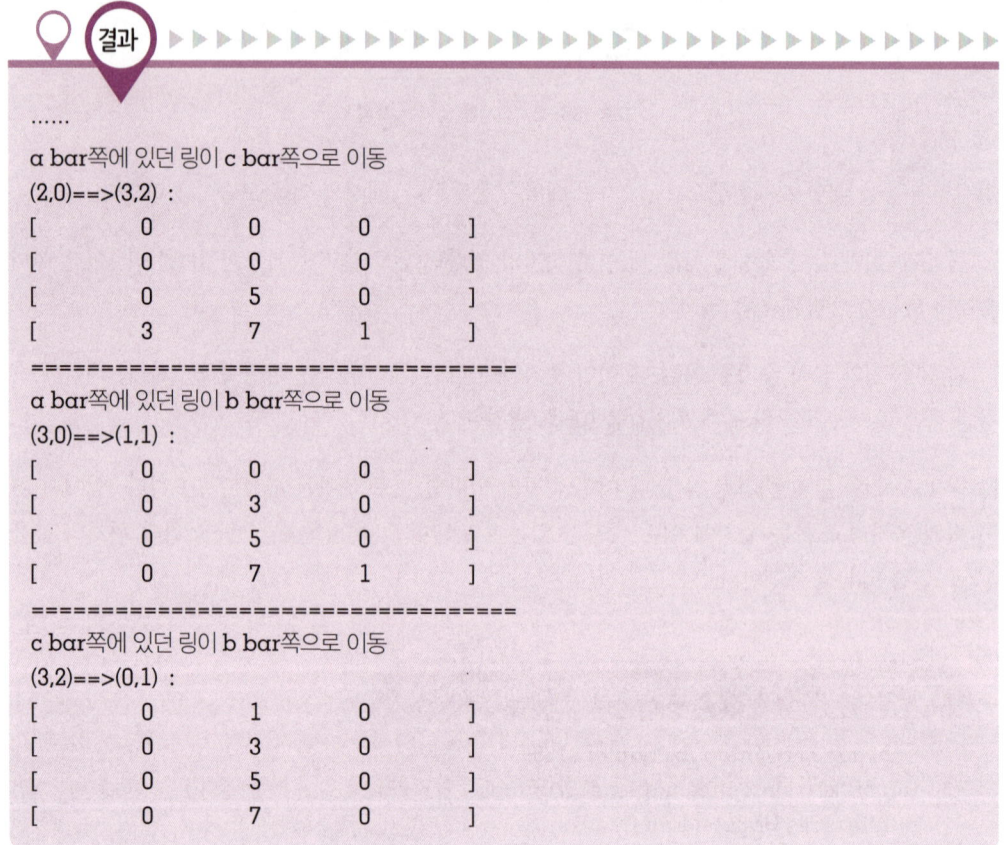

시계 방향 달팽이 만들기

활용 139

- **학습 내용 :** 시계 방향으로 숫자를 나열해 보자.
- **힌트 내용 :** 2차원 배열을 이용한다.

소스 : kr.co.infopub.chapter.s139.SNail.java

```
package kr.co.infopub.chapter.s139;
public class SNail {
    private int m;      // 행
    private int n;      // 열
    private int[ ][ ] loc;
    public SNail(int m, int n) {
        super( );
        this.m = m;
        this.n = n;
        loc=new int[m][n];
    }
    public void make( ) {
        int x=0;
        int y=0;
        int d=0;

        for (int i = 0; i < m; i++) {
            for (int j = 0; j < n; j++) {
                loc[x][y]=i*n+j+1;     // 넣고
                if(d==0) {      // 오른쪽으로 이동
                    if(y+1<n && loc[x][y+1]==0) {
                        y++;
                    } else {     // 오른쪽 벽이나 숫자
                        d=1;    // 아래
                        x++;    // 0,5(y++)=>0,6(x++)->1,6
                    }
                } else if(d==1) {  // 아래로 이동
                    if(x+1<n && loc[x+1][y]==0) {
                        x++;    // 아래로
                    } else {     // 아래 벽이나 숫자
```

```java
                        d=2;    // 왼쪽으로
                        y--;    // 5,6(x++)=>6,6(y--)->6,5
                    }
                } else if(d==2) {   // 왼쪽으로
                    if(y-1>=0 && loc[x][y-1]==0) {
                        y--;    // 왼쪽으로
                    } else {    // 왼쪽 벽이나 숫자
                        d=3;    // 위로
                        x--;    // 6,1(y--)=>6,0(x--)->5,0
                    }
                } else if(d==3) {
                    if(x-1>=0 && loc[x-1][y]==0) {
                        x--;    // 위로 이동
                    } else {    // 위쪽 벽이나 숫자
                        d=0;    // 오른쪽
                        y++;    // 2,0(x--)=>1,0(y++)->1,1
                    }
                }
            }
        }
    }
    public void print( ) {
        for (int i = 0; i < m; i++) {
            for (int j = 0; j < n; j++) {
                // System.out.printf("(%2d:[%d,%d])",loc[i][j],i,j);
                System.out.printf("(%2d)",loc[i][j]);
            }
            System.out.println( );
        }
    }
}
```

- 시계 방향으로 1, 2, 3, 4, 5, ……를 나열하여 2차원 배열을 모두 채우려고 한다. 방향(d: direction)은 오른쪽, 아래, 왼쪽, 위를 0, 1, 2, 3으로 한다.
- 오른쪽(d=0)으로 이동은 (0,5), (0,6)처럼 5에서 6으로 y가 1증가(y++)한다.
- 아래쪽(d=1)으로 이동은 (0,6), (1,6) 또는 (5,6), (6,6)과 같이 0에서 1로, 5에서 6으로 x가 1증가(x++)한다.
- 왼쪽(d=2)으로 이동은 (6,6), (6,5) 또는 (6,1), (6,0)과 같이 6에서 5로, 1에서 0으로 y가 1감소(y−−)한다.

• 위쪽(d=3)으로 이동은 (6,0), (5,0) 또는 (2,0), (1,0)과 같이 6에서 5로, 2에서 1로 x가 1감소(x--)한다. 이미 (0,0) 1이 있으므로 다시 오른쪽(d=0)이 되고 (1,0), (1,1)과 같이 y가 1증가(y++)한다. 또한 (1,6)에 8이 이미 있기 때문에 아래쪽(d=1)으로 방향을 틀고 (1,5)에서 (2,5)로 이동한다. 이처럼 이미 숫자가 있다면 방향(d)을 바꾸면서 2차원 배열을 모두 채울 때까지 x,y의 값을 변경한다.

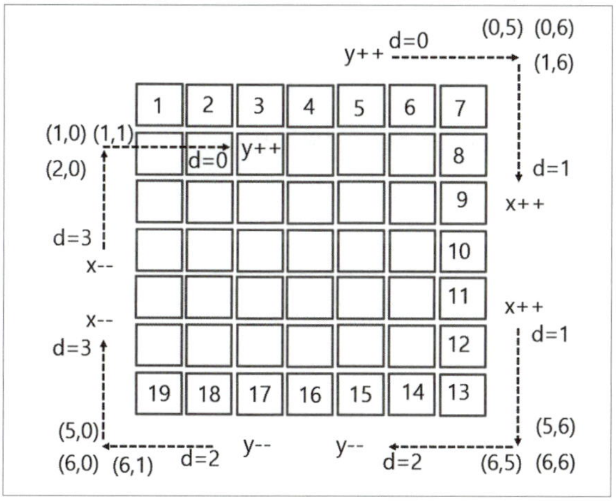

시계 방향으로 숫자 채우기

행(m), 열(n)을 저장하기 위해 선언한다. ◆ 3~4

2차원 배열을 선언한다. 아직 생성되지 않았기 때문에 생성자에서 배열을 생성해야 한다. ◆ 5

행과 열을 입력받는다. 2차원 배열을 생성한다. 기본 타입에 대한 배열은 생성될 때 자동으로 0으로 초기화된다. ◆ 6~11

시작 위치는 (0,0)이며, 방향은 오른쪽(d=0)으로 시작한다. ◆ 13~15

m, n이 7일 때 1~49를 2차원 배열에 채워 넣으려고 한다. ◆ 19

오른쪽(d=0)으로 이동한다. 오른쪽은 y가 1씩 증가(y++)한다. 가장 오른쪽(y+1==n)에 도달하거나 이미 0이 아닌 숫자가 있다면 아래로 방향을 바꾼다(d=1). 방향을 바꿀 때 (0,6),(1,6)과 같이 0에서 1로 x가 1 증가(x++)한다. ◆ 20~26

아래쪽(d=1)으로 이동한다. 아래쪽은 x가 1씩 증가(x++)한다. 가장 아래쪽(x+1==n)에 도달하거나 이미 0이 아닌 숫자가 있다면 왼쪽으로 방향을 바꾼다(d=2). 방향을 바꿀 때 (6,6), (6,5)와 같이 6에서 5로 y가 1 감소(y--)한다. ◆ 27~33

34~40 ◆ 왼쪽(d=2)으로 이동한다. 왼쪽은 y가 1씩 감소(y--)한다. 가장 왼쪽(y==0)에 도달하거나 이미 0이 아닌 숫자가 있다면 위쪽으로 방향을 바꾼다(d=3). 방향을 바꿀 때 (6,0), (5,0)과 같이 6에서 5로 x가 1 감소(x--)한다.

41~48 ◆ 위쪽(d=3)으로 이동한다. 위쪽은 x가 1씩 감소(x--)한다. 가장 위쪽(x==0)에 도달하거나 이미 0이 아닌 숫자가 있다면 오른쪽으로 방향을 바꾼다(d=0). 방향을 바꿀 때 (1,0), (1,1)과 같이 0에서 1로 y가 1 증가(y++)한다.

52~60 ◆ 2차원 배열을 출력한다.

소스 : kr.co.infopub.chapter.s139.SNailMain.java

```
1:  package kr.co.infopub.chapter.s139;
2:  public class SNailMain {
3:      public static void main(String[ ] args) {
4:          // 시계 방향
5:          SNail snail=new SNail(7, 7);
6:          snail.make( );
7:          snail.print( );
8:      }
9:  }
```

5 ◆ 7×7 2차원 배열을 1부터 49까지 채우기 위해 준비한다. 배열을 생성하고 배열값을 모두 0으로 초기화한다.

6 ◆ 1부터 49까지 채워 간다.

7 ◆ 2차원 배열을 출력한다.

결과

```
( 1)( 2)( 3)( 4)( 5)( 6)( 7)
(24)(25)(26)(27)(28)(29)( 8)
(23)(40)(41)(42)(43)(30)( 9)
(22)(39)(48)(49)(44)(31)(10)
(21)(38)(47)(46)(45)(32)(11)
(20)(37)(36)(35)(34)(33)(12)
(19)(18)(17)(16)(15)(14)(13)
```

시계 반대 방향 달팽이 만들기

활용 140

- **학습 내용 :** 시계 방향으로 숫자를 나열해 보자.
- **힌트 내용 :** 2차원 배열을 이용한다.

소스 : kr.co.infopub.chapter.s140.TNail.java

```
package kr.co.infopub.chapter.s140;
public class TNail {
    private int m;
    private int n;
    private int[ ][ ] loc;
    public TNail(int m, int n) {
        super( );
        this.m = m;
        this.n = n;
        loc=new int[m][n];
    }
    public void make( ) {
        int x=0;
        int y=0;
        int d=1;

        for (int i = 0; i < m; i++) {
            for (int j = 0; j < n; j++) {
                loc[x][y]=i*n+j+1;     // 넣고
                if(d==0) {
                    // 2) 오른쪽 이동
                    if(y+1<n && loc[x][y+1]==0) {
                        y++;   // 오른쪽
                    } else {     // 오른쪽 벽 또는 숫자
                        d=3;
                        x--;     // 위로
                    }
                } else if(d==1) {
                    // 1) 아래로 내려가자
```

```
                    if(x+1<n && loc[x+1][y]==0) {
                        x++;   // 아래로
                    } else {      // 아래쪽 벽 또는 숫자
                        d=0;
                        y++;   // 오른쪽
                    }
                } else if(d==2) {
                    // 4) 왼쪽 이동
                    if(y-1>=0 && loc[x][y-1]==0) {
                        y--;      // 왼쪽
                    } else {      // 왼쪽 벽 또는 숫자
                        d=1;
                        x++;   // 아래
                    }
                } else if(d==3) {
                    // 3) 위로 올라가자
                    if(x-1>=0 && loc[x-1][y]==0) {
                        x--;      // 위로
                    } else {      // 위쪽 벽 또는 숫자
                        d=2;
                        y--;      // 왼쪽
                    }
                }
            }
        }
    }
    public void print( ) {
        for (int i = 0; i < m; i++) {
            for (int j = 0; j < n; j++) {
//              System.out.printf("(%2d:[%d,%d])",
//              loc[i][j],i,j);
                System.out.printf("(%2d)",loc[i][j]);
            }
            System.out.println( );
        }
    }
}
```

- 시계 반대 방향으로 1, 2, 3, 4, 5, ……를 나열하여 2차원 배열을 모두 채우려고 한다. 방향(d: direction)은 오른쪽, 아래, 왼쪽, 위를 0, 1, 2, 3으로 한다.
- 아래쪽(d=1)으로 이동은 (5,0), (6,0)과 같이 5에서 6으로 x가 1증가(x++)한다.
- 오른쪽(d=0)으로 이동은 (6,0), (6,1) 또는 (6,5), (6,6)과 같이 0에서 1로, 5에서 6으로 y가 1증가(y++)한다.
- 위쪽(d=3)으로 이동은 (6,6), (5,6) 또는 (1,6), (0,6)과 같이 6에서 5로, 1에서 0으로 x가 1감소(x--)한다.
- 왼쪽(d=2)으로 이동은 (0,6), (0,5) 또는 (1,2), (1,1)과 같이 6에서 5로, 2에서 1로 y가 1감소(y--)한다. 이미 (0,0) 1이 있으므로 다시 아래쪽(d=1)이 되고 (1,1), (2,1)과 같이 x가 1증가(x++)한다. 또한 (6,1)에 8이 이미 있기 때문에 오른쪽(d=0)으로 방향을 틀고 (5,1)에서 (5,2)로 이동한다. 이처럼 이미 숫자가 있다면 방향(d)을 바꾸면서 2차원 배열을 모두 채울 때까지 x,y의 값을 변경한다.

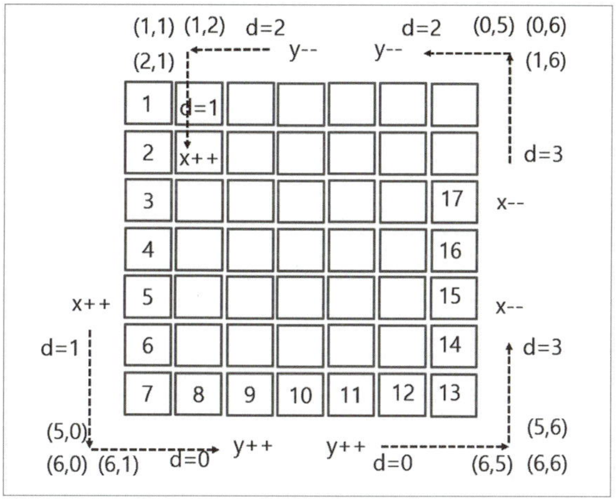

반시계 방향으로 숫자 채우기

행(m), 열(n)을 저장하기 위해 선언한다. ◆ 3, 4

2차원 배열을 선언한다. 아직 생성되지 않았기 때문에 생성자에서 배열을 생성해야 한다. ◆ 5

행과 열을 입력받는다. 2차원 배열을 생성한다. 기본 타입에 대한 배열은 생성될 때 자동으로 0으로 초기화된다. ◆ 6~11

13~15 시작 위치는 (0,0)이며, 방향은 아래쪽(d=1)으로 시작한다.

19 m, n이 7일 때 1~49를 2차원 배열에 채워 넣으려고 한다.

20~27 오른쪽(d=0)으로 이동한다. 오른쪽은 y가 1씩 증가(y++)한다. 가장 오른쪽(y+1==n)에 도달하거나 이미 0이 아닌 숫자가 있다면 위로 방향을 바꾼다(d=3). 방향을 바꿀 때 (6,6), (5,6)과 같이 6에서 5로 x가 1감소(x--)한다.

28~35 아래쪽(d=1)으로 이동한다. 아래쪽은 x가 1씩 증가(x++)한다. 가장 아래쪽(x+1==n)에 도달하거나 이미 0이 아닌 숫자가 있다면 오른쪽으로 방향을 바꾼다(d=0). 방향을 바꿀 때 (6,0), (6,1)과 같이 0에서 1로 y가 1증가(y++)한다.

36~43 왼쪽(d=2)으로 이동한다. 왼쪽은 y가 1씩 감소(y--)한다. 가장 왼쪽(y==0)에 도달하거나 이미 0이 아닌 숫자가 있다면 아래쪽으로 방향을 바꾼다(d=1). 방향을 바꿀 때 (1,1), (2,1)과 같이 1에서 2로 x가 1증가(x++)한다.

44~52 위쪽(d=3)으로 이동한다. 위쪽은 x가 1씩 감소(x--)한다. 가장 위쪽(x==0)에 도달하거나 이미 0이 아닌 숫자가 있다면 왼쪽으로 방향을 바꾼다(d=2). 방향을 바꿀 때 (0,6), (0,5)과 같이 6에서 5로 y가 1감소(y--)한다.

56~65 2차원 배열을 출력한다.

소스 : kr.co.infopub.chapter.s140.TNailMain.java

```java
package kr.co.infopub.chapter.s140;
public class TNailMain {
    public static void main(String[ ] args) {
        // 시계 반대방향
        TNail tnail=new TNail(7, 7);
        tnail.make( );
        tnail.print( );
    }
}
```

7×7 2차원 배열을 1부터 49까지 채우기 위해 준비한다. 배열을 생성하고 배열값을 모두 0으로 초기화한다. 5

1부터 49까지 채워 간다. 6

2차원 배열을 출력한다. 7

결과

```
(  1)(24)(23)(22)(21)(20)(19)
(  2)(25)(40)(39)(38)(37)(18)
(  3)(26)(41)(48)(47)(36)(17)
(  4)(27)(42)(49)(46)(35)(16)
(  5)(28)(43)(44)(45)(34)(15)
(  6)(29)(30)(31)(32)(33)(14)
(  7)(  8)(  9)(10)(11)(12)(13)
```

활용

141

파스칼의 삼각형 만들기

- **학습 내용 :** 파스칼의 삼각형을 만들어 보자.
- **힌트 내용 :** 2차원 지그재그 배열을 이용한다.

소스 : kr.co.infopub.chapter.s141.Pascal.java

```
package kr.co.infopub.chapter.s141;
public class Pascal {
    public static int[ ][ ] triAngle(int n) {
        int[ ][ ] pt=new int[n][ ]; //zigzag
        for (int i = 0; i < n; i++) {
            pt[i]=new int[i+1];
            pt[i][0]=1;
            // nCr=n-1Cr-1 + n-1Cr
            for (int j = 1; j <i; j++) {
                pt[i][j]=pt[i-1][j-1]+pt[i-1][j];
            }
            pt[i][i]=1;
        }
        return pt;
    }
    public static int[ ] phibo(int n) {
        int[ ] pt=new int[n]; //zigzag
        pt[0]=1; pt[1]=1;
        for (int i = 2; i < n; i++) {
            pt[i]=pt[i-1]+pt[i-2];
        }
        return pt;
    }
}
```

파스칼의 삼각형은 조합(combination-nCr: 서로 다른 n개에서 서로 다른 r개를 순서와 관계없이 뽑을 때의 경우 수)을 구할 때 많이 사용된다. 파스칼의 삼각형은 재귀를 많이 사용하는데 여기서는 배열을 이용하여 구하려고 한다. 파스칼의 삼각형을 이용하여 유도한 조합 공식은 다음의 [그림 141-1]과 같다.

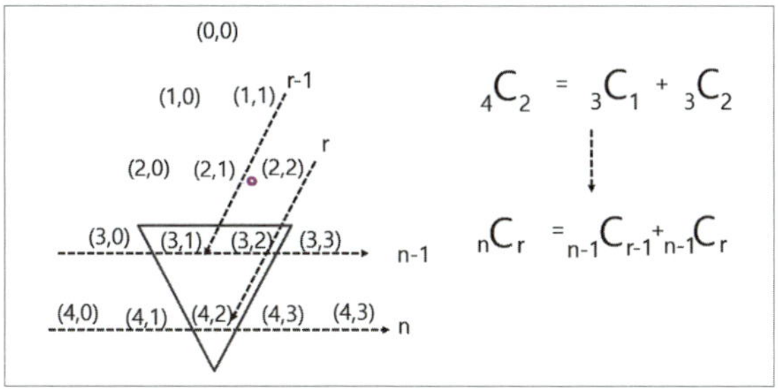

| 그림 141-1 | 파스칼의 삼각형

조합의 기본은 r이 0일 때, n과 r이 같을 때 1이 된다는 것에서 시작한다. 예를 들어 0C0, 1C0, 2C0, 2C2 등 nC0, nCn의 모든 값은 1이다. 또한 4C2= 3C1 + 3C2 = (2C0 + 2C1)+ (2C1 + 2C2) = (1 + 1C0 + 1C1)+ (1C0 + 1C1 + 1) = 6이다. 여기서는 재귀를 지그재그 배열로 구한다. pt[i][0]=1, pt[i][i]=1에서 시작하여 파스칼의 삼각형을 완성한다. n이 5일 때(5줄에 대한) 다음과 같이 파스칼의 삼각형이 완성된다. [그림 141-2]는 [표-파스칼의 삼각형 구하기]를 더 이해하기 쉽게 표현한 것이다. 위에서 구했던 지그재그 배열값을 이용하여 아래 값을 구할 수 있다. 지그재그 배열에서 첫 번째 행은 열이 1개, 두 번째 행은 열이 2개, 세 번째 행은 열이 3개, 네 번째 행은 열이 4개와 같이 열의 수가 다를 수 있다.

| **표-파스칼의 삼각형 구하기** | 지그재그 배열을 이용한 파스칼의 삼각형 완성 과정

'i'	int[n][ ]	pt[i][0]	for j=1; j 〈 i	pt[i][i]
0	pt[0]=new int[1]	pt[0][0]=1		pt[0][0]=1
1	pt[1]=new int[2]	pt[1][0]=1		pt[1][1]=1
2	pt[2]=new int[3]	pt[2][0]=1	j=1 pt[2][1]=pt[1][0]+pt[1][1] = 1+1 = 2	pt[2][2]=1
3	pt[3]=new int[4]	pt[3][0]=1	j=1 pt[3][1]=pt[2][0]+pt[2][1] = 1+2 = 3 j=2 pt[3][2]=pt[2][1]+pt[2][2] = 2+1 = 3	pt[3][3]=1
4	pt[4]=new int[5]	pt[4][0]=1	j=1 pt[4][1]=pt[3][0]+pt[3][1] = 1+3 = 4 j=2 pt[4][2]=pt[3][1]+pt[3][2] = 3+3 = 6 j=3 pt[4][3]=pt[3][2]+pt[3][3] = 3+1 = 4	pt[4][4]=1

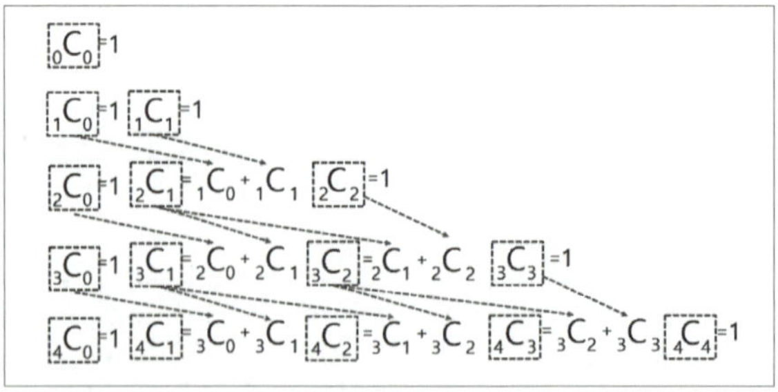

| **그림 141-2** | 지그재그 배열을 이용한 파스칼의 삼각형

4◆ 지그재그 2차원 배열을 생성한다. 행의 수는 n개로 결정되었지만 열의 수는 아직 결정되지 않았다.

6◆ 행의 수보다 1개 더 많은 열의 수를 결정한다. 열의 수가 결정되면 배열을 모두 0으로 자동 초기화한다. pt[i]는 "i"번째 행에 대하여 2차원 배열을 생성한다.

7◆ 파스칼의 삼각형에 대하여 pt[i][0]은 1이다. 다시 말해 모든 0번째 열에 대한 값은 1이다.

8◆ 파스칼의 삼각형은 nCr= n−1Cr−1 + n−1Cr이므로 배열을 이용하여 구한다.

9◆ 파스칼의 삼각형에 대하여 pt[i][i]는 1이다.

소스 : kr.co.infopub.chapter.s141.PascalMain.java

```
package kr.co.infopub.chapter.s141;
public class PascalMain {
    public static void main(String[ ] args) {
        int[ ][ ] pt=Pascal.triAngle(10);
        for (int i = 0; i < pt.length; i++) {
            for (int j = 0; j < pt[i].length; j++) {
                System.out.printf("%d\t",pt[i][j]);
            }
            System.out.println( );
        }
        System.out.println( );
        int [ ] bt=Pascal.phibo(20);
        for (int i = 0; i < bt.length; i++) {
            System.out.printf("%d\t",bt[i]);
        }
    }
}
```

10줄에 대한 파스칼의 삼각형을 구한다. $_0C_0$부터 $_9C_r$(r은 0~9)에 대한 값을 구한다. 4

파스칼의 삼각형을 출력한다. 7

결과

```
1
1    1
1    2    1
1    3    3    1
1    4    6    4    1
1    5    10   10   5    1
1    6    15   20   15   6    1
1    7    21   35   35   21   7    1
1    8    28   56   70   56   28   8    1
1    9    36   84   126  126  84   36   9    1

1    1    2    3    5    8    13   21   34   55   ……
```

활용 142

퀵소트 만들기

- **학습 내용 :** 퀵소트를 만들어 보자.
- **힌트 내용 :** 기준값보다 작으면 왼쪽으로 이동시키고, 기준값과 같거나 큰 값을 오른쪽으로 이동시키는 과정에 재귀를 이용한다.

소스 : kr.co.infopub.chapter.s142.JSort.java

```
package kr.co.infopub.chapter.s142;
public class JSort {
    public static void QuickSort(int[ ] nn, int start, int end) {
        int left =start;
        int right=end;
        int mid=nn[(start+end)/2];
        do {
                // A1
            while((nn[left]<mid) && (left < end)) {
                left++;

            }   // A2
            while((mid<nn[right]) && (right>start)) {
                right--;
            }
                // B
            if(left<=right) {

                int temp=nn[left];
                nn[left]=nn[right];
                nn[right]=temp;
                left++;
                right--;
            }
        } while(left<right);
        // C
        if(start<right) {
            QuickSort(nn,start,right);
        }
```

```
            // D
            if(left<end) {
                QuickSort(nn,left,end);
            }
        }
        public static void QuickSort(int[ ] n) {
            QuickSort(n,0,n.length-1);
        }
        public static void print(int [ ]n) {
            for(int i=0;i<n.length;i++) {
                System.out.print(n[i]+" ");
            }
            System.out.println( );
        }
    }
```

퀵소트는 기준값을 찾은 다음 기준값보다 작은 값을 왼쪽으로 몰고, 기준값과 같거나 큰 값을 오른쪽으로 몰아 두 부분으로 나누는 작업을 반복한다. 8개가 있다면 이론상 4개와 4개로 한 번 나누고, 4개를 2개와 2개로 나눈 후 2개를 1개와 1개로 나눠 정렬하면 모두 정렬이 되는 방법을 사용한다. "나누고 이동하고"와 같은 방법을 개수만 다르게 하기 때문에 재귀를 사용한다.

퀵소트는 다음과 같은 방법으로 구한다.

❶ 중앙(mid)을 찾는다. mid=(start+end)/2이다. 여기서 start는 배열의 시작 위치, end는 배열의 끝 위치이다. 예를 들어, 8개의 배열값(요소)을 갖는 배열에 대한 mid=(0+7)/2=3이다.

❷ 왼쪽부터 오른쪽으로 배열[mid]값보다 크거나 같은 값을 찾을 때까지 left를 증가시킨다.

❸ 오른쪽에서 왼쪽으로 배열[mid]값보다 작거나 같은 값을 찾을 때까지 right를 감소시킨다.

❹ left〈=right라면 2)와 3)에서 찾은 값을 서로의 값으로 변경(스왑)한다.

❺ left〉right가 되면 [0(start)~left−1],[right+1~7(end)] 두 부분으로 배열을 나눈다.

❻ 나눈 두 부분에 대해 ❶~❺ 과정을 반복한다.

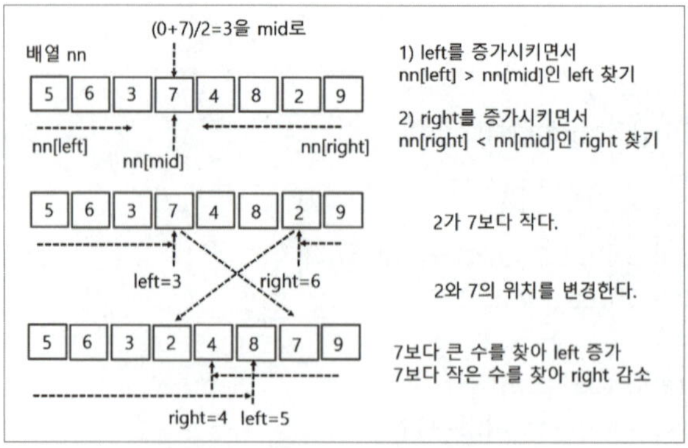

기준값을 찾고 기준보다 작은 값을 왼쪽으로, 크거나 같은 값을 오른쪽으로 이동시키고 두 부분으로 나누기

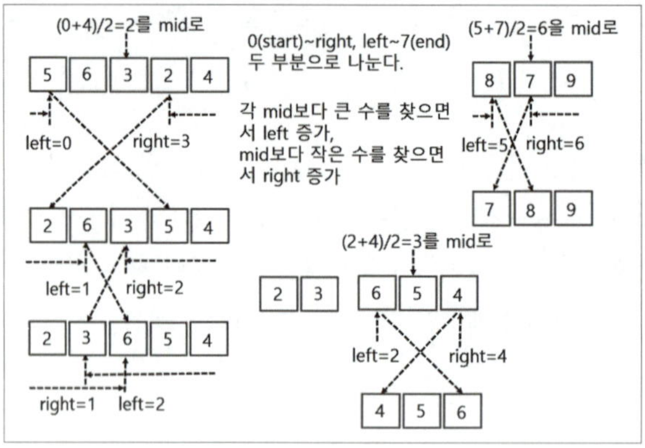

이동시키고 나누기 반복

39~41 ◆ left, right, mid를 구한다.

42~60 ◆ left==right가 될 때까지 반복한다.

44~47 ◆ 왼쪽부터 오른쪽으로 배열[mid]값보다 크거나 같은 값을 찾을 때까지 left를 증가시킨다.

48~50 ◆ 오른쪽에서 왼쪽으로 배열[mid]값보다 작거나 같은 값을 찾을 때까지 right를 감소시킨다.

52~59 ◆ left〈=right라면 44라인과 48라인에서 찾은 값을 서로의 값으로 변경(스왑)한다.

62~64 ◆ left〉right가 되면 [start~left−1],[right+1~end)] 두 부분으로 배열을 나눈다. 그리고 재귀를 이용하여 두 부분을 각각 정렬한다.

소스 : kr.co.infopub.chapter.s142.JSortMain.java

```
1:  package kr.co.infopub.chapter.s142;
2:  public class JSortMain {
3:    public static void main(String[ ] args) {
4:      int [ ] m={67,700,735,287,830,360,753,332,899,616,990,890,933,975,275
5:               ,707,271,80,409,602,875,813,208,949,183,504,721,494,159,549,
6:               95,818,85,444,703,961,928,193,846,660,433,253,547,436,467,751,
7:               684,284,481,439,12,18,421,4,394,458,829,633,474,359,454,541,
8:               601,471,326,889,345,555,710,614,540,353,795,116,119,133,859,280,413,
9:               689,861,966,709,938,600,190,81,544,406,692,765,179,
10:              32,629,437,804,911,42,836,770};      // 100개
11:     int [ ]n=new int[m.length];
12:     System.arraycopy(m, 0, n, 0, m.length);
13:     JSort.print(n);
14:     long a=System.nanoTime( );
15:     JSort.QuickSort(n);
16:     long b =System.nanoTime( );
17:     System.out.println((b-a)+"nano sec");      // 10의 -9승
18:     JSort.print(n);
19:   }
20: }
```

100개의 정수를 대입한다. ◆ 4~10

배열을 깊은 복사한다. n과 m은 배열값들이 동일한 다른 배열이 된다. ◆ 12

배열 n을 정렬한다. n은 정렬되고 m은 정렬되지 않은 상태를 유지한다. ◆ 15

결과

예제 134 버블 정렬로 정렬하기와 동일

활용 143

지하철 최단 거리 구하기

- **학습 내용 :** 지하철 두 지점 사이의 최단 거리를 구해 보자.
- **힌트 내용 :** 플로이드 방법을 이용한다.

소스 : kr.co.infopub.chapter.s143.Floyd.java

```
package kr.co.infopub.chapter.s143;
public class Floyd {
    private int[ ][ ]data;
    private int[ ][ ]p;
    public String[ ] name;
    public Floyd( ) {
        init( );
    }
    public void init( ) {
        // p1~p5 경로, 1000 충분히 큰 수
        data = new int[ ][ ] { { 0,2,3,1000,7},
                              {5,0,1000,1000,4},
                              {2,1000,0,6,1000},
                              {1000,1000,3,0,4},
                              {6,1,6,2,0} };
        p = new int[data.length][data.length];
        name=new String[ ]{"P1","P2","P3","P4","P5"};
    }
    // Floyd 알고리즘을 이용하여 최단 경로의
    // 비용과 함께 최단 경로를 구하는 함수
    public void distance( ) {
        for (int i = 0; i < data.length; i++) {
            for (int j = 0; j < data.length; j++) {
                p[i][ j] = -1;
            }
        }
        for (int k = 0; k < data.length; k++) {
            for (int i = 0; i < data.length; i++) {
                for (int j = 0; j < data.length; j++) {
```

```
                    if (data[i][ j] > data[i][ k] + data[k][ j]) {
                        p[i][ j] = k;
                        data[i][ j] = data[i][ k] + data[k][ j];
                    }
                }
            }
        }
    }   //
    // 최단 경로 중간 경유지 출력, q 출발지, r 도착지
    public void Path(int q, int r) {
        if (p[q][r] != -1) {
            Path(q, p[q][ r]);
            System.out.printf("%s -> ", name[p[q][r]]);
            Path(p[q][r], r);
        }
    }
    // 모든 경로를 출력해주는 함수
    public void printPath( ) {
        int count = data.length;
        for (int i = 0; i < count; i++) {
            for (int j = 0; j < count; j++) {
                System.out.printf("%d\t", data[i][j]);
            }
            System.out.println( );
        }
    } //
    public static void main(String[ ] args) {
        Floyd floy = new Floyd( );
        floy.printPath( );
        System.out.println("-----------------------");
        floy.distance( );
        floy.printPath( );
        int start = 0;  //1
        int goal = 4;  //P5
        System.out.printf("%s -> ", floy.name[start]);
        floy.Path(start, goal);
        System.out.printf("%s", floy.name[goal]);
        System.out.println( );
    }
}    // class Floyd
```

플로이드 방법은 동적 계획법 중 하나로, 문제를 나눈 다음 나누어진 부분을 먼저 푼다. 이미 풀어서 답을 알고 있는 부분의 결과가 다시 필요한 경우에는 반복하여 계산하지 않고 이미 계산된 결과를 그냥 사용한다.

플로이드 방법

❶ 그래프를 W라고 하는 행렬(배열)에 저장한다.

❷ 플로이드 최단 경로 알고리즘(메서드)을 실행한다.

❸ 최단 경로를 D라는 행렬(배열)에 최단 경로의 값으로 점점 갱신해 나간다.

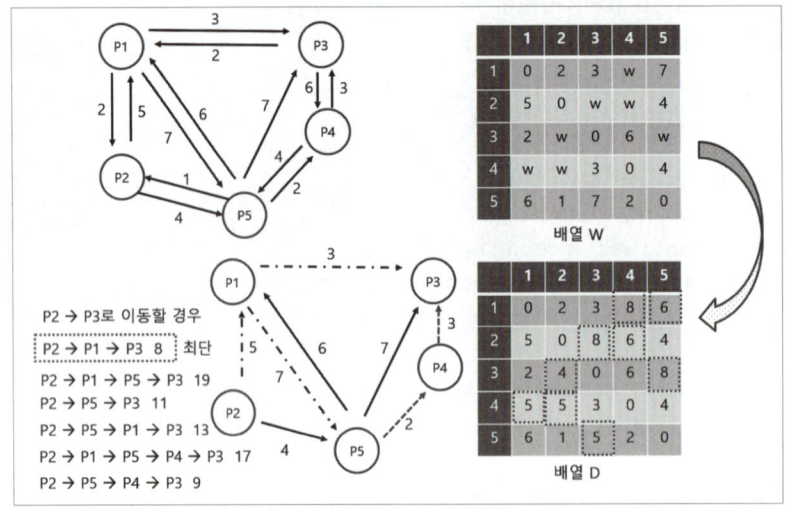

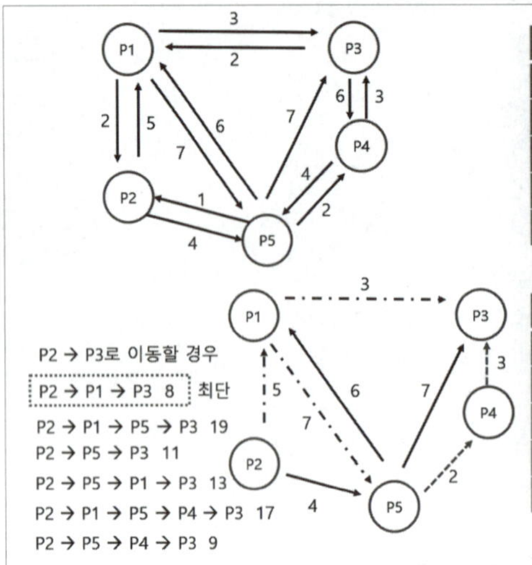

	1	2	3	4	5
1	0	2	3	w	7
2	5	0	w	w	4
3	2	w	0	6	w
4	w	w	3	0	4
5	6	1	7	2	0

배열 W

	1	2	3	4	5
1	0	2	3	8	6
2	5	0	8	6	4
3	2	4	0	6	8
4	5	5	3	0	4
5	6	1	5	2	0

배열 D

| **그림 143-1** | W 배열에서 D 배열로 갱신하기

플로이드 알고리즘

- **W 배열 만들기:** 직접 갈 수 없는 경로는 w(충분히 큰 수)로 나타낸다. 자신에서 자신으로의 이동은 0이다. 직접 갈 수 있는 경로(가중치)를 숫자로 나타낸다.
- **D 배열 만들기:** [그림 143-1]처럼 P2에서 P3으로 가는 경로가 많다. 이 경로를 모두 조사하고 경로 가중치를 더하여 가중치의 합이 가장 적은 경우의 값을 D의 (P2, P3) 배열에 대입한다.

최단 경로를 구하는 예

[그림 143-1]을 참고하자. 이 그림의 data[1][2]는 P2에서 P3으로 가는 경로 가중치를 의미한다. 우선 P2의 인접 경로를 이용하면 P2→P3은 P2→P1→P3과 P2→P5→P3 방법이 있다.

이는 data[1][2]=data[1][0]+data[0][2], data[1][2]=data[1][4]+data[4][2]가 된다. data[1][2] 중에서 작은 값을 D 배열에 저장한다. 또한 부분 경로도 있을 수 있다. P2→P1→P3 중의 P1→P3은 P1→P3, P1→P5→P3이 있다. 그리고 P5→P3은 P5→P3, P5→P4→P3, P5→P1→P3도 있다. 결국 경로를 나눈 후에 나누어진 부분들을 먼저 푼다. 그리고 이미 풀어서 답을 알고 있는 부분의 결과가 다시 필요한 경우에는 이미 계산된 결과를 사용한다. [표-거리 구하기 예]를 참고하자.

| 표 | 거리 구하기 예

경로	부분 경로를 이용한 경로 표시			번호	거리
P2→P3	P2→P1→P3	P2→P1→P3		1	8
		P2→P1→P5→P3	P2→P1→P5→P3	2	19
			P2→P1→P5→P4→P3	3	17
	P2→P5→P3	P2→P5→P3		4	11
		P2→P5→P4→P3		5	9
		P2→P5→P1→P3		6	13

data[1][2]는 위 표와 같이 여섯 가지 경우로 나뉜다. 여섯 가지 경로를 탐색하고 가중치가 가장 작은 P2→P1→P3의 가중치 8을 D 배열의 data[1][2]에 저장한다.

경로 가중치를 저장하는 배열이다. ◆ 3

최단 경로 중간 경유지를 저장하는 배열이다. −1이 아니면 최단 경로의 중간 경유지가 된다. ◆ 4

P1~P5 지점의 이름이다. ◆ 5

P1~P6 사이 경로 가중치이다. [그림 143-1]의 W 배열을 만든다. W 배열에서 플로이드 방법(21라인)이 적용되어 D 배열이 된다. 직접 갈 수 없는 경로는 w(충분히 큰 가중치, 여기서는 1000)로, 자신에서 자신은 0으로 표시한다. ◆ 11~15

최단 경로 중간 경유지를 저장하는 배열이다. 정방형(행과 열의 수가 동일)으로 선언한다. ◆ 16

21~37 ◆ 플로이드 알고리즘을 이용하여 최단 경로를 구하는 메서드이다.

22~26 ◆ 최단 경로 중간 경유지를 －1로 초기화한다. 경유하지 않으면 －1이고, 경유하면 0 이상(P1~P5를 각각 0~4로 설정)의 경우 인덱스(0~4)가 대입된다.

30~33 ◆ 인접 경로에 대한 가중치를 이용하여 최단 경로 가중치를 구한다. 앞에서 나온 "플로이드 방법" ❸에서 최단 경로를 구하는 예를 참고하자. 정리하면 P2→P3에 대한 배열 W에서 최단 거리를 구하여 배열 D의 값 data[1,2]를 만든다. data[1,2]는 P2→P1→P3, P2→P5→P3처럼 W 배열에서 다른 경로의 합으로 표현할 수 있다. data[1,2]=data[1,0]+data[1,2]=5+3=8, data[1,2]=data[1,4]+data[4,2]=4+7=11과 같이 여러 경로 중에서 P2→P1→P3이 가중치 8로 최단 거리를 구할 수 있고 배열 D의 data[1,2]=8이 된다.

39~45 ◆ 재귀를 이용하여 경유지를 출력한다.

58 ◆ W 배열을 출력한다.

60 ◆ 플로이드 방법을 이용하여 W 배열을 D 배열로 변환한다.

61 ◆ D 배열을 출력한다.

65 ◆ 시작점 P2와 끝점 P3을 입력한다. 최단 경로 P2→P1→P3이 출력된다.

결과

```
0       2       3       1000    7
5       0       1000    1000    4
2       1000    0       6       1000
1000    1000    3       0       4
6       1       6       2       0
----------------------
0       2       3       8       6
5       0       8       6       4
2       4       0       6       8
5       5       3       0       4
6       1       5       2       0
P1 -> P2 -> P5
```

아파트 단지 구하기

활용 144

- **학습 내용 :** 아파트 단지의 개수를 구해 보자.
- **힌트 내용 :** 임의의 지점에 대하여 동서남북으로 *를 찾는다. 재귀를 이용한다.

소스 : kr.co.infopub.chapter.s144.Apartment.java

```java
package kr.co.infopub.chapter.s144;
public class Apartment {
  private char[ ] pass = {'0','1','2','3','4','5','6','7','8','9'};
  private int d=0;
  public Apartment(int d) {
      this.d = d;
  }
  public int findApart(char region[ ][ ] , int x, int y, char step, int depth) {
      int count=0;
      int right=region.length;
      int bottom=region[0].length;
      if (x < 0 || x >= bottom || y < 0 || y >= right || region[y][x] != '*') {
            return 0;
      }
      region[y][x] = pass[depth % 10];     // 0~9를 반복 표시. 아파트 세는 과정
      count = 1 + findApart(region, x, y - 1, step, depth + 1)
            + findApart(region, x + 1, y, step, depth + 1)
            + findApart(region, x, y + 1, step, depth + 1)
            + findApart(region, x - 1, y, step, depth + 1);
      if(d>0){    // 대각선도 같은 아파트 단지로 인정
      count+= findApart(region, x + 1, y - 1, step, depth + 1)
            + findApart(region, x + 1, y + 1, step, depth + 1)
            + findApart(region, x - 1, y + 1, step, depth + 1)
            + findApart(region, x - 1, y - 1, step, depth + 1);
      }
      region[y][x] = step;
      print(region);
      return count;
  }
```

```
public static void print(char c[ ][ ]) {
    for (int i = 0; i < c.length; i++) {
        for (int j = 0; j < c[i].length; j++) {
            System.out.printf("%c",c[i][j]);
        }
        System.out.println( );
    }
    System.out.println("--------------------");
}
public static void main(String[ ] args) {
        int d=0;    // d=0 대각선 인정 - 같은 단지, 대각선 불인정 d=1 - 다른 단지
        Apartment apt=new Apartment(d);
//      char region[ ][ ]= {
//                              { '*','0','0'},
//                              { '0','*','0'},
//                              { '0','*','*'}
//                              };
        char region[ ][ ]= {
                        { '0','0','0','0','0','0','0','0'},
                        { '0','0','0','*','*','0','*','0'},
                        { '0','*','0','0','*','0','*','0'},
                        { '0','*','0','0','*','0','*','*'},
                        { '0','*','0','0','0','*','0','*'},
                        { '0','*','*','0','*','0','0','*'},
                        { '0','0','*','0','*','0','0','*'},
                        { '*','*','0','*','*','0','0','0'}
                        };
        int right=region.length;
        int bottom=region[0].length;
        int count=0;
        char steps[ ] = new char[26];           // A단지, B단지, ...... 26단지 이하
        for (int i = 0; i < steps.length; i++) {
            steps[i]=(char)('A'+i);
        }
        int [ ]sizes=new int[bottom*right];     // 단지 내 아파트 수
        int blocknums=0;    // 단지 수
        for (int iy = 0; iy < right; ++iy) {
            for (int ix = 0; ix < bottom; ++ix) {
                count = apt.findApart(region, ix, iy, steps[blocknums], 0);
                    if (count>0) {
```

```
                            sizes[blocknums++] = count;
                        }
                    }
            }
            System.out.printf("아파트 단지= %d개\n", blocknums);
            for (int ix = 0; ix < blocknums; ++ix) {
                System.out.printf("%c 단지  = 아파트 %d개\n", steps[ix], sizes[ix]);
            }
    }
}
```

임의의 지점(x, y)에 대하여 동서남북 (x, y+1), (x, y−1), (x+1, y), (x−1, y) 네 지점에 "*"가 있는지 파악한다. 이때 원지점(x, y)의 깊이(depth)는 0이고, 원지점에 대한 네 지점 (x, y+1), (x, y−1), (x+1, y), (x−1, y)의 깊이(depth)는 1이다. 네 지점 중 (x+1, y)에 대하여 다시 동서남북 네 지점은 (x+1, y+1), (x+1, y−1), (x+2, y), (x, y)이고 깊이는 2이다. 이런 방법으로 임의의 지점에 대하여 동서남북, 다시 이동 지점에 대하여 동서남북으로 이동한다. 동(오른쪽 벽), 서(왼쪽벽), 남(아랫벽), 북(윗벽)을 만나거나 이동 지정의 값이 0이면 벽이나 0을 만난 지점으로의 이동은 끝난다.

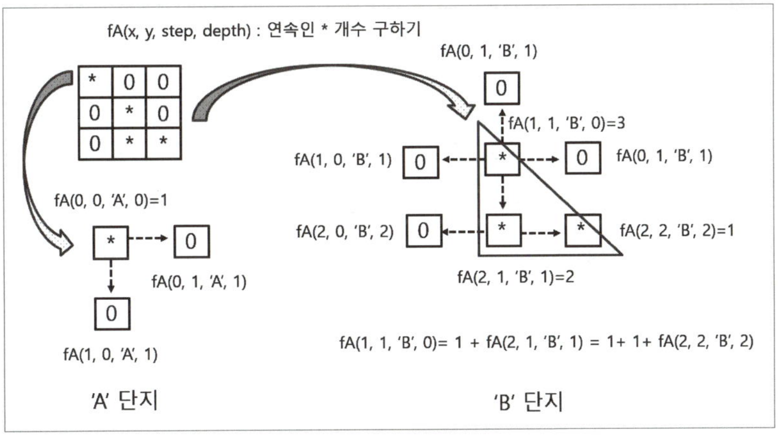

*를 만나면 동서남북으로 다른 * 찾기

"*"의 개수를 추적할 때 사용한다. "*"가 아니면 "0", 한 개 있다면 "1", 두 개 연결되어 있다면 "1", ◆ 3
"2", 세 개 연결되어 있다면 "1", "2", "3"과 같이 표현하면서 "*"의 연속된 개수를 표시한다. 11개 이상이면 다시 "0"으로 시작한다.

4 d=0이면 동서남북 4방향으로만 이동하고, d=1이면 대각선을 포함하여 8 방향으로 이동할 수 있다. 예로 한 지점 (x, y)에 대하여 동서남북 (x, y+1), (x, y−1), (x+1, y), (x−1, y)이며 대각선은 (x+1, y−1), (x+1, y+1), (x−1, y+1), (x−1, y−1)이다.

9 연속으로 붙어있는 "*"의 수를 저장한다.

10 행의 크기

11 열의 크기

12~14 위쪽 벽(x〈0)을 넘거나, 아래쪽 벽(x〉=bottom)을 넘거나, 왼쪽 벽(y〈0)을 넘거나, 오른쪽 벽(y〉=right)을 넘으면 메서드를 끝낸다. "*"가 아니라면 메서드를 끝낸다. "*"가 없으므로 0을 반환한다.

15 "*"의 연속 개수를 숫자로 표현하기 위한 것이다. 연속으로 "*"가 3개가 있다면 '1', '2', '3'식으로 몇 번째 "*"인가를 표시한다.

16~19 "*"가 있는 한 지점 (x, y)에 대하여 동서남북으로 이동시키면서 "*"가 있는지 확인한다. "*"가 있는 지점부터 시작하기 때문에 1을 더한다. 한 지점에 대하여 동서남북으로 찾기 때문에 이동하는 지점의 깊이는 원래 지점의 깊이(depth)+1이다.

20~25 동서남북뿐만 아니라 대각선 이동도 하는 경우이다.

26 연속해서 붙어 있는 첫 번째 "*"의 묶음("1", "2", "3", ……와 같이 번호가 붙어 있다)을 'A'로, 두 번째 묶음을 "B"라는 식으로 붙여서 아파트 단지를 표시한다.

27 아파트 단지를 찾는 과정을 출력한다.

28 연속적으로 붙어 있는 "*" 개수를 반환한다.

30~38 2차원 배열을 출력한다.

47~56 "*"가 아파트다. 이차원 배열로 아파트를 표시한다.

60 26개의 단지를 구분할 수 있다.

61~63 26개의 단지를 "A"~"Z"로 이름 짓는다.

64 최대 2차원 배열에 모두 아파트가 있을 수 있다.

단지 수 ◆ 65

연속된 아파트("*")를 아파트 단지로 만들고, 단지 내 아파트 수를 구한다. ◆ 66~73

아파트 단지 수를 출력한다. ◆ 74

단지의 이름과 단지 내 아파트 수를 출력한다. ◆ 75~76

결과

```
00000000
000010*0
0*0020*0
0*00A0**
0*000*0*
0**0*00*
00*0*00*
**0**000
--------------------
00000000
.........
아파트 단지= 6개
A 단지 = 아파트 4개
B 단지 = 아파트 7개
C 단지 = 아파트 6개
D 단지 = 아파트 1개
E 단지 = 아파트 4개
F 단지 = 아파트 2개
```

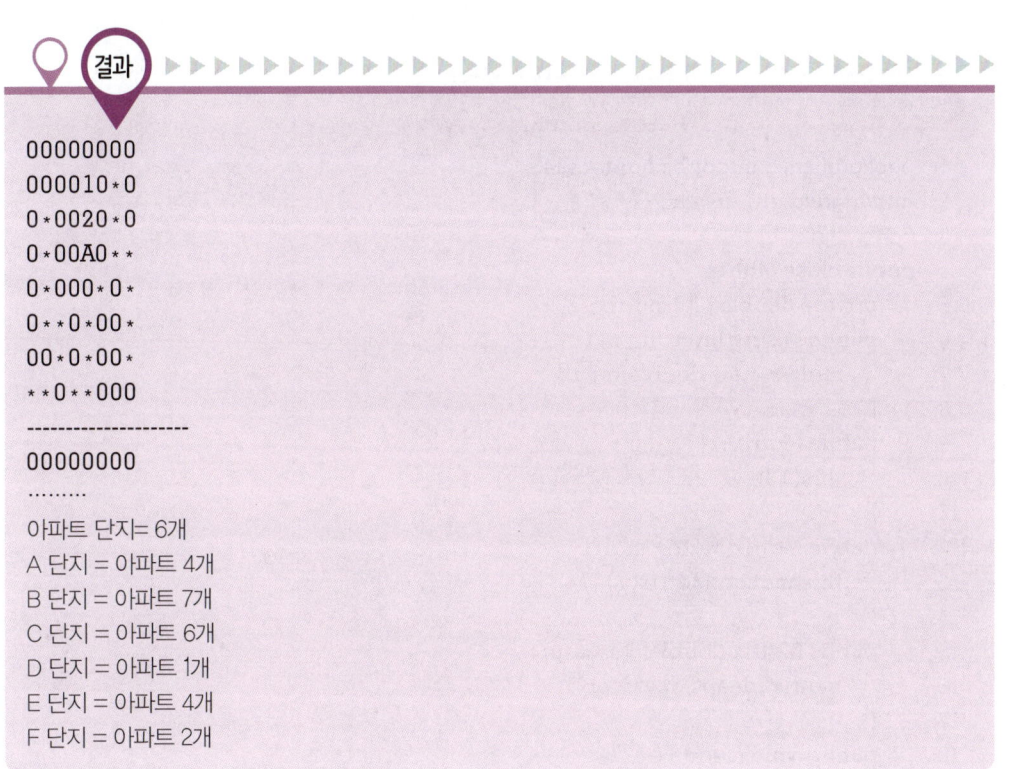

활용 145

행렬 만들기

- **학습 내용 :** 2차원 배열을 저장하는 행렬을 만들어 보자.
- **힌트 내용 :** 깊은 복사와 2차원 배열을 이용한다.

소스 : kr.co.infopub.chapter.s145.Matrix.java

```
package kr.co.infopub.chapter.s145;
import java.util.Arrays;
// 행렬 만들기
public class Matrix {
    private double [ ][ ] matrix;
    public Matrix(int m, int n) {
        matrix=new double[m][n];
    }
    public Matrix( ) {
        this(3,3);
    }
    public Matrix(Matrix mat) {
        this(mat.getMatrix( ));
    }
    public Matrix(double[ ][ ] deep) {
        matrix=deepCopy(deep);
    }
    public  void clear( ) {
        int m=matrix.length;
        for (int i = 0; i < m; i++) {
            Arrays.fill(matrix[i], 0);
        }
    }
    private double[ ][ ] deepCopy(double[ ][ ] deep) {
        int m=deep.length;
        int n=deep[0].length;
        double[ ][ ] paste=new double[m][n];
        for (int i = 0; i <m; i++) {
            System.arraycopy(deep[i], 0, paste[i], 0, n);
```

```
30:             }
31:             return paste;
32:         }
33:         public double[ ][ ] getMatrix( ) {
34:             return deepCopy(matrix);
35:         }
36:         public Matrix makeMatrix( ) {
37:             return new Matrix(matrix);
38:         }
39:         public void print( ) {
40:             for (int i = 0; i < matrix.length; i++) {
41:                 for (int j = 0; j < matrix[i].length; j++) {
42:                     System.out.printf("%f\t",matrix[i][j]);
43:                 }
44:                 System.out.println( );
45:             }
46:             System.out.println("---------------");
47:         }
48: }
```

1차원 배열은 System.arraycopy()를 이용하여 깊은 복사를 한다. 원래의 1차원 배열 A를 배열 B에 깊은 복사를 하면 A와 B는 배열값만 동일한 다른 배열이 된다. 2차원 배열은 배열에 대한 배열을 이용하여 깊은 복사를 할 수 있다.

2차원 배열을 선언한다. ◆ 5

m행 n열 배열을 생성하고 0.0으로 초기화한다. ◆ 6~8

기본 생성자는 6라인의 생성자(행, 열)를 이용하여 3행 3열 배열을 생성하고 초기화한다. ◆ 9~11

복사 생성자, 외부에서 행렬을 입력받으면 행렬 내부의 2차원 배열을 깊은 복사하여, 입력받은 2차원 배열과 값에 대해서만 같은 배열을 생성한다. ◆ 12~14

2차원 배열을 입력받으면 깊은 복사를 한다. ◆ 15~17

2차원 배열은 배열에 대한 배열이므로 1차원 배열을 초기화하는 Arrays.fill()을 이용하여 모든 행들을 초기화한다. 2차원 배열의 값을 모두 0으로 만든다. ◆ 18~23

33~35 ◆ 깊은 복사하여 2차원 배열을 반환한다.

36~38 ◆ 2차원 배열의 깊은 복사를 하는 생성자를 이용하여 행렬을 만든다.

39~47 ◆ 2차원 배열을 출력한다.

소스 : kr.co.infopub.chapter.s145.MatrixMain.java

```
1: package kr.co.infopub.chapter.s145;
2: public class MatrixMain {
3:     public static void main(String[ ] args) {
4:         double [ ][ ] m1={{1,2,3},{2,3,4},{3,4,5}};
5:         Matrix mtr1=new Matrix(m1);
6:         double [ ][ ] m2={{-1,2,-3},{2,-3,4},{-3,4,-5}};
7:         Matrix mtr2=new Matrix(m2);
8:         mtr1.print( );
9:         mtr2.print( );
10:
11:        Matrix mtr3=mtr1.makeMatrix( );           // 깊은 복사
12:        mtr3.print( );
13:
14:        System.out.println(mtr1.equals(mtr3));   // 내용이 일치하지만 주소가 다른 객체
15:    }
16: }
```

4 ◆ 3행 3열 배열을 생성하고 값을 대입한다.

5 ◆ 2차원 배열을 멤버로 갖는 행렬을 생성한다.

6 ◆ 다른 3행 3열 배열을 생성하고 값을 대입한다.

7 ◆ 2차원 배열을 멤버로 갖는 다른 행렬을 생성한다.

8~9 ◆ 행렬에 있는 배열을 출력한다.

11 ◆ 배열 mtr1과 모든 값이 동일하지만 다른 배열인 mtr3을 생성한다. 깊은 복사를 이용한다.

12 ◆ 행렬에 있는 배열들을 출력한다.

14 ◆ 깊은 복사를 했으므로 내용은 일치하지만 주소가 다르므로 서로 다른 객체이다.

결과

```
1.000000    2.000000    3.000000
2.000000    3.000000    4.000000
3.000000    4.000000    5.000000
--------------
-1.000000   2.000000    -3.000000
2.000000    -3.000000   4.000000
-3.000000   4.000000    -5.000000
--------------
1.000000    2.000000    3.000000
2.000000    3.000000    4.000000
3.000000    4.000000    5.000000
--------------
false
```

활용 146

두 행렬 합하기

- **학습 내용 :** 두 행렬을 합해 보자.
- **힌트 내용 :** 2차원 배열을 이용하여 행렬의 합을 구한다.

소스 : kr.co.infopub.chapter.s146.MatrixUtil.java

```
package kr.co.infopub.chapter.s146;
// 행렬연산 +, -, X
public class MatrixUtil {
  public static Matrix addMatrix(Matrix a, Matrix b) {
     int m=a.getMatrix( ).length;
     int n=a.getMatrix( )[0].length;
     double [ ][ ]c=new double[m][n];
     for (int i = 0; i < c.length; i++) {
          for (int j = 0; j < c[i].length; j++) {
               c[i][j]=a.getMatrix( )[i][j]+b.getMatrix( )[i][j];
          }
     }
     return new Matrix(c);
  } //
  public static Matrix diffMatrix(Matrix a, Matrix b) {
     int m=a.getMatrix( ).length;
     int n=a.getMatrix( )[0].length;
     double [ ][ ]c=new double[m][n];
     for (int i = 0; i < c.length; i++) {
          for (int j = 0; j < c[i].length; j++) {
               c[i][j]=a.getMatrix( )[i][j]-b.getMatrix( )[i][j];
          }
     }
     return new Matrix(c);
  } //
  public static Matrix mulMatrix(Matrix a, Matrix b) {
     int m=a.getMatrix( ).length;
     int n=a.getMatrix( )[0].length;
     int p=b.getMatrix( )[0].length;
```

```
        double [ ][ ]c=new double[m][p];
        for (int i = 0; i < m; i++) {
            for (int j = 0; j < p; j++) {
                for (int k = 0; k < n; k++) {
                    c[i][j]+=a.getMatrix( )[i][k]*b.getMatrix( )[k][j];
                }
            }
        }
        return new Matrix(c);
    } //
}
```

2차원 행렬은 2차원 배열을 이용한다. 행렬(배열)의 합과 차는 같은 행과 열의 값을 합하고 뺀다. 배열의 합은 c[i][j]=a[i][j]+b[i][j]이 된다. 같은 방법으로 배열의 차는 c[i][j]=a[i][j]−b[i][j]이 된다.

$$\begin{bmatrix} a_{00} & a_{01} & a_{02} \\ a_{10} & a_{11} & a_{12} \\ a_{20} & a_{21} & a_{22} \end{bmatrix} + \begin{bmatrix} b_{00} & b_{01} & b_{02} \\ b_{10} & b_{11} & b_{12} \\ b_{20} & b_{21} & b_{22} \end{bmatrix} = \begin{bmatrix} a_{00}+b_{00} & a_{01}+b_{01} & a_{02}+b_{02} \\ a_{10}+b_{10} & a_{11}+b_{11} & a_{12}+b_{12} \\ a_{20}+b_{20} & a_{21}+b_{21} & a_{22}+b_{22} \end{bmatrix}$$

두 행렬의 합 $c_{ij} = a_{ij} + b_{ij}$

$$\begin{bmatrix} a_{00} & a_{01} & a_{02} \\ a_{10} & a_{11} & a_{12} \\ a_{20} & a_{21} & a_{22} \end{bmatrix} - \begin{bmatrix} b_{00} & b_{01} & b_{02} \\ b_{10} & b_{11} & b_{12} \\ b_{20} & b_{21} & b_{22} \end{bmatrix} = \begin{bmatrix} a_{00}-b_{00} & a_{01}-b_{01} & a_{02}-b_{02} \\ a_{10}-b_{10} & a_{11}-b_{11} & a_{12}-b_{12} \\ a_{20}-b_{20} & a_{21}-b_{21} & a_{22}-b_{22} \end{bmatrix}$$

두 행렬의 차 $c_{ij} = a_{ij} - b_{ij}$

| **그림 146-1** | 같은 행과 열에 있는 값을 더하거나 빼기

행렬에 대한 곱은 [그림 146-2]처럼 a 행렬의 행과, b 행렬의 열의 곱이 된다. 예를 들어 c[0][0]=a[0][0]*b[0][0] + a[0][1]*b[1][0] + a[0][2]*b[2][0]이 되고, c[1][0]=a[1][0]*b[0][0] + a[1][1]*b[1][0] + a[1][2]*b[2][0]이 된다.

같은 방법으로 (i,j)에 대한 식으로 바꾸면 c[i][j]=a[i][0]*b[0][j] + a[i][1]*b[1][j] + a[i][2]*b[2][j]가 된다. 식을 잘 살펴보면 시작(i)과 끝 위치(j)만 다르고 중간의 값(k)만 변하는 것을 알 수 있다.

$$\begin{bmatrix} a_{00} & a_{01} & a_{02} \\ a_{10} & a_{11} & a_{12} \\ a_{20} & a_{21} & a_{22} \end{bmatrix} \times \begin{bmatrix} b_{00} & b_{01} & b_{02} \\ b_{10} & b_{11} & b_{12} \\ b_{20} & b_{21} & b_{22} \end{bmatrix} = \begin{bmatrix} c_{00} & c_{01} & c_{02} \\ c_{10} & c_{11} & c_{12} \\ c_{20} & c_{21} & c_{22} \end{bmatrix}$$

$$\begin{bmatrix} a_{00} \times b_{00} + a_{01} \times b_{10} + a_{02} \times b_{20} & \cdots \\ \cdots & \\ \cdots & \cdots \end{bmatrix} = \begin{bmatrix} c_{00} & c_{01} & c_{02} \\ c_{10} & c_{11} & c_{12} \\ c_{20} & c_{21} & c_{22} \end{bmatrix}$$

$$a_{00} \times b_{00} + a_{01} \times b_{10} + a_{02} \times b_{20} = c_{00}$$

$$a_{i0} \times b_{0j} + a_{i1} \times b_{1j} + a_{i2} \times b_{2j} = c_{ij}$$

두 행렬의 곱 $c_{ij} = a_{ij} \times b_{ij} = a_{i0} \times b_{0j} + a_{i1} \times b_{1j} + a_{i2} \times b_{2j}$

| **그림 146-2** | 시작(i)과 끝 위치(j)만 다르고 중간의 값(k)만 변함

4 ◆ 두 행렬을 입력받아 두 행렬의 합을 구하고, 그 행렬을 반환한다.

5 ◆ 행렬의 행의 수를 구한다.

6 ◆ 행렬의 열의 수를 구한다.

7 ◆ 입력받은 행의 수와 열의 수를 이용하여 double 타입의 2차원 배열을 생성한다.

8~12 ◆ 두 행렬의 i행, j열의 값을 더해서 배열 c[i][j]에 대입한다.

13 ◆ 배열을 깊은 복사해서 행렬로 만드는 생성자를 이용하여 두 행렬의 합을 구한 새로운 행렬을 생성한다.

19~23 ◆ 두 행렬의 i행, j열의 값의 차를 구하여 배열 c[i][j]에 대입한다.

24 ◆ 배열을 깊은 복사해서 행렬로 만드는 생성자를 이용하여 두 행렬의 차를 구한 새로운 행렬을 생성한다.

27~30 ◆ 3×4 A 행렬과 4×3 B 행렬의 곱은 3×3 행렬이 된다. A 행렬의 열(4)과 B 행렬의 행(4)은 같아야 한다. 이처럼 m×p와 p×n인 두 행렬의 곱은 m×n 행렬이 만들어진다. 그래서 m×n 배열을 생성한다.

c[i][j]=a[i][0]*b[0][j] + a[i][1]*b[1][j] + a[i][2]*b[2][j]가 된다. 식을 잘 살펴보면 시작(i)과 끝 위치 (j)만 다르고 중간의 값(k)만 변하는 것을 알 수 있다. 34

배열을 깊은 복사하여 행렬로 만드는 생성자를 이용하여 두 행렬의 곱을 구한 새로운 행렬을 생성한다. 38

소스 : kr.co.infopub.chapter.s146.MatrixMain.java

```
1: package kr.co.infopub.chapter.s146;
2: // 행렬 연산
3: public class MatrixMain {
4:     public static void main(String[ ] args) {
5:         double [ ][ ] basic={{1,2,3},{4,5,6},{7,8,9}};
6:         Matrix s0=new Matrix(basic);
7:         s0.print( );
8:         double [ ][ ] x2={{0,1,0},{0,0,1},{1,0,0}};
9:         double [ ][ ] x1={{0,0,1},{1,0,0},{0,1,0}};
10:
11:         Matrix mx2=new Matrix(x2);
12:         Matrix mx1=new Matrix(x1);
13:
14:         Matrix s1=MatrixUtil.mulMatrix(mx2, s0);
15:         s1.print( );
16:         Matrix s2=MatrixUtil.mulMatrix(mx1, s0);
17:         s2.print( );
18:         Matrix s3=MatrixUtil.mulMatrix(s0, mx1);
19:         s3.print( );
20:     }
21: }
```

3행 3열 배열을 생성하고 값을 대입한다. 5

2차원 배열을 멤버로 갖는 행렬을 생성한다. 6

다른 3행 3열 배열을 생성하고 값을 대입한다. 8~9

2차원 배열을 멤버로 갖는 다른 행렬을 생성한다. 11~12

14 두 행렬 m×2와 s0을 곱한다.

15 행렬에 있는 배열을 출력한다.

결과

```
1.000000    2.000000    3.000000
4.000000    5.000000    6.000000
7.000000    8.000000    9.000000
---------------
4.000000    5.000000    6.000000
7.000000    8.000000    9.000000
1.000000    2.000000    3.000000
---------------
7.000000    8.000000    9.000000
1.000000    2.000000    3.000000
4.000000    5.000000    6.000000
---------------
2.000000    3.000000    1.000000
5.000000    6.000000    4.000000
8.000000    9.000000    7.000000
---------------
```

역행렬 구하기

활용 147

• **학습 내용 :** 역행렬을 구해 보자.
• **힌트 내용 :** 가우스 소거법을 이용한다.

소스 : kr.co.infopub.chapter.s147.MatrixUtil.java

```
package kr.co.infopub.chapter.s147;
// 행렬 연산 역행렬
public class MatrixUtil {
 // Gaus 소거법 -역행렬
 public static Matrix revMatrix(Matrix a) {
     double [ ][ ] matricex=a.getMatrix( );  // 깊은 복사
     double [ ][ ] matrices=new double[matricex.length][matricex[0].length*2];

     for (int i = 0; i < matricex.length; i++) {
         for (int j = 0; j < matricex[i].length; j++) {
             matrices[i][j]=matricex[i][j];
         }
     }
     for (int i = 0; i < matricex.length; i++) {
         matrices[i][i+matricex[i].length]=1.0;
     }
     int row=matrices.length;
     int col=matrices[0].length;  // n==0
     for (int k = 0; k <row; k++) {
         double max=0.0;
         int pivotRow=k;
         for (int j = k; j < row; j++) {
             double tempMax=Math.abs(matrices[j][k]);
             if(max<tempMax) {
                 max=tempMax;
                 pivotRow=j;
             }
         }
         if(k!=pivotRow) {
```

```
66:             for (int j = 0; j <col; j++) {
67:                 double temp=matrices[k][j];
68:                 matrices[k][j]=matrices[pivotRow][j];
69:                 matrices[pivotRow][j]=temp;
70:             }
71:         }  // pivot
72:         double pivot=matrices[k][k];
73:         for (int j = k; j <col; j++) {
74:             matrices[k][j]/=pivot;      // 1로 만들기
75:         }
76:         for (int i = 0; i < row; i++) {
77:             if(i!=k) {
78:                 double delta=matrices[i][k];
79:                 for (int j = k; j <col; j++) {
80:                     matrices[i][j]-=delta*matrices[k][j];
81:                 }
82:             }
83:         }
84:     }
85:     // System.out.println(matrices);
86:     double [ ][ ] results=new double[matricex.length][matricex.length];
87:     for (int i = 0; i < matricex.length; i++) {
88:         for (int j = 0; j < matricex[i].length; j++) {
89:             results[i][j]=matrices[i][j+matricex[i].length];
90:         }
91:     }
92:     return new Matrix(results);
93: }  //
113: }
```

41~42 ◆ A 행렬의 배열을 깊은 복사해서 새로운 배열에 저장한다. 원래의 A 행렬 값을 변경하지 않기 위해서 깊은 복사를 했다.

43 ◆ [A|E]를 만들어 [E|A^{-1}]로 변경하기 위해, 배열 A 행렬과 단위 행렬 E를 저장하기 위해 A 행렬에 대한 열의 2배 크기의 배열을 생성한다.

45~49 ◆ 행렬 A의 배열값을 [A|E]를 저장하는 배열의 왼쪽 부분(A)에 대입한다.

50~52 ◆ 대각선만 1.0을 대입하여 [A|E]를 저장하는 배열의 오른쪽 부분(E)에 대입한다.

행과 열의 크기를 구한다. 53~54

열에서 가장 큰 값 즉, 피봇팅을 위한 값을 찾는다. 58~64

피봇팅값 위치가 대각선이 아니면 대각선 위치로 이동시킨다. 이때 피봇팅값이 있는 행을 이동시킨다. 65~71

피봇팅값을 1로 만든다. 72~75

피봇팅값이 있는 대각선을 중심으로 위나 아래를 0으로 만든다. [그림 147-2]와 같이 1번째 줄*2-2번째 줄, 1번째 줄+3번째 줄을 연산한다. 76~83

역행렬을 담기 위한 배열을 생성한다. 86

[A|E]를 [E|A^{-1}]로 만드는 과정이 가우스 소거법이므로 역행렬은 오른쪽 부분 (A^{-1})을 역행렬 배열에 저장한다. [j+length]은 열을 단위 행렬의 열만큼 이동한 것이 되므로 A^{-1} 부분이 된다. 89

배열을 깊은 복사하여 행렬로 만드는 생성자를 이용하여 역행렬을 생성한다. 92

소스 : kr.co.infopub.chapter.s147.MatrixMain.java

```
package kr.co.infopub.chapter.s147;
// 역행렬
public class MatrixMain {
    public static void main(String[ ] args) {
        double [ ][ ] basic={{2,3,1},{4,1,-3},{-1,2,2}};
        double [ ][ ] y={{-4},{-2},{2}};
        Matrix A=new Matrix(basic);
        A.print( );
        Matrix Y=new Matrix(y);
        Y.print( );
        Matrix A_1=MatrixUtil.revMatrix(A);
        A_1.print( );
        Matrix E=MatrixUtil.mulMatrix(A_1, A);
        E.print( );
        Matrix X=MatrixUtil.mulMatrix(A_1,Y);
        X.print( );
    }
}
```

AX=Y는 AX=EY(E는 단위 행렬)로 나타낼 수 있다. AX=EY를 [A|E|Y]로 바꿔서 표현한 다음, [A|E|Y]에서 A를 E로 만드는 과정이 필요하다. 이때 가우스 소거법을 이용한다. [A|E|Y]에서 A를 E로 만들면 자동으로 E는 A^{-1}, Y는 $A^{-1}Y$가 되어 [E|A^{-1}|$A^{-1}Y$]이 된다. 여기서 A^{-1}는 A의 역행렬이며, $A^{-1}Y$는 구하려고 하는 해 X가 된다.

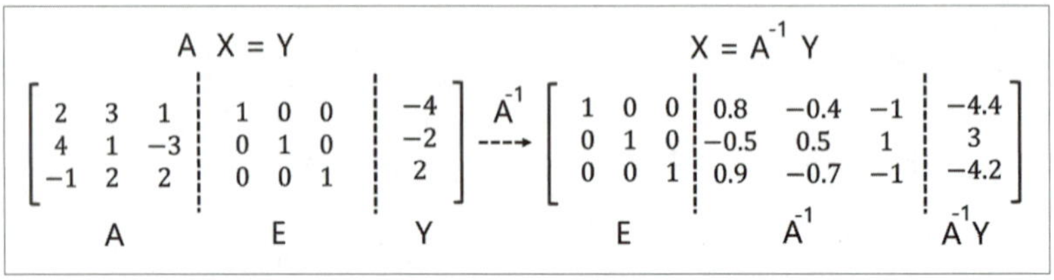

| 그림 147-1 | A 행렬을 단위 행렬 E로 만들면 자동으로 단위 행렬 E는 A의 역행렬이 됨

가우스 소거법은 대각선의 수를 모두 1로 만들면서 대각선 위, 아래의 수를 0으로 만드는 방법을 이용한다. 1열에 있는 수 중 가장 큰 값을 찾는다. 그리고 그 수가 있는 행을 1행으로 이동시킨다. 이를 피봇팅이라 한다. 피봇팅은 대각선 부분을 가장 큰 수로 만들어 오차를 줄이려는 용도로 사용한다. 피봇팅을 했다면 가장 큰 수로 그 행을 모두 나눈다. 1행 1열의 1을 이용하여 아래 두 수를 0으로 만든다. 가우스 소거법은 [그림 147-2], [그림 147-3]을 참고하자.

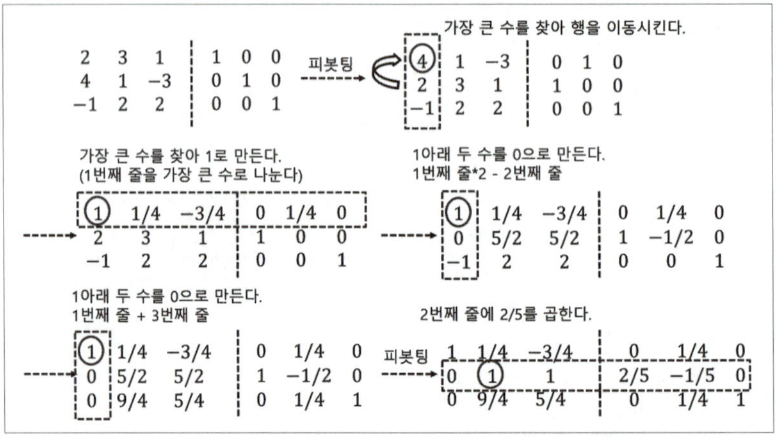

| 그림 147-2 | 대각선을 기준으로 위나 아래의 숫자를 제거해서 단위 행렬을 만듦

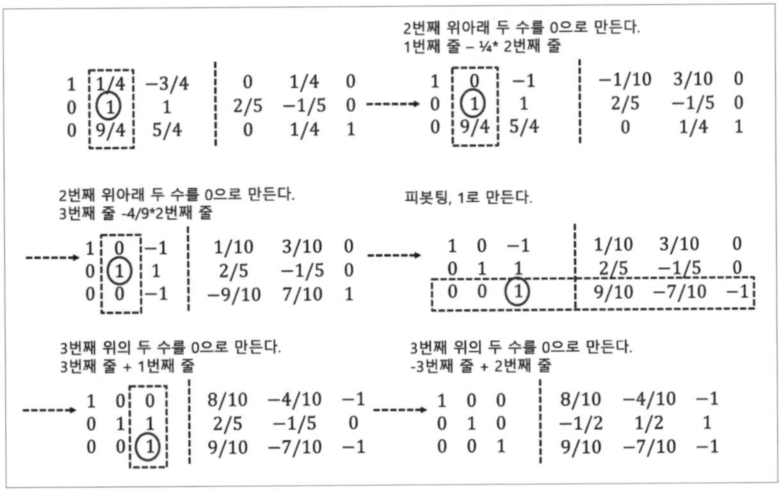

| 그림 147-3 | A가 단위 행렬 E가 되면 단위 행렬 E는 A의 역행렬이 됨

3행 3열 배열을 생성하고 값을 대입한다. ◆ 5

2차원 배열을 멤버로 갖는 행렬을 생성한다. A ◆ 7

2차원 배열을 멤버로 갖는 행렬을 생성한다. Y ◆ 9

역행렬을 구한다. A^{-1} ◆ 11

A와 A^{-1}곱해서 단위 행렬이 되는지 확인한다. ◆ 13

행렬의 해를 구한다. $X= A^{-1}Y$ ◆ 15

결과

```
2.000000    3.000000    1.000000
4.000000    1.000000    -3.000000
-1.000000   2.000000    2.000000
---------------
-4.000000
-2.000000
2.000000
---------------
0.800000    -0.400000   -1.000000
-0.500000   0.500000    1.000000
0.900000    -0.700000   -1.000000
---------------
1.000000    0.000000    0.000000
-0.000000   1.000000    0.000000
0.000000    0.000000    1.000000
---------------
-4.400000
3.000000
-4.200000
---------------
```

스도쿠 준비하기

활용 148

- **학습 내용 :** 행렬을 이용하여 스도쿠를 준비해 보자.
- **힌트 내용 :** 행렬을 이용한다.

소스 : kr.co.infopub.chapter.s148.Sudoku.java

```
package kr.co.infopub.chapter.s148;
import java.util.ArrayList;
import java.util.Arrays;
import java.util.Collections;
// 셔플
public class Sudoku {
    boolean isShuffle=true;
    double [ ][ ] sdoku;
    double [ ][ ] basic;
    int n;
    public Sudoku(int n) {
        this.n=n;
        sdoku=new double[n*n][n*n];
        basic=new double[n][n];
    }
    public Sudoku( ) {
        this(3);
    }
    private void clear( ) {
        int m=sdoku.length;
        for (int i = 0; i < m; i++) {
            Arrays.fill(sdoku[i], 0);
        }
    }

    public boolean isShuffle( ) {
        return isShuffle;
    }
    public void setShuffle(boolean isShuffle) {
        this.isShuffle = isShuffle;
    }
```

```
    public  void init( ) {       // 이 예제에서만 테스트용으로 public
        for (int i = 0; i < n; i++) {
            for (int j = 0; j <n; j++) {
                basic[i][j]=i*n+j+1;
                sdoku[i][j]=basic[i][j];
            }
        }
    }
    public  void shuffle( ) {  // 이 예제에서만 테스트용으로 public
        if(isShuffle( )) {
            Matrix msdo=MatrixUtil.toTwoOne(new Matrix(basic));
            double[ ][ ]mms=msdo.getMatrix( );    //1x9
            ArrayList<Double> list=new ArrayList<Double>( );
            for (int i = 0; i < mms[0].length; i++) {
                list.add(mms[0][i]);
            }
            Collections.shuffle(list);
            for (int i = 0; i < mms[0].length; i++) {
                mms[0][i]=list.get(i);
            }
            msdo=MatrixUtil.toOneTwo(new Matrix(mms),n,n);
            basic=msdo.getMatrix( );
            for (int i = 0; i < n; i++) {
                for (int j = 0; j <n; j++) {
                    sdoku[i][j]=basic[i][j];
                }
            }
        }

}
```

정사각형 스도쿠는 정수 1~9가 행과 열에 각 1번씩만 나오도록 만드는 퀴즈이다. 9×9 2차원 배열을 이용한다.

123456789

234567891

345678912

……와 같이 하면 쉽게 만들 수 있다.

그러나 356712948로 시작한다면 어떨까? 스도쿠 게임은 81칸 중 일부만 보여 주고 나머지를 완성하는 경우의 수가 매우 많은 퀴즈이다. [그림 148-1]에서 왼쪽은 81자리에 9개만 채워 주고 나머지를 완성하게 되어 있다.

기본 행렬(basic)

1	2	3	0	0	0	0	0	0
4	5	6	0	0	0	0	0	0
7	8	9	0	0	0	0	0	0
0	0	0	0	0	0	0	0	0
0	0	0	0	0	0	0	0	0
0	0	0	0	0	0	0	0	0
0	0	0	0	0	0	0	0	0
0	0	0	0	0	0	0	0	0
0	0	0	0	0	0	0	0	0

스도쿠

스도쿠(sdocku)

0	0	0	3	0	0	0	0	0
0	2	0	0	0	0	0	0	0
0	0	0	0	0	0	0	0	4
0	0	0	0	0	0	0	0	0
0	0	0	0	9	0	0	5	0
0	0	8	0	0	0	0	0	0
0	0	0	0	0	0	0	0	0
0	0	0	0	0	0	0	6	0
1	0	0	0	7	0	0	0	0

스도쿠 완성하기

| **그림 148-1** | 각 행과 각 열에 1~9가 한 번씩만 나오도록 함

백트래킹 방법도 있지만 여기서는 C++, C#과 다른 점을 확인하기 위해 static 메서드를 사용한다. C++, C#은 연산자 오버로딩(Operator Overloading)이 있어 객체+객체처럼 객체와 객체 사이에 연산(+, −, *, /, %, ~, ……)이 가능하지만 자바에서는 불가능하다. 대신 자바에서는 static 메서드를 사용한다.

9×9 배열 ◆ 8

3×3 배열, 3×3 배열 9개를 이동시킨 후 조립하기 기본 배열을 선언한다. ◆ 9

스도쿠의 행과 열의 크기를 입력받아서 필요한 배열을 생성한다. ◆ 11~15

스도쿠는 기본적으로 9×9이다. 9×9를 이루는 3×3 기본 배열을 이용하기 위해서 3을 기본(디폴트)으로 사용한다. ◆ 16

2차원 배열은 배열의 배열이다. 1차원 배열을 초기화하는 Arrays.fill()을 이용하여 2차원 배열의 모든 행을 초기화한다. ◆ 21~23

스도쿠를 섞기(Shuffle) 위한 기본 환경을 준비한다. isShuffle이 true이면 첫줄 123456789를 섞어서 시작한다. ◆ 26~31

35~36 ◆ [그림 148-1]의 오른쪽과 같이 기본 행렬(basic)을 이용하여 스도쿠를 채워 나가기 위해 준비한다. basic 배열의 값을 sdoku 배열에 대입한다.

42 ◆ 2차원 배열을 1차원 배열로 변환한다.

46 ◆ ArrayList에 1차원 배열값을 대입한다.

48 ◆ ArrayList의 값을 섞는다.

50 ◆ ArrayList의 값을 1차원 배열에 대입한다.

52 ◆ 1차원 배열을 2차원 배열로 변환한다.

53 ◆ 섞인 기본 배열을 sdoku에 대입하고 준비한다. [그림 148-1]의 오른쪽 그림과 같이 1~9가 섞이게 된다.

소스 : kr.co.infopub.chapter.s148.SudokuMain.java

```
 1: package kr.co.infopub.chapter.s148;
 2: public class SudokuMain {
 3:     public static void main(String[ ] args) {
 4:         Sudoku sd=new Sudoku(3);
 5:         sd.setShuffle(false);    // 섞지 않고 보여 준다.
 6:         // sd.setShuffle(true);   // 섞는다.
 7:         sd.init( );
 8:         sd.shuffle( );
 9:         sd.print( );
10:     }
11: }
```

4 ◆ 기본 배열이 3×3인 스도쿠(9×9 배열)를 생성하고 초기화한다.

5 ◆ [그림 148-1]의 오른쪽과 같이 섞이지 않은 형태가 된다.

7 ◆ 기본 배열을 1~9로 채운다.

8 ◆ 기본 배열을 섞는다.

9 ◆ 결과는 [그림 148-1]의 오른쪽과 같다.

스도쿠 게임하기

활용 149

- **학습 내용 :** 행렬을 이용하여 스도쿠를 준비해 보자.
- **힌트 내용 :** 행렬을 이용한다.

소스 : kr.co.infopub.chapter.s149.Sudoku.java

```
package kr.co.infopub.chapter.s149;
import java.util.ArrayList;
import java.util.Arrays;
import java.util.Collections;
// 연산자 오버로딩은 없다.
public class Sudoku {
    public void make( ) {
        clear( );
        init( );
        shuffle( );
        makeS1( );
        makeS2( );
        makeS3( );
        makeS4( );
        makeS5( );
        makeS6( );
        makeS7( );
        makeS8( );
    }
    private double [ ][ ] x2={{0,1,0},{0,0,1},{1,0,0}};
    private double [ ][ ] x1={{0,0,1},{1,0,0},{0,1,0}};
    public void makeS1( ) {
        Matrix s0=new Matrix(basic);
        Matrix s1=MatrixUtil.mulMatrix( new Matrix(x2),s0);
        for (int i = 0; i < n; i++) {
            for (int j =0; j <n; j++) {
                sdoku[i][j+n]=s1.getMatrix( )[i][j];
            }
        }
```

```
    }
    public void makeS2( ) {
        Matrix s0=new Matrix(basic);
        Matrix s2=MatrixUtil.mulMatrix( new Matrix(x1),s0);
        for (int i = 0; i < n; i++) {
            for (int j =0; j <n; j++) {
                sdoku[i][j+2*n]=s2.getMatrix( )[i][j];
            }
        }
    }
    public void makeS3( ){
        Matrix s0=new Matrix(basic);
        Matrix s3=MatrixUtil.mulMatrix( s0,new Matrix(x1));
        for (int i = 0; i < n; i++) {
            for (int j =0; j <n; j++) {
                sdoku[i+n][j]=s3.getMatrix( )[i][j];
            }
        }
    }
    public void makeS4( ) {
        Matrix s0=new Matrix(basic);
        Matrix s1=MatrixUtil.mulMatrix( new Matrix(x2),s0);
        Matrix s4=MatrixUtil.mulMatrix( s1,new Matrix(x1));
        for (int i = 0; i < n; i++) {
            for (int j =0; j <n; j++) {
                sdoku[i+n][j+n]=s4.getMatrix( )[i][j];
            }
        }
    }
    public void makeS5( ) {
        Matrix s0=new Matrix(basic);
        Matrix s1=MatrixUtil.mulMatrix( new Matrix(x1),s0);
        Matrix s5=MatrixUtil.mulMatrix( s1,new Matrix(x1));
        for (int i = 0; i < n; i++) {
            for (int j =0; j <n; j++) {
                sdoku[i+n][j+2*n]=s5.getMatrix( )[i][j];
            }
        }
    }
    public void makeS6( ) {
```

```
        Matrix s0=new Matrix(basic);
        Matrix s6=MatrixUtil.mulMatrix( s0,new Matrix(x2));
        for (int i = 0; i < n; i++) {
            for (int j =0; j <n; j++) {
                sdoku[i+2*n][j]=s6.getMatrix( )[i][j];
            }
        }
    }
    public void makeS7( ) {
        Matrix s0=new Matrix(basic);
        Matrix s1=MatrixUtil.mulMatrix( new Matrix(x2),s0);
        Matrix s7=MatrixUtil.mulMatrix( s1,new Matrix(x2));
        for (int i = 0; i < n; i++) {
            for (int j =0; j <n; j++) {
                sdoku[i+2*n][j+n]=s7.getMatrix( )[i][j];
            }
        }
    }
    public void makeS8( ) {
        Matrix s0=new Matrix(basic);
        Matrix s1=MatrixUtil.mulMatrix( new Matrix(x1),s0);
        Matrix s8=MatrixUtil.mulMatrix( s1,new Matrix(x2));
        for (int i = 0; i < n; i++) {
            for (int j =0; j <n; j++) {
                sdoku[i+2*n][j+2*n]=s8.getMatrix( )[i][j];
            }
        }
    }
    public void print2( ) {
        System.out.println(new Matrix(sdoku));
    }
    public void print( ) {
        StringBuffer sb=new StringBuffer( );
        for (int i = 0; i < sdoku.length; i++) {
            sb.append("[\t");
            for (int j = 0; j < sdoku[i].length; j++) {
                sb.append((int)sdoku[i][j]+"\t");
            }
            sb.append("]");
            sb.append("\n");
```

```
            }
            System.out.println(sb.toString( ));
        }
}
```

스도쿠를 만드는 방법은 여러 가지가 있지만, 이 책에서는 기본 행렬에 이동 행렬을 곱하는 방법을 사용한다.

9×9 행렬 스도쿠를 3×3 행렬로 9등분한다. 그리고 왼쪽 윗부분을 기본 배열(행렬) S0라고 하자. 두 행렬의 곱 X2 · S0은 S1이다. X2를 왼쪽에서 곱하면 행을 위로 한 칸씩 이동시킨다. 결국 S1은 S0의 행을 한 칸 씩 위로 이동시킨다. 두 행렬의 곱 X1 · S0은 S2이다. X1을 왼쪽에서 곱하면 행을 아래로 한 칸 씩 이동시킨다. 결국 S2는 S0의 행을 한 칸 씩 아래로 이동시킨다.

두 행렬의 곱 S0 · X1은 S3이다. X1을 오른쪽에서 곱하면 열을 왼쪽으로 한 칸 씩 이동시킨다. 결국 S3는 S0의 열을 한 칸 씩 왼쪽으로 이동시킨다. 세 행렬의 곱 X2 · S0 · X1은 S4이다. X2를 왼쪽에서 곱하면 행을 위로 한 칸 씩 이동시킨다. X1을 오른쪽에서 곱하면 열을 왼쪽으로 한 칸 씩 이동시킨다. 결국 S4는 S0의 행을 위로 한 칸 씩 이동시킨다(S1). 그리고 S1 행렬의 열을 한 칸 씩 왼쪽으로 이동시킨다.

같은 방법으로 S5~S8을 완성하면 스도쿠를 만들 수 있다.

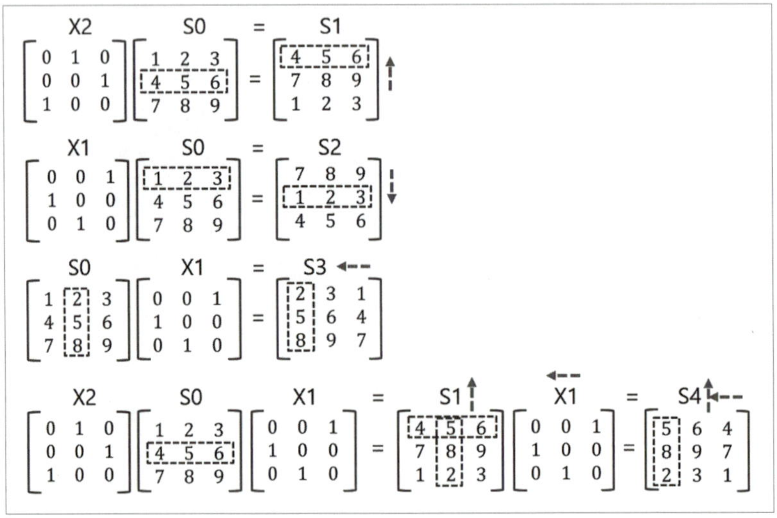

| 그림 149-1 | 이동 행렬의 특징 이해하기

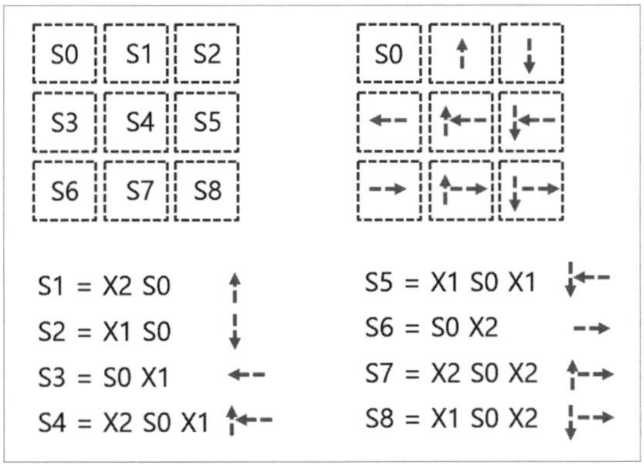

| **그림 149-2** | 이동 행렬을 곱해서 같은 행과 열에 같은 수를 갖지 않게 함

기본 행렬(S0)을 준비한다. ◆ 77

S1=X2S0, S1 부분을 스도쿠에 대입한다. ◆ 78

S2=X1S0, S2 부분을 스도쿠에 대입한다. ◆ 85~93

S3=S0X1, S3 부분을 스도쿠에 대입한다. ◆ 94~102

S4=X2S0X1, S4 부분을 스도쿠에 대입한다. ◆ 103~112

S5=X1S0X1, S5 부분을 스도쿠에 대입한다. ◆ 113~122

S6=S0X2, S6 부분을 스도쿠에 대입한다. ◆ 123~131

S7=X2S0X2, S7 부분을 스도쿠에 대입한다. ◆ 132~141

S8=X1S0X2, S8 부분을 스도쿠에 대입한다. ◆ 142~151

소스 : kr.co.infopub.chapter.s149.SudokuMain.java

```
1:  package kr.co.infopub.chapter.s149;
2:  public class SudokuMain {
3:      public static void main(String[ ] args) {
4:          Sudoku sd=new Sudoku(3);
5:          sd.setShuffle(false);     // 섞지 말고 보인다.
6:          // sd.setShuffle(true);    // 섞는다.
7:          sd.make( );
8:          sd.print( );
9:      }
10: }
```

4 ◆ 기본 배열이 3×3인 스도쿠(9×9 배열)를 생성하고 초기화한다.

5 ◆ [그림 149-2]의 오른쪽과 같이 섞이지 않은 형태가 된다.

7 ◆ 스도쿠를 만든다.

결과

```
[ 1 2 3 4 5 6 7 8 9 ]
[ 4 5 6 7 8 9 1 2 3 ]
[ 7 8 9 1 2 3 4 5 6 ]
[ 2 3 1 5 6 4 8 9 7 ]
[ 5 6 4 8 9 7 2 3 1 ]
[ 8 9 7 2 3 1 5 6 4 ]
[ 3 1 2 6 4 5 9 7 8 ]
[ 6 4 5 9 7 8 3 1 2 ]
[ 9 7 8 3 1 2 6 4 5 ]
```

15 게임(Fifteen Game) 만들기

활용 150

- **학습 내용 :** 15 게임을 만들어 보자.
- **힌트 내용 :** 행의 수 + 0이 있는 행의 위치 + 큰 수가 앞에 있는 바뀐 수의 총합이 홀수면 가능한 게임이다.

소스 : kr.co.infopub.chapter.s150.FifteenPuzzle.java

```
package kr.co.infopub.chapter.s150;
public class FifteenPuzzle {
  private int [ ][ ] puzzle;
  private int n;
  public FifteenPuzzle(int n) {
     init(n);
  }
  public FifteenPuzzle( ) {
     this(4);
  }
  public void init(int n) {
     this.n=n;
     puzzle=new int[n][n];
     for (int i = 0; i <n*n ; i++) {
         puzzle[i/n][i%n]=i;
     }   //0~n*n-1
  }
  public int getPuzzle(int r, int c) {
     return puzzle[r][c];
  }
  private int num( ) {
     int row=puzzle.length;
     return (int)((row*row)*Math.random( ));
  }
  public void shuffle( ) {
     int row=puzzle.length;
     int col=puzzle[0].length;
     int [ ] sh=new int[row*col];
     FifteenPuzzleUtil.toTwoOne(puzzle, sh);
```

```
        for (int i = 0; i < sh.length; i++) {
            int temp=num( );
            int mtemp=sh[i];
            sh[i]=sh[temp];
            sh[temp]=mtemp;
        }
        FifteenPuzzleUtil.toOneTwo(sh, puzzle);
    }
    private int invertnumber( ) {
        int row=puzzle.length;
        int col=puzzle[0].length;
        int [ ] sh=new int[row*col];
        int location=0;
        FifteenPuzzleUtil.toTwoOne(puzzle, sh);
        for (int i = 0; i < sh.length; i++) {
            if(sh[i]==0){location=i;break;}
        }
        int ivn=0;
        for (int i = 0; i < sh.length-1; i++) {
            for (int j = i+1; j < sh.length; j++) {
                if(i!=location && j!=location && sh[i]>sh[j]) {
                    ivn++;
                }
            }
        }
        return ivn;
    } //
    private int zero( ) {
        int row=puzzle.length;
        int col=puzzle[0].length;
        int [ ] sh=new int[row*col];
        FifteenPuzzleUtil.toTwoOne(puzzle, sh);
        int znum=0;
        for (int i = 0; i < sh.length; i++) {
            if(sh[i]==0) {
                znum=i/col;
                break;
            }
        }
        return znum;
```

```
    }
    public int evenpuzle( ) {
        int num=0;
        int invert=invertnumber( );
        num+=invert;
        num+=puzzle.length;
        num+=zero( );
        return num;
    }
    public void makePuzzle(boolean show) {
        int num=0;
        do {
            shuffle( );
            num=evenpuzle( );
            if(show) {
                if(puzzle.length%2==0 && num%2==1) {  // 홀수면 가능
                    System.out.println("Even Possible Middle!");
                    System.out.printf("Row  : %d \n", puzzle.length);
                    System.out.printf("IVN  : %d \n", invertnumber( ));
                    System.out.printf("Zero : %d \n", zero( ));
                    System.out.printf("TOT  : %d \n", num);
                    System.out.println("--------------------------");
                } else if(puzzle.length%2==0) {
                    System.out.println("Even Impossible Middle!");
                    System.out.printf("Row  : %d \n", puzzle.length);
                    System.out.printf("IVN  : %d \n", invertnumber( ));
                    System.out.printf("Zero : %d \n", zero( ));
                    System.out.printf("TOT  : %d \n", num);
                    print( );
                    System.out.println("--------------------------");
                }
            }
        } while((puzzle.length+num)%2==0);
    }
    public void print( ) {
        int n=puzzle.length;
        for (int i = 0; i < n; i++) {
            for (int j = 0; j <n; j++) {
                System.out.printf("%2d\t",puzzle[i][j]);
            }
```

```
            System.out.println( );
        }
        System.out.println( );
    }
    // 테스트용 생성자
    public FifteenPuzzle(int [ ][ ] pz) {
        this.n=pz.length;
        init(n);
        for (int i = 0; i < n; i++) {
            for (int j = 0; j <n; j++) {
                puzzle[i][j]=pz[i][j];
            }
        }
    }
    // 테스트 메서드
    public void testPuzzles( ) {
        int num=evenpuzle( );
        if(puzzle.length%2==0 && num%2==1) {  // 홀수면 가능
            System.out.println("Even Possible Middle!");
            System.out.printf("Row  : %d \n", puzzle.length);
            System.out.printf("IVN  : %d \n", invertnumber( ));
            System.out.printf("Zero : %d \n", zero( ));
            System.out.printf("TOT  : %d \n", num);
            System.out.println("--------------------------");
        } else if(puzzle.length%2==0) {
            System.out.println("Even Impossible Middle!");
            System.out.printf("Row  : %d \n", puzzle.length);
            System.out.printf("IVN  : %d \n", invertnumber( ));
            System.out.printf("Zero : %d \n", zero( ));
            System.out.printf("TOT  : %d \n", num);
            System.out.println("--------------------------");
        }
    }
}   //
```

15 게임은 비어 있는 한 개의 공간을 이용하여 번호를 순서대로 정렬하는 게임이다. [그림 150-1]의 아랫줄처럼 섞여 있는 숫자를 빈 공간을 이용하여 정렬하면 된다. 우선 2를 왼쪽으로 이동시켜서 빈 공간을 오른쪽(Right)으로 움직인 후, 3을 위로 올리면 빈 공간이 아래로 이동(Down)된다. 다시 6을 위로 올리면, 빈 공간이 아래로 이동(Down)되고 숫자가 정렬된다. 그러나 [그림 150-1]의

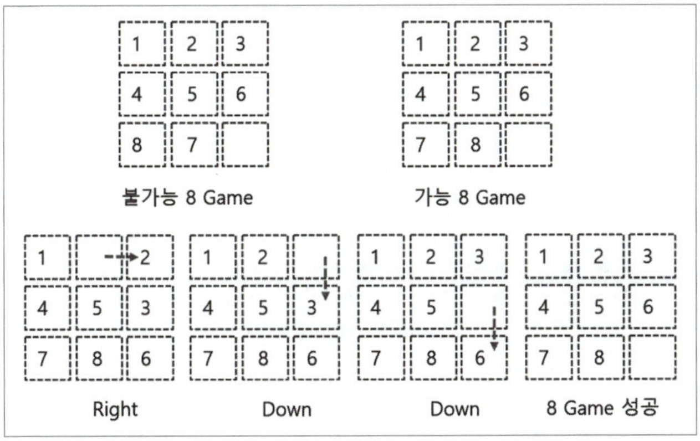

| **그림 150-1** | 비어 있는 공간을 이용하여 숫자를 정렬

윗줄 왼쪽처럼 배치된 숫자들이 섞여 있다면 증가순으로 정렬할 수 없다. 이처럼 15 게임(또는 8 게임)은 가능 또는 불가능하게 섞여 있는지 파악한 다음, 가능하게 섞여 있는 상태에서 정렬하게 해야 한다.

정렬 여부를 판별할 수 있는 방법이 있다. [그림 150-2]는 8 게임, [그림 150-3]은 15 게임을 판별할 수 있는 방법을 보여 준다. 이 책에서는 15 게임 판별법만 다룬다. [그림 150-3]과 같이 15 게임은 (행의 수 + 0이 있는 행위 위치 + 큰 수가 앞에 있어 순서가 바뀐 수 ivn)의 총합이 홀수면 순서대로 정렬할 수 있다. 2차원 배열을 1차원 배열로 바꾸고, 다시 1차원 배열을 2차원 배열로 바꾸는 방법을 사용한다. ivn(큰 수가 앞에 있어 순서가 바뀐 수)을 구하는 방법은 다음과 같다.

❶ 2차원 배열을 1차원 배열로 바꾼다.

❷ 1차원 배열에서 0을 제거하고 순서대로 나열한다. {1, 2, 3, 4, 5, 6, 7, 9, 10, 11, 8, 13, 14, 15, 12}

❸ 1차원 배열에서 큰 수가 앞에 있는 경우를 찾는다. {9, 10, 11, 8}, {13, 14, 15, 12}

❹ 뒤바꾼 경우의 개수를 찾는다. {8, 9}, {8, 10}, {8, 11}, {12, 13}, {12, 14}, {12, 15} 등 모두 6개

❺ (행의 수 4 + 0이 있는 행위 위치 1 + ivn 6) = 11, 홀수이므로 15 게임 정렬이 가능하다고 판단할 수 있다.

| **그림 150-2** | 8 게임이 가능한지 판별하기

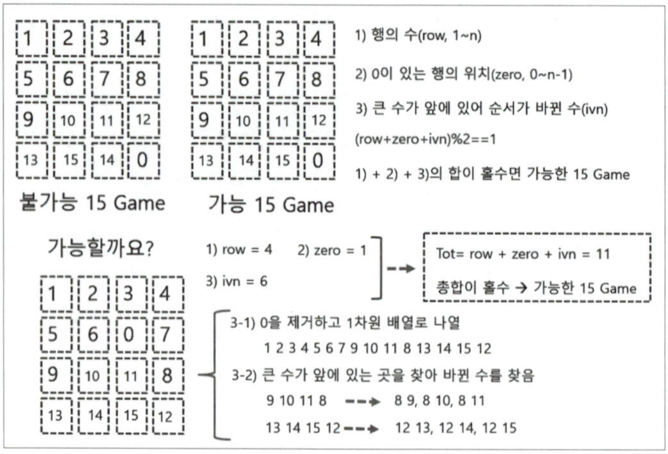

| **그림 150-3** | 15 게임이 가능한지 판별하기

3~4 ◆ 2차원 배열을 선언하고, 행의 수를 선언한다. 행과 열의 수가 같은 정방형 배열이다.

5~7 ◆ 행과 열의 크기가 같은 정방형 2차원 배열을 생성하고 초기화하는 생성자이다.

8~10 ◆ 기본 생성자로 4×4 2차원 배열을 생성하고 초기화한다.

14~16 ◆ 2차원 배열에 0부터 15를 대입한다.

21~24 ◆ 0~15 사이 임의의 수를 만든다.

2차원을 1차원 배열로 바꾼다. ◆ 29

숫자를 섞는다. ◆ 30~35

1차원 배열을 2차원 배열로 바꾼다. ◆ 36

2차원 배열을 1차원 배열로 바꾼다. ◆ 43

0의 위치를 찾는다. ◆ 44~46

0을 제외하고 큰 수가 앞에 있어서 순서가 바뀐 경우의 수를 구한다. {9, 10, 11, 8}에 대하여 {8, 9}, {8, 10}, {8, 11}로 순서가 바뀌었다. ◆ 50~52

2차원을 1차원으로 변경한 후 몫(/)을 구하면 0이 있는 행의 위치를 구할 수 있다. ◆ 65

큰 수가 앞에 있어 순서가 바뀐 수 invert + 행의 수 puzzle.length + 0이 있는 행의 위치 zero()의 총합을 구한다. ◆ 74~76

큰 수가 앞에 있어 순서가 바뀐 수 invert + 행의 수 puzzle.length + 0이 있는 행의 위치 zero()의 총합이 홀수가 될 때까지 4×4 배열을 만들고 섞는다. ◆ 81~102

0~15까지 만든 수를 섞는다. ◆ 82

큰 수가 앞에 있어 순서가 바뀐 수 invert + 행의 수 puzzle.length + 0이 있는 행위 위치 zero()의 총합을 구한다. ◆ 83

show가 true이면 과정을 볼 수 있다. ◆ 84

짝수행에 대하여 큰 수가 앞에 있어 순서가 바뀐 수 invert + 행의 수 puzzle.length + 0이 있는 행위 위치 zero()의 총합이 홀수면 정렬이 가능하므로 15 게임이 가능하다. ◆ 85

테스트용 생성자이다. 2차원 배열을 입력받을 수 있다. ◆ 115

입력받은 2차원 배열이 순서대로 정렬 가능한지 테스트한다. ◆ 125~142

소스 : kr.co.infopub.chapter.s150.FifteenPuzzleUtil.java

```
1:  package kr.co.infopub.chapter.s150;
2:  public class FifteenPuzzleUtil {
3:      // 2차원 배열을 1차원 배열로 바꾸기
4:      public static void toTwoOne(int[ ][ ] org, int[ ] tar ) {
5:          int row=org.length;
6:          int col=org[0].length;
7:          for (int i = 0; i < row; i++) {
8:              for (int j = 0; j < col; j++) {
9:                  tar[i*col+j]=org[i][j];
10:             }
11:         }
12:     }
13:     // 1차원 배열을 2차원 배열로 바꾸기
14:     public static void toOneTwo(int[ ] org, int[ ][ ] tar ) {
15:         int n=org.length;
16:         int col=tar[0].length;
17:         for (int i = 0; i < n; i++) {
18:             tar[i/col][i%col]=org[i];
19:         }
20:     }
21: }
```

4 ◆ 2차원 배열을 1차원 배열로 바꾼다.

9 ◆ 중요한 공식이다. tar[알칼제이 : i*열의 수 + j]=org[i][j]로 기억하자.

14 ◆ 1차원 배열을 2차원 배열로 바꾼다.

18 ◆ 중요한 공식이다. tar[아나칼: i/열의 수][아모칼: i%열의 수]로 기억하자. /(나누기)는 정수에 대하여 몫이고, %(모듈러스)는 정수에 대하여 나머지이다.

소스 : kr.co.infopub.chapter.s150.FifteenPuzzleMain.java

```
package kr.co.infopub.chapter.s150;
public class FifteenPuzzleMain {
    public static void main(String[ ] args) {
```

```
 4:         // 15 Game 테스트
 5:         int[ ][ ]m={{1,2,3,4},
 6:         {5,6,0,7},
 7:         {9,10,11,8},
 8:         {13,14,15,12}};
 9:         FifteenPuzzle puzzle=new FifteenPuzzle(m); // 짝수에 적용 가능
10:         puzzle.testPuzzles( );  // 테스트 배열 m 15 Game 가능?
11:         puzzle.print( );
12:         // 15 Game 만들기
13:         FifteenPuzzle puzzle2=new FifteenPuzzle( ); // 짝수에 적용 가능
14:         // puzzle2.makePuzzle(false);  // 과정 보여 주지 않기
15:         puzzle2.makePuzzle(true);      // 과정 보여 주기
16:         puzzle2.print( );
17:     }
18: }
```

테스트하려는 2차원 배열을 선언하고 초기화한다. ◆ 5~8

테스트용 생성자에 테스트하려는 배열을 대입한다. ◆ 9

정렬이 가능한지 테스트한다. ◆ 10

기본 생성자를 호출하여 4×4 배열을 생성하고 초기화한다. 0~15를 대입한다. ◆ 13

0~15를 섞은 후, 정렬이 가능한지 진단한다. ◆ 15

과정과 결과를 출력한다. ◆ 16

결과

```
Even Possible Middle!
Row  : 4
IVN  : 55
Zero : 0
TOT  : 59
---------------------------
 6      9     13      0
11      4      3     14
10      8      2      5
 1     12     15      7
```

NOTE

FifteenPuzzle은 짝수만 되는 퍼즐 맞추기 게임이다. 홀수도 가능한 것은 SongPuzzle로 이 책의 소스에 포함되어 있다. kr.co.infopub.chapter.s150.TileJPanelMain을 실행하면 2~5(3, 8, 15, 24) 게임을 해 볼 수 있다. NUM=4일 때 15 게임이다.

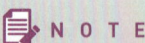

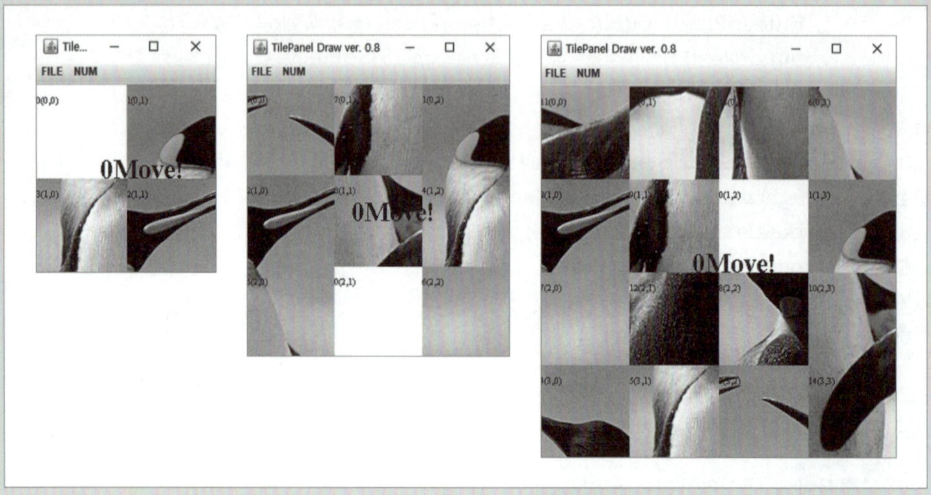

야구 게임(숫자 맞추기) 만들기

활용 151

- **학습 내용 :** 야구 게임(숫자 맞추기)을 만들어 보자.
- **힌트 내용 :** 위치와 값이 같은지 비교한다.

소스 : kr.co.infopub.chapter.s151.Pitcher.java

```java
package kr.co.infopub.chapter.s151;
import java.util.Arrays;
public class Pitcher {
    private int [ ] gong;
    private int n;      // 3
    private int num=10;
    public Pitcher( ) {
        this(10,3);
    }
    public Pitcher(int num,int n ) {
        super( );
        this.n = n;
        this.num = num;
        gong=new int[n];      // gong 3개
        Arrays.fill(gong, -1);
    }
    public int[ ] getGong( ) {
        return gong;
    }
    // 0~9
    public int makeOne( ) {
        return (int)(Math.random( )*num);
    }

    public boolean contains(int gn) {
        boolean isC=false;
        for (int i = 0; i < n; i++) {
            if(gn==gong[i]) {
                isC=true;
```

```
                    break;
                }
            }
            return isC;
        }
        public void make( ) {
            Arrays.fill(gong, -1);
            int count=0;
            while(count!=n) {
                int temp=makeOne( );
                if( !contains(temp) ) {
                    gong[count++]=temp;
                }
            }
        }
        public void print( ) {
            System.out.println("Pitcher");
            for (int i = 0; i < n; i++) {
                System.out.printf("%d\t",gong[i]);
            }
            System.out.println( );
        }
    }
```

야구 게임은 투수가 만든 0~9 사이의 서로 다른 세 수를 타자가 맞추는 숫자 맞추기 게임이다. 투수가 만든 세 수와 타자가 만든 세 수를 비교하여 위치와 값이 모두 같으면 스트라이크(Strike, S), 값은 같은데 위치가 다르면 볼(Ball, B)로 판정한다. 10회 이내에 타자가 투수의 세 수를 맞추면(3S, 3Strike) 이긴다.

야구 게임은 다음과 같이 진행된다. [그림 151−1]도 참고하자.

❶ 투수는 0~9 사이의 서로 다른 세 수를 만든다. 이 세 수를 타자는 볼 수 없다.

❷ 타자는 투수가 만든 세 수를 추측하고 위치를 고려하여 숫자 세 개를 입력한다.

❸ 심판은 투수의 공과 타자의 공을 입력받는다. 그리고 스트라이크와 볼의 수를 타자에게 알려 준다.

❹ ❷~❸을 반복해서 실행하고 10회 안에 타자가 투수의 세 수를 모두 맞추면(3S) 타자인 "You"가 이긴다. 맞추지 못하면 투수인 "Com"이 이긴다.

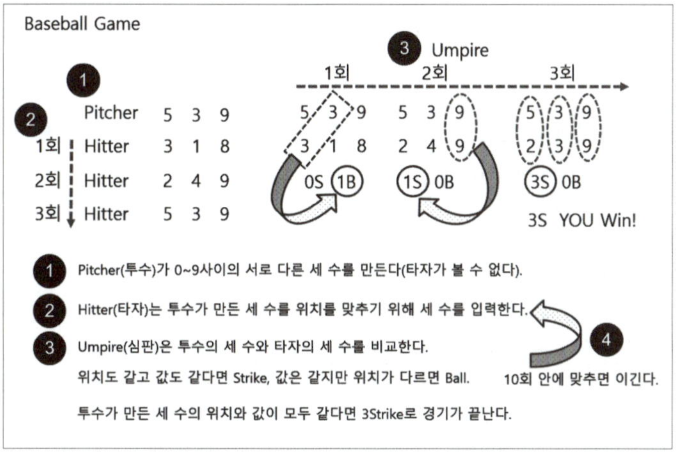

| **그림 151-1** | 야구 게임(숫자 맞추기 게임) 룰

Pitcher는 kr.co.infopub.chapter.s133.Lotto6Num과 이름만 다를 뿐 내용은 동일하다. 로또는 서로 다른 45개 수에서 서로 다른 6개의 수를 선택한 것이고, 야구는 서로 다른 10개의 수에서 서로 다른 3개의 수를 선택한 것이다.

3개의 정수를 저장하기 위한 배열을 선언한다. 그리고 서로 다른 10개의 수(num)에서 서로 다른 세 개(n)의 수를 선택하기 위해 정수로 선언한다. ◆ 3~6

기본 생성자, 서로 다른 10(0~9)개의 수에서 서로 다른 세 개의 수를 선택하고 배열을 초기화한다. ◆ 7~9

서로 다른 num개의 수에서 서로 다른 n개의 수를 선택하고 배열을 -1로 초기화한다. 0도 의미가 있는 수이기 때문에 -1로 초기화한다. ◆ 10~16

투수가 만든 세 수를 반환한다. ◆ 17~19

0에서 9 사이 임의의 정수를 만든다. ◆ 21~23

입력받은 한 정수가 배열에 이미 존재하는지 판별한다. 서로 다른 수를 만들기 위해 필요하다. ◆ 25~34

배열을 -1로 초기화한다. ◆ 36

서로 다른 세 수가 채워질 때까지 반복한다. ◆ 38

0에서 9 사이 임의의 정수를 만든다. ◆ 39

임의의 정수가 배열에 있는지 판별하고, 배열에 없다면 배열에 저장한다. ◆ 40~42

소스 : kr.co.infopub.chapter.s151.Hitter.java

```java
package kr.co.infopub.chapter.s151;
import java.util.Arrays;
import java.util.Scanner;
public class Hitter {
    private int [ ] gong;
    private int n;      // 3
    private int num=10;
    public Hitter( ) {
        this(10,3);
    }
    public Hitter(int num,int n ) {
        this.n = n;
        this.num = num;
        gong=new int[n]; // gong 3개
        Arrays.fill(gong, -1);
    }
    public int[ ] getGong( ) {
        return gong;
    }
    public void make( ) {
        // 과제 => 서로 다르게 하시오
        System.out.println(
            "0~9 사이 서로 다른 정수를 붙여서 입력해주세요. 예)123");
        Scanner scan=new Scanner(System.in);
        String s=scan.nextLine( );
        // 123
        for (int i = 0; i < n; i++) {
            gong[i]=s.charAt(i)-'0';   //'1'-'0'
        }

    }
    public void print( ) {
        System.out.println("Hitter");
        for (int i = 0; i < n; i++) {
            System.out.printf("%d\t",gong[i]);
        }
        System.out.println( );
    }
}
```

키보드로 0에서 9 사이의 세 수를 연속으로 붙여서 문자열로 입력받는다. ◆ 25

입력받은 세 자리 숫자형 문자열을 한 자씩 잘라서 숫자로 만든다. 예로 "123".chatAt(0)은 "1"이고 "1"−"0"은 1이다. 같은 방법으로 "123"을 배열 {1, 2, 3}으로 만든다. ◆ 27~29

소스 : kr.co.infopub.chapter.s151.Umpire.java

```
package kr.co.infopub.chapter.s151;
import java.util.Arrays;
public class Umpire {
    private int [ ] pitBall;
    private int [ ] hitBall;
    private int n;
    public Umpire(int n) {
        this.n=n;
        pitBall=new int[n];
        hitBall=new int[n];
        Arrays.fill(pitBall, -1);
        Arrays.fill(hitBall, -1);
    }
    public Umpire( ) {
        this(3);
    }
    public void setPitBall(int[ ] pitBall) {
        System.arraycopy(pitBall, 0,
                this.pitBall, 0, pitBall.length);
    }
    public void setHitBall(int[ ] hitBall) {
        System.arraycopy(hitBall, 0,
                this.hitBall, 0, hitBall.length);
    }
    public int strike( ) {
        int count=0;
        for (int i = 0; i < n; i++) {
            if(pitBall[i]==hitBall[i]) {
                count++;
            }
        }
        return count;
    }
```

```
34:     public int ball( ) {
35:         int count=0;
36:         for (int i = 0; i < n; i++) {
37:             for (int j = 0; j < n; j++) {
38:                 if(i!=j && pitBall[i]==hitBall[j]) {
39:                     count++;
40:                 }
41:             }
42:         }
43:         return count;
44:     }
45: }
```

4 ◆ 투수의 세 수를 저장하는 배열을 선언한다.

5 ◆ 타자의 세 수를 저장하는 배열을 선언한다.

9, 11 ◆ 투수용 배열을 생성한다. 배열을 -1로 초기화한다.

10, 12 ◆ 타자용 배열을 생성한다. 배열을 -1로 초기화한다.

17~20 ◆ 투수의 배열(투수가 만든 서로 다른 세 수)을 깊은 복사하여 멤버로 저장한다. 외부 값에 영향을 주지 않기 위해 깊은 복사를 했다.

21~24 ◆ 타자의 배열(타자가 입력한 서로 다른 세 수)을 깊은 복사하여 멤버로 저장한다. 외부 값에 영향을 주지 않기 위해 깊은 복사를 했다.

28~30 ◆ 위치가 같으면서 값이 같으면 스트라이크다. 스트라이크의 수를 구한다.

38~40 ◆ 위치가 다르면서 값이 같으면 볼이다. 볼의 수를 구한다.

소스 : kr.co.infopub.chapter.s151.HyoBaseballMain.java

```
package kr.co.infopub.chapter.s151;
public class HyoBaseballMain {
  public static void main(String[ ] args) {
      Pitcher pit=new Pitcher( );        // 공 던지는 투수
      Hitter hit=new Hitter( );          // 공을 치는 타자
```

```
 6:     Umpire ump=new Umpire( );       // 스트라이크, 볼 심판
 7:     int iterCount=0;      // 10번 이내에 끝내기
 8:     pit.make( );          // 공 던지기
 9:     ump.setPitBall(pit.getGong( ));    // 심판에게 투수 공 넣기
10:     System.out.println("Play Base Ball~~~~~~~~");
11:     while(true) {
12:         iterCount++;
13:         hit.make( );       // 타자 - 공 맞추기
14:         System.out.printf("%d번째 입력한 공 : %d,%d,%d\n",
15:             iterCount,hit.getGong( )[0],hit.getGong( )[1],hit.getGong( )[2]);
16:         ump.setHitBall(hit.getGong( ));    // 심판에게 타자 공 넣기
17:         int strike=ump.strike( );
18:         int ball=ump.ball( );
19:         System.out.printf("%d번째  %dstrike %dball\n",iterCount,strike, ball);
20:         if(iterCount<10 && strike==3){      // 3 스트라이크- 모두 맞춤
21:             System.out.println("You Win!!");
22:             break;
23:         } else if(iterCount>=10 && strike<3) {
24:             System.out.println("You Lose!!");
25:             System.out.printf("투수 : %d,%d,%d\n",
26:                     pit.getGong( )[0],pit.getGong( )[1],pit.getGong( )[2]);
27:             break;
28:         }
29:     }
30: }
31: }
```

투수를 생성한다. ◆ 4

타자를 생성한다. ◆ 5

심판을 생성한다. ◆ 6

몇 회째인지 저장한다. ◆ 7

투수가 서로 다른 세 수를 만든다. ◆ 8

투수가 만든 세 수를 심판에게 대입한다. ◆ 9

횟수 한 번을 올린다. ◆ 12

13 타자가 투수의 세 수를 맞추기 위해 세 수를 입력한다.

16 타자가 입력한 세 수를 심판에게 대입한다.

17 심판은 스트라이크의 수를 구한다.

18 심판은 볼의 수를 구한다.

20 10회 이하에 3개의 수를 모두 맞추면(3S) 타자가 이긴다.

23 세 수를 못 맞추고 10회를 초과하면 투수가 이긴다.

결과

```
Play Base Ball~~~~~~
0~9 사이의 서로 다른 정수를 붙여서 입력해 주세요. 예)123
123
1번째 입력한 공 : 1,2,3
1번째 0strike 0ball
0~9 사이의 서로 다른 정수를 붙여서 입력해 주세요. 예)123
456
2번째 입력한 공 : 4,5,6
2번째 0strike 1ball
0~9 사이의 서로 다른 정수를 붙여서 입력해 주세요. 예)123
567
3번째 입력한 공 : 5,6,7
3번째 0strike 2ball
0~9 사이의 서로 다른 정수를 붙여서 입력해 주세요. 예)123
```

스트레이트 플러쉬 만들기

활용 152

• **학습 내용 :** 5 카드 게임에서 스트레이트 플러쉬를 만들어 보자.
• **힌트 내용 :** 스트레이트 플러쉬는 스트레이트이면서 플러쉬이다.

소스 : kr.co.infopub.chapter.s152.CardRanking.java

```
package kr.co.infopub.chapter.s152;
import java.util.Arrays;
public class CardRanking {
    // HDSDC
    public static String fiveSuit(Card[ ] cd) {
        String s="";
        for (int i = 0; i < cd.length; i++) {
            s=s+cd[i].getCard( ).charAt(0);
        }
        return s;
    }
    // 34824
    public static String fiveRank(Card[ ] cd) {
        String s="";
        for (int i = 0; i < cd.length; i++) {
            s=s+cd[i].getCard( ).charAt(1);
        }
        return s;
    }
    // 5개의 카드에 CDHS가 각각 몇 개씩 있는가?
    public static int[ ] sameSuits(String s) {
        int[ ] t=new int[4];
        Arrays.fill(t, 0);
        for (int i = 0; i < s.length( ); i++) {
            switch(s.charAt(i)) {
                case 'C': t[0]+=1;break;
                case 'D': t[1]+=1;break;
                case 'H': t[2]+=1;break;
                case 'S': t[3]+=1;break;
```

```
            }
        }
        return t;
    }
    public static boolean isStraightFlush(Card[ ] cd) {
        boolean isSF=false;
        if(isAllStraight(cd) && isAllFlush(cd)) {
            isSF=true;
        }
        return isSF;
    }
    public static boolean isAllStraight(Card[ ] cd) {
        boolean isSF=false;
        Card[ ] ccd=new Card[5];
        System.arraycopy(cd, 0, ccd, 0, cd.length);
        Arrays.sort(ccd,new CardRankComp( ));
        String fr= CardRanking.fiveRank(ccd);
        String basement="A23456789TJQK";
        for (int i = 0; i < 9; i++) {
            String ts=basement.substring(i,5+i);
            if(ts.equals(fr)) {
                isSF=true;
                break;
            }
        }
        // TJQKA일 때 Royal Straight
        if("ATJQK".equals(fr)) {
            isSF=true;
        }
        // System.out.println(fr);
        return isSF;
    }
    // 모든 flush
    public static boolean isAllFlush(Card[ ] cd) {
        boolean isSF=false;
        Card[ ] ccd=new Card[5];
        System.arraycopy(cd, 0, ccd, 0, cd.length);
        Arrays.sort(ccd,new CardSuitComp( ));
        String fs=  CardRanking.fiveSuit(ccd);
        int[ ] ss=sameSuits(fs);
```

```
        for (int i = 0; i < ss.length; i++) {
            if(ss[i]==5) {
                isSF=true;
                break;
            }
        }
        return isSF;
    }
    public static void print(Card[ ] cd) {
        for (int i = 0; i < cd.length; i++) {
            System.out.printf("%s \t",cd[i]);
        }
        System.out.println( );
    }

    public static String toRankName(Card[ ] cd) {
        String s="Nothing";
        if(isStraightFlush(cd)) {
            s="StraightFlush";
        }else if(isFourKind (cd)) {
            s="Four of Kinds";
        } else if(isFullHouse (cd)) {
            s="FullHouse";
        } else if(isFlush (cd)) {
            s="Flush";
        } else if(isStraight (cd)) {
            s="Straight";
        } else if(isThreeKind (cd)) {
            s="Three of Kinds";
        } else if(isTwoPairs (cd)) {
            s="TwoPairs";
        } else if(isOnePair (cd)) {
            s="OnePair ";
        } else {
            s="Nothing ";
        }
        return s;
    }

}
```

5 카드 게임을 하려면 카드의 족보(Ranking of poker hands)를 알아야 한다.

❶ 스트레이트 플러쉬(Straight flush)

같은 무늬(Suit)이면서 5개의 카드값(Rank)이 연속된 경우이다.

❷ 포 어브 어 카인드(Four of a kind)

카드값(Rank)이 4장 모두 같은 경우이다. 예) 55551

❸ 풀 하우스(Full house)

카드값이 2종류인데 한 카드값 3장, 다른 카드값 2장이 같은 경우이다. 예) 333 22

❹ 플러쉬(Flush)

5장의 카드가 모두 같은 무늬이다. 카드값이 적어도 한 개는 비연속적이다.

❺ 스트레이트(Straight)

5개의 카드값이 연속된 경우이다. 적어도 무늬가 한 개는 다르다.

❻ 쓰리 어브 어 카인드(Three of a kind)

카드값(Rank)이 3장 모두 같은 경우이다. 다른 2장은 서로 달라야 한다. 예) 55523

❼ 투페어(Two pairs)

서로 다른 2장의 카드가 각각 카드값(Rank)이 같은 경우이다. 예) 22331

❽ 원페어(One pairs)

2장의 카드값이 같은 경우이다. 나머지 세 장은 모두 다르다. 예) 22468

❾ 낫싱(Nothing)

❶~❽에 해당되지 않는 경우이다.

여기에서는 ❶의 스트레이트 플러쉬만 다룬다. 소스에 모든 족보가 있으니 참고하자. 스트레이트 플러쉬는 다음과 같은 방법으로 구할 수 있다.

❶ 5장의 카드를 얻는다.

❷ 카드 무늬(Suit)만 5개 모으고 카드의 무늬가 모두 같은지 판별한다. 모두 같은 무늬라면 플러쉬 대상이 된다.

❸ 카드값(Rank)을 모아서 증가순으로 정렬하고 카드값이 연속되어 있는지 판별한다. 카드값이 연속된다면 스트레이트 대상이 된다.

❹ 5개 카드의 무늬가 모두 같으면서 5개의 카드값이 연속된다면 스트레이트 플러쉬이다.

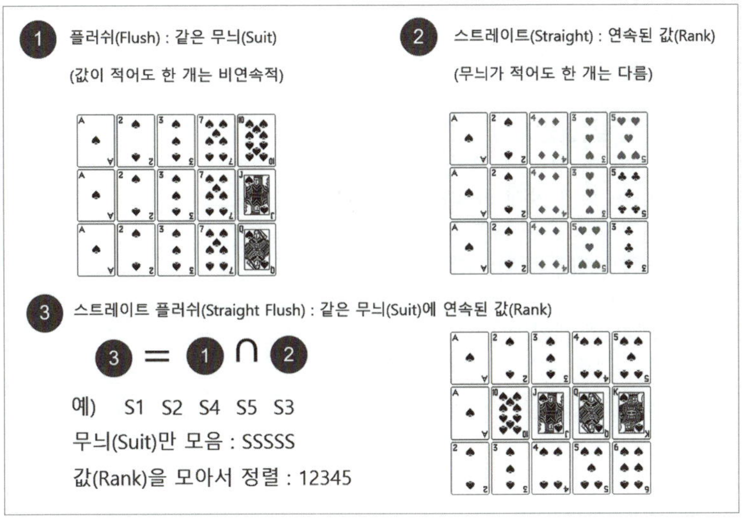

1 플러쉬(Flush) : 같은 무늬(Suit)
(값이 적어도 한 개는 비연속적)
2 스트레이트(Straight) : 연속된 값(Rank)
(무늬가 적어도 한 개는 다름)
3 스트레이트 플러쉬(Straight Flush) : 같은 무늬(Suit)에 연속된 값(Rank)
3 = 1 ∩ 2
예) S1 S2 S4 S5 S3
무늬(Suit)만 모음 : SSSSS
값(Rank)을 모아서 정렬 : 12345

스트레이트 플러쉬(Straight flush)를 구하는 방법

5 카드의 무늬(Suit)만 모은다. 카드는 "무늬"+"값"으로 구성된다. 예를 들어 "S3"에서 "S"는 스페이드, "3"은 카드값 3이다. 카드의 문자열 "S3".chatAt(0)은 무늬를 표시하는 문자 'S'이고 "S3".chatAt(1)은 카드값을 표시하는 문자 '3'이다. 예를 들어 5장의 카드 "SA", "S3", "S2", "S5", "S4"에서 무늬만 모으면 "SSSSS"로 모두 같은 무늬다. ◆ 5~11

5 카드의 카드값(Rank)을 모은다. 예를 들어 5장의 카드 "SA", "S3", "S2", "S5", "S4"에서 카드값만 모아 정렬하면 "A2345"로 연속된 수가 된다. ◆ 13~19

5장의 카드에 같은 무늬가 각각 몇 개씩 있는지 구한다. 'C', 'D', 'H', 'S' 무늬가 몇 번씩 있는지 구한다. ◆ 21~33

스트레이트 플러쉬는 5장의 카드 무늬가 모두 같으면서 5장의 카드값이 연속된다. ◆ 52

스트레이트 플러쉬는 스트레이트이면서 플러쉬를 만족한다. ◆ 54

스트레이트는 5장의 카드값이 연속된다. ◆ 66

원래 카드 배열에 영향을 주지 않게 하려고 깊은 복사를 한다. ◆ 68~69

5장의 카드값만 모아서 정렬하여 문자열을 만든다. ◆ 71

카드값만 붙여서 만든 값과 "A23456789TJQK"를 5개씩 잘라서 비교하여 만족하는 것이 있다면 연속된 수이다. 예를 들어 "A2345", "23456", "34567", ……, "9TJQK"는 연속된 수이다. ◆ 73~79

81~83 ◆ "ATJQK"는 "TJQKA"로 인식하여 연속된 수로 판단한다. 5개씩 연속인 경우의 수가 10개이며 무늬가 4종류이므로 스트레이트 플러쉬는 40개만 존재한다.

88 ◆ 5장의 카드 무늬가 모두 같은 플러쉬인지 판단한다.

90~92 ◆ 원래 카드 배열에 영향을 주지 않게 하려고 깊은 복사를 한다. 그리고 무늬별로 모은다.

93 ◆ 5 카드의 무늬만 모아서 문자열로 만든다.

94 ◆ 5장의 카드에 각 무늬가 몇 개씩 있는지 구한다.

96 ◆ 한 무늬의 개수가 5라면 모두 같은 무늬로 플러쉬 대상이 된다.

235~257 ◆ 족보의 종류를 출력한다.

소스 : kr.co.infopub.chapter.s152.CardRankingTest.java

```
package kr.co.infopub.chapter.s152;
public class CardRankingTest {
 public static void main(String[ ] args) {
    CardCase cc=new CardCase( );
    cc.make( );
    cc.print( );
    // 테스트용
    Card[ ] cd=new Card[5];
    cd[0]=new Card("SA");
    cd[1]=new Card("S3");
    cd[2]=new Card("S2");
    cd[3]=new Card("S5");
    cd[4]=new Card("S4");

    Card[ ] cc0=cc.makeFiveCards(0);     // 02468 짝수 5장
    Card[ ] cc1=cc.makeFiveCards(1);     // 13579 홀수 5장
    CardRanking.print(cd);
    CardRanking.print(cc0);
    CardRanking.print(cc1);
    // 족보 확인
    System.out.printf("1. isStraightFlush %s\n",CardRanking.isStraightFlush(cd));
    System.out.printf("1. isStraightFlush %s\n",CardRanking.isStraightFlush(cc0));
```

```
23:         System.out.printf("1. isStraightFlush %s\n",CardRanking.isStraightFlush(cc1));
24:         String sd=CardRanking.toRankName(cd);
25:         String s0=CardRanking.toRankName(cc0);
26:         String s1=CardRanking.toRankName(cc1);
27:         System.out.println(sd);
28:         System.out.println(s0);
29:         System.out.println(s1);
30:     }
31: }
```

서로 다른 카드 52장을 만든다. ◆ 4~5

테스트용 배열로 5개의 배열에 스트레이트 플러쉬를 만족하는 카드를 만든다. 아닌 것도 좋다. ◆ 8~13

52장의 카드에서 짝수 번째 카드 0, 2, 4, 6, 8번째의 5 카드를 얻는다. ◆ 15

52장의 카드에서 홀수 번째 카드 1, 3, 5, 7, 9번째의 5 카드를 얻는다. ◆ 16

카드들을 출력한다. ◆ 17~19

스트레이트 플러쉬인지 판별한다. ◆ 21~23

카드의 족보 이름을 구해서 출력한다. ◆ 24~29

결과

```
[C3]  [ST]  [SQ]  [C5]  [C9]  [H3]  [S3]  [H5]  [CJ]  [HQ]  [CQ]  [D4]  [H8]
[S6]  [DQ]  [HJ]  [DJ]  [D9]  [SJ]  [CK]  [SA]  [C8]  [D3]  [C7]  [DK]  [HA]
[S9]  [SK]  [H4]  [H7]  [D2]  [D7]  [S5]  [H9]  [S8]  [S7]  [CT]  [H2]  [DT]
[C4]  [S4]  [D6]  [CA]  [S2]  [C6]  [D8]  [DA]  [HK]  [C2]  [H6]  [D5]  [HT]
[SA]    [S3]    [S2]    [S5]    [S4]
[C3]    [SQ]    [C9]    [S3]    [CJ]
[ST]    [C5]    [H3]    [H5]    [HQ]
1. isStraightFlush true
1. isStraightFlush false
1. isStraightFlush false
StraightFlush
OnePair
OnePair
```

활용

153

5 카드 게임 만들기

- **학습 내용 :** 5 카드 게임을 만들어 보자.
- **힌트 내용 :** 족보를 만들고 족보를 값으로 환산하여 대소를 비교한다.

소스 : kr.co.infopub.chapter.s153.CardValue.java

```
package kr.co.infopub.chapter.s153;
import java.util.Arrays;
// 족보를 값으로 환산하기
public class CardValue {
    public int toVal(Card[ ] cd) {
        int tot=0;
        if(CardRanking.isStraightFlush(cd)) {
            tot=toStraightFlush(cd);     // calculate
        } else if(CardRanking.isFourKind(cd)) {
            tot=toFourKind(cd);          // calculate
        } else if(CardRanking.isFullHouse(cd)) {
            tot=toFullHouse(cd);         // calculate
        } else if(CardRanking.isFlush(cd)) {
            tot=toFlush(cd);             // calculate
        } else if(CardRanking.isStraight(cd)) {
            tot=toStraight(cd);          // calculate
        } else if(CardRanking.isThreeKind(cd)) {
            tot=toThreeKind(cd);         // calculate
        } else if(CardRanking.isTwoPairs(cd)) {
            tot=toTwoPairs(cd);          // calculate
        } else if(CardRanking.isOnePair(cd)) {
            tot=toOnePair(cd);           // calculate
        } else {
            tot=toNotThing(cd);          // calculate
        }
        return tot;
    }
    public int toStraightFlush(Card[ ] cd) {
        int tot=100000;
```

```
30:         Card[ ] ccd=new Card[5];
31:         System.arraycopy(cd, 0, ccd, 0, cd.length);
32:         Arrays.sort(ccd,new CardRankComp( ));
33:         String fr= CardRanking.fiveRank(ccd);
34:         String basement="A23456789TJQK";
35:         for (int i = 0; i < 9; i++) {
36:             String ts=basement.substring(i,5+i);
37:             if(ts.equals(fr)) {
38:                 tot+=CardUtil.toVal(ts.charAt(0))*200;
39:                 break;
40:             }
41:         }
42:         // TJQKA일 때 Royal Straight
43:         if("ATJQK".equals(fr)) {
44:             tot+=CardUtil.toVal('T')*200;//"TJQKA"
45:         }
46:         return tot;
47:     }

219: }
```

5 카드 게임을 하려면 카드의 족보(Ranking of Poker Hands)를 알아야 한다. 족보를 구한 후에 족보에 따라 족보값으로 환산한다. 그리고 이 족보값을 이용하여 카드들의 대소를 비교한다.

스트레이트 플러쉬는 5장의 카드값을 모아서 정렬한 후에 가장 작은 값에 200을 곱해서 족보값을 만든다. 기본으로 스트레이트 플러쉬는 100000점에서 시작한다. "A23456789TJQK"를 이용해 5개 연속인 수를 만들면 "A2345", "23456", "34567", ……, "9TJQK", "TJQKA" 등 10개를 만들 수 있다.

그리고 "A2345"에서 가장 작은 수는 'A'이므로 100000 + 1*200 = 100200점이 된다. "23456"은 가장 작은 수가 2이므로 100000 + 2*200=100400점이 된다. 같은 방법으로 "TJQKA"는 100000 + 10*200=1002000점이 되어 가장 큰 족보값이 된다.

족보에 따라 족보값으로 환산한다. ◆ 5

스트레이트 플러쉬의 기본값이 100000점이다. ◆ 29

원래 카드 배열에 영향을 주지 않게 하려고 깊은 복사를 한다. ◆ 30~31

5장의 카드값만 모아서 정렬하여 문자열을 만든다. ◆ 32

34~41 ◆ 카드값만 붙여서 만든 값과 “A23456789TJQK”를 5개씩 잘라서 비교를 하여 만족하는 것이 있다면 연속된 수이다. 예를 들어 “A2345”, “23456”, “34567”, ……, “9TJQK”는 연속된 수다. 5개의 연속된 수에서 가장 작은 값에 200을 곱하여 족보값을 만든다. “A2345”에서 가장 작은 수는 ‘A’이므로 100000+1*200 = 100200점이 된다.

43~45 ◆ “ATJQK”는 “TJQKA”와 같다. 같은 방법으로 “TJQKA”는 100000+10*200=1002000점이 되어 가장 큰 족보값이 된다.

소스 : kr.co.infopub.chapter.s153.CardGame.java

```
package kr.co.infopub.chapter.s153;
public class CardGame {
    public static void main(String[ ] args) {
        CardCase deck=new CardCase( );
        deck.make( );
        deck.print( );
        Card[ ] one=deck.makeFiveCards(0);
        Card[ ] two=deck.makeFiveCards(1);

        CardUtil.printFive(one);
        CardUtil.printFive(two);

        CardValue cv=new CardValue( );

        int n1=cv.toVal(one);
        int n2=cv.toVal(two);

        if(n1>n2) {
            System.out.println("You Win! "+n1+" "+n2);
        } else if(n1<n2) {
            System.out.println("You Lose! "+n1+" "+n2);
        } else {
            System.out.println("You Same! "+n1+" "+n2);
        }
        System.out.println(CardRanking.toRankName(one));
        System.out.println("-------------------");
        System.out.println(CardRanking.toRankName(two));
    }
}
```

서로 다른 카드 52장을 만든다. ◆ 4~5

52장의 카드에서 짝수 번째 카드 0, 2, 4, 6, 8번째의 5카드를 얻는다. ◆ 7

52장의 카드에서 홀수 번째 카드 1, 3, 5, 7, 9번째의 5카드를 얻는다. ◆ 8

카드를 출력한다. ◆ 10~11

족보값을 구하기 위해서 CardValue 객체를 생성한다. ◆ 13

짝수 카드와 홀수 카드의 족보값을 구한다. ◆ 15~16

족보값의 대소를 판단해서 짝수 카드쪽이 크다면 "You Win!", 홀수 카드쪽이 크다면 "You Lose!"를 출력한다. ◆ 18~24

각 카드의 족보 이름을 출력한다. ◆ 25~27

결과

```
[DT]  [HJ]  [SJ]  [S3]  [SA]  [CK]  [HK]  [CT]  [H3]  [H2]  [H5]  [C8]  [C2]
[S7]  [S6]  [D7]  [HQ]  [H8]  [DK]  [S9]  [CA]  [H4]  [S4]  [C4]  [H7]  [DJ]
[S8]  [HA]  [D3]  [ST]  [DA]  [C7]  [CJ]  [SK]  [H9]  [C6]  [D5]  [DQ]  [CQ]
[D4]  [D9]  [S2]  [C9]  [S5]  [C3]  [D6]  [D8]  [D2]  [C5]  [HT]  [SQ]  [H6]
[DT]    [SJ]    [SA]    [HK]    [H3]
[HJ]    [S3]    [CK]    [CT]    [H2]
You Lose!    2920  2940
Nothing
------------------
Nothing
```

활용 154

쓰레드 사용하기

• **학습 내용 :** 쓰레드를 만드는 방법을 익혀 보자.
• **힌트 내용 :** 인터페이스 Runnable을 구현하거나 Thread 클래스를 상속한다.

소스 : kr.co.infopub.chapter.s154.MyRun.java

```
1:  package kr.co.infopub.chapter.s154;
2:  public class  MyRun implements Runnable {
3:      public void run( ) {
4:          show( );
5:      }
6:      public void show( ) {
7:          for(int i=0;i<500;i++) {
8:              System.out.print("S");
9:          }
10:     }
11: }
```

2 ◆ 쓰레드를 만드는 방법은 두 가지이다. 여기서는 Runnable을 implements하고 run( ) 메서드를 구현한다. Runnable을 구현한 MyRun은 작업(run( ))만 구현한 것으로 작업장(쓰레드)이 필요하다.

3 ◆ 인터페이스 Runnable을 구현한 클래스는 run( ) 메서드를 구현해야 한다.

6~10 ◆ “S”를 500번 출력한다.

소스 : kr.co.infopub.chapter.s154.MyThread.java

```
1:  package kr.co.infopub.chapter.s154;
2:  public class MyThread extends Thread {
3:      public void run( ) {
4:          for(int i=0;i<500;i++) {
5:              System.out.print("T");
6:          }
7:      }
8:  }
```

쓰레드를 만드는 방법은 두 가지이다. 여기서는 쓰레드를 상속하고 run() 메서드를 오버라이딩한 다. 자신이 작업장이면서 작업을 구현한 것이다. ◆ 2

"T"를 500번 출력한다. ◆ 4~6

소스 : kr.co.infopub.chapter.s154.MyRunMain.java

```
 1: package kr.co.infopub.chapter.s154;
 2: public class  MyRunMain{
 3:     public static void main(String[ ] args) {
 4:         MyRun mr1=new MyRun( );     // Runnable implements
 5:         Thread t1=new Thread(mr1);
 6:         MyThread t2=new MyThread( ); // Thread extends
 7:         // 익명 내부
 8:         Thread t3=new Thread(new Runnable( ) {
 9:             @Override
10:             public void run( ) {
11:                 for(int i=0;i<500;i++) {
12:                     System.out.print("R");
13:                 }
14:             }
15:         });
16:         // Lambda
17:         new Thread( ( )-> {
18:                 for(int i=0;i<500;i++) {
19:                     System.out.print("U");
20:                 }
21:             }
22:         ).start( );
23:         t1.start( );
24:         t2.start( );
25:         t3.start( );
26: 
27:         for(int i=0;i<500;i++) {
28:             System.out.print("M");
29:         }
30:     }
31: }
```

프로세스(Process)는 실행되고 있는 프로그램이다. 쓰레드는 독립된 작은 실행 단위로 프로세스를 구성한다. 한 개의 쓰레드는 메모리의 스택(Stack)이며 "작업장"이다. 한 작업장(쓰레드)에서 많은 일을 하는 것보다 여러 작업장(쓰레드)을 만들어 동시에 작업을 하는 것이 효율적이다. 보통 한 프로세스에 여러 개의 쓰레드가 있는데, 두 개 이상일 경우 멀티쓰레드 프로그램이라고 한다.

4 ◆ Runnable을 구현한 객체를 생성한다. 작업만 구현했으므로 작업장(쓰레드)이 필요하다.

5 ◆ 쓰레드를 생성하면서 Runnable을 구현한 객체의 레퍼런스를 대입한다. 이 쓰레드에서 run()을 실행하게 된다. 작업만 있고 작업장이 없었기 때문에 작업장에 작업을 넣었다.

6 ◆ 쓰레드를 상속한 쓰레드 객체를 생성한다. 자신이 작업장이면서 작업을 구현한 객체이다.

8 ◆ Runnable을 구현한 객체를 만들지 않고, 쓰레드의 생성자에서 Runnable 인터페이스를 구현한다. 인터페이스는 객체를 생성할 수 없지만 {}를 붙여서 구현하면 생성할 수 있다. Runnable 객체를 구현한 객체가 없어서 "익명 내부 클래스"라고도 한다.

10 ◆ Runnable 인터페이스에 {}를 붙이고 run()을 구현한다.

11~13 ◆ "R"을 500번 출력한다.

17~21 ◆ 메서드가 한 개뿐인 인터페이스도 익명 내부 클래스 형식을 사용할 수 있다. 쓰레드 생성자에 대입하는 것은 Runnable 인터페이스의 run() 메서드를 구현한 객체라는 것을 알고 있으면서 메서드가 한 개뿐이기 때문에 명시적으로 쓰지 않아도 당연히 알 수 있다. 이때 객체를 제거하고 함수식으로 간단하게 사용할 수 있는데 이를 "람다 표현"이라고 한다. run() {}에서 (){}만 남기고 인터페이스와 메서드 이름을 제거한다. 그리고 제거했다는 표시를 하려고 →를 (){} 사이에 넣어 () → {}를 완성한다.

22~25 ◆ start()를 호출하여 쓰레드를 관리하는 쓰레드 관리자에게 쓰레드 관리를 위임하고 쓰레드 관리자가 run()을 실행하게 한다.

결과

……MMMMMMMMTTTTTTSRRRRRRRRRRRRRRRRRRRRRRRRRRRRRRRRRRRRRRRRR
RRRMMMMMMMMMMMMMMMMMMMMUUUUUUUUUUUUUUUUUUUUUUUUUUUUUU
UUUUUUUUUUUUUUUUUUUUUUUUUUUUUUUUUUUUUUUUUUUUUUUUUUUUUUUU
UUUUUUUUUUUUUUUUUUURRRRRRRRRRRRRRRRRRRRRRRRRRRRRRRRRRRRRRRRR
RRRRRRRRRRRRRRRRRRRRRRRRRRTTTTTTTTTTTTTTTTTTTTTTTTTTTTTSSSSSS
SSSTTTTTTTTTTTTTTTTTTTTTRRRRRRRRRRRRRRRRRRRRRRRRRRRRRRRRRRRRR
RRRRRRRRRRRRRRRRRRRRRRRRRRRRRRRUUUUUUUUUUUUUUUUUUUUUUUUUUU
UUUUUUUUUUUUUUUUUUUUUUUUUUUUUUUUUUUUUUUUUUUUUUUUUUUUUURR
RRRRRRRRRRRTTTTTTTTTTTTTTTTTTTTTTTSSSSSSSSSSSSSSSSSSSSSSSSSSS
SSSSSSSSSSTTTTTTTTTTTTTTTTTTTTTTTTTTTTTTTTTTTTTTTTTTTTTTTTTTTT
TTTTTTTTTTTTTTTTTTTTTTTTTTTTTTTTTTTRRRRRRRRRRRRRRRRRRRRRRRRRR
RRRRRRRRRRRRRRRRRRRRRRRRRRRRRRRRRRRRRRRRRRRRRUUUUUUUUUUUUUUU
UUUUUUUUUUUUUUUUUUUUUUUUUUUUUUUUUUUUUUUUUUUUUUUUUUUUUUUU
UUUUUUUUUUUUUUUUUUUUUSSSSSSSSSS……

활용 155

쓰레드의 기본 메서드와 특징 확인하기

- **학습 내용 :** 실행되고 있는 쓰레드의 이름을 출력해 보자.
- **힌트 내용 :** getName( )은 쓰레드 이름을, Thread.currentThread( )는 현재 실행 중인 쓰레드를 알려 준다.

소스 : kr.co.infopub.chapter.s155.MyRuns.java

```
1: package kr.co.infopub.chapter.s155;
2: public class  MyRuns implements Runnable {
3:   public void run( ) {
4:      show( );
5:   }
6:   public  void show( ) {
7:      for(int i=0;i<500;i++) {
8:           if(((Thread.currentThread( )).getName( )).equals("a") ) {
9:                System.out.print("A");
10:          } else if(((Thread.currentThread( )).getName( )).equals("b") ) {
11:               System.out.print("B");
12:          } else if(((Thread.currentThread( )).getName( )).equals("c") ) {
13:               System.out.print("C");
14:          } else {
15:               System.out.print("["+Thread.currentThread( ).getName( )+i+"]");
16:          }
17:      }
18:   }
19: }
```

8~9 ◆ Thread.currentThread( )는 실행되고 있는 쓰레드를 반환한다. getName( )은 쓰레드의 이름을 반환한다. 만약 실행되고 있는 쓰레드의 이름이 "a"이면 "A"를 출력한다.

10~16 ◆ 같은 방법으로 현재 실행되고 있는 쓰레드의 이름을 출력한다.

소스 : kr.co.infopub.chapter.s155.MyRunsMain.java

```
package kr.co.infopub.chapter.s155;
public class  MyRunsMain {
    public static void main(String[ ] args) {
        MyRuns mr1=new MyRuns( );
        Thread t1=new Thread(mr1,"a");
        Thread t2=new Thread(mr1,"b");
        Thread t3=new Thread(mr1,"c");
        t1.start( );
        t2.start( );
        t3.start( );
    }
}
```

예제 154와 다른 점은 한 개의 작업(run() 메서드를 구현한 객체)을 여러 쓰레드에 대입하는 것이다. 예제 154는 각 쓰레드에서 자신의 작업을 하지만 여기에서는 한 작업을 여러 쓰레드에서 실행한다. 한 쓰레드에서 작업을 하고 있다면 다른 쓰레드는 멈추어 있다. 동시 작업이 아니라 동시 작업을 흉내내는 것이기 때문이다. 그래서 현재 어느 쓰레드에서 작업이 실행되고 있는지를 파악하기 위해 실행되고 있는 쓰레드를 찾아야 한다. Thread.currentThread()는 현재 실행 중인 쓰레드를 반환한다. 그리고 getName()은 쓰레드의 이름을 반환한다.

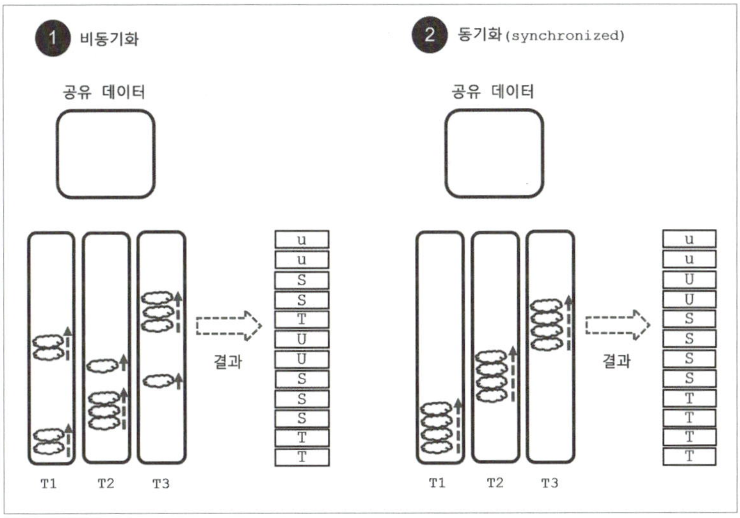

비동기화와 동기화의 차이점

| 표 | 쓰레드 기본 메서드

메서드	설명
void run()	쓰레드에서 실행하는 메서드, 작업장(쓰레드) 안에서 하는 작업이다.
String getName()	쓰레드의 이름을 반환한다.
String setName()	쓰레드의 이름을 대입한다.
boolean isAlive()	쓰레드의 작업 여부를 확인한다.
void start()	쓰레드 관리자(쓰레드 데몬)에게 맡겨서 run()을 실행한다.
static void sleep(long mills)	쓰레드를 입력한 밀리세컨드 동안 작업을 멈춘다.
static Thread currentThread()	현재 실행되고 있는 쓰레드를 반환한다.

4 ◆ Runnable을 구현한 객체를 생성한다.

5~7 ◆ Runnable을 구현한 객체를 3개의 쓰레드에 대입한다. 그리고 3개의 쓰레드 이름을 각각 "a", "b", "c"라 짓는다. 한 개의 작업을 공유한 3개의 쓰레드가 준비된다.

8~10 ◆ 3개의 쓰레드를 실행시킨다. 실행되고 있는 쓰레드의 이름을 각 500번씩 출력하는데 한 쓰레드가 작업할 때 다른 쓰레드는 멈추어 있다. 또한 3개의 쓰레드에서 작업을 하기 때문에 쓰레드 이름이 섞여서 출력된다.

결과

```
……ACCCCCCCAAAAAAAAAAAAAAAAAAAAAAAAAAABBBBBBBBBBBBBBCCCCC
CCCCCAAAAAAABBBBBBBBBBBBBBBBBBBBBBBBBBBBBBBBBBBBBBBBBBBBB
BBBBBBBBBBBBCCCCCCCCCCCCCCCCCCCCCCCCCCCCCCCCCCCCCCCCCCCCC
CCCCCCCCCCCCCCCCCCCCCCCCCCCCCCCCCCCCCCCCCCCCCCCCCCCCCCCCC
CCCCCCCCCCCCCCCCCCCCCCCCCCCCCCCCCCCCCCCCCCCCCCCCC……
```

쓰레드와 자원 공유 – 동기화의 특징

활용 **156**

- **학습 내용 :** 동기화(synchronized) 이유와 사용법을 익혀 보자.
- **힌트 내용 :** synchronized 키워드를 사용한다.

소스 : kr.co.infopub.chapter.s156.MyRuns.java

```
1: package kr.co.infopub.chapter.s156;
2: public class  MyRuns implements Runnable {
3:     public void run( ) {
4:         show( );
5:     }
6:     public synchronized void show( ) {
7:         for(int i=0;i<500;i++) {
8:             if(((Thread.currentThread( )).getName( )).equals("a") ) {
9:                 System.out.print("A");
10:            } else if(((Thread.currentThread( )).getName( )).equals("b") ) {
11:                System.out.print("B");
12:            } else if(((Thread.currentThread( )).getName( )).equals("c") ) {
13:                System.out.print("C");
14:            } else {
15:                System.out.print("["+Thread.currentThread( ).getName( )+i+"]");
16:            }
17:        }
18:    }
19: }
```

현재 쓰레드에서 작업을 마칠 때까지 다른 쓰레드는 기다린다. ◆ 6

일단 출력을 시작한 쓰레드에서 자신의 이름을 모두 출력하고, 다른 쓰레드의 이름을 출력한다. ◆ 7~17

소스 : kr.co.infopub.chapter.s156.MyRunsMain.java

```
1: package kr.co.infopub.chapter.s156;
2: public class  MyRunsMain {
3:     public static void main(String[ ] args) {
4:         MyRuns mr1=new MyRuns( );
5:         Thread t1=new Thread(mr1,"a");
6:         Thread t2=new Thread(mr1,"b");
7:         Thread t3=new Thread(mr1,"c");
8:         t1.start( );
9:         t2.start( );
10:        t3.start( );
11:    }
12: }
```

4 ◆ Runnable을 구현한 객체를 생성한다.

5~7 ◆ Runnable을 구현한 객체를 3개의 쓰레드에 대입한다. 그리고 3개의 쓰레드 이름을 각각 "a", "b", "c"라 짓는다. 한 개의 작업을 공유한 3개의 쓰레드가 준비된다.

8~10 ◆ 3개의 쓰레드를 실행시킨다. 실행되고 있는 쓰레드의 이름을 각 500번씩 출력하는데 동기화를 했기 때문에 먼저 시작한 쓰레드에서 자신의 이름을 모두 출력한 후 다른 쓰레드의 이름을 출력한다. 상황에 따라 다르지만 "a"가 500번, "b"가 500번, "c"가 500번 출력된다.

결과

```
AAAAAAAAAAAAAAAAAAAAAAAAAAAAAAAAAAAAAAAAAAAAAAAAAAAAAAAAAAA
AAAAAAAAAAAAAAAAAAAAAAAAAAAAAAAAAAAAAAAAAAAAAAAAAAAAAAAA...A
AAAAAAAAAAAAAAAAAAAAAAAAAAAAAAAAAAAAAAAAAAAAAAAAAAAAAAAAAAA
AAAAAAAAAAAAAAAAAAAAAAAAAAAAAAAAAAAAAAAAAAAAAAABBBBBBBBBBBB
BBBBBBBBBBBBBBBBBBBBBBBBBBBBBBBBBBBBBBBBBBBBBBBBBBBBBBBBBBB
BBBBBBBBBBBBBBBBBBBBBBBBBBBBBBBBBBBBBBBBBBBBBBBBB……BBBBBBBB
BBBBBBBBBBBBBBBBBBBBBBBBBBBBBBBBBBBBBBBBBBBBBBBBBBBBBBBBBBB
BBBBBBBBBBBBBBBBBBBBBBBBBCCCCCCCCCCCCCCCCCCCCCCCCCCCCCCC
CCCCCCCCCCCCCCCCCCCCCCCCCCCCCCCCCCC……CCCCCCCCCCCC
CCCCCCCCCCCCCCCCCCCCCCCCCCCCCCCCCCCCCCCCCCCCCCCCCCCC
CCCCCCCCCCCCCCCCCCCCCCCCCCCCCCC
```

소스 : kr.co.infopub.chapter.s156.MyRuns2.java

```
1: package kr.co.infopub.chapter.s156;
2: public class  MyRuns2 imp lements Runnable {
3:     private int i=0;  // 멤버 자원 공유
4:     public void run( ) {
5:         show( );
6:     }
7:     public synchronized void show( ) {
8:         for(  ;i<500;i++) {
9:             if(((Thread.currentThread( )).getName( )).equals("α") ) {
10:                System.out.print("A");
11:            } else if(((Thread.currentThread( )).getName( )).equals("b") ) {
12:                System.out.print("B");
13:            } else if(((Thread.currentThread( )).getName( )).equals("c") ) {
14:                System.out.print("C");
15:            } else {
16:                System.out.print("["+Thread.currentThread( ).getName( )+i+"]");
17:            }
18:        }
19:    }
20: }
```

현재 쓰레드에서 작업을 마칠 때까지 다른 쓰레드는 기다린다. ◆7

멤버인 "i"를 공유하기 때문에 3개의 쓰레드에서 "i"를 사용할 수 있다. 일단 출력을 시작한 쓰레드에서 다른 쓰레드로 작업이 바뀔 수 없기 때문에 500회 모두 자신의 이름을 출력한다. 이때 "i"는 공유되기 때문에 다른 쓰레드에서 시작하려고 할 때 "i"가 500이므로 실행하지 못하고 끝나게 된다. 결국 먼저 시작한 1개의 쓰레드 이름만 500번 출력된다. ◆8

소스 : kr.co.infopub.chapter.s156.MyRunsMain2.java

```
package kr.co.infopub.chapter.s156;
public class  MyRunsMain2 {
    public static void main(String[ ] args) {
        MyRuns2 mr1=new MyRuns2( );
        Thread t1=new Thread(mr1,"a");
        Thread t2=new Thread(mr1,"b");
        Thread t3=new Thread(mr1,"c");
        t1.start( );
        t2.start( );
        t3.start( );
    }
}
```

동기화(synchronized)를 하면 한 작업을 모두 마칠 때까지 다른 작업을 할 수 없다. 예제 155에서 여러 작업장(쓰레드)이 한 자원(작업)을 공유할 때 한 쓰레드에서 작업을 하는 동안 다른 쓰레드가 기다리는 모습을 보았다. 같은 이유로 아직 출력이 끝나지 않았는데 나의 작업을 잠시 멈추고 다른 쓰레드에서 작업을 한다면 실행되고 있는 쓰레드가 다르므로 출력되는 이름이 바뀐다. 그러나 동기화를 하면 내 쓰레드에서 작업을 모두 끝낼 때까지 기다리게 되므로 쓰레드 이름이 섞이지 않게 되므로 한 쓰레드의 이름을 모두 출력하고, 다른 쓰레드의 이름도 출력하게 된다.

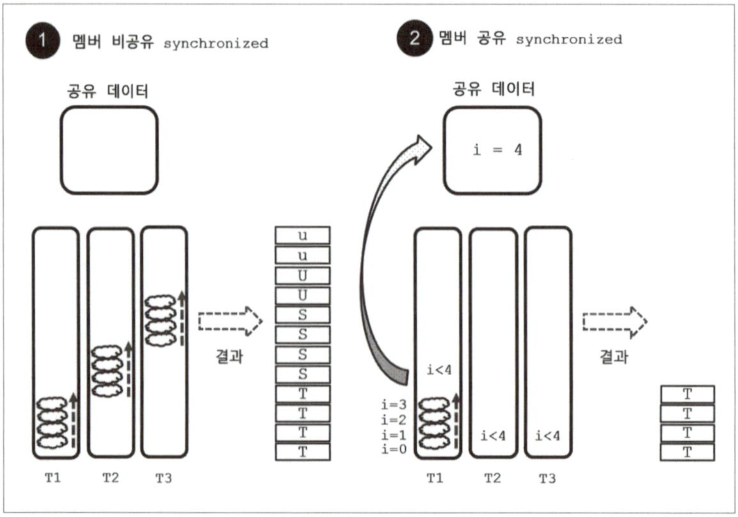

동기화한 멤버 공유

Runnable을 구현한 객체를 생성한다. ◆4

Runnable을 구현한 객체를 3개의 쓰레드에 대입한다. 그리고 3개의 쓰레드 이름을 각각 "a", "b", "c"라 짓는다. 한 개의 작업을 공유한 3개의 쓰레드가 준비된다. ◆5~7

3개의 쓰레드를 실행시킨다. 실행되고 있는 쓰레드의 이름을 각 500번씩 출력하는데 동기화를 했기 때문에 먼저 시작한 쓰레드에서 자신의 이름을 모두 출력한 후 다른 쓰레드의 이름을 출력하려고 한다. 이때 출력 후 멤버를 공유하기 때문에 for문이 끝난다. 결국 먼저 시작한 쓰레드의 이름만 500번 출력된다. 상황에 따라 다르지만 "a"만 500번 출력된다. ◆8~10

결과

```
AAAAAAAAAAAAAAAAAAAAAAAAAAAAAAAAAAAAAAAAAAAAAAAAAAAAAAAA
AAAAAAAAAAAAAAAAAAAAAAAAAAAAAAAAAAAAAAAAAAAAAAAAAAAAAAAA
AAAAAAAAAAAAAAAAAAAAAAAAAAAAAAAAAAAAAAAAAAAAAAAAAAAAAAAA
AAAAAAAAAAAAAAAAAAAAAAAAAAAAAAAAAAAAAAAAAAAAAAAAAAAAAAAA
AAAAAAAAAAAAAAAAAAAAAAAAAAAAAAAAAAAAAAAAAAAAAAAAAAAAAAAA
AAAAAAAAAAAAAAAAAAAAAAAAAAAAAAAAAAAAAAAAAAAAAAAAAAAAAAAA
AAAAAAAAAAAAAAAAAAAAAAAAAAAAAAAAAAAAAAAAAAAAAAAAAAAAAAAA
AAAAAAAAAAAAAAAAAAAAAAAAAAAAAAAAAAAAAAAAAAAAAAAAAAAAAAAA
AAAAAAAAAAAAAAAAAAAAAAAAAAAAAAAAAAAAAAAAAAAAAAAAAAAA
```

활용 157

쓰레드와 wait, notifyAll 메서드 이해하기

- **학습 내용 :** 공유된 데이터의 신뢰성을 높이는 방법과 쓰레드 사이 통신을 이해해 보자.
- **힌트 내용 :** 동기화된 메서드에 대해 wait와 notifyAll 메서드를 사용한다.

소스 : kr.co.infopub.chapter.s157.CakePlate.java

```
package kr.co.infopub.chapter.s157;
public class CakePlate {
    private int breadCount=0;
    public CakePlate( ) {
    }
    public synchronized void makeBread( ) {
        if(breadCount>=10) {
            try {
                System.out.println("빵이 남는다.");
                wait( );
            } catch(InterruptedException ire){ }
        }
        breadCount++;  // 빵이 10개가 안 되면 더 만들자.
        System.out.println("빵을 1개 더 만듦  총 : "+breadCount+"개");
        this.notifyAll( );
    }
    public synchronized void eatBread( ) {
        if(breadCount<1) {
            try {
                System.out.println("빵이 모자라 기다림");
                wait( );
            } catch(InterruptedException ire){ }
        }
        breadCount--;     // 빵이 있으니 먹자.
        System.out.println("빵을 1개 먹음  총 : "+breadCount+"개");
        this.notifyAll( );
    }
}
```

◆ 3 접시에 놓인 빵의 개수이다.

◆ 6 동기화(synchronized)된 메서드 makeBread()를 선언한다. makeBread()가 끝날 때까지 다른 쓰레드에서 breadCount를 사용할 수 없다.

◆ 7 빵접시(CakePlate)에는 빵을 10개까지만 담을 수 있다.

◆ 10 빵접시에 올려진 빵이 10개가 되면 더 이상 담을 수 없으므로 빵도사(CakeMaker)는 먹깨비(CakeEater)가 빵을 먹을 때까지 기다려야 한다. 락이 걸린 빵접시를 공유하는 먹깨비가 빵을 먹어 10개 미만이 되면 빵도사는 다시 빵을 만들 수 있다. wait() 메서드는 먹깨비가 빵을 먹을 때까지 빵도사가 기다리게 만든다. 먹깨비가 빵을 먹었다고 알리면(notifyAll) JVM이 InterruptedException을 던지므로 예외 처리가 필요하다.

◆ 13 빵접시에 빵이 10개 미만(〈10)이면 빵을 하나 더 만든다.

◆ 15 빵도사가 빵을 만들었다는 사실을 락이 걸린 빵접시를 공유하는 먹깨비에게 알린다. notifyAll()은 락이 걸린 빵접시를 공유하는 먹깨비에게 알려서 기다림(wait)을 해제한다. 여기서 먹깨비가 빵을 먹으면 빵이 9개가 되므로 빵도사도 빵을 더 만들 수 있고, 먹깨비도 빵을 먹을 수 있다.

◆ 18~21 빵접시에 빵이 없다면 빵도사가 빵을 만들어서 빵이 1개 이상 될 때까지 기다린다.

◆ 24 빵접시에 빵이 1개 이상이면 1개를 먹는다.

◆ 26 먹깨비가 빵을 먹었다는 사실을 락이 걸린 빵접시를 공유하는 빵도사에게 알린다. 15라인이나 26라인을 지우면 프로그램을 끝내지 못하고 계속 기다리게 되는데, 이를 데드락(Dead Lock)이라고 한다. 신호가 올 때까지 서로 계속 기다리거나 A는 B를 기다리고, B는 A를 기다리는 상태가 데드락이다. 이런 데드락을 방지하려면 wait()와 notifyAll()을 잘 사용해야 한다.

소스 : kr.co.infopub.chapter.s157.CakeMaker.java

```
package kr.co.infopub.chapter.s157;
public class CakeMaker extends Thread {
    private CakePlate cake;
    public CakeMaker(CakePlate cake) {
        setCakePlate(cake);
    }
    public void setCakePlate(CakePlate cake) {
        this.cake=cake;
    }
```

```
10:     public CakePlate getCakePlate( ) {
11:         return cake;
12:     }
13:     public void run( ) {
14:         for(int i=0;i<50;i++) {
15:             cake.makeBread( );
16:         }
17:     }
18: }
```

2 ◆ 빵접시를 공유하는 빵도사 쓰레드를 선언한다.

3 ◆ 공유할 빵접시를 선언한다.

13 ◆ 쓰레드를 상속하면 run( ) 메서드를 오버라이딩해야 한다.

14~16 ◆ 빵접시에 빵을 만들어 올린다. 빵을 50개 만들려고 하는데, 빵접시에는 최대 10개를 올릴 수 있다. 그래서 먹깨비가 빵을 먹어서 빵의 개수를 9개 이하로 만들면 빵도사는 다시 빵을 만드는 과정이 필요하다.

소스 : kr.co.infopub.chapter.s157.CakeEater.java

```
package kr.co.infopub.chapter.s157;
public class CakeEater extends Thread {
    private CakePlate cake;
    public CakeEater(CakePlate cake) {
        setCakePlate(cake);
    }
    public void setCakePlate(CakePlate cake) {
        this.cake=cake;
    }
    public CakePlate getCakePlate( ) {
        return cake;
    }
    public void run( ) {
        for(int i=0;i<50;i++) {
            cake.eatBread( );
        }
    }
}
```

빵접시를 공유하는 먹깨비 쓰레드를 선언한다. 2

공유할 빵접시를 선언한다. 3

쓰레드를 상속하면 run() 메서드를 오버라이딩해야 한다. 13

빵접시의 빵을 먹는다. 빵을 50개 먹으려고 하는데 빵접시에는 최소 1개가 있어야 한다. 그래서 빵 도사가 빵을 만들어서 빵의 개수를 1개 이상으로 만들면 먹깨비가 빵을 먹는 과정이 필요하다. 14~16

소스 : kr.co.infopub.chapter.s157.CakeEatings.java

```java
package kr.co.infopub.chapter.s157;
public class CakeEatings {
    public static void main(String[ ] args) {
        CakePlate cake=new CakePlate( );           // 빵접시 준비
        CakeEater eater=new CakeEater(cake);       // 빵접시 공유
        CakeMaker baker=new CakeMaker(cake);  // 빵접시 공유
        // 우선순위가 높으면 더 많이 호출할 가능성-> 더 먼저 끝날 가능성이 높다.
        // baker.setPriority(6);
        baker.start( );     // 먼저 빵을 만들기 시작한다.
        eater.start( );
    }
}
```

다음과 같은 경우 공유된 데이터의 신뢰성을 해칠 수 있으므로 주의하자.

❶ 여러 쓰레드에서 동시에 같은 데이터에 접근한 경우

❷ 동일 데이터를 사용하는 한 작업 단위가 종료되지 않은 상태에서 다른 작업 단위가 시작되는 경우

이를 방지하려면 synchronized 키워드를 이용하여 데이터의 신뢰성을 지킨다. 쓰레드를 동기화하면 공유된 데이터는 한 쓰레드에서만 사용할 수 있는 락(Lock) 상태가 된다. 한 쓰레드가 락이 걸린 데이터를 처리하는 도중 다른 쓰레드에서 이 데이터를 사용하려면 쓰레드 사이 통신이 필요하다. 이때 동기화된 쓰레드가 wait 메서드를 호출하면 락이 걸린 데이터를 더 이상 사용하지 않고 동기화된 다른 쓰레드에게 넘긴다. 다른 쓰레드에서 작업이 끝나 원래의 쓰레드에게 작업을 시키려면 notifyAll을 호출한다.

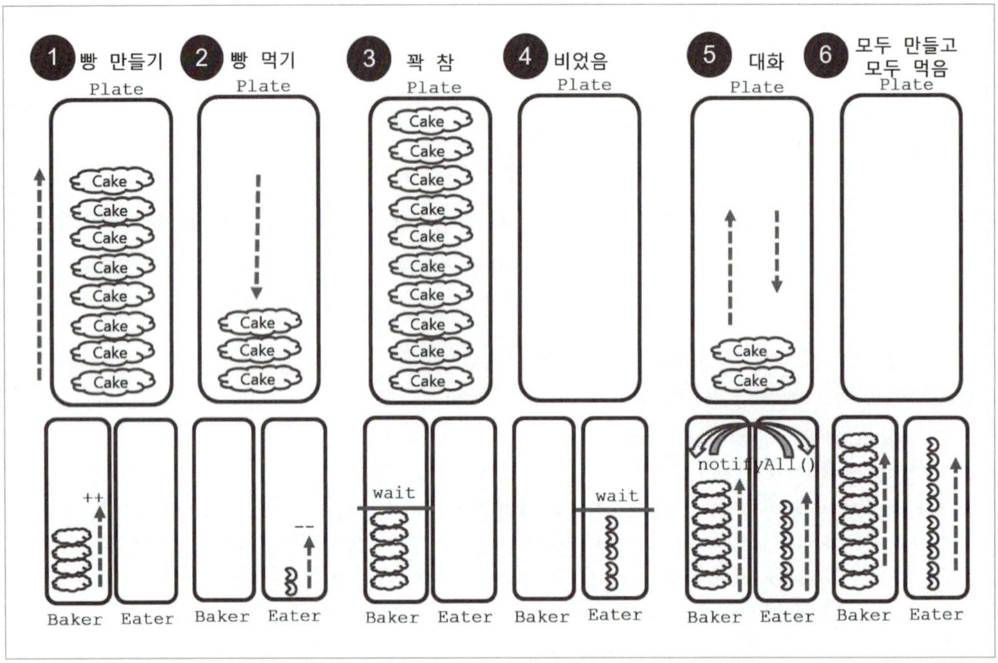

| 그림 157-1 | 빵도사와 먹깨비가 대화를 하면서 제한된 규칙을 지키며 빵을 만들고 먹는다.

[그림 157-1]과 같이 빵도사는 50개의 빵을 접시에 놓으려고 하고, 먹깨비는 접시 위에 있는 빵을 50개 먹으려고 한다. 접시에는 최대 10개의 빵을 만들어 접시에 올릴 수 있으며, 접시에 빵이 10개 차면 빵도사는 빵을 더 이상 만들 수 없고, 접시에 빵이 없으면 먹깨비는 빵을 먹을 수 없다.

[그림 157-1]은 빵도사와 먹깨비가 대화를 하면서 빵을 50개 만들고 먹는 과정을 보여 준다.

❶ 빵도사는 빵을 만들어 접시에 놓는다.

❷ 먹깨비는 접시에 있는 빵을 먹는다.

❸ 접시에 빵이 10개가 있다면 빵도사는 빵 만드는 것을 멈추고 빵이 줄어들기를 기다린다(wait).

❹ 먹깨비는 접시에 빵이 없다면 멈추고 접시에 빵이 놓이기를 기다린다(wait).

❺ 빵도사는 접시에 빵이 9개 이하로 있다면 빵을 만들어 접시에 놓을 수 있으며, 먹깨비에게 접시에 빵이 있다고 알려 준다(notifyAll). 먹깨비는 접시에 빵이 1개 이상 있다면 빵을 먹을 수 있고, 먹은 후 빵도사에게 빵을 더 만들어 달라고 알린다(notifyAll).

❻ 이처럼 빵도사와 먹깨비는 대화를 하면서 50개의 빵을 만들고 먹을 수 있다.

공유할 빵접시를 생성한다. ◆4

먹깨비(CakeEater)와 빵도사(CakeMaker)가 공유할 수 있도록 빵접시를 생성자의 아규먼트에 대입한다. 접시에 빵이 없다면 빵도사가 빵을 만들 동안 먹깨비는 기다려야 하고, 접시에 빵이 10개가 되면 빵도사는 먹깨비가 빵을 먹을 때까지 기다려야 한다. 이처럼 "한 접시(락이 걸린 자원)를 두고 빵을 만들고 먹는 과정"을 대화라고 하는데 wait()와 notifyAll()을 잘 사용해서 동기화된 두 쓰레드가 대화를 잘 하게 해야 한다. ◆5~6

결과

```
......
빵을 1개 먹음 총 : 5개
빵을 1개 먹음 총 : 4개
빵을 1개 먹음 총 : 3개
빵을 1개 먹음 총 : 2개
빵을 1개 먹음 총 : 1개
빵을 1개 먹음 총 : 0개
빵이 모자라 기다림
빵을 1개 더 만듦 총 : 1개
빵을 1개 더 만듦 총 : 2개
빵을 1개 더 만듦 총 : 3개
빵을 1개 더 만듦 총 : 4개
빵을 1개 더 만듦 총 : 5개
빵을 1개 더 만듦 총 : 6개
빵을 1개 먹음 총 : 5개
빵을 1개 먹음 총 : 4개
빵을 1개 먹음 총 : 3개
빵을 1개 먹음 총 : 2개
빵을 1개 먹음 총 : 1개
빵을 1개 먹음 총 : 0개
```

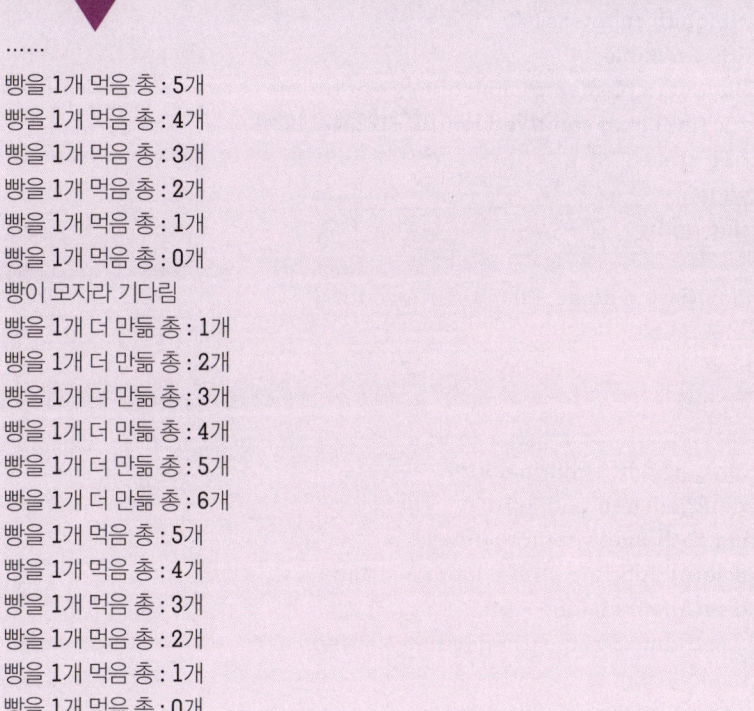

활용 158

객체 직렬화, 제네릭을 이용하여 객체 저장하기

- **학습 내용 :** 객체 직렬화, 제네릭을 이용하여 객체를 저장하고 읽는다.
- **힌트 내용 :** 직렬화는 Serializable을 구현한다. 사용하기 직전에 타입을 결정하기 위해 제네릭을 사용한다.

소스 : kr.co.infopub.chapter.s158.Student.java

```
package kr.co.infopub.chapter.s158;
import java.io.Serializable;
public class Student implements Cloneable, Serializable {
    private static final long serialVersionUID=12234214234L;
    private String name;
    private int age;
    private String addr;

    public Student(String name, int age,String addr) {
        this.name=name;
        this.age=age;
        this.addr=addr;
    }   // Student
    public String getAddr( ) {return addr;}
    public int getAge( ) {return age;}
    public String getName( ) {return name;}
    public void setAddr(String string) {addr = string;}
    public void setAge(int i) {age = i;}
    public void setName(String string) {name = string;}
    public String toString( ) {
        return name+"  "+age+"  "+addr;
    }   // toString
    public Object clone( ) { // 멤버가 기본 타입과 String으로만 구성
        try {
            return super.clone( );
        } catch(CloneNotSupportedException e) {
            return this;
        }
    }   // clone
```

```
    public boolean equals(Object obj) {  // 멤버 비교 - 같은 객체
        boolean isE=false;
        Student temp=(Student)obj;
        if(temp.getName( ).equals(name) && temp.getAge( )==age
            && temp.getAddr( ).equals(addr)) {
            isE=true;
        }
        return isE;
    }  // equals
    public int hashCode( ) {
        int temp=0;
        temp=name.hashCode( )+addr.hashCode( )+age+37;
        return temp;
    }  // hashCode
}
```

객체 직렬화는 네트워크를 통해 객체를 전송하거나, 객체를 파일로 저장할 때 사용한다. 객체를 직렬화하려면 Serializable을 구현한다. Serializable 인터페이스는 구현할 메서드가 없는(empty) 또는 표시만 하는(markup) 인터페이스로 JVM이 객체를 직렬화하고 또한 역 직렬화도 한다. JVM은 객체의 멤버만 뽑아서 부피를 줄이고 멤버들이 섞이지 않도록 한다. 다른 컴퓨터의 JVM은 직렬화되어 전달된 것을 역 직렬화하여 데이터를 순서대로 뽑아서 비어 있는 객체에 대입한다. 마치 다른 컴퓨터에 있던 객체를 전달받은 것처럼 만든다.

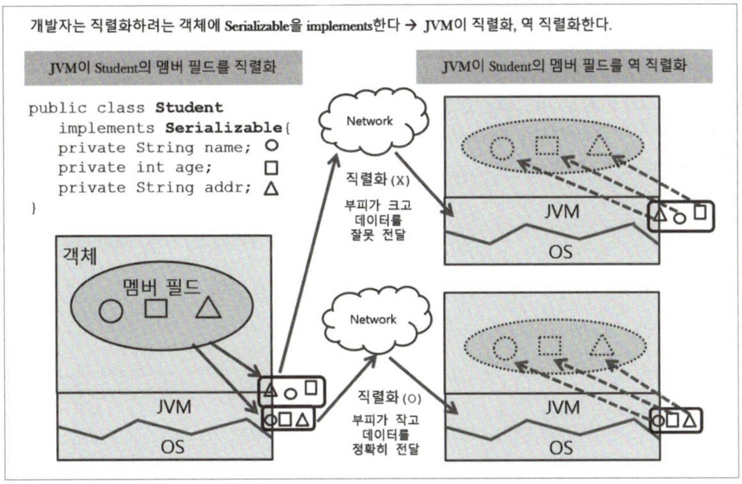

| 그림 158-1 | JVM이 객체를 직렬화하고 객체로 역 직렬화시킴

String을 제외한 참조 타입은 기본적으로 얕은 복사(Show Copy)를 한다. 얕은 복사는 주소 복사(Copy by Reference)로 주소만 복사하여 넘겨준다. [그림 158-1]의 shs처럼 stu의 주소를 받기 때문에 stu와 같은 객체이다. 반면 멤버필드들이 기본 타입이나 String으로만 구성된 객체를 clone()하면 깊은 복사가 된다. [그림 158-2]에서 clone()을 이용한 깊은 복사는 JVM이 메모리를 참고, 값들만 복사하여 새로운 객체를 만든다. 결국 깊은 복사를 하면 객체 내부의 멤버값들은 같지만 다른 객체를 새로 만든다. 만약 직렬화하려는 객체의 멤버필드에 참조 타입이 있다면 멤버필드의 참조 타입을 먼저 직렬화해야 한다. 정리하면 객체 내부를 직렬화한 다음 객체를 직렬화해야 한다. 이를 오브젝트 그래프(Object Graph)라고 한다.

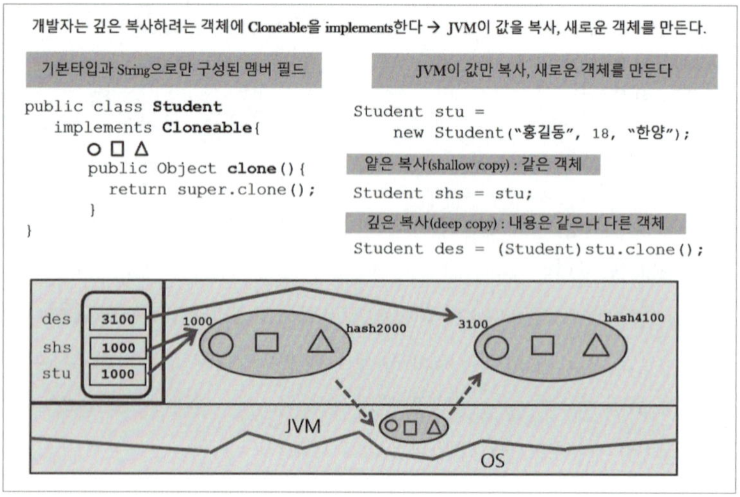

| 그림 158-2 | JVM이 값들만 복사해서 객체 내부의 값은 같으나 새로운 객체를 만든다.

3 ◆ 객체를 직렬화한다. 또한 깊은 복사를 위해 Cloneable을 구현한다.

4 ◆ Java5 이상에서는 Serializable을 하면 serialVersionUID를 입력하는 것이 좋다.

23~29 ◆ super.clone()은 Object의 protected Object clone() 메서드로 JVM을 이용하여 멤버필드의 값은 같지만 새로운 객체를 만든다. 기본 타입과 String 타입인 멤버필드만 대상으로 깊은 복사를 한다. 복사에 실패하면 예외가 발생하기 때문에 예외 처리가 필요하다.

30~38 ◆ 멤버필드의 값을 일대일로 비교했을 때 모두 같으면 같은 객체로 만들기 위해서 equals() 오버라이딩이 필요하다.

equals( ) 오버라이딩을 하면 hashCode( )를 오버라이딩해야 한다. 정리하자면 깊은 복사, 직렬화, equals( )를 이용하여 같은 객체 비교를 할 수 있는 객체이다. ◆ 39~43

소스 : kr.co.infopub.chapter.s158.ObjectStudentRWG.java

```
package kr.co.infopub.chapter.s158;
import java.io.*;
import java.util.Vector;
public class ObjectStudentRWG<T> {
  public int write(String fname, Vector<T> v) throws IOException {
      int objectNumber=0;
      try {
          FileOutputStream fos=new FileOutputStream(fname);
          ObjectOutputStream oos=new ObjectOutputStream(fos);      // throws
          objectNumber=v.size( );
          oos.writeInt(objectNumber);
          System.out.println(objectNumber+"개의 Data가 입력됨");
          for(int i=0;i<objectNumber;i++) {
              oos.writeInt(i);
              oos.writeObject(v.get(i));
              oos.flush( );
              System.out.println(i+"번째의 Data가 입력됨");
          }
          oos.close( );   fos.close( );
      } catch (FileNotFoundException e) {
          System.out.println("잘못된 파일 이름을 입력했습니다.");
      } catch(Exception ee) {
          throw new IOException("타입이 이상합니다."+ee);
      }
      return objectNumber;
  }
  public void read(String fname) throws IOException {
      try {
          FileInputStream fis = new FileInputStream(fname);
          ObjectInputStream ois=new ObjectInputStream(fis);      // throws
          int objectNumber=ois.readInt( );
          System.out.println(objectNumber+"개의 Data를 읽음");
          for(int i=0;i<objectNumber;i++) {
              try {
```

```
                    System.out.print(ois.readInt( )+"번째 :");
                    System.out.println(ois.readObject( ));
                } catch (ClassNotFoundException e1) {
                    System.out.println("잘못된 타입입니다.");
                }
            }
            ois.close( ); fis.close( );
        } catch (FileNotFoundException e) {
            System.out.println("잘못된 파일 이름을 입력했습니다.");
        }
    }
}
```

객체를 네트워크를 통해 전송하거나 파일로 저장하려면 직렬화를 해야 한다. 빨대(FileOutputStream)와 호스(ObjectOutputStream)를 이용하여 직렬화된 객체를 파일로 저장한다.

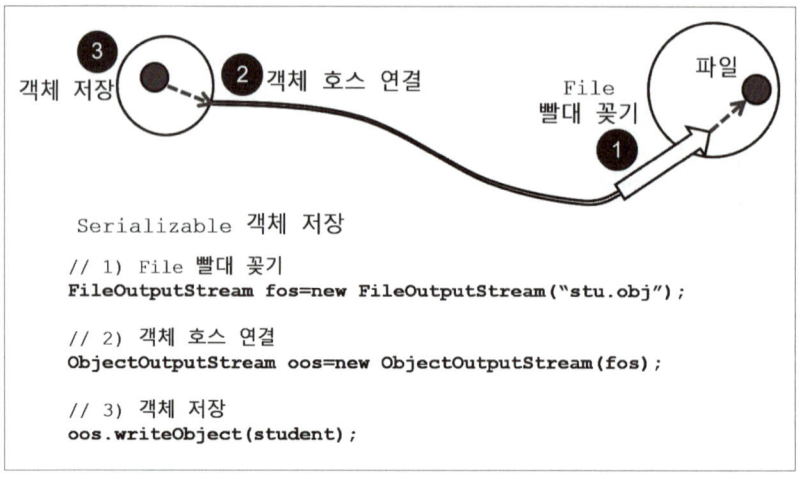

Serializable 객체 저장

```
// 1) File 빨대 꽂기
FileOutputStream fos=new FileOutputStream("stu.obj");

// 2) 객체 호스 연결
ObjectOutputStream oos=new ObjectOutputStream(fos);

// 3) 객체 저장
oos.writeObject(student);
```

| **그림 158-3** | 빨대와 호스를 이용하여 직렬화된 객체를 저장

객체를 네트워크를 통해 전송하거나 파일로 된 객체를 읽을 때도 직렬화가 필요하다. 직렬화된 객체를 빨대(FileInputStream)와 호스(ObjectInputStream)를 이용하여 읽는다.

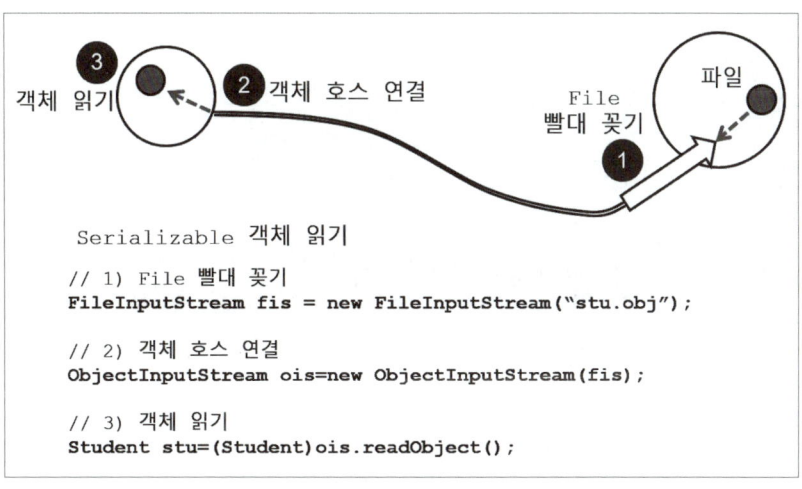

Serializable 객체 읽기

```
// 1) File 빨대 꽂기
FileInputStream fis = new FileInputStream("stu.obj");

// 2) 객체 호스 연결
ObjectInputStream ois=new ObjectInputStream(fis);

// 3) 객체 읽기
Student stu=(Student)ois.readObject();
```

| 그림 158-4 | 빨대와 호스를 이용하여 직렬화된 객체를 읽음

파라미터화된 타입인 ObjectStudentRWG를 선언한다. 타입을 제한하는 제네릭〈〉 중에서 객체를 생성할 때 타입을 정할 수 있는 방법이다. 객체를 생성할 때 〈T〉의 T 대신 타입을 대입한다. ◆ 4

write() 메서드를 호출할 때 T타입이 결정된다. Vector는 아직 타입이 정해지지 않는 타입 T를 저장한다. ◆ 5

저장하려는 객체의 개수를 저장한다. ◆ 6

빨대를 준비한다. 생성자에 파일 이름을 대입한다. ◆ 8

호스를 준비한다. 객체를 파일로 저장하는 데 사용한다. ◆ 9

객체의 개수를 저장한다. ◆ 10

객체의 개수를 파일에 저장한다. ◆ 11

Vector에 저장된 객체를 저장한다. 이때 저장하려는 객체는 Serializable을 구현한 객체다. ◆ 13~18

파일로 저장했다면 닫는다. ◆ 19

29 ◆ 빨대를 준비한다. 생성자에 파일 이름을 대입한다.

30 ◆ 호스를 준비한다. 저장된 객체 파일을 읽는다.

31 ◆ 파일에 저장한 객체의 개수를 얻는다.

33~40 ◆ 파일에 저장한 객체를 읽어서 출력한다.

41 ◆ 객체 파일을 다 읽었다면 닫는다.

소스 : kr.co.infopub.chapter.s158.ObjectStudentWriteMain.java

```
 1: package kr.co.infopub.chapter.s158;
 2: import java.io.IOException;
 3: import java.util.Vector;
 4: public class ObjectStudentWriteMain {
 5:     public static void main(String[ ] args) {
 6:         ObjectStudentRWG<Student> osw=new ObjectStudentRWG< > ( );
 7:         Vector<Student> v=new Vector< >( );
 8:         v.add(new Student("홍길동",17,"한양"));
 9:         v.add(new Student("홍길순",15,"순천"));
10:         v.add(new Student("몽룡",20,"화천"));
11:         v.add(new Student("춘향",18,"삼척"));
12:         try {
13:             osw.write("kisul\\stu.obj",v);
14:         } catch (IOException e) {
15:             System.out.println(e);
16:         }
17:     }
18: }
```

6 ◆ 파라미터화된 타입 T에 Student를 넣는다. 제네릭 〈Student〉는 객체 타입을 Student로 제한한다.

7 ◆ 여러 Student를 저장하기 위해 리스트(Vector)를 생성한다. 리스트에는 Student 타입만 저장하고 읽을 수 있다.

8~11 ◆ Student 객체 4개를 저장한다.

벡터에 저장된 객체들을 stu.obj 파일에 저장한다. 13

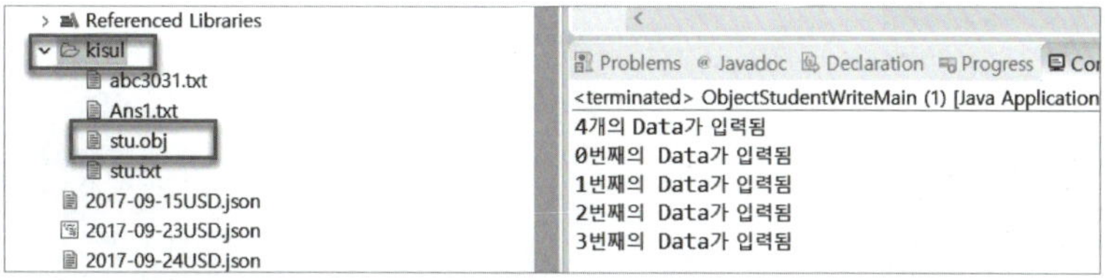

| 결과화면 |

소스 : kr.co.infopub.chapter.s158.ObjectStudentReadMain.java

```
1:  package kr.co.infopub.chapter.s158;
2:  import java.io.IOException;
3:  import java.util.Vector;
4:  public class ObjectStudentReadMain {
5:      public static void main(String[ ] args) {
6:          ObjectStudentRWG<Student> osw=new ObjectStudentRWG<Student>( );
7:          try {
8:              osw.read("kisul\\stu.obj");
9:          } catch (IOException e) {
10:             System.out.println(e);
11:         }
12:     }
13: }
```

파라미터화된 타입 T에 Student를 넣는다. 제네릭 〈Student〉는 객체 타입을 Student로 제한한다. 6

객체를 저장한 stu.obj에서 저장된 객체를 읽은 후 내용을 출력한다. 8

결과

```
4개의 Data를 읽음
0번째 : 홍길동    17    한양
1번째 : 홍길순    15    순천
2번째 : 몽룡      20    화천
3번째 : 춘향      18    삼척
```

5 PART 응용

Java 프로그래밍 응용 다지기

초보자를 위한 JAVA 200제

응용
159 정보처리기사 문제 ①

- **학습 내용 :** 파일에서 읽은 제품 관련 문자열을 제품 객체로 변경하고 리스트에 저장하는 방법을 익혀 보자.
- **힌트 내용 :** 한 줄씩 읽은 제품 관련 문자열을 해당 제품 객체로 변경하는 메서드를 만든다.

참고 613쪽 NOTE를 참고하여 예제에서 제공하는 라이브러리를 작업 폴더에 삽입하고 예제를 실습하세요.

소스 : kr.co.infopub.chapter.s159.Product.java

```
package kr.co.infopub.chapter.s159;
import java.io.*;
public class Product implements Serializable {
    private int     prodNum;     // 제조번호 숫자 6  x
    private String  prodPart;    // 제조구분 문자 1
    private String  pName;       // 담당자  문자 4
    private int     pValue;      // 단가 숫자 3
    private int     pAmount;     // 판매량 숫자 3
    private String  pPant;       // 공장코드 문자 1
    private String  pConsum;     // 거래코드 문자 1
    private int     pPoint;      // 제조 포인트 숫자 3  xxx
    private int     pCount;      // 출고 횟수 숫자 3
    private int     pMoney;      // 매출액 숫자 3     xxx
    private String  pGrade;      // 제조등급 문자 1
    // get/set 생략
    public void setProduct(String[ ] s) {
        this.setProdNum(Integer.parseInt(s[0].trim( )));
        this.setProdPart(s[1].trim( ));
        this.setPName(s[2].trim( ));
        this.setPValue(Integer.parseInt(s[3].trim( )));
        this.setPAmount(Integer.parseInt(s[4].trim( )));
        this.setPPant(s[5].trim( ));
        this.setPConsum(s[6].trim( ));
        this.setPPoint(Integer.parseInt(s[7].trim( )));
        this.setPCount(Integer.parseInt(s[8].trim( )));
```

```
 91:            this.setPMoney(Integer.parseInt(s[9].trim( )));
 92:            this.setPGrade(s[10].trim( ));
 93:        }
 94:        public String toString( ) {
                // 생략
109:    }
110: }
```

한 줄에 최대 29자로 구성된 제품에 대한 정보는 다음과 같다.

| 표 | 제품정보

제조번호	제조구분	담당자	단가	판매량	공장코드	거래코드	제조 포인트	출고횟수	매출액	제조등급
숫자	문자	문자	숫자	숫자	문자	문자	숫자	숫자	숫자	문자
6	1	4	3	3	1	1	3	3	3	1

※ 제조번호는 중복되어 있지 않으며 일련번호에 대해 오름차순으로 정렬되어 있다. 제품에 대한 정보 1000에 대하여 다음과 같은 문제를 풀어보자.

[문제 1] 제조등급이 A와 C인 자료에 대하여 (매출액×제조 포인트)에 따라 내림차순 정렬하여 5번째 자료의 (매출액×제조 포인트)를 출력하시오. 동일값이 발생했을 때 제조번호에 따라 오름차순 정렬하시오.

[표-제품정보]의 타입을 고려하여 멤버필드를 선언한다. 제품정보 한 줄이 한 개의 객체가 된다. ◆ 4~14

제품정보 한 줄을 길이에 맞게 잘라 문자열 배열로 만들어 대입한다. ◆ 81

569쪽 문제 해결 방법 ❸의 [표-제품정보를 길이에 따라 분리]를 고려하여 숫자 타입 문자열을 Integer.parseInt()를 이용해 정수형 숫자로 만든다. ◆ 82~93

소스 : kr.co.infopub.chapter.s159.ProductList.java

```
1: package kr.co.infopub.chapter.s159;
2: import java.util.*;
3: public class ProductList {
4:     private int[ ] catg={6,1,4,3,3,1,1,3,3,3,1};
```

```
    public String [ ] splist(String str) {
        String[ ] ss=new String[catgLength( )];
        ss[0]=str.substring(0,catNumTo(catg,0)).trim( );
        for(int i=1;i<ss.length;i++) {
            ss[i]=str.substring(catNumTo(catg,i-1),
                catNumTo(catg,i)).trim( );
        }
        return ss;
    }
    public Product splistP(String str) {
        Product p=new Product( );
        String[ ] ss=splist(str);
        p.setProduct(ss);
        return p;
    }
    public List<Product> getAllProducts(List<String> v) {
        List<Product> products=new ArrayList<Product>( );
        for(int i=0;i<v.size( );i++) {
            String str=v.get(i);
            Product p=splistP(str);
            products.add(p);
        }
        return products;
    }
public List<Product> getAllProdInGrade(String [ ]ss1, List<Product> v) {
    List<Product> products=new ArrayList<Product>( );
        for(int i=0;i<v.size( );i++) {
            Product p=v.get(i);
            for(int j=0;j<ss1.length;j++) {
                if(p.getPGrade( ).equals(ss1[j])) {
                    products.add(p);
                }
            }
        }
        return products;
    }
    private int catgLength( ) {
        return this.catg.length;
    }
    private int catNumTo(int [ ] aa,int a) {
        int toto=0;
        if(aa.length<a) {
```

```
                toto=0;
            } else {
                for(int i=0;i<=a;i++) {
                    toto+=aa[i];
                }
            }
            return toto;
        }

}
```

문제 해결 방법

❶ 한 줄은 100001Astch 19100AA 72 51 89B처럼 문제에서 주어진 제조번호부터 제조등급까지 모두 붙어 있는 제품정보이다. 주어진 abc3031.txt 파일에는 1000줄의 제품정보가 있다.

❷ 파일 리더(예제 160)를 이용하여 한 줄을 읽고 리스트에 저장한다. 같은 방법으로 파일에서 한 줄씩 읽어서 리스트에 모두 저장한다. 이번 장에서는 리스트에 저장된 데이터를 사용한다.

❸ 리스트에서 한 줄을 읽은 후 각 제품정보를 멤버필드로 갖는 객체를 생성하고 대입한다. 이때 한 줄은 [표-제품정보]처럼 11개의 문자열로 나누는 작업이 필요하다. 같은 방법으로 한 줄 씩 읽어서 각 제품정보를 멤버필드로 갖는 객체를 생성하고 리스트에 대입한다.

100001Astch 19100AA 72 51 89B를 100001/A/stch/19/100/A/A/72/51/89/B/로 분리한다. 분리하는 방법은 String은 substring()을 이용한다. substring(0,6)은 100001, substring(7,8)은 A를 얻으며 다음과 같은 결과를 얻을 수 있다.

| 표 | 제품정보를 길이에 따라 분리

구분	제조 번호	제조 구분	담당자	단가	판매량	공장 코드	거래 코드	제조 포인트	출고 횟수	매출액	제조 등급
타입	숫자	문자	문자	숫자	숫자	문자	문자	숫자	숫자	숫자	문자
길이	6	1	4	3	3	1	1	3	3	3	1
substring (a, b)	0,6	6,7	7,11	11,14	14,17	17,18	18,19	19,22	22,25	25,28	28,29
결과	100001	A	stch	19	100	A	A	72	51	89	B

❹ 결과를 얻은 후 타입 중에서 숫자는 Integer.parseInt()를 이용하여 정수로 만든다.

❺ 리스트에서 제조등급이 C이고, 매출액이 80 이상인 제품들만 새로운 리스트에 저장한다.

❻ Comparator〈Product〉를 이용하여 리스트를 정렬한다. 예제 161에서 람다를 이용한 sort와 Stream을 이용한다.

❼ 결과를 파일로 저장한다.

4 [표-제품정보를 길이에 따라 분리]의 자르려고 하는 길이를 정수형 배열로 선언하고 초기화한다.

5 한 줄의 제품정보를 길이 단위로 잘라서 문자열 배열로 만든다.

6 한 줄의 제품정보를 11가지 정보로 나누기 위해 문자열 배열을 생성한다.

7 [표-제품정보를 길이에 따라 분리]를 참고하여 제품정보 문자열을 substring(0,6)으로 6자를 잘라 제조번호로 저장한다.

8~11 [표-제품정보를 길이에 따라 분리]를 참고하여 제품정보 문자열을 잘라서 제조번호 이외의 10가지 정보로 저장한다.

15 비어 있는 Product 객체를 생성한다.

17 한 줄의 제품정보를 11가지 정보로 나눠 문자열 배열로 만들고, 타입을 고려하여 Product 객체의 멤버에 저장한다. 한 줄의 제품정보가 한 개의 Product 객체가 된다.

21 제품정보의 줄 수만큼 Product 객체를 만들어 리스트에 저장하기 위해 리스트를 생성한다.

22~26 제품정보를 한 줄씩 가져와서 한 개의 Product를 생성하고 정보를 저장한다. 제품정보 줄 수만큼 반복하고 생성된 Product 객체들을 리스트에 저장한다.

29 모든 Product가 저장된 리스트에서 입력받은 제조등급에 맞는 Product를 저장한 리스트를 얻는다.

30 모든 Product가 저장된 리스트에서

33~37 입력받은 제조등급에 맞는 리스트만을 얻는다.

42 리스트에 저장된 개수를 반환한다.

50 [표-제품정보를 길이에 따라 분리]의 substring()처럼 자르려고 하는 길이를 만든다. 0, 6은 0번째부터 6자, 6, 7은 6번째부터 (7-6=1)자, 7,11은 7번째부터 (11-7)자를 자른다.

소스 : kr.co.infopub.chapter.s159.ProductListMain.java

```
1: package kr.co.infopub.chapter.s159;
2: public class ProductListMain {
3:   public static void main(String[ ] args) {
4:   // aaaaaa/b/cccc/ddd/eee/f/g/hhh/iii/jjj/k
5:      String [ ] proarr= {
6:            "100001Astch 19100AA 72 51 89B",
7:            "100002Agali  1 84CC  6 87140A",
8:            "100003Bmiat 21147CC 54 12250B",
9:            "100004Aoran 14 56CA 87 65293B",
10:           "100005Bsj24 37 67CC 35 95105C"
11:     };
12:     ProductList plist=new ProductList( );
13:  // "100001Astch 19100AA 72 51 89B" -->
14:  // 100001/A/stch/19/100/A/A/72/51/89/B/
15:     for (String pstr : proarr) {
16:        String[ ] spp=plist.splist(pstr);
17:        for (String sp : spp) {
18:           System.out.printf("%s/",sp);
19:        }
20:        System.out.println( );
21:     }
22:  // 100001/A/stch/19/100/A/A/72/51/89/B/--> Product 객체
23:     for (String pstr : proarr) {
24:        Product  p=plist.splistP(pstr);
25:        System.out.println(p);
26:     }
27:  }
28: }
```

제품정보를 5개 저장한다. ◆ 5~11

향상된 for로 제품정보를 한 줄씩 가져온다. ◆ 15

한 줄을 11개 정보로 나눈다. ◆ 16

11개 정보를 출력한다. ◆ 17~19

제품정보 한 줄을 한 개의 Product 객체로 만든 다음, 객체의 정보를 출력한다. ◆ 24

자료 : kisul/abc3031.txt

```
100001Astch 19100AA 72 51 89B
100002Agali  1 84CC  6 87140A
100003Bmiat 21147CC 54 12250B
100004Aoran 14 56CA 87 65293B
100005Bsj24 37 67CC 35 95105C
......
```

결과

```
100001/A/stch/19/100/A/A/72/51/89/B/
100002/A/gali/1/84/C/C/6/87/140/A/
100003/B/miat/21/147/C/C/54/12/250/B/
100004/A/oran/14/56/C/A/87/65/293/B/
100005/B/sj24/37/67/C/C/35/95/105/C/
----------------------------[100001/A/stch/19/100/A/72/51/89/B]
----------------------------[100002/A/gali/1/84/C/6/87/140/A]
----------------------------[100003/B/miat/21/147/C/54/12/250/B]
----------------------------[100004/A/oran/14/56/C/87/65/293/B]
----------------------------[100005/B/sj24/37/67/C/35/95/105/C]
```

정보처리기사 문제 ②

응용 160

- **학습 내용 :** 객체를 서로 비교하여 정렬하는 방법, 파일 읽기, 저장 방법을 익혀 보자.
- **힌트 내용 :** 객체 비교는 Comparator<Product>의 compare( ) 메서드를 구현한다.

소스 : kr.co.infopub.chapter.s160.ProductReader.java

```
package kr.co.infopub.chapter.s160;
import java.io.*;
import java.util.*;
public class ProductReader {
  private List<String> list=new ArrayList< >( );
  public boolean isExist(String fname) {
    boolean isE=false;
    File f=null;
    try {
      f=new File(fname);
      if(f.exists( )) {
        isE=true;
      }
    } catch(Exception ee) {
      log(ee.getMessage( ));
    }
    return isE;
  }
  public int listSize( ) {
    return list.size( );
  }
  public void readTexts(String fname) {
    list.clear( );
    FileReader fr=null;
    BufferedReader br=null;
    File ff=null;
    try {
      if(isExist(fname)) {
        ff=new File(fname);
```

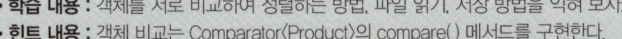

```
                fr=new FileReader(ff);
                br=new BufferedReader(fr);
            }
            String msg="";
            while((msg=br.readLine( ))!=null) {
                list.add(msg);
            }

        } catch(Exception ee) {
            log(ee.getMessage( ));
        } finally {
            try {
                br.close( );
                fr.close( );
            } catch(Exception eee) {
                log(eee.getMessage( ));
            }
        }
    }
    public String readText(String fname) {
        String msg="";
        FileReader fr=null;
        BufferedReader br=null;
        File ff=null;
        try {
            if(isExist(fname)) {
                ff=new File(fname);
                fr=new FileReader(ff);
                br=new BufferedReader(fr);
            }
            msg=br.readLine( );
        } catch(Exception ee) {
            log(ee.getMessage( ));
        } finally {
            try {
                br.close( );
                fr.close( );
            } catch(Exception eee) {
                log(eee.getMessage( ));
            }
```

```
70:         }
71:         return msg;
72:     }
73:     public String getText(int I) {
74:         if(i+1>list.size( )) {
75:          return "";
76:         }
77:         return list.get(i);
78:     }
79:     private static void log(String msg) {
80:         System.out.println("Error------------->:"+msg);
81:     }
82:     public List<String> getAllLines( ) {
83:         return list;
84:     }
85: }
```

제품 정보를 파일에서 읽어 한 줄씩 리스트에 저장한다. ◆ 5

파일이 존재하는지 판단한다. ◆ 11~13

리스트에 저장된 제품정보의 줄 수를 반환한다. ◆ 19~21

빨대(FileReader)를 꽂는다. 노드인 FileReader를 생성한다. 노드는 꼭 한 개 있어야 한다. ◆ 30

호스(BufferedReader)를 준비한다. 필터인 BufferedReader를 생성한다. 필터는 기능을 좋게 한다. ◆ 31

한 줄씩 읽어서 리스트에 저장(add)한다. ◆ 34~36

한 줄만 읽는다. ◆ 60

리스트에서 범위 내 임의의 위치 한 줄을 얻는다. ◆ 77

리스트를 반환한다. ◆ 82~84

소스 : kr.co.infopub.chapter.s160.ProductComp.java

```
package kr.co.infopub.chapter.s160;
import java.util.Comparator;
public class ProductComp implements Comparator<Product> {
    @Override
    public int compare(Product sg1, Product sg2) {
        int pMoney1=sg1.getPMoney( );
        int pMoney2=sg2.getPMoney( );
        int pPoint1=sg1.getPPoint( );
        int pPoint2=sg2.getPPoint( );
        int prodNum1=sg1.getProdNum( );
        int prodNum2=sg2.getProdNum( );
        if(pMoney1>pMoney2){   // Comparable을 구현하지 않음
            return -1;  // 내림차순
        } else if(pMoney1==pMoney2) {
            if(pPoint1>pPoint2) {
                return -1;      // 내림차순
            } else if(pPoint1==pPoint2) {
                if(prodNum1>prodNum2) {
                    return 1;  // 오름차순
                } else if(prodNum1==prodNum2) {
                    return 0;  // 프라이머리 키니까 이런 일은 없을 것
                } else {
                    return -1; // 내림차순
                }
            } else {
                return 1;  // 오름차순
            }
        } else {
            return 1;  // 오름차순
        }
    }
}
```

객체 비교는 양수, 음수, 0을 반환하는 방법을 이용한다. 예를 들어 “Go”와 “Ho”와 같은 문자열 비교는 사전식 비교를 이용한다. 우선 한 자씩 가져와 ‘G’−‘H’를 비교하여 각각의 아스키코드값의 차를 계산하면 71−72〈0이므로 “Go”가 “Ho”보다 앞에 있다. 이는 사전 상 “Go”가 앞에 위치한다는 의미이다.

숫자 비교는 8-7>0로 8이 7보다 뒤에 있다는 것이다. 정리하면, 두 수의 차가 음이면 뒤의 문자나 숫자가 큰 것으로 사전의 뒤쪽에 위치하고, 두 수의 차가 양이면 앞의 문자나 숫자가 큰 것으로 앞의 문자가 사전에서 뒤쪽에 있다는 것이다.

| 표 | 정렬 방법

compare( ) 로직	의미	결과
if (A - B > 0) {	9 - 8 > 0, 양수	
return -1;	순서 그대로	내림차순 9, 8, 7
} else if(A - B <0) {	8 - 9 < 0, 음수	
return 1;	순서 바꾸기	오름차순 7, 8, 9
} else { return 0; }	7-7 =0, 같다.	

두 객체를 비교하기 위하여 비교 기준을 제공한다. 비교하려면 인터페이스 Comparator의 compare( )를 구현해야 한다. ◆ 3

두 Product의 매출액을 얻는다. ◆ 6~7

두 Product의 제조 포인트를 얻는다. ◆ 8~9

두 Product의 제조번호를 얻는다. ◆ 10~11

[표-정렬 방법]을 참고하자. 앞쪽 매출액이 클 때 순서를 그대로 둔다. 정리하면 매출액순으로 내림차순이 된다. ◆ 12~13

매출액이 같다. ◆ 14

매출액이 같다면 제조 포인트 기준으로 내림차순으로 정렬한다. ◆ 15~16

매출액과 제조 포인트도 같다면 제조번호를 증가순으로 정렬한다. ◆ 17~19

[표-정렬 방법]을 참고하자. 앞쪽 매출액이 작을 때 순서를 바꾼다. 정리하면 작은 매출액이 뒤로 가기 때문에 매출액순으로 내림차순이 된다. ◆ 28~30

소스 : kr.co.infopub.chapter.s160.ProductReaderMain.java

```
package kr.co.infopub.chapter.s160;
import java.util.List;
public class ProductReaderMain {
  public static void main(String[ ] args) {
    ProductReader kr=new ProductReader( );
    ProductList plist=new ProductList( );
    if(kr.isExist("kisul\\abc3031.txt")) {
        kr.readTexts("kisul\\abc3031.txt");
        int num=kr.listSize( );
        System.out.println("데이터 개수: "+num);
        System.out.println("AllDatas===>");
        List<Product> producst=plist.getAllProducts(kr.getAllLines( ));
        int tot=0;
        for (Product p: producst) {
            System.out.println((++tot)+"\t"+p);
        }
        System.out.println("Grad in A or C===>");
        // String pGrade;     // 제조등급 문자 1 마지막 문자
        String [ ] acc={"A","C"};
        List<Product> gradepros=plist.getAllProdInGrade(acc,producst);
        int tot2=0;
        for (Product p: gradepros) {
            System.out.println((++tot2)+"\t"+p);
        }
        System.out.println("Sort ===>");
        gradepros.sort(new ProductComp( ));
        tot2=0;
        for (Product p: gradepros) {
            System.out.print((++tot2)+"\t"+p);

            System.out.println("\tpMoney="+p.getPMoney( )+
                "\tpPoint="+p.getPPoint( )+"\tprodNum="+p.getProdNum( ));
        }
        // 5번의 정보를 출력
        Product result=gradepros.get(4);
    String msgs=String.format("%s\t%s\t%s",
        result.getPMoney( ),result.getPPoint( ),result.getProdNum( )) ;
    // System.out.println(msgs);
        ResultWrite rw=new ResultWrite( );
        System.out.println(rw.isExist("kisul\\Ans1.txt"));
```

```
41:             rw.setTexts("kisul\\Ans1.txt",msgs);
42:             String krs=kr.readText("kisul\\Ans1.txt");
43:             System.out.println(krs);
44:         }
45:     }
46: }
```

abc3031.txt가 존재하는가? ◆ 7

존재하면 한 줄씩 읽어서 리스트에 저장한다. ◆ 8

리스트에 저장된 제품정보의 줄 수를 반환한다. ◆ 9

리스트에 저장된 제품정보를 한 줄씩 읽어서 Product 리스트로 변환한다. ◆ 12

모든 Product 객체의 정보를 출력한다. ◆ 14~16

비교하려는 제조등급을 한 개 이상 저장한다. ◆ 19

제조등급에 해당되는 Product 리스트를 얻는다. ◆ 20

제조등급에 해당되는 Product 객체들의 정보를 출력한다. ◆ 22~24

제조등급에 해당되는 Product 리스트를 매출액과 제조 포인트에 대하여 정렬한다. ◆ 26

정렬한 리스트에서 특정 위치의 Product 객체를 얻는다. ◆ 35

결과를 한 줄로 저장한다. ◆ 41

저장된 결과 한 줄을 얻는다. ◆ 42

결과

```
......
674   ----------------------------[100996/A/seok/36/87/C/61/69/137/A]
675   ----------------------------[100997/C/smj2/50/147/A/72/65/316/A]
676   ----------------------------[100999/C/banj/20/137/B/22/24/132/C]
Sort ===>
1     ----------------------------[100370/C/acen/48/59/A/89/68/349/C]
2     ----------------------------[100970/C/fort/48/59/A/89/68/349/C]
......
```

응용 161

람다를 이용하여 정보처리기사 문제 풀기

- **학습 내용 :** 람다를 이용하여 객체를 서로 비교하고 정렬하는 방법을 익혀 보자.
- **힌트 내용 :** 람다는 구현할 메서드가 하나뿐인 인터페이스를 함수 형식으로 간략화한다.

소스 : kr.co.infopub.chapter.s161.Product.java

```
package kr.co.infopub.chapter.s161;
import java.io.*;
public class Product implements Serializable {
// 생략
    public static int compareProduct(Product sg1, Product sg2) {
        int pMoney1=sg1.getPMoney( );
        int pMoney2=sg2.getPMoney( );
        int pPoint1=sg1.getPPoint( );
        int pPoint2=sg2.getPPoint( );
        int prodNum1=sg1.getProdNum( );
        int prodNum2=sg2.getProdNum( );
        if(pMoney1>pMoney2) {      // Comparable을 구현하지 않음
            return -1;      // 내림차순
        } else if(pMoney1==pMoney2) {
            if(pPoint1>pPoint2) {
                return -1;      // 내림차순
            } else if(pPoint1==pPoint2) {
                if(prodNum1>prodNum2) {
                    return 1;  // 오름차순
                } else if(prodNum1==prodNum2) {
                    return 0;  // 프라이머리 키니까 이런 일은 없을 것
                } else {
                    return -1; // 내림차순
                }
            } else {
                return 1;  // 오름차순
            }
        } else {
        return 1;  // 오름차순
```

```
        }
    }
}
```

static Lambda를 표현하기 위해 Product 내부에 static 메서드로 선언한다. static 람다는 ::을 이용하여 호출할 수 있다. ◆ 110

소스 : kr.co.infopub.chapter.s161.ResultWrite.java

```
package kr.co.infopub.chapter.s161;
import java.io.*;
public class ResultWrite {
    public boolean isExist(String fname) {
        boolean isE=false;
        File f=null;
        try {
            f=new File(fname);
            if(f.exists( )) {
                isE=true;
            }
        } catch(Exception ee) {
            log(ee.getMessage( ));
        }
        return isE;
    }
    private static void log(String msg) {
        System.out.println("Error-->:"+msg);
    }
    public void setTexts(String fname,String msg) {
        FileWriter fw=null;
        PrintWriter pw=null;
        File ff=null;
        try {
            ff=new File(fname);
            fw=new FileWriter(ff,false);
            pw=new PrintWriter(fw,true);
            pw.write(msg);
        } catch(Exception ee) {
```

```
30:             log(ee.getMessage( ));
31:         } finally {
32:             try {
33:                 pw.close( );
34:                 fw.close( );
35:             } catch(Exception eee) {
36:                 log(eee.getMessage( ));
37:             }
38:         }
39:     }
40: }
```

9 ◆ 파일이 존재하는가?

26 ◆ 노드(수도꼭지, 빨대)를 생성한다. 노드의 (ff, false)에서 false는 append(이미 존재하는 문장에 붙일 것인가)에서 문장을 지우고 새로 쓰겠다(붙이지 않겠다)라는 의미이다. 만약 true면 이미 있는 문장에 계속 붙인다는 뜻이다.

27~28 ◆ 파일로 저장한다. 여기서 true는 flush로 호스에 문자가 남지 않도록 모두 호스 밖으로 내보내는 역할을 한다.

소스 : kr.co.infopub.chapter.s161.ProductReaderMain2.java

```
package kr.co.infopub.chapter.s161;
import java.util.List;
import java.util.stream.IntStream;
public class ProductReaderMain2 {
  public static void main(String[ ] args) {
    ProductReader kr=new ProductReader( );
    ProductList plist=new ProductList( );

    if(kr.isExist("kisul\\abc3031.txt")) {
        kr.readTexts("kisul\\abc3031.txt");
        int num=kr.listSize( );
        System.out.println("데이터 개수: "+num);
        System.out.println("AllDatas===>");
        List<Product> producst=plist.getAllProducts(kr.getAllLines( ));
```

```
        IntStream.range(0, producst.size( )).forEach(
          i -> { System.out.printf("%d%s\n",(i+1),producst.get(i).toString( ));});

        System.out.println("Grad in A or C===>");
        // String pGrade;      // 제조등급 문자 1 마지막 문자
        String [ ] acc={"A","C"};
        List<Product> gradepros=plist.getAllProdInGrade(acc,producst);
        IntStream.range(0, gradepros.size( )).forEach(
          i -> { System.out.printf("%d%s\n",(i+1),gradepros.get(i).toString( ));});

        System.out.println("Sort ===>");
        gradepros.sort(Product::compareProduct);    // compare -> product static으로 이동
        IntStream.range(0, gradepros.size( )).forEach(
          i -> { System.out.printf("%d%s\n",(i+1),gradepros.get(i).toString( ));});

        // 5번 정보 출력
        Product result=gradepros.get(4);
    String msgs=String.format("%s\t%s\t%s",
        result.getPMoney( ),result.getPPoint( ),result.getProdNum( ));
        ResultWrite rw=new ResultWrite( );
        System.out.println(rw.isExist("kisul\\Ans1.txt"));
        rw.setTexts("kisul\\Ans1.txt",msgs);
        String krs=kr.readText("kisul\\Ans1.txt");
        System.out.println(krs);
    }
  }
}
```

sort()로 객체를 이용하는 방법은 다음과 같다.

❶ Comparator를 구현한 객체를 sort()에 대입하여 객체 정렬 기준을 제공한다.

❷ Comparator를 구현한 객체 없이 Comparator를 구현한다. 이를 “익명 내부 클래스”라고 한다.

❸ 객체를 정렬하려면 Comparator 인터페이스의 compare() 메서드를 구현해야 한다는 점을 알고 있다. “알고 있는 인터페이스이고 메서드가 한 개라면 생략할 수 있지 않을까?”라는 생각에서 시작한 것이 람다 표현식이다. 메서드와 클래스를 제거한 후에 객체지향이 아닌 절차식의 함수처럼 간략하게 표현하는 방법이다. (){} 사이에 생략했다는 표시인 →를 대입한다.

❹ 타입도 이미 알고 있다면 제거할 수 있다.

```
❶ ProductComparator<Product> pro=new ProductComparator<Product> ();
  gradepros.sort(pro);

❷ gradepros.sort(
     new Comparator<Product>( ){
         public int compare        (Product sg1, Product sg2) {
                return sg1.compareTo(sg2);
         }
  생략 }
  );

❸ gradepros.sort(
     (Product sg1, Product sg2) → {return sg1.compareTo(sg2);}
  );

❹ gradepros.sort(
     (sg1, sg2) → {return sg1.compareTo(sg2);}
  );
```

람다 표현으로 발전하는 과정

15~16 ◆ 스트림을 이용하여 리스트의 모든 Product 정보를 출력한다. range(0, size())는 리스트에 있는 0번째부터 모두를 의미한다. forEach는 Product 한 개씩 가져와서 정보를 출력한다.

22~23 ◆ 스트림을 이용하여 리스트의 제조등급에 해당하는 Product의 정보를 출력한다. range(0, size())는 리스트에 있는 0번째부터 모두를 의미한다. forEach는 Product를 한 개씩 가져와서 정보를 출력한다.

26 ◆ Product에 있는 static 메서드를 이용하여 객체를 정렬한다.

27~28 ◆ 정렬한 리스트의 Product 정보를 출력한다.

결과

```
......
671----------------------------[100794/B/boky/18/61/C/63/96/53/A]
672----------------------------[100462/A/oldb/4/105/B/46/82/52/A]
673----------------------------[100079/B/oldb/8/89/C/83/23/51/A]
674----------------------------[100679/A/cari/8/89/C/83/23/51/A]
675----------------------------[100258/A/minc/27/79/C/30/44/50/A]
676----------------------------[100858/A/cyh0/27/79/B/30/44/50/A]
true
349        47        100665
```

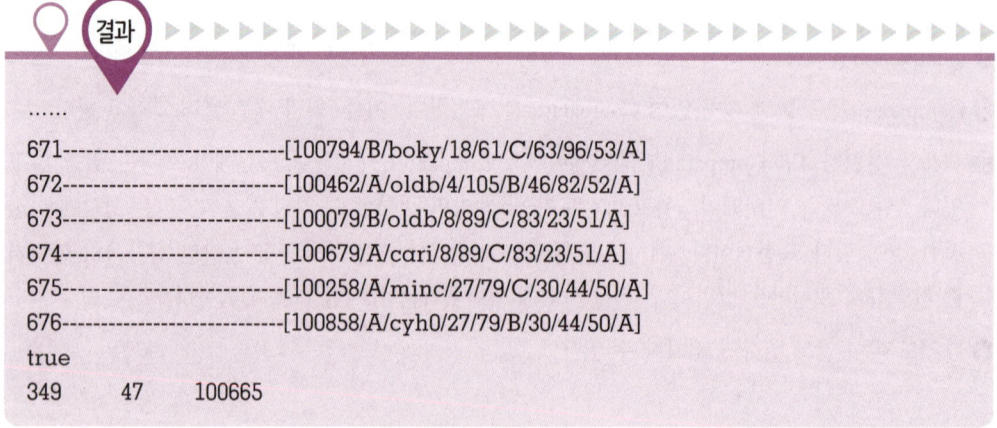

Calendar를 이용하여 바이오리듬 준비하기

응용 162

- **학습 내용 :** 바이오리듬을 구해 보자.
- **힌트 내용 :** Calendar를 이용하여 며칠 살았는지 구하고, 각 신체, 감정, 지식 지수값을 구한다.

소스 : kr.co.infopub.chapter.s162.BioCalendar.java

```java
package kr.co.infopub.chapter.s162;
import java.util.Calendar;
public class BioCalendar {
    // 상수
    public static final int PHYSICAL = 23;
    public static final int EMOTIONAL = 28;
    public static final int INTELLECTUAL = 33;
    public static void main(String[ ] args) {
        Calendar birth=Calendar.getInstance( );
        birth.set(1980,3-1,28);   // 0월 ~11월,
        Calendar theDay=Calendar.getInstance( );   // 오늘

        long dateBirth=birth.getTimeInMillis( );
        long dateToDay=theDay.getTimeInMillis( );
        long days=(dateToDay-dateBirth)/1000/24/60/60;   // 태어난 지 며칠
        System.out.println(days);
        // (1) 개발자가 정의한 메서드를 호출한다.
        double phyval=getBioRhythm( days,  PHYSICAL, 100);
        double emoval=getBioRhythm( days,  EMOTIONAL, 100);
        double inteval=getBioRhythm( days,  INTELLECTUAL, 100);

        System.out.printf("나의 신체지수 %1$.2f입니다.\n",phyval);
        System.out.printf("나의 감정지수 %1$.2f입니다.\n",emoval);
        System.out.printf("나의 지성지수 %1$.2f입니다.\n",inteval);
    }
    // s030을 이용
    public static double getBioRhythm(long days, int index ,int max) {
        return max*Math.sin( (days % index) * 2 * Math.PI / index );
    }
```

```
30:        public static double getPhysical(long days, int max) {
31:            return getBioRhythm(days,PHYSICAL,max);
32:        }
33:        public static double getEmotional(long days, int max) {
34:            return getBioRhythm(days,EMOTIONAL,max);
35:        }
36:        public static double getIntellectual(long days, int max) {
37:            return getBioRhythm(days,INTELLECTUAL,max);
38:        }
39:        public static long days(int year, int month, int day) {
40:            Calendar birth=Calendar.getInstance( );
41:            birth.set(year,month-1,day);   // 0월 ~11월,
42:            Calendar theDay=Calendar.getInstance( );   // 오늘
43:            long dateBirth=birth.getTimeInMillis( );
44:                long dateToDay=theDay.getTimeInMillis( );
45:            long days=(dateToDay-dateBirth)/1000/24/60/60;   // 태어난 지 며칠
46:            return days;
47:        }
48:    }
```

5~7 ◆ 신체, 감정, 지식 지수의 주기를 상수로 선언한다.

9~10 ◆ 캘린더를 생성하고 생일을 입력한다. 자바의 캘린더에서 월은 0~11월이므로 3월은 3-1이다.

11 ◆ 오늘 캘린더를 생성한다.

13~15 ◆ 생일과 오늘에 대해 1970.1.1.부터의 경과일을 구한 후 오늘에서 생일을 빼면 태어나서 몇 밀리세컨드가 경과했는지 알 수 있다. 1000밀리세컨드, 24시간, 60분, 60초로 나누면 경과일이 된다.

18~20 ◆ 신체, 감정, 지식 지수값을 구한다.

27 ◆ 예제 030에 신체, 감정, 지식 지수값을 구하는 방법이 설명되어 있다.

39~47 ◆ 13~15라인의 로직을 메서드로 만들었다. 생일부터 오늘까지 경과한 밀리세컨드를 구하고 1000/24/60/60을 하면 생일부터 경과일 수를 구할 수 있다.

소스 : kr.co.infopub.chapter.s162.Biorythms.java

```
package kr.co.infopub.chapter.s162;
import java.util.Calendar;
import javafx.application.Application;
import javafx.scene.Scene;
import javafx.scene.chart.CategoryAxis;
import javafx.scene.chart.LineChart;
import javafx.scene.chart.NumberAxis;
import javafx.scene.chart.XYChart;
import javafx.stage.Stage;
public class Biorythms extends Application {
  public static void main(String[ ] args) {
     launch(args);
  }
  int dayWith=25;  // 기준일에 대하여 앞뒤로 25일 보여 주기
  @Override
  public void start(Stage primaryStage) {
     // 생일
     int year=1971;
     int month=9;
     int day=28;
     long live=BioCalendar.days(year, month, day);   // 오늘까지 살아온 날

     CategoryAxis xAxis = new CategoryAxis( );
     NumberAxis yAxis = new NumberAxis( );
     yAxis.setLabel("Bio Power");
     xAxis.setLabel("Date");
     LineChart<String, Number> lineChart = new LineChart<String, Number>(xAxis, yAxis);
     lineChart.setTitle("My Biorhythm");
     // 신체지수
     XYChart.Series<String, Number> series1 = new XYChart.Series<String, Number>( );
     XYChart.Series<String, Number> series5 = new XYChart.Series<String, Number>( );
     physicalChartData(series1,live);  // 신체지수 그리기
     vertical(series5);                // 수직선 그리기

     Scene scene = new Scene(lineChart, 1200, 600);
    lineChart.getData( ).addAll(series1,series5);  // 점들을 선으로 연결
    primaryStage.setScene(scene);
    primaryStage.show( );
```

```
39:  }
40:  // 오늘 수직선
41:  public  void vertical(XYChart.Series<String, Number> series ) {
42:      Calendar todayCal=Calendar.getInstance( );
43:    series.setName("Today");
44:    // 오늘- 최대값, 최소값을 수직 연결
45:    series.getData( ).add(new XYChart.Data<String, Number>(RestDay.toStrDate
46:            (todayCal), 125));
47:    series.getData( ).add(new XYChart.Data<String, Number>(RestDay.toStrDate
48:            (todayCal), -125));
49:  }
50:  // 신체지수 그리기 - 점 연결
51:  public  void physicalChartData(XYChart.Series<String, Number> series, long live ) {
52:      Calendar todayCal=Calendar.getInstance( );
53:    series.setName("PHYSICAL");
54:    for (int i = -dayWith; i < dayWith+1; i++) {
55:      Calendar bf15day=RestDay.dateAfOrBf(todayCal,i);   // 살아온 날
56:      double value=BioCalendar.getPhysical(live+i,100);     // 신체지수 값
57:      // 날짜에 대하여 신체 지수값을 XY로 점을 찍어서 연결
58:      series.getData( ).add(new XYChart.Data<String, Number>(RestDay.toStrDate
59:            (bf15day), value));
60:    }
61:  }
62: }
```

Calendar의 날짜 변환과 타입 변환을 이용하여 생일부터 특정일까지 며칠 살았는지 구한다. 그리고 바이오리듬의 신체, 감정, 지식 지수값을 구하는 공식을 이용하여 각 지수값들을 구한다. [그림 162-1]처럼 X좌표 CategoryAxis(카테고리)에 대하여 Y좌표 NumberAxis를 이용하여 각 신체, 감정, 지식 지수값을 그린다. 각 점을 연결하면 바이오리듬 그래프가 완성된다.

14 ◆ 생일을 입력받으면 생일을 기준으로 25일의 바이오리듬을 구할 것이다.

18~21 ◆ 생일을 입력하여 살아온 날의 수를 구한다.

23 ◆ X축을 생성한다. X축은 날짜이므로 카테고리 축을 사용한다.

24 ◆ Y축을 생성한다. Y축은 지수값이므로 넘버 축을 사용한다.

25~26 ◆ X,Y축 라벨을 붙인다.

X, Y축을 대입하여 그래프를 준비한다. 27

신체 지수값의 X,Y값을 입력할 것이다. 30

신체 지수값의 X,Y값을 입력한다. 32

점을 연결하여 그래프를 완성한다. 36

오늘을 표시하기 위해 오늘에 대하여 최대값과 최소값을 수직으로 연결한다. 41~49

살아온 날을 구한다. 55

신체 지수값을 구한다. 56

날짜에 대한 신체 지수값을 그래프에 찍고 연결하여 그래프를 만든다. 58

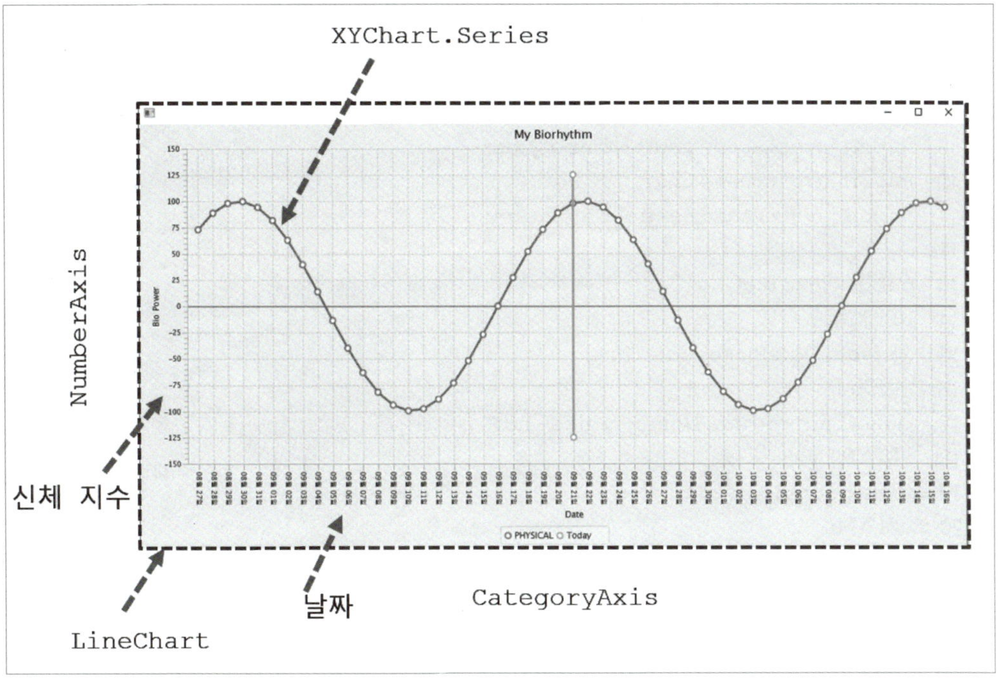

| 그림 162-1 | 신체 바이오리듬

응용 163

JavaFX로 바이오리듬 표시하기

- **학습 내용 :** 생일을 입력받아서 바이오리듬을 구해 보자.
- **힌트 내용 :** LineChart를 이용하여 바이오리듬을 그리고, Scene Builder를 이용한다.

소스 : kr.co.infopub.chapter.s163.BioCharController.java

```
package kr.co.infopub.chapter.s163;
import java.time.LocalDate;
import java.time.format.DateTimeFormatter;
import java.util.Calendar;
import javafx.event.ActionEvent;
import javafx.fxml.FXML;
import javafx.scene.chart.CategoryAxis;
import javafx.scene.chart.LineChart;
import javafx.scene.chart.NumberAxis;
import javafx.scene.chart.XYChart;
import javafx.scene.control.DatePicker;

public class BioCharController {
  @FXML
  private DatePicker dateTime;
  @FXML
  LineChart<String, Number> lineChart;
  @FXML
  CategoryAxis xAxis;
  @FXML
  NumberAxis yAxis;
  int daywidth=50; // 양 옆 날짜 수
  @FXML
  void onDateTimeClick(ActionEvent event) {
      lineChart.getData( ).clear( );
      LocalDate date = dateTime.getValue( );
      String ldStr = date.format(DateTimeFormatter.ISO_DATE);
      System.out.println("Local  Date: " + ldStr);
      // 생일부터 오늘까지 경과일
```

```
    long live=BioCalendar.days(
            date.getYear( ), date.getMonthValue( ), date.getDayOfMonth( ));
    yAxis.setLabel("Bio Power");
    xAxis.setLabel("Date");
    lineChart.setTitle("My Biorhythm");
    //lineChart.setLegendVisible(false)  // 레전드(보기 표시) 제거
    lineChart.setCreateSymbols(false);  // dot 제거
    xAxis.setTickLabelsVisible(true);
    XYChart.Series<String, Number> series1 = new XYChart.Series<String, Number>( );
    XYChart.Series<String, Number> series2 = new XYChart.Series<String, Number>( );
    XYChart.Series<String, Number> series3 = new XYChart.Series<String, Number>( );
    XYChart.Series<String, Number> series4 = new XYChart.Series<String, Number>( );
    // 오늘 표시
    XYChart.Series<String, Number> series5 = new XYChart.Series<String, Number>( );

    physicalChartData(series1,live);
    emotionalChartData(series2,live);
    intellectualChartData(series3,live);
    compositeChartData(series4,live);
    vertical(series5);
    lineChart.getData( ).addAll(series1, series2, series3,series4,series5);
 }
 public  void vertical(XYChart.Series<String, Number> series ) {
    Calendar todayCal=Calendar.getInstance( );
   series.setName("Today");
   series.getData( ).add(
        new XYChart.Data<String, Number>(RestDay.toStrDate(todayCal), 125));
   series.getData( ).add(
        new XYChart.Data<String, Number>(RestDay.toStrDate(todayCal), -125));
 }
 public  void physicalChartData(XYChart.Series<String, Number> series, long live ) {
    Calendar todayCal=Calendar.getInstance( );
   series.setName("PHYSICAL");
   for (int i = -daywidth; i < daywidth+1; i++) {
    Calendar bf15day=RestDay.dateAfOrBf(todayCal,i);
    double value=BioCalendar.getPhysical(live+i,100);
    series.getData( ).add(
        new XYChart.Data<String, Number>(RestDay.toStrDate(bf15day), value));
   }
 }
```

```
    public  void emotionalChartData(XYChart.Series<String, Number> series, long live ) {
      Calendar todayCal=Calendar.getInstance( );
    series.setName("EMOTIONAL");
    for (int i = -daywidth; i < daywidth+1; i++) {
      Calendar bf15day=RestDay.dateAfOrBf(todayCal,i);
      double value=BioCalendar.getEmotional(live+i,100);
      series.getData( ).add(
            new XYChart.Data<String, Number>(RestDay.toStrDate(bf15day), value));
    }
  }
    public  void intellectualChartData(XYChart.Series<String, Number> series, long live ) {
      Calendar todayCal=Calendar.getInstance( );
    series.setName("INTELLECTUAL");
    for (int i = -daywidth; i < daywidth+1; i++) {
      Calendar bf15day=RestDay.dateAfOrBf(todayCal,i);
      double value=BioCalendar.getIntellectual(live+i,100);
      series.getData( ).add(
            new XYChart.Data<String, Number>(RestDay.toStrDate(bf15day), value));
    }
  }
    public  void compositeChartData(XYChart.Series<String, Number> series, long live ) {
      Calendar todayCal=Calendar.getInstance( );
    series.setName("COMPOSITE");
    for (int i = -daywidth; i < daywidth+1; i++) {
      Calendar bf15day=RestDay.dateAfOrBf(todayCal,i);
      double value=BioCalendar.getIntellectual(live+i,100)
                +BioCalendar.getEmotional(live+i,100)
                +BioCalendar.getPhysical(live+i,100);
      series.getData( ).add(
           new XYChart.Data<String, Number>(RestDay.toStrDate(bf15day), value/3.0));
    }
  }
}
```

앞 장과 같은 방법으로 모든 지수값을 그래프로 그린다. DatePicker에서 생일을 선택하면 바이오리듬이 완성된다. 순서는 다음과 같다.

❶ Scene Builder를 이용하여 화면을 XML로 만든다.

❷ 화면을 구현하는 컨트롤을 만든다.

❸ 컨트롤에서 데이트피커를 선택하면 그래프를 그리는 이벤트를 완성한다.

컨트롤 규칙

❶ @FXML을 선언한 멤버필드는 객체가 자동으로 생성된다.

❷ XML의 DatePicker에는 〈DatePicker fx:id="dateTime" onAction="#onDateTimeClick"〉과 같이 #으로 시작하는 이벤트 메서드 이름이 선언되어 있다. 컨트롤에서는 @FXML을 붙이고 이벤트 메서드 onDateTimeClick()을 구현한다.

@FXML을 붙여 XML에서 선언한 화면 객체를 자동 생성한다. ◆ 14~21

XML의 DatePicker에는 〈DatePicker fx:id="dateTime" onAction="#onDateTimeClick"〉과 같이 #으로 시작하는 이벤트 메서드 이름이 선언되어 있다. onDateTimeClick 메서드를 구현한다. DatePicker를 선택하여 날짜를 선택하면 이벤트가 실행되고 바이오리듬을 그린다. ◆ 23~24

DatePicker에서 선택한 생일을 받는다. ◆ 26

LocalDate 타입을 문자열로 변환한다. ◆ 27

생일부터 오늘까지 경과일을 구한다. ◆ 30~31

라벨을 붙이고 값 사이에 작은 실선을 붙여 축을 상세하게 만든다. ◆ 32~37

날짜에 대하여 지수값을 붙일 준비를 한다. ◆ 38~41

신체 지수 그래프를 그린다. ◆ 45

감정, 지식, 복합(신체+감정+지식) 지수 그래프를 그린다. ◆ 46~48

오늘을 나타내는 수직선을 그린다. ◆ 49

그래프에 신체, 감정, 지식, 복합 그래프를 표시한다. ◆ 50

앞 장에서 이미 설명한 오늘을 수직선으로 그린다. ◆ 52~59

60~69 앞 장에서 이미 설명한 신체 지수 그래프를 그린다.

70~79 감성 지수 그래프를 그린다.

80~89 지식 지수 그래프를 그린다.

90~101 (신체+감정+지식)/3을 구한 복합 지수 그래프를 그린다.

소스 : kr.co.infopub.chapter.s163.Main.java

```
1:  package kr.co.infopub.chapter.s163;
2:  import javafx.application.Application;
3:  import javafx.stage.Stage;
4:  import javafx.scene.Scene;
5:  import javafx.scene.layout.BorderPane;
6:  import javafx.fxml.FXMLLoader;
7:  public class Main extends Application {
8:    @Override
9:    public void start(Stage primaryStage) {
10:       try {
11:           primaryStage.setTitle("Hyo Biorythm ver 1.0");
12:           BorderPane root = (BorderPane)FXMLLoader.load(getClass( )
                      .getResource("BioChar.fxml"));
13:           Scene scene = new Scene(root,1200,800);
14:           scene.getStylesheets( ).add(getClass( ).getResource("application.css")
                      .toExternalForm( ));
15:           primaryStage.setScene(scene);
16:           primaryStage.show( );
17:       } catch(Exception e) {
18:           e.printStackTrace( );
19:       }
20:   }
21:   public static void main(String[ ] args) {
22:       launch(args);
23:   }
24: }
```

7 이클립스에서 javaFX를 만들면 자동으로 생성되는 부분이다. 이클립스에 javaFX 플러그를 설치하는 방법은 예제 003의 2.e(fx)clipse 플러그인 설치하기를 참고하자.

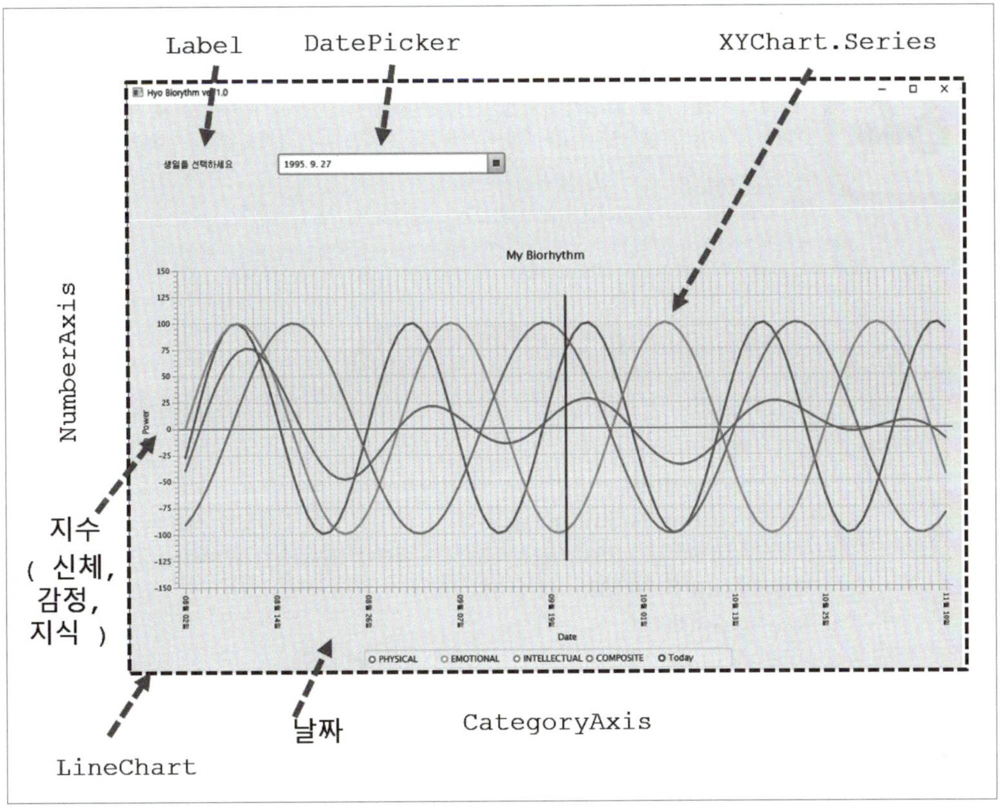
Label
DatePicker
XYChart.Series
Hyo Biorythm ver 1.0
생일을 선택하세요
1995. 9. 27
My Biorhythm
NumberAxis
Power
지수 (신체, 감정, 지식)
Date
PHYSICAL
EMOTIONAL
INTELLECTUAL
COMPOSITE
Today
LineChart
날짜
CategoryAxis

바이오리듬

응용 164

변수와 상수를 이용하여 환율 구하기

- **학습 내용 :** 한화를 미국 달러와 일본 엔으로 환전해 보자.
- **힌트 내용 :** 상수는 값을 변경할 수 없고 final 키워드를 붙인다.

소스 : kr.co.infopub.chapter.s164.ExchangeRate.java

```
 1: package kr.co.infopub.chapter.s164;
 2: // 변수와 상수
 3: public class ExchangeRate {
 4:     public static void main(String[ ] args) {
 5:         final double USD=1113.00; // 상수값
 6:         final double JPY=10.0624;  // 상수값
 7:         double krw=1000000;        // 변수값
 8:         double result=krw/USD;     // 연산 1000000.00/1113.00
 9:         System.out.printf(
10:          "한화 %.2f원은 미국 달러로 %.2f달러입니다.\n",krw,result);
11:         result=krw/(JPY);  // 일본100엔 1006.24원
12:         System.out.printf(
13:          "한화 %.2f원은 일본 엔화로 %.2f엔입니다.\n",krw,result);
14:     }
15: }
```

1달러에 해당하는 한화를 KRWUSD로 표시한다. 환전하려고 하는 한화를 이 환율로 나누면 된다. 1달러당 1,113원(KRWUSD=1113)일 때 111,300원을 달러로 바꾸면 111300W/1113(W/D)로 100D(100달러)가 된다. 변수는 값을 변경할 수 있고, 상수는 final 키워드가 붙어있어 값을 변경할 수 없다.

5 ◆ 1달러당 한화로 1,113원이다. 상수로 선언한다.

6 ◆ 1엔당 한화로 10.0624원이다. 상수로 선언한다.

7 ◆ 백만 원을 환전하려 한다.

8 ◆ 백만 원을 달러로 환전한다.

백만 원을 엔으로 환전한다.

결과

```
한화 1000000.00원은 미국 달러로 898.47달러입니다.
한화 1000000.00원은 일본 엔화로 99379.87엔입니다.
```

응용
165

메서드를 이용하여 환율 구하기

• **학습 내용 :** 한화를 미국 달러와 일본 엔으로 환전해 보자.
• **힌트 내용 :** 2번 이상 사용하는 문장을 메서드로 만든다.

소스 : kr.co.infopub.chapter.s165.ExchangeRate.java

```
1:  package kr.co.infopub.chapter.s165;
2:  // 메서드
3:  public class ExchangeRate {
4:      // 나누는 행위를 반복 -> 메서드로 만든다.
5:      public static double calculate(double krwMoney, double exchangeRatio) {
6:          return krwMoney/exchangeRatio;
7:      }
8:      public static void main(String[ ] args) {
9:          final double USD=1113.00;  // 상수값
10:         final double JPY=10.0624;   // 상수값
11:         double krw=1000000;          // 변수값
12:         // 계산1 - 메서드 호출
13:         double result=calculate(krw,USD);
14:         System.out.printf("한화 %.2f원은 미국 달러로 %.2f달러입니다.\n",krw,result);
15:         //계산2 - 메서드 호출
16:         result=calculate(krw,JPY);  //일본100엔 1006.24원
17:         System.out.printf("한화 %.2f원은 일본 엔화로 %.2f엔입니다.\n",krw,result);
18:     }
19: }
```

2번 이상 반복을 하거나 복잡한 문장을 메서드로 만들어 사용한다.

5~7 ◆ 객체를 생성하지 않고 사용하기 위해 static 메서드를 사용한다.

9~10 ◆ 상수를 선언한다.

13 ◆ 한화를 달러로 환전한다.

16 ◆ 한화를 엔으로 환전한다.

결과

앞 예제와 동일

입력 조건에 따라 환율 구하기

응용 166

- **학습 내용 :** 입력한 조건에 따라 달러, 엔, 위안으로 환전해 보자.
- **힌트 내용 :** 조건문 if를 사용하여 입력한 조건에 따라 달러, 엔, 위안으로 환전한다.

소스 : kr.co.infopub.chapter.s166.ExchangeRate.java

```
package kr.co.infopub.chapter.s166;
import java.util.Scanner;
// if 조건문 -> 1이면 USD로, 2면 JPY, 3이면 CNY. 1, 2, 3 외의 다른 수는 환전 불가능
public class ExchangeRate {
    public static void main(String[ ] args) {
        double USD=1113.00;     // 변수값
        double JPY=10.0624;     // 변수값
        double CNY=164.1020;  // 변수값
        double krw=1000000;     // 백만 원 - 환전하려는 금액

        System.out.println("USD로 환전하려면 1, JPY로 환전하려면 2,
                CNY로 환전하려면 3을 입력하세요.");
        Scanner scann=new Scanner(System.in);     // 키보드
        int choice=scann.nextInt( );     // 키보드로 정수 입력
        double result=0.0;          // 변수 선언
        if(choice==1) {
            result=calculate(krw,USD);
            System.out.printf("한화 %.2f원은 %.2f달러입니다.\n",krw,result);
        } else if(choice==2) {
            result=calculate(krw,JPY);
            System.out.printf("한화 %.2f원은 %.2f엔입니다.\n",krw,result);
        } else if(choice==3) {
            result=calculate(krw,CNY);
            System.out.printf("한화 %.2f원은 %.2f위안입니다.\n",krw,result);
        } else {
            System.out.println("환전할 수 없습니다.");
        }
    }
    // 나누는 행위를 반복 -> 메서드로 만든다.
```

```
29:     public static double calculate(double krwMoney, double exchangeRatio) {
30:         return krwMoney/exchangeRatio;
31:     }
32: }
```

조건에 따라 분기할 때는 if나 삼항연산자를, 정수나 문자에 따라 분기할 때는 switch를 사용한다.

13 ◆ 입력받은 정수에 따라 달러, 엔, 위안으로 환전한다.

15~17 ◆ 입력받은 정수가 1이면 한화를 달러로 환전한다.

18~20 ◆ 입력받은 정수가 2이면 한화를 엔으로 환전한다.

21~23 ◆ 입력받은 정수가 3이면 한화를 위안으로 환전한다.

24~25 ◆ 환전할 수 없다.

결과

```
USD로 환전하려면 1, JPY로 환전하려면 2, CNY로 환전하려면 3을 입력하세요.
1
한화 1000000.00원은 898.47달러입니다.
```

입력값에 따라 환율 구하기

응용 **167**

- **학습 내용 :** 입력한 값에 따라 달러, 엔, 위안으로 환전해 보자.
- **힌트 내용 :** 정수나 문자, 문자열에 따라 분기할 때는 switch case를 사용한다.

소스 : kr.co.infopub.chapter.s167.ExchangeRate.java

```
package kr.co.infopub.chapter.s167;
import java.util.Scanner;
// switch 조건문 -> 1이면 USD, 2면 JPY, 3이면 CNY. 1, 2, 3 외의 다른 수는 환전 불가능
public class ExchangeRate {
    public static void main(String[ ] args) {
        double USD=1113.00;     // 변수값
        double JPY=10.0624;     // 변수값
        double CNY=164.1020;  // 변수값
        double krw=1000000;     // 백만 원 - 환전하려는 금액

        System.out.println("USD로 환전하려면 1, JPY로 환전하려면 2,
                CNY로 환전하려면 3을 입력하세요.");
        Scanner scann=new Scanner(System.in);     // 키보드
        int choice=scann.nextInt( );     // 키보드로 정수 입력
        double result=0.0;   // 변수 선언
        switch (choice) {
            case 1:
                result=calculate(krw,USD);
                System.out.printf("한화 %.2f원은  %.2f달러입니다.\n",krw,result);
                    break;
            case 2:
                result=calculate(krw,JPY);
                System.out.printf("한화 %.2f원은  %.2f엔입니다.\n",krw,result);
                    break;
            case 3:
                result=calculate(krw,CNY);
                System.out.printf("한화 %.2f원은 %.2f위안입니다.\n",krw,result);
                    break;
            default:
```

```
29:                 System.out.println("환전할 수 없습니다.");
30:                     break;
31:         }
32:     }
33:     // 나누는 행위를 반복 -> 메서드로 만든다.
34:     public static double calculate(double krwMoney, double exchangeRatio) {
35:         return krwMoney/exchangeRatio;
36:     }
37: }
```

조건에 따라 분기할 때는 if나 삼항연산자, 정수나 문자에 따라 분기할 때는 switch를 사용한다.

13 ◆ 입력받은 정수에 따라 달러, 엔, 위안으로 환전한다.

16~19 ◆ 입력받은 정수가 1이면 한화를 달러로 환전한다. break를 만나면 switch를 마친다.

20~23 ◆ 입력받은 정수가 2이면 한화를 엔으로 환전한다.

24~27 ◆ 입력받은 정수가 3이면 한화를 위안으로 환전한다.

28~30 ◆ 환전할 수 없다. 정수값이 1, 2, 3이 아니면 default가 실행된다.

결과

```
USD로 환전하려면 1, JPY로 환전하려면 2, CNY로 환전하려면 3을 입력하세요.
2
한화 1000000.00원은  99379.87엔입니다.
```

객체를 이용하여 환율 구하기

응용 168

- **학습 내용 :** 객체를 이용하여 달러, 엔, 위안으로 환전해 보자.
- **힌트 내용 :** 한 객체에 여러 데이터(정보)를 저장하거나 전송할 수 있다.

[kr.co.infopub.chapter.s155.FixerRate.java]는 JSON으로 된 텍스트를 객체로 저장한다.

소스 : kr.co.infopub.chapter.s168.FixerRate.java

```
package kr.co.infopub.chapter.s168;
public class FixerRate {
    public String base;
    public String date;
    public double usd;
    public double jpy;
    public double krw;
    public double cny;
    public double eur;
    @Override
    public String toString( ) {
        return "FixerRate [base=" + base + ", date=" + date + ","
                + " usd=" + usd + ", jpy=" + jpy + ", krw=" + krw
                + ", cny=" + cny + ", eur=" + eur + "]";
    }

}
/*
http://api.fixer.io/2017-06-09?base=USD
{
 "base": "USD",
 "date": "2017-06-08",
 "rates": {
    "CNY": 6.7978,
    "JPY": 110.22,
    "KRW": 1123.3,
```

```
54:        "EUR": 0.89055
55:    }
56: }
57: */
```

3~9 ◆ 환율 정보를 객체에 저장하기 위해 멤버필드를 선언한다.

20~56 ◆ JSON은 {"키":"값"}으로 표현하는 방법으로 환율(rate) {} 내부에 "base", "date", "rates", "CNY", "JPY" 키에 대한 값을 쌍으로 만든 데이터이다. 한 예로 rates.KRW는 1123.3이다.

소스 : kr.co.infopub.chapter.s168.ExchangeRate.java

```java
package kr.co.infopub.chapter.s168;
public class ExchangeRate {
    public static void main(String[ ] args) {
        // 환율 정보를 객체에 저장
        FixerRate finance =new FixerRate( );
        finance.base="USD";
        finance.date="2017-06-08";
        finance.usd=1;
        finance.jpy=110.22;
        finance.cny=6.7978;
        finance.krw=1123.3;
        finance.eur=0.89055;
        System.out.println(finance);
        // 환율 정보를 이용하여 계산
        double krw=1000000;
        double ratio=finance.krw;
        double result=ExchangeRate.calculate(krw,ratio);
        System.out.printf("%.2fKRW은 %.2f%s입니다.\n",krw, result,finance.base);
    }
    // 나누는 행위를 반복 -> 메서드로 만든다.
    public static double calculate(double krwMoney, double exchangeRatio) {
        return krwMoney/exchangeRatio;
    }
}
```

DTO(Data Transfer Object) 또는 VO(Value Object)는 객체를 데이터 저장이나 전송용으로 사용한다. 멤버필드에 여러 데이터를 선언하기 때문에 한 객체를 저장, 전송하면 객체 내부의 많은 데이터를 저장, 전송할 수 있다. DTO는 보통 은닉화(Encapsulation – 멤버필드의 private, 메서드의 public)를 위해 get/set을 많이 사용하지만 단순화 데이터를 저장, 전송하는 경우에는 은닉화를 하지 않을 수도 있다.

환율 정보를 저장하는 객체를 생성한다. 5

환율 정보를 대입한다. 6~12

달러를 한화로 환전한다. 17

결과

```
FixerRate [base=USD, date=2017-06-08, usd=1.0, jpy=110.22, krw=1123.3, cny=6.7978,
eur=0.89055
1000000.00KRW은 890.23USD입니다.
```

응용 169

웹 스크래핑을 이용하여 환율 구하기

- **학습 내용 :** 웹 스크래핑을 이용하여 환전해 보자.
- **힌트 내용 :** URL과 BufferedReader를 이용하여 웹 데이터를 스크래핑한다.

소스 : kr.co.infopub.chapter.s169.FixerConvert.java

```java
package kr.co.infopub.chapter.s169;
import java.io.InputStreamReader;
import java.net.URL;
import java.text.SimpleDateFormat;
import java.util.Calendar;
import java.io.BufferedReader;
public class FixerConvert {
    public static String conversion(String date,String base) {
        BufferedReader br=null;
        String newUrls1 = "http://data.fixer.io/api/%s?access_key=97042483f2b64c6bfe1dbfbf4a2bd1b3&symbols=KRW,JPY,CNY,USD,EUR";
        String newUrls=String.format(newUrls1, date,base);
        URL url=null;
        StringBuffer sb=new StringBuffer( );
        try {
            url=new URL(newUrls);       // http://data.fixer.io/api
            System.out.println(newUrls);
            br=new BufferedReader(new InputStreamReader(url.openStream( ),"utf-8"));
            String msg="";
            // http://data.fixer.io/api를 읽어들인다.
            while((msg=br.readLine( ))!=null) {
                sb.append(msg);
            }
        } catch (Exception e) {

        }
        return sb.toString( );
    }
    public static void main(String[ ] args) {
```

```
29:            SimpleDateFormat sdf=new SimpleDateFormat("yyyy-MM-dd");
30:            Calendar cal=Calendar.getInstance( );
31:            String date=sdf.format(cal.getTime( ));
32:            String base="USD";
33:            String fixerrate=FixerConvert.conversion(date,base);
34:            System.out.println( fixerrate);
35:            String base2="JPY";
36:            String fixerrate2=FixerConvert.conversion(date,base2);
37:            System.out.println( fixerrate2);
38:            String base3="CNY";
39:            String fixerrate3=FixerConvert.conversion(date,base3);
40:            System.out.println( fixerrate3);
41:      }
42: }
```

스크래핑(Scraping–웹으로 제공되는 데이터 수집)은 데이터를 가장 쉽게 얻는 방법이다. 웹은 데이터를 HTML, CSV, JSON, XML로 제공하는데 이번 장에서는 JSON 형식의 데이터를 수집한다. 순서는 지금까지 했던 방법과 동일하다.

❶ URL을 이용하여 주소를 찾는다.

❷ 웹 데이터를 제공하는 주소지에 노드(openStream( ), 빨대 꽂기)를 준비한다.

❸ 노드를 필터(BufferedReader, 호스 연결)에 넣고 필터를 생성한다.

❹ 필터에서 한 줄씩 읽는다. 한 줄씩 읽은 문자열을 붙여서 여러 줄의 문자열을 만든다.

❺ 여러 줄의 문자열을 JSON으로 변환하고, JSON에서 데이터를 읽어 DTO(FixerRate)에 저장한다.

필터를 선언한다. try{ } 밖에서도 사용하기 위해 try{ } 위에 선언한다. ◆ 9

JSON 데이터를 제공하는 주소를 입력한다. 날짜와 화폐의 종류를 입력한다. ◆ 10~12

뮤터블 문자열(StringBuffer)을 생성한다. 문자열을 입력해도 원래 주소를 유지하여 메모리를 아낀다. 문자열을 붙이는 과정에 주로 사용하고, 문자열을 모두 붙이면 String으로 형 변환해야 한다. ◆ 13

주소를 입력하고 주소를 찾는다. ◆ 15

주소지에 노드(빨대, openStream( ))를 연결하고 노드를 감싼 필터(호스)를 생성한다. ◆ 17

20~22 주소지에서 한 줄씩 문자열을 읽어 StringBuffer에 붙인다.

26 모두 붙인 문자열을 String으로 변환한다.

29 날짜 형식을 준비한다. "연-월-일"의 문자열을 얻기 위해서이다.

30 오늘의 정보를 담은 Calendar를 생성한다.

31 오늘을 "연-월-일"의 문자열로 변환한다.

32 기준 화폐를 USD로 설정한다.

33 날짜와 화폐의 종류를 입력하고, USD에 대한 여러 나라의 환율을 얻는다.

35 기준 화폐를 JPY로 설정한다.

36 날짜와 화폐의 종류를 입력하고, JPY에 대한 여러 나라의 환율을 얻는다.

결과

```
http://data.fixer.io/api/2018-06-05?access_key=97042483f2b64c6bfe1dbfbf4a2bd1b3&symbols=KRW,JPY,CNY,USD,EUR
{"success":true,"timestamp":1528196948,"historical":true,"base":"EUR","date":"2018-06-05","rates":{"KRW":1251.399981,"JPY":128.312037,"CNY":7.483275,"USD":1.168768,"EUR":1}}

http://data.fixer.io/api/2018-06-05?access_key=97042483f2b64c6bfe1dbfbf4a2bd1b3&symbols=KRW,JPY,CNY,USD,EUR
{"success":true,"timestamp":1528196948,"historical":true,"base":"EUR","date":"2018-06-05","rates":{"KRW":1251.399981,"JPY":128.312037,"CNY":7.483275,"USD":1.168768,"EUR":1}}

http://data.fixer.io/api/2018-06-05?access_key=97042483f2b64c6bfe1dbfbf4a2bd1b3&symbols=KRW,JPY,CNY,USD,EUR
{"success":true,"timestamp":1528196948,"historical":true,"base":"EUR","date":"2018-06-05","rates":{"KRW":1251.399981,"JPY":128.312037,"CNY":7.483275,"USD":1.168768,"EUR":1}}
```

NOTE

611쪽에 제공된 api key는 연습용이므로 사용 횟수에 제한이 있으니 https://fixer.io로 가서 가입해서 사용하자. 이 웹 사이트에서 SIGN UP FREE 클릭, GET FREE API KEY를 클릭해 정보를 등록하고 API Key를 얻는다.

JSON을 객체로 변환하여 환율 구하기

응용 170

- **학습 내용 :** 문자열을 JSON으로, JSON을 객체로 변환하여 환율을 구해 보자.
- **힌트 내용 :** JSON은 {"key":"value"} 형식으로 되어 있고 get("key")는 "value"를 반환한다.

소스 : kr.co.infopub.chapter.s170.FixerConvert.java

```java
package kr.co.infopub.chapter.s170;
import java.io.InputStreamReader;
import java.net.URL;
import java.text.SimpleDateFormat;
import java.util.Calendar;
import org.json.JSONObject;
import java.io.BufferedReader;
public class FixerConvert {
    public static String conversion(String date,String base) {
        BufferedReader br=null;
        String newUrls1 = "http://data.fixer.io/api/%s?access_key=97042483f2b64c6bfe1dbfbf4a2bd1b3&symbols=KRW,JPY,CNY,USD,EUR";
        String newUrls=String.format(newUrls1, date,base);
        URL url=null;
        StringBuffer sb=new StringBuffer( );
        try {
            url=new URL(newUrls); // http://data.fixer.io/api
            System.out.println(newUrls);
            br=new BufferedReader(new InputStreamReader(url.openStream( ),"utf-8"));
            String msg="";
            // http://data.fixer.io/api를 읽어들인다.
            while((msg=br.readLine( ))!=null) {
                sb.append(msg);
            }
        } catch (Exception e) {

        }
        return sb.toString( );
    }
```

```
    public static FixerRate convert2(String data,String base) throws Exception {
        JSONObject jObject = new JSONObject(data);
        JSONObject rates=jObject.getJSONObject("rates");

        FixerRate fixerrate=new FixerRate( );
        fixerrate.date=jObject.getString("date");
        fixerrate.base=base;
        if(base.equals("USD")){
            fixerrate.usd=rates.getDouble("USD")/rates.getDouble("USD");
            fixerrate.krw=rates.getDouble("KRW")/rates.getDouble("USD");
            fixerrate.jpy=rates.getDouble("JPY")/rates.getDouble("USD");
            fixerrate.eur=rates.getDouble("EUR")/rates.getDouble("USD");
            fixerrate.cny=rates.getDouble("CNY")/rates.getDouble("USD");
        }else if(base.equals("KRW")){
            fixerrate.usd=rates.getDouble("USD")/rates.getDouble("KRW");
            fixerrate.krw=rates.getDouble("KRW")/rates.getDouble("KRW");
            fixerrate.jpy=rates.getDouble("JPY")/rates.getDouble("KRW");
            fixerrate.eur=rates.getDouble("EUR")/rates.getDouble("KRW");
            fixerrate.cny=rates.getDouble("CNY")/rates.getDouble("KRW");
        else if(base.equals("JPY")){
            fixerrate.usd=rates.getDouble("USD")/rates.getDouble("JPY");
            fixerrate.krw=rates.getDouble("KRW")/rates.getDouble("JPY");
            fixerrate.jpy=rates.getDouble("JPY")/rates.getDouble("JPY");
            fixerrate.eur=rates.getDouble("EUR")/rates.getDouble("JPY");
            fixerrate.cny=rates.getDouble("CNY")/rates.getDouble("JPY");
        else if(base.equals("EUR")){
            fixerrate.usd=rates.getDouble("USD")/rates.getDouble("EUR");
            fixerrate.krw=rates.getDouble("KRW")/rates.getDouble("EUR");
            fixerrate.jpy=rates.getDouble("JPY")/rates.getDouble("EUR");
            fixerrate.eur=rates.getDouble("EUR")/rates.getDouble("EUR");
            fixerrate.cny=rates.getDouble("CNY")/rates.getDouble("EUR");
        else if(base.equals("CNY")){
            fixerrate.usd=rates.getDouble("USD")/rates.getDouble("CNY");
            fixerrate.krw=rates.getDouble("KRW")/rates.getDouble("CNY");
            fixerrate.jpy=rates.getDouble("JPY")/rates.getDouble("CNY");
            fixerrate.eur=rates.getDouble("EUR")/rates.getDouble("CNY");
            fixerrate.cny=rates.getDouble("CNY")/rates.getDouble("CNY");
        }
        return fixerrate;
    }
```

```
69:     public static void main(String[ ] args) {
70:         SimpleDateFormat sdf=new SimpleDateFormat("yyyy-MM-dd");
71:         Calendar cal=Calendar.getInstance( );
72:         String date=sdf.format(cal.getTime( ));
73:         String base="USD";
74:         String fixerrate=conversion(date,base);
75:         try {
76:             FixerRate frate=convert2(fixerrate, base);
77:             System.out.println(frate);
78:             System.out.println(frate.krw);
79:             // JPY
80:             fixerrate=conversion(date,"JPY");
81:             frate=convert2(fixerrate, "JPY");
82:             System.out.println(frate);
83:             System.out.println(frate.krw);
84:         } catch (Exception e) {
85:             System.out.println(e);
86:         }
87:     }
88: }
```

http://data.fixer.io/api/2017-06-09?access_key=97042483f2b64c6bfe1dbfbf4a2bd1b3&symbols=KRW,JPY,CNY,USD,EUR에 대한 JSON은 다음과 같다.


```
{ "base": "USD", "date": "2017-06-08",
  "rates": { "CNY": 6.7978, "JPY": 110.22, "KRW": 1123.3,"EUR": 0.89055 } }
```


JSON {"key":"value"}에서 키 타입 XXX에 대해 getXXX("key")는 "value"를 반환한다. 예를 들어 getString("date")는 "2017-06-18"을 반환하고, getDouble("KRW")는 1123.3을 반환한다.

필터를 선언한다. try{} 밖에서도 사용하기 위해 try{} 위에 선언한다. ◆ 10

JSON 데이터를 제공하는 주소를 입력한다. 날짜와 화폐의 종류를 입력한다. ◆ 11~12

뮤터블 문자열(StringBuffer)을 생성한다. 문자열을 입력해도 원래 주소를 유지하여 메모리를 아낀다. 문자열을 붙이는 과정에 주로 사용하고, 문자열을 모두 붙이면 String으로 형 변환해야 한다. ◆ 14

주소를 입력하고 주소를 찾는다. ◆ 16

18 주소지에 노드(빨대, openStream())를 연결하고 노드를 감싼 필터(호스)를 생성한다.

21~23 주소지에서 한 줄씩 문자열을 읽어 StringBuffer에 붙인다.

27 모두 붙인 문자열을 String으로 변환한다.

29 9~23라인에서 얻은 문자열을 JSON으로 변환한 다음, JSON을 FixerRate로 변환하는 메서드이다.

30 9~23라인에서 얻은 문자열을 JSON 변환한다.

31 getJSONObject("rates")는 JSON으로 {"CNY": 6.7978, "JPY": 110.22, "KRW": 1123.3, "EUR": 0.89055}을 반환한다.

33 FixerRate 객체를 생성한다.

34~35 날짜와 기준이 되는 화폐 종류를 객체에 대입한다.

36~41 기준 화폐가 USD일 때, 1달러에 대한, 원, 엔, 위안, 유로값을 대입한다.

42~47 기준 화폐가 KRW일 때, 1원에 대한, 달러, 엔, 위안, 유로값을 대입한다.

48~53 기준 화폐가 JPY일 때, 1엔에 대한, 달러, 원, 위안, 유로값을 대입한다.

54~59 기준 화폐가 EUR일 때, 1유로에 대한, 달러, 엔, 위안, 원값을 대입한다.

60~65 기준 화폐가 CNY일 때, 1위안에 대한, 달러, 엔, 유로, 원값을 대입한다.

70 날짜 형식을 준비한다. "연-월-일"의 문자열을 얻기 위해서이다.

71 오늘의 정보를 담은 Calendar를 생성한다.

72 오늘을 "연-월-일"의 문자열로 변환한다.

73 기준 화폐를 USD로 설정한다.

74 날짜와 화폐의 종류를 입력하고, USD에 대한 여러 나라의 환율을 문자열로 얻는다.

76 문자열을 JSON으로 변환한 다음 FixerRate 객체로 변환한다.

80 날짜와 화폐의 종류를 입력하고, JPY에 대한 여러 나라의 환율을 문자열로 얻는다.

81 문자열을 JSON으로 변환한 다음 FixerRate 객체로 변환한다.

결과

http://data.fixer.io/api/2018-06-05?access_key=97042483f2b64c6bfe1dbfbf4a2bd1b3&symbols=KRW,JPY,CNY,USD,EUR

FixerRate [base=USD, date=2018-06-05, usd=1.0, jpy=109.78202760481031, krw=1070.7002367153561, cny=6.4027036556519, eur=0.8558038908268092]

1070.7002367153561

http://data.fixer.io/api/2018-06-05?access_key=97042483f2b64c6bfe1dbfbf4a2bd1b3&symbols=KRW,JPY,CNY,USD,EUR

FixerRate [base=JPY, date=2018-06-05, usd=0.009108959105763348, jpy=1.0, krw=9.752964670771314, cny=0.05832196576565464, eur=0.007795482644094565]

9.752964670771314

NOTE

다음 그림을 참고해 필자의 소스 디렉토리([Java라이브러리]–[Java]–[lib])에서 라이브러리를 찾아 독자의 라이브러리 디렉토리(예: C:\Java\lib)로 복사하자. 이클립스의 Package Explorer 패널에서 java200booknew6을 마우스 오른쪽 버튼으로 클릭하고 [Properties]–[Java Build Path]–[Libraries]–[Add External JARs]를 선택한 다음 독자의 라이브러리 디렉토리(C:\Java\lib)에서 모든 jar를 선택하여 java200booknew6에 포함한다.

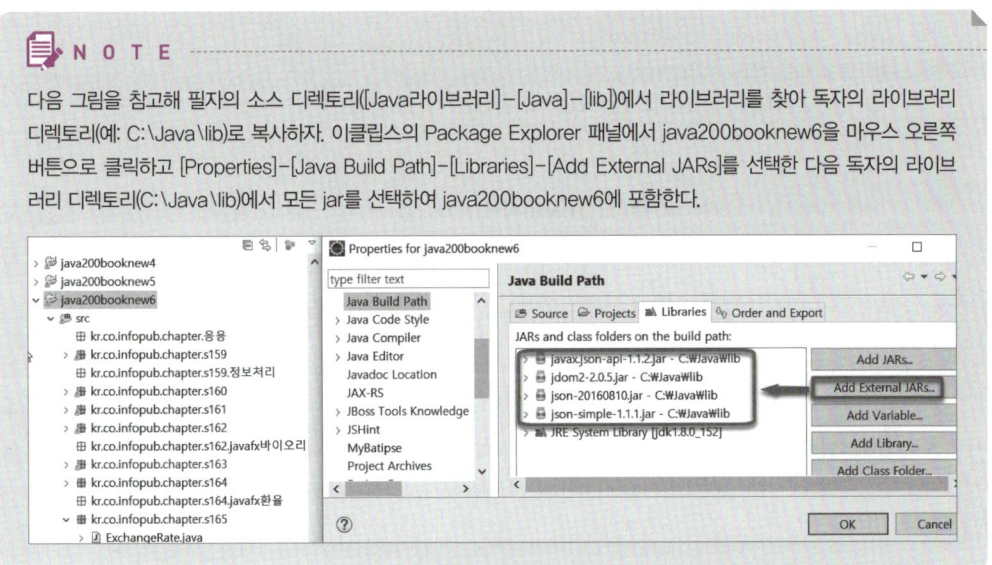

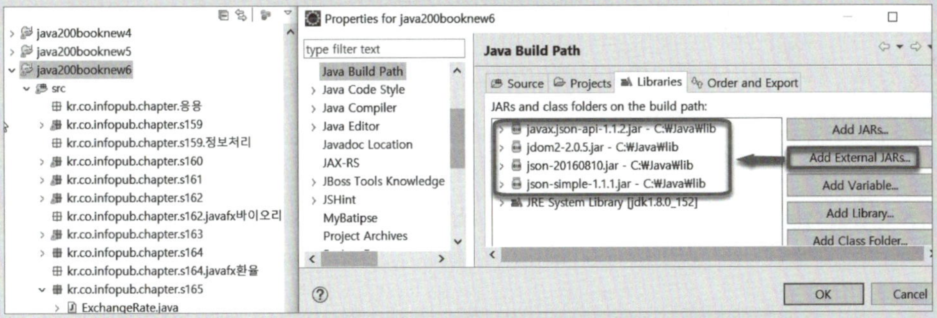

응용 171

날짜와 기준 화폐를 입력받아 환율 구하기

- **학습 내용 :** 날짜와 기준 화폐를 입력받아 환율을 구해 보자.
- **힌트 내용 :** 날짜를 변환하는 클래스와 환율을 구하는 클래스를 만든다.

소스 : kr.co.infopub.chapter.s171.FixerConvert.java

```java
package kr.co.infopub.chapter.s171;
import java.io.InputStreamReader;
import java.net.URL;
import java.text.SimpleDateFormat;
import java.util.Calendar;
import org.json.JSONObject;
import java.io.BufferedReader;
public class FixerConvert {
    // kr.co.infopub.chapter.s157.FixerConvert와 동일
    // 추가
    public static FixerRate  convert(String  date,String base) {
        String conversions=conversion(date, base);
        FixerRate fixerRate=null;
        try {
            fixerRate= convert2(conversions, base);
        } catch (Exception e) {
            System.out.println(e);
        }
        return fixerRate;
    }
}
```

예제 075의 날짜 변환 클래스를 사용한다. 예제 170의 웹 스크래핑에서 JSON으로 변환하고 환율 정보를 저장하는 클래스를 사용한다. static 메서드 객체를 생성하지 않고 클래스 이름으로 호출할 수 있다.

예제 170의 FixerConvert에 추가된 메서드이다. 날짜와 기준이 되는 화폐를 입력한다. 웹 스크래핑 ◆ 69
으로 JSON을 얻고 JSON을 FixerRate(DTO) 객체로 변환한다. convert2( ) 메서드가 예외를 throws 했기 때문에 try{ }로 예외를 처리했다.

소스 : kr.co.infopub.chapter.s171.RestDay.java

```
1: package kr.co.infopub.chapter.s171;
2: import java.text.ParseException;
3: import java.text.SimpleDateFormat;
4: import java.util.Calendar;
5: import java.util.Date;
6: // s075 s128, s132에 추가
7: public class RestDay {
       // 입력받은 날을 문자열로
18:    public static String toYMD(Calendar dd) {
19:        SimpleDateFormat sdf=new SimpleDateFormat("yyyy-MM-dd");
20:        return sdf.format(dd.getTime( ));
21:    }
22:    // 오늘을 문자열로
23:    public static String todates( ) {
24:        Calendar cal=Calendar.getInstance( );
25:        return toYMD(cal);
26:    }
82: }
```

예제 132에 제공된 메서드로 입력받은 Calendar를 "연-월-일" 형식의 문자열로 변환한다. ◆ 18

추가된 메서드로 오늘 날짜를 "연-월-일" 형식의 문자열로 반환한다. ◆ 23

소스 : kr.co.infopub.chapter.s171.ExchangeRate.java

```
1: package kr.co.infopub.chapter.s171;
2: import java.util.Scanner;
3: public class ExchangeRate {
4:     public static void main(String[ ] args) {
5:         System.out.println("USD로 환전하려면 1, JPY로 환전하려면 2,
               CNY로 환전하려면 3을 입력하세요.");
```

```
 6:         Scanner scann=new Scanner(System.in); // 키보드
 7:         int choice=scann.nextInt( );     // 키보드로 정수 입력
 8:         String me="KRW";
 9:         String you="USD";   // 미국 달러
10:         String date=RestDay.todates( );   // 오늘 날짜를 문자열로 "2017-06-22"
11:         double krw=1000000;    // 1000000원
12:         double result=0.0;        // 환전 결과
13:         FixerRate finance=null;
14:         if(choice==1) {
15:             you="USD";   // USDKRW 미국의 달러를 한화로
16:         } else if(choice==2) {
17:             you="JPY";     // JPYKRW 일본의 엔을 한화로
18:         } else if(choice==3) {
19:             you="CNY";   // CNYKRW 중국의 위안을 한화로
20:         } else {
21:             System.out.println("환전할 수 없습니다.");
22:         }
23:         finance=FixerConvert.convert(date, you);    // 비율을 얻어서
24:         result=calculate(krw,finance.krw);              // 계산
25:         System.out.println(finance.date+"기준");
26:         System.out.printf( "%.2f %s은 %.2f %s입니다.\n",krw,me,result,you);
27:     }
28:     // 나누는 행위를 반복 -> 메서드로 만든다.
29:     public static double calculate(double krwMoney, double ratio) {
30:         return krwMoney/ratio;
31:     }
32: }
```

10 ◆ 오늘 날짜를 "연-월-일" 형식의 문자열로 얻는다.

14 ◆ 달러를 원화로 환산한다.

16 ◆ 엔을 원화로 환산한다.

18 ◆ 위안을 원화로 환산한다.

23 ◆ 기준 화폐에 대한 오늘의 환율정보를 얻는다.

24 ◆ 백만 원을 입력한 나라의 화폐로 환산한다.

결과

```
USD로 환전하려면 1, JPY로 환전하려면 2, CNY로 환전하려면 3을 입력하세요.
1
http://data.fixer.io/api/2018-06-05?access_key=97042483f2b64c6bfe1dbfbf4a2bd1b3&sy
mbols=KRW,JPY,CNY,USD,EUR
2018-06-05기준
1000000.00 KRW은 933.97 USD입니다.
```

응용

172 환율을 구하기 위해 JavaFX로 화면 만들기

- **학습 내용 :** 환율을 구하기 위해 JavaFX로 화면을 만들어 보자.
- **힌트 내용 :** JavaFX로 프로젝트를 만들고, Scene Builder로 화면 fxml을 만든다.

소스 : ExchangeRateFx.fxml

Scene Builder를 이용하여 화면을 만들면 fxml이 만들어진다. Scene Builder–[View]–[Show Sample Controller Skeleton]를 누르면 컨트롤러의 기본 골격을 얻을 수 있다. Scene Builder에서 생성된 코드를 소스에 붙인다.

소스 : kr.co.infopub.chapter.s172.ExchangeRateFxController.java

```
package kr.co.infopub.chapter.s172;
import javafx.event.ActionEvent;
import javafx.fxml.FXML;
import javafx.scene.control.Button;
import javafx.scene.control.ComboBox;
import javafx.scene.control.Label;
import javafx.scene.control.RadioButton;
import javafx.scene.control.TextField;
public class ExchangeRateFxController {
    @FXML
    private Label lbfrom;
    @FXML
    private TextField tffrom;
    @FXML
    private TextField tfjpy;
    @FXML
    private Label lbto;
    @FXML
    private RadioButton rdother;
    @FXML
    private ComboBox<String> cbfinance;
    @FXML
    private TextField tfusd;
```

```
24:     @FXML
25:     private Button btncon;
26:     @FXML
27:     private TextField tfto;
28:     @FXML
29:     private RadioButton rdkrw;
30:     @FXML
31:     private TextField tfcny;
32:     @FXML
33:     private Label lbboard;
34:     @FXML
35:     void initialize( ) { }
36:     // 콤보박스의 아이템을 선택
37:     @FXML
38:     void cbdistanceOnAction(ActionEvent event) { }
39:     // 라디오 - 다른 국가의 화폐로 환전
40:     @FXML
41:     void onOtherAction(ActionEvent event) { }
42:     // 라디오 - 한화로 환전
43:     @FXML
44:     void onKrwAction(ActionEvent event) { }
45:     // 최신 환율 가져오기
46:     @FXML
47:     void onConvertAction(ActionEvent event) { }
48: }
```

이클립스의 JavaFX 플러그인을 이용하면 메인 화면을 만들 수 있다. Scene Builder를 이용하여 다음과 같은 화면을 만든 후, 이벤트를 만들고 컨트롤을 구현한다.

@FXML은 멤버필드를 자동으로 생성하고 초기화한다. ◆ 10~33

생성자와 같은 역할로 생성자 이후 가장 먼저 호출된다. ◆ 34~35

fxml의 화면 위젯에 onAction="#이벤트메서드"로 선언된 이벤트 메서드이다. 컨트롤러에서 #뒤의 메서드를 구현한다. ◆ 37~47

콤보박스를 선택하면 달러, 엔, 위안 중에서 한 화폐를 선택할 수 있다. ◆ 38

버튼을 선택하면 현재의 1달러에 대한 한화, 1엔에 대한 한화, 1위안에 대한 한화의 비율을 얻을 수 있다. ◆ 47

소스 : kr.co.infopub.chapter.s172.ExchangeRate.java

자동으로 생성된 메인 메서드이다.

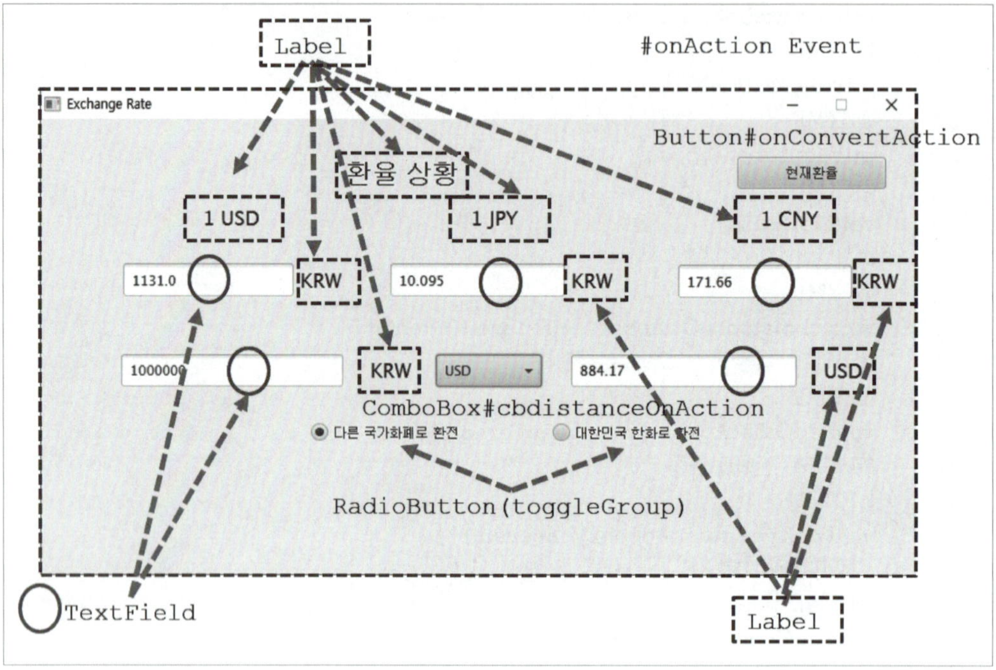

환율을 구하는 화면

JavaFX 이벤트로 환율 구하기

응용 173

- **학습 내용 :** javaFX 이벤트로 환율을 구해 보자.
- **힌트 내용 :** 버튼에 이벤트를 등록하고 구현한다.

소스 : ExchangeRateFx.fxml

Scene Builder를 이용하여 화면을 만들면 fxml이 만들어진다.
Scene Builder에서 화면을 만들고 [View]–[Show Sample Controller Skeleton]을 누르면 컨트롤러의 기본 골격을 얻을 수 있다. Scene Builder에서 생성된 코드를 소스에 붙인다.

소스 : kr.co.infopub.chapter.s173.ExchangeRateFxController.java

```
package kr.co.infopub.chapter.s173;
import javafx.beans.value.ObservableValue;
import javafx.event.ActionEvent;
import javafx.fxml.FXML;
import javafx.scene.control.Button;
import javafx.scene.control.ComboBox;
import javafx.scene.control.Label;
import javafx.scene.control.RadioButton;
import javafx.scene.control.TextField;
public class ExchangeRateFxController {
    @FXML
    private Label lbfrom;
    @FXML
    private TextField tffrom;
    @FXML
    private TextField tfjpy;
    @FXML
    private Label lbto;
    @FXML
    private RadioButton rdother;
    @FXML
    private ComboBox<String> cbfinance;
```

```
    @FXML
    private TextField tfusd;
    @FXML
    private Button btncon;
    @FXML
    private TextField tfto;
    @FXML
    private RadioButton rdkrw;
    @FXML
    private TextField tfcny;
    @FXML
    private Label lbboard;
    // static 변환 메서드
    public static double fromKRW(double krwMoney, double exchangeRatio) {
        return krwMoney/exchangeRatio;
    }
    public static double toKRW(double otherMoney, double exchangeRatio) {
        return otherMoney*exchangeRatio;
    }
    public static double toD(String s) {
        if(s==null || s.equals("")) {
            return 0.0;
        } else {
            return Double.parseDouble(s.trim( ));
        }
    }
    @FXML
    void initialize( ) {
        cbfinance.getItems( ).addAll("USD","JPY","CNY");
    }
    // 콤보박스의 아이템을 선택
    @FXML
    void cbdistanceOnAction(ActionEvent event) {
        if(rdother.isSelected( )) {
            String value = (String) cbfinance.getValue( );
            lbto.setText(value);
            lbfrom.setText("KRW");
            String krwMoney=tffrom.getText( ).equals("")?"0.0":tffrom.getText( ).trim( );
            double exchangeRatio=1.0;
            if(value.equals("USD")) {
```

```
                exchangeRatio=toD(tfusd.getText( ).trim( ));
            } else if(value.equals("JPY")) {
                exchangeRatio=toD(tfjpy.getText( ).trim( ));
            } else if(value.equals("CNY")) {
                exchangeRatio=toD(tfcny.getText( ).trim( ));
            }
            double d=fromKRW(toD(krwMoney),exchangeRatio);
            tfto.setText(String.format("%.2f", d));
        } else {
            String value = (String) cbfinance.getValue( );
            lbfrom.setText(value);
            lbto.setText("KRW");
            String otherMoney=tffrom.getText( ).equals("")?"0.0":tffrom.getText( ).trim( );
            double exchangeRatio=1.0;
            if(value.equals("USD")) {
                exchangeRatio=toD(tfusd.getText( ).trim( ));
            } else if(value.equals("JPY")) {
                exchangeRatio=toD(tfjpy.getText( ).trim( ));
            } else if(value.equals("CNY")) {
                exchangeRatio=toD(tfcny.getText( ).trim( ));
            }
            double d=toKRW(toD(otherMoney),exchangeRatio);
            tfto.setText(String.format("%.2f", d));
        }
    }
    @FXML
    void onConvertAction(ActionEvent event) {
    // 미국 달러
    String you="USD";   // 미국 달러
        String date=RestDay.todates( );
        FixerRate finance=FixerConvert.convert(date, you);
        tfusd.setText(finance.krw+"");
        // 일본 엔
        you="JPY";
        finance=FixerConvert.convert(date, you);
        tfjpy.setText(finance.krw+"");
        // 중국 위안
        you="CNY";
        finance=FixerConvert.convert(date, you);
        tfcny.setText(finance.krw+"");
```

```
103:     }
104:     // 라디오 - 다른 국가의 화폐로 환전
105:     @FXML
106:     void onOtherAction(ActionEvent event) { }
107:     // 라디오 - 한화로 환전
108:     @FXML
109:     void onKrwAction(ActionEvent event) { }
110:     // 최신 환율 가져오기
111: }
```

fxml의 onAction="#이벤트메서드"에서 #뒤의 이벤트 메서드를 구현한다. 버튼을 누르면 웹 스크래핑을 통해 얻은 JSON을 객체로 변환한 후 1달러, 1엔, 1위안 당 한화의 비율을 구하여 TextField에 붙여서 환율을 표시한다. ComboBox에서 달러, 엔, 위안 중 하나를 선택하면 입력한 한화를 선택한 화폐로 환전했을 때 금액을 보여 준다.

11~34 ◆ @FXML은 멤버필드를 자동으로 생성하고 초기화한다.

49~52 ◆ 생성자와 같은 역할로 생성자 이후 가장 먼저 호출된다. 콤보박스에 달러, 엔, 위안을 등록한다. 콤보박스를 누르면 달러, 엔, 위안이 표시된다.

55 ◆ fxml의 화면 위젯에 onAction="#이벤트메서드"로 선언된 이벤트 메서드이다. 컨트롤러에서 #뒤의 메서드를 구현한다. 콤보박스를 선택하면 달러, 엔, 위안 중 한 화폐를 선택할 수 있다.

56 ◆ 원화(한화)를 다른 나라의 화폐(달러, 엔, 위안)로 환산하는 라디오 버튼을 선택한 것이다.

57 ◆ 콤보박스에서 달러, 엔, 위안 중에서 선택한 화폐의 종류이다.

58 ◆ 한화를 어떤 화폐로 환산할지 라벨에 붙인다.

59 ◆ 한화(KRW)를 라벨에 붙인다.

60 ◆ 한화 텍스트 필드에 입금한 금액을 문자열로 받는다. 비어 있다면 입금액을 "0.0"으로 바꾼다.

62~63 ◆ 콤보박스에서 달러를 선택했다면 1달러 당 한화 환율을 구한다.

64~65 ◆ 콤보박스에서 엔을 선택했다면 1엔 당 한화 환율을 구한다.

66~68 ◆ 콤보박스에서 위안을 선택했다면 1위안 당 한화 환율을 구한다.

구한 환율을 이용하여 입금한 한화를 콤보박스에서 선택한 화폐로 환산한다. ◆ 69

결과 텍스트 필드에 문자열로 만들어 보여 준다. ◆ 70

다른 나라의 화폐(달러, 엔, 위안)를 원화로 환산하는 라디오 버튼을 선택한 것이다. ◆ 71

위와 같은 방법으로 콤보박스에서 선택한 화폐로 환산한다. 예로 텍스트 필드에 입력한 달러를 환율을 이용하여 한화로 환산한다. ◆ 72~85

소스 : kr.co.infopub.chapter.s173.ExchangeRate.java

자동으로 생성된 메인 메서드이다.

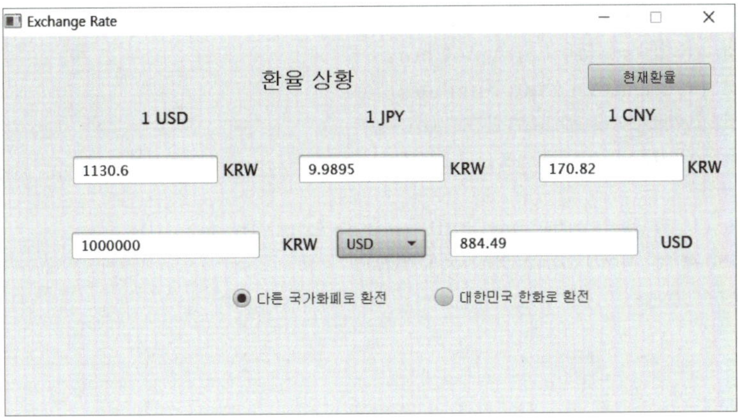

환전 화면

응용 174

웹 스크래핑을 이용하여 환율 변동 상태 보기

• **학습 내용 :** 웹 스크래핑을 이용하여 환율 변동 상태를 확인해 보자.
• **힌트 내용 :** URL과 BufferedReader를 이용하여 웹 데이터를 스크래핑한다.

소스 : kr.co.infopub.chapter.s174.ExchangeLineChart.java

```java
package kr.co.infopub.chapter.s174;

import javafx.application.Application;
import javafx.scene.Scene;
import javafx.scene.chart.CategoryAxis;
import javafx.scene.chart.LineChart;
import javafx.scene.chart.NumberAxis;
import javafx.scene.chart.XYChart;
import javafx.stage.Stage;

public class ExchangeLineChart extends Application {
  public static void main(String[ ] args) {
    launch(args);
  }
  int range=50;    // 50일 전
  @Override
  public void start(Stage primaryStage) {
     primaryStage.setTitle("Exchange Rate");
     String date=RestDay.todates( );  // 오늘
     String base="USD";  // 1달러 당 환율

     CategoryAxis xAxis = new CategoryAxis( );                        // X축-날짜
     NumberAxis yAxis = new NumberAxis(1080,1180,10);        // Y축-환율
     yAxis.setLabel("KRW / 1 "+base);        // Y축 라벨
     xAxis.setLabel("Date");                      // X축 라벨
     LineChart<String, Number> lineChart =
             new LineChart<String, Number>(xAxis, yAxis);      // 그래프
     lineChart.setTitle("Exchange Rate "+date);

```

```
    XYChart.Series<String, Number> series1 =
            new XYChart.Series<String, Number>( );   // (X, Y) 점들
    physicalChartData(series1,base, date);

    Scene scene = new Scene(lineChart, 1400, 800);
    lineChart.getData( ).addAll(series1);      // 좌표에 (X, Y)점 붙일 준비
    primaryStage.setScene(scene);
    primaryStage.show( );
  }
  public  void physicalChartData(
        XYChart.Series<String, Number> series1,
        String base,String date ) {
   series1.setName("KRW");
   for (int i = -range; i < 1; i++) {
    String todays=RestDay.toWantedDay(date,i);   // 오늘에서 i일 전날
    if(!RestDay.isRest(todays)){     // 토, 일요일 제외
        // 날짜별 환율 정보 객체 얻기
        FixerRate fixerrate=FixerConvert.convert(todays,base);
        series1.getData( ).add(      // (X,Y)->(날짜, 환율) 점 붙이기
        new XYChart.Data<String, Number>(todays, fixerrate.krw));
    }
   }
  }
}
```

방법은 예제 169와 동일하다.

❶ URL을 이용하여 주소를 찾는다.

❷ 웹 데이터를 제공하는 주소지에 노드(openStream( ), 빨대 꽂기)를 준비한다.

❸ 노드를 필터(BufferedReader, 호스 연결)에 넣고 필터를 생성한다.

❹ 필터에서 한 줄씩 읽는다. 한 줄씩 읽은 문자열을 붙여서 여러 줄의 문자열을 만든다.

❺ 여러 줄의 문자열을 JSON으로 변환하고, JSON에서 데이터를 읽어 DTO(FixerRate)에 저장한다.

❻ DTO의 환율 정보를 이용하여 1달러 당 환화의 가치 변동을 그린다.

❼ X축은 날짜(문자), Y축은 날짜에 대한 환율이다.

❽ 토요일과 일요일은 휴일(isRestDay(날짜) 이용)로 X축에서 제외한다.

19 오늘 날짜를 "연-월-일" 형태의 문자열로 얻는다.

20 1달러 당 환율을 구한다.

22 X축은 "연-월-일" 날짜다.

23 Y축은 환율이다.

24 Y축 라벨을 붙인다.

25 X축 라벨을 붙인다.

26~27 그래프를 준비한다.

30~31 (X, Y) 점들을 저장할 준비를 한다.

35 점을 붙이고 선으로 연결한다.

43 오늘부터 50일 전의 환율부터 오늘까지 환율을 구하고 그래프에 붙인다.

45 토요일, 일요일은 제거한다.

47 날짜에 대한 환율정보 객체를 얻는다.

48 (날짜, 환율정보)의 점을 그래프에 붙인다.

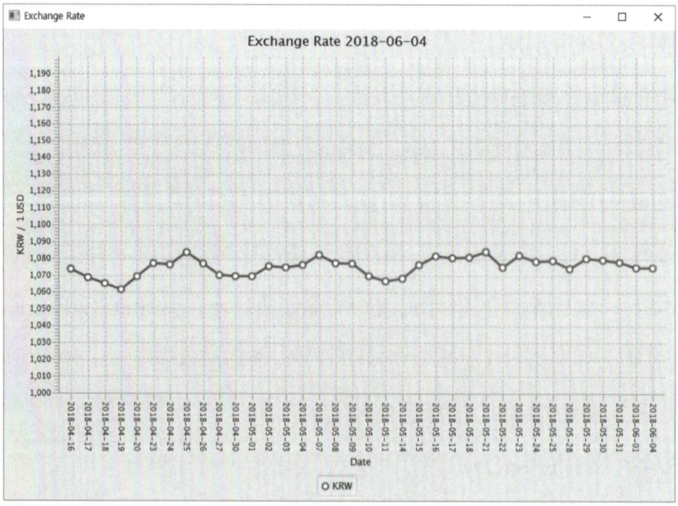

50일 동안의 환율 변동 추이

1년 동안의 환율 변동 상태 표시하기

응용 175

- **학습 내용 :** 1년 동안의 환율 변동 상태를 표시해 보자.
- **힌트 내용 :** 웹 스크래핑을 얻은 대량의 데이터를 JSON 형식 파일로 저장한다.

소스 : kr.co.infopub.chapter.s175.FixerConvert.java

```
package kr.co.infopub.chapter.s175;
import org.json.JSONArray;
import org.json.JSONObject;
import java.io.InputStreamReader;
import java.net.URL;
import java.io.BufferedReader;
import java.io.FileWriter;
import java.io.IOException;
// 1. FixerConvert를 실행하여 오늘까지의 주식을 저장한다.
public class FixerConvert {
    // 예제 174와 동일 + 아래 추가
    public static JSONObject toJson(FixerRate fixerrate) {
            JSONObject obj = new JSONObject( );
        obj.put("USD", fixerrate.usd);
        obj.put("KRW", fixerrate.krw);
        obj.put("JPY", fixerrate.jpy);
        obj.put("CNY", fixerrate.cny);
        obj.put("EUR", fixerrate.eur);
        return obj;
    }
    // JSON으로 만든 후 파일로 저장한다.
    public static void main(String[ ] args) {    // JSON 파일로 저장한다.
        String date=RestDay.todates( );    // 오늘
        String base="USD";    // 1달러 당 환율
        JSONObject obj = new JSONObject( );
        obj.put("base", base);
        obj.put("date",date);

        JSONArray fixerrate2s=new JSONArray( );
```

```
92:         int j=0;
93:         for (int i = -365; i < 1; i++) {
94:             String todays=RestDay.toWantedDay(date,i);
95:             if(! RestDay.isRest(todays)) {
96:                 FixerRate fixerrate2=FixerConvert.convert(todays,base);
97:                 fixerrate2s.put(j++, toJson(fixerrate2));
98:             }
99:         }
100:        obj.put("rates",fixerrate2s);
101:        try (FileWriter file = new FileWriter(date+""+base+".json")) {
102:            file.write(obj.toString( ));
103:            file.flush( );
104:        } catch (IOException e) {
105:            System.out.println(e);
106:        }
107:    }
108: }
```

데이터가 많을 때는 웹에서 직접 읽기보다 파일로 저장한 다음, 파일을 읽는 것이 빠르고 효율적이다. 방법은 예제 174와 같다. [그림 175-1]은 데이터가 많아서 파일에 저장 후 읽어서 그래프로 표시한 것이다.

74 ◆ FixerRate 객체를 JSONObject로 변환시키는 메서드이다.

75 ◆ 비어 있는 JSONObject를 생성한다.

76~80 ◆ put(“key”, value)는 {“key”: “value”} 형태의 JSON이 된다. 여러 번 put( )하면 {“key1”: “value1”, “key2”: “value2”, “key3”: “value3”} 형태로 { }안에 “키”:“밸류”가 된다.

85 ◆ 오늘을 문자열로 얻는다.

86 ◆ 1달러 당 환율을 구하려 한다.

87 ◆ 비어 있는 JSONObject 객체를 생성한다.

88~89 ◆ {“base”:“USD”, “date”:“2017-09-24”} 형태가 된다.

91 ◆ JSONArray 객체를 생성한다. 비어 있는 [ ]이다.

1년 전(−365)부터 하루씩 증가시켜 오늘까지 환율을 구하려고 한다. 93

오늘부터 며칠 전인지 파악하여 해당 날짜를 만든다. 94

휴일(토, 일요일)이 아니면 해당 날짜에 대한 환율을 구한다. 95

웹 스크래핑을 이용하여 JSON 객체를 만들고, JSON 객체를 해당 요일에 해당하는 FixerRate 객체로 변환한다. 96

FixerRate 객체를 {"KRW":1106.5,"JPY":100.44,"EUR":0.88794,"USD":1,"CNY":6.6689} 형태의 JSON으로 만들고 JSONArray에 대입한다. JSONArray는 [] 안에 날짜 수만큼 환율값을 넣어서 [{"KRW":1106.5,"JPY":100.44,"EUR":0.88794,"USD":1,"CNY":6.6689}, {……}, {……}] 형태가 된다. 97

JSONObject {"base":"USD", "date":"2017-09-24"}에 JSONArray [{"KRW":1106.5,"JPY":100.44,"EUR":0.88794,"USD":1,"CNY":6.6689}, {……}, {……}]을 넣어 {"base":"USD", "date":"2017-09-24", "rates":[{"KRW":1106.5, "JPY":100.44, "EUR":0.88794,"USD":1, "CNY":6.6689}, {……}, {……}] } 형태가 된다. 100

try() 블록으로 try()의 {}를 끝내고 try를 벗어나면 자동으로 FileWriter가 close()되는 AutoClosable(자동으로 끝난다)을 사용했기 때문에 FileWriter를 close()할 필요가 없다. 101

JSON으로 저장한다. 102

결과


```
{"date":"2017-10-22","rates":[{"KRW":1133.3,"JPY":104.02,"EUR":0.91819,"USD":1,"CNY":6.773
9},{"KRW":1131.9,"JPY":104.53,"EUR":0.91979,"USD":1,"CNY":6.7775},{"KRW":1135.8,"JPY":104
.32,"EUR":0.91533,"USD":1,"CNY":6.7692},{"KRW":1143.2,"JPY":104.69,"EUR":0.91516,"USD":1,
"CNY":6.7797},{"KRW":1145.4,"JPY":105.38,"EUR":0.91558,"USD":1,"CNY":6.7802},{"KRW":114
6.4,"JPY":105.03,"EUR":0.91358,"USD":1,"CNY":6.7747},{"KRW":1141.4,"JPY":104.83,"EUR":0.90
703,"USD":1,"CNY":6.7693},{"KRW":1143.3,"JPY":103.31,"EUR":0.90131,"USD":1,"CNY":6.7583},
{"KRW":1144.3,"JPY":103.26,"EUR":0.90383,"USD":1,"CNY":6.7636},{"KRW":1144.3,"JPY":102.98
,"EUR":0.90147,"USD":1,"CNY":6.757},{"KRW":1143.3,"JPY":104.32,"EUR":0.904,"USD":1,"C
NY":6.7746},
```

소스 : kr.co.infopub.chapter.s175.FixerConverJSON.java

```
1: package kr.co.infopub.chapter.s175;
2: import org.json.JSONArray;
3: import org.json.JSONObject;
4: import java.io.BufferedReader;
5: import java.io.FileReader;
6: public class FixerConvertJSON {
7:     public static JSONObject convert(String date,String base) {
8:         JSONObject jObject = new JSONObject( );
9:         BufferedReader br=null;
10:        try {
11:            br=new BufferedReader(new FileReader(date+""+base+".json"));
12:            StringBuffer sb=new StringBuffer( );
13:            String msg="";
14:            // http://api.fixer.io/2017-06-09?base=USD를 읽어들인다.
15:            while((msg=br.readLine( ))!=null) {
16:                sb.append(msg);
17:            }
18:            jObject=new JSONObject(sb.toString( ));
19:        } catch (Exception e) {
20:
21:        }
22:        return jObject;
23:    }
24:    public static void main(String[ ] args) {  // 테스트용입니다.
25:        String date=RestDay.todates( );   // 오늘
26:        String base="USD";                // 1달러당 환율
27:        JSONObject jsobj=FixerConvertJSON.convert(date,base);
28:        JSONArray rates=jsobj.getJSONArray("rates");
29:        for(int i=0; i< rates.length( ) ;i++) {
30:            JSONObject nboj=rates.getJSONObject(i);
31:            System.out.println(nboj);
32:        }
33:    }
34: }
```

15~17 ◆ 파일에서 한 줄씩 읽은 후 문자열에 붙인다. 여러 줄이 된다.

JSON 형태의 문자열을 JSONObject로 변환한다. {"rates":[ ]}은 JSONArray로 환율 정보를 JSONObject로 얻는다.

FixerConvert를 실행하여 환율 추이를 얻은 후 ExchangeLineChart를 실행하면 그래프로 볼 수 있다.

소스 : kr.co.infopub.chapter.s175.ExchangeLineChart.java

```
package kr.co.infopub.chapter.s175;
import org.json.JSONArray;
import org.json.JSONObject;
import javafx.application.Application;
import javafx.scene.Scene;
import javafx.scene.chart.CategoryAxis;
import javafx.scene.chart.LineChart;
import javafx.scene.chart.NumberAxis;
import javafx.scene.chart.XYChart;
import javafx.stage.Stage;
public class ExchangeLineChart extends Application {
  public static void main(String[ ] args) {
    launch(args);
  }
  @Override
  public void start(Stage primaryStage) {
  // 예제 174와 동일
  }
  public  void physicalChartData(XYChart.Series<String, Number> series1,
                String base,String date ) {
     series1.setName("KRW");
     JSONObject jsobj=FixerConvertJSON.convert(date,base);
     JSONArray rates=jsobj.getJSONArray("rates");
          for(int i=0; i< rates.length( ) ;i++) { // 일 년 0~366 366개 (1년+오늘)
               JSONObject fix=rates.getJSONObject(i);
               // 365일 전부터 오늘까지
               String todays=RestDay.toWantedDay(date,i+1-rates.length( )); // 1+365-366
               if(!RestDay.isRest(todays)) {
                    series1.getData( ).add(
                         new XYChart.Data<String, Number>(todays, fix.getDouble("KRW") ));
                    System.out.println(fix);
               }
          }
  }
}
```

16 예제 174와 동일하다.

41 JSON 파일을 읽어 JSON 객체로 변환한다.

46 365일 전부터 오늘까지 환율을 구한다. 오늘이 “2017-09-24”이고 1년 전이라면 “2016-09-23”이 365일이다. 오늘까지 포함한다면 “2016-09-23” ~ “2017-09-24”까지 366일이 되므로 “i+1”-366을 사용한다.

49 XY 좌표에 점을 표시하고 점을 연결한다.

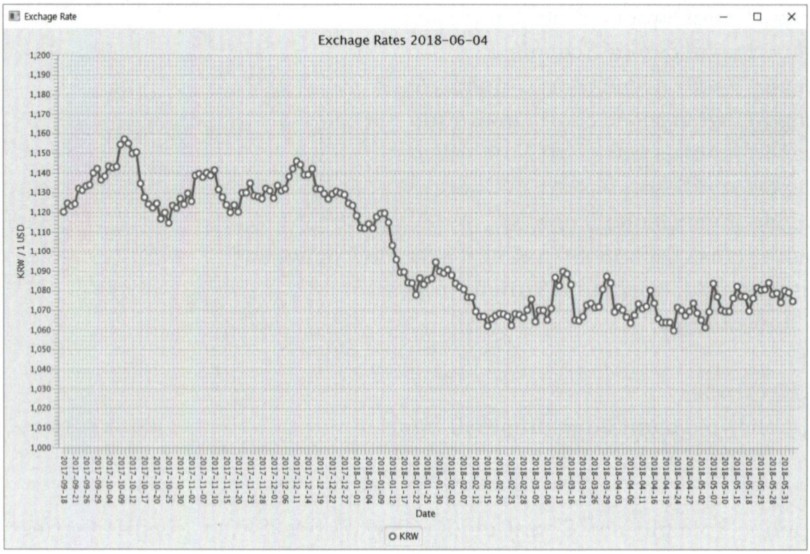

| 그림 175-1 | 1년 동안 환율 변동 추이

1차원 배열로 거리 표시하기

응용 176

• **학습 내용 :** 1차원 배열로 거리를 표시해 보자.
• **힌트 내용 :** 문자열 배열을 이용하고 향상된 for로 출력한다.

소스 : kr.co.infopub.chapter.s176.Conversion.java

```
package kr.co.infopub.chapter.s176;
// 일차원 배열과 반복문 for
public class Conversion {
    public static void main(String[ ] args) {
        String [ ] names={"Cm","M","Inch","Feet","Yard","Mile"};
        for(int i=0; i<names.length; i++) {
            System.out.printf("%s\t\t\t",names[i]);
        }
        System.out.println( );
        for(String ss: names) {
            System.out.printf("%s\t\t\t",ss);
        }
        System.out.println( );
    }
}
```

길이의 여러 단위를 출력한다. 배열은 같은 타입의 나열이다. 이름[인덱스]으로 사용한다.

String[ ] names1={"Cm","M","Inch","Feet","Yard","Mile"};
String[ ] names2=new String[ ]{"Cm","M","Inch","Feet","Yard","Mile"};
names1={"AA","BB"}; 와 같이 names1은 다시 할당(전체 초기화)을 할 수 없다.
names2=new String[ ]{"AA","BB"};처럼 names2는 재할당이 가능하다.

5 문자열 1차원 배열을 선언하고 초기화한다.

6~8 길이의 단위를 출력한다. 배열에서 길이를 표시하려면 배열이름.length를 사용한다.

10 배열, 리스트는 향상된 for를 사용할 수 있다. 향상된 for는 자동으로 인덱스를 붙여서 사용한다.

결과

```
Cm    M    Inch    Feet    Yard    Mile
Cm    M    Inch    Feet    Yard    Mile
```

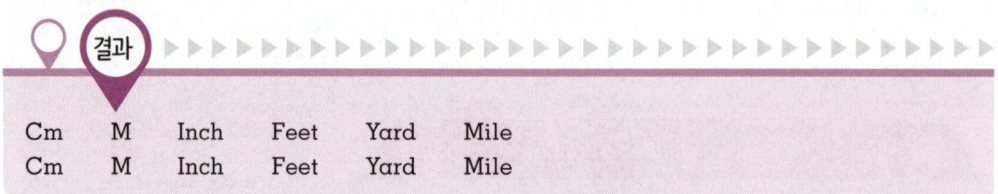

1차원 배열로 거리 환산표 만들기

응용 177

• **학습 내용 :** 1차원 배열로 거리 환산표를 만들어 보자.
• **힌트 내용 :** 1cm=0.01m의 양변을 0.01로 나누면 100cm=1m가 된다.

소스 : kr.co.infopub.chapter.s177.Conversion.java

```
package kr.co.infopub.chapter.s177;
// 이차원 배열과 반복문 for
public class Conversion {
 public static void main(String[ ] args) {
     String [ ] names={"Cm","M","Inch","Feet","Yard","Mile"};
     double [ ]distance={1,0.01,0.3937007874015748,0.03280839895013123,
             0.010936132983377079,0.00000621371192237334};
     System.out.printf("\t\t");
     for(int i=0; i<names.length; i++) {
         System.out.printf("%s\t\t\t",names[i]);
     }
     System.out.println( );
     for(int i=0; i<distance.length; i++) {
         System.out.printf("%s\t",names[i]);
         for (int j = 0; j < distance.length; j++) {
             System.out.printf("%19.12f\t",distance[j]/distance[i]);
         }
         System.out.println( );
     }
 }
}
```

1cm=0.01m의 양변을 0.01로 나누면 100cm=1m가 된다. 1cm=0.3937007874015748inch이다. 양변을 0.3937007874015748로 나누면 2.54cm=1inch가 된다. 이 방법으로 환산표가 만들어진다.

| **표** | cm를 기준으로 만든 거리 환산표

1cm 기준	환산
1cm=1cm	1cm=1cm
1cm=0.0m	100cm=1m
1cm=0.3937007874015748inch	2.54cm=1inch
1cm=0.032808398950feet	30.48cm=1feet
1cm=0.010936132983yard	91.44cm=1yard
1cm=0.000006213712mile	160934.4cm=1mile

같은 방법으로 1cm=0.01m=0.3937007874015748inch=0.032808398950feet=0.010936132983yard =0.000006213712mile이므로 1inch를 구하려면 모든 값을 0.3937007874015748로 나눈다. 그러면 2.54cm=0.0254m=1.0inch=0.083333333333feet=0.027777777778yard=0.000015782828mile이 된다. 이처럼 배열의 위치를 변경하면서 나누면 간단하게 구할 수 있다.

9~11 ◆ 모든 거리 단위를 출력한다.

14 ◆ 거리 단위 하나를 출력한다.

16 ◆ 0행은 distance[j]/distance[0]은 1cm를 기준으로 거리를 환산한다.
1행은 distance[j]/distance[1]은 1m를 기준으로 거리를 환산한다.

같은 방법으로 5행까지 하면 거리 환산표가 완성된다.

결과

```
              Cm                    M                   Inch
Cm            1.000000000000        0.010000000000      0.393700787402
M             100.000000000000      1.000000000000      39.370078740157
Inch          2.540000000000        0.025400000000      1.000000000000
Feet          30.480000000000       0.304800000000      12.000000000000    ......
Yard          91.440000000000       0.914400000000      36.000000000000
Mile          160934.400000000000   1609.344000000000   63360.000000000000
```

2차원 배열로 거리 환산표 만들기

응용 178

- **학습 내용 :** 2차원 배열로 거리 환산표를 만들어 보자.
- **힌트 내용 :** 1차원 배열로 환산을 해서 2차원 배열에 저장한다.

소스 : kr.co.infopub.chapter.s178.Conversion.java

```java
package kr.co.infopub.chapter.s178;
// 2차원 배열과 메서드
public class Conversion {
  public static final String [ ] names={"Cm","M","Inch","Feet","Yard","Mile"};
  public static final double [ ]distance={1,0.01,0.3937007874015748,
          0.03280839895013123,0.010936132983377079,0.000006213711922373 4};
  // 2차원 배열로 동적(new)하는 방법
  public static double [ ][ ] convert( ) {
      double [ ][ ] mm=new double [distance.length][distance.length];
      for(int i=0; i<distance.length; i++) {
          for (int j = 0; j < distance.length; j++) {
              mm[i][j]=distance[j]/distance[i];
          }
      }
      return mm;
  }
  public static void main(String[ ] args) {
      // 2차원 환산표 작성
      double [ ][ ] convDistance=convert( ) ;
      System.out.printf("\t\t");
      for(int i=0; i<names.length; i++) {
          System.out.printf("%s\t\t\t",names[i]);
      }
      System.out.println( );
      for(int i=0; i<convDistance.length; i++) {
          System.out.printf("%s\t",names[i]);
          for (int j = 0; j < convDistance[i].length; j++) {
              System.out.printf("%19.12f\t",convDistance[i][j]);
          }
          System.out.println( );
```

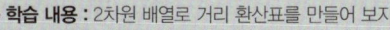

```
31:         }
32:         // 계산 확인
33:         double value=100000;
34:         int selectIndex=0; //cm
35:         double   cm=value*convDistance[selectIndex][0];
36:         double    m=value*convDistance[selectIndex][1];
37:         double inch=value*convDistance[selectIndex][2];
38:         double feet=value*convDistance[selectIndex][3];
39:         double yard=value*convDistance[selectIndex][4];
40:         double mile=value*convDistance[selectIndex][5];
41:         System.out.printf("%fcm=\t%fm=\t%finch=\t%ffeet=\t%fyard=\t%fmile\n",
42:                 cm,m,inch,feet,yard,mile);
43:     }
44: }
```

6종류의 거리를 환산하면 6행 6열의 2차원 배열로 만들 수 있다.

8 6종류에 대한 환산표를 2차원 배열로 만든다.

9 6행 6열의 2차원 배열을 생성한다.

12 2차원 배열에 대입한다.

19 환산해서 만든 2차원 배열을 얻는다.

22 거리 단위 이름을 출력한다.

28 거리 환산 2차원 배열을 출력한다.

35~40 100000cm를 다른 단위로 환산한다.

결과

	Cm	M	Inch	
Cm	1.000000000000	0.010000000000	0.393700787402	
M	100.000000000000	1.000000000000	39.370078740157	
Inch	2.540000000000	0.025400000000	1.000000000000	
Feet	30.480000000000	0.304800000000	12.000000000000	……
Yard	91.440000000000	0.914400000000	36.000000000000	
Mile	160934.400000000000	1609.344000000000	63360.000000000000	

JavaFX를 이용하여 거리 환산표 만들기

응용 179

- **학습 내용 :** javaFX를 이용하여 거리 환산표를 만들어 보자.
- **힌트 내용 :** 콤보박스의 거리 단위를 선택하면 이벤트를 이용하여 환산을 실행한다.

소스 : kr.co.infopub.chapter.s179.DistanceConversionFxController.java

```java
package kr.co.infopub.chapter.s179;
import javafx.collections.FXCollections;
import javafx.collections.ObservableList;
import javafx.event.ActionEvent;
import javafx.fxml.FXML;
import javafx.scene.control.ComboBox;
import javafx.scene.control.TextField;
public class DistanceConversionFxController {
  @FXML
  private TextField tfinput;
  @FXML
  private TextField tfyard;
  @FXML
  private TextField tfmile;
  @FXML
  private TextField tfcm;
  @FXML
  private TextField tfm;
  @FXML
  private TextField tfinch;
  @FXML
  private ComboBox<String> cbdistance;
  @FXML
  private TextField tffeet;

  double [ ][ ] convDistance;
  // Conversion.names={"Cm","M","Inch","Feet","Yard","Mile"};
  @FXML
  void initialize( ) {
```

```java
30:        ObservableList<String> options = FXCollections.observableArrayList( );
31:        options.addAll( Conversion.names );   // static이라 객체 생성 필요 없음
32:        cbdistance.setItems(options);
33:
34:        // 거리 환산표(2차원 배열) 작성
35:        convDistance=Conversion.convert( );
36:    }
37:    @FXML
38:    void cbdistanceOnAction(ActionEvent event) {
39:
40:        String sinput=tfinput.getText( );
41:        double value=0.0;
42:        if(sinput!=null && !sinput.equals("")) {
43:            value=Double.parseDouble(sinput);
44:        }
45:
46:        int selectIndex=-1;
47:        if(cbdistance.getSelectionModel( )!=null) {
48:            selectIndex=cbdistance.getSelectionModel( ).getSelectedIndex( );
49:        }
50:
51:        if(selectIndex>=0) {
52:            // 2차원 배열의 값을 출력 => value*convDistance[selectIndex][0
53:            tfcm.setText(String.format("%.10f", value*convDistance[selectIndex][0]));
54:            tfm.setText(String.format("%.10f", value*convDistance[selectIndex][1]));
55:            tfinch.setText(String.format("%.10f", value*convDistance[selectIndex][2]));
56:            tffeet.setText(String.format("%.10f", value*convDistance[selectIndex][3]));
57:            tfyard.setText(String.format("%.10f", value*convDistance[selectIndex][4]));
58:            tfmile.setText(String.format("%.10f", value*convDistance[selectIndex][5]));
59:        }
60:    }
61: }
```

6종류의 거리를 환산하면 6행 6열의 2차원 배열로 만들 수 있다. [그림 179-1]을 참고하여 fxml을 Scene Builder로 만든다.

9~24 ◆ @FXML은 멤버필드를 자동으로 생성하고 초기화한다.

30 ◆ JavaFX 화면 출력용 리스트를 생성한다.

Conversion의 static 배열에 선언된 거리 이름을 JavaFX 화면 출력용 리스트에 저장한다. 31

콤보박스에 거리 이름을 붙인다. 콤보박스를 누르면 거리 이름 6개가 표시된다. 그 중 하나를 선택하면 이벤트가 발생한다. 32

2차원 배열로 거리 환산표를 만든다. 35

콤보박스에 보이는 거리 이름 6개 중에서 하나를 선택하면 이벤트가 실행된다. 38

fxml 〈ComboBox fx:id="cbdistance" onAction="#cbdistanceOnAction"〉에서 # 뒤의 cbdistance OnAction 메서드가 이벤트 처리 메서드이다.

콤보박스에서 6개 중 하나를 선택하면 해당 위치에 있는 0~5 사이의 거리 이름의 위치를 얻는다. 48

콤보박스에서 6개 중 하나를 선택했다면 0~5가 된다. 51

환산한 2차원 배열을 이용하여 거리를 환산한다. 거리*환산 비율을 각 결과 텍스트 필드에 붙여서 화면에 표시되게 한다. 53~58

[소스 : kr.co.infopub.chapter.s179.Main.java]를 실행시킨다.

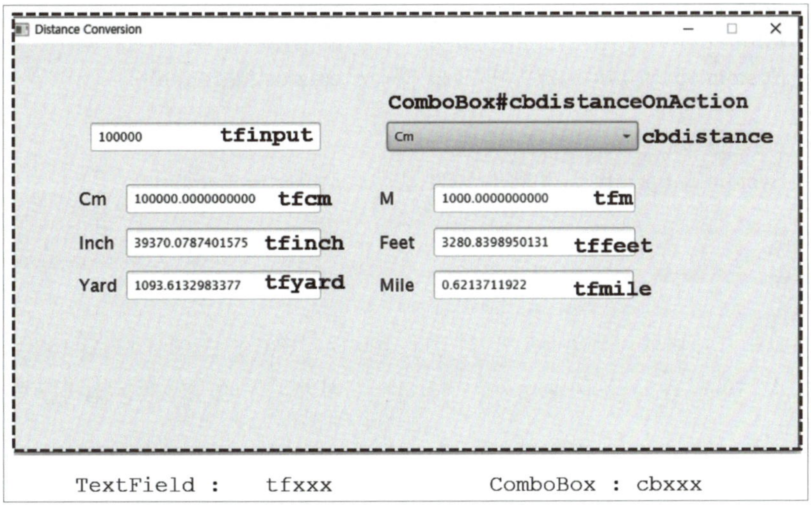

| 그림 179-1 | 거리 환산표

응용 180

섭씨를 화씨로 변환하기

- **학습 내용 :** 섭씨를 화씨로 변환해 보자.
- **힌트 내용 :** 섭씨와 화씨 사이의 변환 공식을 유도하여 사용한다.

소스 : kr.co.infopub.chapter.s180.TemperatureConv.java

```java
package kr.co.infopub.chapter.s180;
public class TemperatureConv {
  public static double toCelsius(double fahrenheit) {
      return 5./9 *(fahrenheit-32);
  }
  public static double toFahrenheit(double celsius) {
      return 9.0/5*celsius+32;
  }
  public static void main(String[ ] args) {
      double celsius=29;
      double fahrenheit=0.0;
      fahrenheit=toFahrenheit(celsius);
      System.out.printf("%.2f 섭씨= %.2f 화씨.\n",celsius,fahrenheit);

      celsius=toCelsius(fahrenheit);
      System.out.printf("%.2f 화씨= %.2f 섭씨.\n",fahrenheit,celsius);
  }
}
```

[그림 180-1]과 같이 변환 공식을 유도할 수 있다. 100: X= 180: Y−32에서 180X=100(Y−32)를 얻을 수 있다. X=5/9(Y−32)는 화씨를 섭씨로 변환하는 공식이다. Y=9/5X+32는 섭씨를 화씨로 변환하는 공식이다.

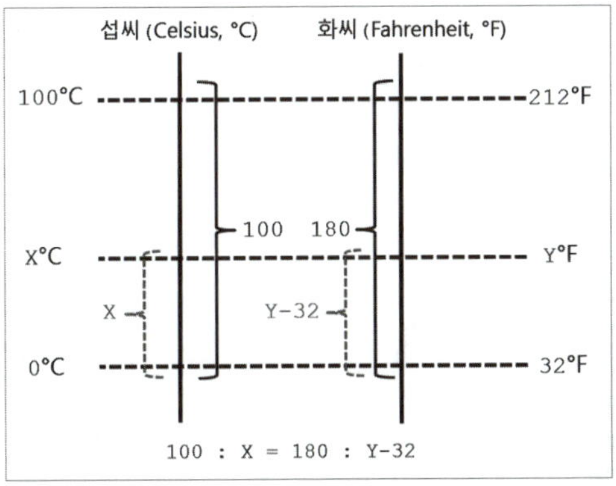

| 그림 180-1 | 섭씨와 화씨 변환 공식

화씨를 섭씨로 변환한다. 조심할 점은 5/9는 0이므로 5./9로 사용한다. ◆4

섭씨를 화씨로 변환한다. 조심할 점은 9/5는 1이므로 9./5로 사용한다. ◆7

결과

29.00 섭씨= 84.20 화씨.
84.20 화씨= 29.00 섭씨.

kr.co.infopub.chapter.s180.fx의 Main을 실행하면 온도 변화를 javaFX로 확인할 수 있다.

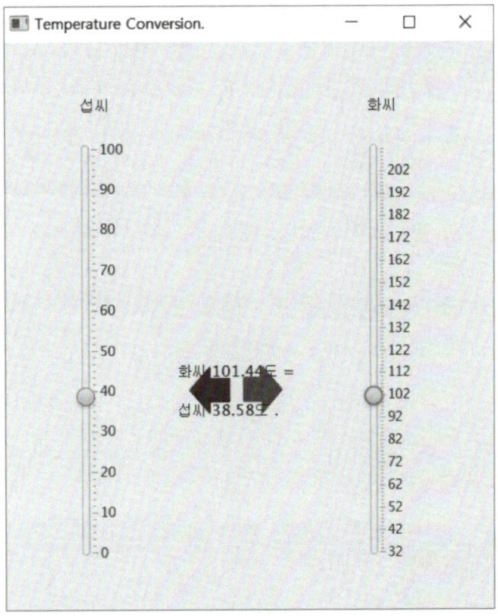

| 그림 180-2 | javaFX를 이용한 섭씨와 화씨 변환

6 PART 실무

Java 세상을 만드는 실전 프로그래밍하기

초보자를 위한 JAVA 200제

실무 181

log 준비하기

- **학습 내용 :** 실행 과정을 추적하기 위한 log를 만들어 보자.
- **힌트 내용 :** 날짜 변환, 타입 변환, 공백 처리를 한다.

NOTE

우선 필자의 소스 디렉토리([Java라이브러리]-[Java]-[lib])에서 ojdbc6.jar를 찾아 독자의 라이브러리 디렉토리(예: C:\Java\lib)로 복사하자. 이클립스의 Package Explorer 패널에서 java200booknew7을 마우스 오른쪽 버튼으로 클릭하고 [Properties]-[Java Build Path]-[Libraries]-[Add External JARs]를 선택한 다음 독자의 라이브러리 디렉토리(C:\Java\lib)에서 ojdbc6.jar를 선택하여 java200booknew7에 포함한다.
(ojdbc6.jar는 오라클에서 제공하는 라이브러리로, http://www.oracle.com/technetwork/testcontent/jdbc-112010-090769.html에서 다운로드할 수 있다.)

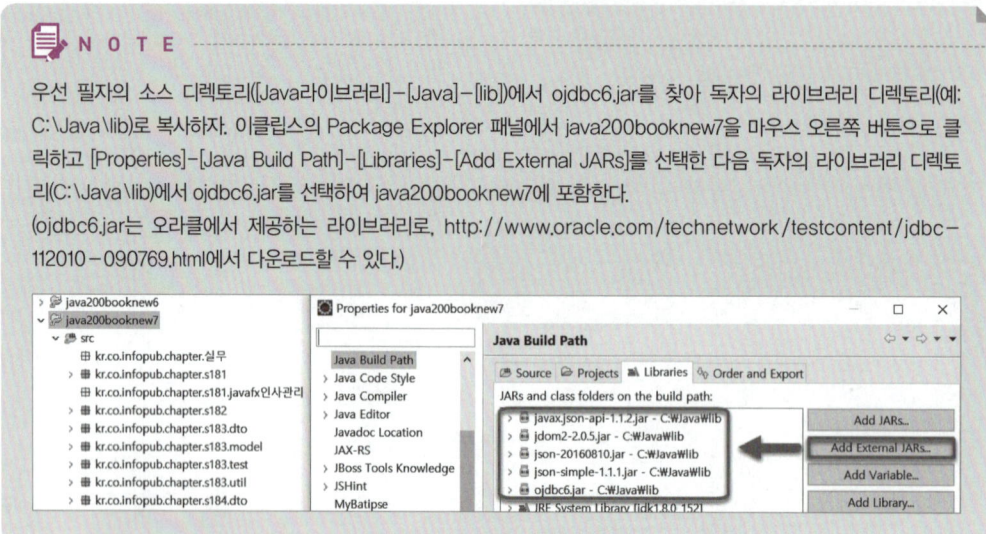

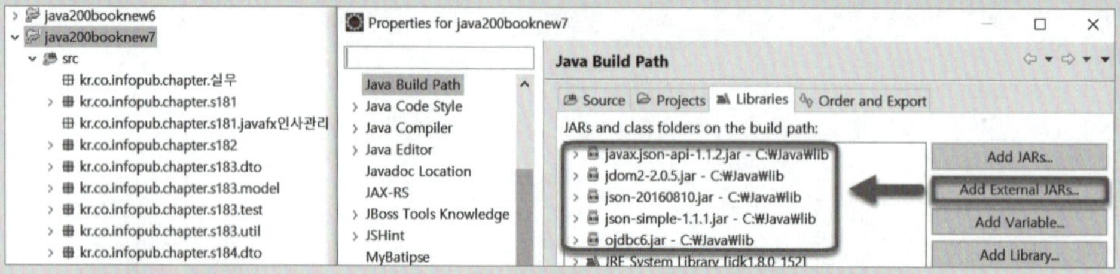

소스 : kr.co.infopub.chapter.s181.PTS.java

```java
package kr.co.infopub.chapter.s181;
import java.sql.Date;
import java.text.ParseException;
import java.text.SimpleDateFormat;
public class PTS {
  // java.sql.Date -> "yyyy. MM. dd"
  public static String toSDate(Date msg) {
     SimpleDateFormat sdf=new SimpleDateFormat("yyyy. MM. dd");
     return sdf.format(msg);
  }
  // "yyyy. MM. dd" -> java.sql.Date
  public static Date toDaeS(String msg) {
```

```
        SimpleDateFormat sdf=new SimpleDateFormat("yyyy. MM. dd");
        java.util.Date ud=new java.util.Date( );
        try {
            ud=sdf.parse(msg);
        } catch (ParseException e) {
        }
        return new Date(ud.getTime( ));
    }
    // java.sql.Date -> "yyyy-MM-dd"
    public static String toSDate2(Date msg) {
        SimpleDateFormat sdf=new SimpleDateFormat("yyyy-MM-dd");
        return sdf.format(msg);
    }
    // java.util.Date -> "yyyy-MM-dd"
    public static String toDate3(java.util.Date msg) {
        SimpleDateFormat sdf=new SimpleDateFormat("yyyy-MM-dd");
        return sdf.format(msg);
    }
    // today -> "yyyy-MM-dd"
    public static String toDay( ) {
        return toDate3(new java.util.Date( ));
    }
    // "yyyy-MM-dd" -> java.sql.Date
    public static Date toDaeS2(String msg) {
        SimpleDateFormat sdf=new SimpleDateFormat("yyyy-MM-dd");
        java.util.Date ud=new java.util.Date( );
        try {
            ud=sdf.parse(msg);
        } catch (ParseException e) {

        }
        return new Date(ud.getTime( ));
    }
    // "          " -> \n 10칸 공백 -> 다음 줄
    public static  void log(String msg) {
        String[ ] mmm=msg.split("          ");
        String ss="";
        for (int i = 0; i < mmm.length; i++) {
            if(mmm[i]!=null && !mmm[i].trim( ).equals("")) {
                ss+= ""+mmm[i].trim( )+" \n ";
```

```
53:            }
54:        }
55:        System.out.println("-------------");
56:        System.out.println(ss.trim( ));
57:        System.out.println("------------");
58:    } //
59:    // id=? -> id='101'
60:    public static String  log2(String msg, String id) {
61:        String sms=msg.replace("?", "%s");
62:        String ss=String.format(sms, "'"+id+"'");
63:        return ss;
64:    }
65:    public static void main(String[ ] args) {
66:        Date s=toDaeS("2017. 5. 12");
67:        String t=toSDate2(s);
68:        System.out.println(t);
69:        String SQL = ""
70:            +" SELECT EMPLOYEE_ID, FIRST_NAME, LAST_NAME,         "
71:            +" EMAIL,PHONE_NUMBER,HIRE_DATE FROM EMPLOYEES        "
72:            +" START WITH  EMPLOYEE_ID =?                  "
73:            +" CONNECT BY PRIOR EMPLOYEE_ID = MANAGER_ID";
74:        log(SQL);
75:        log(log2(SQL,"100"));
76:    }
77: }
```

날짜 변환 예제 075를 참고한다.

long → java.util.Date, java.util.Date → java.util.Calendar, java.util.Date → java.sql.Date, String → java.util.Date 등으로 변환할 수 있다.

7~10 ◆ java.sql.Date를 "yyyy. MM. dd" 형식의 문자열로 변환한다. SimpleDateFormat을 이용한다.

12~20 ◆ "yyyy. MM. dd" 형식의 문자열을 java.sql.Date로 변환한다. java.util.Date의 getTime( )은 1970.1.1부터 경과 시간을 밀리세컨드로 반환한다. java.sql.Date(long)을 이용하여 java.util.Date를 java.sql.Date로 변환할 수 있다.

22~25 ◆ java.sql.Date를 "yyyy-MM-dd" 형식의 문자열로 변환한다. SimpleDateFormat을 이용한다.

java.util.Date를 "yyyy-MM-dd" 형식의 문자열로 변환한다. SimpleDateFormat을 이용한다. ◆ 27~30

오늘을 "yyyy-MM-dd" 형식의 문자열로 변환한다. ◆ 32~34

"yyyy-MM-dd" 형식의 문자열을 java.sql.Date로 변환한다. ◆ 36~45

공백 10개를 "\n"으로 바꿔서 다음 줄로 이동되게 한다. ◆ 47

공백 10개를 기준으로 문장을 나눈다. ◆ 48

공백 10개를 "\n"으로 바꾼다. ◆ 52

?를 ' '로 변환한다. 예를 들어 id=?값이 100이라면 id='100'으로 변환한다. ◆ 60~64

?를 ' '로 변환한다. ◆ 61

"yyyy. MM. dd" 형식의 문자열을 java.sql.Date로 변환한다. ◆ 66

공백 10개를 "\n"으로 바꾸기 위한 예제 문장을 만든다. ◆ 70~73

공백 10개를 "\n"으로 바꿔서 문장을 출력한다. ◆ 74

EMPLOYEE_ID='100'으로 변환한다. ◆ 75

결과

```
2017-05-12
------------------
SELECT EMPLOYEE_ID, FIRST_NAME, LAST_NAME,
  EMAIL,PHONE_NUMBER,HIRE_DATE FROM EMPLOYEES
  START WITH  EMPLOYEE_ID =?
  CONNECT BY PRIOR EMPLOYEE_ID = MANAGER_ID
-------------------
-------------------
SELECT EMPLOYEE_ID, FIRST_NAME, LAST_NAME,
  EMAIL,PHONE_NUMBER,HIRE_DATE FROM EMPLOYEES
  START WITH  EMPLOYEE_ID ='100'
  CONNECT BY PRIOR EMPLOYEE_ID = MANAGER_ID
--------------------
```

실무 182

인사 관리를 위한 뼈대 만들기

- **학습 내용 :** 인사 관리를 위한 뼈대를 만들어 보자.
- **힌트 내용 :** 메뉴바와 탭을 이용하고, 메뉴 아이템에 대한 해당 이벤트를 처리한다.

소스 : kr.co.infopub.chapter.s182.MainHrFXController.java

```java
package kr.co.infopub.chapter.s182;
import java.util.Date;
import java.util.Optional;
import javafx.application.Platform;
import javafx.event.ActionEvent;
import javafx.fxml.FXML;
import javafx.scene.control.Alert;
import javafx.scene.control.Alert.AlertType;
import javafx.scene.control.ButtonType;
import javafx.scene.control.MenuItem;
import javafx.scene.control.Tab;
import javafx.scene.control.TabPane;
import javafx.scene.layout.BorderPane;
public class MainHrFXController {
  @FXML
  private MenuItem menuDepart;
  @FXML
  private MenuItem menuManage;
  @FXML
  private MenuItem menuSearch;
  @FXML
  private MenuItem menuUpdate;
  @FXML
  private MenuItem menuChart;
  @FXML
  private TabPane mainTabPane;
  @FXML
  private Tab tab3;
  @FXML
```

```
private Tab tab1;
@FXML
private Tab tab2;
@FXML
private Tab tab4;
@FXML
private Tab tab5;
@FXML
private BorderPane searchTabBorder;
@FXML
private BorderPane empTabBorder;
@FXML
private BorderPane depChartBorder;
@FXML
private BorderPane debTabBorder;
@FXML
private BorderPane updateTabBorder;
String systemver="HR Information Syste ver.0.2";
@FXML
void onStartAction(ActionEvent event) {
    Alert alert = new Alert (Alert.AlertType.INFORMATION);
    alert.setTitle(systemver);
    alert.setHeaderText("인사 관리 시스템 "+PTS.toDate3(new Date( )));
    alert.setContentText(
    "인사 관리 시스템은 부서 관리, 관리자 관리, 인사에 관련된 입력/수정을 하는 시스템입니다.");
    alert.show( );
    mainTabPane.setVisible(true);
}
@FXML
void onExitAction(ActionEvent event) {
    Alert alert = new Alert(AlertType.CONFIRMATION);
    alert.setTitle(systemver);
    alert.setHeaderText("인사 관리 시스템("+PTS.toDate3(new Date( ))+")을 끝내시겠습니까?");
    alert.setContentText("정말 끝내시겠습니까?");
    Optional<ButtonType> result = alert.showAndWait( );
    if (result.get( ) == ButtonType.OK) {
        Platform.exit( );
        // System.exit(0);
    } else return;
}
```

```
70:  @FXML
71:  void onHelpAction(ActionEvent event) {
72:      Alert alert = new Alert (Alert.AlertType.INFORMATION);
73:      alert.setTitle(systemver);
74:      alert.setHeaderText("인사 관리 시스템 "+PTS.toDate3(new Date( )));
75:      alert.setContentText("안녕하세요 "+systemver+"입니다. "
76:      + "\n인사 관리 시스템은 부서 관리, 관리자 관리, 인사에 관련된 입력/수정을 하는 시스템입니다."
77:      + "\n 시작은 시작 메뉴를 선택하십시오.");
78:      alert.show( );
79:  }
80:  @FXML
81:  void onMenuction(ActionEvent event) {
82:      // 메뉴를 선택하면 해당 탭을 보여줍니다.
83:  }
84: }
```

15~24 ◆ @FXML이 붙으면 자동으로 객체가 생성된다. 메뉴 아이템을 생성한다.

25~36 ◆ 탭 패널과 탭을 생성한다. 탭을 선택하면 81라인의 이벤트 핸들러가 실행된다.

37~46 ◆ 5개의 탭을 선택하면 중앙 BorderPane에 보여줄 5개의 보더 패널이 생성된다.

48~57 ◆ "HR 시작" 탭을 누르면 onStartAction 이벤트 처리 메서드가 실행되어 인사 관리 시스템을 시작하게 한다.

58~69 ◆ "HR 끝" 탭을 누르면 onExitAction 이벤트 처리 메서드가 실행되어 인사 관리 시스템 종료 여부를 묻는 다이얼로그를 보여 준다.

70~79 ◆ "About" 탭을 누르면 "onHelpAction" 이벤트 처리 메서드가 샐행되어 인사 관리 시스템에 대한 설명을 보여 준다.

81 ◆ 각 탭을 누르면 실행되는 이벤트 처리 메서드이다. 아직 구현되지 않았다.

[그림 182-1]을 참고하자. 메뉴바(MenuBar)에 메뉴(Menu-파일, 작업 선택, 도움)를 붙인 다음, 각 메뉴에 메뉴 아이템(MenuItem)을 붙인다. 파일 메뉴에 "HR 시작", "HR 끝" 메뉴 아이템을 붙인다. 작업탭 선택 메뉴에 "부서 보기", "관리자 보기", "찾기 및 추가", "수정하기", "부서 차트 보기" 메뉴 아이템을 붙인다. 도움 메뉴에 "About"을 메뉴 아이템을 붙인다. 탭 패널(TabPane)에는 탭스(Tabs)를 붙이고, 탭스에 탭(Tab)를 붙인다. 탭을 선택하면 해당 탭에 해당하는 보더 패널(BorderPane)이 중앙에 표시되게 한다. 탭스에 tab1, tab2, tab3, tab4, tab5 탭을 붙인다.

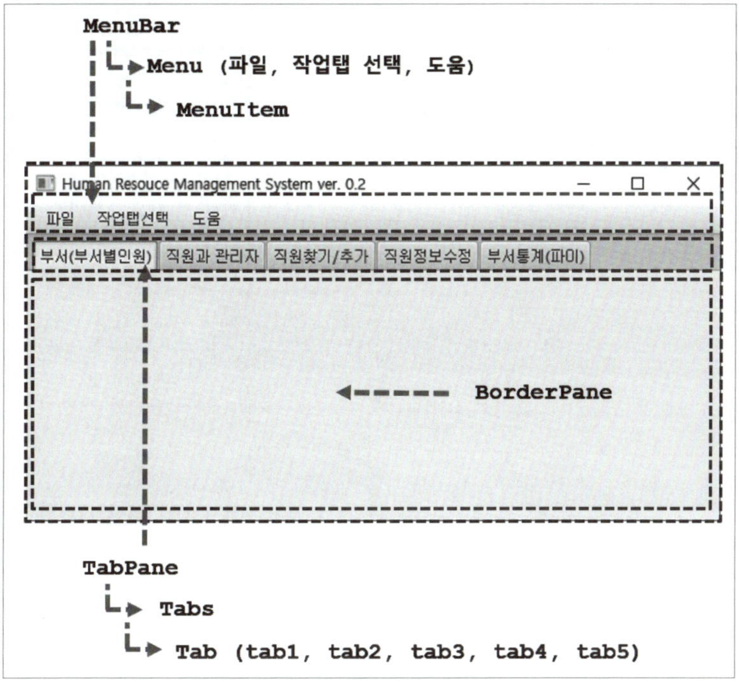

| 그림 182-1 | MenuBar와 TabPane의 관계

[그림 182-2]를 참고하자. 메뉴 아이템을 선택하면 해당 이벤트가 발생한다. 예로 “HR 시작” 탭을 누르면 onStartAction 이벤트 처리 메서드가 실행되어 인사 관리 시스템을 시작하게 한다. “HR 끝” 탭을 누르면 onExitAction 이벤트 처리 메서드가 실행되어 인사 관리 시스템의 종료 여부를 묻는 다이얼로그를 띄운다.

“About” 탭을 누르면 “onHelpAction” 이벤트 처리 메서드가 실행되어 인사 관리 시스템에 대한 설명을 보여 준다.

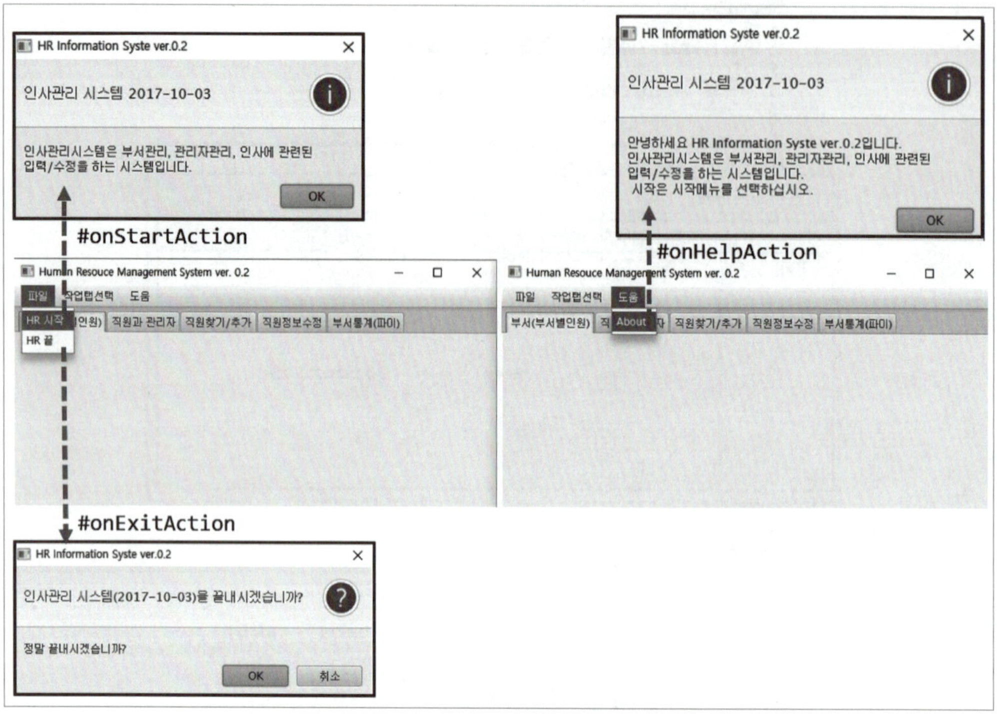

| **그림 182-2** | 메뉴 아이템(MenuItem)에 대한 다이얼로그 생성 이벤트

인사 관리를 위한 부서용 DAO 만들기

실무 183

- **학습 내용 :** 인사 관리를 위한 부서용 DAO를 만들어 보자.
- **힌트 내용 :** 6단계로 구성된 JDBC를 이용한다.

NOTE

1. JDBC를 사용하려면 오라클을 설치해야 한다. 필자는 설치가 간편하고 가벼운 Oracle Database Express Edition 11g Release 2를 사용했다.
   - **다운로드 경로:**
   http://www.oracle.com/technetwork/database/database-technologies/express-edition/downloads/index.html
2. 필자는 오라클에서 제공하는 HRM 스키마를 사용했다. hr 계정을 패스워드 hr로 사용하기 위해 다음과 같이 설정한다. Run SQL Command Line에서 다음과 같이 입력하자.

```
conn / as sysdba;
alter user hr account unlock;
alter user hr identified by hr;
```

3. hr 계정의 패스워드 hr로 쿼리를 실행한다.

```
conn hr/hr;
select * from employees;
```

소스 : kr.co.infopub.chapter.s183.dto.DepartmentDto.java

```
package kr.co.infopub.chapter.s183.dto;
public class DepartmentDto {
  private int department_id;
  private String department_name="NOTYET";
  private int manager_id;
  private int location_id;
  // 생성자와 get/set 메서드
}
```

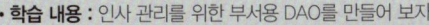

3~6 ◆ DB 칼럼의 데이터를 저장하기 위하여 타입에 맞춰 멤버필드를 선언한다. 멤버필드와 타입에 맞춰 생성자를 만들고 get/set 메서드를 만든다. 236쪽 NOTE의 DTO 쉽게 만들기를 참고하자.

소스 : kr.co.infopub.chapter.s183.dto.DepCountDto.java

```
package kr.co.infopub.chapter.s183.dto;
public class DepCountDto {
    private int count;
    private int department_id;
    private String department_name="NOTYET";
    // 생성자와 get/set 메서드
}
```

3~5 ◆ DB 칼럼의 데이터를 저장하기 위하여 타입에 맞춰 멤버필드를 선언한다. 멤버필드와 타입에 맞춰 생성자를 만들고 get/set 메서드를 만든다. 예제 236쪽 NOTE의 DTO 쉽게 만들기를 참고하자.

소스 : kr.co.infopub.chapter.s183.util.EmpUtil.java

```
package kr.co.infopub.chapter.s183.util;
import kr.co.infopub.chapter.s183.dto.DepCountDto;
import kr.co.infopub.chapter.s183.dto.DepartmentDto;
public class EmpUtil {
  // (10)
  public static String q(String msg) {
     return "("+msg+")";
  }
  // Administration(10)
  public static String tname(DepartmentDto ee) {
     return ee.getDepartment_name( )+q(ee.getDepartment_id( )+"");
  }
  // Administration(10)
  public static String tname(DepCountDto ee) {
     return ee.getDepartment_name( )+q(ee.getDepartment_id( )+"");
  }
  // 예제 183에서 사용하지 않는 메서드 숨김
}
```

입력받은 문자열을 ()로 감싼다. ◆ 7

부서를 입력받아서 "부서 이름(부서 아이디)"을 만든다. ◆ 11

부서에 관련된 개수를 입력받아서 "부서 이름(부서 아이디)"을 만든다. ◆ 15

소스 : kr.co.infopub.chapter.s183.model.DataBase.java

```
 1: package kr.co.infopub.chapter.s183.model;
 2: import java.sql.ResultSet;
 3: import java.sql.DriverManager;
 4: import java.sql.Statement;
 5: import java.text.SimpleDateFormat;
 6: import java.util.Date;
 7: import java.sql.Connection;
 8: import java.sql.SQLException;
 9: public abstract class DataBase {
10:   public static final String DRIVER="oracle.jdbc.driver.OracleDriver";
11:   public static final String URLS="jdbc:oracle:thin:@127.0.0.1:1521:xe";
12:   public static final String USER="hr";      // 사용자명 – 본인의 것으로 변경해주세요
13:   public static final String PWD="hr";       // 비밀번호 – 본인의 것으로 변경해주세요
14:   private boolean isD=true;
15:   private boolean isS=true;
16:   public DataBase( ) {
17:      init( );   // 드라이버 로딩 1/6
18:   } //
19:   private void init( ) {
20:      try {
21:           Class.forName(DRIVER);
22:           log("1/6 Driver Loading Success!!!");
23:      } catch (ClassNotFoundException e) {
24:           log("1/6 Driver Loading Fail!!!");
25:      } //
26:   }
27:   // ------------- JDBC 2/6, 6/6
28:   // DB Connection JDBC 2/6
29:   public Connection getConnection( ) throws SQLException {   //
30:      Connection conn=null;
31:      conn=DriverManager.getConnection(URLS, USER,PWD);
```

```
        log("2/6 Connection Success!!!");
            return conn;
    }
    // DB Close JDBC 6/6
    public void close(Connection conn, Statement stmt,ResultSet rs) {
        if(rs!=null) {
            try {
                rs.close( );
            } catch (SQLException e) {

            }
        } //
        if(stmt!=null) {
            try {
                stmt.close( );
            } catch (SQLException e) {

            }
        }   //
        if(conn!=null) {
            try {
                conn.close( );
                log("6/6 Close Success!!!");
            } catch (SQLException e) {
                log("6/6 Close Fail: ",e);
            }
        }
    }
    // ----------- log
    // 정상 로그
   public void log(String msg) {
        if(isD) {
            System.out.println(this.getClass( )+": "+msg);
        }
    }
    // 예외용 로그
    public void log(String msg,Exception e) {
        if(isD) {
            System.out.println(this.getClass( )+": "+msg);
            System.out.println("===========>"+e);
```

```
 72: }
 73: }
141: }
```

반드시 상속하도록 추상(abstract) 클래스로 만든다. ◆ 9

드라이버 종류, DB 경로, 사용자 아이디, 패스워드를 선언한다. ◆ 10~13

isD가 false이면 1/6~2/6 JDBC 실행 과정 출력을 숨긴다. ◆ 14

isS가 false이면 SQL 문장을 숨긴다. ◆ 15

드라이버를 로딩한다. forName( )은 예외를 발생시키기 때문에 예외 처리가 필요하다. ◆ 21

DB 정보를 입력하여 DB에 연결한다. 예외 처리가 필요하다. 여기서는 throws로 예외를 회피하여 처리했다. ◆ 29

연결한 순서의 반대로 닫는다. 예외 처리가 필요하다. ◆ 37~58

실행에 성공했을 때의 로그를 출력한다. ◆ 62~66

실행에 실패했을 때의 로그를 출력한다. ◆ 68~73

📁 **소스 : kr.co.infopub.chapter.s183.model.EmployeeDAO.java**

```
 1: package kr.co.infopub.chapter.s183.model;
 2: import kr.co.infopub.chapter.s183.dto.DepCountDto;
 3: import kr.co.infopub.chapter.s183.dto.DepartmentDto;
 4: import java.sql.Connection;
 5: import java.sql.PreparedStatement;
 6: import java.sql.ResultSet;
 7: import java.sql.SQLException;
 8: import java.util.ArrayList;
 9: import java.util.List;
10: public class EmployeeDAO extends DataBase{
11: // 모든 사원의 수
12: public int getEmployeesTotal () throws SQLException {
13: String SQL = " SELECT COUNT(*) FROM EMPLOYEES ";
```

```
        Connection conn=null;
        PreparedStatement psmt=null;
        ResultSet rs=null;
        int count=0;
        try {
            conn=getConnection( );
            psmt=conn.prepareStatement(SQL);
            log("3/6 getEmployeesTotal Success!!!");
            log(SQL,"getEmployeesTotal");
            rs =psmt.executeQuery( );
            log("4/6 getEmployeesTotal Success!!!");
            if (rs.next( )) {
                count=rs.getInt(1);
            }
            log("5/6 getEmployeesTotal Success!!!");
        } catch (SQLException e) {
            log(" getEmployeesTotal Error!!!",e);
        } finally {
            close(conn, psmt, rs);
        }
        return count;
    }
    // 사원이 있는 부서만, 부서를 발령받지 못한 사원 NOTYET
    public  List<DepartmentDto> findAllDepartments ( ) throws SQLException {
        String SQL=""+
        " SELECT NVL(E.DEPARTMENT_ID,0) DEPARTMENT_ID, "
        +" NVL(D.DEPARTMENT_NAME,'NOTYET') DEPARTMENT_NAME            "
        +" FROM EMPLOYEES E, DEPARTMENTS D        "
        +" WHERE E.DEPARTMENT_ID=D.DEPARTMENT_ID(+)        "
        +" GROUP BY E.DEPARTMENT_ID, D.DEPARTMENT_NAME        "
        +" ORDER BY E.DEPARTMENT_ID            ";

        Connection conn=null;
        PreparedStatement psmt=null;
        ResultSet rs=null;
        List<DepartmentDto> empList = new ArrayList<>( );
        try {
            conn=getConnection( );
            psmt=conn.prepareStatement(SQL);
            log(SQL,"findAllDepartments");
```

```
            log("3/6 findAllDepartments Success!!!");
            rs =psmt.executeQuery( );
            log("4/6 findAllDepartments Success!!!");
            while (rs.next( )) {
                DepartmentDto emp = new DepartmentDto( );
                emp.setDepartment_id(rs.getInt("DEPARTMENT_id"));
                emp.setDepartment_name(rs.getString("DEPARTMENT_name"));
                empList.add(emp);
            }
            log("5/6 findAllDepartments Success!!!");
        } catch (SQLException e) {
            log(" findAllDepartments Error!!!",e);
        } finally {
            close(conn, psmt, rs);
        }
        return empList;
    }
    // 부서가 없는 사원을 포함하여 모든 부서
    public  List<DepartmentDto> findAllDepartments2 ( ) throws SQLException {
        // 부서가 없는 사원도 포함
        String SQL=""+
        " SELECT  NVL(D.DEPARTMENT_ID,0) DEPARTMENT_ID,           "
        +" NVL(D.DEPARTMENT_NAME,'NOTYET') DEPARTMENT_NAME            "
        +" FROM EMPLOYEES E FULL OUTER JOIN  DEPARTMENTS D            "
        +" ON E.DEPARTMENT_ID=D.DEPARTMENT_ID                         "
        +" GROUP BY D.DEPARTMENT_ID,D.DEPARTMENT_NAME                 "
        +" ORDER BY D.DEPARTMENT_ID                                  ";
        // 부서가 없는 사원 불포함
  /*    String SQL=""+
        " SELECT  NVL(D.DEPARTMENT_ID,0) DEPARTMENT_ID,         "
        +" NVL(D.DEPARTMENT_NAME,'NOTYET') DEPARTMENT_NAME            "
        +" FROM DEPARTMENTS D                   ";
  */
        Connection conn=null;
        PreparedStatement psmt=null;
        ResultSet rs=null;
        List<DepartmentDto> empList = new ArrayList<>( );
        try {
            conn=getConnection( );
            psmt=conn.prepareStatement(SQL);
```

```
            log(SQL,"findAllDepartments");
            log("3/6 findAllDepartments Success!!!");
            rs =psmt.executeQuery( );
            log("4/6 findAllDepartments Success!!!");
            while (rs.next( )) {
                DepartmentDto emp = new DepartmentDto( );
                emp.setDepartment_id(rs.getInt("DEPARTMENT_id"));
                emp.setDepartment_name(rs.getString("DEPARTMENT_name"));
                empList.add(emp);
            }
            log("5/6 findAllDepartments Success!!!");
        } catch (SQLException e) {
            log(" findAllDepartments Error!!!",e);
        } finally {
            close(conn, psmt, rs);
        }
        return empList;
    }
    // 부서원이 있는 부서와 부서원의 수
    public  List<DepCountDto> findAllDepCounts ( ) throws SQLException {
        String SQL = ""
    +" SELECT COUNT(*) COUNT, NVL(E.DEPARTMENT_ID,0) DEPARTMENT_ID,          "
    +"      NVL(D.DEPARTMENT_NAME,'NOTYET') DEPARTMENT_NAME             "
    +" FROM EMPLOYEES E, DEPARTMENTS D                                 "
    +" WHERE E.DEPARTMENT_ID=D.DEPARTMENT_ID(+)                         "
    +" GROUP BY E.DEPARTMENT_ID, D.DEPARTMENT_NAME                      "
    +" ORDER BY COUNT DESC,E.DEPARTMENT_ID ASC                          ";
        Connection conn=null;
        PreparedStatement psmt=null;
        ResultSet rs=null;
        List<DepCountDto> empList = new ArrayList<>( );
        try {
            conn=getConnection( );
            psmt=conn.prepareStatement(SQL);
            log("3/6 findAllDepCounts Success!!!");
            log(SQL,"findAllDepCounts");
            rs =psmt.executeQuery( );
            log("4/6 findAllDepCounts Success!!!");
            while (rs.next( )) {
                DepCountDto emp = new DepCountDto( );
```

```
                emp.setCount(rs.getInt("COUNT"));
                emp.setDepartment_id(rs.getInt("DEPARTMENT_ID"));
                emp.setDepartment_name(rs.getString("DEPARTMENT_NAME"));
                empList.add(emp);
            }
            log("5/6 findAllDepCounts Success!!!");
        } catch (SQLException e) {
            log(" findAllDepCounts Error !!!",e);
        } finally {
            close(conn, psmt, rs);
        }
        return empList;
    }
}
```

JDBC(Java DataBase Connectivity)는 자바 프로그래밍을 이용하여 DB에 쿼리(Query–질의)를 실행한다. JDBC는 java.sql 패키지에 있으며 대부분 구현이 되지 않은 인터페이스나 일부분만 구현된 추상 클래스로 이루어져 있다. 구현된 클래스를 드라이버(Driver)라고 하며 오라클을 위한 드라이버는 ojdbc6.jar(ojdbc7.jar, ojdbc8.jar)이다. 개발자가 인터페이스를 사용하여 구현된 드라이버를 호출하고 사용하는 과정에서 다형성(부타자생, 부타자참, 부메자호)이 발생한다.

JDBC는 6단계로 실행된다. JDBC 6단계는 [표–JDBC 6단계]와 같다.

❶ 구현된 드라이버를 사용하기 위해 드라이버를 로딩한다.

❷ DB 주소, 사용자 아이디, 패스워드를 입력하여 DB에 연결한다.

❸ 연결된 DB에 SQL 문을 입력하고 쿼리를 준비한다.

❹ 쿼리를 실행한다. Select(R)는 executeQuery()를 사용하여 결과를 ResultSet으로 받는다. Select 이외(CUD=insert, update, delete)는 executeUpdate()를 사용한다. CUD(insert, update, delete)에 성공한 개수를 반환하기 때문에 int로 받는다.

❺ Select의 결과는 DB에 있고, 이 결과가 가리키는 ResultSet을 이용한다. ResultSet은 정확한 개수를 모를 때 사용하기 위한 것으로 next()를 이용하여 행을 이동하고, getXXX(column)을 이용하여 칼럼 위치의 값을 타입에 맞추어 가져온다.

❻ 사용이 끝나면 닫는다. 먼저 연결한 것(Connection, PreparedStatement, ResultSet)을 나중에 닫는다(ResultSet, PreparedStatement, Connection).

| 표 | JDBC 6단계

단계	역할	소스	
1/6	드라이버 로딩	Class.forName(DRIVER);	
2/6	DB 연결	Connection conn= DriverManager.getConnection(URLS, USER,PWD);	
3/6	연결된 DB에 쿼리 준비	PreparedStatement psmt= conn.prepareStatement(SQL);	
4/6	쿼리 실행(CRUD)	R	ResultSet rs =psmt.executeQuery( );
		CUD	int count=psme.executeUpdate( );

5/6	쿼리 결과 가져오기	R	while (rs.next( )) {
			int a=rs.getInt(1);
			String b=rs.getString(2);
			}

		CUD	
6/6	닫기	rs.close( ); psmt.close( ); conn.close( );	

DAO는 Data Access Object로 DB에 관련된 행위를 전문적으로 담당하는 객체이다. DAO는 보통 얻는 한 행을 하나의 객체에 저장하기 위해 DTO(Data Transfer Object)를 사용한다. DB의 칼럼에 해당하는 칼럼 이름을 타입에 맞추어 DTO에 멤버필드로 선언한다.

10 ◆ DataBase를 상속한다. EmployeeDAO가 생성되는 순간 생성자가 호출되고 DataBase의 생성자가 호출되어 드라이버를 로딩한다. 1/6

37 ◆ 부서는 있지만 부서에 부서원이 없을 수 있다. 여기서는 부서원이 있는 부서의 정보를 얻는다. 부서에 발령받지 못한 사원이 있다면 NOTYET으로 표시한다.

38~44 ◆ left outer join을 사용하여 부서원이 있는 부서를 찾고 부서에 발령받지 못한 사원을 포함시킨다.

49 ◆ SQL 결과에 해당하는 객체를 저장할 리스트를 생성한다.

51 ◆ DB에 연결한다. 2/6

52 ◆ 쿼리를 준비한다. 3/6

55 ◆ 쿼리를 실행한다. 4/6

57~62 ◆ 쿼리 결과를 한 행씩 이동하고, 행에 대한 열을 이동시키면서 칼럼값을 가져온다. 가져온 칼럼값을 DTO에 입력하고 DTO를 리스트에 저장한다. 5/6

66~68 ◆ DB를 다 사용했다면 닫는다. 6/6

소스 : kr.co.infopub.chapter.s183.test.DepartmentTest.java

```
 1: package kr.co.infopub.chapter.s183.test;
 2: import java.sql.SQLException;
 3: import java.util.List;
 4: import kr.co.infopub.chapter.s183.dto.DepartmentDto;
 5: import kr.co.infopub.chapter.s183.model.EmployeeDAO;
 6: import kr.co.infopub.chapter.s183.util.EmpUtil;
 7: public class DepartmentTest {
 8:   public static void main(String[ ] args) {
 9:       EmployeeDAO ddao=new EmployeeDAO( );
10:       try {
11:           List<DepartmentDto> lists=ddao.findAllDepartments( );
12:           System.out.println("Results-----------");
13:           for (DepartmentDto dd: lists) {
14:               System.out.println(EmpUtil.tname(dd));
15:           }
16:           System.out.printf("직원이 있는 부서 수 : %d개\n",lists.size( ));
17:       } catch (SQLException e) {
18:           System.out.println( e);
19:       }
20:   }
21: }
```

DAO를 생성한다. ◆ 9

부서원이 있는 부서와 부서에 아직 발령받지 못한 사원의 정보를 리스트로 얻는다. ◆ 11

리스트에 저장된 부서 정보를 출력한다. ◆ 14

결과

```
......
CRUD<<<-----2017-10-26  22:52
class kr.co.infopub.chapter.s183.model.EmployeeDAO: 3/6 findAllDepartments Success!!!
class kr.co.infopub.chapter.s183.model.EmployeeDAO: 4/6 findAllDepartments Success!!!
class kr.co.infopub.chapter.s183.model.EmployeeDAO: 5/6 findAllDepartments Success!!!
class kr.co.infopub.chapter.s183.model.EmployeeDAO: 6/6 Close Success!!!
Results----------->>>
Administration(10)
Marketing(20)
```

```
Purchasing(30)
Human Resources(40)
Shipping(50)
IT(60)
Public Relations(70)
Sales(80)
Executive(90)
Finance(100)
Accounting(110)
NOTYET(0)
직원이 있는 부서 수 : 12개
```

| 표 | DAO의 메서드

메서드 이름(아규먼트)	설명	테스트 객체
List〈DepartmentDto〉 lists = ddao.findAllDepartments( );	부서에 발령받지 못한 사원을 포함하여 부서원이 있는 부서 목록, 부서원이 없는 부서는 제외	DepartmentTest
List〈DepartmentDto〉 lists = ddao.findAllDepartments2( );	부서에 발령되지 않는 포함하여 모든 부서 목록, 부서원이 없는 부서도 포함	DepartmentTest2
List〈DepCountDto〉 dlists = ddao.findAllDepCounts( );	부서에 발령받지 못한 사원을 포함하여 부서원이 있는 부서와 인원, 부서원이 없는 부서는 제외	DepartmentTest3

| 표 | DAO의 메서드와 쿼리

메서드 이름(아규먼트)	SQL
List〈DepartmentDto〉 lists = ddao.findAllDepartments( );	SELECT NVL(E.DEPARTMENT_ID,0) DEPARTMENT_ID, NVL(D.DEPARTMENT_NAME,'NOTYET') DEPARTMENT_NAME FROM EMPLOYEES E, DEPARTMENTS D WHERE E.DEPARTMENT_ID=D.DEPARTMENT_ID(+) GROUP BY E.DEPARTMENT_ID, D.DEPARTMENT_NAME ORDER BY E.DEPARTMENT_ID
List〈DepartmentDto〉 lists = ddao.findAllDepartments2( );	SELECT NVL(D.DEPARTMENT_ID,0) DEPARTMENT_ID, NVL(D.DEPARTMENT_NAME,'NOTYET') DEPARTMENT_NAME FROM EMPLOYEES E FULL OUTER JOIN DEPARTMENTS D ON E.DEPARTMENT_ID=D.DEPARTMENT_ID GROUP BY D.DEPARTMENT_ID,D.DEPARTMENT_NAME ORDER BY D.DEPARTMENT_ID
List〈DepCountDto〉 dlists = ddao.findAllDepCounts( );	SELECT COUNT(*) COUNT, NVL(E.DEPARTMENT_ID,0) DEPARTMENT_ID, NVL(D.DEPARTMENT_NAME,'NOTYET') DEPARTMENT_NAME FROM EMPLOYEES E, DEPARTMENTS D WHERE E.DEPARTMENT_ID=D.DEPARTMENT_ID(+) GROUP BY E.DEPARTMENT_ID, D.DEPARTMENT_NAME ORDER BY COUNT DESC,E.DEPARTMENT_ID ASC

인사 관리를 위한 사원 관리용 DAO 만들기

실무 184

- **학습 내용 :** 인사 관리를 위한 사원 관리용 DAO를 만들어 보자.
- **힌트 내용 :** 6단계로 구성된 JDBC를 이용한다.

소스 : kr.co.infopub.chapter.s184.dto.EmployeeDto.java

```
1:  package kr.co.infopub.chapter.s184.dto;
2:  import java.sql.Date;
3:  public class EmployeeDto {
4:      private int employee_id;
5:      private String first_name;
6:      private String last_name;
7:      private String email;
8:      private String phone_number;
9:      private Date hire_date;
10:     private String job_id;
11:     private double salary;
12:     private double commission_pct;
13:     private int manager_id;
14:     private int department_id;
        // 생성자와 get/set 메서드
49: }
```

예제 183에서 선언한 DTO도 함께 예제 184에 포함시킨다.

DB 칼럼의 데이터를 저장하기 위하여 타입에 맞춰 멤버필드를 선언한다. 멤버필드와 타입에 맞춰 생성자를 만들고 get/set 메서드를 만든다. 236쪽 NOTE의 DTO 쉽게 만들기를 참고하자. ◆ 4~14

소스 : kr.co.infopub.chapter.s184.dto.JobsDto.java

```
1: package kr.co.infopub.chapter.s184.dto;
2: public class JobsDto {
3:     private String job_id;
4:     private String job_title;
       // 생성자와 get/set 메서드
38: }
```

3~4 ◆ DB 칼럼의 데이터를 저장하기 위하여 타입에 맞춰 멤버필드를 선언한다. 멤버필드와 타입에 맞춰 생성자를 만들고 get/set 메서드를 만든다. 예제 083 NOTE의 DTO 쉽게 만들기를 참고하자.

소스 : kr.co.infopub.chapter.s184.model.EmployeeDAO.java (예제 183의 4개 메서드에 추가)

```
1: package kr.co.infopub.chapter.s184.model;
2: import kr.co.infopub.chapter.s184.dto.DepCountDto;
3: import kr.co.infopub.chapter.s184.dto.DepartmentDto;
4: import kr.co.infopub.chapter.s184.dto.EmployeeDto;
5: import java.sql.Connection;
6: import java.sql.PreparedStatement;
7: import java.sql.ResultSet;
8: import java.sql.SQLException;
9: import java.util.ArrayList;
10: import java.util.List;
11: public class EmployeeDAO extends DataBase {

181:  public List<EmployeeDto> findTreeManagerInEmployee ( ) throws SQLException {
182:     String SQL = ""
183: +" SELECT                "
184: +" EMPLOYEE_ID,          "
185: +" MANAGER_ID,           "
186: +" FIRST_NAME,           "
187: +" LAST_NAME, DEPARTMENT_ID, ORDER2           "
188: +" FROM ( SELECT              "
189: +"       EMPLOYEE_ID,         "
190: +"       MANAGER_ID,          "
191: +"       FIRST_NAME,          "
```

```
+"       LAST_NAME, DEPARTMENT_ID, LEVEL ,             "
+"       SYS_CONNECT_BY_PATH(TO_CHAR(LEVEL,'FM000')||EMPLOYEE_ID,'/') ORDER2       "
+"   FROM EMPLOYEES        "
+"   START WITH  MANAGER_ID  IS NULL          "
+"   CONNECT BY PRIOR  EMPLOYEE_ID = MANAGER_ID)          "
+" ORDER BY ORDER2  ";
    Connection conn=null;
    PreparedStatement psmt=null;
    ResultSet rs=null;
    List<EmployeeDto> empList = new ArrayList<>( );
    try {
        conn=getConnection( );
            psmt=conn.prepareStatement(SQL);
            log("3/6 findTreeManagerInEmployee Success!!!");
            log(SQL,"findTreeManagerInEmployee");
            rs =psmt.executeQuery( );
            log("4/6 findTreeManagerInEmployee Success!!!");
            while (rs.next( )) {
                    EmployeeDto emp = new EmployeeDto( );
                emp.setEmployeeId(rs.getInt("EMPLOYEE_ID"));
                emp.setManagerId(rs.getInt("MANAGER_ID"));
                emp.setFirstName(rs.getString("FIRST_NAME"));
                emp.setLastName(rs.getString("LAST_NAME"));
                emp.setDepartmantId(rs.getInt("DEPARTMENT_ID"));
                emp.setOrder2(rs.getString("ORDER2"));
                empList.add(emp);
            }
            log("5/6 findTreeManagerInEmployee Success!!!");
    } catch (SQLException e) {
        log(" findTreeManagerInEmployee Error!!!",e);
        throw e;
    } finally {
        close(conn, psmt, rs);
    }
    return empList;
  }

}
```

트리 구조를 위한 쿼리를 작성한다. 레벨1을 /001로 하고 세 자리 사원 아이디를 붙여서 /001100으로 만든다. 101, 102의 관리자는 100이다. 레벨이 2이므로 /002에 아이디를 붙여서 /002101, /002102를 만들고 앞에 관리자 /001100을 붙이면 /001100/002101, /001100/002102가 된다. 108과 200, 205의 관리자가 101이고 109의 관리자가 108, 206의 관리자가 205라면 다음과 같은 트리 구조를 만들 수 있다. 프로그래밍의 재귀를 이용하면 화면에 트리 구조를 보여줄 수 있다.

11 ◆ DataBase를 상속한다. EmployeeDAO가 생성되는 순간 생성자가 호출되고 DataBase의 생성자가 호출되어 드라이버를 로딩한다. 1/6

183~197 ◆ 관리자와 사원의 관계를 이용하여 트리 구조를 만든다. select from (select from)의 구조를 inline view라고 한다. 가장 위쪽의 관리자부터 시작하여 "/관리자/사원"을 만든다.

201 ◆ SQL 결과에 해당하는 객체를 저장할 리스트를 생성한다.

203 ◆ DB에 연결한다. 2/6

204 ◆ 쿼리를 준비한다. 3/6

207 ◆ 쿼리를 실행한다. 4/6

209~218 ◆ 쿼리 결과를 한 행씩 이동하고, 행에 대한 열을 이동시키면서 칼럼값을 가져온다. 가져온 칼럼값을 DTO에 입력하고 DTO를 리스트에 저장한다. 5/6

223~225 ◆ DB를 다 사용했다면 닫는다. 예외가 발생하든 하지 않든 반드시 실행하기 위해 finally{}를 사용한다. 6/6

소스 : kr.co.infopub.chapter.s184.test.EmployeeTest2.java

```
package kr.co.infopub.chapter.s184.test;
import java.sql.SQLException;
import java.util.List;
import kr.co.infopub.chapter.s184.dto.EmployeeDto;
import kr.co.infopub.chapter.s184.model.EmployeeDAO;
public class EmployeeTest2 {
  public static void main(String[ ] args) {
     EmployeeDAO ddao=new EmployeeDAO( );
     try {
```

```
10:         List<EmployeeDto> lists=ddao.findTreeManagerInEmployee( );
11:         for (EmployeeDto dd: lists) {
12:             System.out.print(dd.getOrder2( ));
13:                 System.out.println("\t\t"+dd.getFirstName( )+" "+dd.getLastName( ))
14:         }
15:     } catch (SQLException e) {
16:         System.out.println( e);
17:     }
18: }
19: }
```

DAO를 생성한다. ◆ 8

관리자와 사원 관계를 트리 구조로 만들고 사원 정보를 저장하는 리스트에 저장한다. ◆ 10

리스트에 저장된 트리 구조를 출력한다. ◆ 12

결과

```
......
/001100        Steven King
/001100/002101        Neena Kochhar
/001100/002101/003108        Nancy Greenberg
/001100/002101/003108/004109        Daniel Faviet
/001100/002101/003108/004110        John Chen
/001100/002101/003108/004111        Ismael Sciarra
/001100/002101/003108/004112        Jose Manuel Urman
/001100/002101/003200        Jennifer Whalen
/001100/002101/003203        Susan Mavris
/001100/002101/003204        Hermann Baer
/001100/002101/003204/004327        Jhon Lock Park
......
```

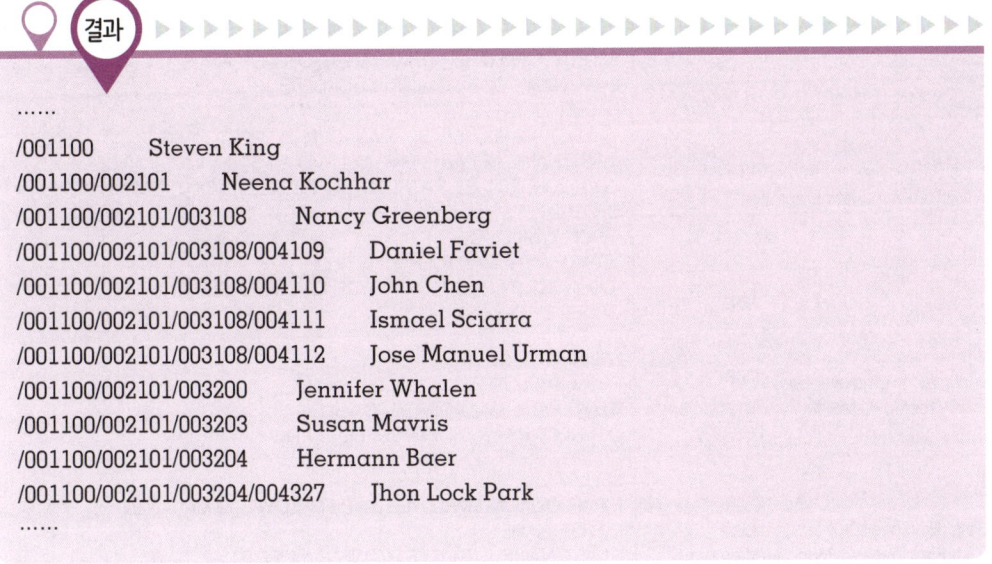

| 표 | DAO의 메서드

메서드 이름(아규먼트)	설명	테스트 객체
List〈EmployeeDto〉 lists = ddao.findAllEmployees( );	모든 사원의 정보	EmployeeTest
List〈EmployeeDto〉 lists = ddao. findTreeManagerInEmployee( );	모든 사원에 대한 관리자의 관계를 트리로 보여 주기	EmployeeTest2 EmployeeTest5
int max = employeeDAO .getTreeMaxLevel( );	관리자의 관계에 대한 최대 레벨 크기	EmployeeTest3
List〈EmployeeDto〉 lists = ddao .findEmployeesByManagerId(empid+"");	empid가 자신의 관리자인 사원들의 정보	EmployeeTest4
List〈String〉 lists = ddao.findAllJobs( );	회사 내 모든 일자리 목록	JobsTest

| 표 | DAO의 메서드와 쿼리

메서드 이름(아규먼트)	SQL
List〈EmployeeDto〉 lists = ddao.findAllEmployees( );	SELECT EMPLOYEE_ID, FIRST_NAME, LAST_NAME, EMAIL, PHONE_NUMBER, HIRE_DATE, JOB_ID, SALARY , COMMISSION_PCT, MANAGER_ID, DEPARTMENT_ID FROM EMPLOYEES ORDER BY EMPLOYEE_ID
List〈EmployeeDto〉 lists = ddao. findTreeManagerInEmployee( );	SELECT EMPLOYEE_ID, MANAGER_ID, FIRST_NAME, LAST_NAME, DEPARTMENT_ID, ORDER2 FROM (SELECT EMPLOYEE_ID, MANAGER_ID, FIRST_NAME, LAST_NAME, DEPARTMENT_ID, LEVEL , SYS_CONNECT_BY_PATH(TO_CHAR(LEVEL,'FM000')||EMPLOYEE_ID,'/') ORDER2 FROM EMPLOYEES START WITH MANAGER_ID IS NULL CONNECT BY PRIOR EMPLOYEE_ID = MANAGER_ID) ORDER BY ORDER2
int max = employeeDAO .getTreeMaxLevel( );	SELECT MAX(LEVEL) FROM EMPLOYEES START WITH MANAGER_ID IS NULL CONNECT BY PRIOR EMPLOYEE_ID = MANAGER_ID
List〈EmployeeDto〉 lists = ddao .findEmployeesByManagerId(empid+"");	SELECT E.EMPLOYEE_ID EMPLOYEE_ID, D.EMPLOYEE_ID MANAGER_ID, E.FIRST_NAME , E.LAST_NAME, E.EMAIL, E.PHONE_NUMBER,E.HIRE_DATE FROM EMPLOYEES E, EMPLOYEES D WHERE D.EMPLOYEE_ID=E.MANAGER_ID AND E.MANAGER_ID=?
List〈String〉 lists = ddao.findAllJobs( );	SELECT JOB_ID, JOB_TITLE FROM JOBS

부서 관리 화면 만들기

실무 185

- **학습 내용 :** 부서 관리를 위한 화면을 만들어 보자.
- **힌트 내용 :** 트리뷰에 트리 아이템을 붙인다.

소스 : kr.co.infopub.chapter.s185.dto.Department.java

```
 1: package kr.co.infopub.chapter.s185.dto;
 2: import javafx.beans.property.IntegerProperty;
 3: import javafx.beans.property.SimpleIntegerProperty;
 4: import javafx.beans.property.SimpleStringProperty;
 5: import javafx.beans.property.StringProperty;
 6: public class Department {
 7:   private IntegerProperty department_id;
 8:   private StringProperty department_name;
 9:   private IntegerProperty manager_id;
10:   private IntegerProperty location_id;
11:   public Department( ) {
12:      this.department_id=new SimpleIntegerProperty( );
13:      this.department_name = new SimpleStringProperty( );
14:      this.manager_id=new SimpleIntegerProperty( );
15:      this.location_id=new SimpleIntegerProperty( );
16:   }
      // get/set 메서드를 만든다.
53: }
```

JavaFX 화면용 객체를 만든다. 멤버필드를 참조 타입으로 만들고 get/set 메서드로 참조 타입을 얻도록 한다. JavaFX에서는 프로퍼티 객체라고 한다.

정수 타입의 객체를 저장하는 IntegerProperty를 선언한다. 부서 아이디 ◆ 7

문자열 타입의 객체를 저장하는 StringProperty를 선언한다. 부서 이름 ◆ 8

정수 타입 객체를 저장하는 IntegerProperty를 선언한다. 관리자 아이디와 부서 위치 ◆ 9~10

Property 구현 객체인 SimpleIntegerProperty, SimpleStringProperty를 생성한다. ◆ 12~15

소스 : kr.co.infopub.chapter.s185.dto.DepConvert.java

```java
package kr.co.infopub.chapter.s185.dto;
import java.util.ArrayList;
import java.util.List;
import javafx.collections.FXCollections;
import javafx.collections.ObservableList;
// DTO 리스트 -> 화면용 프로퍼티 리스트 -> JavaFX 트리뷰나 테이블뷰를 위한 리스트
public class DepConvert {
    // DTO를 화면용 프로퍼티 객체로 변환한다.
    public static Department toPro(DepartmentDto b) {
        Department bp=new Department( );
        bp.setDepartment_id(b.getDepartment_id( ));
        bp.setDepartment_name(b.getDepartment_name( ));
        bp.setLocation_id(b.getLocation_id( ));
        bp.setManager_id(b.getManager_id( ));
        return bp;
    }
    // DTO 리스트를 화면용 프로퍼티 객체 리스트로 변환한다.
    public static List<Department> toPro(List<DepartmentDto> blist) {
        List<Department> bplists=new ArrayList<>( );
        for(DepartmentDto b:blist) {
            bplists.add(toPro(b));
        }
        return bplists;
    }
    // 화면용 프로퍼티 객체 리스트를 JavaFX 트리뷰나 테이블뷰를 위한 리스트로 변환한다.
    public static ObservableList<Department> toObservPro(List<Department> alists) {
        ObservableList<Department> bList = FXCollections.observableArrayList(alists);
        return bList;
    }
    // DTO 리스트를 JavaFX 트리뷰나 테이블뷰를 위한 리스트로 변환한다.
    public static ObservableList<Department> toObservProFromDto(List
            <DepartmentDto> alists) {
        return toObservPro(toPro(alists));
    }
}
```

7 ◆ DB에서 DAO를 이용하여 부서 정보를 DTO 리스트에 저장하였다. 이 DTO 리스트를 화면용 프로퍼티 리스트로 변환한 후 다시 JavaFX 트리뷰나 테이블뷰에 붙이기 위해서 트리뷰용 리스트로 만든다.

DTO를 화면용 프로퍼티 객체로 변환한다. ◆9

DTO 리스트를 화면용 프로퍼티 객체 리스트로 변환한다. ◆18

화면용 프로퍼티 객체 리스트를 JavaFX 트리뷰나 테이블뷰에 붙이기 위해서 트리뷰용 리스트로 만든다. ◆26

DTO 리스트를 JavaFX 트리뷰나 테이블뷰에 붙이기 위해서 트리뷰용 리스트로 만든다. ◆31

소스 : kr.co.infopub.chapter.s185.DepTreeFx.java

```
 1: package kr.co.infopub.chapter.s185;
 2: import java.sql.SQLException;
 3: import java.util.List;
 4: import javafx.application.Application;
 5: import javafx.geometry.Insets;
 6: import javafx.scene.Scene;
 7: import javafx.scene.control.Label;
 8: import javafx.scene.control.TreeItem;
 9: import javafx.scene.control.TreeView;
10: import javafx.scene.layout.BorderPane;
11: import javafx.stage.Stage;
12: import kr.co.infopub.chapter.s185.dto.DepConvert;
13: import kr.co.infopub.chapter.s185.dto.Department;
14: import kr.co.infopub.chapter.s185.dto.DepartmentDto;
15: import kr.co.infopub.chapter.s185.model.EmployeeDAO;
16: import kr.co.infopub.chapter.s185.util.EmpUtil;
17: public class DepTreeFx extends Application {
18: EmployeeDAO employeeDAO=new EmployeeDAO( );
19:
20:   public  void makeDepTree(TreeItem<String> front,List<Department> dlists) {
21:      for (Department dep: dlists) {
22:           TreeItem<String> troots=new TreeItem<String>(EmpUtil.tname(dep));
23:           front.getChildren( ).add(troots);
24:      }
25:   }
26:   @Override
27:   public void start(Stage stage) {
28:      BorderPane vbox=new BorderPane( );
```

```
        vbox.setPadding(new Insets(10, 10, 10, 10));
        try {
            // 사원이 있는 부서와 아직 발령받지 못한 사원(NOTYET)
            List<DepartmentDto> blist  = employeeDAO.findAllDepartments( );
            // JavaFX TreeItem을 위한 리스트로 변환
            List<Department> dlists=DepConvert.toObservProFromDto(blist);
            // 부서 아이템
            TreeItem<String> root = new TreeItem<String>("부서");
            // 부서 아이템에 부서 붙이기
            makeDepTree(root,dlists);
            // 트리뷰에 트리 아이템 붙이기
            TreeView<String> treeView = new TreeView<String>(root);

            root.setExpanded(true);
            vbox.setCenter(treeView);
            Label label = new Label("                    ");
            vbox.setBottom(label);
            Scene scene = new Scene(vbox, 400, 800);
            stage.setScene(scene);
            stage.setTitle("Human Resouce Management System ver. 0.2");
            stage.show( );
            // 트리뷰의 한 아이템을 선택하면 선택된 아이템의 정보를 화면 하단에 출력
            treeView.getSelectionModel( ).selectedItemProperty( )
            .addListener( (observable, oldValue, newValue) -> {
                String name =newValue.getValue( );
                label.setText(  EmpUtil.dep(name));
            });
        } catch (SQLException e) {
            System.out.println(e);
        }
    }
    public static void main(String[ ] args) {
        launch(args);
    }
}
```

예제 183에서 부서 목록을 가져오는 DAO를 구현하였다. 여기서는 DAO를 이용하여 얻은 부서 목록을 화면에 보여 준다. 부서원이 있는 부서와 아직 발령받지 못한 사원(NOTYET)의 목록을 트리 아이템으로 만들고 "부서" 트리 아이템에 붙인다. 그리고 "부서" 트리 아이템을 트리뷰에 붙인다.

트리뷰에 붙은 아이템을 변경(changed)할 때 발생하는 이벤트를 등록한다. 아이템을 선택하면 이벤트가 발생하면서 라벨에 부서명이 표시된다.

부모 트리 아이템과 부모 트리 아이템에 붙일 부서 리스트를 받는다. ◆ 20

부서 리스트를 자식 트리 아이템에 저장한다. ◆ 22

부모 트리 아이템에 자식 트리 아이템을 붙인다. ◆ 23

DAO의 findAllDepartments() 메서드를 호출하여 DTO 리스트를 얻는다. ◆ 32

DepConvert의 static toObservProFromDto()를 호출하여 화면용 프로퍼티 객체 리스트를 JavaFX 트리뷰나 테이블뷰에 붙이기 위해서 트리뷰용 리스트로 만든다. ◆ 34

"부서" 트리 아이템을 생성한다. ◆ 36

"부서" 트리 아이템에 부서 트리 아이템을 붙인다. ◆ 38

트리뷰를 생성한다. "부서" 트리 아이템을 트리뷰에 붙인다. ◆ 40

트리뷰를 보더패널에 붙여서 화면에 표시되게 한다. ◆ 43

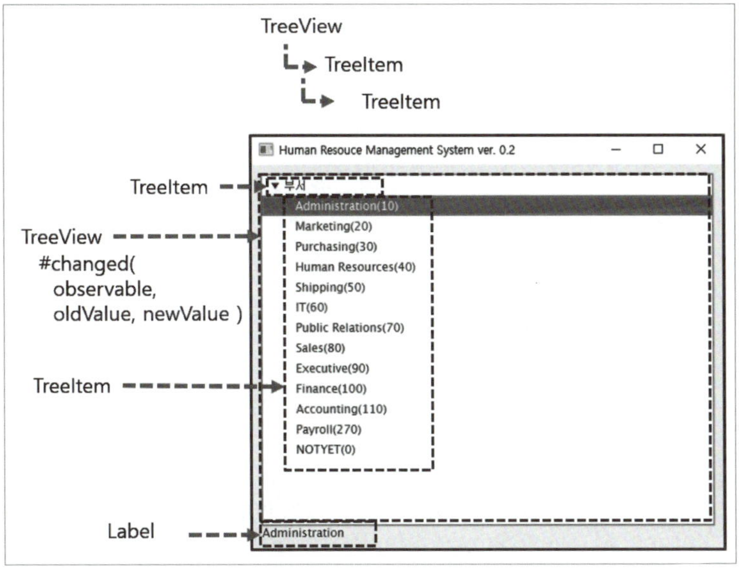

트리뷰에 트리 아이템을 붙여 부서 목록 보여 주기

실무 186

관리자 화면 만들기

- **학습 내용 :** 관리자를 위한 화면을 만들어 보자.
- **힌트 내용 :** 트리뷰에 트리 아이템을 붙이고, 재귀를 사용한다.

소스 : kr.co.infopub.chapter.s186.dto.Employee.java

```
package kr.co.infopub.chapter.s186.dto;
import javafx.beans.property.*;
import java.sql.Date;
public class Employee {
    //Declare Employees Table Columns
    private IntegerProperty employee_id;
    private StringProperty first_name;
    private StringProperty last_name;
    private StringProperty email;
    private StringProperty phone_number;
    private SimpleObjectProperty<Date> hire_date;
    private StringProperty job_id;
    private DoubleProperty salary;
    private DoubleProperty commission_pct;
    private IntegerProperty manager_id;
    private IntegerProperty department_id;

    private StringProperty order2;
    // Constructor
    public Employee( ) {
        this.employee_id = new SimpleIntegerProperty( );
        this.first_name = new SimpleStringProperty( );
        this.last_name = new SimpleStringProperty( );
        this.email = new SimpleStringProperty( );
        this.phone_number = new SimpleStringProperty( );
        this.hire_date = new SimpleObjectProperty<>( );
        this.job_id = new SimpleStringProperty( );
        this.salary = new SimpleDoubleProperty( );
        this.commission_pct = new SimpleDoubleProperty( );
```

```
34: this.manager_id = new SimpleIntegerProperty();
35: this.department_id = new SimpleIntegerProperty();
36: this.order2= new SimpleStringProperty();
37: }
 // get/set 만들기
204: }
```

타입에 맞춰 Property를 선언한다.   ◆ 8~18

Property 구현 객체인 SimpleIntegerProperty, SimpleStringProperty를 생성한다.   ◆ 25~36

📁 소스 : kr.co.infopub.chapter.s185.dto.EmpConvert.java-DepConvert와 거의 동일

📁 소스 : kr.co.infopub.chapter.s186.EmpTreeFx.java

```
 1: package kr.co.infopub.chapter.s186;
 2: import java.sql.SQLException;
 3: import java.util.List;
 4: import javafx.application.Application;
 5: import javafx.geometry.Insets;
 6: import javafx.scene.Scene;
 7: import javafx.scene.control.Label;
 8: import javafx.scene.control.TreeItem;
 9: import javafx.scene.control.TreeView;
10: import javafx.scene.layout.BorderPane;
11: import javafx.stage.Stage;
12: import kr.co.infopub.chapter.s185.dto.EmpConvert;
13: import kr.co.infopub.chapter.s185.dto.Employee;
14: import kr.co.infopub.chapter.s185.dto.EmployeeDto;
15: import kr.co.infopub.chapter.s185.model.EmployeeDAO;
16: import kr.co.infopub.chapter.s185.util.EmpUtil;
17: public class EmpTreeFx extends Application {
18: public static void main(String[] args) {
19: launch(args);
20: }
21: EmployeeDAO employeeDAO=new EmployeeDAO();
```

```
// 트리 계층 구조 만들기
public  void makeEmpTree(TreeItem<String> front,List<Employee> dlists,
            String key, int index,int max) {
  if(index>max){return ; }   // max를 넘으면 끝
  for (Employee emp: dlists) {   // 개수가 있으니 끝날 것이다.
    if(EmpUtil.level(emp)!=index) {   // 원하는 레벨만 찾음
        continue;
    }else if(index>1 && EmpUtil.level(emp)==index) {   // 2부터는 1의 키값과 비교
        if(EmpUtil.level(emp,index-1).equals(key)) {
            TreeItem<String> aa=new TreeItem<String>(EmpUtil.tname(emp, index));
            front.getChildren( ).add(aa);
            makeEmpTree(aa,dlists,EmpUtil.level(emp,index),index+1,max);
        } else {
            continue;
        }
    } else if(EmpUtil.level(emp)==1) {   // 1일 때 부모 키값이 없기 때문
        TreeItem<String> aa=new TreeItem<String>(EmpUtil.tname(emp, 1));
        front.getChildren( ).add(aa);
        makeEmpTree(aa,dlists,EmpUtil.level(emp,1),2,max);
    }
  }
}
@Override
public void start(Stage stage) {
BorderPane vbox=new BorderPane( );
vbox.setPadding(new Insets(10, 10, 10, 10));
int max=0;
   try {
        // 가장 큰 레벨을 얻는다.
        max = employeeDAO.getTreeMaxLevel( );
        // 관리자/부서원 트리 관계를 얻는다. 계층 구조이다.
        List<EmployeeDto> blists = employeeDAO.findTreeManagerInEmployee( );
        // JavaFX 트리뷰용 리스트로 변환한다.
        List<Employee> dlists = EmpConvert.toObservProFromDto(blists);
        // "매니저와 직원" 트리 아이템을 만든다.
        TreeItem<String> root = new TreeItem<String>("매니저와 직원");
        // "매니저와 직원" 트리 아이템에 계층 구조 트리 아이템을 붙인다.
        makeEmpTree(root,dlists,"",1,max);
        // 트리뷰에 "매니저와 직원" 트리 아이템을 붙인다.
        TreeView<String> treeView = new TreeView<String>(root);
```

```
            root.setExpanded(true);
            vbox.setCenter(treeView);
            Label label = new Label("                    ");
            vbox.setBottom(label);
            Scene scene = new Scene(vbox, 400, 800);
            stage.setScene(scene);
            stage.setTitle("Human Resouce Management System ver. 0.3");
            stage.show( );
            treeView.getSelectionModel( ).selectedItemProperty( )
            .addListener( (observable, oldValue, newValue) -> {
                String name =newValue.getValue( );
                label.setText(   EmpUtil.dep(name));
            });

        } catch (SQLException e) {
            System.out.println(e);
        }
    }
}
```

[표-사원 트리 리스트]를 이용하여 화면으로 만든다. 재귀를 사용하는데 [표-리스트에서 얻은 레벨과 아이템]과 같이 레벨과 부모 아이템을 찾는다. 작은 레벨부터 결과 내용을 출력하고 해당 아이템에 자식 아이템을 붙이는 과정을 반복한다. 그러면 [표-계층구조 리스트]와 같이 화면이 완성된다.

사원 트리 리스트

| **표** | 사원 트리 리스트

/001100	Steven King
/001100/002101	Neena Kochhar
/001100/002101/003108	Nancy Greenberg
/001100/002101/003108/004109	Daniel Faviet
/001100/002101/003200	Jennifer Whalen
/001100/002102	Lex De Haan
/001100/002102/003103	Alexander Hunold

재귀를 이용하여 리스트에서 레벨과 부모 아이템을 얻는다.

| 표 | 리스트에서 얻은 레벨과 아이템

index or level	makeEmpTree()결과	부모 아이템
1	100(Steven King)	"매니저와 직원"
2	101(Neena Kochhar)	100
2	102(Alexander Hunold)	100
3	108(Nancy Greenberg)	101
3	200(Jennifer Whalen)	101
3	103(Alexander Hunold)	102
4	109(Daniel Faviet)	108

레벨과 부모의 아이템을 이용하여 결과를 화면으로 보여 준다. 자식이 없는 아이템은 ▻이 없다.

| 표 | 계층구조 리스트

```
▻100(Steven King)
  ▻101(Neena Kochhar)
     ▻108(Nancy Greenberg)
       109(Daniel Faviet)
     200(Jennifer Whalen)
  ▻102(Lex De Haan)
     103(Alexander Hunold)
```

23~24 ◆ 부모 트리 아이템에 자식 트리 아이템을 붙이기 위한 메서드이다. 레벨(인덱스)이 높은 트리 아이템의 값을 리스트에서 찾아 부모 트리 아이템을 붙인다. 이때 재귀로 부모-자식 관계를 반복하여 트리 계층 구조를 만든다.

25 ◆ 최대 레벨을 넘으면 끝낸다.

26 ◆ 리스트에서 레벨을 찾고 비교하여 트리 구조로 만든다.

27 ◆ 찾으려는 레벨을 찾기 위해 값을 비교한다. 찾으려는 레벨을 리스트에서 찾는다. 원하는 레벨이 아니면 리스트에서 사원 객체를 얻는다.

29~30 ◆ 레벨이 2 이상이면 부모의 키를 비교한다. 만약 부모(index-1)의 키가 001100이면 001100 아래에 있는 101(/001100/002101), 102(/001100/002102)에서 자식(index)인 101과 102를 찾을 수 있다.

자식을 찾았다면 부모의 아이템에 자식의 아이템을 붙인다. 31~32

자식을 넣고 자식에 대한 자식을 찾는다. 하나 더 높은 레벨로 만들면 상대적인 자식이 된다. 자신의 자식을 재귀로 찾고 자신의 아이템에 자식의 아이템을 붙인다. 33

자신의 자식이 아니라면 리스트에서 다음 사원 객체를 찾는다. 34~36

레벨 1에 대하여 부모가 없기 때문에 레벨 2 이상으로 나눴다. 37

아이템 중 가장 높은 "매니저와 직원" 아이템에 레벨 1인 아이템을 붙인다. 38~39

레벨 2 이하 아이템을 붙이기 위해서 재귀를 호출한다. 40

가장 큰 레벨을 얻는다. 51

부모 트리 아이템과 여기에 붙일 사원 리스트를 받는다. DAO의 findTreeManagerInEmployee() 메서드를 호출하여 DTO 리스트를 얻는다. 53

사원 리스트를 사원 프로퍼티 리스트로 변환한다. EmpConvert의 static toObservProFromDto()를 호출하여 화면용 프로퍼티 객체 리스트를 JavaFX 트리뷰나 테이블뷰에 붙이기 위해서 트리뷰용 리스트로 만든다. 55

트리 아이템 중 가장 위에 있는(레벨이 낮은) "매니저와 직원" 아이템을 생성한다. 57

재귀를 호출하여 리스트를 자식 트리 아이템에 저장한다. 59

트리뷰를 생성하고 "매니저와 직원" 아이템을 붙인다. 61

트리뷰를 보더패널에 붙여서 화면에 보여 준다. 63

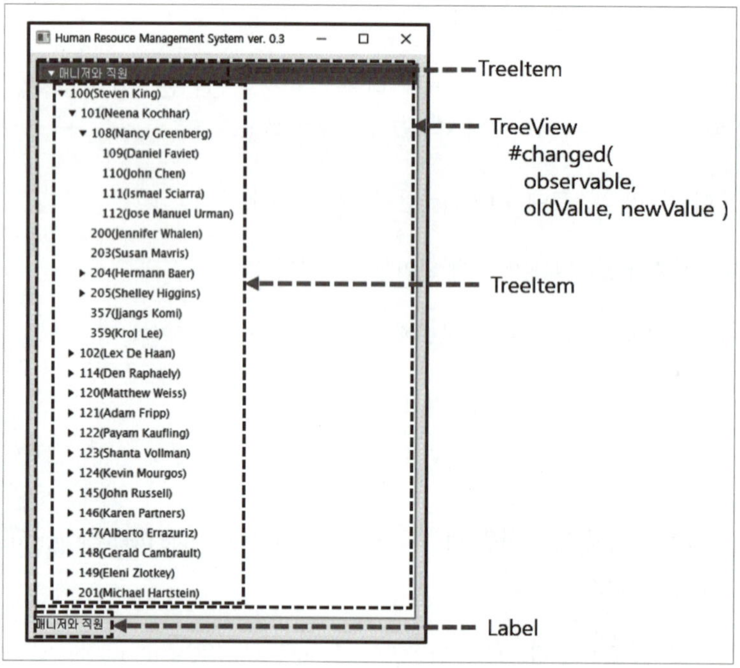

트리뷰에 트리 아이템을 붙여 관리자 관계 보여 주기

테이블뷰에 사원 정보 보여 주기

실무 187

- **학습 내용 :** 테이블뷰에 사원 정보를 볼 수 있다.
- **힌트 내용 :** 테이블뷰에 아이템을 붙이고, 아이템에 칼럼별로 값을 대입한다.

소스 : kr.co.infopub.chapter.s187.EmpTableFxController.java

```
package kr.co.infopub.chapter.s187;
import java.sql.Date;
import java.sql.SQLException;
import java.util.List;

import javafx.beans.value.ObservableValue;
import javafx.collections.ObservableList;
import javafx.event.ActionEvent;
import javafx.event.Event;
import javafx.event.EventHandler;
import javafx.fxml.FXML;
import javafx.scene.control.Button;
import javafx.scene.control.Label;
import javafx.scene.control.TableColumn;
import javafx.scene.control.TableView;
import javafx.scene.control.TableColumn.CellDataFeatures;
import javafx.util.Callback;
import kr.co.infopub.chapter.s185.dto.EmpConvert;
import kr.co.infopub.chapter.s185.dto.Employee;
import kr.co.infopub.chapter.s185.dto.EmployeeDto;
import kr.co.infopub.chapter.s185.model.EmployeeDAO;
public class EmpTableFxController {
  @FXML
  private TableView<Employee> employeeTable;
  @FXML
  private TableColumn<Employee, Integer>  empIdColumn;
  @FXML
  private TableColumn<Employee, String>  empNameColumn;
  @FXML
```

```
private TableColumn<Employee, String> empLastNameColumn;
@FXML
private TableColumn<Employee, String> empEmailColumn;
@FXML
private TableColumn<Employee, String> empPhoneNumberColumn;
@FXML
private TableColumn<Employee, Date> empHireDateColumn;
@FXML
private Button searchEmpsBtn;
@FXML
private Label lbhello;

EmployeeDAO employeeDAO=new EmployeeDAO( );

void showLabel(String msg) {
   lbhello.setText(msg);
   String value=
            "-fx-font-size: 12px;          "
            +"-fx-font-family: 'Arial Black';    "
            +"-fx-fill: #818181;               "
            +"-fx-effect: innershadow( three-pass-box ,"
            +" rgba(0,50,255,0.7) , 6, 0.0 , 0 , 2 );";
      lbhello.setStyle("\t"+value);
}
private void showToTableEmployees (ObservableList<Employee> empData) {
   employeeTable.setItems(empData);
}
@FXML
void initialize( ) {
   // 칼럼과 매핑, Callback -> call을 구현해야 함
/* empIdColumn.setCellValueFactory(
            new Callback<TableColumn.CellDataFeatures<Employee,Integer>,
                     ObservableValue<Integer>>( ) {
   @Override
   public ObservableValue<Integer> call(
      CellDataFeatures<Employee, Integer> cellData) {
            return cellData.getValue( ).employeeIdProperty( ).asObject( );
      }
   });*/
   empIdColumn.setCellValueFactory(
```

```
                cellData -> cellData.getValue( ).employeeIdProperty( ).asObject( ));
        empNameColumn.setCellValueFactory(
                cellData -> cellData.getValue( ).firstNameProperty( ));
        empLastNameColumn.setCellValueFactory(
                cellData -> cellData.getValue( ).lastNameProperty( ));
        empEmailColumn.setCellValueFactory(
                cellData -> cellData.getValue( ).emailProperty( ));
        empPhoneNumberColumn.setCellValueFactory(
                cellData -> cellData.getValue( ).phoneNumberProperty( ));
        empHireDateColumn.setCellValueFactory(
                cellData -> cellData.getValue( ).hireDateProperty( ));
        // 테이블의 행을 선택하면 한 줄 이벤트가 발생한다.
        employeeTable.setOnMouseClicked(e -> {
            if(employeeTable.getSelectionModel( ).getSelectedItem( )!=null ) {
            Employee user =
                (Employee)employeeTable.getSelectionModel( ).getSelectedItem( );
            showLabel(
                user.getEmployeeId( )+" "+user.getFirstName( )+" "+user.getLastName( ));
            }
        });
    }
    @FXML
    private void searchEmployees(ActionEvent actionEvent) throws SQLException {
        try {
            // 모든 사원 가져오기
            List<EmployeeDto> emplists=employeeDAO.findAllEmployees( );
            // JavaFX 테이블용 리스트로 변환
            ObservableList<Employee>
                    empData = EmpConvert.toObservProFromDto(emplists);
            // 테이블에 보여 주기
            showToTableEmployees(empData);
            showLabel("Employees 총 :"+empData.size( )+"명");
        } catch (SQLException e) {
            System.out.println("employeeDAO.findAllEmployees( ) 에서 예외 발생.\n" + e);
        }
    }
}
```

다음과 같은 방법으로 테이블뷰를 만들고 이벤트를 등록한다.

[그림 187-1]을 참고하자.

❶ 테이블뷰에 ObservableList를 대입한다. 리스트에 있는 프로퍼티 객체 하나가 하나의 아이템이 된다.

❷ 하나의 아이템은 한 개 이상의 테이블 칼럼(셀)으로 구성된다. 테이블 칼럼(셀) 하나는 프로퍼티 객체에 대한 한 개의 멤버필드이다.

❸ 테이블뷰에서 한 개의 아이템을 선택하면 마우스 클릭 이벤트가 실행된다.

24 ◆ 테이블뷰를 선언하고 자동 생성한다.

26 ◆ 테이블 칼럼(셀)을 선언하고 자동 생성한다. empIdCoumn은 Employee 프로퍼티 객체에서 Integer 타입이다. 테이블 칼럼(셀)은 Employee 프로퍼티 객체에서 하나의 멤버필드이다.

27~36 ◆ 26라인과 같은 원리이다. 테이블 칼럼(셀)을 선언하고 자동 생성한다. 테이블뷰는 6개의 테이블 칼럼(셀)으로 구성된다.

38 ◆ 버튼을 선언하고 자동 생성한다.

40 ◆ 라벨을 선언하고 자동 생성한다.

44 ◆ 라벨을 꾸미기 위한 메서드이다. CSS를 이용하여 라벨을 꾸민다. JavaFX CSS는 웹 CSS에 "–fx–"를 붙인다. 외부에 CSS 파일을 만들 수 있다.

47 ◆ 폰트 사이즈를 12px로 한다.

48 ◆ 폰트체를 아리엘 블랙으로 한다.

52 ◆ 라벨에 입력받은 문자를 보여 준다.

54~56 ◆ 테이블뷰에 프로퍼티 객체를 저장한 ObservableList를 대입하여 아이템즈를 붙인다. 하나의 프로퍼티 객체는 하나의 아이템으로 한 줄을 차지한다. 각 칼럼은 셀이라 하고 멤버필드의 값을 표시한다.

58 ◆ initialize()는 생성자 이후 가장 먼저 한 번 자동 실행된다. @FXML을 붙인 멤버필드를 자동 생성한다. 자동 생성된 @FXML을 붙인 멤버필드를 초기화하는 과정이 필요하다.

60~68 ◆ 69~70라인과 같은 콜백 메서드(생성된 후 JavaFX가 call을 호출)를 호출하여 칼럼에 데이터를 대입한다. 55라인에서 입력받은 아이템 타입에 맞춰 해당 프로퍼티의 값을 해당 칼럼(셀)에 대입한다. call() 메서드의 리턴값으로 만들어 놓으면 자동으로 칼럼에 대입된다.

60~68라인과 같은 원리로 각 칼럼에 값을 대입하여 테이블뷰를 완성한다. 람다(Lambda) 표현을 사용하여 간결하다. ◆ 69~80

테이블뷰의 아이템을 누르면 마우스 이벤트가 발생하고 아이템에 해당하는 Employee 프로퍼티 객체를 반환한다. ◆ 82

마우스 이벤트가 발생한 아이템의 정보를 라벨에 붙인다. ◆ 86

DAO의 findAllEmployees( ) 메서드를 호출하여 사원 정보 리스트를 얻는다. ◆ 95

사원 정보 리스트를 프로퍼티 ObservableList로 변환한다. ◆ 97~98

ObservableList에 저장된 사원 정보를 아이템에 붙이고 아이템을 테이블뷰에 붙인다. ◆ 100

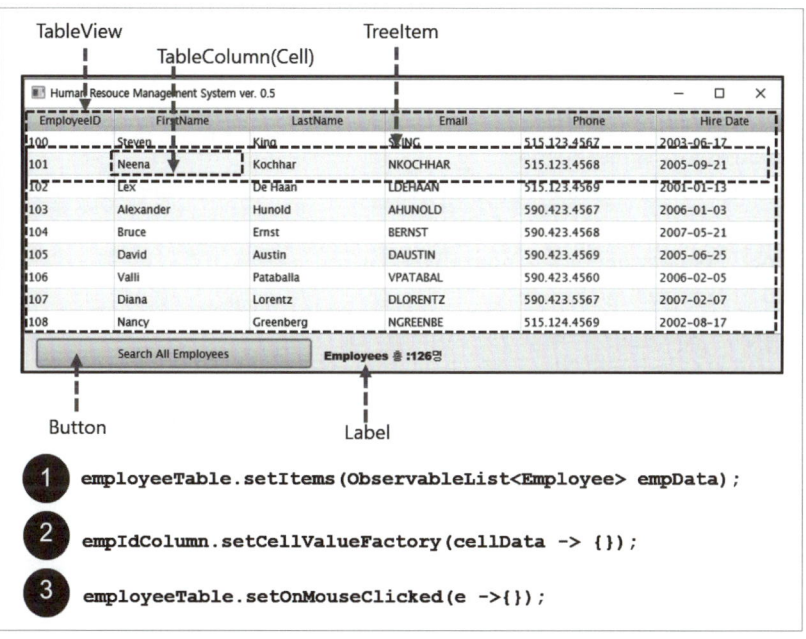

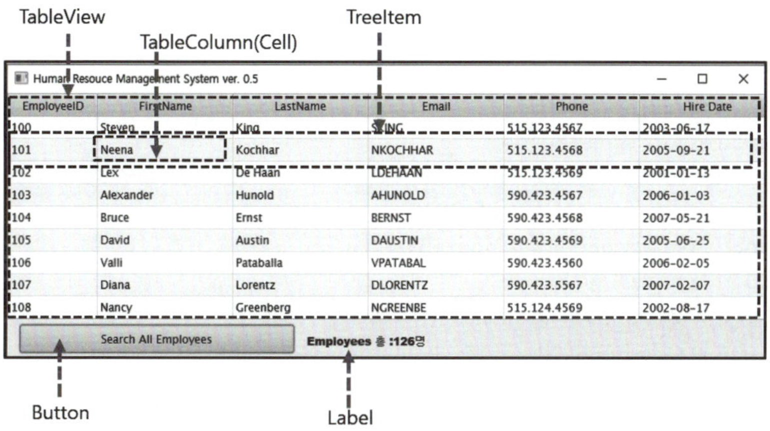

1 `employeeTable.setItems(ObservableList<Employee> empData);`

2 `empIdColumn.setCellValueFactory(cellData -> {});`

3 `employeeTable.setOnMouseClicked(e ->{});`

| 그림 187-1 | 테이블뷰에 ObservableList를 대입하여 아이템즈를 붙인다.

실무 188

부서별 정보를 파이 차트로 보여 주기

- **학습 내용 :** 부서별 정보를 파이 차트로 볼 수 있다.
- **힌트 내용 :** 파이 차트에 부서별 인원수와 부서 정보를 입력하면 비율별로 파이를 만들어 볼 수 있다.

소스 : kr.co.infopub.chapter.s188.DepChartFx.java

```
package kr.co.infopub.chapter.s188;
import java.sql.SQLException;
import java.util.List;
import javafx.application.Application;
import javafx.collections.FXCollections;
import javafx.collections.ObservableList;
import javafx.scene.Group;
import javafx.scene.Scene;
import javafx.scene.chart.PieChart.Data;
import javafx.scene.control.Label;
import javafx.scene.input.MouseEvent;
import javafx.stage.Stage;
import kr.co.infopub.chapter.s185.dto.DepCount;
import kr.co.infopub.chapter.s185.dto.DepCountConvert;
import kr.co.infopub.chapter.s185.dto.DepCountDto;
import kr.co.infopub.chapter.s185.model.EmployeeDAO;
import kr.co.infopub.chapter.s185.util.EmpUtil;
import kr.co.infopub.chapter.s185.util.PTS;
import javafx.scene.chart.PieChart;
public class DepChartFx extends Application {
  int total=0;  // 전체 사원 수
  private ObservableList<Data> getChartData(List<DepCount> dlists) {
      ObservableList<Data> answer = FXCollections.observableArrayList( );
      for (DepCount dc: dlists) {
          // 부서 이름(부서 아이디), 부서원 수
          answer.add(new PieChart.Data( dc.getDepartment_name( )
                  +"("+dc.getDepartment_id( )+")", dc.getCount( ) ));
      }
      return answer;
```

```
}
@Override
public void start(Stage stage) {
   EmployeeDAO employeeDAO=new EmployeeDAO( );
   try {
       List<DepCountDto> bdlists=employeeDAO.findAllDepCounts( );
       List<DepCount> dlists =DepCountConvert.toObservProFromDto(bdlists);
       // 부서별 인원을 더해서 전체 사원 수를 구한다.
       for(DepCount dc: dlists) {
           total+=dc.getCount( );
       }
       Scene scene = new Scene(new Group( ));
       stage.setTitle("부서별 인원 수 " +PTS.toDay( ));
       stage.setWidth(750);
       stage.setHeight(800);

           PieChart pieChart = new PieChart( );
           pieChart.setTitle("부서별 인원 수 총"+total+"명");
           // 파이 차트에 ObservableList를 대입한다
           // 부서별 부서원 수로 파이 넓이를 차지한다.
       pieChart.setData(getChartData(dlists));
       pieChart.setClockwise(true);
       pieChart.setStartAngle(180);
       pieChart.setLabelsVisible(true);
       // 레전드
       // pieChart.setLabelLineLength(20);
       // pieChart.setLegendSide(Side.LEFT);
       pieChart.setPrefWidth(750);
       pieChart.setPrefHeight(700);
       final Label caption = new Label("");
       String value=
               "-fx-font-size: 25px;          "
               +"-fx-font-family: 'Arial Black';    ";
       caption.setStyle(value);
       for (final PieChart.Data data : pieChart.getData( )) {
           data.getNode( ).addEventHandler(MouseEvent.MOUSE_PRESSED,
               e-> {
                   caption.setTranslateX(e.getSceneX( ));    // 마우스로 누른 X위치에
                   caption.setTranslateY(e.getSceneY( ));    // 마우스로 누른 Y위치에
                   String sft=String.format("%s %.2f%%(%.0f명)",
```

```
70:                         EmpUtil.dep(data.getName( )),      // 부서 이름
71:                         100*data.getPieValue( )/total,      // 부서 인원 %비율
72:                         data.getPieValue( ));              // 부서 인원
73:                     caption.setText(sft);
74:                 });
75:             }
76:             // 파이 차트와 이벤트 발생 시 보여줄 내용(라벨)
77:             ((Group) scene.getRoot( )).getChildren( ).addAll(pieChart,caption);
78:             stage.setScene(scene);
79:             stage.show( );
80:         } catch (SQLException e) {
81:             System.out.println(e);
82:         }
83:     }
84:     public static void main(String[ ] args) {
85:         launch(args);
86:     }
87: }
```

파이 차트에서 각 파이는 전체 크기에 대하여 차지하는 비율을 보여 준다. 파이 차트를 구하는 방법은 간단하다.

❶ 부서별 인원 정보를 저장한 리스트를 얻는다. 이 책에서는 DAO를 이용한다.

❷ 비어 있는 ObservableList〈Data〉를 생성한다.

❸ add(new PieChart.Data(파이이름, 파이크기))로 ObservableList〈Data〉의 파이를 만든다.

❹ 파이를 누르면(pressed) 파이 정보(파이 이름, 비율) 등을 보여 준다. 이 장에서는 부서별 이름과 부서원의 수를 입력하여 파이 차트를 만든다.

21 ◆ 전체 사원 수를 저장하기 위해 변수를 선언한다.

22 ◆ 부서별 인원 정보를 저장한 리스트를 얻는다. 그리고 ObservableList〈Data〉로 변환한다.

23 ◆ 비어 있는 ObservableList〈Data〉를 생성한다.

26~27 ◆ ObservableList〈Data〉에 PieChart.Data(부서 이름(부서 아이디), 부서원 수))를 저장하여 각 부서별로 파이를 만든다.

부서 정보와 부서원 수를 저장한 리스트를 DAO로 얻는다. ◆ 35

DepCountDto 타입을 DepCount 타입으로 변환한다. ◆ 36

부서별 인원수를 합하여 전체 사원 수를 구한다. ◆ 39

파이 차트를 생성한다. ◆ 46

전체 인원 수를 파이 차트에 보여 준다. ◆ 47

파이 차트에 PieChart.Data(부서 이름(부서 아이디), 부서원 수))를 저장한 ObservableList를 대입한다. 파이 차트에 각 부서별 파이가 만들어진다. ◆ 50

라벨을 생성한다. ◆ 59

CSS를 이용하여 라벨을 꾸민다. JavaFX CSS는 웹 CSS에 "-fx-"를 붙인다. 외부에 CSS 파일을 만들 수 있다. ◆ 60~62

라벨의 스타일을 CSS로 설정한다. ◆ 63

파이 차트를 구성하는 각 파이들의 정보를 얻는다. ◆ 64

각 파이를 누르면(pressed) 해당 파이의 이벤트 처리 메서드가 호출되어 파이의 정보를 화면에 보여 준다. ◆ 65

선택된 파이에 대한 X, Y 좌표를 얻는다. 그 위치에 파이 정보를 담은 라벨을 보여줄 것이다. ◆ 67~68

부서 이름, 부서 인원 비율, 부서 인원을 라벨에 붙인다. ◆ 70~73

파이 차트와 이벤트가 발생하면 라벨을 보여 주기 위해 그룹(Group)으로 만든다. ◆ 77

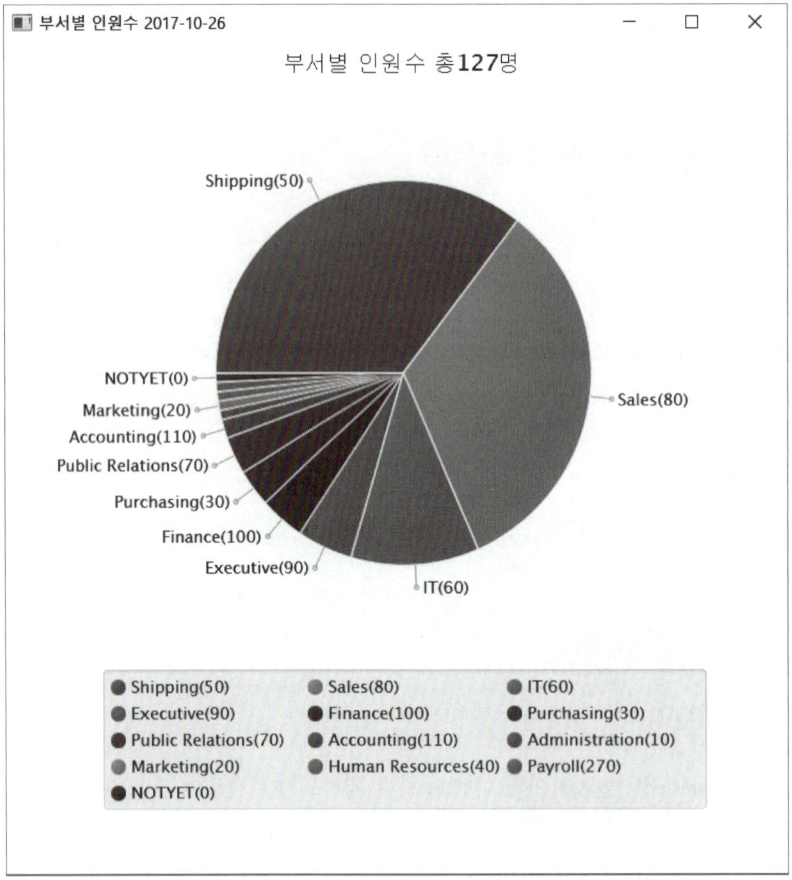
부서별 인원수 2017-10-26
부서별 인원수 총127명
Shipping(50)
NOTYET(0)
Marketing(20)
Accounting(110)
Public Relations(70)
Purchasing(30)
Finance(100)
Executive(90)
IT(60)
Sales(80)
Shipping(50)
Sales(80)
IT(60)
Executive(90)
Finance(100)
Purchasing(30)
Public Relations(70)
Accounting(110)
Administration(10)
Marketing(20)
Human Resources(40)
Payroll(270)
NOTYET(0)

부서별 인원 수에 비례해서 파이를 만든다.

인사 관리(HRM)용 어플리케이션 만들기 ①

실무 189

- **학습 내용 :** 인사 관리(HRM)용 어플리케이션을 만들어 보자.
- **힌트 내용 :** 기본 뼈대는 예제 182, 왼쪽 트리뷰는 예제 185, 중앙 테이블뷰는 예제 187을 사용한다.

소스 : kr.co.infopub.chapter.s189.MainHrFXController.java

```java
package kr.co.infopub.chapter.s189;
import java.util.Date;
import java.util.Optional;
import javafx.application.Platform;
import javafx.event.ActionEvent;
import javafx.fxml.FXML;
import javafx.scene.control.Alert;
import javafx.scene.control.Alert.AlertType;
import javafx.scene.control.ButtonType;
import javafx.scene.control.MenuItem;
import javafx.scene.control.Tab;
import javafx.scene.control.TabPane;
import javafx.scene.layout.BorderPane;
import kr.co.infopub.chapter.s189.util.PTS;
public class MainHrFXController {

  // 예제 182에 추가
  @FXML
  public void initialize ( ) {
     tab1.setOnSelectionChanged(eee->{
         if(tab1.isSelected( )){
             System.out.println("tab1------>"+((Tab)eee.getSource( )).getId( ));
             debTabBorder.setCenter(departView);
         }});
  }

  // 예제 182에 추가, 부서 메뉴 아이템을 선택하면 부서 화면을 보여 준다.
  @FXML
  void onMenuction(ActionEvent event) {
```

```
94:       if(event.getSource( )==menuDepart){
95:           System.out.println("tab1------------------------>");
96:           mainTabPane.getSelectionModel( ).select(tab1);
97:           debTabBorder.setCenter(departView);
98:       }
99:   }
100:  // 메인패널에 각 뷰를 붙인다.
101:  BorderPane departView;
102:  public void setView1(BorderPane departView) {
103:      this.departView=departView;
104:      // 첫 화면을 반영한다.
105:      debTabBorder.setCenter(departView);
106:  }
107: }
```

예제 182의 MainHrFXController.java 메뉴와 탭에 이벤트 처리를 추가한다.

52~56 ◆ [부서(부서별인원)] 탭을 누르면 선택한 부서에서 근무하는 부서원의 정보를 보여 주는 테이블뷰가 중앙에 표시되게 한다.

96 ◆ 메뉴 아이템을 선택하면 해당 탭이 선택된 것처럼 작업이 되게 한다. [작업탭 선택-부서 보기] 메뉴 아이템을 누르면 [부서(부서별인원)] 탭에 해당하는 부서 트리뷰와 부서에서 근무하는 부서원 테이블뷰가 보인다.

101~106 ◆ [부서(부서별인원)] 탭에 해당하는 화면을 보여 주게 한다.

예제 185의 DepTreeFx.java를 일부 수정한다.

소스 : kr.co.infopub.chapter.s189.DepartmentController.java

```
package kr.co.infopub.chapter.s189;

public class DepartmentController {

  EmployeeDAO employeeDAO=new EmployeeDAO( );
  // 트리뷰에 이미지 - 펼침
  private final Node rootIcon0 = new ImageView(
      new Image(getClass( ).getResourceAsStream("image/book0.png"))
```

```
);
// 트리뷰에 이미지 - 닫힘
private final Node rootIcon1 = new ImageView(
   new Image(getClass( ).getResourceAsStream("image/book1.png"))
);
@FXML
public void initialize ( ) {
   loadTreeItems( );
   // 예제 185와 같아서 생략함
}

@SuppressWarnings("unchecked")
public void loadTreeItems( ) {
   ObservableList<Department> dlists=null;
   TreeItem<String> root = new TreeItem<String>("부서별 직원",rootIcon0);
   root.setExpanded(true);
   try {
            List<DepartmentDto> blist=employeeDAO.findAllDepartments( );
            dlists=DepConvert.toObservProFromDto(blist);
       makeDepTree(root,dlists);
       tvEmp.setRoot(root);
       // 트리뷰의 아이템을 선택하면 부서에 있는 부서원의 정보를 테이블뷰에 보여 준다.
       tvEmp.getSelectionModel( ).selectedItemProperty( )
       .addListener((observable, oldValue, newValue) -> {
            ObservableList<Employee> empData=FXCollections.emptyObservableList( );
                try {
                    String val="";
                    if(newValue !=null && newValue instanceof TreeItem<?>) {
                        // 트리뷰에서 선택된 트리 아이템의 부서 이름을 가져온다.
                        val=EmpUtil.dep(((TreeItem<String>)newValue).getValue( ));
                    }
                    System.out.println("----------------------------"+val);
                    // 부서 이름으로 부서에 근무하는 부서원들을 리스트로 가져온다.
                List<EmployeeDto> emplists=employeeDAO.findEmployeesBy
                        DepartName( val);
                    if(!(emplists==null || emplists.size( )==0)) {
                        empData = EmpConvert.toObservProFromDto(emplists);
                    }
                    String stsf=val+" 부서 직원 수: ";
                    showLabel(stsf+empData.size( )+" 명");
```

```
146:                     // 테이블뷰에 해당 부서의 부서원들의 정보를 보여 준다.
147:                     showToTableEmployees(empData);
148:                 } catch (SQLException e) {
149:                 }
150:             });
151:             // 트리뷰의 트리 아이템을 펼친다.
152:             root.addEventHandler(TreeItem.branchExpandedEvent( ),eh-> {
153:                 System.out.println("expanded");
154:                 root.setGraphic(rootIcon0);
155:                 loadTreeItems( );   // 펼쳐질 때 아이템에 해당하는 자식 아이템을 보여 준다.
156:             });
157:             // 트리뷰의 트리 아이템을 닫는다.
158:             root.addEventHandler(TreeItem.branchCollapsedEvent( ),eh-> {
159:                 System.out.println("collapsed");
160:                 root.setGraphic(rootIcon1);
161:             });
162:         } catch (SQLException e) {
163:             System.out.println(" emp tv :"+e);
164:         }
165:     }

183: }
```

인사 관리(HRM)용 어플리케이션의 기본 화면(뼈대)은 예제 182의 것을 사용한다. [작업탭선택–부서보기] 메뉴 아이템을 누르면 트리뷰를 보여 주게 하는 이벤트를 추가한다. 또한 [부서(부서별인원)] 탭을 누르면 부서 트리뷰를 보여 주도록 이벤트를 추가한다.

왼쪽의 트리뷰는 예제 185의 것을 사용한다. 트리 아이템을 선택하면 선택된 부서 이름을 이용하여 그 부서에 근무하는 부서원의 정보를 중앙 테이블뷰에 보여 주게 하는 이벤트를 추가한다. 중앙의 테이블뷰는 예제 187의 것을 사용한다.

59~65 ◆ 트리뷰의 첫 번째 트리 아이템에 붙이기 위해 이미지를 찾아 이미지뷰로 만든다.

68 ◆ 왼쪽에 트리뷰와 중앙에 테이블뷰가 표시되게 한다.

120 ◆ 첫 번째 트리 아이템인 “부서별 직원” 트리 아이템을 생성하고 이미지뷰도 대입한다.

121 ◆ 트리 아이템이 확장했다 닫힐 수 있게 한다.

부서 정보를 저장한 리스트를 얻은 후 부서 프로퍼티를 저장하는 리스트로 변환한다. ◆ 123~124

트리뷰에 부서 프로퍼티 리스트를 저장하여 부서 목록이 보이게 한다. ◆ 125~126

트리뷰의 트리 아이템을 선택하면 이벤트가 발생한다. ◆ 128

비어 있는 ObservableList를 생성한다. 테이블뷰나 트리뷰에 필요하다. ◆ 130

트리뷰를 누르면 선택된 부서의 이름을 가져온다. ◆ 133~136

해당 부서에서 근무하는 부서원의 정보를 리스트로 얻는다. ◆ 139

ObservableList로 변환한다. ◆ 141

ObservableList에 있는 부서원의 정보를 테이블뷰에 표시한다. ◆ 147

소스 : kr.co.infopub.chapter.s189.Main.java

```
 1: package kr.co.infopub.chapter.s189;
 2: import javafx.application.Application;
 3: import javafx.stage.Stage;
 4: import javafx.scene.Scene;
 5: import javafx.scene.layout.BorderPane;
 6: import javafx.fxml.FXMLLoader;
 7: public class Main extends Application {
 8:   private Stage primaryStage;
 9:   private BorderPane root;
10:   @Override
11:   public void start(Stage primaryStage) {
12:       primaryStage.setTitle("Human Resouce Management System ver. 0.6");
13:       this.primaryStage=primaryStage;
14:       // ---------------소스 분리시킴
15:       showHR( );
16:   }
17:   public void showHR( ) {
18:       try {
19:           FXMLLoader loader = new FXMLLoader( );
20:           loader.setLocation(Main.class.getResource("view/MainHrFX.fxml"));
21:           root = (BorderPane) loader.load( );
22:           // ------>>여기에 소스 추가
```

```
23:             // 기본 뼈대 화면(예제 182)
24:             MainHrFXController empcon=loader.getController( );
25:             // 부서 화면(예제 185), 부서원정보(예제 187)
26:             FXMLLoader loader4 = new FXMLLoader( );
27:             loader4.setLocation(Main.class.getResource("view/DepTabView.fxml"));
28:             BorderPane departView = (BorderPane) loader4.load( );
29:             // 기본 뼈대에 부서 화면을 붙임
30:             empcon.setView1(departView);
31:             // <<------여기 사이에  소스 추가
32:             Scene scene = new Scene(root,1200,880);
33:             scene.getStylesheets( ).add(
34:                 Main.class.getResource("view/application.css").toExternalForm( ));
35:             primaryStage.setScene(scene);
36:             primaryStage.show( );
37:             primaryStage.setResizable(false);
38:             // 화면 끝날 때 close 표시
39:             primaryStage.setOnCloseRequest(e -> {
40:             System.out.println("Close primaryStage !!!");
41:             });
42:         } catch(Exception e) {
43:             e.printStackTrace( );
44:         }
45:     }
46:     public static void main(String[ ] args) {
47:         launch(args);
48:     }
49: }
```

22~31 ◆ 기본으로 만들어지는 메인 부분에 이 부분만 추가한다.

24 ◆ 뼈대를 만드는 MainHrFXController를 생성한다.

26~28 ◆ 부서 화면을 트리뷰로 왼쪽에 보여 주고, 부서원의 정보를 테이블뷰로 중앙에 표시하는 화면을 생성한다.

30 ◆ 뼈대 MainHrFXController에 부서 화면(트리뷰+테이블뷰)을 붙인다. 뼈대의 메뉴 아이템 이벤트와 탭 이벤트가 전달되기 위해 꼭 필요하다.

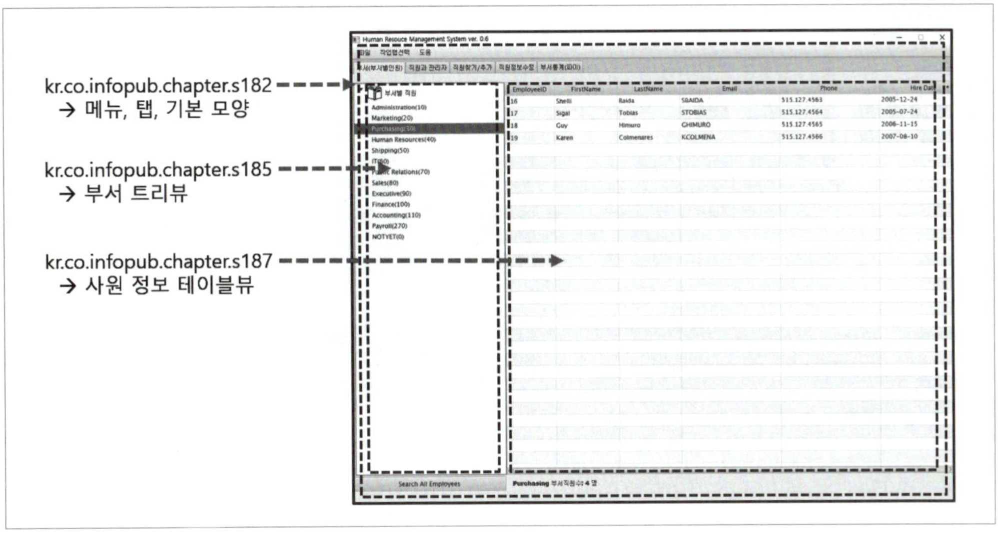

예제 182의 기본 모양(뼈대)에 예제 185의 트리뷰를 왼쪽에, 예제 187의 테이블뷰를 중앙에 위치시킨다.

실무 190

인사 관리(HRM)용 어플리케이션 만들기 ②

- **학습 내용 :** 인사 관리(HRM)용 어플리케이션을 만들어 보자.
- **힌트 내용 :** 기본 뼈대는 예제 182, 왼쪽 트리뷰는 예제 186, 중앙 테이블뷰는 예제 187의 코드를 사용한다.

소스 : kr.co.infopub.chapter.s190.MainHrFXController.java

```
package kr.co.infopub.chapter.s190;

public class MainHrFXController {

  @FXML
  public void initialize ( ) {
     tab1.setOnSelectionChanged(eee-> {
          if(tab1.isSelected( )) {
               System.out.println("tab1---->"+((Tab)eee.getSource( )).getId( ));
               debTabBorder.setCenter(departView);
          }
     });
     tab2.setOnSelectionChanged(eee-> {
          if(tab2.isSelected( )) {
               System.out.println("tab2---->"+((Tab)eee.getSource( )).getId( ));
               empTabBorder.setCenter( emptvView);
          }
     });

  }
  @FXML
  void onMenuction(ActionEvent event) {
     if(event.getSource( )==menuDepart) {
          System.out.println("tab1------------------------->");
          mainTabPane.getSelectionModel( ).select(tab1);
          debTabBorder.setCenter(departView);
     } else if(event.getSource( )==menuManage) {
          System.out.println("tab2------------------------->");
          mainTabPane.getSelectionModel( ).select(tab2);
```

```
146:            empTabBorder.setCenter( emptvView);
147:        }

161:    }
162:    // 메인 패널에 각 뷰를 붙인다.
163:    BorderPane departView;
164:    public void setView1(BorderPane departView) {
165:        this.departView=departView;
166:        // 첫 화면을 반영한다.
167:        debTabBorder.setCenter(departView);
168:    }
169:    BorderPane emptvView;
170:    public void setView2(BorderPane emptvView) {
171:        this.emptvView=emptvView;
172:    }

192: }
```

예제 182의 MainHrFXController.java 메뉴와 탭에 이벤트 처리를 추가한다.
인사 관리(HRM)용 어플리케이션의 기본 화면(뼈대)은 예제 182의 것을 사용한다. [작업탭선택]–[관리자보기] 메뉴 아이템을 누르면 트리뷰를 보여 주게 하는 이벤트를 추가한다. 또한 [직원과 관리자] 탭을 누르면 직원과 관리자 트리뷰를 보여 주게 하는 이벤트를 추가한다.
왼쪽의 트리뷰는 예제 186의 것을 사용한다. 트리 아이템을 선택하면 선택된 관리자를 이용하여 그 관리자에게 관리를 받는 사원의 정보를 중앙 테이블뷰에 표시되게 하는 이벤트를 추가한다. 중앙의 테이블뷰는 예제 187의 것을 사용한다.

[직원과 관리자] 탭을 누르면 선택한 관리자의 부하 직원을 중앙의 테이블뷰에 보여 주게 한다. ◆ 77~82

메뉴 아이템을 선택하면 해당 탭이 선택된 것처럼 작업이 되게 한다. [작업탭 선택]–[관리자 보기] 메뉴 아이템을 누르면 [직원과 관리자] 탭에 해당하는 관리자 트리뷰와 관리자의 부하 직원을 테이블뷰에 보여 준다. ◆ 143

[직원과 관리자] 탭에 해당하는 화면을 보여 주게 한다. ◆ 163~172

예제 186의 EmpTreeFx.java와 거의 같다.

소스 : kr.co.infopub.chapter.s190.ManagerFxController.java

소스 : kr.co.infopub.chapter.s190.Main.java

```
package kr.co.infopub.chapter.s190;
import javafx.application.Application;
import javafx.stage.Stage;
import javafx.scene.Scene;
import javafx.scene.layout.BorderPane;
import javafx.fxml.FXMLLoader;
public class Main extends Application {
 private Stage primaryStage;
 private BorderPane root;
 String systemver="HR Information System ver.1.0";
 @Override
 public void start(Stage primaryStage) {
   primaryStage.setTitle(systemver);
   this.primaryStage=primaryStage;
   // ---------------소스 분리시킴
   showHR( );
 }
 public void showHR( ) {
   try {
      FXMLLoader loader = new FXMLLoader( );
      loader.setLocation(Main.class.getResource("view/MainHrFX.fxml"));
      root = (BorderPane) loader.load( );
      MainHrFXController empcon=loader.getController( );
      // ------여기에 소스 추가
      FXMLLoader loader4 = new FXMLLoader( );
      loader4.setLocation(Main.class.getResource("view/DepTabView.fxml"));
      BorderPane departView = (BorderPane) loader4.load( );

      FXMLLoader loader2 = new FXMLLoader( );
      loader2.setLocation(Main.class.getResource("view/ManagerFx.fxml"));
      BorderPane emptvView = (BorderPane) loader2.load( );

      empcon.setView1(departView);
```

```
45:             empcon.setView2(emptvView);
49:             // ------여기에 소스 추가
50:             Scene scene = new Scene(root,1250,880);
51:                 scene.getStylesheets( ).add(
                        Main.class.getResource("view/application.css").toExternalForm( ));
52:                 primaryStage.setScene(scene);
53:                 primaryStage.show( );
54:                 primaryStage.setResizable(false);
55:                 primaryStage.setOnCloseRequest(e -> {
56:                 System.out.println("Close primaryStage !!!");
57:             });
58:         } catch(Exception e) {
59:                     System.out.println(" start에서 Error : "+e);
60:         }
61:     }
62:     public static void main(String[ ] args) {
63:         launch(args);
64:     }
65: }
```

뼈대를 만드는 MainHrFXController를 생성한다. ◆ 23

관리자 화면을 트리뷰로 왼쪽에 보여 주고, 부하 직원의 정보를 테이블뷰로 중앙에 표시하는 화면을 생성한다. ◆ 29~31

뼈대 MainHrFXController에 관리자 화면(트리뷰+테이블뷰)을 붙인다. 뼈대의 메뉴 아이템 이벤트와 탭 이벤트가 전달되기 위해 꼭 필요하다. ◆ 45

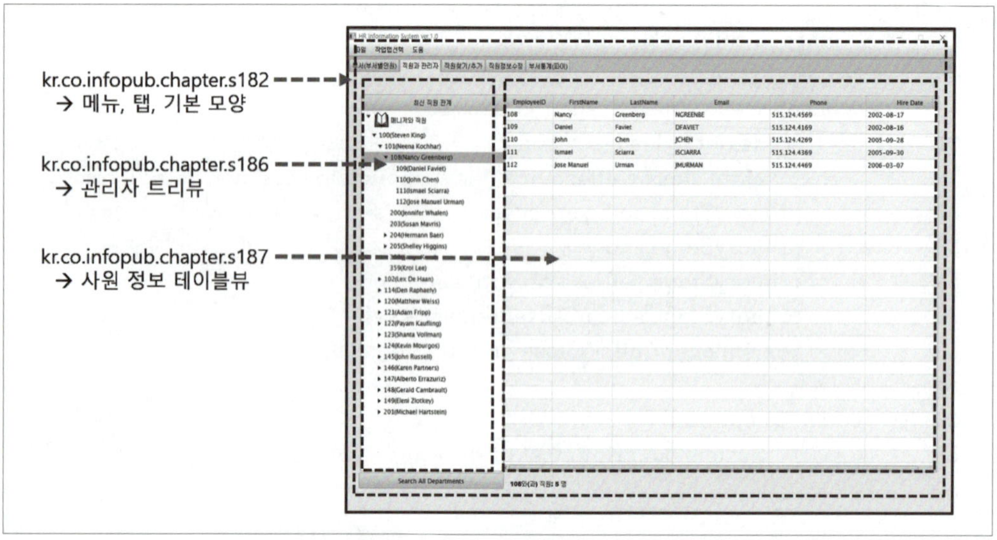

예제 182의 기본 모양(뼈대)에 예제 186의 트리뷰를 왼쪽에, 예제 187의 테이블뷰를 중앙에 위치시킨다.

인사 관리(HRM)용 어플리케이션 완성하기

실무 191

- **학습 내용 :** 인사 관리(HRM)용 어플리케이션을 완성해 보자.
- **힌트 내용 :** 기본 뼈대는 예제 182, 중앙 파이 차트는 예제 188, 오른쪽 테이블뷰는 예제 187을 사용하고, 서비스 객체를 만든다.

소스 : kr.co.infopub.chapter.s191.model.EmployeeService.java

```java
package kr.co.infopub.chapter.s191.model;
import java.sql.SQLException;
import java.util.List;
import javafx.collections.ObservableList;
import kr.co.infopub.chapter.s191.dto.DepConvert;
import kr.co.infopub.chapter.s191.dto.DepCount;
import kr.co.infopub.chapter.s191.dto.DepCountConvert;
import kr.co.infopub.chapter.s191.dto.DepCountDto;
import kr.co.infopub.chapter.s191.dto.Department;
import kr.co.infopub.chapter.s191.dto.DepartmentDto;
import kr.co.infopub.chapter.s191.dto.EmpConvert;
import kr.co.infopub.chapter.s191.dto.EmployeeDto;
import kr.co.infopub.chapter.s191.dto.Employee;
public class EmployeeService {
  // 자신을 private static
  private static EmployeeService employeeService;
  private static EmployeeDAO employeeDAO;
  // 생성자도 private
  private EmployeeService( ) {
     employeeDAO=new EmployeeDAO( );
  }
  // static -> 한 번의 객체 생성
  public static EmployeeService getInstance( ) {
     if(employeeService==null) {
         employeeService=new EmployeeService( );
     }
     return employeeService;
  }  //--------------DAO를 감싸고, List -> ObservableList
  public ObservableList<Department>
```

```
30:                 findAllDepartments( ) throws SQLException {
31:       List<DepartmentDto> blist=employeeDAO.findAllDepartments( );
32:       return DepConvert.toObservProFromDto(blist);
33:    }
34:    public ObservableList<Employee>
35:            findEmployeesByDepartName(String val) throws SQLException {
36:       List<EmployeeDto> emplists=
37:                 employeeDAO.findEmployeesByDepartName(val);
38:       return EmpConvert.toObservProFromDto(emplists);
39:    }
40:    public ObservableList<Employee> findAllEmployees( ) throws SQLException {
41:       List<EmployeeDto> blist  = employeeDAO.findAllEmployees ( );
42:       return EmpConvert.toObservProFromDto(blist);
43:    }
44:    public ObservableList<Employee>
45:                 findTreeManagerInEmployee( ) throws SQLException {
46:       List<EmployeeDto> bdlists= employeeDAO.findTreeManagerInEmployee( );
47:       return EmpConvert.toObservProFromDto(bdlists);
48:    }

93: }
```

서비스 객체는 객체를 한 번만 생성하기 위하여 싱글톤(Singletone)으로 만든다. DTO 리스트에서 ObservableList〈프로퍼티〉 리스트로 타입 변환까지 한다. 서비스를 사용하면 DB 데이터에서 화면 데이터로 쉽게 변경해서 사용할 수 있다.

14 ◆ 싱글톤은 객체를 한 번만 생성한다. 서비스는 DAO를 감싸고 변환 로직이나 여러 다른 서비스(웹, JSON) 등을 통합해서 새로운 서비스를 만들 수 있다.

16, 19, 23 ◆ 싱글톤을 만드는 방법이다. 자신을 private static으로 선언한다. 자신의 생성자를 private로 해서 외부에서 생성자를 호출하여 생성시킬 수 없게 한다. 생성되지 않았다면 생성시킨다.

29~33 ◆ DAO를 이용하여 부서원이 있는 부서를 얻는다. 그리고 ObservableList로 변환한다.

34~39 ◆ 부서의 이름을 대입 받아서 그 부서에 근무하는 사원의 정보를 얻는다. 그리고 ObservableList로 변환한다.

40~43 ◆ 모든 사원의 정보를 얻는다. 그리고 ObservableList로 변환한다.

모든 사원의 정보를 관리자–부하 직원 관계의 트리 구조로 가져온다. 그리고 ObservableList로 변환한다. ◆ 44~48

서비스에 많은 메서드가 있지만 2개의 메서드만 테스트한다. 다른 것은 실행하면서 확인해 보자. EmpServiceTest.java, EmpServiceTest2.java는 2개의 메서드를 테스트한다.

소스 : kr.co.infopub.chapter.s191.model.EmpServiceTest.java

```
1: package kr.co.infopub.chapter.s191.model;
2: import java.sql.SQLException;
3: import javafx.collections.ObservableList;
4: import kr.co.infopub.chapter.s191.dto.Employee;
5: public class EmpServiceTest {
6:   public static void main(String[ ] args) {
7:       EmployeeService service=EmployeeService.getInstance( );
8:       try {
9:           ObservableList<Employee> emplists=service.findAllEmployees( );
10:          for (Employee employee : emplists) {
11:              System.out.print(employee.getEmployeeId( )+"\t");
12:              System.out.print(employee.getFirstName( )+"\t");
13:              System.out.println(employee.getLastName( ));
14:          }
15:      } catch (SQLException e) {
16:          System.out.println(e);
17:      }
18:  }
19: }
```

getInstance()는 static 메서드이기 때문에 new로 생성하지 않는다. getInstance() 메서드가 호출되면 내부에서 객체를 한 번만 생성한다. ◆ 7

모든 사원의 정보를 ObservableList로 얻는다. ◆ 9

사원의 정보를 출력한다. ◆ 10~14

소스 : kr.co.infopub.chapter.s191.model.EmpServiceTest2.java

```
1: package kr.co.infopub.chapter.s191.model;
2: import java.sql.SQLException;
3: import javafx.collections.ObservableList;
4: import kr.co.infopub.chapter.s191.dto.Department;
5: public class EmpServiceTest2 {
6:   public static void main(String[ ] args) {
7:       EmployeeService service=EmployeeService.getInstance( );
8:       try {
9:           ObservableList<Department> departlists=service.findAllDepartments( );
10:          for (Department depart : departlists) {
11:              System.out.print(depart.getDepartment_id( )+"\t");
12:              System.out.println(depart.getDepartment_name( ));
13:          }
14:      } catch (SQLException e) {
15:          System.out.println(e);
16:      }
17:   }
18: }
```

7 ◆ getInstance( )가 static 메서드이기 때문에 new로 생성하지 않는다. getInstance( ) 메서드가 호출되면 내부에서 객체를 한 번만 생성한다.

9 ◆ 부서원이 있는 부서를 ObservableList로 얻는다.

10~13 ◆ 부서의 정보를 출력한다.

예제 190은 화면을 로드할 때 화면에 설정된 컨트롤도 같이 생성되게 한다. 그러나 예제 191에서는 new를 이용하여 화면을 생성한 후 컨트롤도 화면에 대입해야 한다.

소스 : kr.co.infopub.chapter.s190.view.DepTabView.fxml

```
<BorderPane maxHeight="-Infinity" maxWidth="-Infinity"
minHeight="-Infinity" minWidth="-Infinity" prefHeight="800"
prefWidth="1200.0" xmlns="http://javafx.com/javafx/8" xmlns:fx="http://javafx.com/
fxml/1"
fx:controller="kr.co.infopub.chapter.s190.DepartmentController">
<!-- 생략 -->
</BorderPane>
```

fx:controller="kr.co.infopub.chapter.s190.DepartmentController"로 설정하면 화면을 로드(load())할 때 DepartmentController가 자동 생성된다.

소스 : kr.co.infopub.chapter.s190.Main.java

```
MainHrFXController empcon=loader.getController( );
FXMLLoader loader4 = new FXMLLoader( );
// DepTabView.fxml이 로딩될 때 DepartmentController가 자동으로 생성됨
loader4.setLocation(Main.class.getResource("view/DepTabView.fxml"));
BorderPane departView = (BorderPane) loader4.load( );
empcon.setView1(departView);
```

소스 : kr.co.infopub.chapter.s191.view.DepTabView.fxml

```
<fx:root maxHeight="-Infinity" maxWidth="-Infinity"
minHeight="-Infinity" minWidth="-Infinity" prefHeight="800"
prefWidth="1200.0" xmlns="http://javafx.com/javafx/8" xmlns:fx="http://javafx.com/
fxml/1" type="BorderPane" >
<!-- 생략 -->
</fx:root>
```

"fx:root"를 이용하면 DepartmentController를 new로 동적 생성할 수 있다.

소스 : kr.co.infopub.chapter.s191.Main.java

```
EmployeeService service=EmployeeService.getInstance( );   // DB 준비
MainHrFXController empcon=loader.getController( );
//
DepartmentController departView=new DepartmentController(service);
empcon.setView1(departView);
```

소스 : kr.co.infopub.chapter.s191.DepartmentController.java

```
29:  public class DepartmentController extends BorderPane{

74:      EmployeeService service;
75:
76:      public DepartmentController(EmployeeService service) {
77:          this.service=service;
78:          // 예제 190 메인에서 했던 뷰로드(load( ))와 컨트롤 생성을 생성자에서 한다.
79:          FXMLLoader loader4 = new FXMLLoader( );
80:          loader4.setLocation(Main.class.getResource("view/DepTabView.fxml"));
81:          loader4.setRoot(this);   // 자신이 BorderPane. BorderPane에 화면 붙이기
             // s191.view.DepTabView.fxml에 컨트롤 설정이 없어
             // 여기서 화면에 대한 컨트롤을 설정한다.
82:          loader4.setController(this);
83:          try {
84:              loader4.load( );
85:          } catch (Exception exception) {
86:              throw new RuntimeException(exception);
87:          }
88:      }

213: }
```

79~81 ◆ s190.Main처럼 화면을 fxml에서 로드한다.

82 ◆ s190.view.DepTabView.fxml에서는 fx:controller= "kr.co.infopub.chapter.s190.DepartmentController"과 같이 화면에 대한 컨트롤이 설정되어 있어 화면을 로드(load( ))하면 컨트롤도 같이 생성된다. 그러나 s191.view.DepTabView.fxml는 화면에 대한 컨트롤이 없어 여기서 화면에 컨트롤을 설정한다. 자신이 BorderPane을 상속한 화면이므로 자신의 화면에 로딩한 컨트롤을 설정한다. 그러면 자

신이 생성될 때 컨트롤도 같이 생성된다.

load( )하면 화면을 동적으로 로드한다. 이렇게 하면 생성된 컨트롤도 화면과 연결된다. 화면에서 이 ◆84
벤트가 발생하면 컨트롤 안에 있는 이벤트 처리 메서드가 호출된다.

소스 : kr.co.infopub.chapter.s191.Main.java

```
package kr.co.infopub.chapter.s191;
import javafx.application.Application;
import javafx.stage.Stage;
import kr.co.infopub.chapter.s191.model.EmployeeService;
import javafx.scene.Scene;
import javafx.scene.layout.BorderPane;
import javafx.fxml.FXMLLoader;
public class Main extends Application {
  private Stage primaryStage;
  private BorderPane root;
  String systemver="HR Information System ver.1.0";
  @Override
  public void start(Stage primaryStage) {
     primaryStage.setTitle(systemver);
     this.primaryStage=primaryStage;
     // ---------------소스 분리시킴
     showHR( );
  }
  public void showHR( ) {
   try {
     // DAO 대신 Service 사용 -> ObservableList 변환도 같이 함
     EmployeeService service=EmployeeService.getInstance( );    // DB 준비
     FXMLLoader loader = new FXMLLoader( );
     loader.setLocation(Main.class.getResource("view/MainHrFX.fxml"));
     root = (BorderPane) loader.load( );
     MainHrFXController empcon=loader.getController( );
     // ------>>>여기에 소스 추가
     DepartmentController departView=new DepartmentController(service);
     ManagerFxController emptvView=new ManagerFxController(service);
     EmployeeSearchFxController empsearchView=new EmployeeSearchFx
                  Controller(service);
     EmployUpdateFxController empupdateView=new EmployUpdateFx
```

```
33:                    Controller(service);
34:         PieChartController piecharview=new PieChartController(service);
35:
36:         empcon.setView1(departView);
37:         empcon.setView2(emptvView);
38:         empcon.setView(empsearchView);
39:         empcon.setView3(empupdateView);
40:         empcon.setView4(piecharview);
41:         // <<<------여기에 소스 추가
42:         Scene scene = new Scene(root,1250,880);
43:         scene.getStylesheets( ).add(
44:         Main.class.getResource("view/application.css").toExternalForm( ));
45:         primaryStage.setScene(scene);
46:         primaryStage.show( );
47:         primaryStage.setResizable(false);
48:         primaryStage.setOnCloseRequest(e -> {
49:            System.out.println("Close primaryStage !!!");
50:         });
51:      } catch(Exception e) {
52:         System.out.println(" start에서 Error : "+e);
53:      }
54:   }
55:   public static void main(String[ ] args) {
56:      launch(args);
57:   }
58: }
```

인사 관리(HRM)용 어플리케이션의 기본 화면(뼈대)은 예제 182의 것을 사용한다. [작업탭선택]-[부서차트보기] 메뉴 아이템을 누르면 파이 차트를 표시하는 이벤트를 추가한다. 또한 [부서별통계(파이)] 탭을 누르면 파이 차트가 표시되도록 이벤트를 추가한다.
중앙의 파이 차트는 예제 188의 것을 사용한다. 파이 차트에서 파이를 선택하면 선택된 부서를 이용하여 부서원의 정보를 오른쪽 테이블뷰에 보여 주게 하는 이벤트를 추가한다. 오른쪽의 테이블뷰는 예제 187의 것을 사용한다.

22 ◆ getInstance( )는 static 메서드이므로 new로 생성하지 않는다. getInstance( ) 메서드가 호출되면 내부에서 객체를 한 번만 생성한다.

26 ◆ 뼈대를 만드는 MainHrFXController를 생성한다.

부서를 트리뷰로 보여 주는 객체를 생성한다. 복잡했던 로드 부분이 생성자 안에 포함되어 있다. ◆ 28

관리자–사원의 관계를 트리뷰로 보여 주는 객체를 생성한다. ◆ 29

사원을 이름으로 찾아 테이블뷰로 보여 주는 객체를 생성한다. ◆ 30~31

사원의 정보를 수정하여 테이블뷰로 보여 주는 객체를 생성한다. ◆ 32~33

부서에 대한 부서원의 정보를 파이 차트로 보여 주는 객체를 생성한다. ◆ 34

MainHrFXController에 앞에서 만든 객체를 대입한다. 메인 객체의 메뉴 아이템과 탭에 대한 이벤트 처리를 전달하기 위해서 꼭 필요하다. ◆ 36~40

메인을 끝내려고 할 때 콘솔에 "Close primaryStage !!!"가 출력되어 끝났다는 것을 알려 준다. ◆ 49

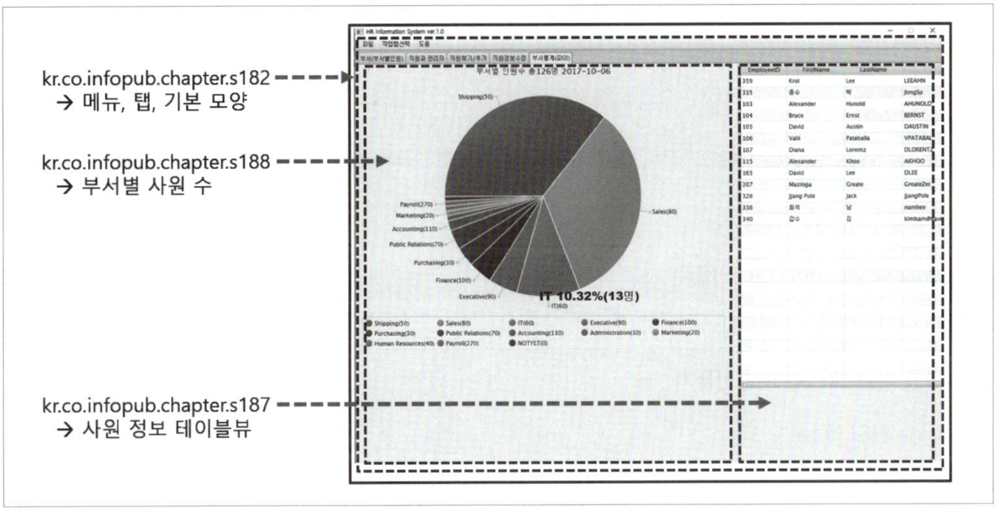

예제 182의 기본 모양(뼈대)에 예제 186의 파이 차트는 중앙에, 예제 187의 테이블뷰를 오른쪽에 위치시킨다.

실무 192

Spring Boot를 이용하여 Restful 서비스 만들기(DB 관련)

- **학습 내용 :** Spring Boot를 이용하여 Restful 서비스를 만들어 보자.
- **힌트 내용 :** 이클립스의 Maven을 이용한다.

이클립스의 Maven Project 만들기를 이용하여 Restful 서비스를 만들자. Spring Boot는 웹, JSON 웹, XML 웹서비스를 일반 어플리케이션 형태로 만들 수 있게 한다. 여기서는 JDBC 대신 MyBatis를 사용한다. MyBatis는 SQL 구문을 입력하면 JDBC 작업을 대신 해주는 프레임워크이다. 지금까지 DAO에서 사용했던 SQL 쿼리문을 MyBatis의 XML 환경 파일(hrm.xml)에 입력하였다.

Restful 서비스(JSON 서비스)를 제공하기 때문에 서버라고 한다. 서버를 만드는 순서는 다음과 같다.

예제 192

1. 메이븐 프로젝트 만들기
2. 환경 파일(pom.xml) 작성
3. MyBatis를 이용하여 DAO 만들기
4. DAO 단위 테스트
5. DAO를 이용하여 Service 만들기
6. Service 단위 테스트

예제 193

1. Service 클래스를 이용하여 Controller 만들기
2. Controller 단위 테스트
3. Restful 서비스 통합 테스트(Swagger API)

---

1. 메이븐 프로젝트 만들기

❶ 메이븐 프로젝트를 만들기 위해 이클립스에서 [File]–[New]–[Other]를 선택한다.

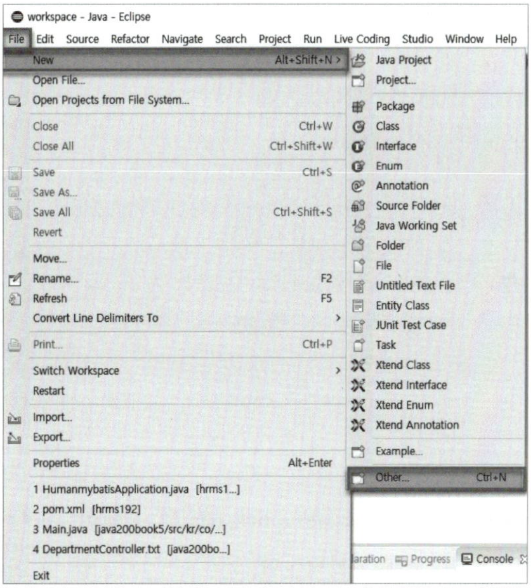

> **참고** 예제 소스는 [hrms192server10] 폴더(Java 8 사용자의 경우 [hrms192server]) 안에서 확인할 수 있다.

❷ [Maven]–[Maven Project]를 선택한다. [Next] 버튼을 클릭한다.

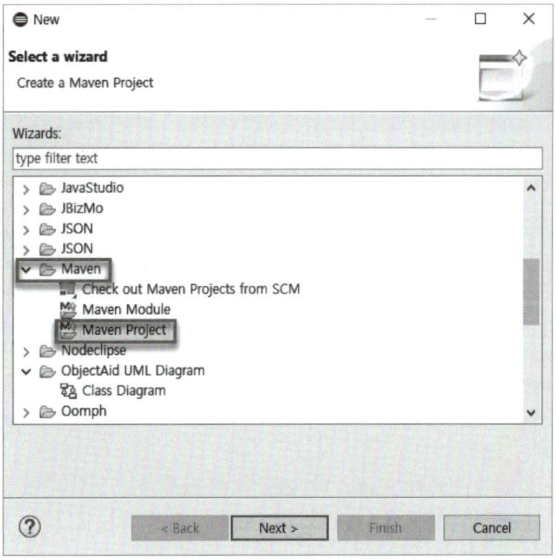

❸ 기본 환경을 사용한다. [Next] 버튼을 클릭한다.

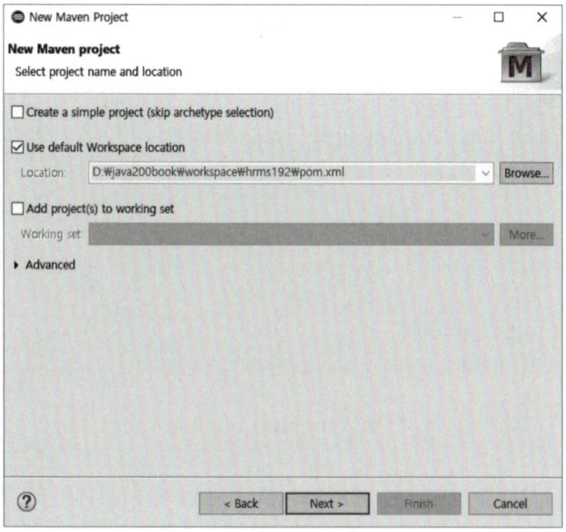

❹ [maven-archetype-quickstart]를 선택한 후 [Next] 버튼을 클릭한다.

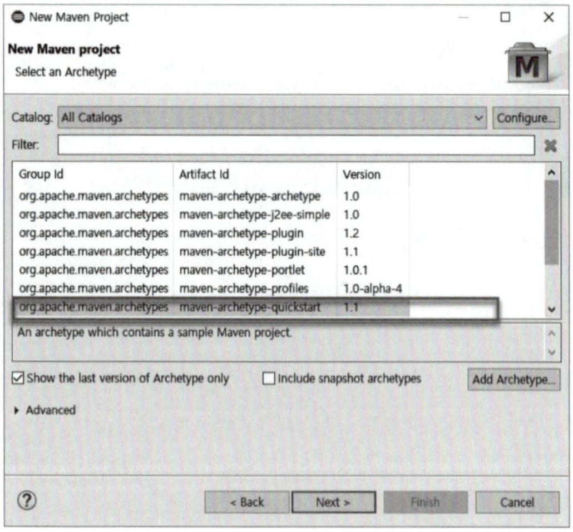

❺ Group Id, Artifact Id를 입력하고 [Finish] 버튼을 클릭한다. Group Id는 "kr.co.infopub.hrm"으로, 프로젝트 이름인 Artifact Id는 "hrm1s92server"로 입력한다.

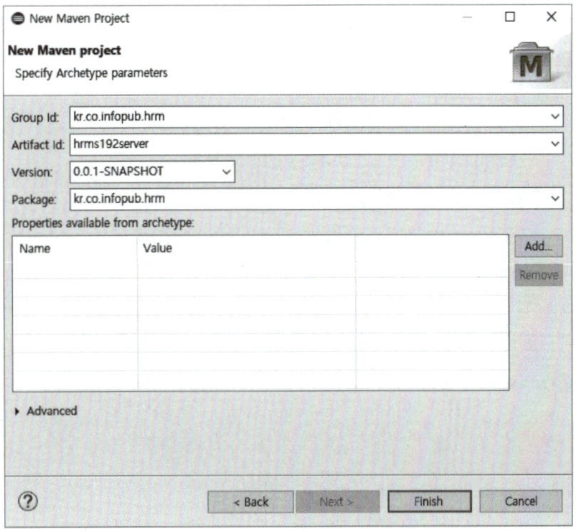

2. 환경 파일(pom.xml) 작성

❶ 이 책의 예제 소스 [hrms192server10] 폴더(Java 8의 경우 hrms192server)에 있는 pom.xml 파일을 복사하고, 720쪽 과정 ❸에서 지정한 기본 환경에 붙인 다음, pom.xml 소스 중에서 artifact id, group id, name을 확인한다. 이번 예제에서는 artifactId만 다르게 해서 hrms192server, hrm, hrmclient 프로젝트를 만든다.

```
<groupId>kr.co.infopub.hrm</groupId>
<artifactId>hrms192server</artifactId>
<name>hrms192server</name>
```

오라클 드라이버는 오픈 소스가 아니므로 개발자의 컴퓨터에서 경로를 설정한다. 필자는 ojdbc6.jar를 "C:\\Java\\lib" 밑에 놓았다. 다음 소스를 참고해 pom.xml에서 〈systemPath〉와 〈/systemPath〉 사이에 ojdbc6.jar의 절대 경로를 입력한다.

```
<dependency>
  <groupId>com.oracle</groupId>
  <artifactId>ojdbc6</artifactId>
  <version>11.2.0.3</version>
  <scope>system</scope>
  <systemPath>C:\\Java\\lib\\ojdbc6.jar</systemPath>
</dependency>
```

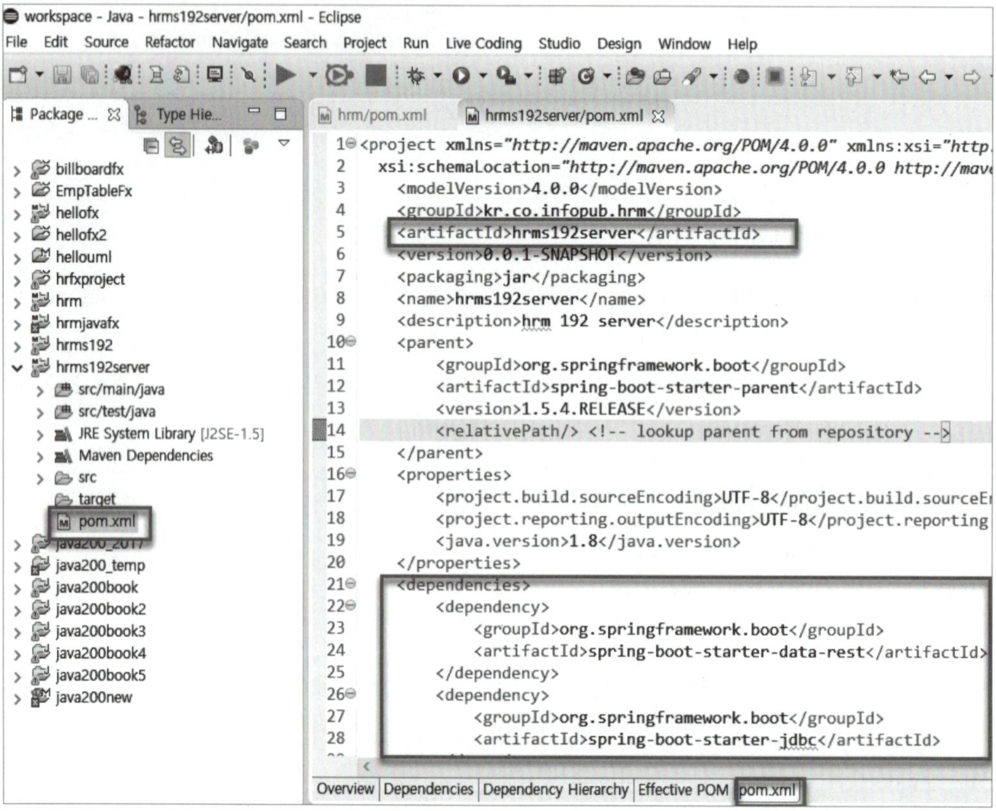

메이븐 환경 파일(pom.xml) 설정하기

❷ 필자가 제공하는 [hrms192server10] 폴더(Java 8의 경우 hrms192server)의 src 폴더 밑에 있는 main과 test 폴더를 복사해서 hrms192server의 src 폴더에 붙여넣는다(Overwrite).

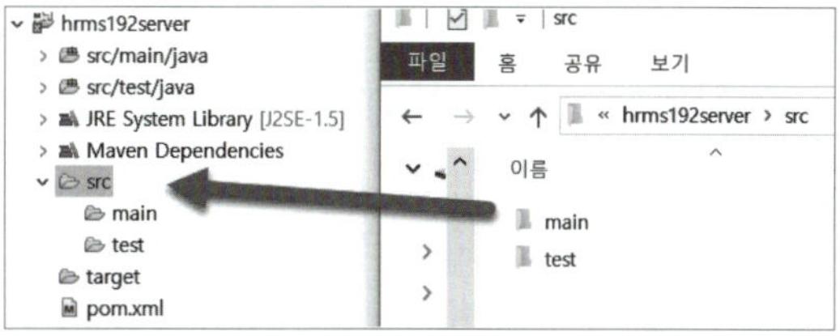

❸ 이 경우 JRE System Library의 버전이 맞지 않는다면 다음과 같이 조정한다. 먼저 JRE System Library에서 마우스 오른쪽 버튼을 클릭하고 [Properties]를 선택한다.

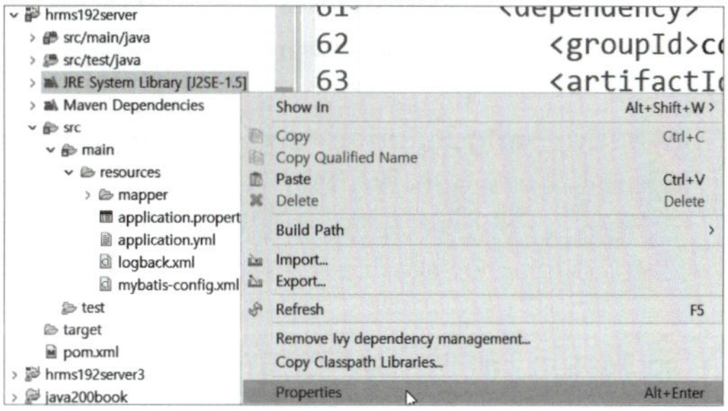

> **참고** 예제 소스를 가져와 사용하는 경우 JRE System Library가 표시되지 않는다면 hrms192server를 마우스 오른쪽 버튼으로 클릭하고 [Properties]를 실행한 다음 [Java Build Path]-[Libraries]에서 [JRE System Library]를 더블클릭하고 Alternate JRE를 선택하여 버전을 지정한다.

❹ Alternative JRE를 클릭하고 설치된 JRE 버전을 선택한다.

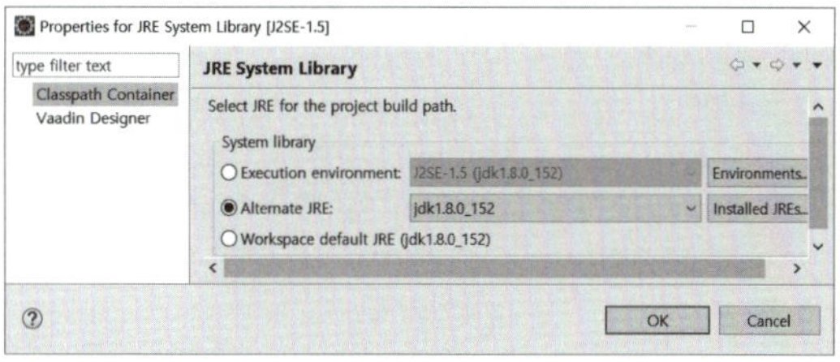

❺ hrms192server를 마우스 오른쪽 버튼으로 클릭하고 [Properties]-[Java Compiler]를 선택한 다음 Compiler compliance level을 1.8 이상으로 선택한다.

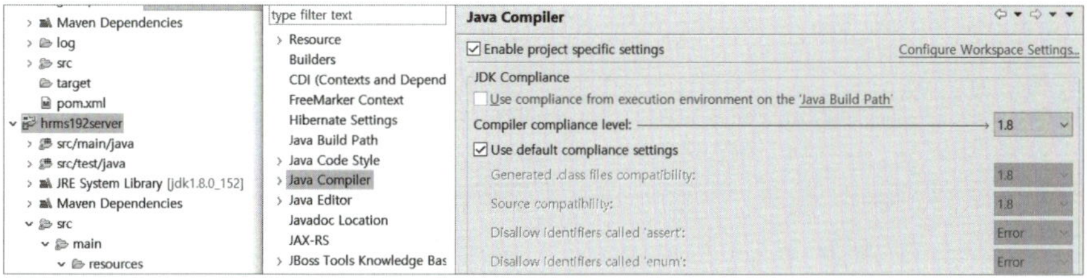

❻ main 디렉토리의 환경 변수를 설정한다.

- **application.properties**: DB에 관련된 환경 변수이다. JDBC에서 사용했던 드라이버 이름, 경로, 사용자, 패스워드를 "=" 오른쪽에 입력한다. 로그를 기록하기 위해 logging.level.(groupId).mapper에서 groupId를 수정한다.

```
spring.datasource.driver-class-name=oracle.jdbc.driver.OracleDriver
spring.datasource.url=jdbc:oracle:thin:@127.0.0.1:1521:xe
spring.datasource.username=hr
spring.datasource.password=hr

mybatis.config-location=classpath:mybatis-config.xml
logging.level.root=WARN
logging.level.kr.co.infopub.hrm.mapper=TRACE
```

- **application.yml**: 서비스 환경이다. 포트와 컨텍스트(서비스 시작 경로)를 수정한다.

```
server:
  port: 8199
  contextPath: /humans
```

- **logback.xml**: 로그 환경을 구체적으로 설정한다. logger name="(groupId).controller", logger name="(groupId).dao", logger name="(groupId).service" 부분만 수정한다.

```
<logger name="kr.co.infopub.hrm.controller" level="INFO"/>
<logger name="kr.co.infopub.hrm.dao" level="INFO"/>
<logger name="kr.co.infopub.hrm.service" level="INFO"/>
```

- **mybatis-config.xml**: MyBatis의 SQL이 있는 파일의 위치(mapper/hrm.xml)를 수정한다.

```
<?xml version="1.0" encoding="UTF-8" ?>
<!DOCTYPE configuration
        PUBLIC "-//mybatis.org//DTD Config 3.0//EN"
        "http://mybatis.org/dtd/mybatis-3-config.dtd">
<configuration>
   <mappers>
      <mapper resource="mapper/hrm.xml"/>
   </mappers>
</configuration>
```

3. MyBatis를 이용하여 DAO 만들기

❶ MyBatis SQL(쿼리 작성 및 DTO 매핑–mapper/hrm.xml 내부)을 입력한다. id는 하나뿐인 식별자이다. 하나뿐인 메서드 이름으로 간주하자. resultType은 실행 결과인 DTO이다.

```
<?xml version="1.0" encoding="UTF-8" ?>
<!DOCTYPE mapper
  PUBLIC "-//mybatis.org//DTD Mapper 3.0//EN"
  "http://mybatis.org/dtd/mybatis-3-mapper.dtd">
<mapper namespace="kr.co.infopub.hrm.mapper.HrmMapper">
<select id="findAllEmployees" resultType="kr.co.infopub.hrm.dto.EmployeeDto">
  SELECT EMPLOYEE_ID, FIRST_NAME, LAST_NAME, EMAIL,
  NVL(PHONE_NUMBER,'000.0000.0000') PHONE_NUMBER,
  HIRE_DATE, JOB_ID, NVL(SALARY,0.0) SALARY,
  NVL(COMMISSION_PCT,0.0) COMMISSION_PCT,
  MANAGER_ID, DEPARTMENT_ID
  FROM EMPLOYEES ORDER BY EMPLOYEE_ID
</select>
<select id="findAllDepartments" resultType="kr.co.infopub.hrm.dto.DepartmentDto">
  SELECT NVL(E.DEPARTMENT_ID,0) DEPARTMENT_ID,
  NVL(D.DEPARTMENT_NAME,'NOTYET') DEPARTMENT_NAME
  FROM EMPLOYEES E, DEPARTMENTS D
  WHERE E.DEPARTMENT_ID=D.DEPARTMENT_ID(+)
  GROUP BY E.DEPARTMENT_ID, D.DEPARTMENT_NAME
  ORDER BY E.DEPARTMENT_ID
</select>
<select id="findTreeManagerInEmployee" resultType="kr.co.infopub.hrm.dto.EmployeeDto">
  SELECT  EMPLOYEE_ID,  MANAGER_ID,  FIRST_NAME,
          LAST_NAME, DEPARTMENT_ID, ORDER2
  FROM (   SELECT
      EMPLOYEE_ID, MANAGER_ID, FIRST_NAME, LAST_NAME, DEPARTMENT_ID, LEVEL ,
      SYS_CONNECT_BY_PATH(TO_CHAR(LEVEL,'FM000')||EMPLOYEE_ID,'/') ORDER2
      FROM EMPLOYEES
          START WITH  MANAGER_ID  IS NULL
          CONNECT BY PRIOR  EMPLOYEE_ID = MANAGER_ID   )
      ORDER BY ORDER2
 </select>
```

hrm.xml의 id와 HrmMapper 메서드 이름을 동일하게 하면 편리하다.

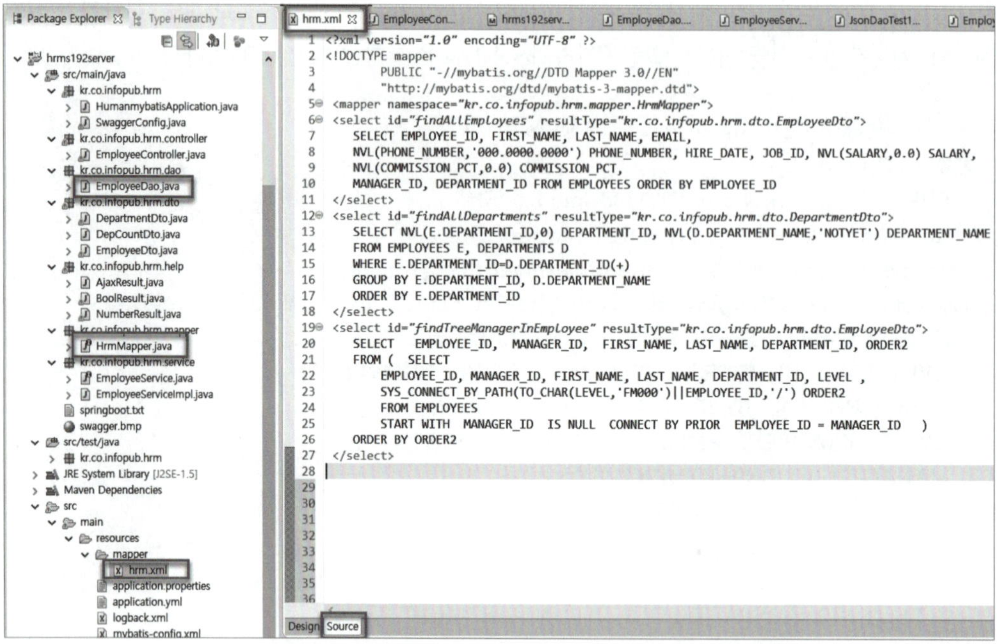

hrm.xml에 SQL 구문을 입력하고, resultType에 매핑할 DTO를 입력한다.

❷ Dao에서 MyBatis를 호출하여 구현해야 할 메서드 이름이다. 메서드 이름이 hrm.xml의 id와 동일하면 편리하다.

소스 : kr.co.infopub.hrm.mapper.HrmMapper.java

```java
package kr.co.infopub.hrm.mapper;
import java.util.List;
import java.util.Map;
import org.apache.ibatis.annotations.Mapper;
import kr.co.infopub.hrm.dto.DepCountDto;
import kr.co.infopub.hrm.dto.DepartmentDto;
import kr.co.infopub.hrm.dto.EmployeeDto;
@Mapper
public interface HrmMapper {
  public List<EmployeeDto> findAllEmployees( ) throws Exception;
  public  List<DepartmentDto> findAllDepartments ( )throws Exception;
```

```
13:   public  List<EmployeeDto> findTreeManagerInEmployee ( )throws Exception;
35: }
```

메서드 이름은 hrm.xml의 id와 동일하고, 리턴 타입은 resultType과 동일하다. ◆ 11~13

소스 : kr.co.infopub.hrm.dao.EmployeeDao.java

```
  1: package kr.co.infopub.hrm.dao;
  2: import java.util.List;
  3: import java.util.Map;
  4: import org.apache.ibatis.session.SqlSession;
  5: import org.springframework.beans.factory.annotation.Autowired;
  6: import org.springframework.stereotype.Repository;
  7: import kr.co.infopub.hrm.dto.DepCountDto;
  8: import kr.co.infopub.hrm.dto.DepartmentDto;
  9: import kr.co.infopub.hrm.dto.EmployeeDto;
 10: import kr.co.infopub.hrm.mapper.HrmMapper;
 11: @Repository
 12: public class EmployeeDao implements HrmMapper {
 13:   private String ns="kr.co.infopub.hrm.mapper.HrmMapper.";
 14:   @Autowired
 15:   private SqlSession sqlSession;
 16:
 17:   @Override
 18:   public List<EmployeeDto> findAllEmployees( ) throws Exception {
 19:      return sqlSession.selectList(ns+"findAllEmployees");
 20:   }
 21:   @Override
 22:   public List<DepartmentDto> findAllDepartments( ) throws Exception {
 23:      return  sqlSession.selectList(ns+"findAllDepartments");
 24:   }
 25:   @Override
 26:   public List<EmployeeDto> findTreeManagerInEmployee( ) throws Exception {
 27:      return  sqlSession.selectList(ns+"findTreeManagerInEmployee");
 28:   }
112: }
```

Spring에서 DAO는 @Repository를 붙인다. ◆ 11

Mapper에서 선언한 메서드를 모두 구현해야 한다. ◆ 12

15 ◆ MyBatis를 이용할 것이다.

19 ◆ SQL의 "SELECT"에 대하여 결과가 한 개이면 selectOne, 여러 개면 selectList를 사용한다. selectList(hrm.xml의 해당 id)를 이용하여 hrm.xml에 선언한 SQL을 실행한다.

4. DAO 단위 테스트

서버를 실행하지 않고 테스트를 한다.
[src/test/java]에 다음 소스를 입력한다. 그리고 [Run As]−[JUnit Test]로 테스트한다.

소스 : kr.co.infopub.hrm.DAOTest.java

```
package kr.co.infopub.hrm;
import java.util.List;
import org.junit.Test;
import org.junit.runner.RunWith;
import org.springframework.beans.factory.annotation.Autowired;
import org.springframework.boot.test.context.SpringBootTest;
import org.springframework.boot.test.context.SpringBootTest.WebEnvironment;
import org.springframework.test.context.junit4.SpringRunner;
import org.junit.Assert;
import kr.co.infopub.hrm.dao.EmployeeDao;
import kr.co.infopub.hrm.dto.EmployeeDto;
@RunWith(SpringRunner.class)
@SpringBootTest(webEnvironment=WebEnvironment.RANDOM_PORT)
public class DAOTest {
  @Autowired
  private EmployeeDao service;
  @Test
  public void test( ) {
      try {
          List<EmployeeDto> lists=service.findAllEmployees( );
          Assert.assertEquals(107, lists.size( ));   // 사원 수를 변경하세요
          Assert.assertEquals(100, lists.get(0).getEmployeeId( ));
          Assert.assertEquals("Steven", lists.get(0).getFirstName( ));
          Assert.assertEquals("King", lists.get(0).getLastName( ));
      } catch (Exception e) {
      }
  }
}
```

스프링 부트에서 테스트를 위한 @어노테이션이다. 12~13

EmployeeDao를 사용하기 직전에 스프링(Spring)이 생성하고 대입(inject)해서 사용할 수 있게 해준다. 15~16

JUnit 테스트를 위한 @어노테이션이다. 17

EmployeeDao를 사용하기 직전에 스프링이 생성하고 대입한다. 모든 고객의 정보를 리스트로 얻는다. 20

메서드를 호출하고 테스트한다. 총 사원 수를 비교한다. 21

0번째 사원의 정보를 비교한다. 사원의 아이디, 이름, 성을 비교한다. 22~24

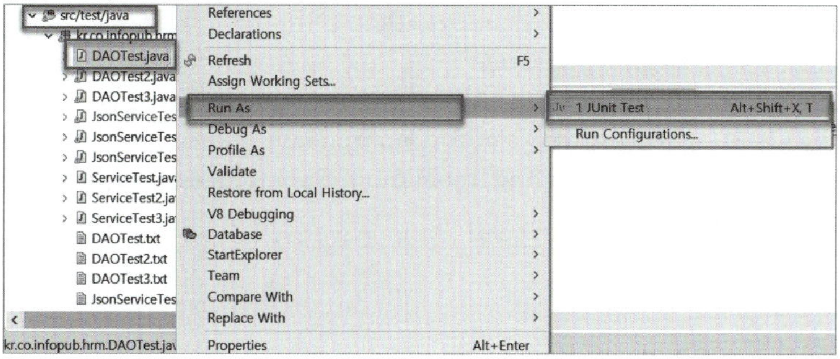

서버 실행 없이 DAO 테스트하기

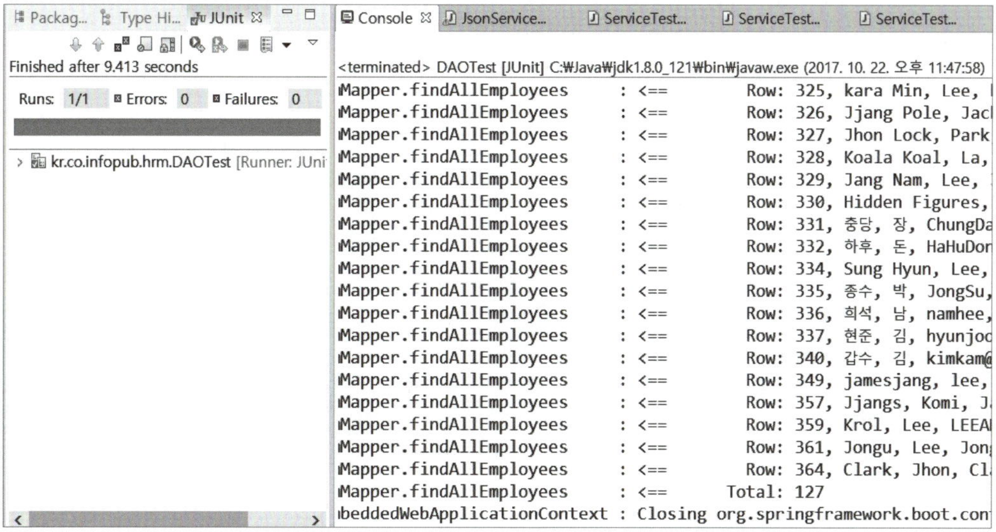

유닛 테스트가 녹색이면 성공한 것이다. 왼쪽은 과정이 출력된다.

5. DAO를 이용하여 Service 만들기

서비스용 인터페이스를 만든다.

소스 : kr.co.infopub.hrm.service.EmployeeService.java

```
 1: package kr.co.infopub.hrm.service;
 2: import java.util.List;
 3: import java.util.Map;
 5: import kr.co.infopub.hrm.dto.DepCountDto;
 6: import kr.co.infopub.hrm.dto.DepartmentDto;
 7: import kr.co.infopub.hrm.dto.EmployeeDto;
 8: public interface EmployeeService {
 9:   public List<EmployeeDto> findAllEmployees( ) throws Exception;
10:   public List<DepartmentDto> findAllDepartments ( ) throws Exception;
11:   public List<EmployeeDto> findTreeManagerInEmployee ( ) throws Exception;
29: }
```

9~11 ◆ 사용할 메서드를 선언한다.

소스 : kr.co.infopub.hrm.service.EmployeeServiceImpl.java

```
package kr.co.infopub.hrm.service;
import java.util.List;
import java.util.Map;
import org.springframework.beans.factory.annotation.Autowired;
import org.springframework.stereotype.Service;
import org.springframework.transaction.annotation.Transactional;
import kr.co.infopub.hrm.dao.EmployeeDao;
import kr.co.infopub.hrm.dto.DepCountDto;
import kr.co.infopub.hrm.dto.DepartmentDto;
import kr.co.infopub.hrm.dto.EmployeeDto;
@Service
public class EmployeeServiceImpl implements EmployeeService {
  @Autowired
  private EmployeeDao employeeDao;
  @Override
```

```
16:  @Transactional(readOnly=true)
17:  public List<EmployeeDto> findAllEmployees( ) throws Exception {
18:      return employeeDao.findAllEmployees( );
19:  }
20:  @Override
21:  @Transactional(readOnly=true)
22:  public List<DepartmentDto> findAllDepartments( ) throws Exception {
23:      return employeeDao.findAllDepartments( );
24:  }
25:  @Override
26:  @Transactional(readOnly=true)
27:  public List<EmployeeDto> findTreeManagerInEmployee( ) throws Exception {
28:      return employeeDao.findTreeManagerInEmployee( );
29:  }
120: }
```

서비스는 @Service를 붙인다. ◆ 11

EmployeeService에 선언한 메서드를 반드시 구현해야 한다. ◆ 12

DAO를 이용할 것이다. ◆ 14

모든 사원의 정보를 리스트에 저장하여 반환한다. ◆ 18

사원이 있는 부서의 정보를 리스트에 저장하여 반환한다. ◆ 23

트리 구조의 관리자와 관리자의 부하 직원 관계를 리스트에 저장하고 반환한다. ◆ 28

6. Service 단위 테스트

서버를 실행하지 않고 테스트를 한다.

[src/test/java]에 다음 소스를 입력한다. 그리고 [Run As]-[JUnit Test]로 테스트한다.

소스 : kr.co.infopub.hrm.ServiceTest.java

```java
1: package kr.co.infopub.hrm;
2: import java.util.List;
3: import org.junit.Test;
4: import org.junit.runner.RunWith;
5: import org.springframework.beans.factory.annotation.Autowired;
6: import org.springframework.boot.test.context.SpringBootTest;
7: import org.springframework.boot.test.context.SpringBootTest.WebEnvironment;
8: import org.springframework.test.context.junit4.SpringRunner;
9: import org.junit.Assert;
10: import kr.co.infopub.hrm.dto.EmployeeDto;
11: import kr.co.infopub.hrm.service.EmployeeService;
12: @RunWith(SpringRunner.class)
13: @SpringBootTest(webEnvironment=WebEnvironment.RANDOM_PORT)
14: public class ServiceTest {
15:   @Autowired
16:   private EmployeeService service;
17:   @Test
18:   public void test( ) {
19:       try {
20:             List<EmployeeDto> lists=service.findAllEmployees( );
21:             Assert.assertEquals(107, lists.size( ));   // 사원 수를 변경하세요
22:             Assert.assertEquals(100, lists.get(0).getEmployeeId( ));
23:             Assert.assertEquals("Steven", lists.get(0).getFirstName( ));
24:             Assert.assertEquals("King", lists.get(0).getLastName( ));
25:       } catch (Exception e) {
26:       }
27:   }
28: }
```

12~13 ◆ 스프링 부트에서 테스트하기 위한 @어노테이션이다.

15~16 ◆ EmployeeService를 사용하기 직전에 스프링을 생성하고 대입(inject)해서 사용할 수 있게 해준다.

17 ◆ JUnit 테스트를 위한 @어노테이션이다.

20 ◆ EmployeeService를 사용하기 직전에 스프링을 생성하고 대입한다. 모든 고객의 정보를 리스트로 얻는다.

메서드를 호출하고 테스트한다. 총 사원 수를 비교한다. 21

0번째 사원의 정보를 비교한다. 사원의 아이디, 이름, 성을 비교한다. 22~24

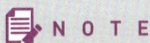

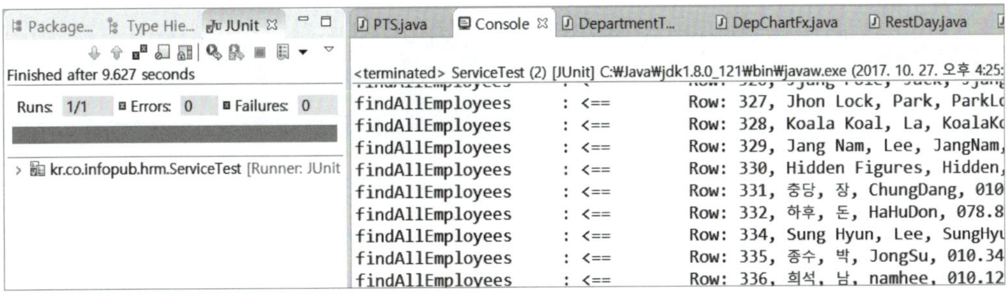

| 결과화면 |

N O T E

STS(Spring Tool Suit)를 사용하면 편리하다.

실무 193

Spring Boot, Swagger를 이용하여 Restful 서비스 배포하기

• **학습 내용 :** Restful 서비스를 만들고 테스트해 보자.
• **힌트 내용 :** Swagger를 이용하여 Restful 서비스에 대한 설명(API)을 만든다.

예제 192의 서버를 만드는 순서에 이어서 남은 부분은 다음과 같다.

1. Service 클래스를 이용하여 Controller 만들기

2. Controller 단위 테스트

3. Restful 서비스 통합 테스트(Swagger API)

1. Service 클래스를 이용하여 Controller 만들기

소스 : kr.co.infopub.hrm.dao.controller.EmployeeController.java

```
package kr.co.infopub.hrm.controller;
import java.util.Date;
import java.util.List;
import org.slf4j.Logger;
import org.slf4j.LoggerFactory;
import org.springframework.beans.factory.annotation.Autowired;
import org.springframework.http.HttpStatus;
import org.springframework.http.ResponseEntity;
import org.springframework.web.bind.annotation.RequestMapping;
import org.springframework.web.bind.annotation.RequestMethod;
import org.springframework.web.bind.annotation.RestController;
import io.swagger.annotations.Api;
import io.swagger.annotations.ApiOperation;
import kr.co.infopub.hrm.dto.DepCountDto;
import kr.co.infopub.hrm.dto.DepartmentDto;
import kr.co.infopub.hrm.dto.EmployeeDto;
import kr.co.infopub.hrm.help.NumberResult;
import kr.co.infopub.hrm.service.EmployeeService;
@RestController
```

```
@RequestMapping("/api")
@Api(value="hrm", description="Human Resouces Management - Oracle DBM DB
        Schema")
public class EmployeeController {
  public static final Logger logger =
        LoggerFactory.getLogger(EmployeeController.class);
  private String to__(String v) {
    return v.replaceAll(" ", "%20");
  }
  private String __to(String v) {
    return v.replaceAll("%20", " ");
  }
  @Autowired
  private EmployeeService  employeeService;

  @ApiOperation(value = "모든 사원의 정보를 반환한다.", response = List.class)
  @RequestMapping(value = "/findAllEmployees", method = RequestMethod.GET)
  public ResponseEntity<List<EmployeeDto>> findAllEmployees( ) throws Exception {
    logger.info("1-------------findAllEmployees----------------"+new Date( ));
    List<EmployeeDto> emps = employeeService.findAllEmployees( );
    if (emps.isEmpty( )) {
        return new ResponseEntity(HttpStatus.NO_CONTENT);
    }
    return new ResponseEntity<List<EmployeeDto>>(emps, HttpStatus.OK);
  }
  @ApiOperation(value = "모든 부서의 정보를 반환한다. "
        + "적어도 1명 이상의 사원이 있는 부서만 반환한다.", response = List.class)
  @RequestMapping(value = "/findAllDepartments", method = RequestMethod.GET)
  public ResponseEntity<List<DepartmentDto>> findAllDepartments( ) throws Exception {
    logger.info("2-------------findAllDepartments--------"+new Date( ));
    List<DepartmentDto> emps = employeeService.findAllDepartments( );
    if (emps.isEmpty( )) {
        return new ResponseEntity(HttpStatus.NO_CONTENT);
    }
    return new ResponseEntity<List<DepartmentDto>>(emps, HttpStatus.OK);
  }
  @ApiOperation(value = " 사원과 관리자 관계를 트리로 반환한다.", response = List.class)
  @RequestMapping(value = "/findTreeManagerInEmployee", method = Request
            Method.GET)
  public ResponseEntity<List<EmployeeDto>> findTreeManagerInEmployee( )
```

```
60:             throws Exception {
61:     logger.info("3-------findTreeManagerInEmployee--------"+new Date( ));
62:     List<EmployeeDto> emps = employeeService.findTreeManagerInEmployee( );
63:     if (emps.isEmpty( )) {
64:         return new ResponseEntity(HttpStatus.NO_CONTENT);
65:     }
66:     return new ResponseEntity<List<EmployeeDto>>(emps, HttpStatus.OK);
67: }
68: @ApiOperation(value = " 관리자와 사원의 관계를 트리로 만들 때 최대 leaf값을 반환한다.",
69:             response = NumberResult.class)
70: @RequestMapping(value = "/getTreeMaxLevel", method = RequestMethod.GET)
71: public ResponseEntity<NumberResult> getTreeMaxLevel( ) throws Exception {
72:     logger.info("4---------getTreeMaxLevel--------"+new Date( ));
73:     int total = employeeService.getTreeMaxLevel( );
74:     NumberResult nr=new NumberResult( );
75:     nr.setCount(total);
76:     nr.setName("getTreeMaxLevel");
77:     nr.setState("succ");
78:     if (total<=0) {
79:         return new ResponseEntity(HttpStatus.NO_CONTENT);
80:     }
81:     return new ResponseEntity<NumberResult>(nr, HttpStatus.OK);
82: }
83: @ApiOperation(value = " 각 부서에 소속된 사원 수, 부서 번호, 부서 이름을 반환한다.",
84:             response = List.class)
85: @RequestMapping(value = "/findAllDepCounts", method = RequestMethod.GET)
86: public ResponseEntity<List<DepCountDto>> findAllDepCounts( ) throws Exception {
87:     logger.info("5--------findAllDepCounts---------------"+new Date( ));
88:     List<DepCountDto> emps = employeeService.findAllDepCounts( );
89:     if (emps.isEmpty( )) {
90:         return new ResponseEntity(HttpStatus.NO_CONTENT);
91:     }
92:     return new ResponseEntity<List<DepCountDto>>(emps, HttpStatus.OK);
93: }
94: }
```

19 ◆ Restful 서비스를 만들기 위해 @RestController 어노테이션을 붙인다.

20 ◆ 모든 경로에 "/api"를 붙인다.

Swagger를 이용하여 API의 설명을 붙인다. description은 컨트롤러에 대한 설명이다. ◆ 21

공백을 %20으로 변환한다. 웹은 경로에 절대로 공백이 들어가지 않는다. 한 예로, "A B"라면 "A%20B"로 만든다. ◆ 26~28

%20을 공백으로 변환한다. ◆ 29~31

Service 클래스가 DAO를 호출하여 DB에서 정보를 얻는다. ◆ 33

Swagger를 이용하여 메서드에 대한 설명을 붙인다. response는 이 메서드의 리턴 타입이다. ◆ 35

위에서 모든 경로에 "/api"를 붙이기 때문에 경로에서 "/api/findAllEmployees"를 호출하면 모든 사원의 정보를 제공한다. JSON(Restful의 서비스 타입은 JSON이다.) 서비스를 제공한다. 클라이언트는 이 JSON을 받아서 List〈EmployeeDto〉 타입으로 변환해서 사용한다. ◆ 36

Service 클래스의 메서드를 호출하여 사원의 정보를 리스트로 얻는다. ◆ 39

리스트를 JSON 형태로 변환해서 Restful 서비스를 제공한다. Restful 서비스는 웹서비스로 서버와 클라이언트 사이에서 JSON 형태의 텍스트를 제공한다. 성공하면 OK 200을 띄운다. 그 이외의 메시지는 실패를 의미한다. ◆ 43

Swagger를 이용하여 메서드에 대한 설명을 붙인다. response는 이 메서드의 리턴 타입이다. ◆ 45

경로에서 "/api/findAllDepartments"를 호출하면 부서원이 있는 부서의 정보를 제공한다. ◆ 47

리스트를 JSON 형태로 변환해서 Restful 서비스를 제공한다. ◆ 54

경로에서 "/api/findTreeManagerInEmployee"를 호출하면 관리자와 부하 직원의 관계 정보를 제공한다. ◆ 57

관리자와 부하 직원 관계 리스트를 JSON 형태로 변환해서 Restful 서비스를 제공한다. ◆ 66

최대 레벨 크기를 반환한다. ◆ 71

정수를 JSON으로 변환한다. ◆ 74~75

부서 정보(부서 이름, 부서원 수)를 반환한다. ◆ 86

2. Controller 단위 테스트

[src/test/java]에 테스트 파일을 만들고 클래스에 @RunWith, @SpringBootTest 어노테이션을 붙인다. 테스트할 메서드에 @Test 어노테이션을 붙인다. [Run As]-[JUnit Test]로 테스트를 한다.

소스 : kr.co.infopub.hrm.JsonServiceTest.java

```
1: package kr.co.infopub.hrm;
2: import java.util.LinkedHashMap;
3: import java.util.List;
4: import org.junit.Assert;
5: import org.junit.Test;
6: import org.junit.runner.RunWith;
7: import org.springframework.beans.factory.annotation.Autowired;
8: import org.springframework.boot.test.context.SpringBootTest;
9: import org.springframework.boot.test.context.SpringBootTest.WebEnvironment;
10: import org.springframework.boot.test.web.client.TestRestTemplate;
11: import org.springframework.http.HttpStatus;
12: import org.springframework.http.ResponseEntity;
13: import org.springframework.test.context.junit4.SpringRunner;
14: @RunWith(SpringRunner.class)
15: @SpringBootTest(webEnvironment=WebEnvironment.RANDOM_PORT)
16: public class JsonServiceTest {
17:   @Autowired
18:   private TestRestTemplate restTemplate;
19:   @Test
20:   public void test( ) {
21:       ResponseEntity<List> res=
22:       this.restTemplate.getForEntity("/api/findAllEmployees", List.class);
23:       List<LinkedHashMap<String, Object>> usersMap =res.getBody( );
24:       System.out.println(usersMap.get(0));
25:       Assert.assertEquals(usersMap.get(0).get("employeeId").toString( ),"100");
26:       Assert.assertEquals(usersMap.get(0).get("firstName"),"Steven");
27:       Assert.assertEquals(usersMap.get(0).get("lastName"),"King");
28:       Assert.assertEquals(res.getStatusCode( ), HttpStatus.OK);
29:   }
30: }
```

14~15 ◆ 스프링 부트에서 테스트하기 위한 @어노테이션이다.

Restful로 서비스하는 정보를 찾고 가져오기 위해서 필요하다. 17~18

JUnit 테스트를 위한 @어노테이션이다. 19

Restful 서비스 중에서 "/api/findAllEmployees"로 등록된 메서드를 호출한다. JSON 텍스트를 List 타입으로 변환해서 받는다. List는 "key=value"로 되어 있는 맵을 갖고 있다. 22

0번째 사원의 정보를 출력한다. 24

0번째 사원의 "employeeId"를 가져와서 비교한다. 필자의 DB에서는 "100"이다. 25

0번째 사원의 해당 키로 값을 가져와서 비교한다. 26~27

웹서비스를 정상적으로 사용했다면 200(OK)이 된다. 28

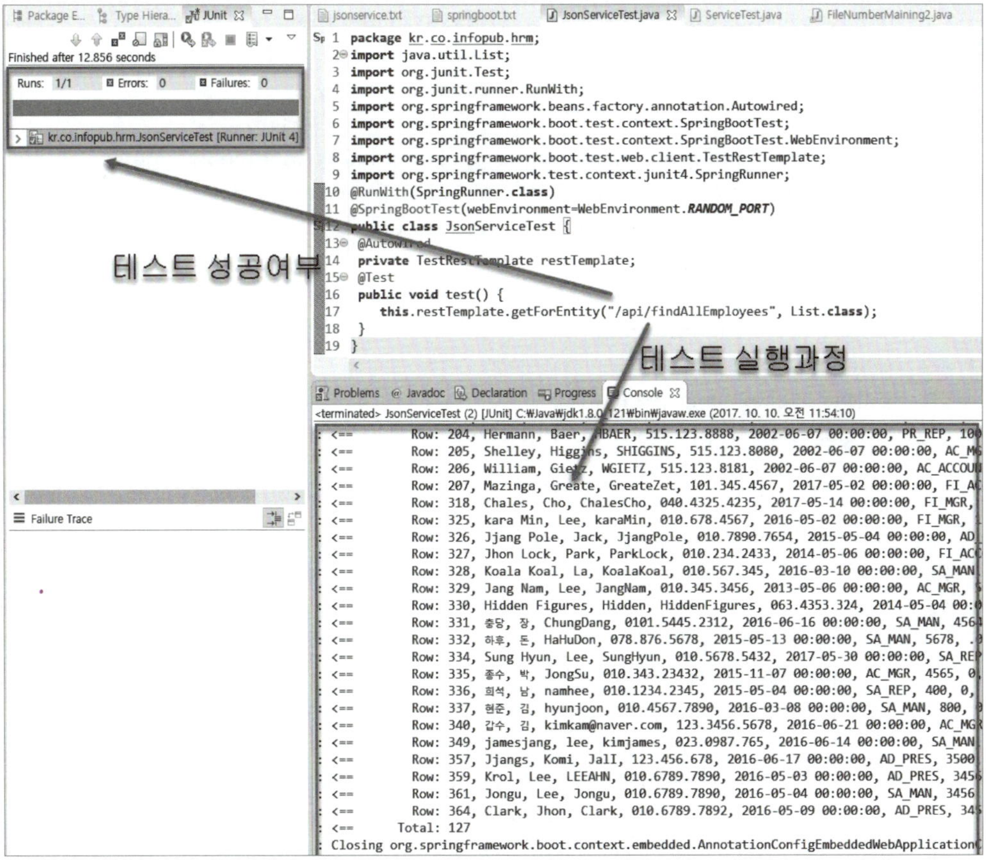

서버를 실행시키지 않고 JUnit을 이용하여 테스트하기

3. Restful 서비스 통합 테스트(Swagger API)

Swager 환경변수를 설정한다.

참고 다음 예제 소스는 [hrm10]–[src/main/java] 폴더(Java 8 사용자의 경우 [hrm]–[src/main/java]) 안에서 확인할 수 있다.

소스 : kr.co.infopub.hrm.SwaggerConfig.java

```java
package kr.co.infopub.hrm;
import org.springframework.context.annotation.Bean;
import org.springframework.context.annotation.Configuration;
import com.google.common.base.Predicate;
import springfox.documentation.builders.ApiInfoBuilder;
import springfox.documentation.service.ApiInfo;
import springfox.documentation.spi.DocumentationType;
import springfox.documentation.spring.web.plugins.Docket;
import springfox.documentation.swagger2.annotations.EnableSwagger2;
import static springfox.documentation.builders.PathSelectors.regex;
import static com.google.common.base.Predicates.or;
@Configuration
@EnableSwagger2
public class SwaggerConfig {
  @Bean
  public Docket postsApi( ) {
      return new Docket(DocumentationType.SWAGGER_2).groupName("public-api")
                  .apiInfo(apiInfo( )).select( ).paths(postPaths( )).build( );
  }
  private Predicate<String> postPaths( ) {
      return or(regex("/api/posts.*"), regex("/api.*"));
  }
  private ApiInfo apiInfo( ) {
      return new ApiInfoBuilder( ).title("humans API")
                  .description("humans API reference for developers")
                  .termsOfServiceUrl("http://humans.com/honnynoop")
                  .contact("honnynoop@naver.com").license("humans License")
                  .licenseUrl("honnynoop@naver.com").version("1.0").build( );
  }
}
```

Swagger를 위한 환경 설정이다. Restful 서비스의 정보(API)를 만들기 위해 필요하다. ◆ 12~22

API 메인 화면에 표시할 Restful 서비스 정보를 입력한다. ◆ 23~28

Swagger(https://swagger.io/)는 Restful 서비스 정보를 제공하여 편리하게 사용할 수 있게 하는 프레임워크이다. Swagger 환경 설정용 클래스를 구현한다. 그리고 API를 제공하려면 @어노테이션을 붙인다.

a. 컨트롤러 클래스에

@Api(value="hrm", description="Human Resouces Management – Oracle DBM DB Schema")

b. 메서드에

@ApiOperation(value = "모든 사원의 정보를 반환한다.", response = List.class)와 같이 @어노테이션을 붙인다.

메인(kr.co.infopub.hrm.HumanmybatisApplication.java)을 실행하고 웹브라우저 주소창에 http://localhost:8199/humans/swagger-ui.html을 입력하면 API를 볼 수 있다. 예제 192에서 설정한 환경 변수에서 포트(port)와 컨텍스트(contextPath)를 이용한다.
[s192.application.yml] 서비스 환경이다.

```
server:
  port: 8199
  contextPath: /humans
```

소스 : kr.co.infopub.hrm.HumanmybatisApplication.java

```
 1: package kr.co.infopub.hrm;
 2: import org.springframework.boot.SpringApplication;
 3: import org.springframework.boot.autoconfigure.SpringBootApplication;
 4: import org.springframework.transaction.annotation.EnableTransactionManagement;
 5: @SpringBootApplication
 6: @EnableTransactionManagement
 7: public class HumanmybatisApplication {
 8:   // 이것을 실행하면 레스트풀 메인 시작
 9:     public static void main(String[ ] args) {
10:         SpringApplication.run(HumanmybatisApplication.class, args);
11:     }
12: }
```

스프링 부트로 웹서비스를 제공한다. ◆ 5~6

[소스-HumanmybatisApplication.java]를 실행하면 서버가 실행된다. Restful 서비스 API를 확인하자.

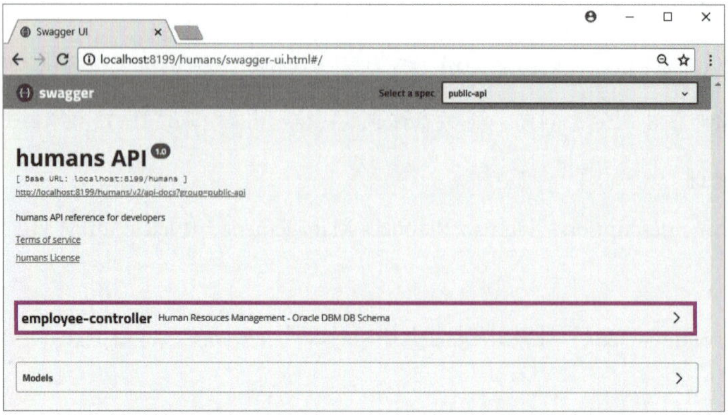

swagger를 이용하여 Restful 서비스에 대한 사용 방법(API)을 공개한다.

또한 제공하는 API 메서드를 선택하고 [Try it out] 버튼을 클릭하면 Restful 서비스 결과를 볼 수 있다. 서비스는 JSON으로 제공한다.

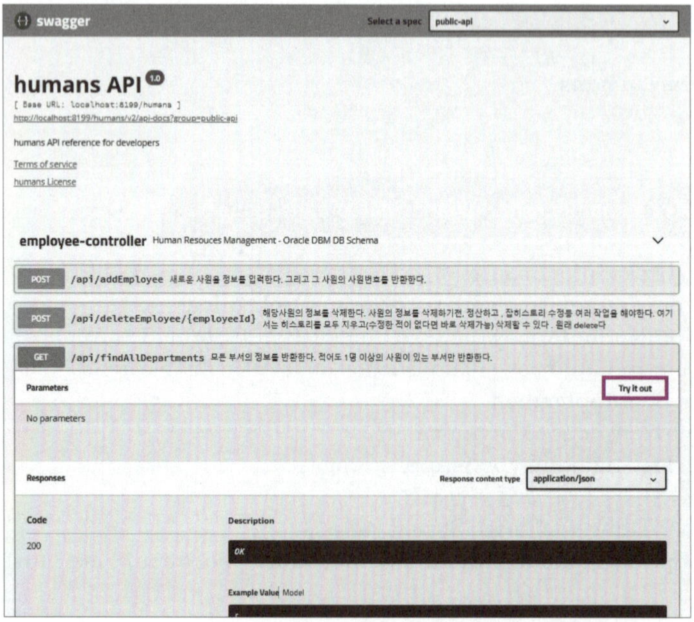

메서드를 선택하고 [Try it out] 버튼을 클릭하면 Restful 서비스 결과를 볼 수 있다.

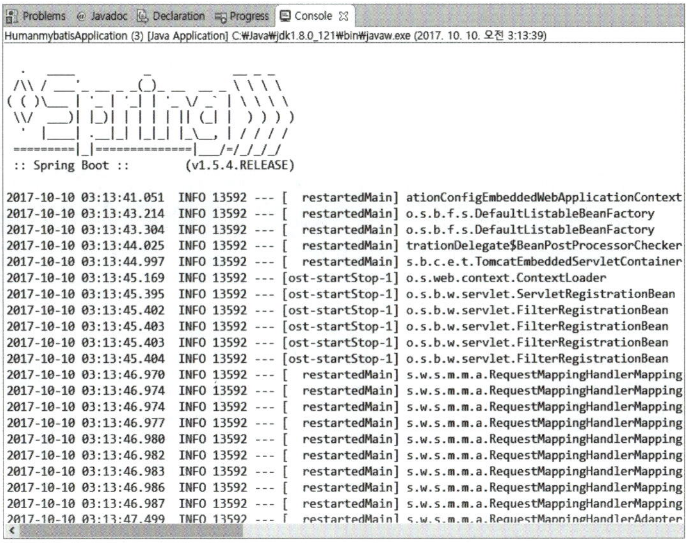
Problems
Javadoc
Declaration
Progress
Console
HumanmybatisApplication (3) [Java Application] C:₩Java₩jdk1.8.0_121₩bin₩javaw.exe (2017. 10. 10. 오전 3:13:39)
:: Spring Boot ::   (v1.5.4.RELEASE)
2017-10-10 03:13:41.051 INFO 13592 --- [restartedMain] ationConfigEmbeddedWebApplicationContext
2017-10-10 03:13:43.214 INFO 13592 --- [restartedMain] o.s.b.f.s.DefaultListableBeanFactory
2017-10-10 03:13:43.304 INFO 13592 --- [restartedMain] o.s.b.f.s.DefaultListableBeanFactory
2017-10-10 03:13:44.025 INFO 13592 --- [restartedMain] trationDelegate$BeanPostProcessorChecker
2017-10-10 03:13:44.997 INFO 13592 --- [restartedMain] s.b.c.e.t.TomcatEmbeddedServletContainer
2017-10-10 03:13:45.169 INFO 13592 --- [ost-startStop-1] o.s.web.context.ContextLoader
2017-10-10 03:13:45.395 INFO 13592 --- [ost-startStop-1] o.s.b.w.servlet.ServletRegistrationBean
2017-10-10 03:13:45.402 INFO 13592 --- [ost-startStop-1] o.s.b.w.servlet.FilterRegistrationBean
2017-10-10 03:13:45.403 INFO 13592 --- [ost-startStop-1] o.s.b.w.servlet.FilterRegistrationBean
2017-10-10 03:13:45.403 INFO 13592 --- [ost-startStop-1] o.s.b.w.servlet.FilterRegistrationBean
2017-10-10 03:13:45.404 INFO 13592 --- [ost-startStop-1] o.s.b.w.servlet.FilterRegistrationBean
2017-10-10 03:13:46.970 INFO 13592 --- [restartedMain] s.w.s.m.m.a.RequestMappingHandlerMapping
2017-10-10 03:13:46.974 INFO 13592 --- [restartedMain] s.w.s.m.m.a.RequestMappingHandlerMapping
2017-10-10 03:13:46.974 INFO 13592 --- [restartedMain] s.w.s.m.m.a.RequestMappingHandlerMapping
2017-10-10 03:13:46.977 INFO 13592 --- [restartedMain] s.w.s.m.m.a.RequestMappingHandlerMapping
2017-10-10 03:13:46.980 INFO 13592 --- [restartedMain] s.w.s.m.m.a.RequestMappingHandlerMapping
2017-10-10 03:13:46.982 INFO 13592 --- [restartedMain] s.w.s.m.m.a.RequestMappingHandlerMapping
2017-10-10 03:13:46.983 INFO 13592 --- [restartedMain] s.w.s.m.m.a.RequestMappingHandlerMapping
2017-10-10 03:13:46.986 INFO 13592 --- [restartedMain] s.w.s.m.m.a.RequestMappingHandlerMapping
2017-10-10 03:13:46.987 INFO 13592 --- [restartedMain] s.w.s.m.m.a.RequestMappingHandlerMapping

스프링 부트를 이용하여 서버 실행하기

크롬 웹 스토어(https://chrome.google.com/webstore)에서 Postman Interceptor를 설치한다. 주소 창 오른쪽에 만들어진 아이콘을 클릭하고 [Postman Chrome app]을 클릭하여 Postman을 설치한다.

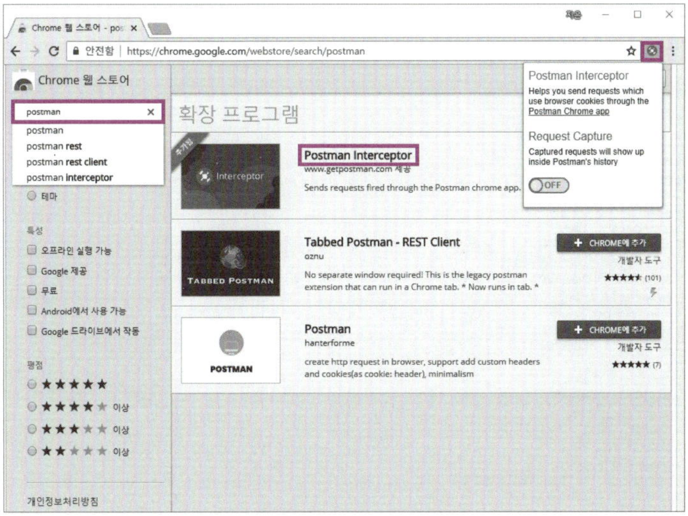
https://chrome.google.com/webstore/search/postman
Chrome 웹 스토어
postman
확장 프로그램
Postman Interceptor
Helps you send requests which use browser cookies through the Postman Chrome app
Request Capture
Captured requests will show up inside Postman's history
OFF
Sends requests fired through the Postman chrome app.
Tabbed Postman - REST Client
No separate window required! This is the legacy postman extension that can run in a Chrome tab. * Now runs in tab. *
CHROME에 추가
개발자 도구
Postman
hanterforme
create http request in browser, support add custom headers and cookies(as cookie: header), minimalism
CHROME에 추가
개발자 도구
특성
오프라인 실행 가능
Google 제공
무료
Android에서 사용 가능
Google 드라이브에서 작동
평점
개인정보처리방침

크롬 어플리케이션 포스트맨

Postman을 실행하고 주소 입력 창에 서비스 결과를 확인하고자 하는 주소를 입력한다. 주소 입력 창 오른쪽에서 메서드 타입(GET, POST, PUT, DELETE)을 선택하고 [Send] 버튼을 클릭하면 서버에서 제공하는 JSON 서비스 결과를 확인할 수 있다.

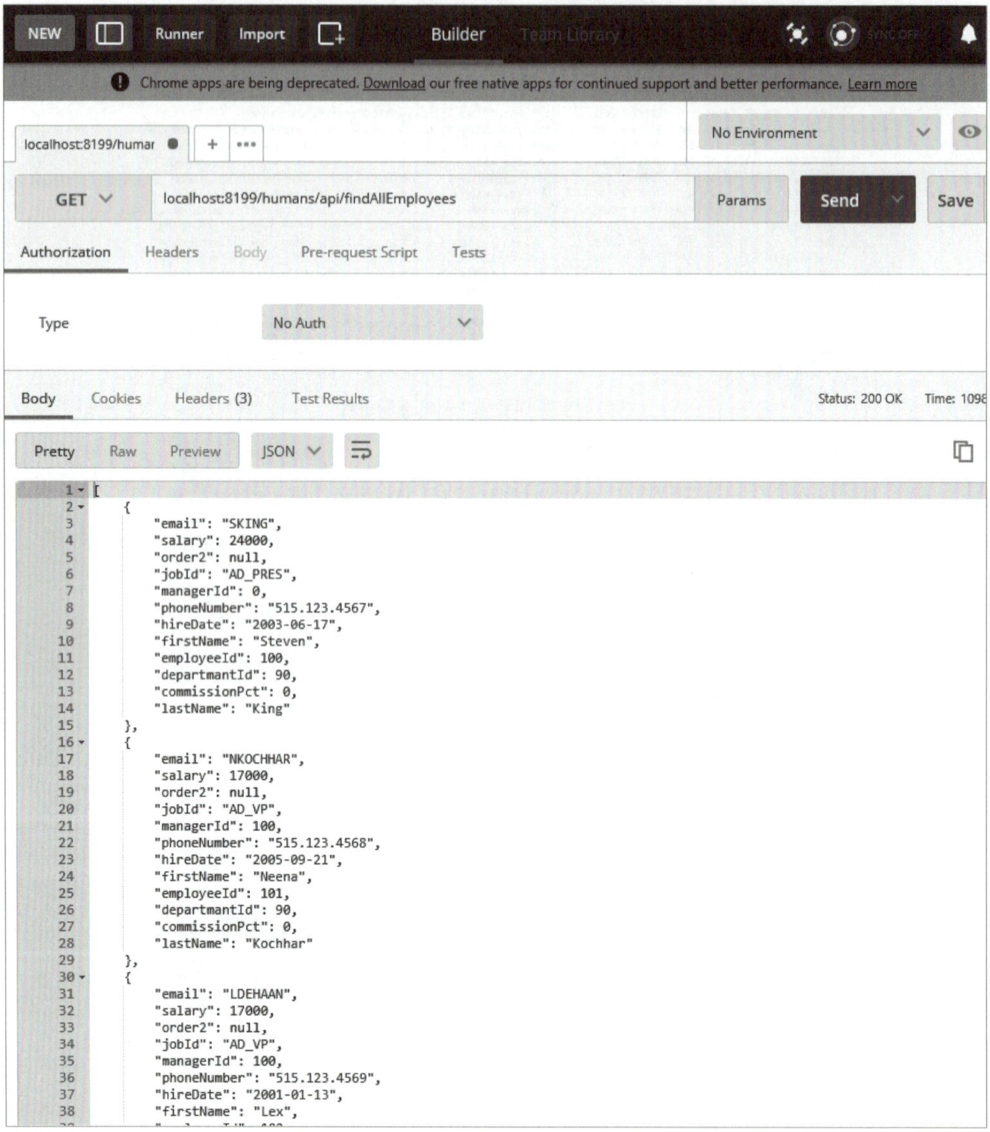

Postman에서 findAllEmployees 서비스를 확인하는 모습

Spring Boot로 Restful 서비스 사용자 만들기

실무 194

• **학습 내용 :** Spring Boot로 Restful 서비스 사용자를 만들어 보자.
• **힌트 내용 :** Swagger로 만든 Restful 서비스 API를 사용한다.

스프링 부트로 사용자를 만들기 위해서 예제 192와 같은 방법으로 메이븐 프로젝트를 만들고 pom.xml을 수정한다. DB와 서버 정보는 필요 없기 때문에 [src/main/resources] 폴더 부분은 만들지 않는다.

사용자(Client)는 서버쪽 Swagger로 만든 API(서비스 설명)를 참고하여 Restful 서비스 이름을 호출한다. JsonDao는 서버에서 제공하는 Restful 서비스를 해당 이름으로 호출한다. JsonDao는 JSON 텍스트에서 DTO를 저장하는 리스트로 변환한다. Service 객체는 리스트〈DTO〉를 JavaFX 화면에 적합한 ObservableList〈프로퍼티〉로 변환한다.

3개의 Restful 서비스에 대해서만 구현하고 테스트했으나 이번 예제에서 사용하는 소스에는 13개 Restful 서비스가 더 있다.

| 표 | Restful 서비스 메서드 종류와 사용법

사용	설명	메서드	아규먼트	리턴 타입
List〈LinkedHashMap〈String, Object〉〉 usersMap = restTemplate.getForObject(REST_SERVICE_URI +"/findAllEmployees", List.class);	모든 사원	GET		List
List〈LinkedHashMap〈String, Object〉〉 usersMap = restTemplate.getForObject(REST_SERVICE_URI +"/findAllDepartments",List.class);	사원이 있는 부서	GET		List
List〈LinkedHashMap〈String, Object〉〉 usersMap = restTemplate.getForObject(REST_SERVICE_URI +"/findTreeManagerInEmployee", List.class);	관리자/부하 직원 관계 트리 구조	GET		List
List〈LinkedHashMap〈String, Object〉〉 usersMap = restTemplate.getForObject(REST_SERVICE_URI +"/findEmployeesByDepartName/" +to__(department_name), List.class);	부서에 근무하는 사원	GET	부서이름	List
NumberResult nresult = restTemplate.getForObject(REST_SERVICE_URI +"/getEmployeesTotal", NumberResult.class);	전체 사원 수	GET		int

사용	설명	메서드	아규먼트	리턴 타입
List〈LinkedHashMap〈String, Object〉〉 usersMap = restTemplate.getForObject(REST_SERVICE_URI +"/findAllDepCounts", List.class);	부서와 부서에 근무하는 사원 수	GET		List
List〈Object〉 usersMap = restTemplate.getForObject(REST_SERVICE_URI +"/findAllJobs", List.class);	작업	GET		List
List〈LinkedHashMap〈String, Object〉〉 usersMap = restTemplate.getForObject(REST_SERVICE_URI +"/findEmployeesByManagerId/"+managerId, List.class);	해당 관리자의 부하 직원	GET	관리자 아이디	List
List〈LinkedHashMap〈String, Object〉〉 usersMap = restTemplate.getForObject(REST_SERVICE_URI +"/findEmployeesByEmpId/"+employeeId, List.class);	해당 사원부터 시작하여 관리자/부하 직원 관계 트리 구조	GET	사원 아이디	List
EmployeeDto nresult = restTemplate.getForObject(REST_SERVICE_URI +"/findEmployeeById/" +employeeId, EmployeeDto.class);	해당 사원	GET	사원 아이디	사원 DTO
List〈LinkedHashMap〈String, Object〉〉 usersMap= restTemplate.getForObject(REST_SERVICE_URI+"/findManagersByName/"+__to(name), List.class);	이름으로 사원 찾기	GET	사원 이름	List
NumberResult nresult = restTemplate.getForObject(REST_SERVICE_URI+"/getTreeMaxLevel", NumberResult.class);	최대 트리 레벨	GET		int
NumberResult nresult = restTemplate.postForObject(REST_SERVICE_URI +"/addEmployee", emp, NumberResult.class);	추가된 사원 아이디	POST		int
BoolResult nresult = restTemplate.postForObject(REST_SERVICE_URI +"/updateEmployee", emp, BoolResult.class);	사원 정보 수정에 성공하면 true	POST (PUT)	사원 DTO	boolean
BoolResult nresult = restTemplate.postForObject(REST_SERVICE_URI +"/updateJobHistory", emp, BoolResult.class);	사원 이력 수정에 성공하면 true	POST (PUT)	사원 DTO	boolean
BoolResult nresult = restTemplate.postForObject(REST_SERVICE_URI +"/deleteEmployee/"+emp.getEmployeeId(), null ,BoolResult.class);	사원 삭제에 성공하면 true	POST (DELETE)	사원 아이디	boolean

참고 다음 예제 소스는 [hrmclient10]–[src/main/java] 폴더(Java 8 사용자의 경우 [hrmclient]–[src/main/java]) 안에서 확인할 수 있다.

소스 : kr.co.infopub.chapter.s194.model.EmployeeRestJsonDao.java

```java
package kr.co.infopub.chapter.s194.model;
import java.sql.SQLException;
import java.util.ArrayList;
import java.util.LinkedHashMap;
import java.util.List;
import org.springframework.web.client.RestTemplate;
import kr.co.infopub.chapter.s194.dto.DepCountDto;
import kr.co.infopub.chapter.s194.dto.DepartmentDto;
import kr.co.infopub.chapter.s194.dto.EmployeeDto;
import kr.co.infopub.chapter.s194.help.BoolResult;
import kr.co.infopub.chapter.s194.help.NumberResult;
public class EmployeeRestJsonDao {
  public static final String REST_SERVICE_URI = "http://localhost:8199/humans/api";
  // Object -> String -> int
  public static int tI(Object obj) {
     if(obj==null){ return 0;
     } else {
         return Integer.parseInt(obj.toString( ));
     }
  }
  // Object -> String -> double
  public static double td(Object obj) {
     if(obj==null){ return 0.0;
     }else {
         return Double.parseDouble(obj.toString( ));
     }
  }
  // Object -> String
  public static String ts(Object obj) {
     if(obj==null){ return "";
     } else {
         return (String)obj;
     }
  }
  // String -> java.sql.Date
  public static java.sql.Date tq(String obj) {
     if(obj==null || obj.equals("")) {
         return new java.sql.Date(new java.util.Date( ).getTime( ));
     } else {
         return java.sql.Date.valueOf(obj);
     }
```

```
}
// 공백 -> %20
public static String to__(String v) {
    return v.replaceAll(" ", "%20");
}
// %20 -> 공백
public static String __to(String v) {
    return v.replaceAll("%20", " ");
}
// http://localhost:8199/humans/api/findAllEmployees
// Restful JSON -> List<LinkedHashMap<String, Object>>
//                    -> List<EmployeeDto>
public List<EmployeeDto> findAllEmployees( ) throws SQLException {
    System.out.println("Testing findAllEmployees API-----------");
    RestTemplate restTemplate = new RestTemplate( );
    List<LinkedHashMap<String, Object>> usersMap =
    restTemplate.getForObject(REST_SERVICE_URI+"/findAllEmployees",
                                                        List.class);
    List<EmployeeDto> lists=new ArrayList<>( );
    if(usersMap!=null) {
        for(LinkedHashMap<String, Object> map : usersMap) {
            EmployeeDto dto=new EmployeeDto( );
            dto.setEmail(ts(map.get("email")));
            dto.setSalary(td(map.get("salary")));
            dto.setFirstName(ts(map.get("firstName")));
            dto.setPhoneNumber(ts(map.get("phoneNumber")));
            dto.setHireDate(tq(ts(map.get("hireDate"))));
            dto.setJobId(ts(map.get("jobId")));
            dto.setEmployeeId(tI(map.get("employeeId")));
            dto.setLastName(ts(map.get("lastName")));
            dto.setManagerId(tI(map.get("managerId")));
            dto.setCommissionPct(td(map.get("commissionPct")));
            dto.setDepartmantId(tI(map.get("departmantId")));
            lists.add(dto);
        }
    } else {
        System.out.println("No findAllEmployees exist----------");
    }
    return lists;
}
// http://localhost:8199/humans/api/findAllDepartments
// Restful JSON -> List<LinkedHashMap<String, Object>>
//                    -> List<DepartmentDto>
```

```
public List<DepartmentDto> findAllDepartments ( ) throws SQLException {
   System.out.println("Testing findAllDepartments API-----------");
   RestTemplate restTemplate = new RestTemplate( );
   List<LinkedHashMap<String, Object>> usersMap =
   restTemplate.getForObject(REST_SERVICE_URI+"/findAllDepartments",
                                                                  List.class);
   List<DepartmentDto> lists=new ArrayList<>( );
   if(usersMap!=null) {
        for(LinkedHashMap<String, Object> map : usersMap) {
             DepartmentDto dto=new DepartmentDto( );
             dto.setDepartment_id(tI(map.get("department_id")));
             dto.setDepartment_name(ts(map.get("department_name")));
             dto.setManager_id(tI(map.get("manager_id")));
             dto.setLocation_id(tI(map.get("location_id")));
             lists.add(dto);
        }
   } else {
        System.out.println("No findAllDepartments exist----------");
   }
   return lists;
}
// http://localhost:8199/humans/api/findTreeManagerInEmployee
// Restful JSON -> List<LinkedHashMap<String, Object>>
//                  -> List<EmployeeDto>
public  List<EmployeeDto> findTreeManagerInEmployee ( ) throws SQLException {
   System.out.println("Testing findTreeManagerInEmployee API-----------");
   RestTemplate restTemplate = new RestTemplate( );
   List<LinkedHashMap<String, Object>> usersMap =
   restTemplate.getForObject(REST_SERVICE_URI+"/findTreeManagerInEmployee",
                                                                  List.class);
   List<EmployeeDto> lists=new ArrayList<>( );
   if(usersMap!=null) {
        for(LinkedHashMap<String, Object> map : usersMap) {
             EmployeeDto dto=new EmployeeDto( );
             dto.setFirstName(ts(map.get("firstName")));
             dto.setEmployeeId(tI(map.get("employeeId")));
             dto.setLastName(ts(map.get("lastName")));
             dto.setManagerId(tI(map.get("managerId")));
             dto.setDepartmantId(tI(map.get("departmantId")));
             dto.setOrder2(ts(map.get("order2")));
             lists.add(dto);
        }
   } else {
```

```
128:            System.out.println("No findTreeManagerInEmployee exist----------");
129:        }
130:        return lists;
131:    }

509: }
```

13 ◆ Restful 서비스가 제공되는 기본 경로이다. 여기에 사용하려고 하는 Restful 서비스의 이름을 붙여서 사용한다.

15 ◆ Restful 서비스는 웹서비스이므로 기본적으로 텍스트이다. String이나 기본 타입을 모두 받기 위해서 Object로 받는다. Object를 String으로, String을 int로 변환한다.

22 ◆ Object를 String으로, String을 double로 변환한다.

29 ◆ Object를 String으로 변환한다.

36 ◆ String을 java.sql.Date로 변환한다.

44 ◆ 공백을 %20으로 변환한다. 웹은 경로에 절대로 공백이 들어가지 않는다. 한 예로, "A B"는 "A%20B"로 만든다.

48 ◆ %20을 공백으로 변환한다.

51 ◆ 이 경로로 Restful 서비스를 요청한다.

52~53 ◆ JsonDao는 Restful의 JSON 형식의 텍스트를 List〈LinkedHashMap〈String, Object〉〉로 변환하고, 다시 List〈DTO〉로 변환한다.

56~59 ◆ RestTeamplate은 Restful의 JSON을 List〈LinkedHashMap〈String, Object〉〉로 변환해서 제공한다. 사원 한 명의 정보는 LinkedHashMap〈String, Object〉에 저장되어 있다. restTemplate.getForObject(서비스 경로/서비스 명, 리턴 타입)은 GET 방식의 메서드로 "서비스 명"의 서비스를 요청하여 리턴 타입으로 반환한다. 745쪽 [표-Restful 서비스 메서드 종류와 사용법]을 참고하자. SQL이 "SELECT"일 때는 GET 방식을 사용한다.

64~74 ◆ Map에 저장된 키에 대한 값을 가져온다. 값에 저장된 타입은 String 또는 기본 타입이므로 Object로 전달된다. Object를 필요한 타입으로 변환한 다음 DTO에 저장한다.

여러 개의 DTO를 반환할 때는 리스트에 저장한다. 75

소스 : kr.co.infopub.chapter.s194.model.EmployeeService.java

```java
package kr.co.infopub.chapter.s194.model;
import java.sql.SQLException;
import java.util.List;
import javafx.collections.ObservableList;
import kr.co.infopub.chapter.s194.dto.DepConvert;
import kr.co.infopub.chapter.s194.dto.DepCount;
import kr.co.infopub.chapter.s194.dto.DepCountConvert;
import kr.co.infopub.chapter.s194.dto.DepCountDto;
import kr.co.infopub.chapter.s194.dto.Department;
import kr.co.infopub.chapter.s194.dto.DepartmentDto;
import kr.co.infopub.chapter.s194.dto.EmpConvert;
import kr.co.infopub.chapter.s194.dto.EmployeeDto;
import kr.co.infopub.chapter.s194.dto.Employee;
public class EmployeeService {
  private static EmployeeService employeeService;
  private EmployeeRestJsonDao employeeDAO;
  private EmployeeService( ) {
     employeeDAO=new EmployeeRestJsonDao( );
  }
  public static EmployeeService getInstance( ) {
     if(employeeService==null) {
         employeeService=new EmployeeService( );
     }
     return employeeService;
  }
  // List<DepartmentDto> -> ObservableList<Department>
  public ObservableList<Department> findAllDepartments( )
                                                  throws SQLException {
     List<DepartmentDto> blist=employeeDAO.findAllDepartments( );
     return DepConvert.toObservProFromDto(blist);
  }
  // List<EmployeeDto> -> ObservableList<Employee>
  public ObservableList<Employee> findAllEmployees( )
                                                  throws SQLException {
     List<EmployeeDto> blist  = employeeDAO.findAllEmployees( );
```

```
36:     return EmpConvert.toObservProFromDto(blist);
37:   }
38:   // List<EmployeeDto> -> ObservableList<Employee>
39:   public ObservableList<Employee> findTreeManagerInEmployee( )
40:                                                    throws SQLException {
41:     List<EmployeeDto> bdlists= employeeDAO.findTreeManagerInEmployee( );
42:     return EmpConvert.toObservProFromDto(bdlists);
43:   }

102: }
```

15, 17, 20 ◆ EmloyeeService를 싱글톤으로 만든다.

29 ◆ DAO를 이용하여 리스트 〈DTO〉를 얻는다.

30 ◆ 리스트 〈DTO〉를 JavaFX에서 트리뷰나 테이블뷰에서 쉽게 사용할 수 있도록 ObservableList〈프로퍼티〉로 변환한다.

소스 : kr.co.infopub.chapter.s194.test.JsonDaoTest.java

```
package kr.co.infopub.chapter.s194.test;
import java.sql.SQLException;
import java.util.List;
import kr.co.infopub.chapter.s194.dto.EmployeeDto;
import kr.co.infopub.chapter.s194.model.EmployeeRestJsonDao;
public class JsonDaoTest {
  public static void main(String[ ] args) {
    EmployeeRestJsonDao jdao=new EmployeeRestJsonDao( );
    // 1)
    try {
        List<EmployeeDto> femps = jdao.findAllEmployees( );
        for(EmployeeDto femp: femps) {
            System.out.println(femp);
        }
        System.out.println( "Size ------->"+femps.size( ));
    } catch (SQLException e) {
        System.out.println(e);
    }
  }
}
```

Restful 서비스의 JSON을 얻어서 리스트〈DTO〉로 변환한다. 모든 사원의 정보를 얻는다. 11

리스트에 저장된 DTO 정보를 출력한다. 사원의 정보를 출력한다. 12

결과

```
......
EmployeeDto [employee_id=204, first_name=Hermann, last_name=Baer, email=HBAER, phone_number=515.123.8888, hire_date=2002-06-07, job_id=PR_REP, salary=10000.0, commission_pct=0.0, manager_id=101, department_id=70]
EmployeeDto [employee_id=205, first_name=Shelley, last_name=Higgins, email=SHIGGINS, phone_number=515.123.8080, hire_date=2002-06-07, job_id=AC_MGR, salary=12008.0, commission_pct=0.0, manager_id=101, department_id=110]
EmployeeDto [employee_id=206, first_name=William, last_name=Gietz, email=WGIETZ, phone_number=515.123.8181, hire_date=2002-06-07, job_id=AC_ACCOUNT, salary=8300.0, commission_pct=0.0, manager_id=205, department_id=110]
Size ---------------->107
```

소스 : kr.co.infopub.chapter.s194.test.JsonDaoTest2.java

```
package kr.co.infopub.chapter.s194.test;
import java.sql.SQLException;
import java.util.List;
import kr.co.infopub.chapter.s194.dto.DepartmentDto;
import kr.co.infopub.chapter.s194.model.EmployeeRestJsonDao;
public class JsonDaoTest2 {
  public static void main(String[ ] args) {
      EmployeeRestJsonDao jdao=new EmployeeRestJsonDao( );
      // 2)
      try {
          List<DepartmentDto> femps=jdao.findAllDepartments( );
          for(DepartmentDto femp: femps) {
              System.out.println(femp);
          }
          System.out.println( "Size -------->"+femps.size( ));
      } catch (SQLException e) {
          System.out.println(e);
      }
  }
}
```

11 Restful 서비스의 JSON을 얻어서 리스트<DTO>로 변환한다. 사원이 있는 부서의 정보를 얻는다.

12 리스트에 저장된 DTO 정보를 출력한다. 사원이 있는 부서의 정보를 출력한다.

결과

```
DepartmentDto [department_id=30, department_name=Purchasing, manager_id=0,
location_id=0]
DepartmentDto [department_id=40, department_name=Human Resources, manager_
id=0, location_id=0]
DepartmentDto [department_id=50, department_name=Shipping, manager_id=0,
location_id=0]
DepartmentDto [department_id=60, department_name=IT, manager_id=0, location_
id=0]
DepartmentDto [department_id=70, department_name=Public Relations, manager_
id=0, location_id=0]
DepartmentDto [department_id=80, department_name=Sales, manager_id=0,
location_id=0]
DepartmentDto [department_id=90, department_name=Executive, manager_id=0,
location_id=0]
DepartmentDto [department_id=100, department_name=Finance, manager_id=0,
location_id=0]
DepartmentDto [department_id=110, department_name=Accounting, manager_id=0,
location_id=0]
DepartmentDto [department_id=0, department_name=NOTYET, manager_id=0,
location_id=0]
Size -------->12
```

Restful 서비스를 화면으로 테스트하기

실무 195

- **학습 내용 :** Restful 서비스를 화면으로 테스트해 보자.
- **힌트 내용 :** 싱글톤으로 만든 서비스 객체를 화면에서 생성해서 사용한다.

소스 : kr.co.infopub.chapter.s195.DepTreeFx.java

```java
package kr.co.infopub.chapter.s195;
import java.sql.SQLException;
import java.util.List;
import javafx.application.Application;
import javafx.geometry.Insets;
import javafx.scene.Scene;
import javafx.scene.control.Label;
import javafx.scene.control.TreeItem;
import javafx.scene.control.TreeView;
import javafx.scene.layout.BorderPane;
import javafx.stage.Stage;
import kr.co.infopub.chapter.s195.dto.Department;
import kr.co.infopub.chapter.s195.model.EmployeeService;
import kr.co.infopub.chapter.s195.util.EmpUtil;
// s185
public class DepTreeFx extends Application {
  public void makeDepTree(TreeItem<String> front,List<Department> dlists){
        for (Department dep: dlists) {
        TreeItem<String> troots=new TreeItem<String>(EmpUtil.tname(dep));
        front.getChildren( ).add(troots);
        }
  }
  @Override
  public void start(Stage stage) {
    BorderPane vbox=new BorderPane( );
    vbox.setPadding(new Insets(10, 10, 10, 10));
    try {
        // DAO, Convert를 감싸서 편리하게 사용
        EmployeeService service=EmployeeService.getInstance( );
```

```
            // 사원이 있는 부서 가져오기
            List<Department> dlists=service.findAllDepartments( );
            // 부서 아이템
            TreeItem<String> root = new TreeItem<String>("부서");
            // 부서 아이템에 부서 붙이기
            makeDepTree(root,dlists);
            // 트리뷰에 트리 아이템 붙이기
            TreeView<String> treeView = new TreeView<String>(root);

            root.setExpanded(true);
            vbox.setCenter(treeView);
            Label label = new Label("                    ");
            vbox.setBottom(label);
            Scene scene = new Scene(vbox, 400, 800);
            stage.setScene(scene);
            stage.setTitle("Human Resouce Management System ver. 0.8");
            stage.show( );
            // 트리뷰의 한 아이템을 선택하면 선택된 아이템의 정보를 화면 하단에 출력
            treeView.getSelectionModel( ).selectedItemProperty( )
            .addListener( (observable, oldValue, newValue) -> {
                String name =newValue.getValue( );
                label.setText(  EmpUtil.dep(name));
            });
        } catch (SQLException e) {
            System.out.println(e);
        }
    }
    public static void main(String[ ] args) {
        launch(args);
    }
}
```

Service 객체는 리스트〈DTO〉를 JavaFX 화면에 적합한 ObservableList〈프로퍼티〉로 변환한다. Dao 객체만 서비스 객체로 변경하여 예제 185, 186, 188의 화면을 그대로 사용한다. s192server의 HumanmybatisApplication.java을 실행해서 서버를 실행하고 소스 s195의 DepTreeFx.java, EmpTreeFx.java, DepChartFx.java를 실행한다.

29 ◆ EmployeeService를 싱글톤으로 생성했다. EmployeeService 내부에서 DAO와 Convert를 이용하여 Restful JSON을 List〈Department〉로 변환한다.

사원이 있는 부서를 가져온다. ◆ 31

트리 아이템 중 부모인 "부서" 트리 아이템을 생성한다. ◆ 33

"부서" 트리 아이템에 부서원이 있는 부서의 트리 아이템을 붙인다. ◆ 35

트리뷰에 "부서" 트리 아이템을 붙인다. 트리뷰에 부서 목록이 표시된다. ◆ 37

트리뷰의 트리 아이템을 하나 선택하면 라벨에 선택된 부서명이 표시된다. ◆ 48~52

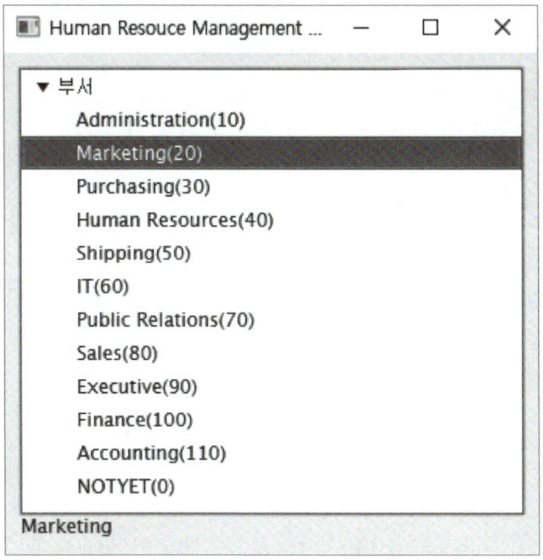

트리뷰로 부서원이 있는 부서 목록 표시하기

소스 : kr.co.infopub.chapter.s195.EmpTreeFx.java

```
 1: package kr.co.infopub.chapter.s195;
 2: import java.sql.SQLException;
 3: import java.util.List;
 4: import javafx.application.Application;
 5: import javafx.geometry.Insets;
 6: import javafx.scene.Scene;
 7: import javafx.scene.control.Label;
 8: import javafx.scene.control.TreeItem;
 9: import javafx.scene.control.TreeView;
10: import javafx.scene.layout.BorderPane;
11: import javafx.stage.Stage;
12: import kr.co.infopub.chapter.s195.dto.Employee;
```

```java
import kr.co.infopub.chapter.s195.model.EmployeeService;
import kr.co.infopub.chapter.s195.util.EmpUtil;
// s186, s194-13 test
public class EmpTreeFx extends Application {
  public static void main(String[ ] args) {
  launch(args);
  }
  // 트리 계층 구조 만들기
  public void makeEmpTree(TreeItem<String> front,List<Employee> dlists,
                                   String key, int index,int max){
    if(index>max){return ; }   // max를 넘으면 끝
    for (Employee emp: dlists) {   // 개수가 있으니 끝날 것이다.
      if(EmpUtil.level(emp)!=index){   // 원하는 레벨만 찾음
          continue;
      } else if(index>1 && EmpUtil.level(emp)==index) {   // 2부터는 1의 키값과 비교
          if(EmpUtil.level(emp,index-1).equals(key)){
              TreeItem<String> aa=new TreeItem<String>(EmpUtil.tname(emp, index));
              front.getChildren( ).add(aa);
              makeEmpTree(aa,dlists,EmpUtil.level(emp,index),index+1,max);
          } else {
              continue;
          }
      } else if(EmpUtil.level(emp)==1) {   // 1의 부모(0)의 키값이 없기 때문
          TreeItem<String> aa=new TreeItem<String>(EmpUtil.tname(emp, 1));
          front.getChildren( ).add(aa);
          makeEmpTree(aa,dlists,EmpUtil.level(emp,1),2,max);
      }
    }
  }
  @Override
  public void start(Stage stage) {
    BorderPane vbox=new BorderPane( );
    vbox.setPadding(new Insets(10, 10, 10, 10));
    int max=0;
    try {
      // DAO, Convert를 감싸서 편리하게 사용
      EmployeeService service=EmployeeService.getInstance( );
      // 가장 큰 레벨을 얻는다.
      max = service.getTreeMaxLevel( );
      // 관리자/부서원 트리 관계를 얻는다. 계층 구조이다.
```

```
53:         List<Employee> dlists = service.findTreeManagerInEmployee( );
54:         // "매니저와 직원" 트리 아이템을 만든다.
55:         TreeItem<String> root = new TreeItem<String>("매니저와 직원");
56:         // "매니저와 직원" 트리 아이템에 계층 구조 트리 아이템을 붙인다.
57:         makeEmpTree(root,dlists,"",1,max);
58:         // 트리뷰에 "매니저와 직원" 트리 아이템을 붙인다.
59:         TreeView<String> treeView = new TreeView<String>(root);
60:         root.setExpanded(true);
61:         vbox.setCenter(treeView);
62:         Label label = new Label("                    ");
63:         vbox.setBottom(label);
64:         Scene scene = new Scene(vbox, 400, 800);
65:         stage.setScene(scene);
66:         stage.setTitle("Human Resouce Management System ver. 0.8");
67:         stage.show( );
68:         treeView.getSelectionModel( ).selectedItemProperty( )
69:         .addListener( (observable, oldValue, newValue) -> {
70:             String name =newValue.getValue( );
71:             label.setText(  EmpUtil.dep(name));
72:         });
73:       } catch (SQLException e) {
74:         System.out.println(e);
75:       }
76:     }
77:   }
```

모든 사원을 대상으로 레벨을 조사한다. 레벨 1에 레벨 2를 붙이고, 레벨 2에 레벨 3을 붙인다. 이렇게 하면 관리자와 부하 직원의 트리 구조가 완성된다. ◆ 24

레벨 1을 찾을 때는 1만 찾고, 2를 찾을 때는 2만 찾는다. 원하는 레벨만 찾는다. ◆ 25~26

레벨 2 이상일 때만 사원의 정보를 조사한다. 레벨 2일 때는 레벨 1인 부모(자신의 관리자)를 찾고 자신의 트리 아이템을 부모의 트리 아이템에 붙인다. 같은 방법으로 레벨 3일 때는 레벨 2인 부모(자신의 관리자)를 찾고 자신의 트리 아이템을 부모의 트리 아이템에 붙인다. ◆ 27

레벨 1은 부모가 없는 최상위 트리 아이템이므로 트리뷰에 자신을 붙인다. ◆ 35

EmployeeService를 싱글톤으로 생성했다. EmployeeService 내부에서 DAO와 Convert를 이용하여 Restful JSON을 List〈Employee〉로 변환한다. ◆ 49

51 ◆ 트리 구조를 확인하기 위해 레벨의 최대값을 구한다.

53 ◆ 관리자/부서원의 관계를 얻는다.

55 ◆ 트리 아이템 중 부모인 "매니저와 직원" 트리 아이템을 생성한다.

57 ◆ "매니저와 직원" 트리 아이템에 계층 구조 트리 아이템을 붙인다.

59 ◆ 트리뷰에 "매니저와 직원" 트리 아이템을 붙인다. 트리뷰에 관리자와 부서원 목록이 표시된다.

68~72 ◆ 트리뷰의 트리 아이템을 하나 선택하면 라벨에 선택된 직원이 표시된다.

트리뷰로 관리자와 부하 직원 관계 표시하기

소스 : kr.co.infopub.chapter.s195.DepChartFx.java

```java
package kr.co.infopub.chapter.s195;
import java.sql.SQLException;
import java.util.List;
import javafx.application.Application;
import javafx.collections.FXCollections;
import javafx.collections.ObservableList;
import javafx.scene.Group;
import javafx.scene.Scene;
import javafx.scene.chart.PieChart.Data;
import javafx.scene.control.Label;
import javafx.scene.input.MouseEvent;
import javafx.stage.Stage;
import kr.co.infopub.chapter.s195.dto.DepCount;
import kr.co.infopub.chapter.s195.model.EmployeeService;
import kr.co.infopub.chapter.s195.util.EmpUtil;
import kr.co.infopub.chapter.s195.util.PTS;
import javafx.scene.chart.PieChart;
// s188
public class DepChartFx extends Application {
  int total=0;  // 전체 사원 수
  private ObservableList<Data> getChartData(List<DepCount> dlists) {
     ObservableList<Data> answer = FXCollections.observableArrayList( );
     for (DepCount dc: dlists) {
          // 부서 이름(부서 아이디), 부서원 수
          answer.add(new PieChart.Data( dc.getDepartment_name( )
                                     +"("+dc.getDepartment_id( )+")", dc.getCount( ) ));
     }
     return answer;
  }
  @Override
  public void start(Stage stage) {
     try {
          // DAO, Convert를 감싸서 편리하게 사용
          EmployeeService service=EmployeeService.getInstance( );
          List<DepCount> dlists =service.findAllDepCounts( );
          // 부서별 인원을 더해서 전체 사원 수를 구한다.
          for(DepCount dc: dlists){
                  total+=dc.getCount( );
          }
          Scene scene = new Scene(new Group( ));
          stage.setTitle("부서별 인원 수 " +PTS.toDay( ));
          stage.setWidth(750);
```

```
            stage.setHeight(800);

            PieChart pieChart = new PieChart( );
            pieChart.setTitle("부서별 인원 수 총"+total+"명");
            // 파이 차트에 ObservableList를 대입한다
            // 부서별 부서원 수로 파이 넓이를 차지한다.
            pieChart.setData(getChartData(dlists));
            pieChart.setClockwise(true);
            pieChart.setStartAngle(180);
            pieChart.setLabelsVisible(true);
            // 레전드
            // pieChart.setLabelLineLength(20);
            // pieChart.setLegendSide(Side.LEFT);
            pieChart.setPrefWidth(750);
            pieChart.setPrefHeight(700);
            final Label caption = new Label("");
            String value=
                    "-fx-font-size: 25px;         "
                    +"-fx-font-family: 'Arial Black';   ";
            caption.setStyle(value);
            for (final PieChart.Data data : pieChart.getData( )) {
                data.getNode( ).addEventHandler(MouseEvent.MOUSE_PRESSED,
                    e-> {
                        caption.setTranslateX(e.getSceneX( )); // 마우스로 누른 X위치에
                        caption.setTranslateY(e.getSceneY( )); // 마우스로 누른 Y위치에
                        String sft=String.format("%s %.2f%%(%.0f명)",
                            EmpUtil.dep(data.getName( )),  // 부서 이름
                            100*data.getPieValue( )/total, // 부서 인원 %비율
                            data.getPieValue( ));          // 부서 인원
                        caption.setText(sft);
                    });
            }
            // 파이 차트와 이벤트 발생 시 표시할 내용(라벨)
            ((Group) scene.getRoot( )).getChildren( ).addAll(pieChart,caption);
            stage.setScene(scene);
            stage.show( );
        } catch (SQLException e) {
            System.out.println(e);
        }
    }
    public static void main(String[ ] args) {
        launch(args);
    }
}
```

각 부서에서 부서원의 정보와 부서원 수를 파이에 입력한다. 파이가 부서별로 만들어진다. ◆ 23~27

EmployeeService를 싱글톤으로 생성했다. EmployeeService 내부에서 DAO와 Convert를 이용하여 Restful JSON을 List<DepCount>로 변환한다. ◆ 34

부서들에 대한 정보를 얻는다. ◆ 35

전체 부서원 수를 구한다. ◆ 38

파이 차트를 생성한다. ◆ 45

파이 차트에 부서별 파이를 만들고 붙인다. ◆ 49

마우스로 누른 부분의 위치(X, Y좌표)를 확인하여 어느 부서의 파이인지 확인한다. 그리고 그 위치에 부서 정보(부서명, 부서 인원 비율, 부서 인원)를 표시한다. ◆ 63~74

파이 차트와 이벤트가 발생할 때 선택된 부서 파이의 정보를 표시할 라벨을 화면에 붙인다. ◆ 76

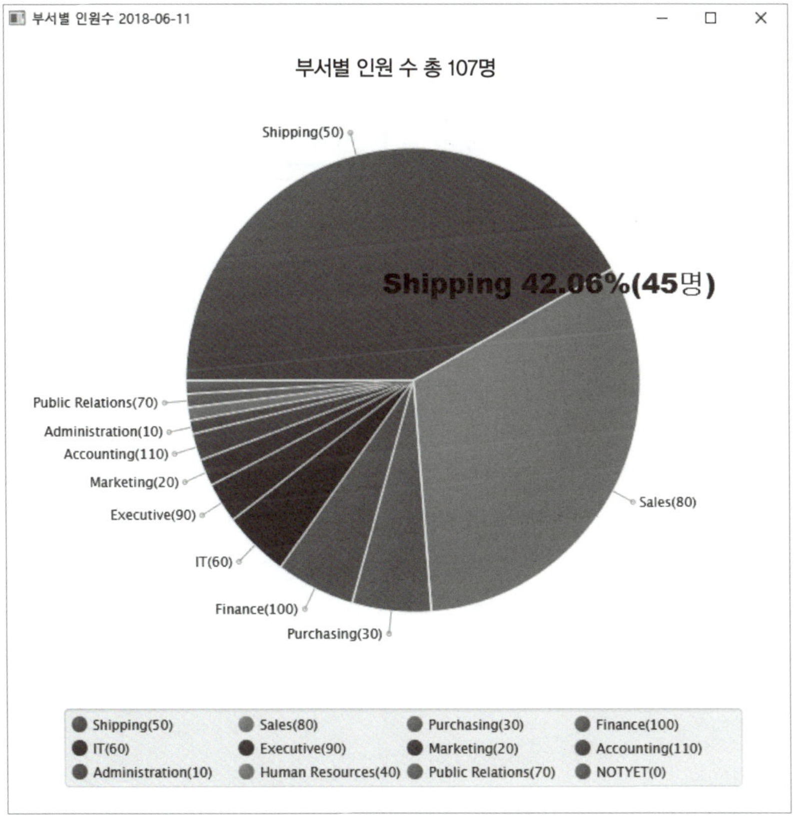

파이 차트로 부서별 인원 보여 주기

실무 196

HRM Restful 서비스 제공하기

- **학습 내용 :** HRM Restful 서비스를 제공해 보자.
- **힌트 내용 :** 메이븐 프로젝트, Spring Boot, Swagger를 이용하여 서버와 API를 제공한다.

예제 191은 DB 서버의 위치만 다른 2티어(2 Tier) 어플리케이션이다. 예제 191의 HRM 어플리케이션은 모델, 컨트롤러, 뷰로 구성되는데 각각의 역할은 다음과 같다.

- **모델(model):** DB에 데이터 입력, 가져오기, 수정, 삭제(CRUD)하는 행위를 담당
- **컨트롤러(controller):** 화면과 모델 중간에서 흐름을 제어하거나 이벤트 처리
- **뷰(view):** 데이터를 화면에 표시

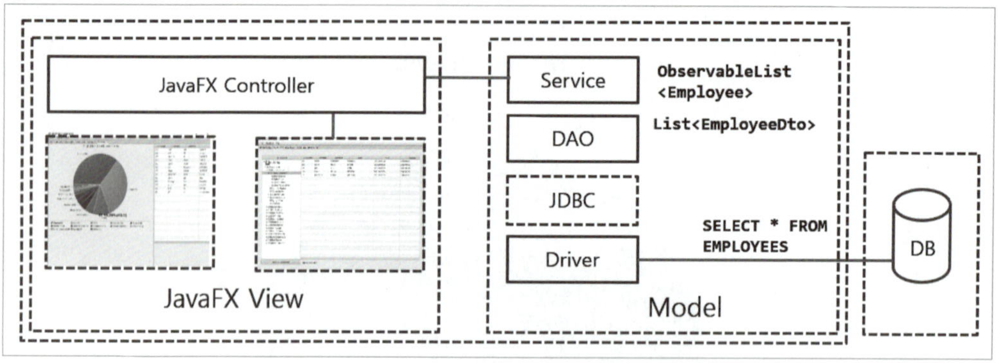

2티어 어플리케이션

HRM Restful 어플리케이션에서 서버는 데이터를 DB에서 CRUD하고, 이 데이터를 Restful 서비스로 제공한다. 사용자(Client)가 Restful 서비스에 필요한 정보를 얻기 위해 요청하면 서버는 JSON으로 된 정보를 제공한다. 사용자의 모델은 이 JSON을 필요한 형태로 변환하며, 컨트롤러는 필요한 데이터를 화면에 제공하고, 화면에서 어떤 요청을 하는지, 요청 데이터가 왔는지 등 흐름을 제어하면서 어플리케이션을 완성한다.

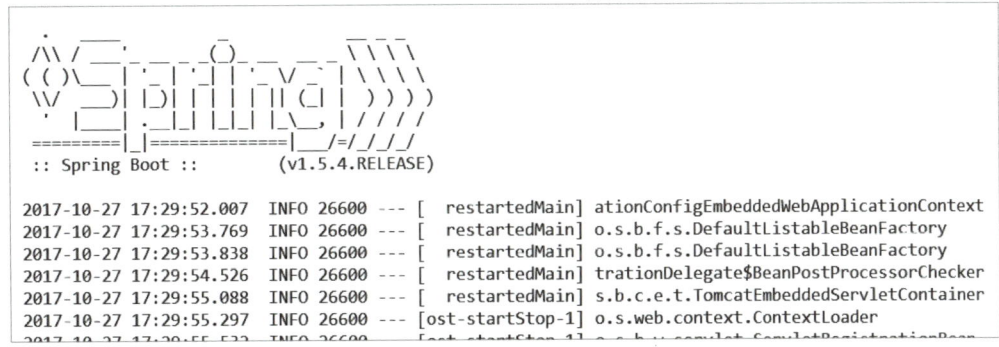

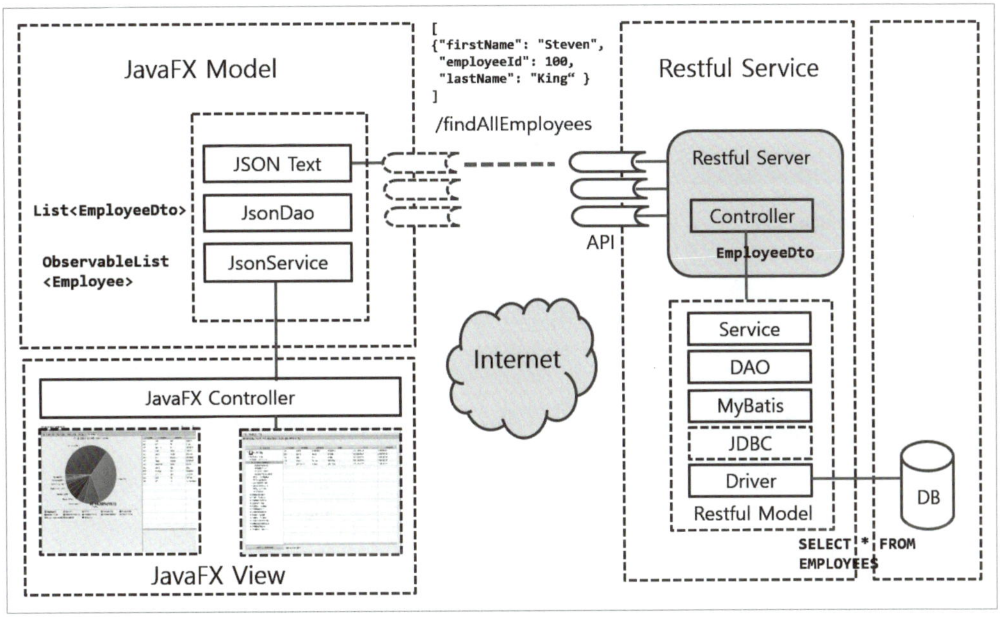

3티어 어플리케이션

[hrm10] 폴더(Java 8의 경우 [hrm])에서 [src/main/java]-[kr.co.infopub.hrm.HumanmybatisApplication.java]을 실행하고 예제 197을 실행한다.

```
  .   ____          _            __ _ _
 /\\ / ___'_ __ _ _(_)_ __  __ _ \ \ \ \
( ( )\___ | '_ | '_| | '_ \/ _` | \ \ \ \
 \\/  ___)| |_)| | | | | || (_| |  ) ) ) )
  '  |____| .__|_| |_|_| |_\__, | / / / /
 =========|_|==============|___/=/_/_/_/
 :: Spring Boot ::        (v1.5.4.RELEASE)

2017-10-27 17:29:52.007  INFO 26600 --- [  restartedMain] ationConfigEmbeddedWebApplicationContext
2017-10-27 17:29:53.769  INFO 26600 --- [  restartedMain] o.s.b.f.s.DefaultListableBeanFactory
2017-10-27 17:29:53.838  INFO 26600 --- [  restartedMain] o.s.b.f.s.DefaultListableBeanFactory
2017-10-27 17:29:54.526  INFO 26600 --- [  restartedMain] trationDelegate$BeanPostProcessorChecker
2017-10-27 17:29:55.088  INFO 26600 --- [  restartedMain] s.b.c.e.t.TomcatEmbeddedServletContainer
2017-10-27 17:29:55.297  INFO 26600 --- [ost-startStop-1] o.s.web.context.ContextLoader
```

스프링 부트를 이용하여 서버를 실행한다.

브라우저의 주소창에 http://localhost:8199/humans/swagger-ui.html을 입력하면 API를 볼 수 있다.

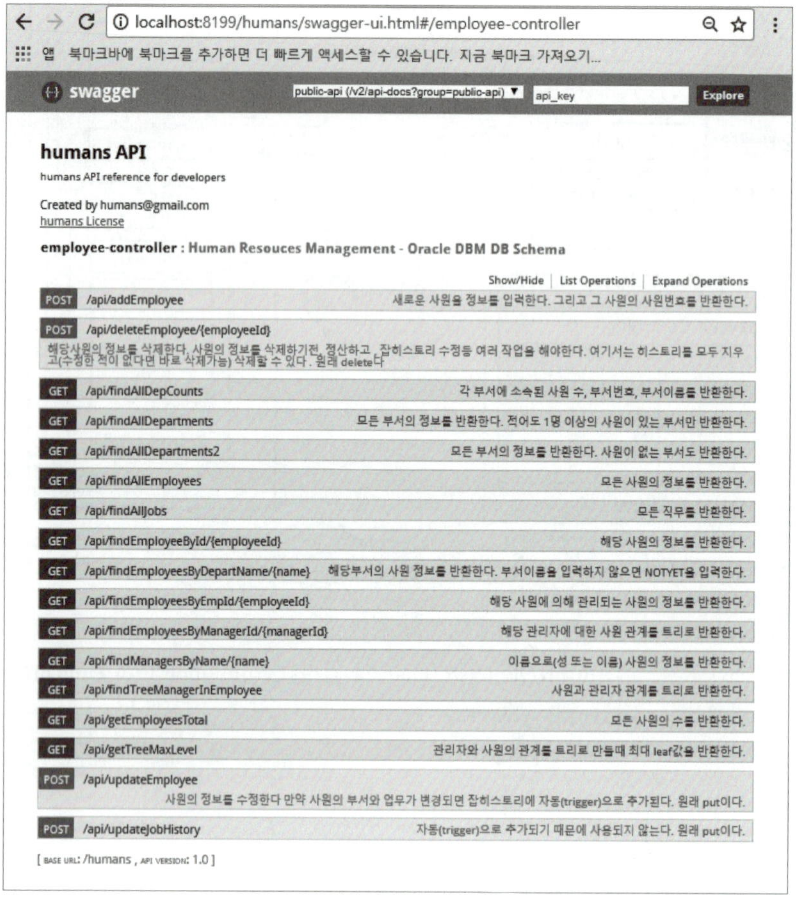

swagger를 이용하여 만든 API

나열된 서비스 중에서 하나를 선택하고 [Try it out] 버튼을 클릭하면 해당 요청의 결과를 JSON으로 보여 준다. 서버에서 제공하는 결과를 [Responses]에서 확인할 수 있다.

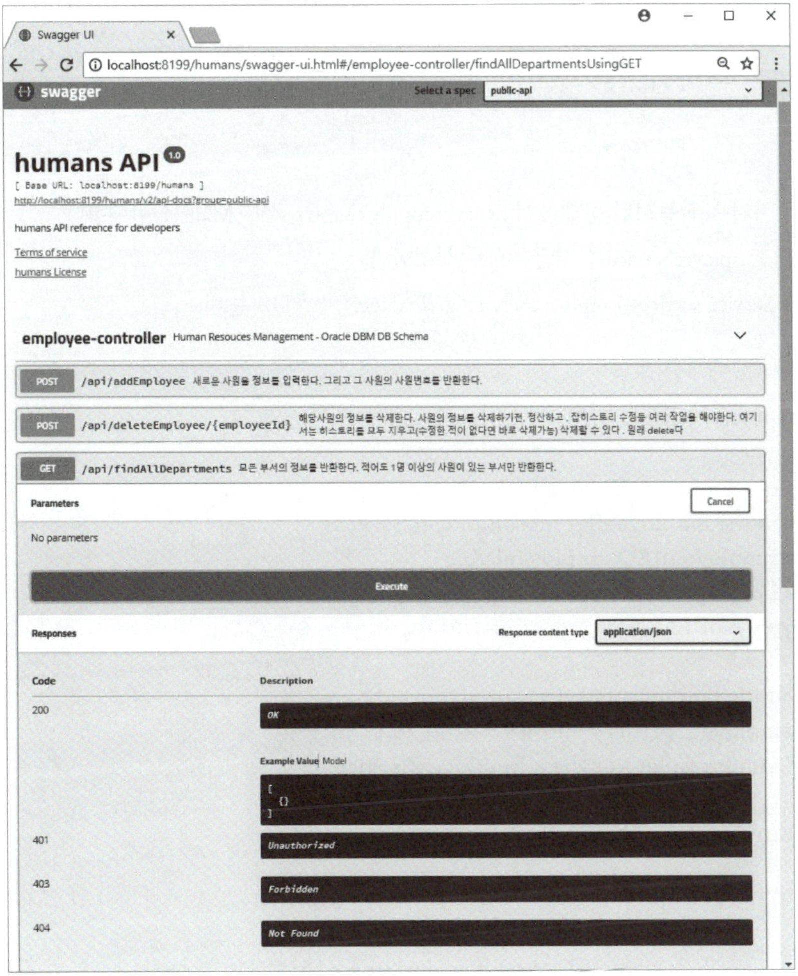

[Try it out] 버튼을 클릭하면 해당 요청의 결과를 JSON으로 보여 준다.

실무 197

HRM Restful 어플리케이션 만들기

- **학습 내용 :** HRM Restful 어플리케이션을 만들어 보자.
- **힌트 내용 :** JavaFX Controller에서 2티어용 서비스를 3티어용 서비스로 변경한다.

예제 196의 서버를 작동시킨 상태에서 kr.co.infopub.chapter.s197.Main을 실행한다.

a. Main에서 EmployeeService를 싱글톤으로 생성한다.

b. EmployeeService service=EmployeeService.getInstance(); //DB 준비

EmployeeService 내부를 보면

소스 : kr.co.infopub.chapter.s191.model.EmployeeService.java와

```
public class EmployeeService {
 private static EmployeeService employeeService;
 private EmployeeDAO employeeDAO;
 private EmployeeService( ) {
      employeeDAO=new EmployeeDAO( );
 }
 public static EmployeeService getInstance( ) {
      if(employeeService==null){
           employeeService=new EmployeeService( );
      }
      return employeeService;
 }
```

소스 : kr.co.infopub.chapter.s197.model.EmployeeService.java는

```
public class EmployeeService {
 private static EmployeeService employeeService;
 private EmployeeRestJsonDao employeeDAO;
 private EmployeeService( ) {
      employeeDAO=new EmployeeDAO( );
 }
 public static EmployeeService getInstance( ) {
```

```
        if(employeeService==null){
            employeeDAO=new EmployeeRestJsonDao( );
        }
        return employeeService;
    }
```

DAO의 종류만 다르다. s191.EmployeeDAO는 DB에서 JDBC를 이용하여 쿼리를 실행한다. s197.EmployeeRestJsonDao는 Restful 서버에 요청한 결과를 JSON 텍스트로 받은 후 이를 원하는 DTO 타입으로 변환한다. EmployeeService는 JavaFX 화면에서 원하는 형태로 타입을 변환한다.

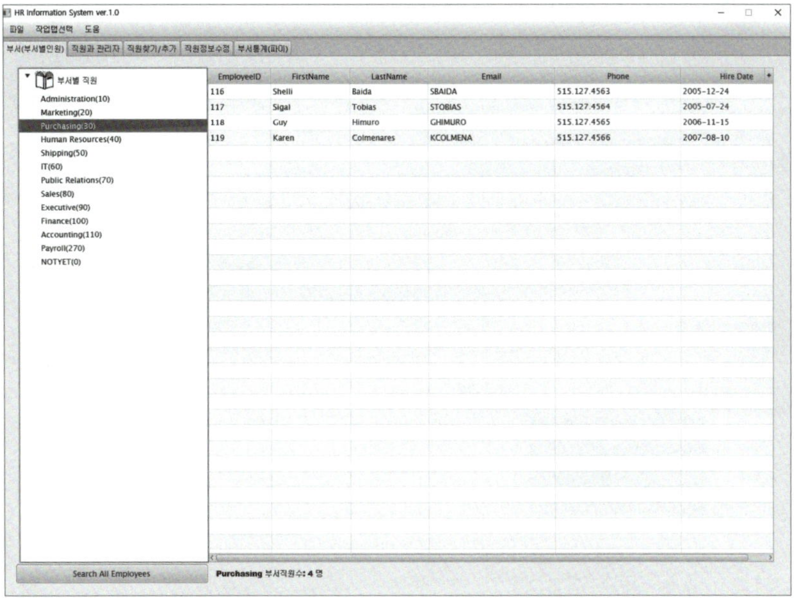

부서원이 있는 부서 보여 주기, 부서의 부서원 정보 보여 주기

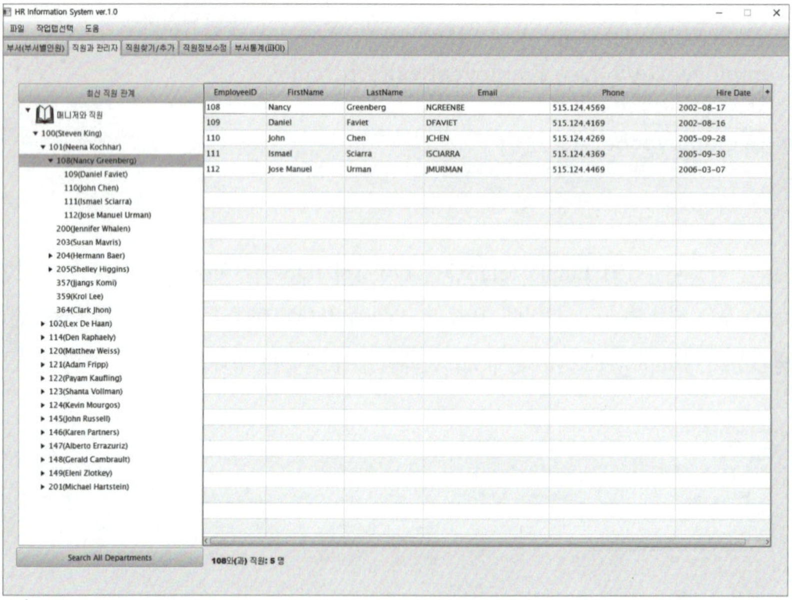

관리자와 부하 직원 관계 보여 주기, 관리자에 대한 부하 직원 정보 보여 주기

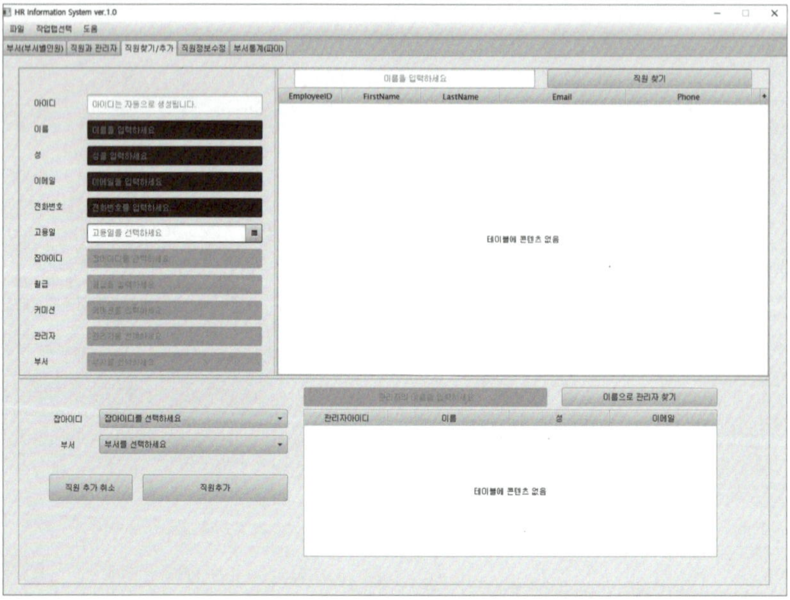

신입 사원 추가하기

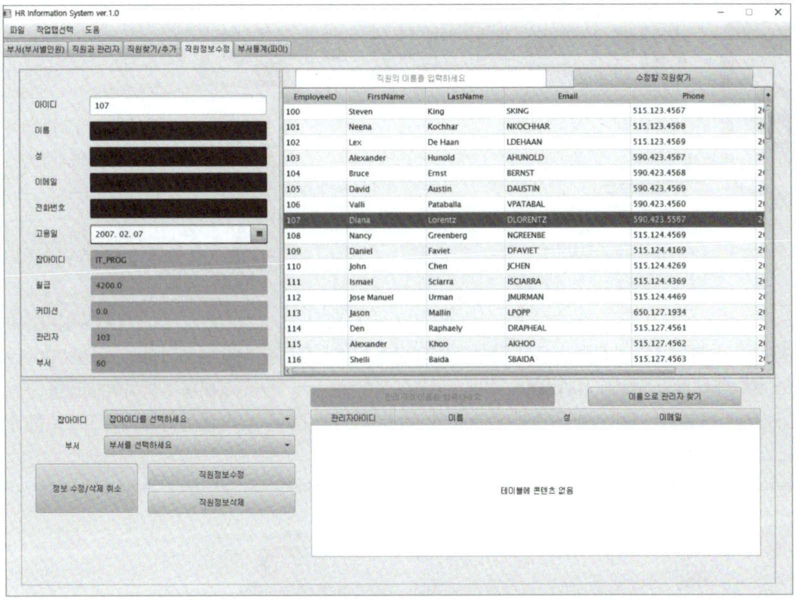

사원 정보 변경하기, 사원 제거하기

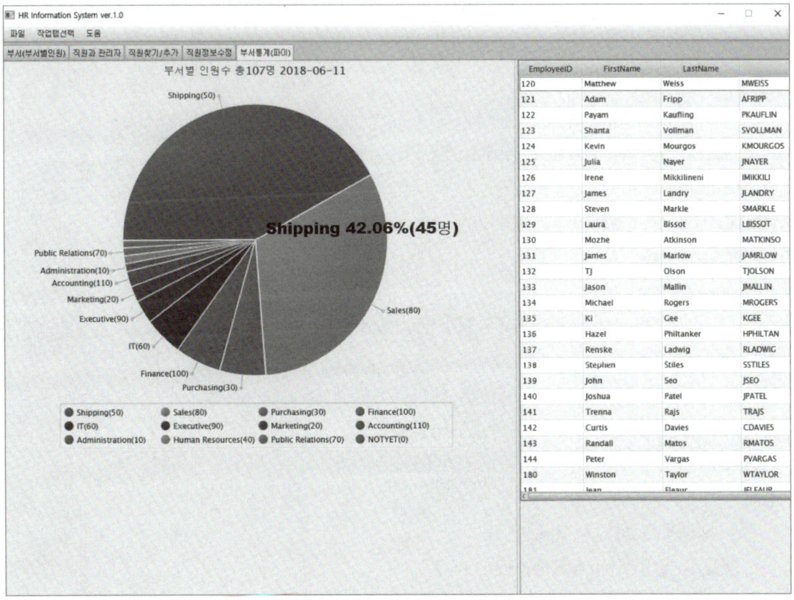

부서 정보를 파이 차트로 보여 주기

실무 198

채팅 프로그램 만들기

- **학습 내용 :** 채팅 프로그램을 만들어 보자.
- **힌트 내용 :** 소켓을 연결하고 한쪽 소켓에 메시지를 보내면 다른 소켓에 메시지가 자동으로 전달된다.

참고 다음 소스는 채팅 프로그램을 만들기 위한 대표적인 소스이다. 완전한 채팅 프로그램은 [java200booknew7]-[src] 폴더에서 [kr.co.infopub.chapter.s198.server]-[ChatServerMain.java]를 실행하여 서버를 구동하고, [kr.co.infopub.chapter.s198.client]-[ChatClientFrameMain.java]를 두 번 이상 실행해 채팅 프로그램에 접속하여 테스트할 수 있다.

소스 : kr.co.infopub.chapter.s198.ServerThread.java

```java
package kr.co.infopub.chapter.s198;
import java.io.BufferedReader;
import java.io.IOException;
import java.io.InputStreamReader;
import java.io.OutputStreamWriter;
import java.io.PrintWriter;
import java.net.Socket;
public class ServerThread extends Thread {
 private Socket s;
 BufferedReader br;
 PrintWriter pw;
 HwiServer hserver;
 public ServerThread(Socket s,HwiServer hserver) {
    this.s = s;
    this.hserver=hserver;
    System.out.println(s.getInetAddress( ));
    System.out.println(s.getLocalAddress( ));
    try {
        // 소켓에서 메시지 가져오기
        br=new BufferedReader(
                  new InputStreamReader(
                          s.getInputStream( )));
        // 소켓에 메시지 보내기
```

```
            pw=new PrintWriter(
                    new OutputStreamWriter(
                            s.getOutputStream( )), true);
        } catch (IOException e) {
            System.out.println(e);
        }
    }
    public void sendMessage(String msg) {
        System.out.println("보냄"+msg);
        pw.println(msg);
        //pw.flush( );
    }
    @Override
    public void run( ) {
        String msg=null;
        try {
            while((msg=br.readLine( ))!=null) {
                System.out.println("broadCasting");
                hserver.broadCasting(msg);
            }
        } catch (IOException e) {
            System.out.println(s.getInetAddress( )+"의 연결이 종료되었습니다.");
            hserver.remove(this);   // 닫힌 소켓 리스트에서 제거
            try {
                s.close( );
            } catch (IOException e1) {
            }
        } finally {
            pw.close( );
        }
    }
}
```

[그림 198-1]은 클라이언트에서 키보드로 입력받은 메시지(문자열)를 서버로 보내는 과정이다. 서버는 서버 소켓을 생성하고 클라이언트의 메시지를 기다린다. 클라이언트의 소켓에서 메시지가 오면 서버 소켓은 소켓을 만들어 클라이언트에서 오는 메시지를 받는다.

❶ 키보드로 메시지(문자열)를 입력받는다.

❷ 입력받은 메시지를 소켓에 보낸다(소켓에 매단다).

❸ 소켓의 메시지가 서버의 소켓에 자동으로 전달된다(소켓에 쓰고 읽기만 하면 된다).

❹ 서버의 소켓에 매달린 메시지를 서버로 가져간다.

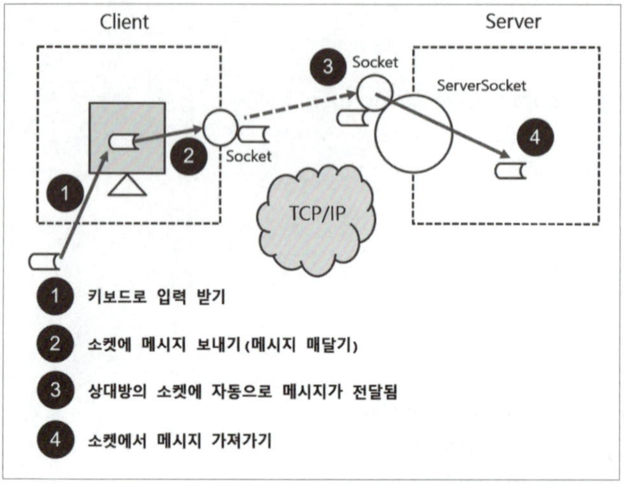

| **그림 198-1** | 서버에 메시지 보내기

[그림 198-2]는 클라이언트에서 서버로 보낸 메시지를 되돌려 받는 과정을 보여 준다. 서버는 서버 소켓을 생성하고 클라이언트의 메시지를 기다린다. 클라이언트의 소켓에서 메시지가 오면 서버 소켓은 소켓을 만들어 클라이언트의 소켓과 1대 1로 대화한다.

❶ 키보드로 메시지(문자열)를 입력받는다.

❷ 입력받은 메시지를 소켓에 보낸다(소켓에 매단다).

❸ 소켓의 메시지가 서버의 소켓에 자동으로 전달된다(소켓에 쓰고 읽기만 하면 된다).

❹ 서버의 소켓에 매달린 메시지를 서버로 가져간다.

❺ 서버에서 받은 메시지를 수정하거나 새롭게 만들어서 서버쪽 소켓에 메시지를 보낸다(메시지를 매단다).

❻ 서버쪽 소켓의 메시지가 클라이언트쪽 소켓에 자동으로 전달된다.

❼ 소켓에서 메시지를 읽는다.

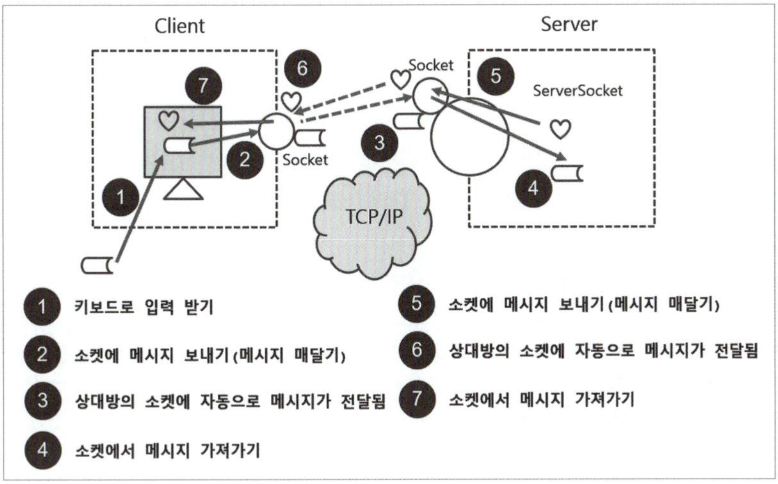

| **그림 198-2** | 서버에 보낸 메시지 되받기

Thread를 상속받아 자신이 쓰레드가 된다. 클라이어트의 소켓에서 서버 소켓에 접속하는 순간 서버쪽 소켓이 생성된다. 이 쓰레드에서는 클라이언트쪽 소켓에서 보낸 메시지를 받거나 클라이언트 소켓에 메시지를 보낸다. ◆ 8

클라이언트의 소켓에서 서버 소켓에 접속하는 순간 서버쪽 소켓이 생성된다. 쓰레드가 생성될 때 소켓을 입력받는다. ◆ 9

메시지를 소켓에서 읽거나 쓸 때 사용한다. ◆ 10~11

서버의 리스트에 서버쪽 소켓을 담은 쓰레드가 저장되어 있다. 리스트에 있는 쓰레드에 메시지를 보낼 때 필요하다. ◆ 12

클라이언트쪽 소켓에서 서버 소켓에 접속할 때 소켓이 생성되고 이 소켓을 감쌀 쓰레드를 생성한다. 쓰레드를 생성할 때 서버쪽 소켓과 쓰레드를 저장할 리스트를 대입한다. ◆ 13~15

소켓에서 메시지를 가져온다. ◆ 20~22

소켓에 메시지를 보낸다. ◆ 24~26

소켓에 메시지를 쓴다. ◆ 31~35

쓰레드를 만들 때 run() 메서드를 구현해야 한다. ◆ 37

40~42 ◆ 소켓에서 메시지를 받아서 리스트에 저장된 서버쪽 모든 소켓에 메시지를 보낸다(브로드캐스팅).

46 ◆ 소켓 연결이 끊어지면 리스트에서 자신의 쓰레드를 제거한다.

소스 : kr.co.infopub.chapter.s198.HwiServer.java

```
package kr.co.infopub.chapter.s198;
import java.io.IOException;
import java.net.ServerSocket;
import java.net.Socket;
import java.util.ArrayList;
import java.util.Collections;
import java.util.List;
public class HwiServer {
 private List<ServerThread> room=
    Collections.synchronizedList(new ArrayList<ServerThread>( ));
 public HwiServer( ) {
    room.clear( );
 }
 public synchronized void add(ServerThread st) {
    room.add(st);
 }
 public synchronized void remove(ServerThread st) {
    room.remove(st);
 }
 // broad casting - 리스트에 있는 모든 소켓에 메시지 보내기
 public synchronized void broadCasting(String msg) {
    System.out.println("방 개수:"+room.size( ));
    for (int i = 0; i < room.size( ); i++) {
        ServerThread st=room.get(i);
        st.sendMessage(msg);
    }
 }
 public static void main(String[ ] args) {
    HwiServer hserver=new HwiServer( );
    hserver.go( );
 }
 ServerSocket ss;
 int port =9907;
 public void go( ) {
```

```
        try {
            ss=new ServerSocket(port);
            ss.setReuseAddress(true);
            System.out.println("서버 소켓 Ready~~~~");
            // blocking
            while(true) {
                Socket s=ss.accept( );
                ServerThread st=new ServerThread(s , this);
                add(st);
                st.start( );
            }
        } catch (IOException e) {
            System.out.println(e);
        } finally {
            try {
                ss.close( );
            } catch (IOException e) {

            }
        }
    }
}
```

서버는 서버 소켓(ServerSocket) 하나에 여러 개의 소켓(Socket)을 만들어 사용한다. 서버 소켓은 서버의 주소격인 IP 및 서버에서 하는 일이 많기 때문에 식별용 포트 번호가 필요하다. 클라이언트 소켓을 통해 서버 소켓에 접속하는 순간, 클라이언트의 소켓에 대응하는 소켓이 준비(accept)된다. 이렇게 소켓과 소켓이 연결된 후에 한쪽 소켓에 메시지를 보내면 다른 소켓에 메시지가 자동으로 전달된다. 소켓이 준비되면 소켓에 메시지를 쓰고 읽는다.

소켓 대 소켓의 통신은 1대 1 통신으로 다른 소켓과 대화를 할 수 없다. 그래서 클라이언트쪽 소켓의 개수만큼 서버쪽 소켓이 필요하다. 처음 대화를 시작한 서버쪽 소켓만 사용할 수 있으므로 다른 소켓을 실행하려면 쓰레드로 소켓을 감싸야 한다. 멀티 채팅을 하려면 A 소켓에서 받은 메시지를 A, B, C 소켓에 보내야 한다. 이를 관리하기 위해서 리스트가 필요하다. A에서 받은 메시지를 A, B, C에 모두 보내는 것(브로드캐스팅−broadcasting)을 보장하기 위해 동기화(synchronized)가 필요하다. 클라이언트에서는 소켓에서 메시지를 보내면서 받아야 하므로 동시 작업이 필요하다. 그래서 소켓에서 메시지를 읽는 부분을 쓰레드로 만든다.

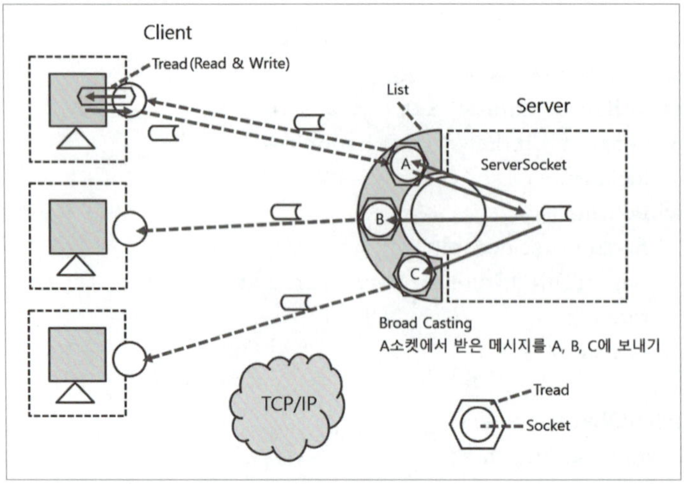

| 그림 198-3 | 쓰레드와 리스트를 이용하여 멀티 채팅하기

9~10 ◆ 서버쪽 소켓을 감싼 쓰레드를 저장하는 리스트를 생성한다. 여러 쓰레드에서 한 개의 리스트를 공유하기 위해 동기화된 리스트로 만든다.

11~13 ◆ 동기화된 리스트를 청소한다.

14~16 ◆ 클라이언트쪽 소켓에서 서버 소켓에 접속하는 순간 서버쪽 소켓이 생성되고 쓰레드에 감싸진다. 브로드캐스팅 등 관리를 위해서 쓰레드를 리스트에 저장한다.

17~19 ◆ 소켓 연결을 끊으면 리스트에서 제거한다.

21~27 ◆ 리스트에 저장된 한 소켓에서 메시지를 받으면 리스트에 저장된 모든 소켓에 메시지를 보낸다(브로드캐스팅). 이때 리스트에 저장된 모든 소켓에 메시지를 보내기 위해 동기화가 필요하다.

36 ◆ 서버 소켓을 생성한다.

37 ◆ 서버 소켓이 닫히면 몇 분 기다려야 한다. setReuseAddress(true)하면 기다리지 않고 바로 연결할 수 있다.

40 ◆ 서버 소켓에 클라이언트쪽 소켓이 접속할 때까지 무한정 기다린다(블락킹-blocking).

41 ◆ 서버 소켓에 클라이언트쪽 소켓이 접속하면 서버쪽 소켓을 생성한다. 이 때 생성된 소켓은 해당 클라이언트쪽 소켓만 대화를 한다.

쓰레드를 만들고 소켓을 담는다. ◆ 42

리스트에 생성된 쓰레드를 저장한다. ◆ 43

쓰레드를 시작한다. ◆ 44

프로그램이 끝나면 서버 소켓을 닫는다. ◆ 50

결과

```
서버 소켓 Ready~~~~
/127.0.0.1
/127.0.0.1
broadCasting
방 개수:1
보냄java200:
/127.0.0.1
/127.0.0.1
broadCasting
방 개수:2
보냄kim:
보냄kim:
broadCasting
방 개수:2
보냄java200:안녕하세요
보냄java200:안녕하세요
broadCasting
방 개수:2
보냄kim:어서오세요
보냄kim:어서오세요
```

소스 : kr.co.infopub.chapter.s198.ClientThread.java

```
1: package kr.co.infopub.chapter.s198;
2: import java.io.BufferedReader;
3: import java.io.IOException;
4: import java.io.InputStreamReader;
5: import java.net.Socket;
6: public class ClientThread extends Thread {
7:     private Socket s;
8:     BufferedReader sbr=null;
9:     public ClientThread(Socket s) {
10:         this.s = s;
11:         try {
12:             sbr=new BufferedReader(
13:                     new InputStreamReader(s.getInputStream( )));
14:         } catch (IOException e) {
15:             System.out.println(e);
16:         }
17:     }
18:     @Override
19:     public void run( ) {
20:         String str="";
21:         try{
22:             while ( ( str = sbr.readLine( ) ) != null) {
23:                 System.out.println(str);
24:             }
25:         } catch (IOException e) {
26:             System.out.println(e.getMessage( ));
27:         }
28:     }
29: }
```

6 ◆ 클라이언트 소켓에서 메시지를 읽고 쓰는 행위를 동시에 하려면 쓰레드가 필요하다.

12~13 ◆ 클라이언트 소켓에서 메시지를 읽는다. 쓰는 행위와 따로 한다.

22~24 ◆ 소켓에서 한 줄씩 읽는다.

소스 : kr.co.infopub.chapter.s198.HwiClient.java

```
package kr.co.infopub.chapter.s198;
import java.io.BufferedReader;
import java.io.IOException;
import java.io.InputStreamReader;
import java.io.OutputStreamWriter;
import java.io.PrintWriter;
import java.net.Socket;
public class HwiClient {
  public static void main(String[ ] args) {
     HwiClient hclient=new HwiClient( );
     hclient.go( );
  }

  int port =9907;
  String ip="127.0.0.1";
  public void go( ) {
     Socket s=null;
     BufferedReader br=null;
     PrintWriter pw=null;
     try {
          System.out.println("소켓 만들기");
          s=new Socket(ip, port);
          br=new BufferedReader(
                   new InputStreamReader(System.in));

          pw=new PrintWriter(
                   new OutputStreamWriter(
                            s.getOutputStream( )) ,true);
          String msg="";
          System.out.println("아이디를 입력하세요");
          String name=br.readLine( );

          // 쓰레드
          ClientThread ctr=new ClientThread(s);
          ctr.start( );

          while((msg=br.readLine( ))!=null) {
               pw.println(name+":"+msg);
```

```
39:            }
40:
41:        } catch (IOException e) {
42:            System.out.println(e);
43:        } finally {
44:            try {
45:                pw.close( );
46:                s.close( );
47:            } catch (IOException e) {
48:                System.out.println(e);
49:            }
50:        }
51:    }
52: }
```

22 ◆ 소켓을 생성한다.

23~24 ◆ 키보드(System.in)에서 메시지를 입력받을 때 사용한다.

26~28 ◆ 소켓에 메시지를 보낼 때 사용한다. PrintWriter(, true)의 true는 플러쉬(flush) 옵션으로 호스에 메시지를 남기지 않고 모두 내보내게 한다. 매우 중요한 옵션이다.

31 ◆ 키보드에서 이름을 입력받는다.

34~35 ◆ 클라이언트 쓰레드를 생성한다. 소켓에 메시지를 쓰는 역할을 담당한다. 소켓에서 동시에 읽고 쓰기 위해 쓰레드를 사용한다.

37~39 ◆ 소켓에서 메시지를 읽는 역할을 한다.

45~46 ◆ 다 사용하면 소켓과 IO를 닫는다. 내보내는 스트림은 반드시 닫아야 한다.

결과

소켓 만들기
아이디를 입력하세요
java200

java200:
kim:
안녕하세요
java200:안녕하세요
kim:어서오세요

| **그림 198-4** | ChatClientFrameMain.java를 실행해 접속자 정보를 입력하는 모습

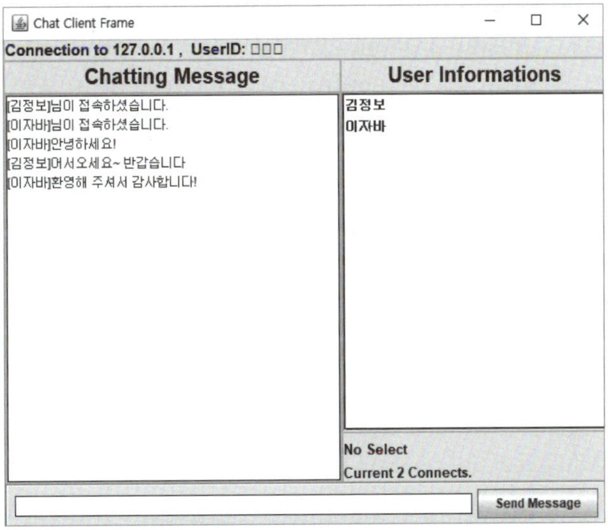

| **그림 198-5** | 접속자 두 명이 대화하는 모습

실무

199

3티어 TCP/IP HRM 미들 서버 만들기

- **학습 내용 :** 3티어 TCP/IP HRM 미들 서버를 만들어 보자.
- **힌트 내용 :** 대화(요청과 응답) 규칙이 바르게 운용되고 있는지 확인하는 배심원 쓰레드(JuryThread)를 만든다.

소스 : kr.co.infopub.chapter.s199.common.HRMRequest.java

```
package kr.co.infopub.chapter.s199.common;
import java.io.*;
public class HRMRequest implements Serializable {
  private int commandValue;
  private HRMResponse results;
  private Serializable requestObject;
  // CRUD 1234 - 상수이므로 대문자를 권장한다.
  public static final int findAllEmployees=2010;                // 1
  public static final int findAllDepartments=2020;              // 2
  public static final int findTreeManagerInEmployee=2030;  // 3
  public static final int findEmployeesByDepartName=2040;  // 4
  public static final int getEmployeesTotal=2510;          // 5
  public static final int findAllDepartments2=2050;        // 6
  public static final int findAllDepCounts=2060;           // 7
  public static final int findAllJobs=2070;                // 8
  public static final int findEmployeesByManagerId=2080;   // 9
  public static final int findEmployeesByEmpId=2090;           // 10
  public static final int findManagersByName=2100;             // 11
  public static final int getTreeMaxLevel=2520;            // 12
  public static final int findAfterAdd=2530;               // 13
  public static final int addEmployee=1010;                // 14
  public static final int updateEmployee=3010;             // 15
  public static final int updateJobHistory=3020;           // 16
  public static final int deleteEmployee=4010;             // 17
  public static final int findEmployeeById=2110;           // 18
  // 생성자 setCommandValue( ) 메서드 필요 없도록 생성자에서 처리
  public HRMRequest (int comm) {
     commandValue = comm;
     results = new HRMResponse( );
```

```
}
// 처리할 액션의 타입(commandValue)을 리턴
public int getCommandValue( ) {
    return commandValue;
}
// 직렬화 객체를 반환
public Serializable getRequestObject( ) {
    return requestObject;
}
// 직렬화 객체를 모두 받을 수 있다- 다형성
public void setRequestObject(Serializable requestObject) {
    this.requestObject = requestObject;
}
// 응답 객체
public HRMResponse getResult( ) {
    return results;
}
}
```

TCP/IP 3티어 어플리케이션은 클라이언트와 미들 서버 사이의 대화(요청과 응답)를 위해 약속된 규칙(Protocol)을 필요로 한다. [표-HRM 규약]은 이번 예제와 예제 200에서 사용하는 클라이언트와 미들 서버 사이의 규약이다. 클라이언트에서 미들 서버에 2030을 요청하면 findTreeManagerInEmployee( ) 메서드를 호출하여 관리자와 부하 직원의 관계를 찾아서(R-Retrieve, Select) 리스트(List)로 반환하라는 의미이다. 1010을 요청하고 사원의 정보를 미들 서버에 전달하면 전달받은 사원의 정보를 입력하고 그 사원의 아이디를 반환하라는 의미이다. 이처럼 TCP/IP 3티어 프로그래밍은 약속된 규약(프로토콜)을 이용한다.

| **표** | HRM 규약

CRUD 종류	규약이름	값	타입
R	findAllEmployees	2010	List
R	findAllDepartments	2020	List
R	findTreeManagerInEmployee	2030	List
R	findEmployeesByDepartName	2040	List
R	getEmployeesTotal	2510	int

CRUD 종류	규약이름	값	타입
R	findAllDepartments2	2050	List
R	findAllDepCounts	2060	List
R	findAllJobs	2070	List
R	findEmployeesByManagerId	2080	List
R	findEmployeesByEmpId	2090	List
R	findManagersByName	2100	List
R	getTreeMaxLevel	2520	int
R	findAfterAdd	2530	int
C	addEmployee	1010	int
U	updateEmployee	3010	boolean
U	updateJobHistory	3020	boolean
D	deleteEmployee	4010	boolean

3 ◆ 소켓을 이용하여 객체를 전달할 때는 반드시 객체 직렬화(Serializable)를 해야 한다.

4 ◆ 전달할 프로토콜 값이다.

5 ◆ 미들 서버에서 결과를 클라이언트로 재전송할 때 HRMRequest 안의 HRMResponse 객체에 결과를 저장한다. 클라이언트로 보낼 때는 HRMResponse가 비어 있고 미들 서버에서 클라이언트로 올 때는 HRMResponse에 직렬화 객체로 저장되어서 되돌아온다.

6 ◆ 미들 서버로 요청할 때 필요한 아규먼트이다. 직렬화된 객체(기본 타입, String 포함)여야 한다. 사원의 정보를 DB에 추가할 때는 1010 addEmployee(EmployeeDto)처럼 아규먼트가 직렬화된 EmployeeDto이다.

8~25 ◆ 요청에 따라 프로토콜의 값을 정한다. 추가(C)는 1, 가져오기(R)는 2, 수정(U)은 3, 삭제(D)는 4로 시작한다.

27~30 ◆ HRMRequest를 생성할 때 프로토콜값을 대입 받고, 비어 있는 HRMResponse를 생성한다.

36~42 ◆ 요청할 때 아규먼트가 있을 수 있다. 기본 타입과 문자열, 직렬화된 객체만 아규먼트로 사용될 수 있다.

소스 : kr.co.infopub.chapter.s199.common.HRMResponse.java

```
1: package kr.co.infopub.chapter.s199.common;
2: import java.util.*;
3: import java.io.*;
4: public class HRMResponse extends Vector implements Serializable {
5:     private int status = -1;
6:     public HRMResponse () {
7:         super(1,1);
8:     }
9:     // 응답할 때 성공 여부. 양수는 성공, 0이하는 실패
10:    public int getStatus () {
11:        return status;
12:    }
13:    public void setStatus(int value) {
14:        status = value;
15:    }
16:    public int getNumRows () {
17:        return this.size( ); // 벡터 크기
18:    }
19: }
```

요청에 대한 응답을 할 때 직렬화된 모든 타입의 객체와 이를 여러 개 받을 수 있도록 Vector(List 계열)를 상속한다. 직렬화하기 위해 Serializable을 구현한다. ◆ 4

응답할 때 성공(0, 양수), 실패(음수)를 저장하고, 실패의 종류에 따라 다른 값을 저장한다. ◆ 5

소스 : kr.co.infopub.chapter.s199.middle.JuryThread.java

```
package kr.co.infopub.chapter.s199.middle;
import java.io.*;
import java.net.*;
import java.util.*;
import kr.co.infopub.chapter.s199.common.DepCountDto;
import kr.co.infopub.chapter.s199.common.DepartmentDto;
import kr.co.infopub.chapter.s199.common.EmployeeDto;
import kr.co.infopub.chapter.s199.common.HRMRequest;
import java.sql.*;
```

```
public class JuryThread extends Thread {
    EmployeeService         activeDB;
    Socket                  talkToMe;
    ObjectOutputStream      sendStream;
    ObjectInputStream       recvStream;
    boolean                 success = true;
    HRMRequest              command;
    /*
    ProtocolHandler로부터 Socket을 넘겨받아 ObjectOutput, InputStream를 연다.
    run( ) 메서드는 클라이언트에서 넘겨주는 HRMRequest 객체를 받고 주도록 쓰레드를 start한다.
    */
    public JuryThread(Socket s, EmployeeService activeDB) {
        talkToMe  = s;
        System.out.println(talkToMe.getInetAddress( )+"이 붙음");
        this.activeDB  = activeDB;
        try {
            sendStream = new ObjectOutputStream(talkToMe.getOutputStream( ));
            recvStream = new ObjectInputStream(talkToMe.getInputStream( ));
            start( );
        } catch(IOException e) {
            System.err.println("Error- JuryThread 생성자");
            success = false;
            close( );
        }
    }
    public void close( ) {
        try {
            if(recvStream!=null )recvStream.close( );
            if(sendStream!=null )sendStream.close( );
            if(talkToMe!=null )talkToMe.close( );
        } catch(IOException ioe) { }
    }
    /*
    run( ) 메서드는 클라이언트에서 넘겨주는 HRMRequest 객체를 받아들여서
    상수값으로 표현된 규약을 읽고 switch에서 각각을 판단하여 EmployeeService 객체의
    메서드를 호출한다. 그리고 그 메서드에서 발생할 exception을 catch하고 status에
    -1, -2 등을 셋팅하면서 다시 클라이언트에 HRMRequest 객체를 넘겨준다.
    클라이언트에서 넘어온 HRMRequest 객체 중 값을 갖고 있는 경우는 직렬화 객체 형태로 넘어
    오기 때문에 이를 받아서 메서드의 argument에 넣어서 처리하고, 클라이언트로 보낼 경우에는
    HRMRequest 객체에 있는 HRMResponse 객체에 add해서 보낸다.
    */
```

```
public void run( ) {
    while (success) {
        try {
            command = (HRMRequest)recvStream.readObject( ); // 먼저 읽고
        } catch(Exception e) {
            close( );
            System.err.println ("클라이언트 연결이 끊어짐……");
            return;
        }
        try {
            System.out.println("5 request 받음, protocol :"+command.getCommandValue( ));
            // HRMRequest에 있는 프로토콜을 판단하고 처리한다.
            // 클라이언트에서 요청은 프로토콜로 날아온다.
            switch(command.getCommandValue( )) {
                case HRMRequest.findAllDepartments: {    // 2010 요청받음
                    // DB에서 사원이 있는 모든 부서 리스트로 가져온다.
                    List<DepartmentDto> cr = activeDB.findAllDepartments( );
                        if(cr.size( ) <= 0) {
                            System.err.println("Error in findAllDepartments");
                            command.getResult( ).setStatus(-1);
                        } else {
                            // 정상적으로 요청을 처리하면 결과를 HRMRequest 내부의
                            // HRMResponse 객체에 저장한다. HRMResponse는 Vector이다.
                            command.getResult( ).add(cr);
                            command.getResult( ).setStatus(0);
                        }
                } break;
                case HRMRequest.findTreeManagerInEmployee: {
                    List<EmployeeDto> cr = activeDB.findTreeManagerInEmployee( );
                        if(cr.size( ) <= 0) {
                            System.err.println("Error in findTreeManagerInEmployee");
                            command.getResult( ).setStatus(-2);
                        } else {
                            command.getResult( ).add(cr);
                            command.getResult( ).setStatus(0);
                        }
                } break;
                case HRMRequest.findAllEmployees: {
                    List<EmployeeDto> cr = activeDB.findAllEmployees( );
                        if(cr.size( ) <= 0) {
                            System.err.println("Error in findAllEmployees");
```

```
                command.getResult( ).setStatus(-3);
            } else {
                command.getResult( ).add(cr);
                command.getResult( ).setStatus(0);
            }
    } break;
    case HRMRequest.getTreeMaxLevel: {
        int cr =  activeDB.getTreeMaxLevel( );
            if(cr <= 0) {
                System.err.println("Error in getTreeMaxLevel");
                command.getResult( ).setStatus(-4);
            } else {
                command.getResult( ).add(cr);
                command.getResult( ).setStatus(0);
            }
    } break;
    case HRMRequest.findAllDepCounts: {
        List<DepCountDto> cr =  activeDB.findAllDepCounts( );
            if(cr.size( ) <= 0) {
                System.err.println("Error in findAllDepCounts");
                command.getResult( ).setStatus(-5);
            } else {
                command.getResult( ).add(cr);
                command.getResult( ).setStatus(0);
            }
    } break;
    case HRMRequest.findEmployeesByDepartName: {
        String val="";
        Serializable objs=command.getRequestObject( );
        if(objs!=null && objs instanceof String) {
                val=(String)objs;
        }
        List<EmployeeDto> cr =  activeDB.findEmployeesByDepartName(val);
            if(cr.size( ) <= 0) {
                System.err.println("Error in findEmployeesByDepartName");
                command.getResult( ).setStatus(-6);
                // return;
            } else {
                command.getResult( ).add(cr);
                command.getResult( ).setStatus(0);
            }
```

```
                } break;
                case HRMRequest.findEmployeesByEmpId: {
                    String val="";
                    Serializable objs=command.getRequestObject( );
                    if(objs!=null && objs instanceof String) {
                            val=(String)objs;
                    }
                    List<EmployeeDto> cr =  activeDB.findEmployeesByEmpId(val);
                        if(cr.size( ) <= 0) {
                            System.err.println("Error in findEmployeesByEmpId");
                            command.getResult( ).setStatus(-7);
                            // return;
                        } else {
                            command.getResult( ).add(cr);
                            command.getResult( ).setStatus(0);
                        }
                } break;
                case HRMRequest.findEmployeeById: {
                    String val="";
                    Serializable objs=command.getRequestObject( );
                    if(objs!=null && objs instanceof String) {
                            val=(String)objs;
                    }
                    EmployeeDto cr =  activeDB.findEmployeeById(val);
                        if(cr==null) {
                            System.err.println("Error in findEmployeeById");
                            command.getResult( ).setStatus(-8);
                            return;
                        } else {
                            command.getResult( ).add(cr);
                            command.getResult( ).setStatus(0);
                        }
                } break;
                case HRMRequest.findManagersByName: {
                    String val="";
                    Serializable objs=command.getRequestObject( );
                    if(objs!=null && objs instanceof String) {
                            val=(String)objs;
                    }
                    List<EmployeeDto> cr =  activeDB.findManagersByName(val);
                        if(cr.size( ) <= 0) {
```

```
            System.err.println("Error in findEmployeeById");
            command.getResult( ).setStatus(-9);
        } else {
            command.getResult( ).add(cr);
            command.getResult( ).setStatus(0);
        }
} break;
case HRMRequest.findAllJobs: {
    List<String> cr =  activeDB.findAllJobs( );
        if(cr.size( ) <= 0) {
            System.err.println("Error in findAllJobs");
            command.getResult( ).setStatus(-10);
        } else {
            command.getResult( ).add(cr);
            command.getResult( ).setStatus(0);
        }
} break;
case HRMRequest.findAllDepartments2: {
    List<DepartmentDto> cr =  activeDB.findAllDepartments2( );
        if(cr.size( ) <= 0) {
            System.err.println("Error in findAllDepartments2");
            command.getResult( ).setStatus(-11);
        } else {
            command.getResult( ).add(cr);
            command.getResult( ).setStatus(0);
        }
} break;
case HRMRequest.addEmployee: {
        EmployeeDto val=null;
        Serializable objs=command.getRequestObject( );
        if(objs!=null && objs instanceof EmployeeDto) {
            val=(EmployeeDto)objs;
        } else {
            System.err.println("Error in addEmployee");
            command.getResult( ).setStatus(-12);
            return;
        }
        int cr =  activeDB.addEmployee(val);
            if(cr==0) {
                System.err.println("Error in addEmployee");
                command.getResult( ).setStatus(-13);
```

```
                        } else {
                            command.getResult( ).add(cr);
                            command.getResult( ).setStatus(0);
                        }
            } break;
            case HRMRequest.updateEmployee: {
                EmployeeDto val=null;
                Serializable objs=command.getRequestObject( );
                if(objs!=null && objs instanceof EmployeeDto) {
                    val=(EmployeeDto)objs;
                } else {
                    System.err.println("Error in updateEmployee");
                    command.getResult( ).setStatus(-14);
                    return;
                }
                boolean cr =  activeDB.updateEmployee(val);
                    if(cr==false) {
                        System.err.println("Error in updateEmployee");
                        command.getResult( ).setStatus(-15);
                    } else {
                        command.getResult( ).add(cr);
                        command.getResult( ).setStatus(0);
                    }
            } break;
            case HRMRequest.deleteEmployee: {
                EmployeeDto val=null;
                Serializable objs=command.getRequestObject( );
                if(objs!=null && objs instanceof EmployeeDto) {
                    val=(EmployeeDto)objs;
                } else {
                    System.err.println("Error in deleteEmployee");
                    command.getResult( ).setStatus(-16);
                    return;
                }
                boolean cr =  activeDB.deleteEmployee(val);
                if(cr==false) {
                    System.err.println("Error in deleteEmployee");
                    command.getResult( ).setStatus(-17);
                } else {
                    command.getResult( ).add(cr);
                    command.getResult( ).setStatus(0);
```

```
                    }
                } break;
                case HRMRequest.getEmployeesTotal: {
                    int cr =  activeDB.getEmployeesTotal( );
                        if(cr <= 0) {
                            System.err.println("Error in getEmployeesTotal");
                            command.getResult( ).setStatus(-18);
                        } else {
                            command.getResult( ).add(cr);
                            command.getResult( ).setStatus(0);
                        }
                } break;
            default:
                // 잘못된 프로토콜을 받았을 때
                command.getResult( ).setStatus(-19);break;
            }
        } catch(Exception e) {
            System.err.println ("Error in JuryThread's switch");
            // 그 외 JuryThread의 switch를 처리하다 발생
            command.getResult( ).setStatus(-20);
        }
        // 클라이언트 요청 처리 결과를 HRMRequest에 담아 클라이언트로 재전송
        // 클라이언트로 보내는 HRMRequest에 HRMResponse가 있다
        // 결국 HRMResponse를 클라이언트로 전송
        try {
            sendStream.writeObject(command);
            sendStream.flush( );
            System.out.println("6 response 보냄: "+command.getResult( ).getStatus( ));
        } catch(Exception e) {
            System.err.println("Error in writing response");
        }
        // 다른 JuryThread에게 양보(이 쓰레드는 요청을 끝냈으니)
        // 멀티 client -> 멀티 JuryThread
        Thread.yield( );
        }
    }
}
```

클라이언트에서 미들 서버로 2030을 보내면 DB 서버에 보내기 전에 미들 서버가 요청을 확인하고 DB 서버에 요청한다. 그리고 결과를 얻어 다시 클라이언트에게 결과값을 보낸다. 이처럼 미들 서버

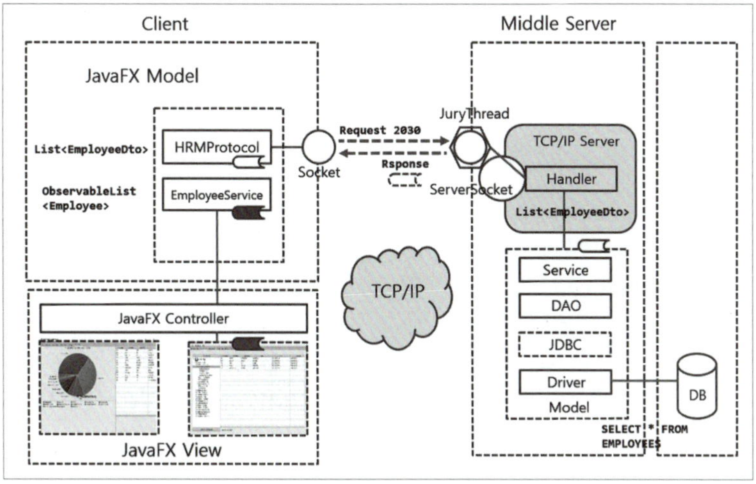

클라이언트의 요청을 분석하고 처리하는 JuryThread

에는 대화(요청과 응답) 규칙이 바르게 운용되고 있는지 확인하는 배심원 쓰레드(JuryThread)가 필요하다. 배심원 쓰레드는 클라이언트의 요청을 받고 분석한 다음 실행한다.

쓰레드를 상속한다. run()을 오버라이딩해야 한다. ◆ 10

DAO를 이용하여 DB에 쿼리를 실행하는 객체이다. ◆ 11

쓰레드 하나에 하나의 소켓을 저장한다. ◆ 12

소켓에서 직렬화된 객체를 보내고 받는 IO이다. ◆ 13~14

ProtocolHandler로부터 소켓을 넘겨받아 ObjectOutStream, ObjectInputStream을 연다. ◆ 21

소켓을 받는다. ◆ 22

DAO를 이용하여 DB에서 쿼리를 실행하는 EmployeeService 객체를 받는다. ◆ 24

소켓에 객체를 보내고 받는 ObjectOutStream, ObjectInputStream을 생성하고 소켓에 연결한다. ◆ 26~27

run()을 실행한다. ◆ 28

모든 스트림과 소켓을 닫는다. ◆ 35~41

소켓에서 ObjectInputStream을 이용하여 클라이언트에서 보낸 HRMRequest 객체를 받는다. ◆ 54

56 ◆ 클라이언트와 연결이 끊기면 소켓을 닫는다.

64 ◆ 클라이언트의 요청은 프로토콜로 전달받는다. HRMRequest에 있는 프로토콜을 판단하고 처리한다.

65 ◆ findAllDepartments(2010)을 요청받았다.

67 ◆ DB에서 사원이 있는 부서를 얻는다.

68~70 ◆ 찾는 부서가 없다면 상태값(status)을 −1로 한다.

71~76 ◆ 요청을 정상적으로 처리하면 결과를 HRMResponse에 저장한다. HRMResponse는 요청받은 HRMRequest의 내부에 있다. command.getResult( )는 HRMRequest 내부의 HRMResponse 객체이다. HRMResponse는 Vector(List 계열)이며 add( )를 이용하여 저장한다. 성공했으므로 상태값을 0으로 한다. 그 외 다른 case: 구문도 모두 같은 원리가 적용된다. 요청을 받고 그에 따라 DB에서 값을 찾거나, 수정, 삭제, 입력하고 결과를 HRMResponse에 저장한 후 HRMRequest(HRMRequest 내부에 HRMResponse가 있기 때문)를 재전송한다.

281 ◆ 결과를 HRMResponse에 저장한 후 클라이언트로 HRMRequest(HRMRequest 내부에 HRMResponse가 있기 때문)를 재전송한다.

282 ◆ 전송을 확실히 하려고 밀어서 보낸다.

📁 소스 : kr.co.infopub.chapter.s199.middle.ProtocolHandler.java

```
 1: package kr.co.infopub.chapter.s199.middle;
 2: import java.io.*;
 3: import java.net.*;
 4: public class ProtocolHandler implements Runnable {
 5: int listenPort = 9983;
 6: int alternatePort = listenPort;
 7: ServerSocket myServer = null;
 8: JuryThread juryThread;
 9: Socket answerSocket;
10: EmployeeService db;
11: public ProtocolHandler() {
12: init();
13: }
14: // 클라이언트의 접속을 기다릴 서버 소켓을 연다.
```

```
    // 서버 소켓에 사용자가 접속할 때까지 무한 루프(블록킹) 상태로 기다린다.
    // 서버 소켓에 사용자가 접속하면 소켓이 생성된다.
public void init( ) {
    try {
        System.out.println( "1 서버 소켓 생성..");
        myServer = new ServerSocket(listenPort);
        myServer.setReuseAddress(true) ; // ServerSocket port 바로 다시 사용
        System.out.println( "2 db 연결....");
            db = EmployeeService.getInstance( );
    } catch(IOException e) {
        System.out.println(" 데이터베이스 서버에 연결할 수 없습니다.");
            close( );
        System.exit(1);
    } catch(Exception io) {
        close( );
        System.exit(1);
        System.err.println("Unable to create Server Socket!");
    }
}
// 사용 후 서버 소켓을 닫는다.
public void close( ) {
    try {
        if(myServer!=null) {
            myServer.close( );
            System.out.println("ServerSocket id dead.");
        }
    } catch (IOException e) {

    }
}
// 서버 소켓이 생성되면 클라이언트의 요청을 기다린다.
// 실제 클라이언트와 데이터베이스의 연동은 JuryThread가 담당한다.
public void run( ) {
    while(true) {
        try {
            answerSocket = myServer.accept( );
            System.out.println( "3 사용자 접속으로 소켓 생성......");
        } catch(IOException io) {
            System.err.println(io.getMessage( ));
            return;
```

```
55:            }
56:            System.out.println( "4 배심원 쓰레드 작동 - 요구 사항 파악 준비........");
57:            juryThread = new JuryThread(answerSocket, db);
58:            Thread.yield( );   // 핸들러 쓰레드 -> JuryThread에게 양보
59:        }
60:    }
61:    // 서버 소켓을 열고 클라이언트의 접속을 기다린다.
62:    // 실제 DB와 연동은 JuryThread가 하게 한다.
63:    public static void main(String[ ] args) {
64:        ProtocolHandler myHandler = new ProtocolHandler( );
65:        new Thread(myHandler).start( );
66:        System.out.println("ProtocolHandler server ready..........");
67:    }
68: }
```

20 ◆ 서버 소켓을 생성한다.

23 ◆ DB 관련 작업을 실행하는 EmployeeService를 싱글톤으로 생성한다.

38 ◆ 서버 소켓을 다 사용하면 닫는다.

48 ◆ 클라이언트가 서버 소켓에 요청할 때까지 기다린다.

50 ◆ 요청을 받는 순간 소켓을 만든다.

57 ◆ 요청을 받을 때 만든 소켓을 배심원 쓰레드에 대입한다. 배심원 쓰레드 안에서 요청을 확인하고 처리한 후 응답해 준다.

58 ◆ ProtocolHandler도 쓰레드이다. ProtocolHandler가 JuryThread에게 양보해서 ProtocolHandler에서 만든 JuryThread의 작업을 먼저 끝내게 한다.

64~65 ◆ ProtocolHandler 쓰레드를 생성하고 실행한다. 47:의 run()이 실행되면서 서버 소켓이 클라이언트를 기다리게 한다. 요청이 들어오면 배심원 쓰레드를 생성하여 요청을 확인하고 응답한다.

결과

```
1 서버 소켓 생성..
2 db 연결....
class kr.co.infopub.chapter.s199.middle.EmployeeDAO: 1/6 Driver Loading Success!!!
ProtocolHandler server ready..........
3 사용자 접속으로 소켓 생성......
4 배심원 쓰레드 작동 – 요구 사항 파악 준비........
/127.0.0.1이 붙음
5 request 받음, protocol :2020
class kr.co.infopub.chapter.s199.middle.EmployeeDAO: 2/6 Connection Success!!!
CRUD-------------------------------class kr.co.infopub.chapter.s199.middle.Employed
SELECT NVL(E.DEPARTMENT_ID,0) DEPARTMENT_ID, NVL(D.DEPARTMENT_NAME,
'NOTYET') DEP
   FROM EMPLOYEES E, DEPARTMENTS D
   WHERE E.DEPARTMENT_ID=D,DEPARTMENT_ID(+)
   GROUP BY E.DEPARTMENT_ID, D.DEPARTMENT_NAME
   ORDER BY E.DEPARTMENT_ID
```

실무 200

3티어 TCP/IP HRM 어플리케이션 만들기

• **학습 내용 :** 3티어 TCP/IP HRM 어플리케이션을 만들어 보자.
• **힌트 내용 :** 미들 서버에서 오는 응답 객체에서 필요한 정보를 추출한다.

소스 : kr.co.infopub.chapter.s200.client.HRMProtocol.java

```
package kr.co.infopub.chapter.s200.client;
import java.util.*;
import kr.co.infopub.chapter.s199.common.DepCountDto;
import kr.co.infopub.chapter.s199.common.DepartmentDto;
import kr.co.infopub.chapter.s199.common.EmployeeDto;
import kr.co.infopub.chapter.s199.common.HRMRequest;
import java.io.*;
import java.net.*;
import java.sql.SQLException;
public class HRMProtocol {
  private static int          MIDDLE_TIER_PORT = 9983;
  private HRMRequest          cmndObj;
  private Socket              handler;
  private ObjectOutputStream oos;
  private ObjectInputStream  ois;
  // 생성자로 서버에 연결
  // 객체 직렬화 가능한 ObjectOutputStream, ObjectInputStream을 생성
  public HRMProtocol (String server) throws IOException {
     try {
          handler = new Socket(server, MIDDLE_TIER_PORT);
          oos    = new ObjectOutputStream (handler.getOutputStream( ));
          ois    = new ObjectInputStream (handler.getInputStream( ));
          System.out.println("1 HRMProtocol 소켓과 스트림 생성..."+ new Date( ));
     } catch (IOException e) {
          System.err.println ("Error in HRMProtocol 소켓과 스트림 생성...");
          throw e;
     }
  }
  // 열려 있는 Socket을 닫는 메서드
```

```
public void close( ) throws IOException {
    if(oos!=null)oos.close( );
    if(ois!=null)ois.close( );
    if(handler!=null)handler.close( );
}
// 서버의 protocol handler로부터 응답 받음
// HRMRequest 내부에 HRMResponse가 있다.
public int getResponse ( ) {
    try {
        cmndObj = (HRMRequest)ois.readObject( );
        System.out.println("2 HRMProtocol HRMRequest 받기 ...");
    } catch(ClassNotFoundException e) {
        System.err.println("HRMRequest를 못 찾음...");
    } catch(InvalidClassException e) {
        System.err.println("직렬화가 잘못됨(직렬화,Object Graph 확인)...");
    } catch(StreamCorruptedException e) {
        System.err.println("Stream에 이상...");
    } catch(IOException e) {
        System.err.println("IO 예외 발생...");
    } catch(Exception e) {
        System.err.println("그 외 예외가 발생함...");
    }
    int status = cmndObj.getResult( ).getStatus( );
    // 응답이 음수면 예외 알려 줌
    if (status < 0) System.err.println ("응답이 음수임..." + status);
        return (status);
}
// HRMRequest 객체를 미들 서버로 보냄
private void writeCommand (HRMRequest commandObj) {
    try {
        oos.writeObject (commandObj);
        oos.flush( );
    } catch(InvalidClassException e) {
        System.err.println("잘못된 캐스팅 문제: Serializable -> DTO ");
    } catch(NotSerializableException e) {
        System.err.println("직렬화 문제(직렬화, Object Graph)");
    } catch(IOException e) {
        System.err.println("Stream 통신 문제");
    }
}
```

```
// HRMRequest에 요청 프로토콜을 넣고 미들 서버로 보냄
public void sendCommand(int command) {
    System.err.println("Sending: " + command);
    cmndObj = new HRMRequest(command);
    writeCommand(cmndObj);
}
// HRMRequest에 요청 프로토콜을 넣고 미들 서버로 보냄, 아규먼트 1개
public void sendCommand(int command, Serializable requestObject) {
    System.out.println("Sending: " + command + " " + requestObject);
    cmndObj = new HRMRequest(command);
    cmndObj.setRequestObject(requestObject);
    writeCommand(cmndObj);
}
// sendCommand를 이용하여 서버에 요청을 보내고 결과 받기
public List<DepartmentDto> findAllDepartments ( ) throws SQLException {
    sendCommand(HRMRequest.findAllDepartments);
    int response = getResponse( );
    if (response < 0) {
        System.err.println("Protocol error: findAllDepartments");
        throw new SQLException("Protocol error: findAllDepartments");
    }
    return (List<DepartmentDto>)cmndObj.getResult( ).get(0);
}
public List<EmployeeDto> findAllEmployees ( )  throws SQLException{
    sendCommand(HRMRequest.findAllEmployees);
    int response = getResponse( );
    if (response < 0) {
        System.err.println("Protocol error: findAllEmployees");
        throw new SQLException("Protocol error: findAllEmployees");
    }
    return (List<EmployeeDto>)cmndObj.getResult( ).get(0);
}
public List<EmployeeDto> findTreeManagerInEmployee ( )  throws SQLException {
    sendCommand(HRMRequest.findTreeManagerInEmployee);
    int response = getResponse( );
    if (response < 0) {
        System.err.println("Protocol error: findTreeManagerInEmployee");
        throw new SQLException("Protocol error: findTreeManagerInEmployee");
    }
    return (List<EmployeeDto>)cmndObj.getResult( ).get(0);
```

```
}
public int getTreeMaxLevel ( ) throws SQLException {
    sendCommand(HRMRequest.getTreeMaxLevel);
    int response = getResponse( );
    if (response < 0) {
        System.err.println("Protocol error: getTreeMaxLevel");
        throw new SQLException("Protocol error: getTreeMaxLevel");
    }
    return (int)cmndObj.getResult( ).get(0);
}
public List<DepCountDto> findAllDepCounts ( ) throws SQLException {
    sendCommand(HRMRequest.findAllDepCounts);
    int response = getResponse( );
    if (response < 0) {
        System.err.println("Protocol error: findAllDepCounts");
    throw new SQLException("Protocol error: findAllDepCounts");
    }
    return (List<DepCountDto>)cmndObj.getResult( ).get(0);
}
public  List<EmployeeDto>
    findEmployeesByDepartName(String val) throws SQLException {
    sendCommand(HRMRequest.findEmployeesByDepartName, val);
    int response = getResponse( );
    if (response < 0) {
        System.err.println("Protocol error: findEmployeesByDepartName");
        throw new SQLException("Protocol error: findEmployeesByDepartName");
    }
    return (List<EmployeeDto>)cmndObj.getResult( ).get(0);
}
public List<EmployeeDto>
        findEmployeesByEmpId(String val) throws SQLException {
    sendCommand(HRMRequest.findEmployeesByEmpId,val);
    int response = getResponse( );
    if (response < 0) {
        System.err.println("Protocol error: findEmployeesByEmpId");
        throw new SQLException("Protocol error: findEmployeesByEmpId");
    }
    return (List<EmployeeDto>)cmndObj.getResult( ).get(0);
}
public EmployeeDto findEmployeeById(String val) throws SQLException{
```

```
        sendCommand(HRMRequest.findEmployeeById,val);
        int response = getResponse( );
        if (response < 0) {
            System.err.println("Protocol error: findEmployeeById");
            throw new SQLException("Protocol error: findEmployeeById");
        }
        return (EmployeeDto)cmndObj.getResult( ).get(0);
    }
    public List<EmployeeDto>
            findManagersByName(String searchname) throws SQLException {
        sendCommand(HRMRequest.findManagersByName,searchname);
        int response = getResponse( );
        if (response < 0) {
            System.err.println("Protocol error: findManagersByName");
            throw new SQLException("Protocol error: findManagersByName");
        }
        return (List<EmployeeDto>)cmndObj.getResult( ).get(0);
    }
    public List<String> findAllJobs( ) throws SQLException {
        sendCommand(HRMRequest.findAllJobs);
        int response = getResponse( );
        if (response < 0) {
            System.err.println("Protocol error: findAllJobs");
            throw new SQLException("Protocol error: findAllJobs");
        }
        return (List<String>)cmndObj.getResult( ).get(0);
    }
    public List<DepartmentDto>
            findAllDepartments2( ) throws SQLException{
        sendCommand(HRMRequest.findAllDepartments2);
        int response = getResponse( );
        if (response < 0) {
            System.err.println("Protocol error: findAllDepartments2");
            throw new SQLException("Protocol error: findAllDepartments2");
        }
        return (List<DepartmentDto>)cmndObj.getResult( ).get(0);
    }
    public int addEmployee(EmployeeDto empdto) throws SQLException {
        sendCommand(HRMRequest.addEmployee,empdto);
        int response = getResponse( );
```

```
        if (response < 0) {
            System.err.println("Protocol error: addEmployee");
            throw new SQLException("Protocol error: addEmployee");
        }
        return (int)cmndObj.getResult( ).get(0);
    }
    public boolean updateEmployee(EmployeeDto emp) throws SQLException {
        sendCommand(HRMRequest.updateEmployee, emp);
        int response = getResponse( );
        if (response < 0) {
            System.err.println("Protocol error: updateEmployee");
            throw new SQLException("Protocol error: updateEmployee");
        }
        return (boolean)cmndObj.getResult( ).get(0);
    }
    public boolean deleteEmployee(EmployeeDto emp) throws SQLException{
        sendCommand(HRMRequest.deleteEmployee,emp);
        int response = getResponse( );
        if (response < 0) {
            System.err.println("Protocol error: deleteEmployee");
            throw new SQLException("Protocol error: deleteEmployee");
        }
        return (boolean)cmndObj.getResult( ).get(0);
    }
    public int getEmployeesTotal( ) throws SQLException {
        sendCommand(HRMRequest.getEmployeesTotal);
        int response = getResponse( );
        if (response < 0) {
            System.err.println("Protocol error: getEmployeesTotal");
            throw new SQLException("Protocol error: getEmployeesTotal");
        }
        return (int)cmndObj.getResult( ).get(0);
    }
}
```

미들 서버에서 보내온 HRMResponse 객체에는 요청 결과가 저장되어 있다. 결과는 기본 타입이나 문자열, 직렬화된 객체로 되어 있다. 클라이언트의 HRMProtocol은 2티어의 DAO 역할을 대신한다. [그림 200-1]과 같이 2티어의 DAO는 JDBC를 이용하여 원하는 결과를 얻는다. 같은 원리로 3티어에서는 HRMProtocol이 미들 서버에서 전달된 결과를 얻는다. [그림 200-2]에서

HRMProtocol은 소켓을 통해 전달된 List〈EmployeeDto〉를 얻는다. 그리고 EmployeeService에서 테이블뷰나 트리뷰에 적합한 ObservableList〈Employee〉로 변환한다.

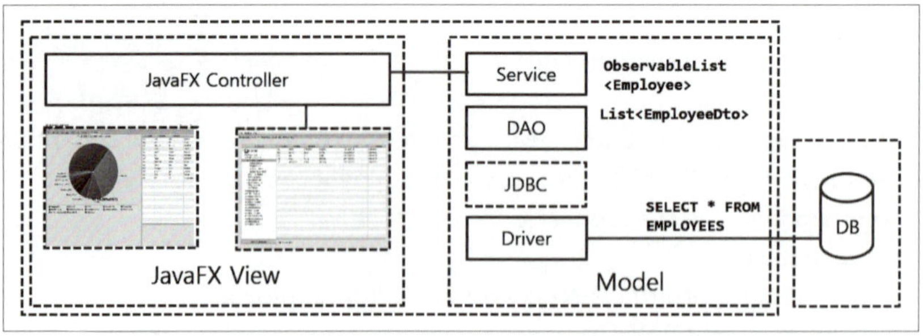

| **그림 200-1** | 2티어 어플리케이션

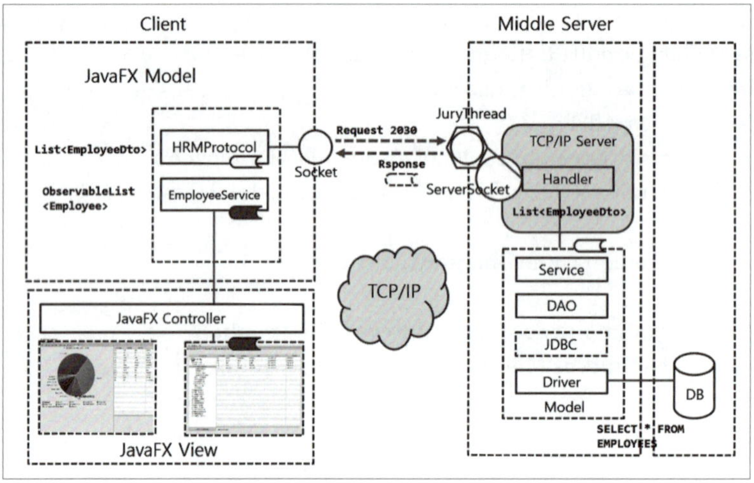

| **그림 200-2** | 2티어의 DAO역할을 3티어에서는 HRMProtocol이 맡는다.

11 ◆ 미들 서버의 포트이다. 5000 이상의 값으로 정하자.

12 ◆ 미들 서버에 보내는 요청을 위한 객체이다. 미들 서버에서 응답이 올 때 HRMRequest 내부에 HRMResponse가 저장된다. 응답 객체에 요청 결과가 저장되어 있다.

20 ◆ 미들 서버의 IP와 포트를 입력하여 미들 서버의 소켓과 대화할 소켓을 생성한다.

21~22 ◆ 객체를 소켓에 보내고, 객체를 소켓에서 받을 객체 스트림을 생성한다.

객체 스트림과 소켓을 닫는다. ◆ 30~34

소켓에서 응답 객체 HRMResponse를 포함하고 있는 HRMRequest를 받는다. ◆ 39

발생할 수 있는 여러 예외를 처리한다. ◆ 41~51

응답 객체에서 결과 상태값(status)을 얻는다. ◆ 52

응답의 상태값이 음수면 미들 서버에서 요청을 정상적으로 처리하지 못한 것이다. ◆ 54~55

요청 객체 HRMRequest를 소켓에 보낸다. HRMRequest에는 미들 서버에 요청할 프로토콜이 포함되어 있다. ◆ 60~61

요청 객체 HRMRequest를 생성한다. HRMRequest에 미들 서버에 요청할 프로토콜을 넣는다. ◆ 73

58라인을 호출하여 클라이언트 소켓에 요청 객체 HRMRequest를 보낸다. 이 소켓은 미들 서버의 소켓으로 요청 객체를 전달한다. ◆ 74

요청할 아규먼트가 1개일 때 사용한다. 71라인의 오버로딩 메서드이다. 이 아규먼트는 기본 타입, String, 직렬화한 객체만 가능하다. ◆ 77

요청 객체 HRMRequest을 생성한다. HRMRequest에 미들 서버에 요청할 프로토콜을 넣는다. ◆ 79

요청 객체 HRMRequest에 아규먼트를 넣는다. ◆ 80

58라인을 호출하여 클라이언트 소켓에 요청 객체 HRMRequest를 보낸다. 이 소켓은 미들 서버의 소켓으로 요청 객체를 전달한다. ◆ 81

부서원이 있는 부서의 목록을 요청한다. ◆ 84

소켓에 프로토콜 2010을 보내서 부서원이 있는 부서의 목록을 요청한다. 이 요청이 미들 서버로 전송된다. ◆ 85

미들 서버에 응답 객체를 전송한 후 응답을 받는다. ◆ 86

응답 상태값이 음수면 미들 서버에서 정상적으로 요청을 처리하지 못한 것이다. ◆ 87~90

미들 서버에서 정상적으로 요청을 처리하면 응답으로 요청 결과를 받는다. HRMRequest의 내부에 응답 객체 HRMResponse가 있고, HRMResponse는 벡터(Vector)이다. HRMResponse에서 0번째 응 ◆ 91

답 결과를 얻는다. 응답 결과는 직렬화(Serializable) 타입이므로 미들 서버에서 HRMResponse에 넣었던 타입으로 캐스팅한다. 미들 서버에서 넣었던 타입과 HRMProtocol에서 잘못된 타입으로 캐스팅하면 예외가 발생한다.

93~222 ◆ 91라인과 같은 방법으로 요청하고 응답을 받는다. 그리고 응답 객체에서 결과를 얻은 후 미들 서버에서 넣었던 타입으로 캐스팅한다.

소스 : kr.co.infopub.chapter.s200.client.EmployeeService.java

```java
package kr.co.infopub.chapter.s200.client;
import java.io.IOException;
import java.sql.SQLException;
import java.util.List;
import javafx.collections.ObservableList;
import kr.co.infopub.chapter.s199.common.DepCountDto;
import kr.co.infopub.chapter.s199.common.DepartmentDto;
import kr.co.infopub.chapter.s199.common.EmployeeDto;
import kr.co.infopub.chapter.s200.dto.DepConvert;
import kr.co.infopub.chapter.s200.dto.DepCount;
import kr.co.infopub.chapter.s200.dto.DepCountConvert;
import kr.co.infopub.chapter.s200.dto.Department;
import kr.co.infopub.chapter.s200.dto.EmpConvert;
import kr.co.infopub.chapter.s200.dto.Employee;
public class EmployeeService {
  // 자신을 private static
  private static EmployeeService employeeService;
  private static HRMProtocol employeeDAO;
  // 생성자도 private
  private EmployeeService( ) {
     try {
          employeeDAO=new HRMProtocol("127.0.0.1");
     } catch (IOException e) {
          close( );
     }
  }
  public void close( ) {
     try {
          employeeDAO.close( );
     } catch (IOException e1) {
```

```
            System.out.println("socket Error ~~~~~ ");
        }
    }
    // static -> 한 번의 객체 생성
    public static EmployeeService getInstance( ) {
        if(employeeService==null) {
            employeeService=new EmployeeService( );
        }
        return employeeService;
    }  // -------------DAO를 감싸고, List -> ObservableList
    public ObservableList<Department>
                    findAllDepartments( ) throws SQLException {
        List<DepartmentDto> blist=employeeDAO.findAllDepartments( );
        return DepConvert.toObservProFromDto(blist);
    }
    public ObservableList<Employee> findAllEmployees( ) throws SQLException {
        List<EmployeeDto> blist  = employeeDAO.findAllEmployees( );
        return EmpConvert.toObservProFromDto(blist);
    }
    public ObservableList<Employee> findTreeManagerInEmployee( )
                    throws SQLException {
        List<EmployeeDto> bdlists= employeeDAO.findTreeManagerInEmployee( );
        return EmpConvert.toObservProFromDto(bdlists);
    }
    public int getTreeMaxLevel( ) throws SQLException {
         return  employeeDAO.getTreeMaxLevel( );
    }
    public ObservableList<DepCount> findAllDepCounts( ) throws SQLException {
        List<DepCountDto> deplist = employeeDAO.findAllDepCounts( );
        return DepCountConvert.toObservProFromDto(deplist);
    }
    public ObservableList<Employee>
                    findEmployeesByDepartName(String val) throws SQLException {
        List<EmployeeDto> emplists=
                            employeeDAO.findEmployeesByDepartName(val);
        return EmpConvert.toObservProFromDto(emplists);
    }
    public ObservableList<Employee>
                    findEmployeesByEmpId(String val) throws SQLException {
        List<EmployeeDto> elists=employeeDAO.findEmployeesByEmpId(val);//100
```

```
        return EmpConvert.toObservProFromDto(elists);
    }
    public Employee findEmployeeById(String string) throws SQLException {
        EmployeeDto edto =employeeDAO.findEmployeeById(string);
        return EmpConvert.toPro(edto);
    }
    public ObservableList<Employee>
                    findManagersByName(String searchname) throws SQLException {
        List<EmployeeDto> elists=employeeDAO.findManagersByName(searchname);
        return EmpConvert.toObservProFromDto(elists);
    }
    public ObservableList<String> findAllJobs( ) throws SQLException {
        List<String> jlists=employeeDAO.findAllJobs( );
        return EmpConvert.strList(jlists);
    }
    public ObservableList<Department>
                    findAllDepartments2( ) throws SQLException {
        List<DepartmentDto> edeps=employeeDAO.findAllDepartments2 ( );
        return DepConvert.toObservProFromDto(edeps);
    }
    public int addEmployee(EmployeeDto empdto) throws SQLException {
        return employeeDAO.addEmployee(empdto);
    }
    public boolean updateEmployee(Employee emp) throws SQLException {
        EmployeeDto edot=EmpConvert.toDto(emp);
        return employeeDAO.updateEmployee(edot);
    }
    public boolean deleteEmployee(Employee emp) throws SQLException {
        EmployeeDto edot=EmpConvert.toDto(emp);
        return employeeDAO.deleteEmployee(edot);
    }
   public int getEmployeesTotal( ) throws SQLException {
        return employeeDAO.getEmployeesTotal( );
    }
}
```

22 ◆ HRMProtocol을 생성한다. [그림 200-1]과 같이 2티어의 DAO는 JDBC를 이용하여 원하는 결과를 얻는다. 같은 원리로 3티어에서는 HRMProtocol이 미들 서버에서 전달된 결과를 얻는다.

EmployeeService를 한 번 생성하기 위해 싱글톤으로 생성한다. 36

예제 191에서 2티어의 EmployeeService 역할을 한다. HRMProtocol을 이용하여 DTO 리스트를 얻 46~104
고, DTO 리스트에서 ObservableList〈프로퍼티〉 리스트로 타입 변환까지 한다. 서비스를 사용하면 DB 데이터에서 화면 데이터로 쉽게 변경해서 사용할 수도 있다.

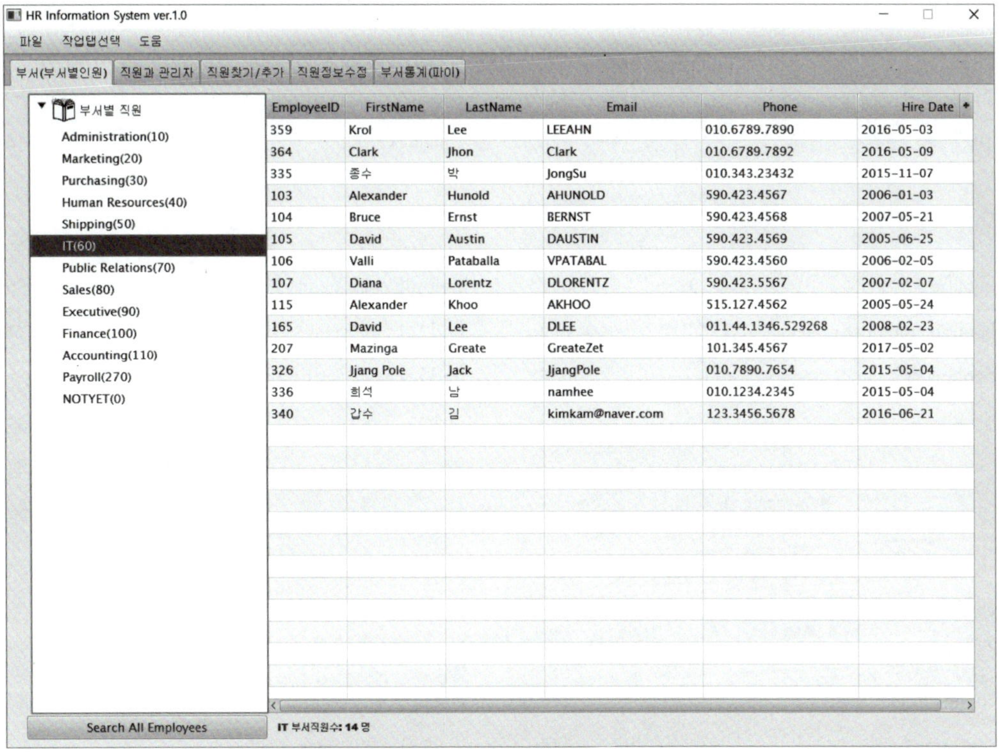

| **결과화면** | 소스 : kr.co.infopub.chapter.s200.Main 실행

찾아보기

T

V

W

X

ㄱ

ㄴ

ㄷ

ㄹ

ㅁ

ㅂ

ㅅ

ㅇ

찾아보기